Irving Stone:
Der Seele dunkle Pfade

Ein Roman um Sigmund Freud

Band 1

Knaur

ISBN 3-426-00509-3 1780 (Bd. 1 und 2)

Für meine Frau
Jean Stone,
Die mir bei 25 Büchern als
PRIVATLEKTORIN
Zur Seite stand,
Die in ihrer Freizeit eine wunderbare Hausfrau ist,
Unsere Geschäfte führt,
Zwei Kinder aufzog,
Unser aufregendes gesellschaftliches Leben organisiert,
Die hilft, wann immer sie gebraucht wird,
Und die einen schwierigen Ehemann allzeit glücklich macht.
In Dankbarkeit und Liebe.

Inhalt

Unsterblichkeit bedeutet, von vielen Anonymen geliebt zu werden.

Sigmund Freud
in einem Brief an Marie Bonaparte.

Erstes Buch
Der Narrentum

1

Jung und schlank waren die beiden Gestalten, die in rhythmischem Gleichmaß, kräftig ausschreitend, den Pfad hinaufwanderten. Auf einer nahen Wiese blühten gelbe Blumen im kurzen Gras. Die blauen Anemonen mit ihren seidigen Kelchen waren zwar schon seit Ostern verblüht. Aber dafür zierten Goldnesseln und Weidenröschen den frischgrünen Teppich unter den Birken mit bunten Farbtupfen.
Er war nicht sehr groß. Wenn er sich aufrecht hielt, erreichte er knapp einen Meter siebzig. Aber das erschien ihm gerade richtig für das grazile Mädchen an seiner Seite. Er warf einen verstohlenen Seitenblick auf Martha Bernays' Profil mit der klaren Linie von Stirn, Nase und Kinn und konnte kaum fassen, was geschehen war. Schließlich zählte er erst sechsundzwanzig Jahre und hatte sich mit Leib und Seele seinen physiologischen Arbeiten in Professor Brückes Institut verschrieben. Eigentlich durfte er frühestens in fünf Jahren an die Liebe denken, und von der Möglichkeit, eine eigene Familie zu gründen, trennten ihn wohl noch volle zehn Jahre. Seine Leistungen in Chemie waren zwar immer nur sehr mittelmäßig gewesen, aber eines hätte er eigentlich lernen müssen: daß die Liebe und der Kalender zwei Dinge sind, die keine Verbindung miteinander eingehen.
»Ausgeschlossen!« sagte er. »Das kann einfach nicht sein!«
Das Mädchen sah ihn überrascht an. Im Wald herrschte gedämpftes Licht, da die hohen, weißgrauen Birken mit ihrem grünen Laubdach die Sonnenstrahlen abschirmten. Vielleicht lag es an den weichen Schatten in diesen Wäldern oberhalb von Mödling, daß ihm Marthas Gesicht als das lieblichste der ganzen Welt erschien. Sie war nicht gerade das, was man eine weibliche Schönheit nennt, aber er fand sie ungemein anziehend: große, graugrüne Augen, die empfindsam und sanft blicken konnten, aber auch einen wachen Verstand und einen ausgeprägten Sinn für Selbständigkeit verrieten; volles, braunes Haar, mit einem schnurgeraden Mittelscheitel hinter die dicht anliegenden Ohren zurückgekämmt; hübsche Stubsnase und ein wunderbarer Mund mit vollen roten Lippen. Nur ihr Kinn war für das schmale Gesicht vielleicht etwas zu energisch.
»Was ist ausgeschlossen? Was kann nicht sein?«

Sie waren an eine Biegung des Wanderweges gekommen, wo heller Sonnenschein durch das grüne Dach sickerte.
»Hab' ich laut gedacht? Das muß am Schweigen in diesen Wäldern liegen. Ich muß vorsichtiger sein, wenn Sie mich hören können.«
Sie hatten eine flache Stelle auf halber Höhe erreicht. Von einem Felsvorsprung aus konnte man unten Mödling liegen sehen. Leise wehten von der Musikkapelle im Kurpark ein paar Takte herauf. Mödling war ein reizendes Landstädtchen, nur eine Stunde Bahnfahrt von Wien entfernt und für die Wiener ein beliebtes Urlaubsziel. In der warmen Junisonne leuchtete ein kleines rotes Meer von Ziegeldächern, und im Hintergrund kletterten die Weinberge empor, die den Heurigen lieferten, den die Wiener im nächsten Frühjahr trinken würden.
Martha Bernays war bei Freunden der Familie zu Besuch, die ein Haus in der Grillparzergasse in Mödling besaßen. Sigmund Freud war am Morgen mit der Südbahn aus Wien herausgekommen. Sie waren über den Kaiser-Franz-Josephs-Platz mit der vergoldeten Pestsäule spaziert, dann die Hauptstraße bis zum Alten Rathaus mit der großen Uhr auf dem doppelten Zwiebelturm hinaufgegangen und durch die Pfarrgasse am Brunnen vorbei zur St.-Othmars-Kirche gelangt, die sich hoch über der Stadt erhob. Gegenüber der Kirche stand ein wuchtiger runder Steinturm.
»Er sieht aus wie eine italienische Taufkapelle«, bemerkte Martha. »Aber die Mödlinger behaupten, es sei ein altes Beinhaus. Können Sie als Arzt mir vielleicht erklären, wie man dort nur die Knochen unterbringen konnte – ohne den übrigen Menschen?«
»Als Anfänger ohne Praxis und Erfahrung habe ich nicht die leiseste Ahnung. Schreiben Sie doch eine Doktorarbeit darüber, dann werde ich sie der Medizinischen Fakultät einreichen und Ihre Promotion beantragen. Wären Sie wohl gern ein Fräulein Doktor?«
»Nein. Ich möchte lieber Hausfrau und Mutter sein und ein halbes Dutzend Kinder bekommen.«
»Keine sehr ausgefallenen Wünsche. Es sollte Ihnen nicht schwerfallen, sie zu erfüllen.«
Im Wald bekamen ihre Augen immer einen smaragdenen Schimmer.
»Ich meine, wenn ich sie mir erst einmal erfüllt habe, möchte ich gern meine Ruhe haben. Sehen Sie, ich bin eine Romantikerin. Ich möchte meinen Mann lieben und ein halbes Jahrhundert lang mit ihm in Frieden leben.«
»Da haben Sie sich viel vorgenommen! Kennen Sie die Verse von Heine?

›Blieb ich doch ein Junggeselle!‹
Seufzet Pluto tausendmal –
›Jetzt in meiner Ehestandsqual,
Merk' ich: Früher ohne Weib
War die Hölle keine Hölle.

Blieb ich doch ein Junggeselle!
Seit ich Proserpinen hab',
Wünsch' ich täglich mich ins Grab!‹«

Sie hob die Augenbrauen. »Und das glauben Sie wirklich?«

»Ich? Im Gegenteil! Der Ehestand wurde für schlichte Gemüter wie mich erfunden. Ist die Zeremonie erst einmal vollzogen, so werde ich nicht mehr davon loskommen.«

»War es nicht Goethe, der einmal sagte, daß die Leute zu Übertreibungen neigen, die ihre wahren Gefühle verbergen möchten?«

»Nein, mein liebes Fräulein Martha, dieses Zitat haben Sie selbst gerade erfunden.«

Er kannte sie zu kurz, als daß er all ihre liebenswerten Eigenschaften hätte aufzählen können. Ihre Stimme aber entzückte ihn. Martha war einundzwanzig. Sie stammte aus Hamburg, der stolzesten unter den Hansestädten. Und so sprach sie ein reines, gepflegtes Hochdeutsch, das so ganz anders war als die liebenswerte Schlamperei des Wiener Dialekts. Sie hatte ihm erzählt, warum sie bei ihrem reinen Hochdeutsch geblieben war, obgleich schon ihre Klassenkameradinnen sie deshalb als arrogant, hochnäsig und überheblich gehänselt hatten – mit Vorwürfen, wie die meisten Wiener sie gegen die wohlhabenden, freiheitsliebenden, bürgerstolzen Hamburger erhoben. Marthas Vater Berman Bernays hatte zehn Jahre lang, bis zu seinem plötzlichen Tod vor zwei Jahren – das war 1879 gewesen –, an der Wiener Universität als hochgeschätzter Sekretär des berühmten Nationalökonomen Lorenz von Stein gearbeitet.

»Ich war erst acht Jahre alt, als ich in Wien in die Schule kam«, hatte Martha ihm erzählt. »Natürlich gewöhnte ich mir rasch die Sprechweise meiner Klassenkameradinnen an. Da rief mich mein Vater eines Tages in sein Arbeitszimmer und sagte zu mir: ›Mein Kleines, was du da sprichst, das ist kein Deutsch, sondern eine Beleidigung für unsere Sprache. Wir sagen nicht Schtadt oder Schtein. Es heißt S-tadt und S-tein, jedenfalls auf hochdeutsch.‹ Kurze Zeit später erzählte ich meinen Eltern, ich hätte eine für mich neue Art von Gebäck ausprobiert, das man hier Schtrudl nenne. Da sagte Vater: ›Ich weiß zwar nicht, was Sch-trudl bedeutet, aber auf jeden Fall wird dieses Ding in meinem Hause ›S-trudel‹ genannt!‹ Mit der Zeit fanden sich meine Schulkameradinnen mit meiner Aussprache ab – sie betrachteten das wohl als mitleiderregenden Sprachfehler, wie etwa Stottern.«

Die beiden folgten einem der vielverzweigten Wanderwege, die man durch unterschiedliche farbige Streifen an den Bäumen gekennzeichnet hatte, damit sich die Wanderer in den herrlich dichten Wäldern zwischen der Stadt Wien und der Alpenkette nicht verirrten. Abgefallene Fichtennadeln ließen den Pfad glatt werden. So war es durchaus angebracht, daß Sigmund seine Begleiterin am Ellbogen stützte, damit ihr Fuß nicht ausglitt. Die

Sonne schien jetzt sehr warm, das schützende Dach der Nadelbäume klaffte genau über dem Weg wie ein Spalt, und es duftete herrlich nach Nadeln und Harz.
Von weiter oben hallte eine Stimme herab.
»Hallo! Hallo, nun kommt schon, ihr Bummler!«
Sie fanden es ausgesprochen verständnisvoll von Eli, Marthas eineinhalb Jahre älterem Bruder, daß er schon vorausgegangen war. In Wirklichkeit hatte Eli jedoch eine Schwäche für Umwege und Abzweigungen; er mußte nun einmal doppelt so rasch laufen wie jeder andere, wenn er dieselbe Strecke zurücklegen wollte.
Bis zum Gipfel brauchten sie noch eine Viertelstunde. Von hier aus hatte man einen überwältigenden Ausblick: Der Kahlenberg, Wiens Hausberg, ragte im Norden, ungefähr fünfzehn Kilometer entfernt, als dunkle Silhouette auf und bewachte die Stadt.
Unter den hohen Bäumen lag ein kleines Gasthaus. Ganze Familien von Ausflüglern saßen auf den Bänken an rauhen Holztischen und tranken Kaffee oder Bier. Sigmund fand einen freien kleinen Steintisch mit Korbstühlen und bestellte drei Flaschen Himbeerkracherl. Martha, Sigmund und Eli nahmen die Flaschen in die Hand und drückten mit den Daumen gleichzeitig auf die Glasmurmeln, die den Verschluß bildeten. Mit einem lauten »Plopp!« gingen die Murmeln unter, und sie tranken die kühle, süße Limonade. Eli leerte seine Flasche in zwei hastigen Zügen und rannte gleich wieder davon, auf der Suche nach neuen Seitenwegen. Er rief den beiden nur noch über die Schulter zu:
»Lauft mir nicht davon. Ich hole euch nachher wieder ab.«

2

Sie saßen da und hielten ihre Gesichter der wohltuend warmen Sonne entgegen, auf die sie sich im rauhen Wiener Winter so lange gefreut hatten. Das Großherzogtum Toskana gehörte zwar schon seit zweiundzwanzig Jahren nicht mehr zum Reich der Habsburger, doch an diesem Tag erstrahlte der Himmel über Wien in demselben Blau wie im Frühling von Florenz. Er streckte den Arm aus und legte die offene Hand mitten auf den Tisch. Sie schenkte ihm ihre Hand. Leicht und kühl lag sie in der seinen, still und abwartend. Ihre Haut fühlte sich frisch an. Zum erstenmal sah ihm Martha fest in die Augen.
Die beiden Familien waren schon lange miteinander bekannt; Martha und Sigmund aber hatten einander erst vor knapp zwei Monaten kennengelernt. Seine kräftige, etwas knochige Nase ragte scharf aus dem Einschnitt über der Nasenwurzel; das dichte schwarzschimmernde Haar war über der Stirn sorgfältig zum rechten Ohr hin gekämmt; er trug zum Schnurrbart

einen kleinen Kinnbart; die hohe Stirn und das anziehende Gesicht wurden von den großen, dunkelleuchtenden Augen beherrscht, die vielleicht ein wenig grüblerisch dreinblickten.

»Erzählen Sie mir von Ihrer Arbeit. Ich möchte nicht aufdringlich sein, aber ich weiß von Ihnen nur, daß Sie als Demonstrator in Professor Brückes Physiologischem Institut arbeiten.«

»Ja, ich bereite die Präparate für Professor Brückes Vorlesungen vor.«

Er rückte mit seinem Stuhl näher. Die Stuhlbeine schrappten über den losen Kies. »Soll ich von vorn oder am Ende beginnen?«

»Von vorn, wie es sich gehört.«

»Die ersten acht Semester meines Medizinstudiums waren nicht weiter aufregend, wenn man davon absieht, daß mich, als ich zwanzig war, mein Zoologieprofessor Carl Claus zweimal nach Triest schickte, wo wir eine zoologische Station eingerichtet hatten. Ich arbeitete über den Feinbau der Gonaden des Aals.«

»Was sind Gonaden?«

Eli kam vorbeigelaufen, rief »Zeit für den Rückweg!« und verschwand wieder im Schatten des Waldes. Nur ungern folgten ihm Martha und Sigmund. Auf dem grün gekennzeichneten Wanderweg gelangten sie bald darauf an einen gewaltigen Baumstamm, der quer über den Pfad gestürzt war. Er mußte ihr über den runden Stamm hinweghelfen. Bei dieser Gelegenheit konnte er nicht umhin, festzustellen, welch wunderbar schlanke Fesseln dieses Mädchen hatte.

Nach einer scharfen Biegung mündete der Weg auf eine sonnenhelle Lichtung. Holzfäller stapelten mächtige Scheite mit mathematischer Exaktheit Ster für Ster auf.

»Wäre es nicht schön«, murmelte er, »wenn wir die Tage unseres Lebens und ihre Ergebnisse ebenso sauber ordnen könnten wie diese Männer ihre Holzscheite?«

»Können wir das nicht?«

»Ob man das nicht kann? Ich denke schon, daß es möglich ist, Fräulein Martha. Zumindest hoffe ich es. Ich bin von Natur aus ordnungsliebend und verabscheue das Chaos.«

Sie gingen eine Weile schweigend dahin. Die Frage von vorhin stand noch zwischen ihnen – Sigmund spürte es: Martha würde nicht wieder darauf zurückkommen, wenn er sie nicht von sich aus beantwortete. Gab er ihr jedoch nicht eine Antwort wie einem Gleichgestellten, so würde Martha wissen, daß er sie gewogen und für zu leicht befunden hatte. Also sprach er zu ihr in demselben sachlich-ruhigen Ton wie zu jüngeren Medizinstudenten, die er als Kursassistent betreute.

»Nach dem Lexikon sind Gonaden undifferenzierte Keimdrüsen mit der Doppelfunktion von Ei und Sperma. Meine Aufgabe war es, festzustellen, ob es beim Aal Testikel gab. Bisher hatte als einziger ein Dr. Syrski so etwas

wie einen Hinweis darauf entdeckt. Ich sollte seine Befunde entweder bestätigen oder widerlegen.«
Bei dem Wort »Testikel« wäre Martha um ein Haar gestrauchelt, fing sich aber rasch wieder, wandte sich ihm zu und fragte:
»Warum ist es denn so wichtig, beim Aal die Testikel aufzufinden? Und weshalb hat man sie nicht schon vor tausend Jahren entdeckt?«
»Eine gute Frage.« Er schob seinen Arm leicht unter den ihren. »Nur in der Paarungszeit ist es überhaupt möglich, beim Aal ein männliches Geschlechtsorgan festzustellen. Nun ziehen die Aale aber vor der Paarung ins Meer hinaus. Noch nie hat ein Mensch sie dabei beobachtet. Und noch niemand hat je einen erwachsenen männlichen Aal gefangen. Aber vielleicht hat sich auch noch niemand dafür interessiert.«
»Und Sie haben gefunden, was Sie suchten?«
»Ich glaube schon. Dr. Syrski hatte recht. Ich habe dazu beigetragen, seine Theorie zu stützen. Professor Claus verlas meine Arbeit vor der Akademie der Wissenschaften, und dann wurde sie in den Sitzungsberichten der Akademie veröffentlicht. Das war vor fünf Jahren. Bisher hat noch niemand meine Ergebnisse bestritten.«
Stolz klang aus seiner Stimme und die Ansicht, daß gewissenhafte Arbeit das höchste Ziel im Leben eines Mannes sei. Die Zustimmung in ihren Augen ermutigte ihn fortzufahren. Er ertappte sich dabei, daß er seine innerste Überzeugung vor ihr in einer Weise ausbreitete, wie er es noch nie zuvor einer Frau gegenüber getan hatte, sei sie nun jung oder alt.
»Bei diesem gesamten Problem geht es um viel mehr als nur um die Bestätigung und Anwendung von Professor Claus' Theorie über die Zwitterbildung bei Tieren, auch wenn der Aal offenbar zu dieser Kategorie gehört. Die wissenschaftliche Forschung muß außerhalb aller konventionellen Moralbegriffe stehen. In der Wissenschaft ist jedes Nichtwissen schlecht und jedes Wissen gut. Wir sind vor langer, langer Zeit, schon vor Millionen von Jahren, in diese Welt hineingeboren worden, wie Charles Darwin meint. Am Anfang wußten wir nichts von den Kräften um uns herum. Doch in all den Millionen von Jahren hat der menschliche Verstand Stück für Stück diese Unwissenheit abgebaut und dafür mühsam Wissen erworben und es angesammelt. Darin besteht das größte Abenteuer der Menschheit: etwas zu finden, das bisher unbekannt war oder nicht begriffen wurde. Ein neues Stück Wissen muß nicht unbedingt einen praktischen Zweck erfüllen, zumindest nicht unmittelbar. Es ist schon Erfolg genug, daß wir etwas gelernt und unwiderlegbar bewiesen haben, was zuvor im Dunkel lag.«
Nun griff sie nach seiner Hand – warm, knochig und zitternd war diese Hand vor Erregung über die Vision, die er für seine eben erst gefundene Vertraute einzufangen versucht hatte.
»Ich danke Ihnen. So hat noch nie zuvor jemand mit mir gesprochen. Sie

geben mir das Gefühl, jemand zu sein. Nein – erwachsen zu sein. Ein schöneres Geschenk hätten Sie mir auch in der Kärntner Straße nicht kaufen können.«
Rechtzeitig für die Jause kehrten sie in das Haus an der Grillparzergasse zurück. Sigmund und Martha gingen in den Garten hinaus, während Eli mit den Gastgebern im Haus blieb. Der von Mauern umgebene Garten hinter dem Haus war nur klein, aber die Linden standen in voller Blüte und erfüllten die Luft mit ihrem süßen Duft. Martha brachte einen Teller Hollerblüten, die, in Teig getaucht, mit siedender Butter schön knusprig gebacken worden waren. Sie saß neben ihm auf der Holzbank. Er beobachtete, wie sich unter dem leichten braunen Zephirkleid mit dem breiten weißen Kragen geschmeidig ihre Arme und Schultern bewegten, als sie die beiden Kannen hob und die Wiener Melange einschenkte. Goldbraun mischten sich die Ströme von Kaffee und Milch in den großen Schalen. Aus einer Silberdose knabberten sie Nüsse dazu.
»Sehen Sie nur!« rief sie. »Ein Vielliebchen, eine doppelte Mandel. Jetzt müssen wir uns etwas schenken.«
»Ich halte viel von Vorzeichen, besonders dann, wenn sie für mich günstig sind. Rücken Sie ein wenig näher. Das ist für mich schöner, als wenn Sie mir am Graben ein Geschenk kaufen.«
Sie setzte sich so dicht neben ihn, daß er ihre Schultern berührte, wenn er sich nur unmerklich zu ihr neigte. Seine Augen funkelten vor Freude. Er liebte dieses Mädchen, obgleich er bisher nur ein einziges Mal geahnt hatte, was Liebe sein konnte. Das war damals gewesen, als die Eltern den Sechzehnjährigen in den Ferien nach Freiberg in Mähren schickten. Dort wohnte Sigmund bei der Familie Fluß, Freunden aus alter Zeit, und dort verliebte er sich in die fünfzehnjährige Gisela, die Tochter des Hauses. Sie machten gemeinsame Spaziergänge durch die romantischen Wälder, und er schwärmte insgeheim davon, wie schön es sein müsse, wenn sie erst einmal verheiratet waren. Aber niemals verriet er auch nur ein Wort von seinen Träumen. Die hübsche Gisela verschwand aus seinem Leben, als er nach Wien zurückkehrte, in die aufregende Welt des Unterprimaners am Sperlgymnasium. Zusammen mit einem Klassenkameraden lernte er Spanisch, um Cervantes' »Don Quijote« im Original lesen zu können . . .
Jetzt aber, an diesem Tag in Mödling, wagte er es nicht, Martha seine Liebe zu erklären. Es war noch zu früh – Martha müßte eine Andeutung wohl als zu kühn empfinden, zumal sie sich erst seit sieben Wochen kannten. Außerdem hatte sie ihm noch keinen ermutigenden Wink gegeben.
Er murmelte: »Du schenkest mir voll ein.«
»Das ist aus einem Psalm.«
»Mein Vater hat ihn mir oft vorgelesen, als ich noch ein Kind war: ›Du bereitest vor mir einen Tisch im Angesicht meiner Feinde. Du salbest mein Haupt mit Öl . . . ‹«

»Haben Sie denn Feinde?«
»Nur mich selbst.«
Ihr helles Lachen klang in seinen Ohren wie die Glocke des Stephansdoms. Er vermochte den Aufruhr der Gefühle nicht länger zu bezähmen.
»Ich will Ihnen etwas von einem anderen, einem wirklichen Vorzeichen erzählen. Erinnern Sie sich noch an den Abend, als ich Sie zum erstenmal sah? Ich kam mit einer ganzen Bibliothek unter dem Arm nach Hause und hatte nichts weiter im Sinn, als mich für die nächsten vier Stunden in mein Zimmer einzuschließen und zu studieren. Sie saßen bei meinen Schwestern im Eßzimmer und unterhielten sich, während Sie mit Ihren zarten Fingern einen Apfel schälten. Ich war so konsterniert, daß ich wie angewurzelt stehenblieb und mich zu Ihnen setzte.«
»Das lag an dem Apfel. Schon seit dem Paradies.«
»Sie konnten ja nicht wissen, daß ich bis dahin den Freundinnen meiner Schwestern höchstens flüchtig zugenickt hatte. Ich fühlte mich in ein Märchen versetzt: Wie bei der Prinzessin fielen Rosen und Perlen von Ihren Lippen, und man mußte sich fragen, was an Ihnen mehr zu bewundern war, die Liebenswürdigkeit oder die Klugheit.«
Ihre Reaktion auf diese Schmeichelei, die wohl jedes andere Mädchen nur als romantisches Gerede angesehen hätte, kam für ihn völlig unvorbereitet. Tiefe Röte stieg ihr in die Wangen, dann wurde sie plötzlich bleich, und in ihren Augen schimmerten Tränen. Sie wandte den Kopf ab. Als sie ihn wieder ansah, blickten ihre Augen sehr ernst.
»Seit wann sind Sie schon an der Universität?«
»Seit fast neun Jahren.«
»Erinnern Sie sich noch an den Praterspaziergang mit meiner Mutter? Als wir nach Hause kamen, fragte ich meine Schwester Minna: ›Warum hat mich Herr Doktor Freud so viel gefragt?‹ Jetzt bin ich an der Reihe. Sie sind Doktor der Medizin, aber Sie praktizieren nicht. Wie kommt das?«
Er stand unvermittelt auf und ging rasch im Garten auf und ab. Es lag ihm so viel daran, daß Martha Bernays seine Beweggründe verstand und billigte. Sie saß ruhig da, die Hände im Schoß gefaltet, und sah mit ernstem, erwartungsvollem Ausdruck zu ihm auf.
»Es stimmt, ich habe mein medizinisches Staatsexamen. Aber ich lege keinen großen Wert darauf und habe die Prüfungen mit drei Jahren Verspätung abgelegt – und auch erst dann, als meine Bekannten an der Universität mir vorzuwerfen begannen, ich sei faul und zerstreut.«
»Auf mich machen Sie aber einen sehr konzentrierten Eindruck.«
»Ich arbeite nur dann konzentriert, wenn mir etwas Freude macht. Ich habe fünf Jahre lang Medizin studiert, weil dies der beste Weg zu einer gründlichen wissenschaftlichen Ausbildung war. Wir besitzen hier derzeit wahrscheinlich die beste Medizinische Fakultät der ganzen Welt. Seit einigen Jahren arbeite ich hauptamtlich an Professor Brückes Physiologi-

schem Institut. Brücke ist mit Helmholtz, Du Bois und Ludwig einer der Begründer der modernen Physiologie. Unter seiner Anleitung habe ich bereits vier Forschungsarbeiten durchgeführt und Aufsätze darüber veröffentlicht: 1877, mit einundzwanzig Jahren, schrieb ich eine Arbeit über den Ursprung der hinteren Nervenwurzeln im Rückenmark von Neunaugen; im darauffolgenden Jahr veröffentlichte ich meine Ergebnisse aus der Untersuchung der Spinalganglien und des Rückenmarks wiederum beim Neunauge; ein Jahr später druckte das ›Centralblatt für die medizinischen Wissenschaften‹ meine Notiz über eine neue Methode zur anatomischen Präparation des Nervensystems.«

Martha lächelte über diese Mischung aus jugendlichem Überschwang und wissenschaftlich-exakter Ausdrucksweise.

»Ich habe außerdem eine Untersuchung der Struktur von Nervenfasern und Nervenzellen beim Flußkrebs durchgeführt. Das ist die Art von Arbeit, die mir am meisten liegt. In meinen Augen hat die Welt keine lohnendere Tätigkeit zu bieten. Sie ist aufregend und befriedigend. Und täglich lernen wir etwas Neues über die lebenden Organismen. Es ist niemals meine Absicht gewesen, Patienten zu behandeln. Gewiß – ich weiß, wie verdienstlich es ist, die Leiden des einzelnen Menschen zu lindern. Aber durch unser Forschen in den Laboratorien, durch die Vermehrung des Wissens über die Funktionen und die Funktionsstörungen im menschlichen Körper können wir Mittel und Wege finden, bestimmte Krankheiten ganz auszumerzen.«

»Könnten Sie mir das an einem Beispiel erklären?«

»Aber ja! Da ist Doktor Robert Koch vom Reichsgesundheitsamt in Berlin. Er hat erst in diesem Jahr bewiesen, daß er den Bazillus entdeckt hat, der die Tuberkulose hervorruft. Ein weiteres Beispiel: Professor Louis Pasteur vom Chemisch-physiologischen Institut der Sorbonne in Paris: Er hat vor zwei Jahren den Erreger der Hühnercholera gefunden. Ihm ist es 1877 auch gelungen, Schafe gegen Milzbrand zu impfen, gegen eine tödliche Seuche. Wenn wir diese Form der Impfung weiterentwickeln, müßte es uns gelingen, auch die Cholera bei den Menschen zu besiegen. Und da ist in Pest der Doktor Ignaz Semmelweis, der 1844 hier in Wien sein Examen gemacht hat. Ganz auf sich allein gestellt, hat er die Ursache des Kindbettfiebers entdeckt, das bis dahin einen so hohen Prozentsatz der Patienten an unserer Gebärklinik dahinraffte. Die Ärzte unseres Allgemeinen Krankenhauses und die Herren vom Obersten Sanitätsrat hielten ihn für verrückt, weil er scheinbar wahnwitzige Forderungen stellte. Aber überall auf der ganzen Welt werden Tausende von Müttern am Leben bleiben, weil sich Ignaz Semmelweis als Forscher und Wissenschaftler nicht unterkriegen ließ.«

Seine Stimme hallte durch den kleinen Garten, sein Gesicht war gerötet, die dunklen Augen leuchteten vor innerer Erregung.

Sie sagte leise: »Allmählich begreife ich. Sie hoffen, durch Ihre Arbeit im Laboratorium wieder eine weitere Krankheit auszurotten.«
»Es gibt noch viele Krankheiten, die durch bislang unbekannte Keime oder Giftstoffe verursacht werden. In all solchen Fällen kann der Arzt dem Patienten kaum mehr bieten als gute Pflege und sein Mitgefühl. Aber mißverstehen Sie mich bitte nicht: Ich bilde mir nicht ein, ein Koch, Pasteur oder Semmelweis zu sein. Ich habe mir viel bescheidenere Ziele gesteckt. Die meisten Heilmethoden beruhen auf der Arbeit Hunderter von Forschern, von denen jeder einen winzigen Beitrag geleistet hat. Ohne all diese Beiträge, jeder ein winziges Steinchen für das Mosaik des Wissens, könnte der eigentliche Entdecker wahrscheinlich nicht den Weg zum Sieg über eine Krankheit finden. Ich möchte mein Leben als einer dieser vielen Forscher verbringen.«
Elis Kopf erschien in der Tür. Er rief: »Die Sonne geht bald unter. Zeit, daß wir uns zusammenpacken und zum Zug gehen.«
Sie suchten ihre Sachen zusammen. An der Schwelle blieb Martha stehen, um für daheim einen Lindenzweig abzubrechen. Sie stand dicht bei ihm, beide Arme hochgestreckt. Mit einem raschen Blick zur Tür vergewisserte sich Sigmund, daß sie allein waren. Er dachte: »Das ist der richtige Augenblick. Aber Vorsicht, Vorsicht! Wenn sie nicht bereit ist, wenn sie mich nicht auch ein wenig liebt, könnte ich sie leicht verletzen.«
Nur wenige Zentimeter trennten die beiden – für Sigmund jedoch schien es eine Ewigkeit zu dauern, bis er diesen Abstand überwunden hatte – eine ganze Welt, sein ganzes Leben. Martha hatte den Zweig bereits gepflückt, noch aber nicht die Arme gesenkt. Unter dem Eindruck dessen, was er ihr gerade enthüllt hatte, waren ihre Augen weit, ihr Atem ging schwer, ihre Lippen waren leicht geöffnet. Wie wird sie es aufnehmen? Er war seiner Sache nicht sicher. Aber sie stand vor ihm, so voller Leben, so lieblich, warm und glücklich.
Er streckte seine Arme aus, ganz langsam, um jederzeit innehalten zu können, ohne sie in Verlegenheit zu bringen oder ihr seine Absicht kundtun zu müssen. Behutsam umfaßte er ihre schlanke Taille und zog sie an sich. Seine Lippen waren nur noch einen Fingerbreit von ihren entfernt. Da legten sich ihre Arme sanft wie herabfallende Lindenblüten um seinen Hals, und von ihren Lippen pulste ihm die ganze Süße des Lebens entgegen.

3

Am Montagmorgen kurz nach sieben verließ er die Wohnung seiner Eltern im Zweiten Bezirk. In seiner überschwenglichen Stimmung schloß er die Wohnungstür mit der Nummer 3 darüber nicht gerade leise hinter sich. Der Hausmeister hatte die Gaslampe im Treppenhaus noch nicht gelöscht.

Das war auch sicherer so, denn er nahm immer gleich drei Stufen auf einmal, ohne sich an dem eisernen Geländer festzuhalten. Ausgelassen schwang er sich um die Biegung und rannte durch den Eingangsflur mit der üppig dekorierten Stuckdecke hinaus ins Licht der Straße, die gerade zum Leben erwachte.

In dieser Straße wohnte die Familie Freud, seit sie 1860, also vor zweiundzwanzig Jahren, aus Freiberg in Mähren nach Wien gezogen war. Sigmund zählte damals vier Jahre. Die meisten Häuser im Zweiten Bezirk waren bescheidene, eineinhalbstöckige Fachwerkbauten. Dieses vierte Haus, in dem die Familie lebte, seitdem sich Jakob Freud nach dem Verlust seines beträchtlichen Vermögens in Mähren mühsam wieder emporgearbeitet hatte, war noch das ansehnlichste und solideste im ganzen Häuserblock. Es lag in der Nähe der Taborstraße an der breiten, baumbestandenen Kaiser-Joseph-Straße, der Verbindung zwischen dem prächtigen Augarten und den Alleen und Rasenflächen des Praters. Hier kam oft der kaiserliche Hofstaat vorbei. Sigmund hatte mehrmals Kaiser Franz Joseph und sein prunkvolles Gefolge vorbeireiten oder in vergoldeten Karossen vorüberfahren sehen.

Er schritt bei seinem gewohnten einstündigen Spaziergang kräftig aus und atmete die prickelnde Frühlingsluft wie ein belebendes Elixier tief ein. Nachdem er an der Apotheke »Zum heiligen Josef« mit den schönen alten Drogengefäßen im Schaufenster vorbeigegangen war, bog er nach links in die Taborstraße ein. Hier lagen die eleganten Läden, Cafés und Restaurants, die für die Wiener Weltausstellung des Jahres 1873 gebaut worden waren, aber auch jetzt noch florierten. An der Ecke der Oberen Augartenstraße sah er zwischen den Bäumen die im Rokokostil gehaltenen Pavillons des Parks leuchten. An der Kreuzung mit der Großen Pfarrgasse erhob sich ein vierstöckiges Gebäude, dessen oberstes Geschoß zu beiden Seiten von den Gipstorsos zweier Amazonen mit gewaltigen Brüsten und der griechischen Haartracht des klassischen Altertums getragen wurde.

Ohne innezuhalten, verbeugte sich Sigmund höflich und murmelte: »Küß die Hand!«

Er lachte leise vor sich hin, als er an das Miethaus seines Freundes Dr. Adam Politzer in der Gonzagagasse dachte – vor dem Portal prangten zwei üppige Wienerinnen, die Frisuren trugen wie die Frauen an Caesars Hof. Unter den Studenten der Universität wurde gern gewitzelt: »Aus der Wiener Architektur lernen wir mehr Anatomie als aus den medizinischen Lehrbüchern.«

Rasch ging er weiter bis zur Haidgasse. Hier sah er hinauf zu dem ihm liebsten Gebäude im ganzen Bezirk, das von einem roten Spitztürmchen gekrönt wurde. Hinter dem Leopoldstädter Kinderspital bog er nach Westen in die Tandelmarktgasse mit ihren Läden und Werkstätten ein. Er war noch früher dran als der allmorgendliche Strom schlichter Einspänner und als die Straßenkehrer, die mit ihren Strohbesen den Unrat in die Gosse fegten und die Straße aus einem runden weißen Faß, gezogen von zwei Schimmeln, sprengten. Noch waren keine Dienstmänner unterwegs, jene meist jungen, glattrasierten Burschen mit Schildmütze, Uniform und Dienstmarke, die mit Waren beladene Karren zu den Läden schoben. Diese von der Stadtverwaltung konzessionierten Dienstmänner postierten sich an den wichtigsten Kreuzungen und lieferten gegen eine Gebühr von vier Kreuzern pro Kilometer innerhalb der Stadt alles an die gewünschte Adresse, angefangen von einem Brief bis zu einem ganzen Karren voller Kisten. Ihre durchschnittliche Einnahme pro Botengang betrug zehn Kreuzer.

Er ging an den vielen Menschen vorbei, die zu ihren Arbeitsplätzen eilten, und blieb mitten auf der alten Holzbrücke mit ihren Mauthäuseln auf beiden Seiten stehen. Hier, auf halbem Wege zwischen seiner Wohnung und dem Physiologischen Institut, pflegte er stets eine Rastpause einzulegen. Dies waren die wenigen besinnlichen Augenblicke, die ihm die Tagesarbeit ließ. Er starrte nachdenklich in die rasche Strömung des Donaukanals, dessen Ufer von Pappeln und Weiden gesäumt wurden.

Heute morgen stand ihm eine entscheidende Aussprache mit Professor Ernst Wilhelm Ritter von Brücke bevor. Er fragte sich: »Warum habe ich sie nur so lange aufgeschoben?« Aber er kannte den Grund, denn er hatte die Entscheidung schon vor langer Zeit getroffen: hier zu bleiben und sich die akademische Stufenleiter der Universität, der Medizinischen Fakultät und des Allgemeinen Krankenhauses emporzuarbeiten – eine Assistentenstelle unter Brücke, dann Privatdozent mit der Venia legendi, Extraordinarius, schließlich Hofrat, Ordinarius und Institutsdirektor, wie Professor Brücke in der Physiologie und der berühmte Theodor Meynert in der Zweiten Psychiatrischen Klinik. Beide Professoren hatten ihn dazu ermutigt, und auch seine Eltern unterstützten ihn weiterhin mit Zuschüssen zu seinen geringen Einkünften als Demonstrator und Kursassistent.

In Brückes Laboratorium war er glücklich. In seinen beiden ehemaligen Lehrern Sigmund Exner von Erwarten und Ernst Fleischl von Marxow, beide nur zehn Jahre älter als er, beide Extraordinarien, hatte er die besten Kollegen gefunden, die man sich nur wünschen konnte.

Er pfiff ein fröhliches Wiener Lied vor sich hin – sehr falsch natürlich, wobei er sich sein mangelndes Gehör für Musik selbst freimütig eingestand – und ging weiter zur anderen Seite der Brücke. Der Anblick, der sich ihm bot, ließ wieder einmal sein Herz höher schlagen: die Ruprechtskirche, Wiens ältestes Gotteshaus, und links der Turm des alten »Steffl«, der wie ein spitzer Finger in die Unendlichkeit des klarblauen Himmels aufragte. Irgendwo hatte er gelesen, Paris sei die Mutter aller Städte und noch dazu die schönste von allen. Für ihn aber war die Wienerstadt und ein solcher Spaziergang mit nichts zu vergleichen: Alle paar Schritte, so wie jetzt, wo

er auf den Schottenring gelangte, erfreute man sich eines neuen Anblicks von so atemberaubender Schönheit, daß man vor Seligkeit laut hätte jubeln können.
Das Physiologische Institut, Bestandteil der Medizinischen Fakultät der Wiener Universität, war in einer alten, muffigen Waffenfabrik an der Ecke der Währinger Straße untergebracht, nicht weit entfernt von dem ausgedehnten Komplex des Allgemeinen Krankenhauses und gleich um die Ecke von der Votivkirche und der Universität selbst. An den grauen Mauern des zweistöckigen Gebäudes hatte sich seit der Zeit, da hier noch Kanonen gebohrt worden waren, nichts verändert. Es nahm einen ganzen Häuserblock ein. In der anderen Hälfte war die Anatomie beheimatet; hier hatte Sigmund Freud während der ersten vier Semester seines Medizinstudiums Leichen seziert.
Er schwenkte um die Ecke der Schwarzspanierstraße und gelangte durch einen Torbogen und einen kurzen, finsteren Gang in den Innenhof. Rechter Hand lag das Auditorium, in dem Professor Brücke täglich von elf bis zwölf Uhr seine Vorlesung hielt. Jede der Arbeitsnischen ringsum enthielt einen Labortisch, beladen mit Präparaten, elektrischen Batterien, Büchern, Notizzetteln, mechanischen Apparaten und Mikroskopen, über die sich junge Studenten beugten. Während der einstündigen Vorlesung mußten die Studenten ihre Arbeitsplätze verlassen, obgleich sie sonst nirgendwo in dem völlig unzulänglichen Gebäude arbeiten konnten. Während seiner sechs letzten Semester bei Professor Brücke hatte Sigmund praktisch in jeder dieser Nischen schon einmal gearbeitet.
Mit ungebrochenem Schwung rannte er die Treppe zum zweiten Stock hinauf. Es war noch ein paar Minuten vor acht, aber in den Labors summte es bereits wie in einem Bienenstock. Er ging den Korridor an der Hofseite entlang und kam an dem Raum vorbei, den er mit einem Chemiker und zwei Gastphysiologen aus Deutschland teilte. Im nächsten Raum befand sich das kleine Laboratorium seiner beiden Kollegen Ernst Fleischl und Sigmund Exner, die beide aus österreichischen Adelsfamilien stammten. Im Eckraum lag gleichsam das Gehirn und Nervenzentrum des Instituts, Professor Brückes Arbeitsraum – Büro, Studierzimmer, Laboratorium und Bibliothek zugleich.
Alle Türen standen offen. Als er den Kopf bei Exner und Fleischl hineinsteckte, drang ihm der stechende Geruch elektrischer Batterien und der verschiedenen für anatomische Präparate gebrauchten Chemikalien in die Nase. Bis gestern hätte er sich keinen verlockenderen Duft vorstellen können – aber dann hatte er in einem Garten in Mödling sein Gesicht in Marthas Haar verborgen.
Der Raum war genau in der Mitte geteilt. Jeder der beiden Arbeitstische nahm eine volle Wandseite ein. Exner bekam trotz seiner sechsunddreißig Jahre bereits eine Glatze; sein ungestutzter Bart wirkte ein wenig struppig.

Sonst war an Exner nichts auszusetzen, höchstens sein mangelnder Sinn für Humor. An der Universität ging das Wort um, jeder männliche Exner müsse Universitätsprofessor werden; ein Witzbold hatte es umgedreht: »Jeder Universitätsprofessor muß ein Exner sein.«

Beherrscht wurde der Raum von zwei komplizierten Apparaturen. Die eine hatte Exner erfunden und »Neuroamoebimeter« genannt. Sie bestand aus einem Metallstreifen, der hundertmal in der Sekunde vibrierte und zum Messen von Reaktionszeiten des menschlichen Gehirns diente. Das andere Gerät hatte Fleischl für seine grundlegenden Arbeiten auf dem Gebiet der Lokalisation psychischer Funktionen im Gehirn geschaffen.

Voller Zuneigung beobachtete Sigmund die beiden Männer, wie sie sich angespannt über ihre Arbeit beugten. Bei Exner hatte er Medizinische Physiologie und Physiologie der Sinnesorgane gehört, bei Fleischl Physiologie und höhere Mathematik. Die beiden Männer waren von denkbar unterschiedlicher Veranlagung. Exner stammte aus einer wohlhabenden Familie, die seit langem bei Hofe eine große Rolle spielte. Er war als Forscher ebenso perfekt wie als Verwaltungsmann und fest entschlossen, nach Professor Brückes Emeritierung Ordinarius und Direktor des Physiologischen Instituts zu werden. Mit seinen nachdenklichen grauen Augen unter buschigen Augenbrauen und schweren Lidern war er ein recht gut aussehender Mann.

Ernst Fleischls Familie, ebenso alt und wohlhabend wie die Exners, war seit langem der Wiener Kunst-, Musik- und Theaterwelt eng verbunden, die mit Hofoper, Kärntner-Tor-Theater, philharmonischen und Symphonie-Orchestern und Volkstheater wahrscheinlich mehr Anregung bot als irgendein anderes Kulturzentrum Europas. Wien war die Stadt der Komponisten und Bühnendichter. Die Theater und die Konzertsäle waren stets ausverkauft. Fleischl war ein gut aussehender Mann mit dichtem schwarzem Haarschopf, sorgfältig gestutztem Bart, hoher, gewölbter Stirn, feingeschnittener Nase und einem empfindsamen Mund, der in ständiger Bewegung war und in sechs Sprachen Zitate und Wortspiele nur so heraussprudelte und ganz bestimmt zu den bestangezogenen Männern gehörte, die am Sonntagmorgen vor der Hofoper flanierten. Verwaltungsarbeit war nichts für seine quecksilbrige Art. Deshalb stellte er auch für Exner keine Konkurrenz dar, wenn es um die Stelle des Institutsdirektors ging. Besonders gern und oft witzelte er über das pompöse Getue des k.u.k. Hofstaats und die ach so herzigen Eigenarten der Wiener. So fragte er Sigmund einmal: »Kennen Sie eigentlich die Geschichte von den drei Mädchen? Die erste stand in Berlin auf einer Spreebrücke. Ein Polizist kam vorbei und fragte sie, was sie da wollte. Sie antwortete: ›Ich will ins Wasser springen und mir das Leben nehmen.‹ Der Polizist überlegt kurz und erkundigte sich dann: ›Na jut, aber hamse ooch alle Steuern bezahlt?‹ Das zweite Mädchen stand in Prag auf einer Moldaubrücke und sprang tatsächlich ins Wasser, begann dann aber auf deutsch zu schreien: ›Hilfe! Hilfe!‹ Da beugte sich ein Polizist übers Brückengeländer und rief: ›Hättest lärnen sollen schwimmen und nix Deitsch!‹ Das dritte Mädchen wollte sich in Wien gerade in den Donaukanal stürzen. Da kam ein Polizist vorbei und sagte: ›Schauns, Fräulein, das Wasser da drunten is so kalt. Springens rein, muß ich Ihna nachspringen, indem das nämlich meine Pflicht is. Wir verkühln uns beide und müssen ins Bett. Also gehns lieber heim und hängens Ihna auf!‹«

Vor zehn Jahren war Fleischl von einem ganz besonderen Unglück heimgesucht worden. Beim Sezieren hatte er sich am rechten Daumen eine bösartige Infektion zugezogen, so daß ein Teil des Daumens amputiert werden mußte. Danach hatte sich Granulationsgewebe gebildet, sogenanntes »wildes Fleisch«. Die Wunde schloß sich nicht richtig, die dünne Hautschicht brach immer wieder auf, und er behielt eine schwärende Wunde. Professor Billroth operierte ihn mindestens zweimal jährlich, aber jeder weitere Schnitt in die Nervenbahnen vermehrte nur noch Fleischls Leiden. Nachts lag er oft vor Schmerzen wach; doch tagsüber merkte ihm niemand etwas an, wenn er mit seinem Dutzend Wachsmodellen von menschlichen Gehirnen mit Unfallverletzungen arbeitete mit dem Ziel, die Schädigungen mit gewissen Ausfallerscheinungen in Verbindung zu bringen: Sprachstörungen, Erblinden, Lähmung der Gesichtsmuskulatur.

Als erster sah Fleischl Sigmund in der Tür stehen. Ein herzliches Lächeln erschien auf seinem Gesicht. Der Jüngere zählte zu seinen zwei oder drei engsten Freunden. Manche Nacht verbrachte Sigmund bei Fleischl und versuchte ihn abzulenken, damit er wenigstens stundenweise die quälenden Schmerzen in seinem Daumen vergaß.

»Was soll das, Herr Freud, daß Sie erst mitten am Vormittag zur Arbeit erscheinen?«

Exner blickte belustigt auf und erklärte: »Fleischl war heute morgen ganz deprimiert, weil von all den vielen Sonntagskraxlern nicht eine einzige Gehirnverletzung ins Krankenhaus eingeliefert wurde.«

Fleischl sagte mit gespieltem Ernst zu Sigmund: »Wie soll ich jemals herausfinden, in welchem winzigen Bereich von Professor Exners Hirn diese schlechten Witze entstehen, wenn man mir niemals einen hirngeschädigten Humoristen liefert?«

»Trösten Sie sich«, erwiderte Sigmund. »Ich bin gerade im Begriff, Professor Brücke um eine Entscheidung zu bitten, die mein ganzes Leben verändern soll. Wenn ich nichts erreiche, werde ich mich kopfüber vom Leopoldsberg stürzen – mit Ihrer Adresse in der Westentasche.«

4

Er klopfte an den hölzernen Türrahmen und trat ein.
»Grüß Gott!«
»Grüß Gott. Herr Professor Brücke, könnte ich Sie für ein paar Minuten unter vier Augen sprechen?«
»Aber gewiß, Herr Kollege.«
Sigmund erbebte vor Freude. Der große Brücke hatte ihn »Kollege« genannt. Diese Ehre war ihm erst einmal widerfahren, als er den Professor mit seiner neuen Methode zur Freilegung des Zentralnervensystems bei höheren Wirbeltieren beeindruckt hatte. Es war das schönste Kompliment, das der Institutsdirektor einem kleinen Demonstrator machen konnte, der am Tag nur seine paar lumpigen Kreuzer verdiente.
Die beiden Studenten, die an den gegenüberliegenden Enden von Brückes überladenem Labortisch arbeiteten, suchten ihre Papiere zusammen. Auch Josef Paneth erhob sich; er hatte seinen kleinen Tisch am Fenster stehen, von dem aus man die Berggasse hinabsehen konnte; Sigmund hatte selbst ein Jahr lang an diesem Tisch gearbeitet. Paneth, mit fünfundzwanzig ein Jahr jünger als Sigmund, hatte vor zwei Jahren promoviert. Er suchte Sigmunds Gesellschaft, weil dieser offenbar als einziger aus dem ganzen Freundeskreis nichts davon wußte, daß Paneth bereits einen beträchtlichen Teil des Familienvermögens geerbt hatte. Dieser Umstand war ihm gegenüber den viel ärmeren Kommilitonen so peinlich, daß er sich stets am schäbigsten kleidete und den billigsten »kleinen Braunen« bestellte, wenn sie alle gemeinsam in ein Café gingen, um einmal nach Herzenslust zu reden. Mit einem kameradschaftlichen Augenzwinkern verließ auch Paneth den Raum und schloß die Tür hinter sich. Sigmund sog den vertrauten Geruch von Alkohol und Formaldehyd ein. Er stand dem Mann gegenüber, den er verehrte wie sonst keinen Menschen auf der ganzen Welt.
Ernst Wilhelm Ritter von Brücke, inzwischen dreiundsechzig, entstammte einer preußischen Kunstmalerfamilie. Entsprechend dem Wunsch seines Vaters war der junge Ernst der Familientradition gefolgt, hatte an der Kunstakademie studiert, Italien bereist und Gemälde gesammelt: einen Mantegna, einen Bassano, einen Luca Giordano, einen Ribera, ein paar holländische Landschaften und einige altdeutsche Meister. Ein paar von diesen Bildern hingen seit Jahren zwischen anatomischen Tafeln und der Sammlung histologischer Präparate zum Mikroskopieren an den Wänden dieses Laboratoriums. Wenn sich Brücke dann doch für die Medizin entschieden hatte, so war der Grund dafür keineswegs ein Mangel an künstlerischer Begabung gewesen. Im Salon der geräumigen Wohnung des Professors an der Mariannengasse hatte Sigmund ein Selbstporträt des sechsundzwanzigjährigen Brücke gesehen: Die Gesichtszüge waren exakt

gezeichnet, die rote Farbe des Haares und die Blässe der Haut gut getroffen, die Umrisse des Kopfes zeugten vom Blick eines illusionslosen Realisten. Brücke hatte die schönen Künste auch nie ganz aufgegeben. Seine Bücher über die »Theorie der bildenden Künste«, »Die Darstellung der Bewegung durch die bildenden Künste« und die »Physiologie der Farben für die Zwecke der Kunstgewerbe« hatten ihm Anerkennung als Autorität auf diesem Gebiet eingetragen.

Professor Ernst Brücke war 1849 von Königsberg an die Wiener Universität berufen worden. Da ganz Europa ihn umwarb, erhielt er das sagenhafte Gehalt von zweitausend Gulden im Monat und eine geräumige Dienstwohnung in dem einem Palais ähnelnden Josephinum, mit herrlichem Blick über die Stadt. Aber Professor Brücke war nicht nach Wien gekommen, um es sich gutgehen zu lassen oder die Aussicht zu bewundern. Er gab sein luxuriöses Quartier auf, übersiedelte in die alte Waffenfabrik an der nächsten Straßenecke, wo es weder fließendes Wasser noch Gas gab und ein Faktotum nicht nur für die Versuchstiere sorgte, sondern auch das Wasser eimerweise aus dem Brunnen hereinschleppen mußte. Mit eisernem Willen und unermüdlicher Hingabe verwandelte der Professor das alte, verfallene Gemäuer nach und nach in das bedeutendste Physiologische Institut Mitteleuropas. Erst drei Jahre bevor Sigmund hier seine erste Vorlesung belegt hatte, waren Wasser- und Gasleitungen in das Gebäude gelegt worden.

Professor Brücke saß hinter seinem Arbeitstisch und betrachtete Sigmund mit seinen kalten blauen Augen, die in der ganzen Universität so sehr gefürchtet waren. Studenten, die einen Verweis einstecken mußten, behaupteten, ein Blick aus diesen Augen könne eine ganze Ladung Donaufische einfrieren lassen. Auf dem Kopf des Professors thronte wie immer ein seidenes Barett. Um die Knie hatte er sich ein schottisches Plaid gewickelt. In der Ecke des Zimmers stand der riesige Regenschirm, den er auch an wolkenlosen Sommertagen stets bei sich trug, wenn er sich auf seinem allmorgendlichen Spaziergang über den Ring vom Fortgang der Bauarbeiten am neuen Parlament – griechisch, nach Athener Vorbild –, am Rathaus – flämisch, nach dem Muster des Brüsseler Rathauses –, den beiden einander gegenüberliegenden Museen, dem Kunsthistorischen und dem Naturhistorischen – im Stil der italienischen Renaissance –, und anderen Baulichkeiten überzeugte. Professor Brücke genoß den Ruf eines außerordentlich kühnen und wagemutigen Forschers. Es gab nur drei Dinge, die er fürchtete: die Diphtherie, die seine Mutter und seinen kleinen Sohn dahingerafft hatte, den Rheumatismus, der seine Frau zum Krüppel gemacht hatte, und die Tuberkulose, die in seiner Familie grassierte.

Sigmund hatte Professor Brücke nie als kalt empfunden. Nur zweimal in all den Jahren hatte er von ihm einen Tadel einstecken müssen. Das erstemal war er eine Minute nach acht Uhr im Laboratorium erschienen und mußte

sich von Brücke sagen lassen: »Auch wer nur ein bißchen verspätet zur Arbeit erscheint, ist eben doch schon zu spät dran.« Der junge Sigmund war niedergeschmettert.
Das zweitemal hatte er eine Entdeckung auf dem Gebiet der Färbung von Nervenfasern vorläufig beiseite gelegt, um den Gedanken noch reifen zu lassen.
»Reifen lassen!« hatte Professor Brücke zornig ausgerufen. »Das ist doch nur eine beschönigende Bezeichnung für sich drücken!«
Aber solche Verweise waren noch gar nichts im Vergleich zu der Zigarre, die Sigmunds Nachbar in der nächsten Labornische einmal einstecken mußte. Der Student hatte in einer Arbeit geschrieben: »Oberflächliche Beobachtung ergibt . . . « Zornig hatte Brücke daraufhin quer über die Seite geschrieben: »Man soll nicht oberflächlich beobachten!«
Sigmund wußte, daß er diese schwierige Unterhaltung selbst eröffnen mußte. Professor Brücke hatte schon in jungen Jahren die Fähigkeit zu leichterer Konversation verloren und sie niemals wiedererlangt.
»Herr Hofrat, in meinem Leben ist ein grundlegender Wandel eingetreten. Erst am letzten Samstag hat mir die junge Dame, die ich liebe, zu erkennen gegeben . . . Es kam ganz plötzlich, ich war selbst überrascht. Natürlich sind wir noch nicht verlobt, und eine Heirat liegt in weiter Zukunft . . . Aber ich bin fest überzeugt, daß ich an der Seite dieser Frau mein Glück finden werde.«
»Herzlichen Glückwunsch, Herr Doktor.«
»Herr Hofrat, Sie werden mich sicherlich nicht der Schmeichelei zeihen, wenn ich Ihnen sage, daß ich in Ihrem Institut volle Zufriedenheit gefunden habe und Menschen, die ich sehr schätze: Sie, Herr Hofrat, dann die Herren Professoren Fleischl und Exner . . . «
Brücke schob sich das Barett tiefer in die Stirn. Das tat er immer dann, wenn ihm keine passende Erwiderung einfiel. Sigmund holte tief Luft und sprang ins kalte Wasser.
»Um mich verloben und ernsthaft an eine Heirat denken zu können, muß ich an der Universität eine meiner Arbeit entsprechende Position und die Möglichkeit der Beförderung finden. Könnten Sie mich der Medizinischen Fakultät für die Stelle Ihres Assistenten vorschlagen? Ich weiß, daß der Anfang bescheiden sein wird, aber hier hätte ich doch zumindest die Möglichkeit, einen Beitrag zu leisten, der Ihrer Unterweisung und Ihres Vertrauens in mich würdig wäre.«
Brücke schwieg. Sigmund spürte, wie er nach passenden Worten suchte und sie wieder verwarf. Er betrachtete Brückes fast glattrasiertes Gesicht, die hohen Backenknochen, die kräftigen, vollen Lippen, das runde Kinn, die trotz seines Alters immer noch schönen Augen. Sigmund hatte oft das Gefühl, daß Brücke ein leidenschaftlicher Mann war, der ständig darum kämpfte, seine Gefühle im Zaum zu halten.

»Immer schön eins nach dem andern, Herr Doktor. Möchte ich Sie als meinen Assistenten haben? Sicherlich. Aber kann ich Sie als meinen Assistenten einstellen? Leider nicht.«

Sigmund sank das Herz tiefer. Ein Gedanke zuckte ihm durch den Kopf: Als Physiologe müßte ich genau wissen, was jetzt in mir vorgeht. Aber ich weiß es nicht.

»Warum können Sie mich nicht empfehlen, Herr Professor?« fragte er.

»Weil die Bestimmungen der Medizinischen Fakultät es mir nicht gestatten. Dem Institut stehen nur zwei Assistentenstellen zu. Es würde einen jahrelangen Kampf kosten, das Ministerium dahin zu bringen, daß es eine dritte genehmigt.«

Sigmund wurde übel. Hatte er dieses Hindernis nicht von Anfang an gekannt und sich nur etwas vorgemacht?

»Dann ist hier für mich also kein Platz?«

»Weder Fleischl noch Exner werden das Institut jemals verlassen. Bis ich eines Tages sterbe und einer von ihnen an meine Stelle tritt, müssen sie als meine Assistenten weiterarbeiten, für zweihundert Gulden im Monat.«

»Aber sie könnten doch als Ordinarien an eine andere Universität berufen werden, nach Heidelberg oder Berlin oder Bonn . . . «

Brücke kam um seinen Arbeitstisch herum und blieb vor seinem Lieblingsschüler stehen. Seine Stimme klang väterlich.

»Mein lieber Freund, geht es denn wirklich nur darum, ob Sie hier eine Assistentenstelle bekommen können? Liegt das Problem nicht wesentlich tiefer? Bei der gegenwärtigen Sachlage ist die reine Wissenschaft nur etwas für die Reichen. Die Exners und die Fleischls sind seit Generationen sehr vermögend. Da ist man von keinem Gehalt abhängig. Sie aber haben mir erzählt, wie sehr Ihr Herr Vater zu kämpfen hatte, um Ihnen das Studium zu ermöglichen. Haben sich denn Ihre häuslichen Verhältnisse so sehr gebessert?«

»Nein. Die Schwierigkeiten sind nur noch größer geworden. Mein Vater wird alt. Ich muß allmählich daran denken, meine Eltern und meine Schwestern zu unterstützen.«

»Meinen Sie nicht, Herr Doktor, daß Sie dann einen anderen Weg finden müßten? Selbst wenn es mir gelänge, auf das Ministerium einigen Druck auszuüben, könnten Sie in den ersten vier oder fünf Jahren bestenfalls mit hundert bis hundertzwanzig Gulden im Monat rechnen. In reiferen Jahren würden Sie dann etwas mehr verdienen – es sei denn, Exner und Fleischl wären beide nicht mehr am Leben, und die Medizinische Fakultät würde Sie als Direktor berufen, anstatt sich von auswärts einen klingenden Namen zu holen.«

Sigmund wurde es schwarz vor den Augen, als hätte ihm ein Tintenfisch seinen Saft hineingespritzt. Professor Brücke arbeitete seit dreiunddreißig Jahren an der Wiener Universität, lange genug, diese besondere Art der

Verbitterung zu durchschauen. Er wußte auf der Stelle, was Sigmund dachte.
»Nein, Herr Kollege! Das ist kein Antisemitismus. An unserer Medizinischen Fakultät haben wir eine Reihe von Juden. Antisemitismus? In den Studentenverbindungen vielleicht. Aber eine erstklassige medizinische Ausbildungsstätte kann man nicht auf dem Unrat religiöser Vorurteile aufbauen. Professor Billroths unglückselige Ausfälle, die ich von ganzem Herzen bedauere, waren eine Ausnahme.«
Sigmund mußte an Billroths »Über das Lehren und Lernen der medizinischen Wissenschaften an den Universitäten der deutschen Nation« denken. In einem Kapitel dieses Buches hatte Billroth abfällige Bemerkungen über die Eignung jüdischer Medizinstudenten gemacht.
Aber Professor Brücke fuhr bereits fort, bewegter und gesprächiger, als es sonst seine Art war: »Ich verkörperte die drei Dinge, die das katholische Österreich am meisten haßt: Ich war Protestant, Deutscher und noch dazu Preuße. Dennoch wurde ich schon nach einem Jahr in die Akademie der Wissenschaften gewählt. Zum erstenmal in der Geschichte wurde ein Deutscher erst Dekan der Medizinischen Fakultät und dann Rektor der Universität. Sie sind ein zu begabter Mann, als daß Sie sich die Flucht in den Gedanken an Antisemitismus leisten könnten.«
»Danke, Herr Hofrat. Aber was soll ich tun, wenn ich mir hier meinen Lebensunterhalt nicht verdienen kann? Es gibt keine andere Fakultät, in der ich . . .«
Brücke schüttelte den Kopf, nahm das Barett ab und wischte sich den Schweiß von der Stirn. Erst jetzt wurde Sigmund bewußt, welcher Aufruhr der Gefühle auch seinen Mentor bewegte. Brücke trat ans Fenster und wandte dem jungen Mann seinen breiten Rücken zu. Er starrte hinunter zur Ecke der Berggasse, wo sich die breite Straße bis an den Kai und den Kanal hinzog. Der Singsang einer Bäuerin mit buntem Kopftuch klang zum Fenster herauf: »Lavendel! Duftender Lavendel! Wer braucht schönen duftenden Lavendel?«
Als sich Brücke wieder umdrehte, war der heitere Ausdruck in die guten Augen zurückgekehrt.
»Sie werden das tun, was alle jungen Ärzte tun, wenn sie über kein privates Einkommen verfügen: Praktizieren. Patienten behandeln.«
»Ich möchte aber nicht als Mediziner praktizieren. Das hatte ich niemals vor. Ich habe mich nur deshalb für die Medizin entschieden, weil ich Wissenschaftler werden wollte. Zum andern gehört Talent, ein Gefühl für die Kranken . . . «
Brücke setzte sich wieder an seinen Platz und zog sich das dicke Plaid über die Knie, obwohl es im Zimmer drückend heiß war.
»Aber Herr Doktor, bleibt Ihnen denn etwas anderes übrig? Wenn Sie heiraten wollen? Die junge Dame verfügt über keine Mitgift?«

»Ich glaube nicht.«
»Dann werden Sie ins Krankenhaus zurückkehren müssen, um sich in allen Disziplinen noch gründlicher auszubilden. Dann kann aus Ihnen nicht nur ein fähiger, sondern auch ein erfolgreicher Arzt werden. Sie sind noch jung, Sie können sich umstellen. Sie werden kaum mehr als vier Jahre Krankenhauspraxis benötigen, bis Sie sich habilitieren: Der Titel Privatdozent kommt einem sehr zugute, wenn man sich niederläßt. Und Wien braucht gute Ärzte.«
Sigmund murmelte: »Vielen Dank, Herr Hofrat. Grüß Gott.«
»Grüß Gott.«

5

Er lief blindlings die Währinger Straße hinauf, vorbei an dem Seiteneingang zum Krankenhauskomplex, der von Studenten, Ärzten und dem Personal benutzt wurde. Hinter dem Torbogen ragte ein runder, fünfstökkiger Turm aus grauem Stein auf – der Narrenturm.
»Da gehör' ich hin«, murmelte er. »In eine der Zellen, an die Mauer gekettet. Verrückte sollte man nicht frei herumlaufen lassen.«
Durch Wien gehen – das war für ihn nun kein erhebendes Erlebnis mehr. Jeder Buckel des Pflasters ließ seine Sohlen schmerzen, während das Chaos seiner Gedanken und Selbstvorwürfe das Zentralnervensystem peinigte, das er bei Tieren auf dem Laboratoriumstisch so erfolgreich freigelegt hatte.
Er dachte: Wir wissen, daß der Gesichtssinn vom Hinterhauptslappen und das Gehör vom Schläfenlappen gesteuert werden. Eigentlich bin ich genau der richtige Mann, herauszufinden, welcher Lappen des Vorderhirns für die Dummheit zuständig ist!
Benommen rannte er weiter durch die Hirschengasse und die Grinzinger Allee zum Wienerwald. Wie viele Generationen von Wienern hatten schon ihre überschäumende Freude und ihre drückenden Sorgen in diesen dichten Wald getragen. Das Dorf Grinzing, in dem es von geschäftigen Hausfrauen mit dem Einkaufskorb am Arm wimmelte, zog sich hinauf bis zu den unteren Weinbergen, in denen auch Pfirsich- und Aprikosenbäume gepflanzt waren. Grüne Kränze über den Eingängen zu den Heurigenstüberln zeigten an, daß die Winzer hier im Garten unter einer mächtigen Kastanie ihren Heurigen ausschenkten. Er stammte von Reben, die schon seit zweitausend Jahren im Windschatten des Wienerwaldes gediehen, längst bevor römische Legionäre die keltische Ansiedlung besetzten, die dann Vindobona genannt wurde. Aber er kehrte nicht ein.
Ein schattiger Pfad wand sich den Hügel hinauf. Doch in Sigmund Freud brannte das Feuer tödlicher Verzweiflung. Die unterschiedlichsten Ge-

fühlswallungen schüttelten ihn: Scham, Wut, Niedergeschlagenheit, Verwirrung, Angst, Verzweiflung, Sorge. Jede dieser Seelenqualen überfiel ihn einzeln und hinterließ in seinem Mund einen anderen galligen Geschmack.

Er verließ den Pfad, den die Einheimischen benutzten, und stolperte durch den dichten Wald bergan. Silberbirken und Fichten umgaben ihn, deren Wurzeln ein Jahrhundert weit zurückreichten. Stille hüllte ihn ein. Das tiefe Schweigen wurde nur gelegentlich durch den Ruf eines Vogels oder die ferne Axt eines Holzfällers unterbrochen. Das Blattgrün eines Waldes ist angeblich das beste Absorptionsmittel – es vermag, so heißt es, auch den größten menschlichen Kummer aufzunehmen, ohne daß Blätter und Nadeln verwelken. Aber heute konnten ihm die herrlichen Bäume keine Erlösung bringen. All die Jahre hindurch hatte das üppige Frühlingslaub, das Gefühl, in einen hütenden Mutterleib zurückgekehrt zu sein, der alle schützt und die feindliche Welt abwehrt, ihm den Seelenfrieden geschenkt. Heute half das alles nichts. Verzweiflung und Wut stürmten abwechselnd auf ihn ein.

Er erreichte den Gipfel des Kahlenbergs mit der Gartenwirtschaft. Hier saßen die Leute, aßen aus ihren Rucksäcken mitgebrachte Butterbrote und tranken Krüge von Goesser-Bier, das die Kellner auf riesigen Tabletts heranschleppten. Über zwölf Kilometer hatte er bergauf zurückgelegt und war durstig und müde. Dennoch schlug er ohne Pause den Gipfelpfad zum Leopoldsberg mit seiner Ruine ein. Unter ihm lag Wien, eingebettet zwischen Wienerwald und Donau. Im Süden ragten die Alpen als Mauer auf dem Weg nach Italien auf, im Osten erstreckte sich die wellige Donauniederung bis nach Ungarn hinein. Durch dieses Einfallstor waren Eindringlinge aus Asien gekommen, Hunnen, Avaren, Magyaren und Türken, und hatten die Kaiserstadt belagert, manchmal auch überrannt. Aber das Elend in seiner Brust machte ihn blind. Er war in einen Morast von Selbstmitleid gestürzt. Wie konnte er sich mit Martha verloben – jetzt, wo seine Zukunft so sehr im Dunkeln lag? Wie sollte er ihr diese unvorhergesehene Niederlage beibringen, ihr sagen, daß sein Plan, Wissenschaftler zu werden, zunichte gemacht war? Wie sollte er in den nächsten Jahren sich selbst, geschweige denn seine Familie ernähren? Wie sollte er die vier Jahre Krankenhausausbildung durchstehen? In der Chirurgie war er ungeschickt; die Dermatologie hatte er immer als langweilig empfunden; was die Innere Medizin betraf, brachte er wenig diagnostisches Geschick mit; über Nervenkrankheiten wußte er nur, was ihm sein Freund Dr. Josef Breuer beigebracht hatte. Die Psychiatrie – und das bedeutete bei Professor Meynert in erster Linie Hirnanatomie – versprach interessant zu werden; er hatte bei Meynert bereits klinische Psychiatrie gehört; der Professor mochte ihn, bei ihm könnte man alles lernen, was man über das Problem der Lokalisation wissen mußte. Aber was konnte ihm eine solche

Ausbildung schon nützen, da die Patienten, die seine Praxis aufsuchen würden, ganz bestimmt nicht bereit waren, ihre Schädeldecken abzunehmen, damit er ihre Hirnwindungen studieren konnte?
Auf dem Rückweg zum Kahlenberg bog er in einen schmalen, tiefgefurchten Karrenweg ein, der nach Klosterneuburg führte. Am Fuß des Berges angekommen, schmerzte ihn jeder einzelne Muskel seines Körpers. Er kehrte der Straße zum Kloster den Rücken und machte sich entlang dem Donauufer auf den Heimweg. Hin und wieder hielt er inne und kühlte sein glühendes Gesicht mit dem frischen Wasser. Er hatte noch mehrere Stunden Weges vor sich, aber etwas war ihm inzwischen klargeworden: Er mußte Schluß machen mit der Selbstkasteiung, der Verzweiflung und vor allen Dingen mit den Verwünschungen gegen Universität, Medizinische Fakultät, Allgemeines Krankenhaus und Ministerium – all den Vorwürfen, denen er die Zügel hatte schießen lassen. Ein Mann hat selbst dann die Zähne zusammenzubeißen und keinen Laut der Klage von sich zu geben, wenn die siebenschwänzige Katze auf den bloßen Rücken herabsaust. Es gibt immer wieder einen neuen Tag. Hat der Mensch denn eine andere Wahl?

Es war bereits später Nachmittag, als er sich auf den Weg zu Dr. Josef Breuer, seinem Vertrauten und engsten Freund, machte. Er war innerlich wie ausgebrannt.
Breuer war wegen seiner »goldenen Hand« berühmt und Hausarzt der meisten Angehörigen der Wiener Medizinischen Fakultät. Das machte ihn zu einem der geschätztesten Ärzte in ganz Österreich-Ungarn. Sein Ruhm begründete sich auf seine diagnostischen Fähigkeiten. In der Fakultät hieß es, er habe einen sechsten Sinn für die verborgenen Ursachen von Krankheiten. Und Bürger gar glaubten, Dr. Breuers Wissen entstamme einer besonderen himmlischen Gabe. Es verwunderte die Wiener zwar, daß ihr katholischer Herrgott ausgerechnet einem Juden die Natur ihrer Krankheiten offenbarte, doch wer Heilung suchte, ließ sich nicht durch theologische Erwägungen beirren.
Josef Breuer war ein Mann von echter Bescheidenheit. Wenn ihm jemand übernatürliche Gaben andichtete, pflegte er zu antworten: »Unsinn! Alles, was ich weiß, habe ich von meinem verehrten Chef gelernt, Professor Oppolzer von der Inneren Medizin.«
Er hatte tatsächlich viel von Oppolzer gelernt, der Breuer schon in seine Klinik aufgenommen hatte, als dieser erst ein zwanzigjähriger Medizinstudent war. Fünf Jahre später machte Oppolzer ihn zu seinem persönlichen Assistenten und bereitete den jungen Mann systematisch auf seine künftige Aufgabe als seinen Nachfolger vor. Doch als Oppolzer 1871 starb, war Breuer erst neunundzwanzig. Und so suchte die Fakultät außerhalb der eigenen Reihen einen älteren, erfahrenen Mann als Nachfolger für den

Lehrstuhl, nämlich Professor Bamberger, der in Prag und Würzburg gelehrt hatte. Über das, was dann geschah, schwieg sich Breuer aus. Vielleicht kündigte er aus Enttäuschung, vielleicht wurde er auch von Professor Bamberger, der sich seine Assistenten selbst aussuchen wollte, entlassen. Jedenfalls eröffnete Breuer eine Privatpraxis, während er gleichzeitig in Professor Brückes Laboratorium seine Forschungsarbeiten über die Flüssigkeit in den Bogengängen des inneren Ohres fortsetzte, die nach seinen Erkenntnissen von entscheidender Bedeutung für die Steuerung der Kopfbewegungen war. Hier war er zwar nur inoffiziell tätig, aber es gelangen ihm wichtige Entdeckungen über das Labyrinth als Organ des Gleichgewichtssinnes. Hier freundete er sich rasch mit Fleischl und Exner an, und hier lernte er auch den um vierzehn Jahre jüngeren Sigmund Freud noch vor dessen Promotion kennen. Breuer machte es sich zur Gewohnheit, Sigmund häufig zum Essen mit nach Hause zu nehmen. Seine Frau Mathilde und die Kinder nahmen Sigmund bereitwillig in den Kreis der Familie auf – er trat an die Stelle von Josefs jüngerem Bruder Adolf, der einige Jahre zuvor gestorben war.
Die Familie Breuer wohnte in der Brandstätte Nr. 8, mitten in der Altstadt, nur zwei Häuserblocks vom Stephansplatz und den vornehmen Geschäften der Kärntner Straße und Rothenturmstraße entfernt. Von Breuers Wohnung aus konnte man den edlen gotischen Spitzturm an der Seite des Stephansdoms und die beiden romanischen Türme links und rechts vom Portal sehen, aber auch das steil ansteigende Dach mit dem charakteristischen Mosaik der Dachschindeln. Hier hörte man aus unmittelbarer Nähe den Ton der mächtigen »Pummerin«, die vor Feuersbrünsten warnte und die Gläubigen zur Andacht rief. Im Jahre 1144 war mit dem Bau des Gotteshauses begonnen worden. Damals stand es noch außerhalb der frühmittelalterlichen Stadtmauern. So wurde der Stephansdom ebenso wie die Stadt, deren Wahrzeichen er bildete, zu einem faszinierenden Potpourri aus sieben Jahrhunderten Architektur.
So majestätisch das Innere des Doms wirkte, so sachlich war eigentlich die Fassade. Hier konnte man noch die Kanzel an der Außenmauer sehen, von der aus die Gläubigen ermahnt wurden, die heidnischen Türken zu vertreiben. Hier hing ein Kruzifixus mit so schmerzverzerrten Zügen, daß sich die weniger Andächtigen unter den vorbeigehenden Schäfchen unwillkürlich bekreuzigten und ihn insgeheim den »Zahnwehherrgott« nannten. Hier gab es einen steinernen Betschemel für jene, die es besonders eilig hatten, zum Frühschoppen ins nächste Café zu gelangen, und hier wurde sogar über die kaufmännische Rechtschaffenheit im Kaiserreich gewacht: An einem in den Stein gehauenen Kreis konnten die Käufer abmessen, ob ihr Laib Brot die vorgeschriebene Größe hatte, und an der eingemeißelten Elle konnten sie sich davon überzeugen, daß sie beim Stoffeinkauf auch nicht um eine Daumenbreite betrogen worden waren.

Der Portier des Wohnhauses schob ein winziges Glasfenster in der Tür seiner Erdgeschoßwohnung zurück und lud Sigmund mit einer Handbewegung zum Eintreten ein. Er stieg die Treppe hinauf und läutete die Glocke über Dr. Josef Breuers hübschem bronzenem Türschild. Ein Dienstmädchen ließ ihn ein. Zu seiner Überraschung sah er in dem geräumigen Vorraum eine Reisekiste und mehrere gepackte Kleiderkoffer stehen.

Als Mathilde Breuer seine Stimme hörte, kam sie ihn rasch begrüßen. Sie war eine Frau von sechsunddreißig Jahren mit freundlichen, offenen Zügen, hellem Teint, rauchgrauen Augen und reichem, kastanienbraunem Haar, das sie hoch aufgesteckt trug. Obgleich sie erst vor drei Monaten ihr fünftes Kind geboren hatte, war sie schon wieder so schlank wie stets.

Nur ihre ansteckende Fröhlichkeit hatte sie nicht wiedererlangt. Schon vor der Geburt ihres Kindes war Sigmund aufgefallen, daß Mathilde stiller und bedrückter erschien. Die ganze Atmosphäre im Haus war anders, gedämpfter geworden. Er schrieb diese Veränderung der physischen Belastung durch ihre fünfte Schwangerschaft zu und hielt es für richtiger, nicht mehr so häufig vorbeizukommen. Doch sowohl Josef als auch Mathilde machten ihm deshalb Vorwürfe und gaben ihm zu verstehen, daß er sie in der Stunde der Prüfung nicht im Stich lassen dürfe.

Nun aber schien alles sich geändert zu haben. Mathildes Augen glänzten, als sie ihn mit ihrer altgewohnten Heiterkeit und Energie begrüßte.

»Doktor Freud, wir fahren nach Venedig! Josef und ich machen vier Wochen Ferien. Ist das nicht herrlich?«

»Das freut mich für Sie. Wann geht denn die Reise los?«

»In ein paar Tagen . . . « Sie brach mitten im Satz ab. »Was ist denn mit Ihnen los? Sie sind voller Staub, und Sie schauen ja ganz verschmachtet aus.«

»Ich faste und büße. Ich hab' heute meinen Jom kippur.«

»Und worin haben Sie gesündigt?«

»Ich habe mich der Selbsttäuschung hingegeben.«

»Josef würde Sie jetzt vor allen Dingen in die Badewanne schicken. Dort können Sie Ihre Schuld am besten abwaschen. Wir haben noch genug heißes Wasser auf dem Herd stehen.«

Die klobige Wanne stand auf vier Löwenfüßen. Das Dienstmädchen brachte in breiten Korbflaschen heißes Wasser herein und reihte sie auf dem Fußboden unter der Petroleumpumpe auf. Als sie das Badezimmer verlassen hatte, schloß Sigmund die Pumpe an die erste Flasche an und zog sich aus, während das Wasser durch die Leitung hinter der Badewanne einfloß. Seine schmutzige Wäsche legte er auf einen Stuhl vor der Tür. Er wußte, daß sie gegen frische Wäsche von Josef ausgetauscht wurde. Dann schloß er die letzte Wasserflasche an, legte sich flach in die Wanne, ließ sich das heiße Wasser aus der Leitung über den Kopf laufen und schrubbte sich ab.

Das warme Bad löste nicht nur seine verkrampften Glieder, sondern auch die innere Spannung. Er fragte sich, ob man nicht einen guten Teil der Weltprobleme in einer Badewanne lösen könnte. Seine eigene Familie hatte niemals eine Badewanne besessen. Als Sigmund, seine fünf Schwestern und sein Bruder Alexander noch Kinder waren, brachten an jedem zweiten Freitag stämmige Dienstmänner aus der nahegelegenen Badeanstalt einen hölzernen Zuber und Eimer mit heißem und kaltem Wasser angeschleppt. Sie wurden auf den Steinfliesen der Küche abgestellt. Dann seifte Mutter Freud die Kinder der Reihe nach ab und tauchte sie einmal unter. Am nächsten Morgen kamen die beiden starken Männer wieder und holten Zuber, Eimer und ihren Lohn ab. Im Sommer badete Sigmund mit seinen Freunden in der Donau. Im Winter suchte er das neuerbaute »Tröpferlbad« auf. Dort konnte er für fünf Kreuzer duschen, während seine Mutter im angrenzenden Badehaus eine Kabine mit einer Wanne und einem bullernden Ofen in der Ecke mietete. Die Schwestern brachten sich Äpfel mit und legten sie oben auf den Ofen, wo sie brieten, während sie sich einseiften.

Es klopfte an der Tür. Breuers Stimme rief:

»Kommen Sie bitt'schön heraus, mein Lieber. Mathilde richtet uns das Nachtmahl oben in der Praxis. Sie sagt, wir dürfen in Hemdsärmeln essen.«

6

Er trocknete sich ab und zog sich wieder an. Dabei spürte er den leisen Duft der Lavendelblüten, die Mathilde in kleinen Leinensäckchen zwischen Josefs Wäsche legte. Als er fertig war, ging er hinauf in Josefs Praxis.

Breuer trug einen sorgfältig gestutzten schwarzen Bart, der zu den gewaltigsten von ganz Wien zählte. Vielleicht wollte er damit seine vorzeitige Glatze wettmachen.

»Mathilde hat mir gesagt, daß Sie vorhin ziemlich niedergeschlagen ausgesehen haben. Zermalmt, sagte sie wörtlich. Was ist passiert?«

Zum erstenmal an diesem Tag mußte Sigmund lächeln. Josefs letzte Bemerkung war durchaus wörtlich zu nehmen: Seine Ohren standen wie die Henkel einer Wasserkanne zu beiden Seiten vom Kopf ab. Niemand wäre auf den Gedanken gekommen, Josef als einen schönen Mann zu bezeichnen, doch aus seinen Augen sprach eine seltene Mischung von Kraft und Zartgefühl.

Josefs Arbeitsraum gleich neben dem Laboratorium war klein und enthielt nur einen Schreibtisch. Das Dienstmädchen hatte über ein Anstelltischchen ein frischgestärktes weißes Tuch gebreitet und das Abendessen serviert: Kaltes Huhn vom Mittag, ein paar kalte Beilagen, eine Flasche Gießhübler Mineralwasser und einen halben, mit Staubzucker bestreuten Gugelhupf.

Nachdem sich Sigmund zwei Scheiben Hühnerbrust und ein »Boanderl« einverleibt hatte, lehnte er sich in seinem Sessel zurück und betrachtete Josefs Hakennase und die struppigen Augenbrauen. Jede Nuance von Josefs Mienenspiel war ihm vertraut, da er mit ihm Hunderte von Stunden in einem Fiaker durch Wien und Umgebung gefahren war, wenn Dr. Breuer seine Krankenvisiten machte.

»Lieber Doktor Breuer, es freut mich, daß Mathilde wieder vergnügter ist.«

»Wir fahren für vier Wochen nach Venedig und holen die Flitterwochen nach.«

»Genau die richtige Kur. Was war denn los? Oder ist diese Frage indiskret?«

»Jetzt, wo alles vorbei ist, kann ich es Ihnen ja sagen. Es ging um Bertha Pappenheim. Das ist ihr richtiger Name. Ich habe sie immer nur Anna O. genannt und behandle sie jetzt seit zwei Jahren. Mein erstaunlichster Fall, jedenfalls auf dem Gebiet der Neurologie.«

»Ist das der Fall Ihrer englisch sprechenden Patientin, die Ihre Therapie als ›talking cure‹ bezeichnet – merkwürdig genug als ›Redebehandlung‹?«

»Ja. Fräulein Pappenheim nennt es auch ›chimney-sweeping‹, ›Kaminkehren‹. Nun – in den letzten Monaten meinte Mathilde, ich sei zu viel mit Fräulein Bertha zusammen. Das stimmt natürlich nicht, denn sie brauchte mich. Aber offenbar hab' ich zu viel über sie gesprochen. Ich konnte einfach nicht anders, wissen Sie, denn ich erzielte geradezu phantastische Resultate, indem ich sie hypnotisierte und so die Symptome ihres Leidens beseitigte. Aber das ist jetzt ausgestanden. Heute morgen hab' ich sie für geheilt erklärt und bin dann schnurstracks heimgelaufen, um Mathilde zu sagen, daß sie die Koffer packen soll. – So, aber nun will ich hören, was mit Ihnen los ist.«

Sigmund erzählte ganz ruhig seine Geschichte: Wie Martha ihm zu erkennen gegeben hatte, daß sie ihn liebte, und wie er den Entschluß faßte, Professor Brücke nach einer Assistentenstelle zu fragen; daß der Professor ihm daraufhin erklärte, die akademische Laufbahn sei nichts für ihn, er müsse seine Ausbildung im Allgemeinen Krankenhaus vervollkommnen, ein paar Jahre als Sekundararzt arbeiten und dann eine Praxis eröffnen.

»Martha Bernays aus Hamburg? Die Tochter von Berman Bernays, der Privatsekretär bei Professor von Stein war?« fragte Josef.

»Ja. Er ist vor zwei Jahren gestorben.«

»Ich weiß. Ich habe bei von Stein Wirtschaftsgeschichte gehört.«

»Doktor Breuer, ich muß Ihnen gestehen, daß dies der schrecklichste Tag in meinem ganzen Leben war. Ich sehe einfach keinen Ausweg mehr.«

Breuer schien dieses Bekenntnis in keiner Weise zu erschüttern.

»Gibt es auch nicht«, sagte er. »Es gibt nur einen Weg *hinein*! Sie haben mir doch gesagt, Sie möchten lieber generell gegen die Krankheiten ankämpfen und sie ausrotten, als individuelle Schmerzen lindern. Dieses Ideal hatte in meinen Augen immer etwas Messianisches an sich.«

»Ist messianischer Eifer denn etwas Schlechtes, wenn man damit den Fortschritt fördert?«
»Keineswegs. Aber das muß ein Resultat und nicht ein Ausgangspunkt sein. Wissen Sie was, lieber Freund? Ich habe schon vor langer Zeit unter der Maske Ihrer Schüchternheit einen außerordentlich mutigen und furchtlosen Menschen entdeckt.«
Sigmund starrte seinen Freund offenen Mundes an und erwiderte: »Das dachte ich wohl auch. Aber was hilft mir das bei meinem gegenwärtigen Malheur? Ich hab' doch immer nur die Universitätskarriere vor mir gesehen, bei der ich meine ganze Zeit der Forschung und Lehre widmen kann. Wirklich heimisch fühle ich mich nur dort, wo ich Anregung durch immer neue Ideen bekomme. Und nie wollte ich gegen die Konkurrenz um meine Existenz kämpfen müssen.«
»Ihnen ist also das Kloster lieber.«
»Ja. Nur ist die Universität ein Kloster, in dem nach dem Wissen der Zukunft gesucht wird und nicht nach längst begrabenen Dingen aus der Vergangenheit. Und ehrlich gesagt, hab' ich kein Verhältnis zum Geld.«
»Haben Sie nichts fürs Geld übrig, oder wollen Sie nur nicht ans Geldverdienen denken?«
Sigmund wurde anständigerweise rot. Breuer war nämlich oft genug eingesprungen, wenn Sigmunds finanzielle Lage verzweifelt wurde. Er hatte dann immer erklärt, da er ja selbst über ein reichliches Einkommen verfüge und Sigmund noch nicht einmal angefangen habe, müsse er das Recht haben, ihm das Leben erträglicher zu machen. Sigmund führte peinlich genau Buch über die Summe, die er Breuer schuldete. Es waren inzwischen mehrere hundert Gulden, aber nach Lage der Dinge mußten noch Jahre vergehen, ehe er mit der Rückzahlung anfangen konnte.
»Lieber Doktor Freud, Sie sind zwar überzeugend für die akademische Laufbahn eingetreten, aber sie würde Sie kaum für längere Zeit befriedigen. Die Freiheit würde Ihnen fehlen. Sie müßten sich ständig akkommodieren. Radikal dürften Sie immer nur innerhalb eines sehr engen Rahmens sein. Immer hätten Sie jemanden über sich, der Ihnen Vorschriften macht und bestimmt, was eiligst veröffentlicht werden muß – und was in den Papierkorb gehört, weil es gewissen Leuten gegen den Strich geht.«
Er stand auf und ging im Zimmer auf und ab.
»Kollege Freud, wenn Sie auf eigenen Füßen stehen wollen, dann nur so: Es ist die allererste Aufgabe der medizinischen Wissenschaft, sich mit Patienten zu beschäftigen, sie zu behandeln. Von dieser Grundlage aus, die für jeden Arzt gelten sollte, werden Sie dann größere Entdeckungen machen, als wenn Sie durch ein Mikroskop schauen. Kommen Sie einmal mit ins Laboratorium.«
Schon vor Jahren hatte Breuer die Mauer zwischen zwei aneinandergrenzenden Zimmern oben unter dem Dach herausnehmen lassen. Unter den

Fenstern, die auf einen Garten hinausgingen, stand ein langer Arbeitstisch. Die Wand daneben war bedeckt mit Käfigen für Tauben, Kaninchen und weiße Mäuse, mit denen er experimentierte. In einigen Glasgefäßen schwammen Goldfische. Überall standen und lagen elektrische Batterien, Apparate für die Elektrotherapie, Behälter mit Chemikalien, Kästen voller Präparate, Mikroskope und Blätter mit Breuers Aufzeichnungen herum.
»Herr Doktor Breuer. Sie haben wirklich hart gearbeitet!«
»Stimmt. Dieses Laboratorium ist eine Art Schaltstation. Was ich an Honoraren verdiene, stecke ich in Apparaturen und Experimente. Was ich aus den Experimenten lerne, hilft wieder meinen Patienten. Allein an der Erforschung der Bogengänge bei Tauben arbeite ich nun schon seit zwanzig Jahren. Aber was daran für Sie wichtig ist, mein junger Freund: Ich habe völlige Freiheit und kann arbeiten, experimentieren und forschen, wie es mir gefällt. Ich muß mich um meine Patienten kümmern, aber mein übriges Leben gehört nur mir allein.«
Es klopfte laut an der Tür. Mathilde trat ein. Sie hielt einen versiegelten Brief in der Hand.
»Den hat gerade ein Dienstbote der Pappenheims abgegeben.«
Breuer riß den Briefumschlag auf und erbleichte.
»Fräulein Bertha! Sie hat plötzlich heftige Magenschmerzen. Ich muß sofort zu ihr.«
»Josef, du hast mir doch versprochen, diesen Fall abzuschließen.«
»Aber nicht, solange ich noch in Wien bin.«
Mathilde schossen die Tränen in die Augen. Langsam ging sie die Stiege hinunter.
Breuer überprüfte seine schwarze Arzttasche und sagte: »Bitte, warten Sie hier auf mich. Und versuchen Sie Mathilde zu erklären . . . «
Aber Mathilde hatte sich in ihrem Schlafzimmer eingeschlossen. Sigmund ging in die Bibliothek, setzte sich in einen Lehnsessel und las die Titel der Nachschlagewerke, die am Rand des Schreibtischs zwischen schmiedeeisernen Buchständern aufgebaut waren. Es war ein gemütliches Zimmer: hohe Decke mit Stuckdekor, geschnitztes Pianoforte aus schwarzlackiertem Nußbaumholz, ein buntbemalter Bauernschrank aus dem achtzehnten Jahrhundert mit zwei silbernen Kerzenleuchtern. Überall auf den Bücherbrettern lagen archäologische Funde aus neueren Ausgrabungen.
Sigmund wußte, daß es keinen Zweck hatte, jetzt mit Mathilde zu sprechen. Sie war allzu niedergeschlagen. Andererseits blieb Josef gar keine andere Wahl, als seine Pflicht zu erfüllen. Schon Großvater Breuer hatte als Wundarzt das Dorf Wiener Neustadt und die ganze Umgebung versorgt, bis er in jungen Jahren gestorben war. Josefs Vater mußte sich aus eigener Kraft emporarbeiten. Mit dreizehn Jahren war er zu Fuß die achtzig Kilometer nach Preßburg gewandert, um dort an der Jeschina zu studieren, und mit sechzehn war er die fast dreihundert Kilometer nach Prag

gewandert, um seine Studien abzuschließen. Er war ein hervorragender Pädagoge geworden und hatte in Prag, Budapest und Wien Hebräisch sowie Kultur und Geschichte des Judentums gelehrt. Voller Stolz hatte Breuer von seinem Vater erzählt: Er habe dazu beigetragen, »das Jiddisch durch reines Hochdeutsch zu ersetzen und die Schlamperei des Gettos durch die kultivierten Sitten des Abendlandes«. Josef war von seinem Vater streng nach den Lehren des Talmud erzogen worden – er konnte gar nicht anders als moralisch handeln.

Sigmunds Gedanken beschäftigten sich jetzt mit Anna O., von der er nun wußte, daß es sich um Fräulein Pappenheim handelte. Sie war eine Schulfreundin von Martha. Ihre Familie stammte aus Frankfurt. Nach allem, was ihm Josef Breuer in den letzten zwei Jahren darüber erzählt hatte, handelte es sich wirklich um einen seltenen, faszinierenden Fall. Fräulein Bertha war mit ihren dreiundzwanzig Jahren eine ausgesprochene Schönheit und geistig ungemein rege. Ihre wohlhabenden, aber streng orthodoxen Eltern hatten ihr, nachdem sie mit sechzehn Jahren das Lyzeum absolviert hatte, jegliche Fortbildung untersagt und ihr sogar Bücher und Theaterbesuche verboten, aus Angst, ihre jungfräuliche Unschuld könnte Schaden leiden. Bertha lehnte sich in ihrer kindlichen Art gegen die triste Monotonie ihres Lebens auf, indem sie ihr »privates Theater« erfand: In Tagträumen ließ sie Geschichten lebendig werden, die von den Abbildungen zu Hans Christian Andersens Märchen ausgingen.

Im Juli 1880 war Berthas Vater erkrankt. Bertha pflegte ihn so aufopfernd, daß niemand erstaunt war, als ihre eigene Gesundheit darunter litt. Als erste Anzeichen machten sich allgemeine Schwächezustände, Blutarmut und Appetitlosigkeit bemerkbar. Der Hausarzt Dr. Breuer wurde gerufen, um einen Husten zu kurieren, aber er entdeckte bei dieser Gelegenheit eine weitaus ernstere Krankheit: Bertha litt unter »Absencen« – sie war oft geistesabwesend. Gleichzeitig hatte sie bestimmte Zwangsvorstellungen: Sie sah in ihrem Zimmer Totenschädel und Gerippe, und ihre Haarschleifen verwandelten sich in Schlangen. Sie war abwechselnd himmelhoch jauchzend und zu Tode betrübt, klagte über tiefste Finsternis in ihrem Kopf und hatte Angst, blind und taub zu werden. Auf heftige Kopfschmerzen folgten Lähmungserscheinungen in einer Gesichtshälfte, später an einem Arm und einem Bein. Ihre Sprache wurde unzusammenhängend. Erst vergaß sie einzelne Worte, dann brachte sie Syntax und Grammatik durcheinander und konnte sich nicht mehr verständlich ausdrücken. Am Ende verlor sie das Sprachvermögen völlig.

Nach einjähriger Krankheit starb ihr Vater. Bertha Pappenheim erkannte niemanden mehr, versank in tiefe Melancholie, riß sich die Knöpfe vom Nachthemd und nahm kaum noch Nahrung zu sich. Dr. Breuer machte sich Vorwürfe, er war der Verzweiflung nahe. Seine »goldene Hand« hatte vollkommen versagt, denn er konnte bei Bertha keine physischen Leiden

feststellen, und doch starb ihm dieses geistvolle, liebenswerte Mädchen unter den Händen weg, ohne daß er ihr helfen konnte.
Doch dann stieß er durch Zufall auf einen ersten Hinweis: Bertha lebte nicht im Juni und Juli 1881, in der Zeit also, in der Dr. Breuer hilflos ihrem Leiden gegenüberstand, sondern im Jahr davor, als sie ihren Vater gepflegt hatte. Breuer erkannte, daß dies eine Folge von Autohypnose war. Es gelang ihm, mit Hilfe eines Tagebuchs, das Frau Pappenheim geführt hatte, eine Bestätigung für die Flucht in die Erinnerung zu erlangen. Breuer zog daraus mehrere Schlüsse: Bertha litt an einer hysterischen Erkrankung; wenn sie sich selbst hypnotisieren konnte, dann konnte auch er sie hypnotisieren; wenn er sie dazu bringen konnte, über die Anfänge der Krankheitssymptome zu reden, dann mußte es ihm auch gelingen, sie mit Bertha durchzusprechen und ihr Mittel und Wege der Behandlung zu empfehlen.
Diese Methode erwies sich als erfolgreich. Allerdings antwortete ihm Fräulein Bertha nur auf englisch. In der Hypnose konnte sie sich wieder an die fortschreitenden Symptome erinnern. Breuer besprach sie mit ihr und »empfahl« ihr, daß sie durchaus in der Lage sei zu essen und es auch sollte, daß ihr Augenlicht und Gehör völlig gesund seien, daß ihre Lähmung verschwinden werde, sobald sie das nur wolle, und daß sie zwar ihren Vater verloren habe, daß es aber das Schicksal aller Eltern sei, irgendwann einmal zu sterben; sie könne ihr Leben normal weiterleben, ohne melancholisch werden und in den wenigen Stunden Schlaf qualvoll aufschreien zu müssen. Nach und nach beseitigte Breuer so alle Krankheitserscheinungen. Nach einiger Zeit bedurfte Bertha der Hypnose nicht mehr – sie zog es vor, sich ohne sie »auszusprechen«. Das war es, was sie »talking cure« nannte. Sie stand auf, machte Gymnastik und gewöhnte es sich auch wieder an, deutsch zu sprechen und zu lesen. Trotz einiger Rückschläge war Breuer nach zweijähriger Behandlung überzeugt, daß seine Patientin ein durchaus normales Leben führen konnte.
Wenn Breuer über diesen seltsamen Fall »Anna O.« sprach, hatte ihn Sigmund mehrmals gefragt:
»Sagen Sie, Herr Doktor Breuer, was haben Sie über die Ursachen der Hysterie festgestellt, nachdem Ihnen klargeworden war, daß die Symptome seelisch bedingt sind?«
Josef hatte dann resigniert den Kopf geschüttelt: »Sie meinen, außer dem Kummer über die Erkrankung ihres Vaters und eventueller Selbstvorwürfe, weil sie keine perfekte Krankenschwester war? Wie soll das jemand wissen? Hier kommen wir an die uns verschlossenen Bereiche der menschlichen Seele. Niemand vermag in sie einzudringen. Wir brauchen es auch nicht, wenn es uns nur gelingt, die Symptome zu beseitigen und die Gesundheit des Patienten wiederherzustellen . . . «

Breuer kam viel rascher zurück, als Sigmund es für möglich gehalten hätte. Sein Gesicht war aschfahl. Er hatte die linke Hand zur Faust geballt, als könnte er dadurch das Beben seines ganzen Körpers unterdrücken. Sigmund erschrak.
»Kollege Breuer! Die junge Dame wird doch nicht etwa tot sein?«
Breuer schenkte sich ein halbes Glas Portwein ein und trank es in einem Zug leer. Dann ließ er sich müde in seinen Sessel sinken, nahm sich eine Havanna aus der Zigarrenkiste und lud Sigmund mit einer Handbewegung ein, sich ebenfalls zu bedienen. Nach einigen beruhigenden Zügen beugte er sich über den Schreibtisch.
»Als ich hinkam, krümmte sich Bertha vor Schmerzen. Sie erkannte mich nicht. Als ich sie nach der Ursache ihrer Schmerzen fragte, antwortete sie: ›Doktor Breuers Kind kommt!‹«
»Was!«
Breuer zog ein Tuch aus der Tasche und wischte sich die Schweißtropfen von der Stirn. Sigmund starrte den Freund fassungslos an.
Aus Breuer brach es hervor: »Dabei ist sie noch Jungfrau! Sie weiß nicht einmal, wie eine Frau an ein Kind kommt.«
»Eine hysterische Schwangerschaft! Haben ihre Angehörigen es gehört?«
»Glücklicherweise nicht. Ich habe sie hypnotisiert und im Tiefschlaf zurückgelassen. Wenn sie morgen früh aufwacht, wird sie die ganze Szene vergessen haben.«
Ein Schauder durchlief Breuer. Dann rief er: »Allmächtiger Gott! Wie konnte so etwas nur passieren? Ich kann in der Seele dieses Mädchens wie in einem aufgeschlagenen Buch lesen. In dem ganzen Fall gab es niemals auch nur eine Andeutung von Sexualität . . . «
Mathilde betrat die Bibliothek. Sie sah verweint aus. Josef sprang auf und nahm sie in die Arme.
»Mein Liebling! Wollen wir morgen früh nach Venedig abreisen?«
Mathilde schoß vor Freude die Farbe in die Wangen.
»Josef, ist das dein Ernst? Ja, natürlich meinst du es ernst, ich sehe es dir an. Der Zug fährt sehr früh ab, aber ich werde bis dahin alles fertig haben.«

Sigmund schloß sich die Haustür auf, trat auf die Straße hinaus und sperrte sie hinter sich wieder zu. Dann warf er Breuers Schlüssel in den Schlitz mit der Aufschrift »Hausbesorger«. Seine eigenen Sorgen waren vergessen. Er konnte nur noch an Bertha Pappenheim denken. Ganz offenbar war Fräulein Pappenheim von einer Heilung noch sehr weit entfernt.
Wenn es stimmte, was Breuer gesagt hatte, wenn in ihrer Krankheit nicht das leiseste sexuelle Element verborgen lag – wie in aller Welt kam Bertha dann ausgerechnet auf die Idee, daß sie das Kind ihres Arztes zur Welt bringen sollte! Es standen ihr doch genügend andere halluzinatorische Bilder zur Verfügung. Und wie kam es, daß sie Dr. Breuer nicht

wiedererkannt hatte? Lag es vielleicht daran, daß sie dann nicht wie zu einem Fremden hätte sagen können: »Ich bekomme Doktor Breuers Kind«? Woraus konnte eine derartige Einbildung entstehen, wenn der Leib, den sie krampfhaft festhielt, so flach war wie ein ungesäuertes Brot?
Er ging die Kaiser-Joseph-Straße hinauf und war schon fast zu Hause angelangt, als er unwillkürlich leise lachen mußte. Er schenkte dem Hausmeister, der ihn einließ, zehn Kreuzer, weil es bereits lange nach zehn Uhr war. Als er dann den Innenhof des Mietshauses überquerte, murmelte er vor sich hin:
»Anscheinend birgt die Privatpraxis doch ein höheres Berufsrisiko, als Josef Breuer zugeben will.«

7

Am folgenden Mittag goß er sich aus einem Krug heißes Wasser in die Porzellanschüssel auf dem Waschtisch in seinem Schlafzimmer, wusch sich mit viel Seife und Geplantsche das Gesicht und rieb sich dann mit dem Handtuch, das er sich in den Hosenbund geschoben hatte, Brust, Schultern und Arme trocken. Er frottierte sich, bis die Haut prickelte, holte sich ein frisches Hemd aus dem winzigen Kleiderschrank, in dem sein zweiter Anzug hing, und schlüpfte mit einem unausgesprochenen Dankeschön für die Wäschermädel aus der benachbarten Wäscherei in das frischgestärkte, blütenweiße Leinen.
Er band sich die gute schwarze Krawatte um den weißen, steifen Vatermörder, der vorn den kräftigen Hals freigab, und betrachtete sich im Spiegel über dem Waschtisch. Er hatte sich für den bevorstehenden Anlaß nach besten Kräften feingemacht.
Der Spiegel war gerade groß genug, sein Gesicht und den Kragen mit der Krawatte zu zeigen. Wenn er sich davon überzeugen wollte, wie sein Anzug mit den dunklen Aufschlägen an der linken Schulter saß, mußte er die rechte Hälfte des Gesichts aus dem Blickfeld rücken. Aber selbst bei einäugiger Musterung war er mit dem Ergebnis zufrieden. Er war beim Friseur gewesen; sein Haar war glatt und dunkel aus der Stirn zurückgekämmt und um die Ohren ordentlich gestutzt. Der Bart bildete nur noch eine schmale Umrandung der Backenknochen. Sein Schnurrbart war unternehmungslustig aufgezwirbelt. Nach allem, was er in diesen letzten Tagen durchgemacht hatte, sah er erstaunlich gut aus.
Er räumte sein Zimmer auf, weil er hoffte, Martha nach dem Essen mit den anderen jungen Leuten, die eingeladen waren, hierher zu bringen. Er wollte ihr seine Bücher und seinen Arbeitsplatz zeigen; ein schmales, längliches Kabinett, eigentlich nur ein halbes Zimmer am äußersten Ende der Wohnung, sozusagen gegen die Mauer des Nachbarhauses gedrückt. Es

hatte aber ein Fenster zur Kaiser-Joseph-Straße. Obgleich dieses Zimmer wie ein Anhängsel wirkte, das bei der Planung der Wohnung zufällig übriggeblieben war, sicherte es ihm ein ruhiges Fleckchen, wohin er sich vor seinen heranwachsenden Schwestern zurückziehen und abends mit seinen Studienkollegen diskutieren konnte, ohne die ganze Familie wachzuhalten. In einer Ecke hatte er die Bücher und Geräte aufgebaut, die er sich aus Brückes Institut mit nach Hause genommen hatte.

Hier wohnte die Familie Freud nun seit sechs Jahren. Für ihn waren es schöne Jahre gewesen. Nach und nach hatte er sich medizinisch-wissenschaftliche Nachschlagewerke angeschafft und die Regale über seinem Schreibtisch mit Werken der Weltliteratur in sechs Sprachen gefüllt: Goethe, Shakespeare, Schiller, Balzac, Dickens, Heine, Mark Twain, Byron, Scott, Zola, Calderón, Ranke, Grillparzer, Fielding, Disraeli, Nestroy, George Eliot, Fritz Reuter. Hinzu kamen noch die griechischen und lateinischen Texte aus seiner Schulzeit im Leopoldstädter Kommunalgymnasium. Einen besonderen Ehrenplatz zwischen silbernen Bücherstützen nahm der Stolz seiner Bibliothek ein: die deutsche Ausgabe von John Stuart Mills »Essays«. Professor Brentano, bei dem Sigmund Freud Philosophie studiert hatte, hatte ihm seinerzeit die Übersetzungsrechte für einen Band vermittelt. Sigmund hatte die Übersetzung mit dreiundzwanzig Jahren ausgeführt, als er während seiner einjährigen Militärdienstzeit im Garnisonslazarett gegenüber dem Allgemeinen Krankenhaus stationiert gewesen war.

Er ging in die Küche, die im rückwärtigen Teil der Wohnung, zum Hof hin, lag. Amalie Freud stand am Kochherd und begoß den Gänsebraten, der im Rohr bruzzelte, mit Fett. Zwischendurch wischte sie immer wieder die Tropfen Bratensaft ab, die an den weißen Kacheln herabliefen. Sie hatte sich eine weiße Schürze über ihr gutes Kleid gebunden. Neben ihr stand die dreiundzwanzigjährige Anna, ihre älteste Tochter, und kümmerte sich um den Spargel, der auf der eisernen Herdplatte dünstete. Ihre zweite Tochter Rosa, inzwischen zweiundzwanzig, schnitt Obst für den Nachtisch auf.

Amalie sah ihren Sohn im Türrahmen stehen, hängte den Schöpflöffel an das Messingrohr an der Herdkante und trat liebevoll lächelnd auf ihn zu. Von allen Menschen auf der ganzen Welt stand ihr Sigmund am nächsten. Er hatte bei seiner Geburt eine »Glückshaube« aufgehabt; damals hatte eine alte Bäuerin Amalie geweissagt:

»Mit Ihrem Erstgeborenen haben Sie der Welt einen großen Mann geschenkt.«

Daran zweifelte Amalie Freud nicht im geringsten. Er hatte zwar dunkles Haar und dunkle Augen, aber sie nannte ihn trotzdem zärtlich »mein goldener Sigi«.

Sie rückte ihm die Krawatte zurecht und strich die breiten Rockaufschläge an den Schultern glatt, obgleich beides unnötig war.

Sigmund war seiner Mutter in tiefer, aber nicht blinder Liebe ergeben. Sie stammte aus Ostgalizien. Diesem fernen Teil des österreichisch-ungarischen Kaiserreichs sagte man nach, daß er einen ganz eigenen Menschenschlag hervorgebracht habe, der einmalig in ganz Europa, voll wilder Leidenschaften und geneigt sei, bei der geringsten Kleinigkeit die Selbstbeherrschung zu verlieren. Die Ostgalizier waren auch wegen ihres ungewöhnlichen Mutes bekannt, sie galten als unverwüstlich.
»Sigi, du schaust heute besonders hübsch aus. Für welches von den Mädchen hast du dein bestes Hemd angezogen und die Krawatte umgebunden?«
So sehr Amalie Freud ihren Sohn auch vergötterte, Eifersucht war ihrer Natur fremd. Sie sprach oft von »dem Tag, da Sigi einmal heiraten und mir hübsche Enkelchen schenken kann«. Sie hatte fünf sehr robusten Töchtern das Leben geschenkt, die zweifellos alle die Fruchtbarkeit ihrer Mutter geerbt hatten, aber daß auch sie einmal Kinder zur Welt bringen könnten, daran hatte sie bisher noch nicht gedacht.
»Für dich, Mutter.«
Diese Antwort entsprach einem festgefügten Ritual. Zufrieden stellte sie sich auf die Zehenspitzen und gab Sigmund einen flüchtigen Kuß auf die Backe. Seine Schwestern sahen belustigt zu. Es war ein offenes Geheimnis, daß ihre Mutter in ihren Ältesten ganz vernarrt war und daß der sechsundsechzigjährige Jakob Freud seine Frau immer noch heiß und innig liebte. In einer neunköpfigen Familie hat die Zuneigung eben breiten Raum.
Frau Freud wandte sich dem Küchentisch zu, auf dem eine lange Teigrolle lag. Sie schnitt dicke Scheiben davon ab, rollte sie zwischen den Händen zu Knödel und ließ sie in einen Topf mit kochendem Wasser fallen. Dann klappte sie wieder das Bratrohr auf, um nach der Gans zu sehen. Während sie aus einem Kessel heißes Wasser in die große Bratpfanne goß, tauschten Sigmund, Anna und Rosa einen verständnisinnigen Blick. Sigmund dachte: »Sie hat allen sieben von uns ihren unersättlichen Lebenshunger vererbt.«
In den fetteren Jahren in Freiberg hatte man sich noch ein Kindermädchen für die beiden Kleinsten leisten können, aber seit der Übersiedlung nach Wien galt es manchmal, lange Dürreperioden zu überwinden, in denen Jakob Freud nur wenig Geld nach Hause brachte. Amalie Freud mußte sich um ihre sieben Kinder kümmern und zufrieden sein, daß gelegentlich eine Putzfrau kam und sie die große Wäsche zu den Wäschermadln nebenan ausgeben konnte. Sie hatte viel von sich selbst gegeben, um die Not nicht spürbar werden zu lassen. War kein Mehl für das Sabbatbrot im Haus, knetete sie förmlich ihr eigenes Ich in den Teig hinein, fehlte es an Batist für die Mädchenkleider, nähte sie ein Stück von sich hinein.
Sigmund ging hinüber ins Wohnzimmer. Diesen Raum mochte er am

wenigsten, weil er fast immer abgedunkelt war. Der Salon wirkte düster mit seinen mächtigen, schwarzen Mahagonimöbeln, den doppelten Vorhängen an den Fenstern, die zusätzlich noch an den Seiten braune, geraffte Samtportieren hatten, und dem abgenutzten Perserteppich, der noch aus Jakob Freuds erster Ehe stammte. Aber einige Gegenstände gab es hier doch, an denen er hing: den niedrigen Tisch mit der alten hebräischen Bibel, einem Erbstück aus der Familie seines Vaters; den Bücherschrank in der Ecke mit der Bambusverkleidung; den Sekretär an der rückwärtigen Wand mit dem kostbarsten Besitz seiner Mutter – drei Familienfotos aus einem Zeitraum von achtzehn Jahren; sie waren immer dann entstanden, wenn bei den Freuds plötzlich der Wohlstand ausgebrochen war und man sich neue Kleider und ein gutes Fotoatelier leisten konnte.

Das erste Bild zeigte die beiden Männer im Hause – Alexander sollte erst in zwei Jahren zur Welt kommen –, als Sigmund acht Jahre alt war und von seinem Vater auf den Eintritt ins Sperlgymnasium vorbereitet wurde. Sigmund trug darauf ein hübsches, bis an den weichen Hemdkragen hochgeknöpftes Jackett und lange Hosen mit aufgesetzten Steppnähten. Vater Freud trug über einer weiten, ungebügelten Hose einen langen, dunklen Rock und hatte sich eine Krawatte mit Tupfenmuster umgebunden. Er hielt ebenso liebevoll wie selbstbewußt ein Buch in der Hand.

»Vater, du warst schon ein sehr schöner Mann«, sagte Sigmund laut und mußte im gleichen Augenblick über seine eigene Eitelkeit lachen. Selbst auf diesem alten Bild wies der Sohn eine verblüffende Ähnlichkeit mit seinem Vater auf.

Das zweite Bild war acht Jahre später entstanden. Der sechzehnjährige Sigmund war auf dem Gymnasium fünf Jahre hintereinander Klassenprimus gewesen. Er trug jetzt eine Weste mit einer goldenen Uhrkette und einen noch recht bescheidenen Schnurrbart. Er lehnte an einem kunstvoll geschnitzten Schreibtisch, hatte das eine Bein ein wenig vorgestreckt und berührte mit seinem Schuh den Saum des schwarzen Taftkleides seiner Mutter. Auch sie hielt ein Buch in der Hand, aber mit einer so achtlosen Geste, als wollte sie ganz ehrlich eingestehen, daß sie nicht allzuoft ein Buch in der Hand hatte.

Seine festlich herausgeputzte Mutter war damals noch zehn Jahre jünger, eine Frau mit schmalem, empfindsamem Gesicht. Ihm gefielen die hübschen goldenen Ohrringe an ihren feinen Kettchen, die goldene Halskette, das Medaillon unterhalb des weißen Spitzeneinsatzes im schwarzen Kleid, ihr leuchtend-schwarzer Schopf. In Wien sagte man, die Frauen aus Galizien seien keine »feinen Damen«, aber wie Sigmund jetzt aufmerksam das Bild seiner Mutter betrachtete, sah er in ihr eine anmutige Frau.

Das dritte und neueste Foto war zugleich das größte. Es war vor sechs Jahren aufgenommen worden und zeigte die Eltern Freud mit sechs ihrer

Kinder und Frau Freuds jüngerem Bruder, Oberleutnant Simon Nathansohn. Was dem Offizier an Körpergröße fehlte, machte er mit der Schnurrbartlänge wett. In seiner flotten Uniform mit den blanken Knöpfen und dem viel zu langen Säbel an der Seite war er vom Scheitel bis zur Sohle der typische k.u.k. Offizier. Sigmund sah sich selbst mitten in der Gruppe stehen, inzwischen zwanzig Jahre alt, mitten im Medizinstudium und mit dem ersten schmalen Bart geziert. Seine Mutter saß vor ihm und lehnte den Kopf an den Arm, den er auf die Stuhllehne gestützt hatte. Auf dem Boden saß der zehnjährige Alexander, das Nesthäkchen der Familie. Rechts von Sigmund stand Anna, ein großes, kräftiges Mädchen mit dem dichten Haar der Mutter sowie ihrem üppigen Busen und ihrer schmalen Taille.
Neben Anna stand Pauli, auf dem Foto erst zwölf Jahre alt, groß und für ihr Alter schon gut entwickelt. Sie wirkte mit ihrer Stupsnase in dem rundlichen Gesicht unscheinbarer als die anderen Mädchen. Sie ließ sich von ihrem Bruder leicht lenken, aber nichts aufzwingen. An seiner anderen Seite stand Marie, Mitzi genannt, fünfzehn Jahre alt. Ihr dicker Zopf hing ihr vorn über die linke Schulter. Sie blickte unschlüssig an der Kamera vorbei in eine fremde Welt. In der vorderen Reihe, gleich neben der Mutter, stand Dolfi, vierzehn Jahre alt, und an ihrer anderen Seite beugte sich Vater Jakob der Kamera entgegen, als wolle er seiner Würde als Familienoberhaupt besonderen Nachdruck verleihen.
In diesem Augenblick betrat Jakob Freud das Zimmer. Er war größer als sein Sohn und breitschultrig. Sein Haar und sein Bart wurden bereits weiß, aber sein Schnurrbart leuchtete noch in jugendlichem Schwarz. In den Augen seines Sohnes glich er immer mehr einem alttestamentarischen Propheten. Er verfügte über einen unerschöpflichen Vorrat an Geschichten, in dem sich für jede nur erdenkliche Situation etwas Passendes fand.
»Na, Sigi, du hast dich für unsere kleine Feier aber fein herausgeputzt.«
»Ich feiere schließlich den Beginn meiner Laufbahn als Mediziner.«
Vater Freud blinzelte ein paarmal, bis er diese Neuigkeit verdaut hatte. Im vergangenen Jahr hatte sich die ganze Familie Freud am 31. März 1881 in der Aula der Universität versammelt, als Sigmund sein Doktordiplom erhielt. Jakob Freud wußte aber, daß sein Sohn nicht die Absicht hatte, eine ärztliche Praxis zu eröffnen.
»Ich meine es ernst, Vater. In wenigen Wochen trete ich wieder ins Allgemeine Krankenhaus ein, um mich auf meine Arbeit als praktischer Arzt vorzubereiten.«
»Das hör' ich gern, mein Sohn.«
»Es hat aber seine zwei Seiten. Es wird mehrere Jahre dauern, bis ich Geld verdiene. Ich weiß, das wird ziemlich schwer für dich sein.«
»Wir werden schon zurechtkommen.«
Nach diesem Grundsatz war im Freudschen Haushalt bisher immer verfahren worden. Sie waren immer irgendwie zurechtgekommen. Vater

Freud war es gelungen, stets rechtzeitig das Schulgeld für die acht Jahre Gymnasium und die Gebühren für die zwölf Semester Medizinstudium aufzubringen. Aber etwas wußten Vater und Sohn genau, als sie sich in dem dunklen Wohnzimmer gegenüberstanden: In letzter Zeit war oft Schmalhans Küchenmeister.

Bei Jakob Freud machte sich allmählich das Alter bemerkbar, und er fühlte sich oft nicht wohl. Er hatte schon mit siebzehn Jahren Saly Kanner aus Tysmenitz geheiratet und sich mit gutem Erfolg in der Tuchbranche selbständig gemacht. Damals hatte er als Agent Kaufleute aus Prag und Wien vertreten. Allein in einem Jahr hatte er dreizehnhundert Ballen ungesponnene Schafwolle verkauft, ein Geschäft, das einen hohen Kapitaleinsatz erforderte, aber auch entsprechende Gewinne abwarf. Dann war er mit Saly nach Freiberg übersiedelt, hatte sein eigenes Gewerbe angemeldet und war als guter Steuerzahler zu einem angesehenen Mann geworden. Trotz seiner mangelhaften Schulbildung, die er hauptsächlich in Talmudschulen absolviert hatte, las er deutsche Klassiker. Saly muß ebenfalls intelligent gewesen sein, denn wenn Jakob Freud seine ausgedehnten Reisen durch Mähren, Galizien und Österreich machte, um Schafe und Ochsen, Rindfleisch und Häute, Talg, Hanf und Honig zu kaufen und zu verkaufen, erzog Saly Freud ihre beiden Söhne, führte die Bücher ihres Mannes und beaufsichtigte das Lagerhaus im benachbarten Ort Klogsdorf. Saly war im Alter von fünfunddreißig Jahren gestorben. Über die Ursache ihres Todes war Sigmund nie etwas zu Ohren gekommen. Der Name von Jakob Freuds erster Frau wurde in Frau Amalies Haus überhaupt niemals erwähnt. Auf seinen Reisen nach Wien hatte Jakob Freud Geschäftsbeziehungen mit der Familie Nathansohn aufgenommen, Einwanderern aus Galizien, die aber inzwischen im österreichischen Wollhandel festen Fuß gefaßt hatten. Er hatte Amalie aufwachsen sehen und das Kind immer gern gemocht. Drei Jahre nach Salys Tod heiratete er die inzwischen zwanzigjährige Amalie und nahm sie mit nach Freiberg. Sie war ein hübsches Mädchen mit reicher Mitgift und hätte es eigentlich nicht nötig gehabt, einen vierzigjährigen Witwer mit zwei Söhnen zu heiraten. Aber Jakob Freud war ein kraftvoller, gut aussehender Mann, erfolgreich, sanftmütig, rücksichtsvoll und wohlerzogen. Sigmund war überzeugt, daß es sich um eine Liebesheirat handelte und nicht um eine Zweckehe im Interesse der Geschäftsbeziehungen.

Emanuel, der ältere Sohn aus erster Ehe, war bereits verheiratet, als Jakob Freud die junge Amalie mit nach Freiberg brachte. Salys zweiter Sohn Philipp, damals neunzehn Jahre alt, lebte noch zu Hause; er wurde ein echter großer Bruder für Sigmund sowie für Frau Amalies zweiten Sohn Julius, der allerdings schon mit sechs Monaten starb, und schließlich auch für die acht Monate später geborene Anna. Noch mit drei Jahren war sich Sigmund über sein Verwandtschaftsverhältnis zu Philipp, der mit seiner

Mutter fast gleichaltrig war, nicht ganz im klaren; zeitweilig hielt er ihn für seinen Vater und Jakob Freud für seinen Großvater. Noch verwirrender war für ihn die verwandtschaftliche Beziehung zu Emanuels Sohn John, der ein volles Jahr älter war als er selbst, und zu Emanuels Tochter Pauline, die so alt war wie er selbst.

Diese Schwierigkeiten legten sich, als die Eltern Freud den jungen Sigmund und seine Schwester Anna für ein wenig erfreuliches Jahr nach Leipzig und dann nach Wien brachten. Emanuel übersiedelte mit seiner Familie und seinem Bruder Philipp nach Manchester, wo sie sich in der Textilbranche etablierten. Sigmund sah seine Halbbrüder, seinen Neffen und seine Nichte erst mit neunzehn Jahren wieder, als ihm sein Vater zur Belohnung für die bestandene Matura vor dem Eintritt in die Universität die versprochenen Sommerferien in England ermöglichen konnte.

Mit der zweiten Heirat begann Jakob Freuds Glücksstern zu sinken. Die neue Nordbahn von Wien aus führte nicht über Freiberg. Auf die Inflation und die Depression der fünfziger Jahre war er ebensowenig vorbereitet wie viele andere auch. Er konnte die Schulden nicht mehr bezahlen, die sich aus seinen beträchtlichen Verpflichtungen ergaben. So sah er sich gezwungen, sein Geschäft aufzugeben. Als er mit seinem vierjährigen Sohn und der eineinhalbjährigen Tochter nach Wien übersiedelte, fand er gut eingeführte Firmen mit reichlichem Kapital vor. Ohne eigene Mittel konnte er gegen sie nicht konkurrieren. In den Akten des Sperlgymnasiums gab Jakob Freud seinen Beruf zwar noch mit »Wollhändler« an, aber betrüblicherweise kam er nie wieder dazu, mit Wolle zu handeln. Er meldete kein Gewerbe mehr an und bezahlte auch keine Einkommensteuern, sondern war als Angestellter bei verschiedenen Firmen der Woll- und Textilbranche tätig. Wenn er gerade eine gute Stellung hatte, wurden neue Sachen angeschafft: ein Pianoforte für Anna, eine der neumodischen Petroleumlampen, die man über dem Eßtisch an einer Kette hochziehen oder herablassen konnte, Kleidung für die Familie; man ließ ein Familienfoto aufnehmen, und Sigmund konnte sich bei Deuticke neue Bücher kaufen. Wenn der Posten schlecht oder Jakob Freud arbeitslos war, wie es immer häufiger geschah, dann zog eben wieder die Armut ein, und man hörte Mutter Freud sagen: »Es ist kein Geld im Haus.«

Doch bis vor kurzem war es Jakob Freud immer noch gelungen, eisern am Mittelstand festzuhalten, an jener sozialen Schicht von Lehrern, Beamten oder Musikern, die zwischen dreitausend und fünftausend Gulden im Jahr verdienten – ein mittleres Einkommen, mit dem man keine großen Sprünge machen konnte, das aber ausreichte.

Es gab einen Umstand, von dem nur Sigmund wußte: Während seines Besuchs bei Emanuel und Philipp, die in Manchester zu wohlhabenden Wollhändlern geworden waren, hörte er von seinen Halbbrüdern, welch geschickte Geschäftsfrau Saly gewesen sei. Wenn es um die Familie Freud allzu schlimm stand, mußten sie zwar manchmal Geld nach Wien schicken, doch über Amalie fiel niemals ein kritisches Wort. Aber wenn Saly noch am Leben gewesen wäre, hätte sie niemals zugelassen, daß sich Jakob Freud so tief in Schulden stürzte.

Aber andererseits, so überlegte Sigmund, als er seinen Vater nun anlächelte, andererseits hätte mein Vater nicht meine Mutter geheiratet, wenn Saly 1855 noch gelebt hätte. Und ich, Dr. Sigmund Freud, stünde an diesem warmen Juniabend nicht hier in der Kaiser-Joseph-Straße und erwartete meine große Liebe.

8

Der bronzene Knauf des Türklopfers draußen an der Haustür fiel dreimal hallend auf die Metallplatte. Sigmund stürzte aus dem Wohnzimmer Martha entgegen, doch Anna und Rosa waren schneller. Sie begrüßten ihre Tischherren: Anna war heimlich mit Eli Bernays verlobt, und Rosa ging mit einem von Sigmunds Schulkameraden, den alle nur schlicht und einfach »Brust« nannten. Hinter Brust trat Marthas jüngere Schwester Minna in Begleitung von Ignaz Schönberg ein, mit dem sie heimlich verlobt war. Minna war ein stämmiges Mädchen, groß und breit in Schultern und Hüften, dafür aber flachbusig, als hätte sich die Natur entschlossen, wenigstens an einer Stelle zu sparen. Ignaz war ein Kommilitone Sigmunds, eine hagere Bohnenstange; er litt seit längerer Zeit an Tuberkulose, einer Krankheit, die damals unter den jungen Leuten in Wien grassierte. An der Universität genoß er den Ruf eines ausgezeichneten Sanskritkenners, wie er höchstens einmal in jeder Generation auftaucht. Er bereitete gerade die deutsche Übersetzung eines Bandes von Sanskrit-Fabeln, der »Hitopadesa«, zur Veröffentlichung vor. Den Abschluß bildeten Eli Bernays und seine Schwester Martha.

Eli war ein kräftiger, sehr selbstsicherer junger Mann von zweiundzwanzig Jahren mit scharfgeschnittener Adlernase und hellwachen Augen. Er trug stets modische Anzüge und hohe schwarze Glacéschuhe. Als Eli mit neunzehn Jahren gerade sein Studium bei Professor von Stein beginnen wollte, starb sein Vater. Ohne zu zögern, übernahm er den Posten seines Vaters als Sekretär des Professors und wurde zum Ernährer der Familie Bernays. Abgesehen von seiner Vorliebe für kleine Waldwege bestand sein einziger Spleen darin, daß er seine Socken mit Sicherheitsnadeln an den Unterhosen befestigte. Jeden Abend reihte er die sechs Sicherheitsnadeln genau an derselben Stelle auf seinem Bettvorleger auf, und morgens nach dem Aufstehen befestigte er die Socken mit je drei Nadeln an der Unterhose.

»So macht er es auch mit allen anderen Dingen«, bemerkte Sigmund einmal dazu. »Auf diese Weise kann nichts, was Eli sich im Leben vornimmt, ins Rutschen kommen.«

Endlich fand er Gelegenheit, Martha willkommen zu heißen. Hatte sie sich absichtlich im Hintergrund gehalten? Als er ihre Hand nahm, schenkte sie ihm ein Lächeln, daß ihm schwach in den Knien wurde. Nachdem die jungen Leute einander begrüßt hatten, kamen die Eltern an die Reihe.

»Grüß Gott! Guten Abend, Gnädige Frau. Guten Abend, Herr Freud!«

Eli und Ignaz hatten kleine Blumensträuße mitgebracht.

Der Eßtisch war an beiden Seiten ausgezogen und mit einem weißen Damasttuch gedeckt worden. Die Servietten in den silbernen Serviettenringen – es war noch ein volles Dutzend davon vorhanden – stammten noch aus Amalie Freuds Aussteuer. Quer über jedem Gedeck lag der silberne Löffel für den Nachtisch, daneben stand das Kristallglas für den Wein. Die jüngste Tochter reichte einen Korb mit Hausbrot herum. Anna brachte die Suppenterrine. Frau Freud ließ sich die Teller reichen und teilte die Suppe aus.

Später trug Rosa auf einer großen Platte die Gans auf, Mitzi brachte die Schüssel mit dem Spargel, Dolfi das Rotkraut. Nun folgte der heikelste Augenblick des Abends: Frau Freud wollte das Zerlegen der Gans nicht ihrem Mann anvertrauen, da sie gerecht in dreizehn Portionen aufgeteilt werden mußte.

Anna hatte die Tischkarten in den länglichen Haltern aus Meißner Porzellan so arrangiert, daß die heimlich verlobten Paare jeweils nebeneinander saßen. Heimlich verlobt bedeutete, daß alle Welt davon wußte, daß die Betreffenden aber zu jung und zu arm waren, als daß sie an eine Heirat hätten denken können. Sigmund war seiner Schwester dankbar, daß sie Martha den Platz an seiner Seite zugewiesen hatte. Aber was Rosas Freund Brust betraf, so wurde bald offenkundig, daß er über diese Einteilung gar nicht glücklich war. Er saß fluchtbereit auf der vordersten Stuhlkante. Rosa war die schönste unter den Freudschen Töchtern. Sie hatte weit auseinanderliegende Augen, ebenmäßige Gesichtszüge, viel Charme und Anmut; mit leicht schräggelegtem Kopf beobachtete sie voll wachen Interesses, was um sie herum vorging. Brust kam von Rosa nicht los, aber gleichzeitig fürchtete er sich. Sigmund fragte sich, wovor.

Die Petroleumlampe war tief herabgezogen und warf ihren warmen Lichtschein auf den festlich gedeckten Tisch. An der Wand über dem Buffet mit schimmerndem Porzellan und Silber hingen gerahmte Fotos des »bürgerlichen Kabinetts«: Herbst, Giskra, Unger, Berger und andere. Die Unruhen und Straßenkämpfe des Jahres 1848 in Wien hatten der mittelständischen Kaufmannschaft unter anderem den Triumph gebracht, daß mehrere Männer aus ihren Reihen, darunter auch einige Juden, endlich zu wichtigen Regierungsposten zugelassen wurden. Sigmund hatte täglich beim Essen diese imposanten Fotos vor Augen gehabt und war von ihnen so beeindruckt, daß er eine Zeitlang überlegte, ob er nicht Jurisprudenz studieren solle. Doch das hatte sich nach der Lektüre von Goethes Fragment »Die Natur« gründlich geändert:

»Natur! Wir sind von ihr umgeben und umschlungen – unvermögend, aus ihr herauszutreten, und unvermögend, tiefer in sie hineinzukommen . . . Sie schafft ewig neue Gestalten; was da ist, war noch nie; was war, kommt nicht wieder – alles ist neu und doch immer das Alte. Wir leben mitten in ihr und sind ihr fremd. Sie spricht unaufhörlich mit uns und verrät uns ihr Geheimnis nicht. Wir wirken beständig auf sie und haben doch keine Gewalt über sie . . . Sie baut immer und zerstört immer, und ihre Werkstätte ist unzugänglich . . . Sie ist die einzige Künstlerin . . . «

Eli führte das Wort.

»Der Posten des Redakteurs bei einem Wirtschaftsjournal wird demnächst frei; Professor von Stein versprach, mich zum Jahresende dafür vorzuschlagen. Ich hab' mich ein paarmal mit dem österreichischen Handelsminister unterhalten; einer der Beamten geht in Pension, und ich stehe auf der Liste der möglichen Anwärter. Andererseits weiß ich von einer offenen Stelle in einem privaten Reisebüro. Im Tourismus kann man viel Geld verdienen. Welchen der drei Posten soll ich nun annehmen?«

Anna antwortete anzüglich: »Alle drei. Sie wissen doch selbst, daß Ihre Energie für alle drei ausreicht.«

»Vielleicht sollte ich dann nach Amerika gehen? Dort sucht man Leute, die drei Berufe gleichzeitig ausüben können.«

Daraus ergab sich eine Diskussion über die Frage, in welchem Land es sich am besten leben ließe. Sigmund, der als einziger von ihnen schon einmal im Ausland war, sagte:

»England. Ich will euch sagen, warum: In England ist alles erlaubt, was nicht ausdrücklich verboten ist. In Deutschland ist alles verboten, was nicht ausdrücklich erlaubt ist.«

»Und was ist mit Wien?« fragte Ignaz.

Jakob Freud warf rasch ein: »In Wien ist alles erlaubt, was verboten ist.« Er fügte erklärend hinzu: »Das hab' ich heute beim Stammtisch aufgeschnappt.«

Seine Augen leuchteten auf. Er liebte die alte Wiener Sitte, daß Freunde sich jeden Tag zur gleichen Stunde in demselben Café an demselben Tisch trafen. Im Kaffeehaus, in den mit braunem Leder ausgeschlagenen Nischen hinter geätzten Glastüren, zwischen Zeitungshaltern an den Wänden, traf sich ganz Wien.

»Eine Mutter schenkte ihrem Sohn zum Geburtstag zwei Krawatten. Am nächsten Tag band der Sohn eine davon um, weil er ihr zeigen wollte, wie sehr er ihr Geschenk schätzte. Da rief seine Mutter aus: ›Was ist, gefällt dir die andere nicht?‹«

Alle lachten – außer Frau Freud. Sie konnte Witze, die auf ihre Kosten

gingen, nicht lustig finden. Jakob Freud warf ihr über den Tisch einen Handkuß zu.
Sigmund verging plötzlich der Appetit. Er legte das Besteck hin. Er sah heute abend Martha zum erstenmal seit dem Samstagausflug nach Mödling und ihrem ersten Kuß. Am Sonntag hatte er ihr wegen des Vielliebchens, das sie gefunden hatten, ein Exemplar des »David Copperfield« geschickt und von ihr einen selbstgebackenen Kuchen erhalten. Der hilfsbereite Eli hatte den Austausch der Gaben besorgt.
Martha wußte noch nichts von der enttäuschenden Unterredung mit Professor Brücke. Er konnte ihr nichts vormachen, da er seine Liebe zur Forschung allzu lautstark bekundet hatte. Aber andererseits konnte er auch nicht offenbaren, daß er diesen Entschluß getroffen hatte, weil ihm kein Opfer zu groß erschien, wenn er sich nur mit Martha verloben konnte, ehe sie am kommenden Sonntag für den Rest des Sommers nach Hamburg zurückkehrte. Wenn sie ihn nun fragte: »Warum haben Sie plötzlich Ihre Meinung geändert? Sind Sie so wankelmütig?«
Seine Stimme klang ein wenig lauter als beabsichtigt.
»Eli, du bist nicht der einzige, der an einen Berufswechsel denkt. Mit Semesterbeginn im August gehe ich wieder ins Krankenhaus. In ein paar Jahren kann ich dich dann von jeder bekannten Krankheit mit Ausnahme von akutem Alkoholismus kurieren.«
Martha sah ihn voll an. Er spürte ihre eindringliche Frage: Was hat das zu bedeuten?
»Dann werden Sie also doch Arzt!«
»Natürlich wird er Arzt«, sagte Mutter Freud. »Wozu hätte er denn sonst seinen Doktor der Medizin gemacht?«
Martha tastete unter dem Tisch nach seiner Hand und drückte sie. Sein Selbstvertrauen kehrte zurück. Während aller Augen auf Ignaz gerichtet waren, der gerade die Sanskritfabel erzählte, die er heute übersetzt hatte, beugte sich Sigmund zu Martha hinüber und nahm ihre Tischkarte an sich. Er raunte ihr zu:
»Bei den primitiven Völkerstämmen gibt es einen Aberglauben: Wenn man etwas besitzt, was einem anderen gehört, dann befindet sich diese andere Person in deiner Macht. Ein Zauber. Man befiehlt dem anderen in Gedanken, daß er etwas Bestimmtes tun soll, und er kann nicht widerstehen.«
»Und was werden Sie mir befehlen, wo Sie mich jetzt in Ihrer Gewalt haben?«
»Wenn ich das ausspreche, könnten Sie den Zauber brechen.«
»So leicht geht das?« Ein neckisches Lächeln, das aber voller echter Zuneigung war, ließ ihr Gesicht noch schöner werden. »Haben Sie bei der Arbeit in Ihren Alchimistenküchen nicht einen stärkeren Zauber entdeckt, der einem Menschen Macht über einen anderen gibt?«

»Das war kein Apfel, den Sie geschält haben, als ich Sie zum erstenmal sah. Das war ich. Sie haben mich in Ihren langen, zarten Fingern um und um gedreht und meine Schale in einem einzigen zusammenhängenden Streifen abgeschält, bis hinunter zum Kern.«

9

Zwei Tage später kam Eli auf einen Sprung vorbei. Als er wieder ging, sagte Sigmund: »Ich begleite dich nach Hause.«

Es kam nicht ganz unerwartet, daß Eli ihn zu einer Tasse Kaffee einlud. Frau Emmeline Bernays hieß ihn höflich willkommen. Emmeline Bernays und Amalie Freud waren zwar seit längerer Zeit befreundet, doch das tröstete Frau Bernays nicht über die Tatsache hinweg, daß sich ihr Sohn Eli in Anna Freud verliebt hatte. Frau Bernays konnte Anna gut leiden, aber sie hielt es für Wahnsinn, daß ein gescheiter und vielversprechender junger Mann wie Eli, dem die Ehevermittler mit Angeboten bis zu einhundertfünfundzwanzigtausend Gulden die Tür einrannten, ausgerechnet ein Mädchen ohne jede Mitgift heiraten wollte. Wenn sie geahnt hätte, daß sich Minna sehr ernsthaft für Ignaz Schönberg und Martha für Sigmund Freud interessierten – beides »Jeschiwa-Bocher«, mittellose Studenten –, wäre sie sicher bis an die Haarwurzeln ergraut.

Frau Bernays war eine geborene Philipp. Ihre Familie stammte aus Schweden. Ihr Mann, Berman Bernays, kam aus einer angesehenen Hamburger Kaufmanns- und Professorenfamilie. Bermans Vater Isaak war Oberrabbiner der deutsch-jüdischen Gemeinde gewesen. Sein Bruder Jakob ging als Professor und Oberbibliothekar an die Universität Bonn. Sein anderer Bruder Michael wurde von König Ludwig II. an die Münchener Universität berufen. Der König richtete ihm einen eigenen Lehrstuhl ein. Die Familie Philipp war ebenso wohlhabend und angesehen.

Emmeline Bernays war nach landläufigen Begriffen mit zweiundfünfzig zwar eine alte Frau, aber sie weigerte sich, beim Tod ihres Mannes nach guter alter Hindusitte symbolisch auch ihr eigenes Leben den Flammen zu opfern; dazu fühlte sie sich noch zu jung und tatkräftig. Sie bestand darauf, das Oberhaupt der Familie Bernays zu sein; das brachte sie in Konflikt mit ihrem Sohn, der der Ansicht war, daß er als einziger Mann im Hause auch das Recht habe, als Hausherr respektiert zu werden.

Als Martha Kaffee und Kipferln serviert hatte, kam Frau Bernays gleich auf ihr Lieblingsthema zu sprechen, über das sie sich wieder einmal mit Eli gestritten hatte: Sie wollte mit ihrer Familie nach Hamburg zurückkehren und sich in dem hübschen Vorort Wandsbek niederlassen. Sie war eine kluge, gebildete, sehr beherrschte Frau. Ihre einzige Leidenschaft war ihr Haß gegen Wien.

»Seit dem Wiener Kongreß halten die Leute diese Stadt für eine Hochburg wilder, ausgelassener Lebensfreude nach dem Motto ›Genießt heute, morgen sind wir vielleicht schon tot!‹«, rief sie. »Aber das ist nichts als ein Mythos, eine Entstellung der Wahrheit. In Wirklichkeit wird das Leben der meisten Wiener von Verzweiflung beherrscht. Die Musik, die Lieder, das ewige Walzertanzen, das alberne, erzwungene Lachen – das alles ist wie ein zerschlissener Mantel, mit dem sie ihre Blöße vor der Welt verdecken wollen. Es stimmt schon, was man so sagt: ›In Berlin ist die Lage ernst, aber nicht hoffnungslos; in Wien ist die Lage hoffnungslos, aber nicht ernst.‹ In Hamburg geben wir nicht vor, fröhlich zu sein, wenn wir traurig sind oder Sorgen haben. Wir beschließen nicht jeden Satz mit einem albernen Trällern, wie es die Wiener auch dann tun, wenn sie den Tod ihrer eigenen Mutter verkünden. Wenn wir einen Menschen nicht leiden können, dann behandeln wir ihn nicht äußerst liebenswürdig, nur um ihn hinterrücks mit spitzer Zunge zu erdolchen und seinen guten Ruf zu untergraben. Ich habe keine Lust, für den Rest meines Lebens das Sein dem Schein zu opfern. Ich bin Schwedin und Norddeutsche und wehre mich dagegen, den Rest meiner Tage lachend zu verschleudern. Wir hätten nie aus Hamburg weggehen sollen.« Plötzlich wandte sie sich an ihren Sohn. »Eli, du bleibst doch jetzt zu Hause? Dann gehe ich Frau Popp besuchen.«
Eli wahrte die Form, indem er noch eine Weile Konversation machte, dann sagte er: »Entschuldigt mich bitte, ich muß für Professor von Stein noch ein paar Aufzeichnungen machen.«
Martha saß in ihrem braunen Lieblingssessel. Sigmund ließ sich auf dem Schemel zu ihren Füßen nieder. Die Wohnung der Familie Bernays in der Matthäusgasse im Dritten Bezirk, nicht weit von der Wien und vom Stadtpark entfernt, war recht gemütlich, nur ein wenig überfüllt mit all den massiven Möbeln, die man aus Hamburg mitgebracht hatte. An den Wänden hingen Landschaften und Ansichten des Meeres aus einer frühen Hamburger Schule.
»Warum fahren Sie nach Wandsbek?« fragte er.
Sie wurde ein wenig blaß.
»Es war so ausgemacht – schon vor einiger Zeit . . . Verwandtenbesuche und Ferien auf dem Land. Man kann dort sehr hübsche Waldspaziergänge machen. Die Gegend würde Ihnen genauso gut gefallen wie der Wienerwald.«
»Könnte man das als eine Einladung auffassen?«
Ihre Augen wurden groß, und um ihre Mundwinkel spielte ein schelmisches Lächeln. Er sehnte sich mit jeder Faser seines Körpers danach, sie in die Arme zu nehmen und die wenigen Minuten des Alleinseins mit ihr auszunutzen, die ihnen Eli gönnte. Aber seine gute Erziehung war stärker. Eine innere Stimme hielt ihn zurück: ›Das wäre eine Verletzung der Gastfreundschaft.‹

Eli betrat wieder das Zimmer.
»Wie wär's mit einem Praterbummel?«
Es war ein schöner, klarer Juniabend. Ein prachtvoller Sonnenuntergang übergoß den westlichen Horizont mit einer Fülle rosaroter und lavendelfarbener Töne. Eli war überall und nirgends; er hielt sich nie in ihrem Blickfeld auf, war aber auch niemals weit entfernt. Sie kamen durch den Praterstern herein und gingen Arm in Arm einen Seitenweg der Hauptallee entlang.
Auf der von mächtigen Kastanien gesäumten Straße rollten die bunten Kutschen dahin, mit Damen in festlichen Garderoben und breitrandigen Hüten und Herren in dunklen Anzügen und steifen Zylinderhüten; die Kutscher trugen flotte, hellbraune Jacken und passende Hüte.
Sie bogen in einen Fußweg ein, der sie durch den Kaisergarten mit seinen gepflegten englischen Rasenflächen und den prächtigen alten Bäumen und Sträuchern in den Volksprater führte. Hier drängten sich die Besucher aus allen Teilen des Kaiserreichs: Männer aus Kroatien verkauften hölzerne Kochlöffel, Quirle und handgeflochtene Körbe, Frauen aus Böhmen in unförmigen hölzernen »Ganserln« schleppten gewaltige Buckelkörbe, aus denen sie geschnitzte Tiere und Spielsachen verkauften; die Landbewohner aus Böhmen und Mähren sahen aus, als hätten sie den Weg nach Wien zu Fuß zurückgelegt; Polen boten scheibenweise Blutwurst an; junge Männer aus Bosnien und Österreichisch-Schlesien handelten mit Glaswaren und Porzellantassen; die berühmten böhmischen Köchinnen strebten am Arm ihrer uniformierten Verehrer dem Pavillon zu. Linkerhand spielte im teuren Restaurant »Eisvogel« eine Damenkapelle. Rechts vergnügten sich Kinder auf den Schaukeln.
Vor ihnen, am berühmten Fürsttheater, verkündete ein Plakat: »Die harbe Poldi«.
»Warum soll die Poldi harb sein?« fragte Martha.
»Das ist eine Umschreibung für ›nicht sehr entgegenkommend‹.«
Martha studierte die Eintrittspreise.
»Wer sieht sich schon für acht Kreuzer ein Mädchen an, das nicht entgegenkommend ist?«
Sigmund kam völlig aus dem Tritt.
»Aber, mein lieber Sigmund – ich werde Sie doch wohl nicht schockiert haben?«
Er legte ihr den Arm um die Taille und zog sie an sich.
Sie waren am Rondeau angelangt, wo sich eine größere Menschenmenge vor dem Calafati versammelt hatte; das war eine riesige rotierende Chinesenstatue, an der besonders die Kinder ihre Freude hatten. Nun befanden sie sich mitten im »Wurstel-Prater« mit seinen Ringelspielen, Schießbuden, in denen Soldaten Tontauben abschossen, um für ihr Mädchen eine Rose zu gewinnen; Schaubuden, in denen siamesische

Zwillinge, eine dicke Dame, eine behaarte Frau gezeigt wurden; ringsum lagen Biergärten und Restaurants.
Sie kehrten zurück zur Hauptallee. Als Eli wieder auftauchte, blieben sie am Liesinger Bierdepot stehen und lauschten der Musik aus den beiden einander gegenüberliegenden berühmten Restaurants, dem »Weißen Rößl« und dem »Schweizerhaus«. Auf der Straße davor drängten sich junge Mädchen in buntfarbenen Dirndln, Frauen aus Bayern in weiten blauen Röcken mit Schürzen darüber und Kopftüchern, und über allem schwebte die gewohnte Lärmkulisse: Alle priesen die feilgehaltenen Waren an – die Karpfenbäckerin, der Kaffeesieder, der Limonadenhändler, der Lebzelter, der Schokoladenmacher, Obstverkäufer, Gemüsehändler und Wasserträger.
Sigmund kaufte für jeden eine Portion gebackenen Karpfen und ein Mohnkipferl, während Eli Bier bestellte. Sie prosteten einander zu.
Über den Tisch hinweg sah Sigmund Martha an; ihr ovales Gesicht wirkte fast zerbrechlich, die warmen Augen blickten so ernst und aufrichtig. Sein Herz schlug ihr voller Freude und Zuneigung entgegen. Er spürte den Drang, sie zu beschützen. Dabei hatte sie ihm noch nicht einmal das vertraute Du angeboten. Und am Sonntag fuhr sie für den ganzen Sommer weg. Nur noch zwei Tage. Die Angst packte ihn – Angst, sie könnte abreisen, ohne ihm Gelegenheit zu einer Liebeserklärung zu geben, Angst, er könnte sie an einen anderen verlieren, ehe er sie wiedersah.
Martha brach das Schweigen.
»Sigmund, werden Sie denn glücklich dabei sein, wenn Sie die Arbeit aufgeben, die Ihnen so viel bedeutet, um eine Privatpraxis zu eröffnen? Das hatten Sie doch nicht vor.«
Er fühlte, wie wichtig ihr seine Antwort war.
»Ja. ›Liebe ist die Flamme, Arbeit ist das Öl.‹«
Sie überging diese Bemerkung und neigte sich mit leichtem Stirnrunzeln zu ihm hinüber. War es ihr Eau de Cologne, das ihn innerlich beben machte, oder war es der leise Duft ihres Haars, in das er einen wunderbaren Augenblick lang in Mödling sein Gesicht geborgen hatte?
»Dann ist es also etwas, das Sie früher oder später doch tun mußten?«
»Auf jeden Fall muß ich einen Weg finden, wie ich meine Eltern und die Mädchen sobald als möglich unterstützen kann, ebenso Alexander, der noch für zwei Jahre ins Gymnasium gehen muß.«
Sie sah ihn nachdenklich an, ehe sie fortfuhr.
»Das klingt gar nicht – unglücklich, vergrämt. Ich weiß auch nicht, was Ihren Sinn so rasch geändert hat, aber Sie scheinen sich damit abgefunden zu haben.«
Er wiegte den Kopf und sagte dann:
»Ja und nein. Wenn es soweit ist, werde ich meine Arbeit als Arzt nach besten Kräften verrichten. Vermutlich werde ich mich auf Nervenleiden

spezialisieren, weil das Josef Breuers Fachgebiet ist und er mir helfen wird. Aber ich habe andererseits nicht vor, die Forschung ganz aufzugeben. Einen Teil meines Lebens werde ich stets der Erforschung der Medizin widmen. Ich habe alles, was dazu nötig ist – die Energie, die Kraft, die Entschlossenheit . . . «
Sie legte ihre Hand auf seine, voll Zuneigung, wie es ein sehr guter Freund getan hätte. Da wußte er es: Schon bald, nicht in diesem Augenblick, wo sie von essenden, trinkenden, lachenden Menschen umgeben waren, aber schon bald würde er sich erklären müssen, und dann mußte sich sein Glück entscheiden.

Nach Hause zurückgekehrt, setzte er sich an den Schreibtisch in seinem Kabinett. Wenn es darum ging, wissenschaftliche Gedanken auszudrücken, hatte er die deutsche Sprache immer als besonders kraftvoll und exakt empfunden; jetzt, wo er von Liebe schrieb, entdeckte er ihre zärtlichen und ausdrucksvollen Seiten.

> »Theure Martha, wie haben Sie mein Leben verändert. Es war heute so wunderbar schön in Ihrem Hause, in Ihrer Nähe . . . Diesem Abend und diesem Spaziergang hätte ich kein Ende gewünscht. Ich mag nicht schreiben, was mich da bewegt hat. Ich konnte nicht glauben, daß ich die theuren Züge Monate lang nicht sehen soll, kann nicht glauben, daß ich keine Gefahr laufe, wenn neue Eindrücke auf Martha einwirken. Soviel Hoffnung, Zweifel, Glück und Entbehrung in den engen Rahmen von zwei Wochen zusammengedrängt. Aber kein Mißtrauen mehr von meiner Seite, zweifelte ich nur noch so wenig, ich hätte Sie nie in diesen Zeiten meine Stimmung erkennen lassen . . . – Es geht doch nicht. Ich kann, was ich Martha noch zu sagen habe, nicht hier sagen; mir fehlt das Vertrauen, daß ich es wagen darf, die Richtschnur, die in Blick und Gebärde des Mädchens versagt oder gestattet, daß ich den begonnenen Satz zu Ende führe. Ich will nur das verrathen: zum letzten Male, daß wir uns sehen, möchte ich die Geliebte, die Verehrte ›Du‹ heißen, möchte vollste Sicherheit in ein Verhältnis bringen, welches dann vielleicht für lange mit dem Dunkel des Geheimnisses verhüllt werden muß.«

10

Eli versprach, den Brief an Frau Bernays vorbeizuschmuggeln. Den ganzen Freitag über hatte Sigmund Zeit, über die Kühnheit seines Briefes nachzugrübeln. Wenn sie für ihn nun nicht dasselbe empfand wie er für sie? Dann würde sie am Sonntag abreisen, ohne ihm zu antworten, und er schwebte den ganzen Sommer über im ungewissen. Es war ihm auch kaum möglich, die Familie Bernays unter irgendeinem Vorwand so bald noch einmal aufzusuchen. In diesem Falle würde ihn Frau Bernays von ihrer »einsamen Hamburger Höhe« herab zurechtweisen und der ganzen Affäre ein Ende bereiten.

Am Samstag vergingen die Minuten unendlich langsam. Er wanderte unruhig durch das Haus, durch die Straßen, durch seine eigenen wirren Gedanken. Er konnte sich einfach nicht konzentrieren.

Um fünf Uhr lief er in dem schmalen Gang zwischen Schreibtisch und Bücherregalen auf der einen und Couch und Sekretär auf der anderen Seite hin und her. Er mußte dabei achtgeben, daß er sich nicht die Knie anstieß, weil der freie Raum nur einen halben Meter maß. Da hörte er plötzlich Stimmen auf dem Flur. Er rannte hinaus und stieß auf Ignaz, Minna, Eli und Anna. Sie kamen von einem Spaziergang zurück und hatten Martha mitgebracht.

Für die Wiener ist die Jause um fünf Uhr die schönste Zeit des Tages. Das Mittagessen ist eine ernste Angelegenheit und dient der notwendigen Nahrungsaufnahme; das Abendessen ist nicht sehr reichhaltig und bietet zumeist eine gedrängte Übersicht der vom Tage übriggebliebenen Speisen. Aber die echte Stunde der Geselligkeit ist die Jause, wenn muntere Reden ebenso lebhaft fließen wie der aromatische braune Kaffee aus der Kanne. Dann regiert die Gemütlichkeit, dann werden gute Freunde in trauter Runde zum Gespräch angeregt, dann hat ein jeder seinen festen Platz in der Welt, und sei er noch so bescheiden. Man erzählt und hört zu, man redet über unwichtige Dinge, der Ton wird nie verletzend, man lacht um des Lachens willen, man hat eine Stunde des Tages ganz für sich – ein Geschenk, das einem niemand nehmen kann.

Alexander erzählte von dem Nestroy-Stück, das er vor kurzem im Leopoldstädter Theater gesehen hatte. Anna griff nach der Sachertorte, die sich die Freuds in letzter Zeit nur noch selten leisten konnten, und verteilte dünne Schnitten der Schokoladentorte, unter deren Glasur sich eine Schicht Johannisbeermarmelade verbarg. Dazu wurde in einer Kristallschüssel Schlagobers herumgereicht, und jeder bediente sich reichlich davon. Wien ohne Sachertorte – kaum vorstellbar.

Sigmund warf verstohlene Blicke hinüber zu Martha, die am anderen Ende des Tisches saß. Ihm wurde klar, daß er schon seit einer ganzen Weile stumm wie eine Schaufensterpuppe auf seinem Stuhl saß und bald wegen seines Schweigens auffallen mußte.

»Ich muß gerade an den Streit zwischen Sacher und Demel denken«, sagte er laut genug, um die Aufmerksamkeit der anderen zu erregen. »Es ging darum, wer von beiden die Original-Sachertorte erfunden habe. Die Auseinandersetzung wurde so hitzig, daß man beschloß, Kaiser Franz Joseph um eine Entscheidung zu bitten. Eines Sonntags versammelte sich ganz Wien im Park hinter dem Schloß Schönbrunn, während drin der

Kaiser und sein Kabinett zuerst die eine und dann die andere Torte probierten. Gegen Abend erschienen Seine Majestät mitsamt Gefolge auf dem Balkon. Der Kaiser hob beide Arme und verkündete das Urteil: ›Nach ausgiebigem Probieren und gewissenhaftem Vergleich ist der Staatsrat zu folgender Entscheidung gelangt: *Sie sind alle beide original!*‹ «
Sigmund glaubte zu erkennen, daß Martha fragend eine Augenbraue hob. Er stand auf und ging den Flur entlang zum Salon. Die Vorhänge waren hochgezogen, aber die weißen Spitzengardinen schirmten den Raum gegen die gleißende Sonne auf der Kaiser-Joseph-Straße ab. Es war angenehm kühl. Martha folgte ihm. Hier waren sie ebenso allein, als hätten sie auf den Praterwiesen Veilchen gepflückt.
»Ist mein Brief angekommen?«
»Ja, Sigi, aber erst heute morgen.«
Zum erstenmal hatte sie ihn mit dem Diminutiv seines Vornamens angesprochen. Er erbebte vor Freude und war gleichzeitig wütend auf sich selbst, weil er so schüchtern war und es an Mut fehlen ließ. Aber hatte er sich nicht in seinem Brief erklärt? Nun lag die Entscheidung bei Martha. Würde sie noch einen Schritt weitergehen und auch das Du akzeptieren?
»Gestern in Baden habe ich an dich gedacht«, sagte sie mit ruhiger, leiser Stimme. »Ich habe dir einen blühenden Lindenzweig mitgebracht.«
Er nahm den Zweig und steckte die Nase in die herb duftenden Blüten. Dabei stieß er gegen etwas Hartes. Blinzelnd hielt er den Zweig vor sich hin. Zwischen den weißen Blüten blitzte es golden. Er zog einen goldenen Ring mit einer Perle von dem Zweig.
»Martha, ich verstehe nicht . . . Das ist ein Ring . . . «
»Mein Vater hat ihn getragen. Nun sollst du ihn haben.«
Er streifte den Ring über seinen kleinen Finger, weil er nur hier paßte. Dann legte er den Blütenzweig beiseite und nahm Martha in die Arme.
»Eine wunderbare Art, meinen Brief zu beantworten! Ach Martha, ich liebe dich so sehr!«
»Ich liebe dich auch, Sigi.«
Er hielt sie so entschlossen fest, als wollte er sie nie mehr loslassen. Sie legte ihm die Arme um den Hals und verschränkte ihre Finger hinter seinem Nacken. Dann küßte er sie auf den Mund. Ihre Lippen waren nicht mehr kühl wie in dem Garten in Mödling, sondern warm und weich, offen für die Liebe und das Leben.
Sie saßen auf dem Sofa und hielten einander umschlungen. Noch nie zuvor hatte er solches Glück empfunden. Als er schließlich mit einiger Selbstüberwindung seine Lippen von den ihren löste, sagte er:
»Ich habe kein Geschenk für dich, Martha. Aber ich lasse eine Kopie von diesem Ring machen, damit du ihn tragen kannst. Dann wird deine Mutter nichts merken. Unsere Verbindung wird geheim bleiben müssen, und es steht uns eine lange Verlobungszeit bevor.«

»Wie lang?«
»Unsere Patriarchen haben sieben Jahre vorgeschrieben.«
»Ich werde warten.«
Sie ging zu dem Couchtisch und griff nach einem kleinen Päckchen, das sie vorhin dort hingelegt hatte. Sie nahm ein Kästchen aus Teakholz heraus.
»Weißt du noch, was du vorgestern beim Abendessen sagtest, als du meine Tischkarte an dich nahmst? Über den Glauben primitiver Völker an die Macht des Besitzes? Ich habe dir ein besseres Unterpfand mitgebracht.«
Es war ein Foto, erst kürzlich aufgenommen. Er hielt es mit ausgestreckten Armen und betrachtete es. Von dem Bild blickte ihn Martha an – die weit auseinanderliegenden Augen waren ein wenig zu groß für ihr schmales Gesicht, die Lippen ein wenig zu voll, Nase und Kinn eine Spur zu kräftig. Aber alles in allem, sagte er sich, war es die lieblichste Frau, die ihm jemals begegnet war.
Es fiel ihm nicht leicht, sich von der Reproduktion ab- und dem Original wieder zuzuwenden. Martha hatte ihn genau beobachtet. Die unverhohlene Erregung, die sich in seiner Miene spiegelte, schien sie ein wenig zu amüsieren.
»Sigi, glaubst du, daß Eva den Apfel erst geschält hat, als sie Adam in Versuchung führte?«
»Das bezweifle ich. Sie hatten es viel zu eilig, aus dem Garten Eden hinaus und hinein in die sündige Welt zu gelangen.«
»Ist sie denn sündig?«
»Was das betrifft, so bin ich fast ebenso ahnungslos wie du. Ich habe mich in meinem Laboratorium eingeschlossen, bis ich Marthas Magie kennenlernte.«
»Glaubst du an Magie?« fragte sie.
»In der Liebe? Ohne Zweifel. Martha, Liebling, wir sind jetzt zu Verschwörern geworden. Wie kann ich dir Post zukommen lassen? Eine Flut von Briefen mit männlicher Handschrift würde bei deinem Onkel sicher einen seltsamen Eindruck machen. Könntest du mir nicht ein paar Umschläge mit deiner Handschrift adressieren?«
»Ja, das könnte ich tun.«
»Du bist ein goldiges Mädel. Das ist es wahrscheinlich, was ich an dir am meisten liebe.«
Sie befreite sich unvermittelt aus seiner Umarmung.
»Sigi, du darfst das nicht mit Schwäche verwechseln. Nimm dich vor goldigen Menschen in acht – sie haben einen eisernen Willen.«
Er war mehr amüsiert als beunruhigt.
»Ich weiß, wie stark du bist – aber da, wo es richtig ist. Alles Heimliche und Versteckte ist deiner Natur fremd. Ich fühle es: Du bist genau so, wie du dich gibst. Von uns beiden bin ich der Komplizierte und Konfuse. Meine Freunde haben mich immer als Zyniker bezeichnet. Ich habe stets mit viel

Vergnügen die klassischen Liebesgeschichten gelesen, aber mich selbst konnte ich nie in der Rolle des Liebhabers sehen. Natürlich sagte ich mir, daß eines Tages die Liebe auch zu mir kommen würde, langsam, behutsam . . . Aber daß sie mich so anspringen würde, wie ein wildes Tier sich von seinem Ast auf die Beute stürzt! Unfaßbar! Wie konnte ich so wehrlos sein? Schließlich bin ich sechsundzwanzig. Ich habe die Liebesgedichte der Weltliteratur ebenso sorgfältig seziert wie die Leichen in der Anatomie. Wenn sich dieses Mysterium vor meinen eigenen Augen entfaltet, mit welchem Recht kann ich dann noch das Geheimnis des brennenden Dornbusches leugnen, den ein Engel des Herrn vor Moses entflammte? Oder die Wahrheit der Überlieferung, nach der Christus die Menge mit Brot und Fisch speiste?«
Sie lehnte sich an seine Brust und schmiegte sanft ihre Wange an sein Kinn.
»Weißt du, was ich als Verlobungsgeschenk haben möchte? Eins von den Gedichten, die du gerade erwähnt hast.«
»Heine oder Shakespeare?«
»Beide.«
»Dann zunächst Heine:
›Nur noch einmal möcht' ich dich sehen
Und sinken vor dir aufs Knie
Und sterbend zu dir sprechen:
Madame, ich liebe Sie!‹«
»Viel zu traurig. Hier stirbt doch niemand. Hat Shakespeare etwas Fröhlicheres zu sagen?«
»Er läßt seinen Clown in ›Was ihr wollt‹ folgende Zeilen sprechen:
›Was ist Lieb'? Sie ist nicht künftig;
Gleich gelacht ist gleich vernünftig,
Was noch kommen soll, ist weit,
Wenn ich zög're, so verscherz' ich;
Komm denn, Liebchen, küß mich herzig!
Jugend hält nur kurze Zeit.‹«
Sie sah ihn sehr ernst an. »Es wird nicht leicht werden, nicht wahr, mein Liebster?«
»Nein, Martha, es werden Prüfungen kommen, die wir uns jetzt noch gar nicht vorstellen können. Aber wir wollen die letzte Zeile, die der Clown spricht, umdichten:
›Liebe hält für ew'ge Zeit!‹«

Zweites Buch
Jahre der Sehnsucht

1

Das Allgemeine Krankenhaus, in dem Sigmund Freud die nächsten drei Jahre zubringen sollte, war nur langsam gewachsen. Zunächst wurde auf dem Grundstück im Jahre 1693, also vor einhundertneunzig Jahren, ein Armenhaus errichtet. Der erste Innenhof erhielt die Bezeichnung »Großer Hof«. 1733 war das Gebäude um den anschließenden zweiten Hof, den »Heirats- und Witwenhof«, fertiggestellt. Im Laufe der nun folgenden fünfzig Jahre kam noch ein halbes Dutzend anderer Gebäude hinzu: der Krankenhof, der Haushaltshof, der Handwerkerhof, der Studentenhof.
Dann reiste Kaiser Joseph II., ein Idealist und Träumer, inkognito durch Europa und verfügte 1783 die Umwandlung des Großarmenhauses in ein Allgemeines Krankenhaus, das nach dem Vorbild des Hôtel de Dieu in Paris eingerichtet werden sollte. Die neuesten Entdeckungen und Errungenschaften sollten dabei verwertet werden. Die Höfe wurden umgebaut und modernisiert, Kanalisation und Senkgruben angelegt, die Schornsteine aus der Mitte der Zimmer entfernt, Küchen eingebaut, die Fenster vergrößert und der Platz für jedes Bett auf zwei Meter erweitert. Der gesamte Abfall des Krankenhauses mußte auf einem eigenen Schuttplatz gegenüber verbrannt werden. Es wurde verboten, tote Tiere in den nahen Alserbach zu werfen. Kranken, die unter Quarantäne standen, durften die Schwestern ihre Nahrung und alles andere nur noch durch Fenster reichen.
Dann hielt die Medizinische Fakultät der Wiener Universität ihren Einzug. Damit begann der Aufstieg des Allgemeinen Krankenhauses zu einem der besten Krankenhäuser und Forschungszentren der ganzen Welt. Die Professoren gehörten zu den angesehensten Männern in der österreichisch-ungarischen Monarchie, und das Krankenhaus erwarb sich einen hervorragenden Ruf, der sich auf die ausgezeichnete Forschungsarbeit seiner Laboratorien stützte.
Das Allgemeine Krankenhaus wurde zu einer Stadt in der Stadt. In einem Dutzend weitläufiger, quadratischer Bauten waren die zwanzig Abteilungen und die vierzehn Institute und Kliniken untergebracht. Jedes Gebäude umschloß einen schön angelegten Innenhof. Die einzelnen Höfe waren durch Tunnels miteinander verbunden, die unter den Gebäuden durchführten. Das gesamte Gelände wurde von einer steinernen Mauer gegen die

Außenwelt abgeschirmt. Das Wasser wurde in einer gesonderten Leitung von den Bergquellen am Semmering herbeigeschafft; auf jeder Etage gab es fließendes Wasser; das Essen wurde in eigenen Küchen zubereitet, die allerdings verpachtet waren. Es gab ein Lesezimmer für die Ärzte und eine Leihbücherei für die fünfundzwanzigtausend Patienten, die im Laufe eines Jahres durch die zweitausend Krankenhausbetten gingen. Die Höfe hatten Gaslicht, weil sich neue Erfindungen wie elektrischer Strom und Telefon noch im Versuchsstadium befanden. Im Winter beheizten Füllöfen die Krankensäle, im Sommer konnte man den oberen Teil der Fenster zum Lüften ausklappen. Für die Katholiken war eine Kapelle vorhanden, die jüdischen Patienten und Ärzte hatten im Sechsten Hof eine achteckige Synagoge. Im Vierten Hof lag eine Badeanstalt mit Einzelkabinen für Wannen- und Dampfbäder. Jede Station hatte eine eigene Teeküche und Wasserklosetts, die weit genug abgelegen waren, so daß keinerlei üble Gerüche bis zu den Krankenräumen dringen konnten. Die unhygienischen Strohsäcke früherer Zeiten waren durch dreiteilige Roßhaarmatratzen ersetzt worden, die man regelmäßig austauschen konnte, damit sie immer fest und glatt blieben. Die Sterblichkeitsrate lag mit vierzehn Prozent sehr niedrig. Die Patienten der Ersten Klasse zahlten pro Tag vier Gulden, die der Dritten Klasse nur ein paar Kreuzer, und Mittellose wurden kostenlos behandelt. Die stark frequentierte Wöchnerinnenstation, in der sowohl Ärzte als auch Hebammen ausgebildet wurden, berechnete ihren Patientinnen für Unterkunft, Verpflegung und Entbindung insgesamt eineinhalb Gulden pro Tag.

2

In Professor Theodor Billroths Operationssaal im zweiten Stock der Chirurgischen Klinik im Ersten Hof herrschte unterdrückte Erregung. Eine hohe Barriere mit griechischem Fries trennte den Operationstisch von dem steil aufsteigenden Amphitheater des Zuschauerraums. Sigmund hatte sich in der Hauptverwaltung für diesen Kurs eingeschrieben, aber das Amphitheater war schon überfüllt. Die Chirurgen Wiens hatten sich eingefunden, um Professor Billroth beim zweiten Versuch seiner neuentdeckten »Resektion« zuzusehen.

Daß ein Mensch mit abgetrenntem Arm oder Bein noch lange Zeit leben konnte, war längst bekannt; die Kriege hatten es bewiesen. Neu war jedoch, daß man einen Teil der menschlichen Eingeweide, die von einem Tumor oder einer krankhaften Obstruktion befallen waren, entfernen und die abgeschnittenen Enden von Magen und Darm wieder aneinanderfügen konnte. Sigmund schloß sich einer Gruppe von Ärzten an, die auf dem Fensterbrett saßen oder dicht hinter dem Fries standen. Er hatte bei Billroth bereits dreißig Wochenstunden klinische Chirurgie belegt gehabt und eine Menge über Pathologie, aber fast nichts über Chirurgie gelernt. Daran war er teilweise selbst schuld, weil es niemals seine Absicht gewesen war, Patienten zu operieren. Ein Teil der Schuld lag auch bei Billroth, der verkündet hatte:

»Besondere Vorlesungen über Operationslehre für Studierende zu halten, ist eine sehr unfruchtbare Mühe. Die typischen Operationen bespricht und zeigt man den Studenten am Kadaver; sie sehen sie auch in der Klinik.«

Billroths Vorlesungen waren berühmt, die Säle stets von Bewunderern überfüllt, aber Sigmund hatte bisher noch nie Gelegenheit gehabt, den Herrn Professor persönlich kennenzulernen oder ihn auch nur zu grüßen. Jetzt, wo er sich auf die Arbeit als praktischer Arzt vorbereitete, blieb ihm keine andere Wahl, als auch die Operationstechnik zu erlernen. In einem Notfall konnte das Leben eines Patienten davon abhängen, wie geschickt er mit Skalpell und Messer umzugehen verstand. Er mußte diese Kunst erlernen, wenn er ein guter Arzt werden wollte – und es lag nicht in seiner Absicht, ein schlechter oder auch nur mittelmäßiger zu werden.

Professor Billroth hatte mit dazu beigetragen, aus dem groben Handwerk der Chirurgie, das von Dorfbarbieren ausgeübt wurde, eine exakte, wissenschaftlich fundierte Kunst zu machen. Er fand auch als erster den Mut, Berichte über seine Operationen zu veröffentlichen. Da die Chirurgen immer noch mehr Patienten verloren, als sie retten konnten, waren diese Berichte ein makabrer Lesestoff. Doch nach Billroths Meinung mußte man auch Fehlschläge sofort und in aller Öffentlichkeit eingestehen, ohne solche Fehler zu beschönigen; etwas über einen mißglückten Fall zu erfahren, so meinte er, sei viel wichtiger als Berichte über ein Dutzend gelungener Operationen. Das Buch, das er 1876 – also vor sechs Jahren – veröffentlicht hatte, war ein scharfer Angriff gegen die mittelalterlichen Methoden, die immer noch an vielen Medizinischen Fakultäten praktiziert wurden; er bot auch einen Plan zur Neuordnung an. Fünf Seiten dieses Buches versetzten der schwer erkämpften Harmonie an der Medizinischen Fakultät völlig überflüssigerweise einen schweren Schlag. In dem Kapitel »Die Schüler und der zukünftige Arzt« hatte Billroth geschrieben:

»Es ist mit Recht hervorgehoben worden, daß in Wien mehr als irgendwo arme Studenten sind, und daß man sie unterstützen soll, weil es eben doch so theuer in Wien sei. Ja, wenn es sich nur um Armuth handelte! . . . Nach Wien kommen, zumal aus Galizien und Ungarn, junge Leute, meist Israeliten, welche absolut garnichts haben, und denen man die wahnsinnige Idee beigebracht hat, sie könnten in Wien zugleich Geld erwerben (durch Unterricht, kleine Börsendienste, durch Hausieren mit Schwefelhölzern, oder indem sie zugleich sich als Post- oder Telegraphenbeamte in Wien oder anderswo anstellen lassen etc.) und dabei Medizin studieren ... Man denke sich den mäßig begabten, zu Handelsgeschäften untauglichen Sohn eines kleinen jüdischen Kaufmanns in Galizien oder Ungarn (die ungarischen Juden haben in den Kreisen der Wiener Studenten selbst den übelsten Ruf), der gerade so viel erwirbt, daß er mit seiner Familie nicht verhungert; die Eitelkeit der Mutter verlangt einen Schriftgelehrten, einen Talmudisten in der Familie; mit tausend Schwierigkeiten wird er auf die Schule gebracht; er macht mit Mühe sein Maturitäts-Examen; nun kommt er nach Wien mit seinen Kleidern, sonst hat er nichts ... Solche Leute sind überhaupt zu keiner wissenschaftlichen Laufbahn geeignet.«

Diese Darstellung war es, auf die Professor Brücke so empfindlich reagiert hatte. Bis zu diesem Zeitpunkt war ein eventuell latent vorhandener Antisemitismus nie bis an die Oberfläche gedrungen. Juden und Nichtjuden begegneten einander völlig unbefangen in allen intellektuellen, künstlerischen und wissenschaftlichen Bereichen, selbst wenn sie nicht gesellschaftlich miteinander verkehrten. Durch Billroths öffentliche Attakke – dem ersten derartigen Angriff von offizieller Seite, seitdem Kaiser Leopold I. im Jahre 1670 die Ausweisung der Juden aus ihrem Wohnviertel jenseits des Donaukanals, dem späteren Zweiten Bezirk, verfügt hatte – wurden die alten Vorurteile wieder salonfähig.

Theodor Billroth wollte eigentlich Musiker werden, aber seine Eltern hatten ihn zu einer medizinischen Laufbahn überredet. Sein engster Freund war Johannes Brahms. Viele seiner Werke spielte der Komponist selbst das erstemal in Billroths Wohnung. In seiner Liebe zur Musik war Billroth seinem Kollegen Brücke sehr ähnlich – halb Wissenschaftler, halb Künstler.

Nun standen seine sieben Assistenten, darunter Oberärzte und Extraordinarien, im Halbkreis um den Patienten und warteten auf die Ankunft ihres Chefs. Die Fenster blieben wegen der drückenden Augusthitze geschlossen. Es herrschte ehrfürchtiges Schweigen. Alle Blicke waren auf die Tür gerichtet. Sigmund war schon während seiner Studentenjahre immun geworden gegen den ekelhaften Gestank von Eiter, Blut und Chloroform.

Dann trat Professor Billroth ein, dreiundfünfzig Jahre alt, ein gutaussehender Mann mit kurzem grauweißem Bart und einer randlosen Brille auf der Nasenspitze. Seine Assistenten nahmen Haltung an, die Studenten und Beobachter erhoben sich. Billroth, der schon Kaiser, Könige und Potentaten aus der Türkei, aus Rußland und dem Orient operiert hatte, trug stets teure, elegante Anzüge. Sigmund hatte einmal gehört, daß sein Jahreseinkommen ungefähr eine Viertelmillion Gulden betrug. Das Krankenhaus, die Operationssäle und ihre Einrichtungen, aber auch seine Assistenten und die jungen Professoren standen ihm kostenlos zur Verfügung. Daneben betrieb er noch seine eigene Privatklinik. Billroths Assistenten im

Krankenhaus verdienten neunzig Gulden im Monat, die Extraordinarien zweihundert, obwohl einige von ihnen bereits Männer im gesetzten Alter waren, die Familien zu ernähren hatten. Sie durften auch ohne Billroths Zustimmung keine eigenen Privatpraxen unterhalten. Gelegentlich gestand er jedem von ihnen eine private Operation zu. Die Honorare, so meinte Sigmund, reichten wohl gerade aus, sie vor der Verzweiflung zu bewahren.

Billroth schob die Ärmel seines englischen Tuchanzugs zurück. Weiße Kittel hatte er für seine Operationssäle verboten, weil die Chirurgen in seinen Augen dann wie Friseure aussahen. Niemand trug Handschuhe. Krankenschwestern durften den Saal nicht betreten. Dann nickte er seinem Oberarzt Dr. Anton Wölfler zu. Dieser nahm einen vorbereiteten Bericht zur Hand und las mit monotoner Stimme:

»Der Patient heißt Josef Mirbeth, dreiundvierzig Jahre alt. Hat, offenbar in der Meinung, es sei Limonade, ein Wodkaglas voll Salpetersäure getrunken. Symptome: kann nur flüssige Nahrung zu sich nehmen. Erbricht jegliche feste Nahrung, die er zu sich nimmt. Heftiger Druck im Magen und Rückenschmerzen. Diagnose: Magentumor.«

Einer der Assistenten bedeckte das Gesicht des Patienten mit sechs Lagen Gaze. Dann wurde Chloroform daraufgeträufelt. Billroth machte seinen Einschnitt fast parallel zu den Rippen, zwei Zentimeter unterhalb des Nabels, etwa dreißig Zentimeter lang. Er durchtrennte die Blutgefäße zwischen Magen und Dickdarm, legte den Magen frei und löste ihn aus. Der Assistent klammerte die Blutgefäße und setzte Metallklammern an die Wundränder, damit das Operationsfeld offenblieb. Andere tupften das Blut ab. Sigmund war überrascht, wie wenig die Wunde blutete. Billroth gab zu jedem Schritt seiner Operation ausführliche Erklärungen, die ein Assistent unter einer genauen Zeichnung vom Einschnitt in die Krankengeschichte des Patienten eintrug.

Billroth schob seine Hand unter den freigelegten Magen und Zwölffingerdarm und konnte nun leicht den Einschnitt mit dem Skalpell machen. Er sah sofort an der Außenseite des Magenpförtners einen weißen sich fächerförmig verästelnden Strang. Er brach sofort ab, hob den Kopf und sagte, zu den Zuschauern gewandt:

»Wir haben uns geirrt. Hier liegt kein Tumor vor, auch keine Verwachsung von Narben nach der Säureeinwirkung. Das Duodenum ist so sehr verdickt, daß nur noch eine Nadel passieren könnte. Wir werden zehn Zentimeter Duodenum und Magen entfernen müssen.«

Während ein Assistent gleichmäßig Chloroform auf die Gazemaske träufelte, schnitt Billroth die Verdickung heraus. Da die Mündung des Zwölffingerdarms nur halb so groß war wie die des Magens, verengte er zuerst den Magenstumpf mit einigen Nähten, ehe er die beiden Öffnungen einander anpaßte. Dann nähte er die beiden Enden aneinander und

überzeugte sich davon, daß die Verbindung völlig abgedichtet war und weder flüssige noch feste Nahrung durchlassen konnte. Dann schloß er die Operationswunde mit Seidennähten.
Die Operation war beendet. Sie hatte eineinviertel Stunden gedauert. Die entfernten Teile von Magen und Darm wurden für die Untersuchung im pathologischen Laboratorium auf eine Schale gelegt. Billroth wusch sich die Hände in einer Bichloridlösung. Sein jüngster Assistent reichte ihm ein Handtuch. Er trocknete sich die Hände ab, streifte die unbeschmutzten Ärmel des Straßenanzugs wieder herab, verbeugte sich förmlich vor seinen Mitarbeitern und dem Publikum und schritt majestätisch zur Tür hinaus.
Die Ärzte und Studenten verließen mit beifälligem Gemurmel den Hörsaal. Nur Billroths Mitarbeiter und eine kleine Gruppe von rund zehn Studenten – darunter auch Sigmund – umstanden noch den Operationstisch. Billroths Erster Assistent, Oberarzt Dr. Wölfler, bereitete den nächsten Patienten zur Operation vor. Der Mann hat Abszesse am Kopf, Schmerzen in einer Hüfte und konnte das eine Bein nicht bewegen.
Dr. Wölfler sagte: »Ich weiß nicht, ob ein Zusammenhang zwischen den Abszessen am Kopf und der Bewegungsunfähigkeit des Beins besteht. Wir werden die geschädigte Kniescheibe punktieren und den Eiter dränieren.«
Sie ließen die gelbliche Flüssigkeit ablaufen, brannten die Wunde aus und legten einen Knieverband an.
Sigmund ging zum Mittagessen in die Kaiser-Joseph-Straße zurück und bedauerte es, daß er nun mehrere Monate lang Billroths Magie nicht mehr beobachten konnte. Der Professor fuhr nämlich zu seinem Freund Brahms nach Italien in Urlaub.
Als Sekundaraspirant hatte Dr. Sigmund Freud von acht bis zehn Uhr vormittags, von vier bis sechs nachmittags und von zehn Uhr abends bis Mitternacht Dienst in den Krankenstationen. Die Krankengeschichten mußten peinlich genau geführt werden. In den dienstfreien Stunden mußte er die Fachartikel in den chirurgischen Zeitschriften lesen und bei sämtlichen Operationen anwesend sein. So wurde der Operationssaal zu seinem Standquartier – ein großer, weißgetünchter Raum über dem Ersten Hof, in den durch das hohe Fenster die Sommersonne hereinflutete. Unten im Hof konnte man die Genesenden in ihren gestreiften Nachthemden im Schatten der Linden spazierengehen sehen.
Als er am Nachmittag in die Station zurückkehrte, stellte er bei Professor Billroths Patient Josef Mirbeth Übelkeit fest, aber der Mann behauptete, die Magenschmerzen seien verschwunden. Sigmund staunte, wie rasch sich der Mann erholte und wie gering das Fieber war.
Die nächste Patientin war die fünfzigjährige Maria Gehring, die sich wegen eines Zystensarkoms einer Brustoperation unterziehen mußte; dann wurde dem siebenjährigen Anton Lenasse, der von einer früheren

Operation ein verkürztes Bein zurückbehalten hatte, das Schienbein noch einmal gebrochen und die Wunde gereinigt; der nächste war Jakob Kipflinger, fünfundvierzig Jahre alt, dessen Arm geschwollen und entzündet war. Dazwischen kamen einige Patienten, die inoperabel waren und zum Sterben nach Hause geschickt wurden.

Ein Skalpell durfte Sigmund nicht in die Hand nehmen, aber er assistierte auf andere Weise: Er dränierte Wunden, hielt Klammern und half verbinden. Billroths Assistenten wirkten wesentlich entspannter, seit der Chef gegangen war. Alle Aspiranten durften nun dicht an den Patienten herantreten, um die Handhabung der chirurgischen Instrumente genauer beobachten zu können. Der Ton war durchaus kollegial, insbesondere unter den jüngeren, unverheirateten Kollegen, die sich in einem nahegelegenen Café jeweils zu einem späten Nachtmahl trafen und hier ihren eigenen kleinen Stammtisch hatten.

Die Sigmund anvertrauten Patienten erholten sich gut. Sie konnten nacheinander entlassen werden, bis auf Mirbeth. Bei ihm stellten sich vier Tage nach der Operation Komplikationen ein. Sein Fall war für die ganze Station von besonderer Bedeutung. Sigmund kümmerte sich mit liebevoller Sorgfalt um ihn, aber am sechsten Tag wurde Mirbeth apathisch. Er hustete bereits seit mehreren Tagen, aber man hatte dies nicht sonderlich ernst genommen. Nun stieg das Fieber bei ihm sehr schnell, der Puls flog. Sigmund überprüfte die Krankengeschichte. Jede Einzelheit war genau aufgezeichnet, auch die Tatsache, daß Mirbeth wieder unter Magenschmerzen litt.

Es wurde Mitternacht, aber er konnte jetzt seinen Patienten nicht im Stich lassen. Auch zwei von Billroths Assistenten wachten am Krankenbett. Sie versuchten es mit Eisbeuteln, aber Mirbeths Zustand verschlechterte sich rapide. Um drei Uhr morgens starb er. Sigmund hatte das Gefühl, eine persönliche Niederlage erlitten zu haben.

Am nächsten Morgen war er schon vor acht Uhr wieder im Krankenhaus. Er wollte Dr. Wölfler sprechen, einen Mann von zweiunddreißig Jahren mit elegant gestutztem Bart und Schnurrbart. Er war ein begabter Chirurg, wie Sigmund aus eigener Anschauung wußte; er hatte ihm zugesehen, wie er die Hasenscharte eines Kleinkinds schloß, einem Mann das von Krebs befallene Auge entfernte und eine gynäkologische Operation vornahm, bei der er einer Frau fast den halben Unterleib herausschnitt.

»Herr Dr. Wölfler«, fragte Sigmund, »wird es wegen Josef Mirbeth zu einer Untersuchung kommen?«

»Nichts deutet darauf hin, Herr Kollege. Der Leichnam kommt hinüber in die Anatomie, aber wir werden keinen Bericht anfordern.«

»Aber woher wollen wir dann wissen, ob er an Bauchfellentzündung, Lungenentzündung oder einem neuerlichen Magenverschluß gestorben ist?«

»Dr. Freud, den Tod sieht man hier nicht gern. Er gibt zu viele Rätsel auf.

Aber Sie haben ja selbst gesehen, daß Herr Mirbeth inzwischen auch ohne die Operation gestorben wäre – an Unterernährung. Betrachten Sie es als einen Gewinn, daß uns die Operation Gelegenheit geboten hat, für die Arbeit an Magen und Zwölffingerdarm weitere Erfahrung zu sammeln. Bei den ersten hundert Fällen werden wir vermutlich den Kampf verlieren. Aber dann wird die Technik so weit vervollkommnet sein, daß Chirurgen auf der ganzen Welt den Eingriff erfolgreich durchführen können.«
Sigmund machte eine kleine Verbeugung.
»Ich möchte mich bei Ihnen bedanken, Herr Doktor, daß Sie so viel Geduld mit mir haben.«
Aber als er dann in die Station zurückkehrte und Mirbeths leeres Bett sah, dachte er: »Wie will Billroth diesen Fall publizieren, ohne den Mißerfolg zu beschönigen – wie er sich selbst ausdrückt –, wenn wir gar nicht erst versuchen, etwas über die Ursachen zu erfahren? Was können wir aus dem Fall Mirbeth lernen? Wir haben genaue Aufzeichnungen über den Verlauf der Operation und die Krankengeschichte; aber woran ist er nun wirklich gestorben?«

3

Einem Mann, der noch nie zuvor verliebt war, ist die Eifersucht so fremd wie die dunkle Seite des Mondes. Sigmund Freud war verwirrt. Er hatte bereits mehrere Anflüge von Eifersucht erleben müssen, deren er sich niemals für fähig gehalten hätte. Die erste derartige Erfahrung hatte er schon zwei Tage vor dem Ausflug nach Mödling gemacht. Er besuchte die Familie Bernays und traf Martha an, wie sie an einer Notenmappe für Max Mayer arbeitete, einen älteren Cousin, an dem sie sehr hing. Er sah ihr zu, wie sie sich begeistert über die Blätter beugte, und wurde von plötzlicher Eifersucht heimgesucht.
»Es ist zu spät. Sie liebt Max. Die Sache ist aussichtslos für mich. Ich werde sie verlieren . . . « Aber dann hatte er sich energisch zur Ordnung gerufen. »Unsinn! Sie bastelt doch nur ein Geschenk für einen Verwandten in Hamburg. Sie ist überhaupt noch nicht verliebt. Du wirst der Auserwählte sein – aber behutsam, behutsam! Laß dir nicht anmerken, daß du dich wie ein Narr benimmst!«
Die zweite Episode ließ sich nicht verheimlichen. Im Kreis ihrer jungen Freunde blieb die Verlobung zwischen Martha und Sigmund natürlich genauso verborgen wie die helle Julisonne. Fritz Wahle, Maler und seit langem mit Sigmund befreundet, hatte Martha mehrere Bücher über Kunstgeschichte gebracht, die sie lesen und über die sie mit ihm diskutieren sollte. Obgleich Fritz Wahle mit Marthas Cousine Elise verlobt war, wurde Sigmund doch unruhig.

»Ich glaube, es besteht eine generelle Feindschaft zwischen den Künstlern und uns Arbeitern im Detail der Wissenschaft«, sagte er zu ihm. »Wir wissen, daß jene in ihrer Kunst einen Dietrich besitzen, der alle Frauenherzen mühelos aufschließt, während wir gewöhnlich vor den seltsamen Zeichen des Schlosses ratlos dastehen und uns quälen müssen, auch erst für eins den passenden Schlüssel zu finden.«

Er war dann Wahle aus dem Weg gegangen und hatte nicht mehr mit ihm gesprochen, bis Ignaz Schönberg die beiden wieder im Café Kurzweil zusammenbrachte. Wahle rührte umständlich in seinem großen Braunen herum. Schließlich blickte er auf und schob die Unterlippe vor.

»Sigmund, wenn Sie Martha nicht glücklich machen, werde ich zuerst Sie und dann mich selbst erschießen.«

Sigmund lachte peinlich berührt. Es klang gezwungen und brachte Wahle noch mehr auf.

»So – Sie lachen mich also aus? Wenn ich Martha schreibe, sie soll Sie fallenlassen, wird sie es tun!«

»Hören Sie, Fritz, Sie sind doch nicht mehr Marthas Lehrer und haben ihr nichts zu befehlen.«

»Das werden wir ja sehen! Herr Ober, bringen Sie mir, bitte, Papier und Schreibzeug.«

Hitzig kritzelte Wahle eine kurze Mitteilung auf das Papier. Sigmund zog sie ihm unter der Hand weg und sah, daß Wahle einen ebenso leidenschaftlichen Liebesbrief geschrieben hatte, wie er selbst sie an Martha schickte. Fritz liebte also Martha und nicht ihre Cousine Elise! Er zerriß den Brief zu kleinen Fetzen.

Fritz Wahle stürmte aus dem Café. In der folgenden Nacht fand Sigmund nur wenig Schlaf. Sollte Martha diesen Wahle etwa ermutigt haben? Sigmund schrieb ihr:

> ». . . ich bin aus härterem Stoff als er; wenn wir gegeneinander handeln, ist er mir nicht gewachsen . . . Die Lösung liegt, glaube ich, darin, daß nur in der Logik Widersprüche existenzfähig sind, in den Gefühlen bestehen sie aufs beste nebeneinander. Am wenigsten darf man die Möglichkeit solcher Widersprüche in den Gefühlen bei Künstlern wegleugnen, Menschen, die keine Veranlassung haben, ihr inneres Leben der strengen Kontrolle des Verstandes zu unterwerfen.«

Er ging selbst »streng vernunftgemäß« vor und teilte ihr mit, sie habe ihre Beziehungen zu Fritz Wahle abzubrechen. Eine andere Lösung sei für ihn unannehmbar. Martha weigerte sich. Sie antwortete, sie und Fritz seien gute Freunde, und es sei grausam, diese Freundschaft zu zerstören. Sie habe ein Recht auf solche harmlosen Freundschaften und werde Fritz schriftlich versichern, daß sich zwischen ihnen nichts geändert habe.

Daß Martha einen sehr eigenen Kopf hatte, war Sigmund nicht unbekannt.

Sie selbst hatte ihn warnend darauf hingewiesen, daß goldige Menschen einen eisernen Willen haben können. Damals war ihm das nicht unlieb gewesen. Aber jetzt, wo ihr Wille gegen den seinen stand, quälten ihn selbstzerstörerische Zweifel und Wutanfälle. Wie konnte Martha behaupten, ihn aufrichtig zu lieben, wenn sie sich in einer so gründlichen Angelegenheit nicht nach seinen Wünschen richtete?
Er rannte durch die Straßen der Stadt und versuchte, dem Aufruhr seiner Gefühle auf endlosen Spaziergängen Herr zu werden. Die hochsommerliche Hitze hatte auch am Spätnachmittag noch nicht nachgelassen. In der sengenden Glut waren die Hauptstraßen wie leergefegt. Schweißüberströmt kehrte er heim und schrieb Martha einen stürmischen Protestbrief, in dem er weder sich selbst noch seiner Braut etwas von dem wilden Aufruhr der Gefühle ersparte, der in seinem unerfahrenen Herzen tobte. Sollte er etwa seine Gefühle vor ihr verbergen? Aber wie konnte man darauf eine dauerhafte Liebe begründen? Sie waren sich darin einig gewesen, daß sie zueinander vollkommen aufrichtig sein mußten, daß sie einander als gute Freunde und nicht so sehr als Liebende alles zu enthüllen hatten, was sie innerlich bewegte, Sigmund sagte sich selbst:
»Ich selbst war es, der darauf bestanden hat. Anders ertrage ich es einfach nicht. Aber als ich diese Forderung stellte – hatte ich da schon eine Ahnung, welche Qualen sich daraus ergeben würden?«
Martha gestand er offen ein:

> »Ich verliere die Herrschaft über mich, und wenn ich die Macht besäße, die ganze Welt, uns einbegriffen, zu zertrümmern, um sie von neuem spielen zu lassen, auf die Gefahr hin, daß sie nicht wieder mich und Martha hervorbringt, ich thäte es unbedenklich.«

Er empfand es als besonders schlimm, daß er immer vier Tage auf eine Antwort warten mußte. Wenn er seine Agonie längst überwunden hatte, würde Martha gerade die Ergüsse seines leidenden Herzens lesen. Diese Entgleisungen verzieh er sich nur, weil er sich selbst – aber noch nicht gegenüber Martha – eingestand, daß er und seine Schwester Rosa »schönste Neigung zur Neurasthenie« hatten.
In der Chirurgie hatte er täglich kranke, zerschmetterte, deformierte Körper vor Augen, die in ununterbrochener Folge auf den Operationstisch kamen. Manche Fälle waren einfach, wie zum Beispiel der Beingips, der dem achtzehnjährigen Johann Smejkal angelegt wurde. Andere, kompliziertere Operationen dauerten vier bis fünf Stunden: die Beseitigung von Rupert Hipfels Abszessen im Analbereich; die Entfernung von Walburga Gorigs Kropf oder die Kieferoperation bei Johann Denk.
Sigmund versorgte während der zwei Schichten seines Dienstes die Patienten mehrerer Stationen. Dabei sagte er sich sorgenvoll: »Im Grunde genommen verlangt man von mir sehr wenig: Wunden trockenhalten, auf Fieber achten, Verbandwechsel oder aber Medikamente verordnen, Kran-

kenberichte schreiben.« Seine Lehrer waren geschickte Chirurgen, doch je mehr Einblick er gewann, desto überzeugter war er, daß ihm das Talent für die Kunst der Chirurgie fehlte. Es würde wohl noch volle zwei Jahre dauern, in denen er nur Leichen in der Anatomie sezieren durfte, ehe man ihm gestattete, seine erste Operation an einem lebenden Patienten vorzunehmen. War er nicht wirklich besser beraten, wenn er später, nach der Eröffnung seiner eigenen Praxis, Patienten, die einer Operation bedurften, schnellstmöglich zu einem erfahrenen Chirurgen schickte? Zu dieser Überzeugung war er bereits vor sechs Jahren gelangt.
Für die Aspiranten, die unbezahlten Kandidaten für einen Posten im Allgemeinen Krankenhaus, war kein bestimmter Ausbildungskurs vorgeschrieben. Ein junger Arzt konnte sich um die Versetzung in irgendeine Abteilung bewerben, in der er sich ausbilden wollte, und dort so lange bleiben, wie er es für nötig hielt. Kein Mensch sagte ihm, welcher Disziplin er sich als nächster zuwenden sollte. Man erwartete ganz allgemein von ihm, daß er im Verlauf seiner Ausbildung jede einzelne Abteilung durchlief, um dann am Schluß für alles gerüstet zu sein: von der Entbindung bis zum Niederkämpfen einer Epidemie. Aber niemand kümmerte sich um den Verlauf der Ausbildung, niemand kontrollierte sie. Der junge Arzt hatte selbst zu wählen.
Sigmund beschloß, volle zwei Monate durchzuhalten. Wenn er früher wegging, wäre das nicht nur das Eingeständnis der eigenen Niederlage, sondern darüber hinaus auch ein Affront gegen Professor Billroth und seine Mitarbeiter gewesen. Dieser Entschluß rief bei ihm kein Gefühl der Verbitterung hervor. Schon während seiner Studienzeit hatte er beispielsweise feststellen müssen, daß er auf dem Gebiet der Chemie unbegabt war. Jeder muß eben seine Schwächen erkennen und nach Gebieten suchen, die er besser meistert. Aber niedergeschlagen war er doch.
In seiner deprimierten Stimmung schrieb er Martha, wie düster ihm die Zukunft erscheine, die vielen monotonen Jahre, die vor ihm lagen, die für ihn oft nutzlose Arbeit, der ohne sie so graue Alltag. Es erschien ihm unmöglich, in dieser festgefügten Hierarchie etwas zu erreichen. Nur ein einziger konnte zum Chef einer Klinik, eines Instituts, einer Abteilung aufsteigen, alle anderen waren dazu verurteilt, gehorsame Arbeitstiere zu bleiben. Es gab nur eine einzige Möglichkeit, aus diesem akademischen und administrativen Gefängnis auszubrechen: Diese Arbeit anderen zu überlassen und irgendwo neu zu beginnen. Er fragte sich, ob Martha wohl bereit wäre, mit ihm nach England zu übersiedeln, wenn sie erst einmal verheiratet waren. Während der Sommerferien bei seinen Halbbrüdern hatte er den Eindruck gewonnen, daß die Medizin in England weniger festgefahren war – damals hatte er den Ausdruck »versteinert« gebraucht. Philipps und Emanuels Lebensstil hatte großen Eindruck auf ihn gemacht. Sie hatten sich angepaßt und führten in ihren großen, bequemen

Tudorhäusern das Leben des gastfreien englischen Gentleman. Konnte er nicht auch ein englischer Gentleman werden und anstatt seiner schlechtsitzenden grauen Jacke und den zerknitterten Hosen gutgeschnittene Anzüge tragen? Junge Ärzte und Wissenschaftler waren in der britischen Medizin doch immer willkommen, vorausgesetzt, daß sie eine gute Ausbildung mitbrachten; und in England betrachtete man die Leistungen der Wiener Schule der Medizin mit derselben Hochachtung wie überall in Europa.

»Wir könnten unabhängig sein. England versteht sich auf die Unabhängigkeit. Es hat sie praktisch für das Individuum geschaffen oder doch zumindest nach griechischem Vorbild wiedererschaffen.«

Martha gewöhnte sich allmählich an seine Launen, an die himmelstürmenden Hoffnungen in einem Brief und die tiefe Niedergeschlagenheit und Hoffnungslosigkeit im nächsten. Sie antwortete ihm tröstend und liebevoll und brachte es fertig, einen klaren Kopf zu behalten, obgleich sie fast täglich ein halbes Dutzend Seiten mit wildbewegter Handschrift und dem Signum »Dein getreuer Sigmund« erhielt. Der Vorrat an Briefumschlägen, die sie ihm voradressiert hatte, war längst aufgebraucht.

Ende August bekam Sigmund Halsschmerzen und konnte kaum sprechen oder schlucken. Er bat einen von Billroths Assistenten, sich die Sache anzusehen.

»Aber natürlich müssen Sie Schmerzen haben. Es handelt sich um einen Fall Ludwigscher Angina. Die Infektion bildet bereits ein Abszeß im Bereich Ihrer Mandeln aus. Lassen Sie es mich herausschneiden, bevor es sich über die ganze Mundhöhle ausbreitet.«

Er begleitete Freud in den Operationssaal. Ein Messer wurde über einer Flamme sterilisiert und ihm dann mit einer energischen Bewegung in den Schlund gestoßen. Der Schmerz war so furchtbar, daß er gequält mit der Faust auf den Tisch vor sich schlug, weil er ja nicht schreien konnte. Aus Marthas Ring brach die Perle heraus. Sie rollte in die entgegengesetzte Ecke und verschwand unter einem Schrank. Das setzte ihm schwerer zu als das Messer des Chirurgen. Er sprang auf, ging vor dem Schrank in die Knie und suchte nach der Perle.

»Wie ich sehe, habe ich mit einem Streich gleich zwei Kugeln entfernt!«

Sigmund lächelte verzerrt, spuckte den Entzündungsherd aus und hielt in der linken Hand die Perle umklammert. Mühsam schleppte er sich nach Hause und legte sich fiebernd und elend ins Bett.

Nach einigen Tagen konnte er wieder aufstehen, aber sehr wohl war ihm immer noch nicht. Die Perle steckte ihm im Hals. Er schrieb an Martha:

> »Antworte mir auf Ehre und Gewissen, hast Du mich am letzten Donnerstag (vorgestern) zwischen 1/2 11 und 1/2 12 etwa zufällig nicht lieb gehabt, Dich ungewöhnlich stark über mich geärgert, oder warst Du mir gar ›untreu‹, wie die Lieder singen? Wozu diese abgeschmackt-feierliche Beschwörung, wirst Du fragen? Nun höre,

ich sehe da eine gute Gelegenheit, einem Aberglauben den Garaus zu machen . . .«

Bei dieser Gelegenheit teilte er ihr auch gleich mit, wie sehr er unter ihrem Fernsein litt,

». . . unter einer fürchterlichen Sehnsucht . . . fürchterlich ist kaum das rechte Wort, aber unheimlich-ungeheuerlich-gräßlich-gigantisch, kurz, eine schwer zu beschreibende Sehnsucht«.

4

Martha kehrte Anfang September nach fast dreimonatiger Abwesenheit nach Wien zurück. Sie war gereift, vielleicht nicht durch diesen Sommer, sondern mehr durch Sigmunds stürmische Briefe. Ihre Beziehung, die zum Zeitpunkt der Verlobung noch eine reine Liebesidylle gewesen war, wies nun die ersten Sprünge auf. Er gestand unumwunden ein, daß er selbst den Hebel geliefert hatte, der diese Klüfte verbreitert hatte. Als er ihr von seinen letzten Gulden ein Geschenk geschickt hatte, tadelte sie ihn in ihrem Antwortbrief: Er dürfe nicht verschwenderisch werden. Er schrieb im Stil eines aufgebrachten Ehemannes zurück.

»Auch muß Marthchen nicht mehr so kategorisch reden: ›Das darf nicht sein.‹« Und fuhr fort: »Marthchen ist nicht mehr die älteste Tochter, die überlegne Schwester, das vernünftige Mädchen; Marthchen ist ganz jung geworden, ein Liebchen von acht Tagen . . .«

»Und wenn Du zurückkommst, kommst Du doch zu mir zurück, ja, wie sehr sich auch Deine kindlichen Gefühle dagegen sträuben. Du bist nur mehr ein Gast im Vaterhause, wie ein Kleinod, das ich versetzt habe und auslösen werde, sobald ich reich geworden bin. Wie ist es denn vorgeschrieben seit uralten Zeiten? Das Weib soll Vater und Mutter verlassen und dem Manne folgen, den es erwählt. Es darf Dir nicht schwer ankommen, Marthchen, Du kannst Dich ja nicht widersetzen, wie sehr sie Dich alle lieben, keinem gönne ich Dich und keiner verdient Dich; nicht eines Liebe reicht an meine heran.«

Damit hatte er die Karten auf den Tisch gelegt: Er war der Herr im Haus, und sie mußte die folgsame Hausfrau werden. Aber da kannte er seine Herzallerliebste schlecht. Sie antwortete ihm in scharfem Ton, und er mußte anstandshalber zugeben, daß er den Verweis verdient hatte.

Daß ihre Liebe nicht unter diesem Geplänkel gelitten hatte, erkannte er am Nachmittag nach ihrer Rückkehr, als sie Hand in Hand durch die immer prächtiger werdende Ringstraße spazierten. Eli, Minna und Ignaz spielten die Anstandswauwaus. Entlang der Verbindungseisenbahn gelangten sie in den Stadtpark mit seinen mächtigen Ulmen und Eschen, folgten einem schmalen Pfad durch dichtes Gebüsch und erreichten die freie Rasenfläche,

auf der die Wiener am Sonntag ihren Kaffee tranken und der Musikkapelle lauschten. Sie standen auf dem Parkring. An der Stelle der heutigen Ringstraße zog sich jahrhundertelang die Festungsmauer um die Innenstadt, eine mächtige Wallanlage mit großen Exerzierplätzen dahinter. Als diese Bastionen noch standen, war Wien wie eingekerkert; die Innere Stadt blieb eine mittelalterliche Burganlage. Diese Mauern seien wichtig, erklärte die österreichische Armee – sie schützten die wohlhabende Oberschicht in der Stadt vor der Arbeiterschaft der Vororte.
Kaiser Franz Joseph widersprach dieser Einstellung. Im Dezember 1857 befahl er die Beseitigung »der Umwallung und Fortifikationen der Inneren Stadt sowie der Gräben um dieselbe«. Die Ausführung dieses Befehls nahm einige Zeit in Anspruch. Fünf Jahre lang wurden Mauern geschleift, Gräben aufgefüllt, Glacis eingeebnet. Aber dann entstand hier bis 1865 die Ringstraße mit ihren vielen Biegungen, die sich hufeisenförmig zum Donaukanal hin öffnete, eine Prachtstraße mit Palais und der großartigen Oper, ein baumbestandener Boulevard mit dem Parlament im hellenistischen Stil, dem neugotischen Rathaus, der neuen Universität und dem weiten Park, in dem im Juni der Flieder duftete und bis in den Herbst hinein die Rosen blühten. Die Ringstraße machte Wien zu einer der schönsten und modernsten Städte der Welt. Den Wienern erschien die Ringstraße als ebenso großartig wie die Champs-Elysées in Paris. Sie wurde zum Wahrzeichen der österreichisch-ungarischen Monarchie. Von hier aus wurde ein beträchtlicher Teil der westlichen Welt regiert.
Die Dämmerung senkte sich herab. Die Laternenanzünder gingen mit ihren langen Stangen von einer Straßenlampe zur anderen, öffneten zuerst mit einem Haken das Glas, hielten dann die zischende Flamme am Ende ihrer Stange an den Brenner, justierten die Gaszufuhr, schlossen das Glas wieder und gingen weiter.
»Weißt du was, Sigi?« fragte Martha. »Nach zwei Monaten in meiner Heimatstadt ist mir erst klargeworden, wie sehr ich Wien vermißte.«
»Mich auch ein wenig?«
Sie gab ihm einen liebevollen Kuß.
»Vielleicht hinkt der Vergleich etwas, aber es stimmt schon: Eine menschliche Beziehung wird erst dann richtig seetüchtig, wenn sie ein paar Stürme überdauert hat. Dann weiß die ganze Mannschaft, daß das Schiff nicht an der ersten Klippe scheitern wird.«
Martha lehnte sich an eine Kastanie.
»Bei rauher See werde ich leicht seekrank. Könnten wir uns nicht darauf beschränken, nur unsere Gegner zu bekämpfen? Es ist so schade, sich gegen Menschen stellen zu müssen, die man liebt. Du solltest auf der Brücke bleiben und das Schiff steuern, das du vom Stapel gelassen hast. Ich möchte der Erste Ingenieur sein. Beide Offiziere sind an Bord gleich, aber sie haben getrennte Machtbefugnisse.«

Er war leicht amüsiert, gleichzeitig aber auch ernüchtert.
»Ich weiß ja nicht einmal, welchen Hafen ich ansteuern soll.«
Sie kuschelte sich an seine Schulter.
»Warum hat dich deine Arbeit im vergangenen Sommer so wenig befriedigt?«
»Weil ich glaube, daß sich der Aufwand schlecht gelohnt hat, weil uns diese drei Monate der Heirat kaum nähergebracht haben.«
»Der Gedanke an unsere Heirat darf dich nicht belasten. Du solltest nur daran denken, deine Ausbildung abzuschließen.«
»Wahrscheinlich bin ich deshalb so durcheinander, weil ich nicht recht weiß, in welche Abteilung ich als nächstes gehen soll. Die Dermatologie ist für den praktischen Arzt sehr wichtig, aber sie ist kein sehr appetitliches Arbeitsfeld. Mein liebster Kurs war bisher die klinische Psychiatrie bei Professor Meynert und hier speziell die Hirnanatomie. Meynert hat mich schon gefördert, als ich noch Student war, und ich empfinde für ihn tiefe Verehrung. Er sagt, daß ich sofort bei ihm anfangen kann. Gleichzeitig gehen Gerüchte um, daß Professor Hermann Nothnagel von der Universität Jena berufen werden soll, um unsere Klinik für Innere Medizin zu übernehmen. Wenn das stimmt, wird er Assistenten brauchen . . . «
Eli gab das Zeichen zum Umkehren.
Martha raunte Sigmund zu: »Ich habe Mutter gesagt, daß ich dich zum Essen mitbringe.«
»Weiß sie etwas?«
»Sie ahnt es.«
»Und wie reagiert sie darauf?«
»Sie meint: ›Warum wollen meine drei Kinder alle Partner ohne einen roten Heller heiraten? Ist es denn eine Tugend, arm zu sein?‹«

Als Sigmund erfuhr, daß Nothnagel offiziell nach Wien berufen worden war, ließ er bei den Breuers anfragen, ob er nicht mit Martha zur Jause kommen dürfe. Sie beschlossen, Frau Bernays zu sagen, wohin sie gingen, weil sie dann keine Anstandsperson brauchten. Martha trug ein blaues Seidenkleid mit gerüschtem Kragen und Manschetten. Sie wußte, daß Sigmund den Breuerschen Haushalt als Vorbild betrachtete. Und sie wußte auch, daß ihr eine Art Prüfung bevorstand.
Mathilde Breuer dachte ganz anders. Sie führte Martha und Sigmund ins Wohnzimmer, wo sie ein weißgedeckter Tisch erwartete. Dann trug sie den Gugelhupf und Schokoladenkekse auf.
Mathilde Breuer war bester Laune. Der Monat in Venedig hatte alle Wunden geheilt. Martha aß kaum einen Bissen. Sie saß nur stumm da und lauschte der angeregten Unterhaltung der drei alten Bekannten. Frau Breuer spürte, wie schwer es einem Neuling fallen würde, in diesen Kreis aufgenommen zu werden. Sie war reizend um Martha bemüht.

Als Sigmund seinem Freund Breuer von Nothnagels Berufung und seinen eigenen Hoffnungen auf eine Assistentenstelle erzählte, legte dieser mit amüsiertem Lächeln den Kopf schräg.
»Für einen jungen Mann, der sich gerade erst mit dem harten Los des freiberuflich Praktizierenden abgefunden hat, gehen Sie aber mächtig heran!«
»Ich nehme nur die Gelegenheit wahr.«
Sie lachten alle, und die Stimmung entspannte sich.
Dann sagte Josef Breuer: »Aber Sie haben recht, wenn Sie diese Richtung einschlagen. Warten Sie mal – Nothnagel hat neben seinem ›Handbuch der Arzneimittellehre‹ zwei berühmte Bücher geschrieben: ›Topische Diagnostik der Gehirnkrankheiten‹ und ›Experimentelle Untersuchungen über die Funktionen des Gehirns‹. Es dürfte demnach in Wien einen Mann geben, den er ganz besonders bewundert: Theodor Meynert. Sie müssen sich sofort von Meynert ein Empfehlungsschreiben besorgen.«

Kaum hatte Professor Hermann Nothnagel seine Wohnung bezogen, da erschien schon Sigmund Freud mit einem Empfehlungsschreiben von Professor Meynert: der junge Mann habe sich durch seine »wertvolle histologische Arbeit« hervorgetan, und Meynert wäre Professor Nothnagel sehr verbunden, wenn er Dr. Freud empfangen würde.
In der neuen Wohnung roch es zwar noch nach frischer Farbe, doch der Warteraum, in den Sigmund vom Dienstmädchen geführt wurde, war sehr hübsch im besten Thüringer Stil eingerichtet. Professor Nothnagel gehörte ebenso wie Professor Billroth zu den Glücklichen: Als Direktor einer Universitätsklinik durfte er im Gegensatz zu einem Institutsleiter wie Brücke nebenher noch eine Privatpraxis betreiben. Man erzählte sich von ihm, daß er kaum einmal nach Hause kam und nicht mindestens zehn Patienten zu je zehn Gulden Honorar in seinem Wartezimmer antraf.
An den Wänden hingen Bilder von Nothnagels vier Kindern. Auf einer Staffelei war ein Porträt von Frau Professor Nothnagel aufgebaut, die vor zwei Jahren gestorben war. Darunter standen in einer Vase frische Blumen. Nach dem Tod seiner Frau hatte Nothnagel einmal gesagt: »Wenn jemand seine Liebe verloren hat, bleibt ihm nur noch die Arbeit.« Er war im Sinne Schillerscher Poesie dazu erzogen worden, die Frauen zu verehren und sie anzubeten, und vertrat die Ansicht, man müsse sie vor der Welt beschützen, damit sie zart und empfindsam bleiben. Er lehnte es kompromißlos ab, daß an einer Universität, an der er lehrte, eine Frau Medizin studierte.
Hermann Nothnagel war Idealist. Er erklärte seinen Studenten: »Nur ein guter Mensch kann ein guter Arzt sein.« Sigmund sah sich die Buchtitel auf den Regalen an: Deutsche Klassiker, griechische und lateinische Dramen und Komödien, englische Novellen und eine ungewöhnliche Sammlung

von Bibeln in aramäischer und griechischer Sprache. Nothnagels Interesse an der Literatur war anscheinend genauso ausgeprägt wie Professor Brückes Liebe zur Malerei oder Billroths Musikbegeisterung. Sigmund überlegte:

»Sind diese Männer den Künsten deshalb so eng verbunden, weil sie universell denken? Oder befähigt sie dieselbe Begabung, die sie durch Phantasie und kühne Gedankenflüge zu aufsehenerregenden Entdeckungen treibt, auch zum Erfassen der Kunst?«

Am anderen Ende des Zimmers ging eine Tür auf. Professor Nothnagel trat ein; er trug einen dicken schwarzen Anzug mit seidener Weste und silbernen Knöpfen; den größten Teil seiner silbernen Hemdbrust verdeckte ein schwarzseidenes Plastron. Sein Gesicht war sandgelb und nicht schön zu nennen, aber es war ein gutes Gesicht mit ruhigen Augen, wie man es gern um sich hat.

»Herr Professor, ich bin beauftragt, eine Empfehlung von Professor Meynert zu überbringen. Erlauben Sie, daß ich Ihnen dieses Schreiben überreiche.«

Nothnagel deutete auf ein ledernes Sofa.

»Diese Empfehlung meines Kollegen Meynert ist mir sehr wertvoll. Also was wünschen Sie, Herr Doktor?«

»Es ist bekannt, daß Sie jetzt einen Assistenten annehmen werden, und man sagt, Sie werden über kurz oder lang eine andere Stelle kreieren. Man sagt auch, Sie gäben etwas auf wissenschaftliche Arbeiten. Nun, ich habe wissenschaftlich gearbeitet, habe jetzt nicht Gelegenheit, sie fortzusetzen, und darum hielt ich es für ziemlich, mich Ihnen als Bewerber vorzustellen.«

»Sie haben Ihre Arbeiten bei sich, Herr Doktor?«

Sigmund zog die Abdrucke aus der Rocktasche. Nothnagel überflog Titel und ersten Absatz einer jeden Schrift.

Sigmund fuhr fort: »Ich habe zuerst Zoologie studiert und wechselte dann zur Physiologie über. Wie Professor Meynert andeutet, betrieb ich histologische Forschungsarbeiten. Ich ging fort, als Professor Brücke sagte, er werde seine Assistenten nicht weggeben und rate mir als armen Mann, nicht bei ihm zu bleiben.«

Nothnagel richtete den Blick seiner dunklen Augen auf seinen Besucher.

»Ich will Ihnen nicht verbergen, daß schon mehrere Herren als Bewerber hier gewesen sind, und ich will Ihnen keine Hoffnungen machen. Ich werde mir aber Ihren Namen notieren, falls sich eine Möglichkeit ergeben sollte. *Qui vivra verra*. Ihre Arbeiten will ich behalten.«

Sigmund schluckte hart.

»Ich bin jetzt Aspirant im Allgemeinen Krankenhaus, und wenn Sie mir nicht Hoffnungen, Aussichten machen, kann ich ebenso bei Ihnen als bei einem anderen aspirieren.«

»Was heißt das, Aspirant?«

Sigmund Freud erläuterte, im Allgemeinen Krankenhaus sei ein Aspirant ein junger promovierter Arzt, der seine praktische Ausbildung zu vervollständigen trachte.
Nothnagel stellte noch weitere Fragen. Sigmund bemühte sich, ihm in großen Zügen den Aufbau der sechzehn Kliniken und zehn Institute als Bestandteil der Wiener Universität, als Stätten der Lehre und der Forschung, zu erklären; die Zusammensetzung der Medizinischen Fakultät, deren Professoren von der k. u. k. Regierung und vom Kultusministerium bezahlt würden. Die zweiundzwanzig Abteilungen bildeten das »Krankenhaus«. An der Spitze einer jeden Abteilung stünde ein Primarius, der mit keiner Klinik in Verbindung stehen dürfe und seine Weisungen sowie seine Besoldung vom Kronland Niederösterreich erhalte. Eine Karriere im Dienste der k. u. k. Regierung unterscheide sich von der Laufbahn in den einzelnen Kronländern, und ein Überwechseln sei unmöglich.
Nothnagel hob erstaunt die Augenbrauen. Sigmund lächelte. »Das Allgemeine Krankenhaus ist in einem Zeitraum von mehr als einem Jahrhundert organisch gewachsen. Es folgt eigentlich nur einem einzigen logischen Grundsatz: die Professoren zu befriedigen, jeden auf seinem Gebiet.«
»Das ist alles äußerst seltsam. Doktor Freud, ich würde Ihnen raten, auf wissenschaftlichem Gebiet weiterzuarbeiten. Aber in erster Linie müssen Sie leben. Nun, ich werde Sie mir merken. *Qui vivra verra.*«
Als Sigmund Freud die Tür hinter sich schloß, dachte er: »Wer lebt, wird sehen, sagt der Professor immer. Ich habe beides vor. Aber eine geringfügige Verbesserung der Zukunftsaussichten kann dabei doch nicht schaden?«

5

Die Innere Abteilung lag im zweiten Stock über einem der neun Höfe des Krankenhauskomplexes. Jeder Krankensaal enthielt zwanzig Betten, zehn auf jeder Seite. Es waren große, freundliche Räume mit weißgetünchten Wänden und je drei hohen Fenstern auf jeder Seite, die bis hinauf zur Decke reichten und reichlich Licht und Sonne einließen.
Am Morgen von Nothnagels erster klinischer Demonstration für seine Aspiranten und Studierenden war Sigmund Freud schon vor acht Uhr zur Stelle. Nach den dreißig Wochenstunden unter Professor Bamberger kannte sich Sigmund in dieser Station gut aus. Er ging die Wendeltreppe hinauf, die so schmal war, daß die Krankenträger die Bahren mit den darauf festgeschnallten Patienten an den Biegungen kippen mußten. Neben Nothnagels Ordination lagen mehrere kleinere Einzelzimmer Erster

Klasse, in denen der Professor nach Belieben Privatpatienten unterbringen konnte. Mit seiner Zustimmung standen diese Zimmer auch für Privatpatienten seiner Assistenten zur Verfügung. Allerdings waren die Honorare, die von den Assistenten berechnet werden durften, fest vorgeschrieben.
Professor Nothnagel befand sich bereits in seinem Büro, umgeben von den neu ausgewählten Mitarbeitern.
»Grüß Gott, Herr Professor Nothnagel.«
»Guten Tag, Herr Doktor Freud.«
Sigmund beneidete die Assistenten ein wenig, die neunzig Gulden im Monat verdienten. Einige von ihnen kannte er noch aus den Laboratorien.
Professor Nothnagel erhob sich zu seiner ersten Visite. Sein Gefolge schloß sich ihm an. Hier herrschte ein strenges Kastensystem. Wenn der Professor am Bett eines Patienten stand, um seine Diagnose zu stellen, durften nur zwei der älteren Ärzte oder hospitierende Kollegen an seiner Seite bleiben. In der zweiten Reihe standen dann die Assistenten, in der dritten die Aspiranten, und dahinter gruppierte sich ungefähr ein Dutzend Studenten der Medizinischen Fakultät. Die Studenten in der letzten Reihe bekamen kaum etwas von dem Patienten zu sehen.
Zwei Krankenschwestern versorgten den Saal, vollbusige Frauen vom Lande, die üblicherweise schon mit fünfzehn Jahren nach Wien kamen und nicht mehr gelernt hatten als die Kunst des Schrubbens. Das Krankenhaus war eines der bestgeschrubbten Hospitäler der ganzen Welt. Viele hatte nicht nur die Arbeitssuche nach Wien gelockt, sondern auch die Suche nach einem Mann, aber nur wenigen ging dieser Wunsch in Erfüllung. Die Mädchen mußten eine jahrelange Ausbildung durchmachen und zumeist niedere Arbeiten verrichten, ehe sie die Patienten versorgen durften. Sie trugen ihr Haar zu einem Schopf hochgesteckt. Ihre Dienstkleidung bestand aus kurzärmeligen Baumwollblusen, bodenlangen Röcken und weißen Schürzen mit einem schmalen Latz vor der Brust. Nur zweimal im Monat bekamen sie einen freien Sonntagnachmittag zugestanden. Es war ein hartes Leben.
Professor Nothnagel warf einen einzigen Blick auf die kurzärmeligen Blusen der Schwestern und verbot sie auf der Stelle.
»In meiner Abteilung wird keine Frau Haut zur Schau tragen!« schrie er. »Ziehen Sie sich sofort um. Die Ärmel haben bis an die Handgelenke zu reichen!«
Sigmund war betroffen über diesen Zornesausbruch.
Nothnagel wandte sich zu seinem Gefolge um und sagte mit leiser, strenger Stimme: »Eines möchte ich Ihnen allen von vornherein klarmachen: Wenn ein Patient untersucht wird, sei er männlichen oder weiblichen Geschlechts, wird nur der Teil des Körpers entblößt, der betrachtet werden muß.«
Er näherte sich der Frau im ersten Bett. Sie war achtzehn Jahre alt. Ihr Teint

wies einen grünlichen Ton auf. Nach der Karte über dem Kopfende ihres Bettes litt sie an Bleichsucht und Anämie. Sie aß wenig und hatte einen »entarteten Appetit« auf Lehm, Schmutz und andere unverdauliche Dinge. Diese Eigentümlichkeit hatte man ihrem Geisteszustand zugeschrieben, doch Nothnagel versicherte seinem Gefolge, daß es sich um ein diätetisches Problem handle. Er wandte sich seinen Begleitern zu und war plötzlich wie verwandelt. Sein Gesicht war gerötet, seine Augen blickten warm und lebhaft, er war Lehrer aus Berufung.

»Ich muß Sie gleich zu Beginn darauf aufmerksam machen, daß Sie Ihre Diagnose mit größter Sorgfalt zu stellen haben. Es genügt nicht mehr, nur dasjenige Organ zu untersuchen, das dem Patienten Beschwerden verursacht. Ein gewissenhafter Arzt untersucht seinen Patienten von Kopf bis Fuß und fügt erst nach eingehender Betrachtung die verschiedenen Elemente zu einer einheitlichen Diagnose zusammen. Vergessen Sie nie, daß es sich beim menschlichen Körper um einen komplexen lebenden Organismus handelt, bei dem auch das kleinste Element noch jedes andere beeinflussen kann. Kopfschmerzen können ihre Ursache in einer Störung am unteren Ende der Wirbelsäule haben. In der Inneren Medizin gibt es nur eine unverzeihliche Todsünde: ein mangelndes Bewußtsein der Pflicht, die uns gebietet, dem Patienten jede nur erdenkliche Aufmerksamkeit und unsere volle Beobachtungsgabe zuteil werden zu lassen.« Er drehte sich wieder zu der Patientin um. »Wir nehmen an, daß Bleichsucht mit der Entwicklung der Geschlechtsorgane in Verbindung stehen könnte, aber wie, darüber wissen wir noch nichts Näheres. Sie braucht Malzextrakt, Muskelübungen . . . «

Sigmund dachte über Nothnagels Forderung nach. Diese Methode war als »Nothnagels Revolution« bekannt. Er hörte zum erstenmal, daß diese Prinzipien auch für die Innere Medizin gefordert wurden.

Sie gingen zum nächsten Bett weiter, zu einer typhuskranken Frau in mittleren Jahren. Von ihr stammte der ekelerregende Kotgeruch im Krankensaal, da sie ihr Bett beschmutzt hatte. Sigmund erinnerte sich an den Satz: »Jeder Typhusfall stellt einen Kurzschluß zwischen dem Anus einer Person und dem Mund einer anderen dar.«

Nothnagel wies auf das hohe Fieber der Patientin – 40 Grad – und den trägen Puls hin. Ihr Leib wies rosa Flecken auf. Vorsichtig legte der Professor einige dieser Flecken frei.

»Hier scheinen intestinale Blutungen vorzuliegen. Das kann zum Tod durch Geschwürbildung und Eiterung führen. Die Patientin könnte aber auch an Pneumonie oder Peritonitis sterben – aber wir können ihr Fieber durch kalte Umschläge, reichliche Flüssigkeitszufuhr und viel Ruhe senken. Die Krankheit wird durch einen uns unbekannten Parasiten verursacht.«

Im nächsten Bett lag eine vierunddreißigjährige Frau mit chronischer

Nierenentzündung, der Brightschen Krankheit. Er gab folgende Erklärung: »Die Brightsche Krankheit wird folgendermaßen behandelt: salzarme Diät, kein Fleisch, dafür aber in kleinen Mengen Quecksilberbichlorid. Wir hoffen, daß sich der Zustand ihrer Nieren dadurch bessert. Sie darf keine Schwangerschaft mehr durchmachen. Das Leiden kann zwischen einem Monat und zehn Jahren andauern.«

Sie kamen zur nächsten Patientin, einer Frau von achtundzwanzig Jahren mit entzündetem Kropf. Sie klagte vor Nothnagel darüber, wie heiß es im Krankensaal sei. Nothnagel erwiderte: »Es ist nicht heiß.« Die Patientin warf die Bettdecke beiseite und entblößte sich. Nothnagel preßte die Lippen aufeinander und deckte sie wieder zu. Er forderte sie auf, die Zunge zu zeigen, und wies auf das »leise Zittern« hin. Dann maß er den Kropf und erklärte, er sei nicht sonderlich stark ausgebildet.

»Diese Form von Struma verläuft selten tödlich, aber das Herz wird geschwächt. Es ist ohnehin schon durch einen Puls von 120 bis 140 in der Minute überlastet. Das ist fast das Doppelte des Normalwertes. Warum der Kropf diese Wirkung auf das Herz ausübt, wissen wir noch nicht. Wir müssen Kaffee, Tee und jegliche Aufregung von ihr fernhalten. Geben Sie ihr Eisenhuttinktur, das ist zwar ein Gift, aber in kleinen Dosen ungefährlich. Wir können nur hoffen, daß sich die Krankheit zurückbildet, bevor ihr Herz kollabiert.«

»Und wie soll das Herz eines Arztes das alles aushalten?« fragte sich Sigmund insgeheim. Die Gründlichkeit von Nothnagels Diagnosen war nicht anzuzweifeln. Doch ebenso sicher stand noch etwas anderes fest: Der erfahrene Internist konnte zwar an Hand der Symptome eine genaue Diagnose stellen, aber es fehlte an entsprechenden Kenntnissen auf dem Gebiet der Heilkunde.

Es schien fast, als hätte Nothnagel Sigmunds Gedanken erraten. Er blieb vor dem Bett einer vierunddreißigjährigen Frau mit thrombotischer Embolie stehen.

»Die Natur ist die beste Medizin. Die Natur kennt alle Geheimnisse der Heilung. Unsere Aufgabe, meine Kollegen, besteht darin, ihr diese Geheimnisse zu entreißen. Haben wir sie erst einmal ergründet, können wir das Wirken der Natur unterstützen. Aber wenn wir gegen die Gesetze der Natur verstoßen, schaden wir nur den Patienten. Nehmen wir als Beispiel die Operation, die, wie ich hörte, kürzlich hier durchgeführt wurde, ein Chirurg entfernte einen Teil des Magens und des Duodenums. Das halte ich für einen Verstoß gegen die Natur. Wir müssen heilen, ohne mit dem Messer in den Körper des Patienten einzudringen.«

Sigmund Freud erfuhr sehr bald, was Nothnagel mit seinem Ausspruch meinte: »Wenn ein Mensch seine Liebe verloren hat, dann bleibt ihm nur noch die Arbeit.« Für Nothnagel existierte nur die Arbeit, Liebe hin oder

her. »Wer mehr als fünf Stunden Schlaf braucht, soll nicht Medizin studieren!« verkündete er. Jeden Morgen lief Sigmund in Nothnagels Gefolge zwei bis vier Stunden lang durch die Krankensäle und lernte stündlich etwas Neues über die Kunst der Diagnose. Nothnagel gab zu erkennen, wie erfreut er über die »Reichhaltigkeit des Anschauungsmaterials« war: ein Vierundzwanzigjähriger mit rheumatischem Herzen; ein Zweiundsechzigjähriger mit Magenkrebs, der an Austrocknung starb; ein Seemann, der aus einem afrikanischen Hafen Malaria mitgebracht hatte; ein Fall von alter gonorrhoischer Harnröhrenstriktur, bei dem sich zwischen Anus und Genitalien mehrere offene Fisteln und ein »Gießkannen«-Perineum gebildet hatten – der Urin floß durch die Haut ab; ein Diabetiker; ein Fall von Aphasie, bei dem der Patient die Fähigkeit zu sprechen vollkommen eingebüßt hatte. Ein endloser Strom immer neuer Patienten, die alle vor Sigmunds Augen gründlich untersucht wurden, bevor die Diagnose gestellt wurde: Pellagra und Skorbut, Rippenfellentzündung, Anämie, Gicht, Leukämie, Hepatitis, Angina pectoris, Tumore, Krämpfe – alle Leiden, die die Menschen heimsuchen, und jede Krankheit, der Dr. Freud in seiner eigenen Praxis später begegnen konnte. Er war fasziniert von der poetischen Vielfalt des Vokabulars, das Nothnagel aus der Weltliteratur entlehnte und auf so prosaische Dinge anwandte wie Gallensteine oder Herzklappenfehler.
Seine freien Stunden verbrachte Nothnagel in seinem Laboratorium. Er setzte die Arbeit an der Physiologie und Pathologie des Verdauungstrakts fort und benutzte für seine Experimente lebende Tiere. Als Aspirant durfte Freud keine Forschung betreiben. Er nahm jedoch regelmäßig an den Demonstrationen teil und las sich bis zwei Uhr früh die Augen wund.
Ein Monat verstrich nach dem anderen, ohne daß eine Ernennung zum Assistenten erfolgte. Bald wurde ihm noch etwas anderes klar: Er besaß nicht die intuitive Gabe der Diagnose, wie Professor Nothnagel sie demonstrierte. Er würde niemals in der Lage sein, einen sechsten Sinn für Natur und Ursachen von Krankheiten zu entwickeln. Er würde zwar lernen, an Hand seiner Ausbildung bestimmte Symptome zu erkennen, aber die Innere Medizin würde für ihn niemals alleiniger Lebenszweck sein.

Martha war erstaunt.
»Aber warum hast du dann so hart gearbeitet, Sigi, wenn das gar nicht dein Gebiet ist? Wir haben uns immer nur an einem einzigen Abend in der Woche gesehen.«
Er lächelte verlegen. »In der Medizin weiß man nie vorher, ob man seinen Weg machen wird, wenn man nicht viel an praktischem Wissen sammelt. Erst wenn man ein Buch gelesen hat, weiß man, ob es wertlos ist oder nicht. Ich bewege mich im Krebsgang. Ohne Gelegenheit, zu forschen, ohne Veröffentlichungen, ohne Vorlesungen . . . «

Er verstummte. Sie hatten gerade den Josephsplatz mit dem gewaltigen Reiterstandbild Kaiser Josephs II. und der majestätischen Hofbibliothek überquert. Sigmund hatte sich im Dekanat der Medizinischen Fakultät eine schriftliche Permission zum Betreten der Hofburg besorgt. Diese Hofburg stellte eine Stadt innerhalb der Stadt dar und war das Herz des kaiserlichen Wien. Jeder Kaiser hatte an ihr weitergebaut, eine neue Fassade, einen neuen Platz mit Brunnen oder eine Kapelle errichtet. Sie kamen zu dem goldverbrämten Schweizertor, durch das sie einen Blick auf den ältesten Teil der Burg aus dem frühen dreizehnten Jahrhundert werfen konnten. Neben dem Schweizertor war noch einer der trutzigen Wachtürme aus jener Zeit zu sehen.

Wie die Stadt selbst, war auch die Hofburg ein Bilderbuch der verschiedensten Baustile: Gotik, Renaissance, Barock, Klassizismus. Die Burgkapelle aus der Mitte des fünfzehnten Jahrhunderts unterschied sich stilistisch deutlich vom Amalienhof aus dem sechzehnten Jahrhundert, der wiederum hatte nur wenig gemeinsam mit der Residenz Kaiser Leopolds I. aus dem siebzehnten Jahrhundert und noch weniger mit der Neuen Burg, die Kaiser Franz Joseph erst vor zwei Jahren zu bauen begonnen hatte. Und doch war die Burg ein Zeugnis geschichtlicher Kontinuität. Für einen echten Wiener war es ein verlorener Tag, wenn er nicht unter irgendeinem Vorwand aus dem Geschäftsviertel über den Michaelerplatz zum Ring hinübergehen konnte, um den Fortgang der Bauarbeiten an den Prachtbauten der Ringstraße zu begutachten.

Auf einer Bank im Volksgarten machten sie kurze Rast. Die blasse Aprilsonne schien ihnen ins Gesicht. Martha kam wieder auf die ernste Bemerkung zurück, die Sigmund vor der Hofburg gemacht hatte: daß er sich langsam wie ein Krebs vorwärtsbewege. Sigmund zeigte mit einer weit ausholenden Armbewegung auf den mächtigen Bau der Hofburg, der vor ihnen lag.

»Ach was, ich gehöre nicht zu denen, die den Gedanken nicht ertragen können, vielleicht sterben zu müssen, ohne daß ihr Name in Granit eingemeißelt wird.«

Sie erwiderte ruhig: »Sigi, daß du überhaupt daran denkst, beweist doch schon, daß du es dir wünschst. Du unterschätzt dich selbst, weil du glaubst, daß dir sämtliche Wege nach oben versperrt sind.«

6

Im Hause Jakob Freuds wurde die finanzielle Lage immer prekärer. Vater Freud fand in der Textilbranche nur noch gelegentlich Arbeit. Sigmund wußte nicht mehr, ob sein Vater öfter krank war, weil er weniger arbeitete, oder ob er weniger arbeitete, weil er anfälliger wurde. Die fünf Töchter waren zwar inzwischen alle über achtzehn, gescheite, gebildete, lebensfrohe Mädchen, aber sie konnten ihren Eltern auch nicht helfen, weil junge Mädchen bestenfalls als Hausangestellte, Kindermädchen oder Gesellschafterinnen für ältere Damen Anstellung fanden. Anna dachte an eine baldige Heirat, aber Brust war aus Rosas Gesichtskreis verschwunden. Die vier Mädchen »ohne Mann« erboten sich, eine Stellung anzunehmen und so die Finanzen aufzubessern, doch ihre Eltern waren sich darin einig, daß solche Betätigungen nur etwas für Töchter aus den unteren Bevölkerungsschichten, aus den Arbeitersiedlungen oder vom Lande waren. Die Freud-Töchter hätten damit ihre Heiratschancen ernsthaft gefährdet; man hätte der Umwelt dadurch kundgetan, daß sich die Familie in Verlegenheit befand. Da war es schon besser, Entbehrungen auf sich zu nehmen.

Ein Hoffnungsschimmer war Alexander. Obgleich er kein Musterschüler war und für Theorie oder abstraktes Denken nur wenig übrig hatte, bestand er seine Matura. Nach bestandener Prüfung begleitete er seinen älteren Bruder nach Hause.

»Sigi, du weißt, daß ich praktisch veranlagt bin. Geschäfte liegen mir. Ich weiß, daß ich da etwas werden kann. Ich brauche möglichst schnell eine Stellung, um etwas zu lernen. Und ich will endlich Geld nach Hause bringen.«

Bei ihm schien mit der Matura tatsächlich im besten Sinne des Wortes die Reife eingetreten zu sein. Alexander war immer noch ein ganzes Stück kleiner als Sigmund, er war glattrasiert und trug sein Haar kurz, aber ansonsten sahen die beiden einander erstaunlich ähnlich, als hätten ihre Eltern nach einem Abstand von zehn Jahren und nach fünf im Aussehen völlig anders geratenen Töchtern wieder zur ursprünglichen Formel zurückgefunden. Den Namen Alexander hatte Sigmund auf Bitten seines Vaters selbst ausgewählt – nach Alexander dem Großen, der als Beschützer der Juden bekannt war. Alexander war heftigen Gefühlsschwankungen ausgesetzt und glaubte, daß sein großer Bruder, den er vergötterte, davon verschont blieb. Sigmund gelang es, seine häufigen Depressionen vor seinen Angehörigen zu verbergen, weil er sie nicht auch noch mit seinen Sorgen belasten wollte. Alexander hatte Sigmunds hohe Stirn, seine weit auseinanderliegenden Augen, seine wohlgeformte Nase, sein festes Kinn. Er wirkte bescheiden und aufrichtig. Aber schon machte sich ein grundlegender Unterschied ihrer Veranlagung bemerkbar: Sigmunds Philosophie lautete: »Es wird schon alles gutgehen, was einigermaßen gutgehen kann.« Alexander dagegen meinte: »Alles geht schief, was irgendwie schiefgehen kann.« Seit langem war er derjenige in der Familie, der alles reparierte, was im Haushalt nicht funktionierte; er leimte wackelige Stühle, er baute den verstopften Wasserbehälter aus und reinigte ihn.

»Welche Art von Arbeit würde dir denn liegen, Alex?«

»Ich liebe Eisenbahnen. Weißt du noch, Sigi, wie du mich immer zum Nordbahnhof mitgenommen hast und wir zugesehen haben, wie die Züge einfuhren? Wie wir auf dem Rangierbahnhof waren, wo die gewaltigen, grün und senfgelb gestrichenen Lokomotiven für ihre langen Reisen quer durch Europa fertiggemacht wurden? Ich möchte nicht Ingenieur werden. Aber mich reizt es, diese Züge mit Passagieren und Fracht zu füllen. Kennst du jemanden, der mir so einen Posten besorgen könnte?«
Sigmund überlegte. »Nach den vielen Jahren in der Medizin habe ich keine Freunde, die Geschäftsleute sind. Wir können es höchstens über Eli versuchen.«
Eli Bernays überredete Professor von Stein, Alexander in dem Büro anzustellen, das er für seine ökonomischen Stunden und die Veröffentlichung seiner Zeitschrift eingerichtet hatte. Die Sache hatte nur einen Haken: Alex mußte als Lehrling ohne Bezahlung anfangen. Aber Eli meinte dazu: »Sobald ich dem Professor beweisen kann, wie nützlich er ist, bekommt er auch ein Salär.«
Alexander stöhnte. »Wie lang kann das dauern, Eli?«
»Nicht allzu lang. Nur ein paar Monate. Verlaß dich drauf.«
Alex trat am darauffolgenden Montag seine neue Stelle an. Er hatte sein schwarzes Jackett bis obenhin zugeknöpft, damit man sein Hemd nicht sehen konnte, das nur aus Kragen und Hemdbrust bestand. Im Krawattenknoten prangte der einzige Luxus, den er aufzuweisen hatte: eine große Perle. Er war froh und erregt, aber nicht nervös.
Die Arbeit lag Alex nicht besonders. Er hatte zuviel mit Theorie zu tun. Als Sigmund ihn nach drei Monaten aufforderte, ein Gehalt zu verlangen, fragte Alex, ehrlich gegen sich selbst:
»Und was mache ich, wenn sie nein sagen? Ich habe es im Grunde genommen nicht fertiggebracht, mich nützlich zu machen.«
Eli konnte für Alex keine Bezahlung erwirken. »Laßt mir bis zum Jahresanfang Zeit«, bat er.
Alexander machte eine kleine Firma ausfindig, die sich auf Eisenbahntransporte, Frachtkosten und Reiserouten spezialisiert hatte. Sie gehörte einem älteren, kinderlosen Mann namens Moritz Muenz, der gerade nach einem fähigen jungen Mann Ausschau hielt. Alex hatte außer seinem ehrlichen Gesicht und seiner Liebe zur Eisenbahn nicht viel zu bieten. Der Lohn, den Muenz ihm bot, war für einen Sechzehnjährigen nicht übel: sechs Gulden in der Woche. Als Alexander sein erstes selbstverdientes Geld nach Hause brachte und seiner Mutter in die Hand drücken konnte, war er der stolzeste junge Mann in ganz Wien.

Es begann schon früh im November zu schneien. Die ersten Flocken, die Sigmund an seinem Fenster vorbeigleiten sah, waren kaum größer als Regentropfen, schräge, weißliche Streifen, die sich zu einer weißen Fläche verdichteten, aber die schon schmolzen, ehe sie noch das Pflaster erreichten. Der Boden war nur naß wie nach einem Regen. Er sah den kleinen Schwärmen von Spatzen zu – es waren nie mehr als zehn –, die aufgescheucht in den kaltgrauen Himmel emporflatterten, als wüßten sie nicht wohin. Der nächste Schneefall war schon wesentlich ergiebiger. Auf dem Weg ins Allgemeine Krankenhaus sah er die Gebäude wie durch einen dichten weißen Vorhang. Aber auch die großen Flocken schmolzen noch, wenn sie die letzten Blätter auf den Bäumen oder die Schieferdächer berührten. Jetzt wurde am Morgen kein Bettzeug mehr zum Lüften in die offenen Fenster gelegt. Die Leute traten in dicke Mäntel gehüllt aus den Häusern, spannten ihre Regenschirme auf und hielten sie weit oben fest, damit sie nicht vom ersten heftigen Windstoß umgestülpt wurden.

Die Nußbäume wehrten sich am längsten. Sie behielten ihr Laub auch noch beim ersten Schnee und beim ersten Frost, und ihre Blätter blieben lange grün. Doch am Ende der zweiten Novemberwoche riß der Wind auch sie los und jagte sie durch die Straßen wie große Schwärme grüner Vögel.

Sigmund kannte die wütenden, unberechenbaren Stürme in Wien nur zu gut. Schließlich war er hier jahrelang zur Schule gegangen. Sie schienen sich nach dem Kompaß zu richten: Einmal fegten sie nur durch die in Ost-West-Richtung verlaufenden Straßen, am nächsten Tag suchten sie die Nord-Süd-Straßen heim. Man konnte einigermaßen geschützt durch eine Straße gehen, um die nächste Ecke biegen und sofort von einem eisigen Windstoß empfangen werden, der einen beinahe vom Gehweg blies. Die Wiener hielten wie alte Seefahrer einen befeuchteten Finger in den Wind, wenn sie feststellen wollten, ob sie den direkten Heimweg wählen konnten.

Seine Stunden mit Martha waren in diesen harten Monaten die einzigen Lichtblicke. Seine Umarmungen wurden so leidenschaftlich, daß sie dunkle Ringe unter den Augen bekam. Er machte sich Selbstvorwürfe. Sie liebten einander, und wenn sie sich nach tagelanger Trennung wiedersahen, konnte er nicht aufhören, sie zu küssen und an sich zu drücken.

»Martha, wir sollten deiner Mutter sagen, daß wir uns verlobt haben. Dann kann es die ganze Welt erfahren, und uns wird wohler sein. Mir zumindest. Was alle wissen, muß das Wahre sein.«

Martha sah, wie sehr er sich quälte. Sie gab nach.

»Eli will Mutter am Weihnachtstag seine Verlobung mit Anna mitteilen. Wir könnten es auch tun.«

Seine Niedergeschlagenheit war im Nu dahin.

»Wunderbar. Wir kaufen ihr ein Geschenk. Was schlägst du vor? Ein Buch? Es wird ein großer Tag für uns, eine Station auf unserem Lebensweg.«

Die drei Paare Minna und Ignaz, Eli und Anna, Sigmund und Martha brachten Geschenke für Frau Bernays. Sigmund hatte sich für Schillers »Glocke« entschieden.

Frau Bernays nahm die Nachricht von ihrer Verlobung nicht sehr gnädig auf. Doch das schlimmste Donnerwetter traf ihren Sohn Eli. Eine Woche später erschien Eli mit schamrotem Gesicht im Hause Freud und eröffnete, daß er sich nicht mehr mit Anna treffen könne. Anna trug es mit Gelassenheit. Sigmund war außer sich. Als Eli gegangen war, schrie er: »Und das will ein Mann sein, wenn er sich von seiner Mutter zu einer so ehrlosen Handlung zwingen läßt? Er weiß doch, daß er dich liebt und daß du die Richtige für ihn bist.«

»Laß ihm Zeit«, erwiderte Anna gefaßt.

Noch weniger gelang es ihm, mit Martha über diesen Bruch zu streiten.

»Ich kann mich doch nicht gegen die eigene Familie stellen«, erklärte sie. »Eine Frau, die ihre eigene Mutter und ihren Bruder verleugnet, würde sich bei passender Gelegenheit auch gegen ihren Ehemann stellen.«

Nur wenige Wochen später entschuldigte sich Eli, schloß Anna in seine Arme, gab ihr einen innigen Kuß – und setzte den Hochzeitstermin für den nächsten Oktober fest. Aber Sigmund konnte ihm immer noch nicht verzeihen. Frau Bernays zog sich aus der Affäre und kam voller Empörung über Eli zur Familie Freud und beteuerte Anna, sie hätte die Heirat nur hinausschieben, jedoch nicht verhindern wollen. Sodann verkündete sie, daß sie ihren ständigen Wohnsitz nach Hamburg-Wandsbek verlegen und sowohl Martha als auch Minna mitnehmen werde. Ihretwegen könnten die beiden jungen Paare ihre Verlobung aufrechterhalten, allerdings über eine Entfernung von achthundert Kilometern hinweg.

Sigmund bemerkte dazu: »Ich mag mir jetzt nicht den Kopf über eine Drohung zerbrechen, die deine Mutter im kommenden Juni wahrmachen will.«

Martha schob ihre kalte Hand in die seine und sagte leise: »Das ist der Doktor Freud, den ich liebe.«

»Das wird aber eine klägliche Ehe, wenn du mich nur dann liebst, wenn ich weise bin.«

Ignaz Schönberg war nicht gesund genug, um Nackenschläge so ruhig hinzunehmen. Als ihm Frau Bernays, die er mit Beweisen seiner Zuneigung überschüttet hatte, eröffnete, sie werde Minna mit nach Wandsbek nehmen, erlitt er aus Gram einen Blutsturz. Sigmund holte ihm eine lindernde Arznei aus der Apotheke und saß dann an seinem Bett. Ignaz war bleich und kraftlos. Das eisige Februarwetter verschlimmerte noch seinen Husten.

Ignaz hatte zwei Brüder, deren Geschäfte sehr gut gingen. Sie unterstützten ihre Mutter, weigerten sich aber, Ignaz zu helfen. Sie sagten: »Du mußt dir schon selbst weiterhelfen. Hat man schon einmal gehört, daß jemand von Sanskrit leben konnte?«

Auch Frau Bernays hatte Ignaz zugesetzt, aber nicht wegen Sanskrit. Ihr

Mann hatte ihr eine tiefverwurzelte Achtung vor der Universität und vor akademischen Titeln eingepflanzt. Aber in ihren Augen vertrödelte er seine Zeit, anstatt sofort sein Staatsexamen zu machen und ein Lehramt zu erwerben.
Ignaz verteidigte sich: »Ich brauche noch einige Jahre Studium. Es ist ein so weites Feld. Das muß ich erst beherrschen, bevor ich mein Examen mache.«
»Ich dachte, ein Gelehrter müßte sein ganzes Leben lang daran arbeiten, ein Experte zu werden«, entgegnete Frau Bernays. »Warum müssen Sie denn fertig sein, noch ehe Sie richtig beginnen?«
Dieselben Vorwürfe hatte auch Sigmund zu hören bekommen, bevor er sich zu den Rigorosen aufraffte. Er verstand Ignaz Schönberg nur zu gut. Er gab ihm eine doppelte Dosis der Arznei.

Erst Anfang April, als im Stadtpark schon wieder die Brunnen sprudelten, kam für Sigmund die große Chance. Einer seiner Bekannten, Dr. Bela Harmath, gab seinen Wunsch bekannt, seinen Posten als Sekundararzt in der von Professor Meynert geleiteten Psychiatrischen Abteilung des Krankenhauses aufzugeben. Ein Sekundararzt unterstand dem Krankenhaus und nicht der Universität. Er hielt keine Vorlesungen, sondern betreute die Patienten in den Stationen und wohnte im Krankenhaus. Da das Krankenhaus dem Kronland Niederösterreich unterstand, mußte sich Sigmund um diesen Posten bei der niederösterreichischen Statthalterei bewerben.
Obwohl die Satzungen ausdrücklich untersagten, daß ein Mann gleichzeitig Primarius einer Spitalsabteilung und Professor an einer Universitätsklinik war und auf diese Weise sowohl vom Kronland Niederösterreich als auch von der k. u. k. Hofkasse besoldet wurde, machte man für Professor Theodor Meynert eine Ausnahme von der Regel, damit er an der Universitätsklinik seine Gehirnforschung betreiben und die Geisteskranken in seinen Stationen behandeln konnte. In diesen Krankensälen hatte sich Sigmunds Chance ergeben – aber wie weit von den Krankensälen entfernt konnte das Forschungslaboratorium liegen?
Er suchte sofort seinen ehemaligen Lehrer und väterlichen Freund auf. Sein Büro im Erdgeschoß des Dritten Hofes hatte große Fenster mit Blick auf die Kastanien und zusätzlich eine Reihe kleinerer Fenster, die so tief in die Balkendecke eingelassen waren, daß sie an eine Kapelle erinnerten. Hier war das Reich Theodor Meynerts.
Er war ein untersetzter, stämmiger Mann mit einer unordentlichen Haarmähne auf dem mächtigen Schädel; da schien die Natur das wettmachen zu wollen, was sie an der Statur versäumt hatte. Meynert war ein Kämpfer, ein Individualist, ein Exzentriker, ein Mann von überlegener Intelligenz. Meynert war in Dresden als Sohn eines Theaterkritikers und einer Sängerin an der Hofoper zur Welt gekommen. Er war Dichter,

Balladensänger, Historiker, Kunstkritiker und Kenner eines halben Dutzends Sprachen, von denen er allerdings keine auch nur halbwegs sprechen konnte. Seine neuroanatomische Arbeit hatte ihm den Beinamen »Begründer der Zytoarchitektonik der Hirnrinde« eingetragen.

Er beanspruchte für sich nicht, der Erfinder der anatomischen Gehirnforschung zu sein, sondern überließ diese Ehre einer langen Reihe von Vorgängern: Arnold, Stilling, Koelliker, Foville und insbesondere dem Mann, der sein Lehrer, Mentor und Kampfgefährte in den heftigsten Auseinandersetzungen gewesen war, Professor Carl Rokitansky, Chef der Pathologischen Anatomie. Eines nahm er jedoch für sich in Anspruch: der »Hauptvertreter des anatomischen Lokalismus« zu sein. Er hatte mit Maulwurf und Fledermaus begonnen und hundert Tierarten untersucht, um festzustellen, welche Körperfunktionen von welchen Gehirnpartien kontrolliert werden, und er hatte auf die Großhirnrinde als »dem Teil des Gehirns, in dem die persönlichkeitsbildenden Funktionen beheimatet sind«, hingewiesen. Er lehrte Psychiatrie; dieser Begriff war rund vierzig Jahre zuvor geprägt worden, aber er lehnte ihn mit folgender Feststellung ab:

»Alle gefühlsmäßigen Störungen und geistigen Verwirrungen werden durch physische Erkrankungen und durch nichts anderes hervorgerufen.«

Seine Karriere verlief stürmisch. Während seiner jahrelangen Arbeit in der niederösterreichischen Landesirrenanstalt hatte er viel Zeit auf die mikroskopischen Untersuchungsmethoden von Hirn und Rückenmark verwandt, weil er psychopathologische Fälle als gutes Material für exakte wissenschaftliche Untersuchungen betrachtete: Großhirnrinde, Ganglienzellen, das hintere Zentralhirn als Empfindungszentrum, das vordere als Vasomotor. Seine vielen und zum Teil erbitterten Kritiker sagten:

»Für Meynert ist nur ein toter Irrer ein guter Irrer. Er kann ihren Tod kaum erwarten, damit er ihr Hirn zum Sezieren bekommt.«

An diesem Punkt geriet er mit der aus Deutschland kommenden psychiatrisch-humanitären Bewegung in Konflikt, die es sich zur ärztlichen Aufgabe machte, Geisteskranke zu studieren, ihre Symptome zu klassifizieren und ihre Familiengeschichte zu erfassen, da alle Geisteskrankheiten erblich seien und man nur die Leiden lindern könne. Theodor Meynerts Vorgesetzter an der Irrenanstalt, Dr. Ludwig Schlager, hatte sich zehn Jahre lang darum bemüht, das Los der Geisteskranken zu verbessern, ihr Eigentum und ihre Menschenrechte zu schützen, ihnen die Ketten abzunehmen, sie aus Verliesen und Gefängniszellen zu befreien, ihnen entsprechend ihrer Leiden Pflege, Nahrung, bessere Lebensbedingungen und menschliche Fürsorge zu geben – und das alles, so behauptete er, werde durch Meynerts Ansicht zunichte gemacht, daß nur die Laboratoriumsarbeit seiner eigenen psychiatrischen Klinik von Wert sei. Meynert war weder ein grausamer noch ein gefühlloser Mensch, aber er behauptete, er hätte noch nie einen geheilten Geisteskranken gesehen. Heilung könne nur vom Hirnanatomen erwartet werden, der zuerst herausfinden müsse, wie das Gehirn funktioniert und wodurch Fehlfunktionen hervorgerufen werden, um dann Geisteskrankheiten durch die Beseitigung der Krankheitsursachen zu heilen.

Die Auseinandersetzung in der Anstalt nahm so erbitterte Formen an, daß Meynert gehen mußte. Er setzte, auf sich allein gestellt, in seinem Privatlaboratorium seine anatomischen Arbeiten fort, nachdem er von der Medizinischen Fakultät der Universität im Stich gelassen wurde, als ob er sich in der Irrenanstalt mit einer gefürchteten Krankheit angesteckt hätte. Nur zwei Menschen standen ihm bei: seine Frau, die in ihm ein Genie sah, und sein Lehrer Rokitansky, der Meynerts Genius tatsächlich erkannt hatte. Rokitansky setzte sich durch. 1875, zwei Jahre bevor Sigmund Freud sein Schüler wurde, entstand im Allgemeinen Krankenhaus die Zweite Psychiatrische Klinik, deren Leitung Meynert übernahm. Nun sollte die Heilmethode für alle Geisteskrankheiten im gehirnanatomischen Laboratorium gefunden werden.

Sigmund wußte als treuer Anhänger Theodor Meynerts, daß sein Lehrer völlig recht hatte. Ihm lag nun daran, wieder in seinem Laboratorium arbeiten zu können.

»Herr Professor Meynert, ich habe gerade erfahren, daß sich Bela Harmath zurückziehen will, da bin ich sofort hierhergelaufen. Wenn ich trotzdem nicht außer Atem zu sein scheine, so liegt das nur an meiner Verstellungskunst.«

Meynert lachte. Er hatte diesen eifrigen, begabten jungen Mann schon immer gern gemocht. Jeder war mit dem Temperament des anderen vertraut, obgleich Sigmund seit seinen intensiven Fünfstundenkursen in klinischer Psychiatrie vor rund fünf Jahren nicht mehr unmittelbar unter Meynert gearbeitet hatte. Wie so viele andere Wissenschaftler mit künstlerischer Ader an der Wiener Universität hatte Theodor Meynert einen Kreis um sich gesammelt, dem sowohl Schriftsteller, Musiker, Maler und Schauspieler als auch deren Mäzene aus den höchsten Gesellschaftskreisen Österreichs angehörten. Sigmund war als erfolgreicher Student des öfteren zu diesen Soirées in Meynerts Salon eingeladen worden. Er hatte erkannt, daß die Welt der Kunst ebenso Bestandteil von Meynerts Leben war wie sein Laboratorium. Meynerts Gäste allerdings argwöhnten, daß der scharfe Blick des Hausherrn ständig ihre Schädel zu durchdringen suchte, um festzustellen, welcher Bereich des Vorhirns den einen zum Dramatiker, den anderen zum Bildhauer machte.

»Sie wollen also mein Sekundararzt werden und in die Psychiatrie zurückkehren? Kann ich Ihnen nicht verübeln.«

»Herr Professor, ich habe da eine Arbeit ins Auge gefaßt, die Ihnen gefallen wird.«

»Sie wollen mich wohl in Versuchung führen? Nun denn, worin besteht Ihr kluges Konzept?«
»Darin, daß wir die anatomische Untersuchung der Gehirne von Neugeborenen und Foeten einleiten, so frühzeitig wir sie eben bekommen können. Wir brauchen Entwicklungsstudien zum Vergleich mit den Gehirnen von Erwachsenen.«
Meynert lächelte vor sich hin.
»Sie wissen doch, Herr Kollege, daß der Primarius einer Abteilung wie der meinen nicht für die Ernennung seines Sekundararztes zuständig ist?«
»Ja, Herr Professor, das weiß ich schon längst.«
»Und ist Ihnen klar, daß Sie sich bei der niederösterreichischen Statthalterei um diesen Posten bewerben müssen?«
»Die Bewerbung habe ich bereits geschrieben.«
»Und daß Sie selbst dann, wenn man Ihrer Ernennung wohlwollend gegenübersteht, vom Direktorium des Allgemeinen Krankenhauses für eine Abteilung vorgeschlagen werden müssen, die einen Sekundararzt benötigt?«
»Daraus entnehme ich, daß Sie sich nicht für mich einsetzen können.«
»Unerhört! Bereiten Sie sich darauf vor, daß Sie am ersten Mai Ihre Arbeit aufnehmen.«
Er erhob sich und streckte Sigmund lächelnd die Hand entgegen.
»Ich freue mich, daß Sie bei mir arbeiten wollen, Doktor Freud. Sie besitzen eine natürliche Begabung für Hirnanatomie. Aber kein Wort davon, verstehen Sie? Wir müssen in dieser Angelegenheit sehr behutsam vorgehen.«

7

Am ersten Mai zog Sigmund Freud aus der elterlichen Wohnung aus. Für die Familie war das ein freudiges Ereignis, weil es seinen nächsten Schritt auf einem langen Wege bedeutete. Der Abschied fiel ohnehin nicht so schwer, weil Frau Freud mit der Familie inzwischen in eine kleinere, billigere Wohnung vier Häuserblocks weiter, in die Kaiser-Joseph-Straße Nr. 33, übersiedelt war.
Mädchen und Frauen hatten normalerweise zu den Arzträumen keinen Zutritt, aber Sigmund erhielt vom Direktorium die Erlaubnis, daß ihm Martha am Umzugstag beim Einrichten helfen durfte. Der Dienstmann, den Sigmund an der nächsten Straßenecke geholt hatte, lud unter seiner Aufsicht den Reisekoffer mit Kleidung und Wäsche sowie Kisten mit Fachbüchern auf seinen Karren. Dann ging Sigmund mit Martha Arm in Arm zum Krankenhaus.
Der Himmel war strahlend blau. Es war ein ausgesprochen heiterer

Frühlingstag. Von den Weinbergen und dem Wienerwald wehte ein berauschendes Lüftchen herab. Jeder Atemzug war reine Freude. Die Stadt erwachte nach dem kalten, feuchten Winter zu neuem Leben. Die Wiener waren unterwegs zu den Läden und Cafés. Seit langem aufgeschobene Einkäufe wurden erledigt. Mit ihnen tauchte ein buntes Völkchen auf den Bürgersteigen auf: Straßenmusikanten spielten Gitarre, Ziehharmonika und Geige; Eisverkäufer kamen mit buntbemalten Wagen; Straßenhändler mit Obst; ein Mann verkaufte Töpfe aus einem weiten Korb, den er auf dem Kopf balancierte; Kroatinnen in hohen Stiefeln handelten mit Spielzeug; ein hübscher Mann mit mächtigem Schnurrbart verkaufte Käse aus einer Ledertasche, die er an der Schulter hängen hatte, Salami aus einer anderen; der Bäcker trug sein Brot in einer hölzernen »Butte« auf dem Rücken; Kesselflicker, Leierkastenmänner, Schuhputzer tauchten auf; ein hübsches junges Wäschermadl in geblümtem Kleid mit weißen Puffärmeln und einem schwarzen Samtband um den Hals lieferte Wäsche in die nahe Kaserne; Fleischhauerbuben in weißen Schürzen, die ihnen bis zu den Schuhen reichten, trugen ihre Pakete aus; an der Ecke verkaufte der Würstlmann an seinem Stand heiße Würstl und Semmeln an elegant gekleidete Herren ebenso wie an verschwitzte Arbeiter, die beim Essen nebeneinanderstanden. Junge Mädchen mit Strohhüten und Schürzen über ihren Kleidern liefen mit ihren Schultaschen nach Hause; Rauchfangkehrer, schwarz vom Ruß eines langen Winters, in schwarzer Kappe und Jacke aus Leder und schwarzen langen Hosen, schleppten ihre Drahtrollen und Bürsten. Scherenschleifer drehten ihre Schleifsteine, ein Kroate verkaufte handgeflochtene Körbe und geschnitzte Kochlöffel; was sich in einem langen Winter an Ware angesammelt hatte, trug er wie eine hochschwangere Frau vor sich her. Männer mit Trittleitern beklebten die runden Anschlagsäulen mit Plakaten, auf denen die Premieren in Theater und Oper und die Symphoniekonzerte angekündigt wurden. Und immer wieder begegnete man der fülligen Bäuerin mit ihrem Singsang: »Lavendel hab' ich da. Wer kauft Lavendel?«
»An einem solchen Tag ist das Leben in Wien schön«, sagte Sigmund leise.
Martha holte tief Luft.
»An einem solchen Tag ist das Leben überall schön.«
Sie betraten das Krankenhaus und gingen durch bis zum Sechsten Hof. Ein Sekundararzt hat zwar offiziell keine Freizeit, da er gemäß der Hausordnung jederzeit erreichbar sein mußte, doch die jungen Ärzte, die im Krankenhaus wohnten, halfen einander oft gegenseitig aus. Ein- oder zweimal in der Woche würde er schon zu Hause essen können.
Sein Zimmer im oberen Stockwerk war doppelt so groß wie sein Kabinett zu Hause, etwa vier mal sieben Meter. Es hatte getünchte Wände und war gut dreieinhalb Meter hoch. Am Südende reichte ein Fenster mit einer tiefen Nische bis an die Decke und nahm zwei Drittel der Wand ein. Das Zimmer

war sehr sonnig. Die blanken Bodenbretter und die beiden Matten fühlten sich warm an unter den Füßen.
»Wie hübsch!« rief Martha. »Sigi, ich glaube, hier wirst du dich sehr wohl fühlen.«
»Hoffentlich. Dieses Zimmer wird für die nächsten Jahre meine Ordination, mein Studierzimmer, mein Schlafzimmer und mein Eßzimmer sein.«
Sie sah sich in dem Zimmer um, das vorher Bela Harmath bewohnt hatte. In der Mitte der rechten Wand versteckte sich hinter flachen Türen der Waschtisch mit einem Krug und einer Porzellanschüssel auf einer dünnen Marmorplatte. Darüber waren ein Spiegel und Haken für den Arztkittel, daneben Handtuchhalter angebracht. In einer Ecke des Zimmers stand der Ofen mit einem Stapel Brennholz auf der einen und dem Kohleneimer mit Schaufel auf der anderen Seite.
»Möchtest du nicht dein Bett auf die andere Seite neben das Fenster rücken?« fragte sie. »Darüber an der Wand ist ein Stück Tapete. Du wirst sehen, wie hübsch das aussieht. Wenn du dann den runden Tisch mitten ins Zimmer stellst, hast du Platz für eine Schale mit Obst und Nüssen. Für Bücher und Zeitschriften ist dann immer noch reichlich Raum. Deine Mutter hat dir ein weißes Tischtuch mitgegeben, und ich habe ein paar Blumen gebracht. Später wirst du wahrscheinlich den Schreibtisch auf die andere Seite des Fensters stellen. Dort hast du am meisten Licht und Ruhe, zumal ja deine Tür zeitweise offenstehen muß. Dann kannst du die Bücherregale an die Wand neben den Schreibtisch rücken.«
»Machen wir's gleich«, sagte er begeistert.
Gemeinsam räumten sie das Zimmer um und stellten seine Fachbücher auf die Regale. Dann öffneten sie das Paket, das sie mitgebracht hatte: fünf bunte Kissen für seine Junggesellenliege. Sie schüttelte sie auf und verteilte sie auf dem Bett. Er lehnte sich ans Fensterbrett und betrachtete amüsiert seine neue Bleibe.
»Ich werde deine Mutter bitten, dir eine hübschere Couchdecke zu schicken.« Sie trat zurück. »Über deinem Schreibtisch könnten die Bilder Goethes und Alexanders des Großen aus deinem Kabinett hängen, und mein Bild hängen wir in die Mitte. Fertig! Jetzt sieht es schon mehr wie dein Zimmer aus.«
Er nahm sie zärtlich in die Arme.
»Aus dir wird noch eine gute Hausfrau.«
»Ich bin schon eine gute Hausfrau. Was mir noch fehlt, ist ein Haushalt, den ich versorgen kann.«
Der Kellner aus dem Café nebenan brachte eine Kanne Kaffee, eine Kanne abgekochte, heiße Milch und einen Teller mit kleinen Leckereien. Hinter ihm traten die jungen Ärzte ein, die er eingeladen hatte, um sie mit Martha bekannt zu machen: Nathan Weiß, Sekundararzt Erster Klasse in der Vierten Medizinischen Abteilung für Nervenkrankheiten, der kommende

Neurologe Wiens und – darin waren sich alle einig – der Welt größter Monomane; Alexander Holländer, Professor Meynerts Assistent und der Beau des Krankenhauses; Josef Pollak, Augenarzt in Professor Scholz' Nervenabteilung; Karl Koller aus der Augenklinik, ein guter alter Freund; schließlich Sigmunds Freund Josef Paneth aus Brückes physiologischem Laboratorium.

Martha schenkte den Milchkaffee ein. Sigmund konnte keinen Blick von ihr wenden. Er gab sich seinen Lieblingsgedanken hin – sie waren verheiratet, dies hier war ihre nette kleine Wohnung, und sie hatten Freunde zum Essen und zu einem gemütlichen Plausch eingeladen . . .

»Fräulein Bernays, um Herrn Dr. Freud brauchen Sie sich keine Sorgen zu machen«, scherzte Weiß. »Wir werden alle weiblichen Patienten aussortieren und dafür sorgen, daß er nur die häßlichen bekommt.«

»Und wir sorgen dafür, daß in diesem Zimmer nur die ältesten Schachteln saubermachen dürfen«, fügte Holländer hinzu.

»Sie sind sehr freundlich, meine Herren.«

Es wurde noch einmal Kaffee nachgeschenkt und der Kuchen aufgegessen. Dann verabschiedeten sich Sigmunds Kollegen. Es war sechs Uhr, und Martha mußte jetzt auch gehen. Die Trennung fiel ihnen schwer.

»Bitte, setz dich da in den großen Sessel, Martha. So. Dann werde ich dich jedesmal, wenn ich ins Zimmer komme, da sitzen sehen.« Er kniete vor ihr nieder und flüsterte:

»Ein in Liebe entflammter Dichter sagte einmal: Aus Fleisch sind wir gemacht, doch leben müssen wir, als wären wir aus Eisen.«

In ihren Augen glitzerten Tränen. Sigmund legte seine Arme um sie und hielt sie fest an sich gepreßt.

Der harte Dienst im Krankenhaus machte ihm Freude: Um sechs Uhr aufstehen, zum Baden oder Duschen hinunter in den Keller, wieder zurück in sein Zimmer, wo ihm die Putzfrau inzwischen eine Schale heißes Wasser zum Rasieren hingestellt hat; dann hinein in den langen weißen Arztmantel. Rundgang durch die Krankensäle, um zu sehen, welche schweren Fälle im Laufe der Nacht eingeliefert worden waren; zurück in sein Zimmer zum Frühstück, das aus hellem Zichorienkaffee, vermischt mit ein paar echten Bohnen, Semmeln, Butter und Marmelade bestand; dann ins BZ, das Beobachtungszimmer. Dorthin schickte das »Journal«, die Aufnahmekanzlei, neu eingelieferte Patienten zur Untersuchung und Aufnahme ihrer Krankengeschichte. Das Mittagessen wurde aus einem benachbarten Gasthaus gebracht; jeder Arzt nahm es allein an dem runden Tisch in seinem Zimmer ein. Was übrigblieb, wurde fürs Abendessen aufbewahrt. Sein Gehalt betrug dreißig Gulden im Monat. Allein für das Essen mußte er im Monat zweiunddreißigeinhalb Gulden bezahlen. Aber jetzt, wo er im Krankenhaus arbeitete, wurden ihm Studenten zugewiesen, die er auf die Prüfungen vorbereitete. Dabei verdiente er drei Gulden pro Stunde. Als Sekundararzt – wenn auch vorerst noch Zweiter Klasse – durfte er nebenher, in den Stunden, die er erübrigen konnte, praktizieren. Er konnte sogar Krankenbesuche machen, falls er sich zuvor mit einem Kollegen darüber einigte, daß dieser seine Aufgaben mit übernahm. Sigmund hatte keine Privatpatienten, aber Dr. Josef Breuer versprach ihm einige seiner langwierigen Fälle.

Aus seiner neuen Aufgabe entstanden für ihn manche Veränderungen. Unter Billroth und Nothnagel hatte er als Aspirant gearbeitet; unter Meynert war er Arzt und verbrachte sieben bis zehn Stunden am Tag, die er für »kaum ausreichend« hielt, mit der Behandlung und Überwachung von Patienten, die nicht in erster Linie Vorführmodelle für Studenten oder Aspiranten waren. Meynerts Assistenten verwendeten einen Teil ihrer Zeit für Lehre und Vorlesungen, den Rest verbrachten sie im Laboratorium. Sekundarärzte hatten keinen Zutritt zu den Laboratorien, aber Meynert hielt nicht viel von Vorschriften. Schon in seiner zweiten Dienstwoche verbrachte Sigmund zwei volle Stunden pro Tag im Laboratorium. Jeden Abend nach sieben Uhr, wenn die Patienten für die Nacht versorgt waren, arbeitete er bei Lampenlicht zwischen den Glasbehältern mit Menschenhirnen, die in Formaldehyd konserviert waren.

Er fand sich wie selbstverständlich in seine neue Rolle und linderte die Qualen von Gemüts- und Geisteskranken. Vierzehn- bis sechzehnhundert Patienten durchliefen in jedem Jahr die Männer- und Frauenstationen der Klinik.

Professor Meynert bezeichnete seine psychiatrische Abteilung gegenüber Sekundararzt Freud zwar als die »einzige staatliche Irrenanstalt Österreichs«, aber das stimmte nicht. In der Lazarettgasse, wo Meynert ursprünglich gearbeitet hatte, gab es noch ein großes Asyl für Geisteskranke.

Die psychiatrische Abteilung war eigentlich kein Asyl im strengsten Sinne des Wortes, denn in einem Asyl werden Geistesgestörte bis zu ihrem Tode verwahrt. Meynerts Klinik war ein Zentrum der Untersuchung, Diagnose und Lehre. Von hier aus wurden die Patienten nach Hause geschickt oder in andere Anstalten überwiesen. Manchmal führte man sie auch ein Stück die Spitalgasse entlang zur Niederösterreichischen Irrenanstalt, durch eine eiserne Pforte und dann den kleinen Hügel mit seinen Rasenflächen, Blumenbeeten und alten Bäumen hinauf.

Alles, was Sigmund Freud über Geisteskrankheiten wußte, hatte er in diesen Krankensälen von Meynert gelernt, als der Professor an jedem Bett einen Vortrag hielt, die Symptome der geistigen Störungen erläuterte und die Familiengeschichte der einzelnen Patienten aufzeigte, um zu erklären, von welchem Vorfahren der Betreffende seine Krankheit geerbt hatte; er provozierte bei den Geistesgestörten typische Anfälle, damit der Student die Erscheinungsformen beobachten und sie später wiedererkennen konnte.

»Dieser Mann hier hat *dementia praecox*, der dort *amentia* oder Wirresein. An dieser jungen Frau sehen wir ein typisches Beispiel von Katatonie. Dieser junge Mann leidet an alkoholisch bedingten Wahnvorstellungen; das hier ist ein Fall von Kretinismus, dort haben wir eine *dementia paralytica*; das ist ein Manisch-Depressiver, dort liegt *dementia senilis* vor, dieser Patient hat Paranoia, jener eine traumatische Neurose.«

Über jeden Fall wurden lückenlose Aufzeichnungen geführt. Fortschritte wurden erzielt: Der junge Emil Kraepelin von der Universität Leipzig hatte erst kürzlich in seinem Buch »Psychiatrie« die Kategorien der Geisteskrankheiten erschöpfend beschrieben. Richard Krafft-Ebing, Professor an der Universität Graz und Leiter des Irrenasyls Feldhof, erweiterte seine »Psychopathia sexualis« von Auflage zu Auflage um Dutzende minutiös beobachteter Fälle.

Niemand kannte die Ursachen dieser Störungen. Nach Meynert, Krafft-Ebing und Kraepelin hatten die Unglücklichen ihre Krankheit ähnlich wie ihre Augenfarbe oder ihren Gang von Eltern und Großeltern geerbt. Es gab auch keine Heilung. Was man einmal geerbt hatte, konnte man nicht wieder an die Familie abschieben. Glücklicherweise gab es einige Methoden zur Linderung der Symptome: Elektromassage, Wechselbäder, beruhigende bromhaltige Medikamente. Darüber hinaus konnte man nur abwarten, ob die Natur einen Verstand wieder normal werden ließ oder nicht.

Als Sigmund zum erstenmal Meynerts Büro betrat, sah er ein Manuskript mit dem Titel »Psychiatrie« auf dem Schreibtisch liegen. Meynert arbeitete noch an den letzten Kapiteln über »Gewichte der Hirnpartien« und »Einfluß der Großhirnrinde auf das vasomotorische Zentrum«. Sigmund betrachtete die neuen Zeichnungen des Haupthirns und des *nervus facialis*.

»Ihr Buch ist ja praktisch abgeschlossen, Herr Professor!« rief er voller Stolz.

»Es hat mich auch sieben Jahre gekostet«, erwiderte Meynert. »Jetzt habe ich endgültig bewiesen, daß im Vorderhirn niemals halluzinatorische Phänomene entstehen können; auch weisen seine sogenannten Erinnerungen keinerlei sensorische Eigenschaften auf.«

»Also keine Seele, Herr Professor?«

Meynert lächelte ein wenig. Sigmunds Frage war ironisch gemeint, denn Meynert war einer der Hauptverfechter der These, daß es keine menschliche Seele gebe. Er behauptete, daß all die Bemühungen der Psychologen um die Auffindung des Sitzes der Seele und die Errichtung einer wissenschaftlichen Ethik der menschlichen Verhaltensweise nicht nur Zeitvergeudung und sinnlos seien, sondern auch völlig verworren. Die einzig wahre Arbeit am menschlichen Gehirn wurde in den Laboratorien geleistet.

Professor Meynert teilte Sekundararzt Freud der Männerstation zu. Sigmund begann seine Arbeit an diesen Patienten mit gemischten Gefühlen. Im Gegensatz zu manchen anderen Ärzten hegte er keine Vorurteile gegen diese Leute. Für ihn waren es Kranke, und es war seine Aufgabe, sich in der Behandlung von Kranken auszubilden, gleichgültig, ob sie an einer Entzündung am Fuß oder einer Wahnvorstellung in ihrem Kopf litten. Aber andererseits interessierten ihn ihre Krankheiten auch nicht besonders.

Auf einem Rundgang durch seine Station verschaffte er sich einen Überblick. Es waren einige leichte Fälle darunter. Die chronischen Alkoholiker machten eine Entziehungskur durch. Wenn sie ihr Delirium tremens überstanden hatten, konnte man sie bis zur nächsten Krise nach Hause schicken. In eine ganz andere Kategorie gehörten die schweren Fälle, wie Manisch-Depressive, Kranke, die an Verfolgungswahn und Halluzinationen litten, und die erstaunlich große Anzahl von Patienten, die »Stimmen« hörten. Ein Zimmermann war von einem Gerüst im dritten Stock gestürzt und mit dem Kopf aufgeschlagen. Sein Sehvermögen war so beeinträchtigt, daß er alles doppelt sah, seine Sprache zu undeutlich, als daß man hätte feststellen können, ob er zusammenhängend dachte.

Dann gab es die Paralytiker, Fälle mit *tremor facialis*, Zuckungen und Paresen, aus denen man Schädigungen von Gehirn oder Nervensystem durch Tumoren, Entzündungen, Abszesse, tuberkulöse Hirnhautentzündung oder Syphilis ableiten konnte. Das Leiden selbst war zwar dem Zugriff des Arztes entzogen und konnte erst nach dem Tode durch eine Autopsie des Gehirns und Rückenmarks endgültig geklärt werden, aber es bestand die Möglichkeit, die begleitende geistige Verwirrung durch eine entsprechende Behandlung zu beseitigen. Viele dieser Fälle gehörten gar nicht in die Psychiatrie, sondern zu Primarius Scholz in die Abteilung Vier, die auf Nervenkrankheiten spezialisiert war. Doch die jungen Sekundarärzte, die nachts und sonntags im »Journal« Dienst machten – auch Sigmund war einmal pro Woche an der Reihe –, konnten oft nicht erkennen, welche Ursache Störungen des Sprachvermögens, des Gehörs oder des allgemeinen Verhaltens bei einem Patienten haben mochten.

Der fünfzigjährige Theodor Meynert war von dem Ehrgeiz besessen, dreißigtausend Hirnuntersuchungen aufzuzeichnen. Als Sigmund nun durch seine Station ging und alle Erscheinungsformen physischer Krankheit in Verbindung mit geistiger Verwirrung oder Wahnsinn vor Augen hatte, fragte er sich, wie Meynert nach der Sektion der Fasern eines Gehirns entscheiden konnte, welche Funktionsstörung zu einer bestimmten Kombination von physischen und psychischen Ausfallerscheinungen geführt haben mochte.

»Das ist relativ einfach«, versicherte ihm Meynert. »Nehmen Sie den Fall da drüben. Er liegt im Sterben. Sobald ich sein Gehirn bekomme, werde ich darin einen Tumor finden, so groß wie eine reife Tomate!«
In einem Eckbett sah Sigmund einen sechzigjährigen Benediktinermönch liegen, dessen Diagnose auf »geistige Verwirrung« lautete. Als er in die Klinik eingeliefert wurde, glaubte er, während des Krieges in einem Bunker zu sein. Wenn er sein Bett verließ, fand er es nicht wieder und war auch nicht fähig, einen der Ärzte oder Pfleger wiederzuerkennen. Als sich Sigmund nach seinem Befinden erkundigte, erzählte er ihm völlig richtig seinen Lebenslauf: Volksschule, Gymnasium, Aufenthalt in verschiedenen Klöstern; aber seit acht Jahren befand er sich im Zustand der Amnesie. Er trank viel Wasser, griff nach jedem Satz zum Glas und rief alle paar Minuten nach einer frischen Flasche.
»Ich war in Hütteldorf, dort konnte ich nicht so leicht heraus wie hier. In Hütteldorf hab' ich . . . Ich weiß es nicht. Herr im Himmel, ich weiß es nicht! Ich müßte lügen, wenn ich es wüßte. Was haben sie in Hütteldorf nur mit mir gemacht? Herrgott, ich weiß es nicht! Seit ich das Typhusfieber hatte, kann ich mich an nichts mehr erinnern. Vielleicht bin ich in einer Irrenanstalt. Was machen Sie hier? Herrgott, ich weiß es nicht! Ich bin zu wirr im Kopf. Welchen Monat haben wir eigentlich?«
Sigmund erhob sich vom Bett dieses Mannes. War das nicht nur fortgeschrittene Senilität? Im nächsten Bett lag ein zwanzigjähriger Bauernbursche. Seine Diagnose: Manie. Zu Hause war er schweigsam geworden, hatte seinen Angehörigen nicht zugehört, keine Fragen beantwortet. Nachts zog er sich aus, rannte nackt auf dem Hof umher und zerschnitt dann Hose, Jacke und Stiefel. Bei der Musterung war er für untauglich erklärt worden, aber sein sehnlichster Wunsch war, zum Militär zu kommen. Er sprach mit Sigmund erst, als dieser ihm das richtige Stichwort gab.
»Wilhelm, was hast du beim Militär vor?«
Damit löste er einen wahren Wortschwall aus. »Ich will mein Gwand wiederhaben. Ich bin mit dem Bürgermeister von meinem Dorf nach Wien und hab' zum Militär wollen. Der Bürgermeister hat versprochen, daß er mich hier abholt. Ich bin nicht krank. Ich war immer pumperlgesund, nur als Kind, da hab' ich mal ein Fieber gehabt. Ich muß heim. Gibt so viel Arbeit auf dem Hof. Geben Sie mir meine Sachen zurück, oder ich geh' mit der Hacke auf alle vom Landesgericht los. Sie haben ein paarmal zugestochen und auf mich geschossen. Was schreiben Sie da auf? Den Namen von meinem Vater, den brauchen Sie nicht, der geht mich nichts mehr an. Sie haben mich wegen Wildern eingesperrt und mit einer Büchse auf den Kopf geschlagen. Dann bin ich verurteilt worden. Das macht mich ganz traurig. Ich mag nicht mehr mit den Leuten reden. Ich will zum Militär.«

Im nächsten Bett lag ein zweiundfünfzigjähriger, lediger Schuster. Er war ein kleines Männchen mit blassem, aufgedunsenem Gesicht und schlaffen Muskeln.

»Ich bin doch nicht narrisch. Sie brauchen mich nicht im Narrenturm einsperren. Aber da sind ein paar hinter mir her. Ich sag' Ihnen die Namen. Ist auch ein Sonntagskind dabei, das hat mich durchhauen und erstechen wollen. Meine Geschwister haben mich gepeinigt, weil ich's mit einer Geiß gemacht hab'. Ich weiß, für das Verbrechen muß ich büßen. Mein älterer Bruder ist schwachsinnig.«

»Wissen Sie denn, warum Sie hier sind?«

»Weil sie mich daheim zum Narren gehalten haben. Nachts hör' ich laute Stimmen am Fenster. Sie schreien: ›Säufer, wir hauen dich zusammen!‹ Drum hab' ich mich eingesperrt. Das Sonntagskind hat mich von meinen Widersachern errettet. Vor fünf Jahren, da hab ich's mit einer Geiß gemacht, auch mit kleinen Kindern. Ich gehöre eigentlich in den Kerker. Seit zwei Jahren sauf' ich jetzt. Mein Vater war auch ein Säufer. Er ist daran gestorben.«

Ein Pfleger kam und sagte, ein Patient in der geschlossenen Abteilung verlange nach einem Arzt. Es handelte sich um einen neununddreißigjährigen, verheirateten Weinbauern, der in der Nacht zuvor einen Tobsuchtsanfall erlitten hatte.

Sigmund betrat das Zimmer und schloß die eiserne Tür hinter sich. Nach der Krankenkarte litt der Mann unter Delirium tremens, Angstzuständen, Erregung, Halluzinationen und Schwachsinn. Vor knapp einem Monat hatte er plötzlich durchgedreht und war weggelaufen. Seit seiner Rückkehr lag er oft bis zu fünf Stunden hintereinander auf den Knien und betete. Er behauptete, wegen einer Halskrankheit ins Krankenhaus gekommen zu sein.

»Wie geht's Ihrem Hals?«

»Ich war immer gesund. Nur vor zwei Jahren, da hab' ich mal einen Husten gehabt. Die Nachbarn haben mich eingesperrt, weil sie geglaubt haben, ich belle. Aber ich hab' mich nur geräuspert. Da hab' ich das Fenster eingeschlagen und bin weg.«

»Sie haben gestern nichts gegessen.«

»Weil das ganze Essen vergiftet ist. Ich laß' mich doch nicht von euch umbringen. Ich hab' in Haugsdorf für sechshundert Gulden ein Haus gekauft. Ihr könnt doch nicht einen reichen Mann hinter Schloß und Riegel halten.«

Professor Meynert ersuchte Sigmund, die Frühschicht im BZ zu übernehmen. Sigmund hatte inzwischen mehrere hundert Aufnahmeberichte gelesen und wußte genau, was er als erster untersuchender Arzt zu tun hatte. Jeden Morgen strömten neue Fälle herein. Manche brachte die Polizei, andere wurden von ihren Angehörigen oder vom Hausarzt

eingeliefert, einige kamen von selbst. Ein paar waren darunter, die nur unverständliche, zusammenhanglose Laute von sich gaben. Andere redeten ununterbrochen, aber nur unsinnige Satzfetzen.
Der erste Kranke war ein fünfundzwanzigjähriger, römisch-katholischer Jurastudent. »Mittelgroß, mäßig gut genährt, blasses Gesicht«, schrieb Sigmund in sein Buch. »Braunes Haar, rötlicher Bart, blaue Augen; linker Mundwinkel liegt tiefer, vermutlich aufgrund von skabiöser Narbe. Brust und Herz normal.« Der junge Mann namens Heinrich erzählte Dr. Freud seine Geschichte:
Er war ein schwächliches Kind gewesen und hatte einen Sprachfehler, Masern, Scharlach und Diphtherie gehabt. Seit seinem sechsten Lebensjahr wurde er häufig wegen kleiner Diebereien bestraft, die er aber immer abstritt. Mit zehn Jahren warf er einmal einen Stuhl nach seinem Bruder. Nach der siebenten Klasse mußte er das Schottengymnasium verlassen und wurde zu Verwandten nach Krems geschickt. Um anzugeben, gab er viel Geld für modische Kleidung aus. Nach einer mittelmäßigen Matura immatrikulierte er sich an der Juristischen Fakultät in Wien. Er verkehrte in Kreisen des Hochadels, fuhr nur mit dem Fiaker, hatte mehrere Geliebte und unterschlug mit einundzwanzig die gesamte Barschaft seiner Verbindung. Die beiden ersten Examina bestand er, aber bei der dritten und abschließenden Prüfung fiel er durch. Er glaubte, an Tuberkulose zu leiden, und konsultierte manchmal fünf Ärzte an einem Tag. Er hatte ein Jahr lang am Landesgericht volontiert, mußte aber wegen seiner Schulden gehen. Er beschloß, mit seiner Familie nach Amerika auszuwandern, lief ihr jedoch davon, verkaufte seine Schiffskarte zum halben Preis und trieb sich dann in ganz Europa herum. Er lebte von Diebstählen und Unterschlagungen.
Sigmund notierte sorgfältig: Megalomanie, abwegiges und schwachsinniges Gesamtverhalten, Heilung unwahrscheinlich.
»Wie soll es denn mit meiner Karriere weitergehen, Herr Doktor, wenn man mich hier einsperrt? Aber ich weiß, mein Bruder will mich ruinieren. Ich habe niemals etwas Schlechtes getan. Alle sind gegen mich. Einer geregelten Arbeit kann ich nicht nachgehen, weil ich Syphilis und Tuberkulose habe.«
»Ich bezweifle ernsthaft, daß Sie Syphilis oder Tuberkulose haben.«
»Ich habe aber stechende Schmerzen in der linken Lunge. Wenn ich für die ganze Station alles Schriftliche erledige, läßt man mich dann hier heraus?«
Sigmund wies ihm ein Bett zu und verschrieb ihm Kaliumjodid.
Dann wurde er zu einem jungen verheirateten Mann gerufen, der im Laufe der Nacht als geistesgestört eingeliefert worden war. Er hatte sich geweigert, irgendeine Nahrung zu sich zu nehmen.
»Wissen Sie, Herr Doktor, warum ich nicht essen und trinken will? Weil ich so viel Schleim habe, daß ich daran sterben muß. Ich verdurste beinahe, aber ich kann nichts trinken, weil ich soviel Schleim im Hals habe.«

Sigmund sah auf der Karte des Mannes nach. Er war niemals körperlich krank gewesen. Die ersten Symptome einer geistigen Abnormität hatten auf Vergiftungswahn hingewiesen: Er wollte zu Hause nichts essen, weil er glaubte, seine Frau wolle ihn vergiften. Statt dessen ging er in ein Gasthaus. Er war überreizt, konnte nicht schlafen und weigerte sich morgens, sich anzuziehen und zur Arbeit zu gehen: »Weil ich zuviel Schleim habe.«
Sigmund betrachtete den Patienten. Sein Körper war ausgezehrt, er zitterte wiederholt und war unruhig. Dann schrie er:
»Ich bin der Meisterspucker der ganzen Welt! Zu Hause hab' ich drei Wochen lang auf dem Sofa gelegen und dauernd gespuckt. Meine Frau ist eine Hure.«
»Wissen Sie denn überhaupt, wo Sie sind? Und wie Sie hierhergekommen sind?«
»Nein. Ich weiß nur, daß ich sterben werde.«
Sigmund betrachtete das Gesicht des Mannes. Beide Pupillen reagierten langsam, die Haut fühlte sich kalt an, er war körperlich sehr geschwächt. Vermutlich würde er sterben, weil irgend etwas in seinem Gehirn nicht stimmte, weil irgendeine Krankheit alles zersetzt hatte. Aber was für eine Krankheit war das, die einen Mann dazu veranlaßte, Stunde um Stunde zu spucken, weil er zuviel Schleim im Hals hatte?
Es war schon zehn Uhr abends, als ein achtunddreißigjähriger Tischler, der in ein bis zwei Tagen entlassen werden sollte, nach einem Arzt verlangte. Er hatte ursprünglich wegen heftiger Gliederschmerzen um Aufnahme ins Krankenhaus gebeten, sich dann aber unterwegs betrunken; so war er von der Aufnahme in die Psychiatrische Abteilung eingewiesen worden. Er war verheiratet und Vater von drei gesunden Kindern. Nachdem er wieder nüchtern war, behauptete er, andere Patienten hätten ihn quer durch die Station gejagt und wollten ihm die Augen ausstechen.
»Ist Ihnen klar, daß das Einbildung war, Herr Karney?« fragte Sigmund.
»Ja, wahrscheinlich. Ich will wieder nach Hause und arbeiten. Aber ich leide so unter Schlaflosigkeit und Angstzuständen. Und dann fang' ich zu trinken an . . . «
Sigmund sah aus dem Fenster. Der dunkle Hof wurde nur von ein paar Laternen matt beleuchtet.
Warum gerade seine Augen? Woher kommt das? Als einzige Antwort fällt mir nur eine Stelle bei Matthäus ein: Wenn dich dein rechtes Auge ärgert, dann reiß es aus und wirf es von dir . . .

9

Marthas Übersiedlung nach Wandsbek wurde für beide schmerzlicher, als sie gedacht hatten. Eli deutete zwar seine Bereitschaft an, seine beiden Schwestern bei sich zu behalten, aber trotzdem lagen noch Jahre des Wartens vor ihnen. Sigmund glaubte, daß die Trennung für beide Paare bedenklich sei; gleichzeitig gestand er jedoch ein, daß eine Liebe nicht von Dauer sei, wenn sie eine Trennung nicht überstehen könne.
Er legte seine Arme um sie und küßte sie.
»Nachdem sich deine Mutter das einmal vorgenommen hatte, konnten wir beide nichts mehr tun, es zu verhindern. Uns bleibt keine andere Wahl. Wir müssen auf meine Arbeit vertrauen. Nur sie kann uns wieder zusammenführen.«
Am nächsten Tag trafen sie sich noch für einen Augenblick an der Ecke der Alser Straße. Sie hatten kaum die Kraft, einander ›Auf Wiedersehen‹ zu sagen. Sigmund war zu aufgewühlt, als daß er ins Krankenhaus hätte zurückkehren können. Er suchte statt dessen Ernst Fleischl auf. Billroth operierte ihn mehrmals im Jahr, und dazwischen behandelten ihn abwechselnd Josef Breuer und er selbst. Sie konnten kaum mehr tun als den Verband wechseln und ihm Morphium gegen die Schmerzen geben.
Fleischl wohnte in einem hübschen Haus, das sein Großvater erbaut hatte. Die Fassade war mit riesigen männlichen und weiblichen Karyatiden, mit griechischen Säulen, Bögen, Arabesken und Gipsengelchen geschmückt. Fleischls Eltern bewohnten das gesamte Obergeschoß, aber er hatte sich eine getrennte Wohnung geschaffen und vom Flur aus eine neue Tür durchbrechen lassen, die zu einem großen Schlafzimmer in der Ecke und einem kleineren Eßzimmer dahinter führte; das andere Eckzimmer diente gleichzeitig als Bibliothek, Studierzimmer, Büro und Wohnzimmer. Hier verbrachte er seine endlosen, schlaflosen Nächte.
Fleischls Diener ließ Sigmund ein. Eine ganze Wand des Wohnzimmers nahmen Bücherregale ein. An den anderen Wänden hingen die Gemälde, die sein Großvater auf seinen Reisen mit der Postkutsche zwischen Mailand und Neapel gesammelt hatte. Auf zahlreichen Ständern, Tischchen und Sockeln waren Fragmente von Marmorstatuen aus Kleinasien aufgebaut, weibliche Torsos, Köpfe römischer Generale, Friese, ein etruskischer Bacchus aus dem Tempel von Veji.
»Wie schön, Sie zu sehen, Freud! Ich habe gerade der Köchin gesagt, daß ich nichts essen will, aber wenn Sie mir Gesellschaft leisten, wird's uns beiden schmecken.«
Er griff hinter einen Samtvorhang, holte ein Rohr hervor und pfiff hinein. Der Diener erschien, und Fleischl bestellte ein lukullisches Nachtmahl. Sigmund nahm den Verband ab und sah nach Fleischls Daumen. Billroth hatte erst vor zwei Monaten wieder ein Stück davon amputiert. Während

sie sich angeregt unterhielten, reinigte er die Wunde und versah sie mit einem frischen Verband. Fleischl hatte gerade begonnen, Sanskrit zu studieren, um die Veden im Original lesen zu können. Sigmund riet ihm, sich deshalb mit Ignaz Schönberg in Verbindung zu setzen.

Das Essen wurde serviert. Auf Fleischls großem Eßtisch lagen so viele archäologische Funde herum, die sein Großvater von seinen Reisen durch Ägypten und das Heilige Land mitgebracht hatte, daß kaum Platz für die Suppenteller blieb. Fleischl erklärte:

»Wenn ich allein esse, erfreue ich mich am Anblick dieser herrlichen Stücke. Dann ist es, als nähme ich sie in mir auf und nicht die Leberknödel. Wenn ich sterbe, möchte ich diese Schätze mit ins Grab nehmen.«

Sigmund hörte es nicht gern, wenn der siebenunddreißigjährige Fleischl vom Sterben redete, und sei es nur im Scherz. Doch vor der harten Wahrheit konnte man nicht die Augen verschließen. Fleischls Daumen würde niemals heilen, und Billroth verkürzte seine Lebensfrist mit jeder neuen Operation um weitere Jahre. Die Wunde verursachte unerträgliche Schmerzen. Nur Morphium verschaffte ihm Linderung. Das erschien Sigmund als Verhöhnung der Gerechtigkeit, denn Ernst Fleischl hatte alles, wofür es sich zu leben lohnte. Sein Verstand hob ihn in Bereiche empor, in die ihm die übrigen Mediziner Wiens nicht zu folgen vermochten.

»Wissen Sie, Fleischl, wenn ich Sie nicht so sehr schätzte, könnte ich Sie beneiden«, sagte Sigmund. »Der letzte Mensch, der etwas wirklich Wissenswertes wußte, war Leibniz, und das war schon 1716. Wenn Sie nicht bald anfangen, sich Zurückhaltung aufzuerlegen, werden Sie ihn entthronen.«

Der Schmerz verzerrte plötzlich Fleischls hübsches Gesicht. Sigmund gab ihm eine Morphiumspritze. Tagsüber ging Fleischl ganz in seiner Arbeit in Brückes Laboratorium auf. Doch die Nächte waren lang. Sigmund blieb bis ein Uhr morgens und spielte mit ihm das japanische Brettspiel Go. Er war unruhig. Spätestens um vier Uhr morgens würde Fleischl die Schmerzen nicht mehr ertragen können und sich selbst eine weitere Morphiuminjektion geben. Er war inzwischen süchtig geworden, aber das wußten nur Breuer und Sigmund. Als er durch die menschenleeren Straßen ins Krankenhaus zurückging, dachte er:

»Wir müssen Ernst Fleischl dem Morphium entwöhnen. Es wird ihn schneller töten als sein Daumen.« Kein Mensch konnte diese Art von Schmerzen ohne ein Linderungsmittel ertragen – aber es mußte doch irgend etwas weniger Lebensbedrohendes geben?

Sigmund merkte bald, daß das Krankenhaus von den Sekundarärzten geleitet wurde. Davon gab es zehn Erster Klasse und dreißig Zweiter Klasse. Zu den letzteren zählte er selbst. Die Primarien waren wohlhabende Männer in mittleren Jahren, die außerhalb des Krankenhauses ihre eigene

Praxis betrieben. Im Krankenhaus verbrachten sie nur ein paar Stunden am Tag. Den vierzig Ärzten blieb es überlassen, die zwanzig Stationen zu versorgen. Die einzelnen Abteilungen blieben zwar streng auf ihren jeweiligen Hof beschränkt, aber es gab doch einige Orte, wo die Sekundarärzte einander treffen und Freundschaft schließen konnten: das Journal, den gemeinsamen Lesesaal, die stillen Ecken um die Gasöfen, wo die jungen Männer einander zu einer Tasse Kaffee und einem kleinen Klatsch trafen wie die Hausfrauen am einzigen Brunnen auf dem Hof billiger Mietskasernen.
Allen gemeinsam war eine ständige Geldknappheit. Aus dieser Bedrängnis heraus hatten sie eine Loge gegründet und legten ihre spärlichen Gulden und Kreuzer zusammen. Einer der Dermatologen hatte über seinem Arbeitsplatz einen gestickten Bibelspruch aus Johannes 12, Vers 8 hängen: »Denn Arme habt ihr allezeit bei euch. Das sind *wir.*« Die Sekundarärzte Erster Klasse verdienten zwar etwas mehr, nämlich achtzig Gulden im Monat, und sie hatten auch ein paar Privatpatienten mehr, aber dafür waren sie meistens auch älter und hatten größere Verpflichtungen. So war jeder an ein paar nebenbei verdienten Gulden interessiert – durch Nachhilfestunden für Prüfungskandidaten, Durchsicht medizinischer Arbeiten oder die Anwerbung von Privatpatienten. Sie alle hatten Schulden bei Verwandten, Freunden, Buchhändlern, Papierwarenhändlern, Schneidern und in Kaffeehäusern.
Eines Morgens brauchte Sigmund dringend fünf Gulden für seine Mutter. Er versuchte es bei zwei Freunden, aber die kehrten nur ihre leeren Taschen nach außen. Nach dem Mittagessen kam Josef Paneth eilig den Flur entlang. Er war genauso schlecht gekleidet wie immer, und in seinen mattblauen Augen spiegelte sich nicht nur seine scheue, empfindsame Seele, sondern auch die Tuberkulose, die in Wien die Reichen genauso heimsuchte wie die Armen. Paneth hatte stets Angst, seine Gefährten könnten ihn ausschließen, weil er nicht ihre Armut teilte; er legte daher besonderen Wert darauf, stets Gesellschaften und kleine Einladungen zu geben.
Dafür war ihm jeder Vorwand recht: Geburtstage, Beförderungen, Publikationen. Er war dann als erster im Restaurant, bestellte das Essen, gab dem Kellner ein Trinkgeld, bezahlte die Rechnung und setzte sich dann erst zufrieden zu den anderen.
»Sigi, ich hab' gerade gehört, daß du ein paar Gulden brauchst.«
»Von dir kann ich kein Geld borgen. Das ist ein ungeschriebenes Gesetz.«
»Warum denn nicht?« fragte Paneth.
»Weil es nicht recht ist, sich von einem Mann etwas zu leihen, der die Rückzahlung nicht nötig hat. Das schmeckt nach Betteln.«
»Ihr seid doch ein Haufen Snobs! Warum sollten arme Leute die Erlaubnis haben, Geld herzuleihen, während reiche ausgeschlossen werden?«

»Na schön, Josef, wenn wir einmal Geld für Ausschweifung und Sünde brauchen, werden wir es uns ausschließlich von dir borgen.«
Paneth trat an Sigmunds Schreibtisch und griff nach Marthas Bild. »Wie erträgst du nur die Trennung?«
Sigmund zog eine Grimasse. »Ertragen ist genau das richtige Wort. Und wie geht's Fräulein Sophie Schwab? Du weißt doch, daß du sie liebst und heiraten solltest. Du hast lange genug nach einem armen Mädchen Ausschau gehalten.«
»Der Meinung bin ich auch. Unsere Hochzeit ist noch für diesen Sommer geplant.«
Sigmund fühlte sich im Kreis seiner Kollegen wohl. Robert Steiner Freiherr von Pfungen war erst kürzlich zum Dozenten der Neuropathologie ernannt worden. Er führte einen großen Teil des Anschauungsunterrichts am Krankenbett für Meynerts Kurse durch. Sigmund mußte bei diesen Vorlesungen und Demonstrationen anwesend sein, weil er für die Versorgung der Patienten verantwortlich war, die als Lehrmodelle vorgestellt wurden. Von Pfungen hatte unter den großen Professoren Wiens eine hervorragende Ausbildung genossen: Brücke, Wedl, Stricker, Redtenbacher, Schneider und Barth waren seine Lehrer. Von ihnen hatte er eine solide Grundlage mitbekommen, was Medizin, Chemie, die Physiologie der Nieren und den Verlauf kortikaler Sprachstörungen betraf. Er war besonders beliebt, weil er bei Materialanforderungen niemals Fragen stellte. Außerdem hatte er, was die Therapie anging, einen liebenswerten Fimmel.
»Doktor Freud, wir bemühen uns um die Klärung der Frage, warum bei manchen Patienten klare und verwirrte Augenblicke abwechseln. Ich habe die Antwort gefunden: Sie liegt in der Peristaltik, den Bewegungen, mit deren Hilfe die Nahrung im Verdauungstrakt weiterbefördert wird.«
»Würden Sie mir das bitte näher erläutern, Herr Doktor?«
»Ich möchte Sie um folgendes bitten, Herr Kollege: Registrieren Sie genau die Verdauungsvorgänge des Patienten, angefangen vom Beginn der Bewegung bis hin zur Entleerung. Dann vergleichen Sie diese Daten mit den Zeiten, in denen der Verstand des betreffenden Patienten klar oder verwirrt ist. Ich bin sicher, daß Sie einen Zusammenhang entdecken werden: Solange die Peristaltik arbeitet, wird der Verstand des Patienten verwirrt sein. Nach Abschluß der Entleerung klären sich die geistigen Fähigkeiten und bleiben bis zum Einsetzen der nächsten peristaltischen Bewegung klar. Was sagen Sie dazu?«
Sigmund kam im Augenblick nur ein einziges Wort in den Sinn: Scheiße. Aber von Pfungen war ein viel zu feiner Kerl, als daß er ihn hätte kränken wollen. Also versprach er, die erbetenen Beobachtungen vorzunehmen.
Eine Woche später entwickelte von Pfungen eine neue Theorie. Diesmal ging es um die Ursache des Bronchialkatarrhs.

»Der hat mit der Rückenwäsche bei den Patienten zu tun«, erklärte er während seiner Runde durch die Krankensäle. »Mir liegen jetzt genügend Hinweise vor, um daraus schließen zu können, daß die rechte Seite der Bronchien weniger häufig befallen ist als die linke, weil die linke als die schwächere oder ungeübtere Hand die rechte Seite des Rückens nicht so kräftig wäscht wie die rechte Hand die linke Seite. Eine interessante Theorie, meinen Sie nicht auch, Herr Doktor?«

Aber der Mann, mit dem Sigmund am häufigsten – und nicht immer gern – zusammentraf, war Dr. Nathan Weiß. Der Zweiunddreißigjährige lebte nun schon seit zehn Jahren im Krankenhaus, war seit vier Jahren Dozent in der Vierten Abteilung. Weiß wurde auch »Herr Allgemeines Krankenhaus« genannt. Als Josef Breuer hörte, daß Weiß Sigmund zu seinem neuen Intimus machte, sagte er:

»Bei Nathan Weiß muß ich immer an die Geschichte von dem Mann denken, der einmal fragte: ›Mein Sohn, was möchtest du gern werden?‹ Und der Sohn antwortete: ›Vitriol, weil sich das Zeug überall durchfrißt.‹«

Weiß nahm sich selbst ungeheuer wichtig. Aber er war auch ein unermüdlicher Arbeiter und besaß die Fähigkeit, sich in etwas zu verbeißen und es mit Zähnen und Krallen festzuhalten. Er war ständig in Bewegung, hielt schillernde kleine Monologe und wußte überall ein wenig Bescheid. Aber auf das Gebiet der Nervenkrankheiten hatte er sich spezialisiert und war hier eine Kapazität geworden. Als Student hatte er sich einmal verliebt und war abgewiesen worden. Seitdem fürchtete er sich vor der Liebe. Zum Ausgleich leitete er mit besonderer Hingabe die Vierte Abteilung.

Dr. Nathan Weiß kam immer häufiger auf ein kollegiales Gespräch zu Sigmund, oder er lud ihn zu einer Tasse Kaffee oder zum Essen ein. Zuerst glaubte Sigmund, daß Weiß in ihm nur einen neuen Zuhörer für seine außerordentlichen rhetorischen Gaben sah, aber er merkte bald, daß er Weiß damit unrecht tat. Dieser mochte ihn und schätzte seinen Rat.

»Freud, wollen Sie nicht zu mir herüber kommen, sobald Sie Ihre Ausbildung bei Meynert abgeschlossen haben? Bis dahin bin ich Primarius. Ich mache Sie zu meinem ersten Sekundararzt. Sie können bei mir der zweitbeste Neurologe von ganz Wien werden.«

»Was meinen Sie, wie nahe ich Ihnen kommen kann, Herr Weiß?«

»Zwischen mir und dem nächstgrößten Neurologen wird immer eine unüberbrückbare Kluft bleiben, aber wenn Sie Ihr Studium der Nervenkrankheiten abschließen, wird Ihnen Weiß seinen Stempel aufgeprägt haben.«

»›Und der Herr machte ein Zeichen an Kain. Also ging Kain von dem Angesicht des Herrn und wohnte im Lande Nod.‹«

»Ich weiß: Viertes Kapitel, erstes Buch Moses. Mein Vater hat mir das Alte Testament Zeile für Zeile eingebleut.« Er wandte sich zum Gehen. An der Tür blieb er stehen und sagte etwas wehmütig:

»Freud, Sie haben doch ein paar Schwestern. Könnte ich sie vielleicht kennenlernen? Ich möchte gern die Schwester eines Arztes heiraten. Sobald ich Primarius bin, will ich ein eigenes Heim gründen. Es wird Zeit für mich, zu heiraten. Höchste Zeit.«

10

Alle Forschungslaboratorien hatten dieselbe Größe: drei mal vier Meter. Professor Meynert hatte einen Raum für sich allein zur Verfügung. Ein Arbeitsplatz war für junge Assistenten reserviert, die ihm Fortschritte ihrer Arbeit vorzuführen hatten. Das nächste Laboratorium teilte von Pfungen mit dem Russen Darkschewitsch, dessen Ehrgeiz darin bestand, die moderne Neuropathologie nach Moskau zu verpflanzen; im Raum daneben arbeiteten Sigmund und Dr. Alexander Holländer; das letzte Laboratorium benutzte der erste Amerikaner, mit dem Sigmund je zusammenarbeitete: der vierundzwanzigjährige Barney Sachs. Er hatte an der Universität Harvard sein Physikum absolviert, dann vor einem Jahr in Straßburg seinen Doktor gemacht und vervollkommnete sich nun unter Meynerts Anleitung in der Gehirnanatomie. Sigmund freute sich, mit dem liebenswerten und intelligenten Kollegen englisch sprechen zu können. Auf Dr. Sachs wartete in der New Yorker Poliklinik ein Posten als Lehrer für Geisteskrankheiten und Erkrankungen des Nervensystems. Nur über den Gebrauch des Wortes »mind« war Sigmund mit Sachs uneins. Sachs sprach immer von Krankheiten des Verstandes. Sigmund sagte zu ihm:
»Sachs, dieses Präparat, das Sie da unter dem Mikroskop betrachten, ist nicht ein Stückchen menschlicher Verstand, sondern ein Stück Hirn.«
»Wie kann man einen Unterschied zwischen Verstand und Hirn machen?« fragte Sachs hartnäckig.
»Das Gehirn ist ein Gefäß, ein physikalisches Gebilde. Der Verstand ist der Inhalt: Worte, Gedanken, Vorstellungen, Überzeugungen . . . «
»Da gibt es keinen Unterschied, mein lieber Freund.«
Sigmund betrat sein Laboratorium durch die Tür in der Ecke. Entlang der Wände standen Arbeitstische, die nur neben der Tür Raum für das Wasserbecken und einen großen Abfalleimer darunter frei ließen. Er nahm auf, was nicht mehr gebraucht wurde: Stückchen menschlichen Gehirns oder zerbrochene Glasplättchen. Auf den hohen Regalen standen in Behältern die Gehirne, die aus der Anatomie herübergeschickt wurden. Sie schwammen in Formalin und waren in Tüllsäcken aufgehängt, damit sie nicht zu Boden sanken und sich verflachten.
Sigmund zog die Jacke aus, hängte sie an die Tür, nahm eines der Gehirne aus seinem Behälter und löste die Tüllumhüllung. Dann hielt er das Gehirn in beiden Händen. Es war weich, faszinierend, verwirrend. Bei den

Gehirnen Erwachsener wurde er niemals das Gefühl los, daß sie noch vor wenigen Stunden oder Tagen voller Leben gewesen waren.
Das Gehirn sonderte in seinen Händen Flüssigkeit ab. Es fühlte sich ein wenig wie Gelee an, blasses, grauweißes Gelee. Er spülte die Blutpartikel ab und legte es auf das Brett neben dem Waschbecken. Dann griff er nach einem nicht zu scharfen, zwanzig Zentimeter langen Messer und teilte das Gehirn wie eine Wurst in Scheiben von einem halben bis einem Zentimeter Dicke. Er spürte einen gewissen Widerstand. Im Raum roch es inzwischen nach Formalin, Alkohol und Gehirnmasse; es war ein spezifischer Todesgeruch, stickig, aufdringlich und abstoßend.
Er trug die Scheiben hinüber zu seinem Arbeitstisch. Vorher mußte er flache Kästchen mit älteren Gehirnscheiben beiseite räumen und, mit handschriftlichen Notizen dazwischen, übereinanderstapeln. Die dünnen Gewebsschnitte, die er brauchte, stellte er mit Hilfe eines Mikrotoms her. Hinten auf dem Arbeitstisch waren die Flaschen mit den verschiedenen Lösungen aufgereiht, davor standen die Gefäße mit den Färbemitteln, und zwar in genau der Reihenfolge, in der er nachher seine Präparate einfärben mußte. Er hob jeden Schnitt mit der Pinzette hoch und schnitt mit einer kleinen Schere die Partie heraus, die für seine Untersuchung am wichtigsten und am typischsten war.
Ein Bote aus der Anatomie brachte in einem Behälter das Gehirn eines totgeborenen Kindes aus der vorangegangenen Nacht. Es war noch nicht in Formalin gelegt worden. Sigmund hielt es in der Hand. Es war auch weich und glitschig, sonderte aber mehr Flüssigkeit ab. Der Anblick ging Sigmund nahe. Als er das Gehirn zerlegt und die Gewebsproben unter dem Mikroskop untersucht hatte, wußte er, warum dieses Kind nicht lebensfähig gewesen war: Es hatte eine angeborene Abnormität, nämlich *Hydrocephalus internus*, einen Wasserkopf.
Wenn wir erst einmal herausfinden, warum die Wasserventrikel zuviel Flüssigkeit enthielten, sagte er sich, und warum die Öffnungen so verstopft sind, daß nichts abfließen kann, dann sind wir auch schon auf dem Wege, so etwas zu verhindern.
Seine unmittelbare Aufgabe bestand darin, eine neue Färbemethode für die Präparate zu finden, damit man auch gewisse Bereiche der Nerven, Nervenenden und Zellen deutlich erkennen konnte, die bisher noch niemals eindeutig beobachtet werden konnten, weil sie sich von der grauen Materie ringsum nicht deutlich genug abhoben. Es war die richtige Arbeit für einen Histologen. Aber alle seine Versuche verdarben die Schnitte. Er war selbst erstaunt, wie schnell die Stunden vergingen. Er arbeitete allein bis Mitternacht in seinem Laboratorium und mußte immer wieder erleben, wie jede neue Kombination von Chemikalien das Präparat entweder brüchig werden oder einschrumpfen ließ, das Gewebe verhärtete oder es faltig werden ließ.

Dr. Alexander Holländer, der schon seit sieben Jahren der Klinik angehörte, verfolgte Sigmunds Arbeit aufmerksam. Holländer war der Sohn eines ungarischen Arztes, sehr versiert in Sprachen, Philosophie und Literatur, ein hervorragender Diagnostiker und Hirnanatom, der in Meynerts Abwesenheit oft die Vorlesungen hielt. Vielgerühmt war seine Abhandlung »Über die Theorie der Geisteskrankheiten«. Er war ein charmanter Mann aus gutem Hause, kleidete sich immer sehr elegant, rauchte kostbare Zigarren und verrichtete seine Arbeit mit der Überlegenheit eines Grandseigneurs. Meynert behauptete, keiner verstünde sich so gut wie Holländer darauf, sich die Erfahrungen anderer Forscher anzueignen. Die Technik des Sezierens und Präparierens langweilte ihn zwar, aber er wurde nie müde, Sigmund zuzuschauen, wie er immer neue Kombinationen ausprobierte in der Hoffnung, vielleicht doch auf die richtige Mischung zu stoßen.

»Ich muß schon sagen, daß Sie Mißerfolge mit bemerkenswerter Haltung hinnehmen. Ich wünschte, ich hätte Ihre Ausdauer.«

»Und ich wünschte, ich hätte Ihr Wissen. Außerdem spricht man nur bis zum tausendsten Versuch von Mißerfolg. Gelingt der tausendunderste, ist man ein Genie.«

»Dann müssen Sie dem Genie ziemlich nahe sein.«

»Wollen Sie nicht auf einen Sprung hereinkommen, Holländer? Ich glaube, ich bin gerade dabei, eine neue Methode für die Präparierung der Gehirne zu entwickeln. Wir können die Experimente abschließen und gemeinsam den Artikel für das ›Centralblatt für Therapie‹ abfassen.«

»Ja, ich hab' schon lange nichts mehr publiziert. Wann fangen wir an?«

»Wir haben bereits angefangen. Ziehen Sie Ihren hübschen englischen Mantel aus und legen Sie die Zigarre weg. Da, sehen Sie mal, was geschieht, wenn ich Teile des Organs mit Kaliumbichromat härte. Oder in Ehrlich's Lösung . . . «

Holländer war ein hervorragender Lehrer. Sigmund brauchte sich nur mit einer einfachen Frage an ihn zu wenden und bekam als Antwort eine fundierte Vorlesung über die Gewebestruktur des Gehirns zu hören. Er war auch ein amüsanter Gesellschafter und konnte drollige Geschichten über Theater, Oper und die Wiener Gesellschaft erzählen. Sein einziger Fehler war, daß er das Laboratorium oft schon am frühen Nachmittag verließ, um sich auf sein abendliches Vergnügen vorzubereiten. Gelegentlich kam er um Mitternacht noch einmal vorbei und erkundigte sich nach Sigmunds Fortschritten. Als Sigmund ihn bat, ihm zu helfen, winkte er ab.

»Das Licht ist zu schlecht. Außerdem ist mir die Technik zu schwierig.«

»Gott sei Dank. Sonst könnte ja ein jeder diese Versuche machen. Holländer, warum versuchen Sie es nicht auch mal mit harter Arbeit?«

Holländer lachte gutmütig.

»Sie werden es mir nicht glauben, Freud, aber als Medizinstudent war ich

von allen der härteste Arbeiter. Ich war felsenfest entschlossen, die Hirnanatomie zu meistern. Das ist mir ja auch gelungen.«
»Das bestreitet niemand.«
»Schön, mein Freund. Aber warum soll ich mich noch weiter abmühen, nachdem ich schon so weit bin? Für mich ist der Krieg vorbei. Bald werde ich mein eigenes Sanatorium eröffnen und unabhängig sein. Sie glauben ja nicht, wie viele reiche Familien irgendwo in einem verschwiegenen Schlafzimmer einen übergeschnappten Verwandten eingesperrt halten. Der Blick in die Mikroskope ist etwas für Fanatiker, wie Sie einer sind.«
Als er wieder gegangen war, saß Sigmund noch eine ganze Weile mit gesenktem Kopf auf seinem Hocker und dachte:
»Du meinst, das ist etwas für arme Leute wie mich, die Entdeckungen und Veröffentlichungen und Dozenturen und Patienten brauchen, ein Einkommen, eine Frau, ein eigenes Heim . . . «

Zur Abrundung seiner Ausbildung wurde er in die Frauenstation versetzt. Die Vormittage verbrachte er im BZ mit der Untersuchung frisch eingelieferter Patientinnen. Die ersten Julitage waren drückend heiß. Nicht das leiseste Lüftchen wehte durch die offenen Fenster herein. Draußen auf dem Hof ließen die Bäume im unerbittlich grellen Licht der Sommersonne traurig die Blätter hängen. Sigmund besaß keinen leichten Anzug. Er litt in seinen dicken warmen Wintersachen Höllenqualen, bemühte sich aber, dies zu verbergen.
Seine erste Patientin war eine fünfunddreißigjährige Frau aus Galizien, die nur polnisch sprechen wollte. Sie war beim Schloß Schönbrunn verhaftet worden, weil sie Heiligenbilder an Bäume und Wände heftete. Gott habe ihr das befohlen und ihr zur Belohnung versprochen, daß sie als einzige ins Paradies eingehen werde. Sie ließ sich nicht von Sigmund untersuchen. Als er die Tür zur Frauenstation aufschloß, ergriff sie einen Stuhl und ging damit auf eine andere Patientin los. Sigmund ließ sie sofort in die geschlossene Abteilung bringen. Als sie auch dort die Wärter angriff, die ihre Zelle säubern wollten, wurde sie schließlich ins Irrenhaus Klosterneuburg überführt.
Sein nächster Fall war eine ältere, hagere Frau mit grauen Augen, die mit einem Grundbesitzer aus Weißenbach verheiratet war. Sie besaß nur noch ihre Schneidezähne. Er stellte bei ihr eine Wundrose fest, die bereits ihr Gesäß, ihre Genitalien und die Innenseite der Oberschenkel bis fast ans Knie bedeckte, und verschrieb ihr Umschläge mit Phenol, Eis und Chinidin. Sie erzählte ihm, ihr Mann hätte sie auf den Kopf geschlagen, einmal sogar so heftig, daß sie ohnmächtig geworden sei; ein andermal habe er ihr einen Teil ihrer Haare ausgerissen, sie auf den Hof hinausgestoßen und dort eine Stunde lang im Schnee liegenlassen. Als sie ins Haus zurückkam, habe er ausgerufen: »Das Biest ist immer noch nicht hin!«

Die Frau entblößte ihre Brüste. Sigmund rief eine Krankenschwester hinzu. Die Patientin erregte sich, lüftete ihre Röcke und beschmutzte sich. Sigmund überließ sie der Schwester.
Als nächstes wartete eine siebenundvierzigjährige, unverheiratete Hausangestellte mit geschwollener Nase auf ihn. Sie war zutiefst deprimiert, war zur Polizei gegangen, hatte dort ihr Leid geklagt und um Einweisung ins Krankenhaus gebeten.
»Warum sind Sie so melancholisch, Fräulein?«
»Acht Jahre lang hab' ich bei einem hohen Beamten im Haushalt gearbeitet. Er hat mich mit einem guten Zeugnis entlassen. Aber das Zeugnis hat mich zugrunde gerichtet. Wo ich mich auch bewerbe, alle glauben, ich bin nichts für gewöhnliche Arbeit. Ich bin schon seit zweieinhalb Jahren brotlos. Vor drei Monaten hab' ich Selbstmord machen wollen und Vitriol getrunken, aber im Krankenhaus haben sie mich gerettet. Ich fürchte mich davor, wieder in die Welt hinauszugehen. Dort sind so viele Leute, aber keine Menschen. Auf der Straße sehen sie mich schief an. Wenn ich den Leuten mein Zeugnis zeige, sagen sie, da war ein sträfliches Verhältnis zwischen mir und meinem Herrn. Deshalb will ich lieber sterben. Herr Doktor, wenn ich hier bleibe, helfen Sie mir dann, etwas Gift zu bekommen?«
Er untersuchte die dreiunddreißigjährige Ehefrau eines Weinbauern aus Lanzendorf. Sie war klein und zierlich gebaut. Sie ging im Beobachtungszimmer auf und ab, das Kinn tief auf die Brust gesenkt. Ihren Namen gab sie richtig an, aber weitere Fragen wollte sie nicht beantworten. Als er sie fragte, ob sie verheiratet sei, antwortete sie: »Ich weiß nicht. Manchmal kann ich mich an nichts erinnern. Ich war schon früher immer so vergeßlich.«
»Möchten Sie denn eine Weile hier bei uns bleiben, Frau Granz?«
»Nein, ein so schönes Haus, das ist nichts für mich. Ich hab' zu viele Sünden begangen.«
»Würden Sie mir bitte sagen, was das für Sünden sind?«
»Ich verdiene nicht, daß man mir zu essen gibt. Ich war böse, und es wird immer schlimmer mit mir. Man sollte mich lieber hinauswerfen oder umbringen. Meine Eltern waren dumm, sie hätten gar nicht heiraten sollen. Dann wäre ich nicht auf dieser schlimmen Welt. Man hätte meine Eltern gleich nach ihrer Geburt in einen Brunnen werfen sollen. Ich hab' einen Bauern geheiratet, den ich gar nicht wollte, nur damit ich von zu Hause wegkomme. Zu Hause ist alles durcheinander. Hier ist alles so schön.«
Eine Schwester rief ihn an das Bett einer jungen ledigen Krawattennäherin aus Ungarn. Dr. Meynert hatte sie aufgenommen und die Diagnose »Irrsinn« gestellt; sie litt unter Zwangsvorstellungen und Übererregung, hockte in diesem Zustand stundenlag auf dem Fensterbrett und suchte nach einer Möglichkeit, sich in die Tiefe zu stürzen. Nach den Unterlagen hatte

sie schon früher unter Schmerzen im Hinterkopf gelitten. Sie fühlte sich von Männern verfolgt; aber eine innere Stimme befahl ihr, sich ihnen immer wieder zu nähern. Schon in der ersten Nacht mußte man sie in eine Zwangsjacke stecken.
Sigmund ließ das Netz, das man über ihr Bett gespannt hatte, entfernen. Sofort sprang die Frau auf und wollte ihn umarmen. Sie weinte und beklagte sich über die schlechte Behandlung. Sigmund beruhigte sie und erkundigte sich, wann denn die Schmerzen eingesetzt hätten.
»Vor zehn Monaten. Es hat mit Bauchschmerzen angefangen. Ich hab' mich immer von den Männern ferngehalten, aber jetzt glaub' ich, daß mich nur ein Mann gesund machen kann. Ich bin jedem Mannsbild nachgelaufen, hab' sie umarmt und ihnen Busserln gegeben. Dann haben mich die Eltern zu Hause in einem Zimmer eingesperrt. Ich wollte aus dem Fenster springen. Deshalb haben sie mich hierhergebracht.«
»Und das Blut an Ihrem Arm?«
»Ich hab' mich gebissen. Da ist ein Mann in meinem Bett, der will mich verbrennen.«
Sie sprang aus dem Bett, riß einen Streifen von ihrem Nachthemd und versuchte sich damit zu erdrosseln. Sigmund verordnete ihr zwei Gramm Chlorhydrat. Sie war bald darauf eingeschlafen.
Und so setzte sich die Prozession armer Seelen fort: die siebenunddreißigjährige ledige Bauerntochter, die als junges Mädchen eine Totgeburt hatte und nun alle zu überzeugen versuchte, sie hätte das Kind nicht getötet, und die dann eingeliefert wurde, weil sie nackt durch die Wälder gelaufen war und herumerzählt hatte, jede Nacht werde im Hause ihrer Eltern jemand ermordet und die Leichen würden auf dem Dachboden aufgehängt; die attraktive, vierundvierzigjährige verheiratete Wienerin, die täglich Gespenster und den Teufel persönlich sah, vor deren Augen sich die Zimmerdecke des Krankensaals öffnete und die glaubte, alle streckten ihr die Zunge heraus; die siebenundfünfzigjährige Weißnäherin, die Stimmen und Schüsse hörte und ihre Tochter blutüberströmt in ihrem Bett liegen sah, nachdem deren Mann sie umgebracht hatte; eine Frau von Ende Dreißig, die nachts nicht schlafen konnte, weil die Leiche ihres Liebhabers Alexander mit dem Kopf ihres Ehemannes auf den Schultern herumlief, und die nach einem Sofa verlangte, weil der Heilige Geist kommen und sich mit ihr vereinigen werde; die neunundsechzigjährige Jungfer, die Polizisten rufen und Hunde bellen hörte und die sich einbildete, alle starrten sie an und beschuldigten sie, Hunde mit nach Hause genommen und mit ihnen Fellatio getrieben zu haben; die vierzigjährige Ehefrau eines Bankkassierers, gebildet und wohlerzogen, die glaubte, die ganze Stadt hasse sie und gehe ihr aus dem Wege, weil sie sich bei einem außerehelichen Geschlechtsverkehr eine Krankheit zugezogen (was nicht stimmte) und ihren Mann angesteckt habe, der sie deswegen verlassen habe . . .

Aber es gab noch schwierigere Patienten: gestörte, wirre, unkonzentrierte Menschen, die zehn, zwanzig oder vierzig Jahre zurück in der Vergangenheit lebten und die nicht wußten, daß sie in einem Spital untergebracht und krank waren. Täglich las Sigmund stundenlang Berichte über Fälle aus Graz und Zürich, Prag und Paris, Mailand und Moskau, London und New York. All die Halluzinationen und Einbildungen, Phantasien, nervlichen Spannungen, Ängste und Verfolgungsvorstellungen wurden intensiv studiert und genau in Kategorien eingeteilt. Wie Sigmund aus den vor ihm liegenden Akten und Büchern ersehen konnte, wußten die Ärzte, daß diese Krankheiten nicht zu einer bestimmten Zeit, an einem bestimmten Ort oder unter ganz bestimmten Umständen auftraten. Sie waren universell. Die Krankenhäuser, Sanatorien, Pflegeheime und Asyle der ganzen Welt beherbergten Hunderttausende solcher Fälle.
Ihre Leiden wurden diagnostiziert: Verwirrung, Irrsinn, Dementia praecox. Die Behandlung war einfach. Man gab ihnen Chloride und andere Medikamente, ließ sie ruhen, versuchte ihnen den Unterschied zwischen Wirklichkeit und Illusion klarzumachen, verschrieb ihnen heute heiße Bäder und morgen kalte, Elektrotherapie und Massagen. Aber soweit er erkennen konnte, erzielte man mit all dem kaum einen nennenswerten Erfolg.
Im Anfangsstadium der Krankheit konnte man die Patienten manchmal beruhigen und wieder nach Hause schicken. Aber die Berichte waren entmutigend. Die meisten dieser Unglücklichen erlitten Rückfälle, wurden wieder ins Krankenhaus oder ins Gefängnis eingeliefert oder starben von eigener Hand.
Während dieser Monate überwies Sigmund drei Patienten an die Niederösterreichische Irrenanstalt. Er führte sie selbst hinüber in das Gebäude auf der Hügelkuppe. Pfungen überwies ebenso viele, aber bei Holländer war die Zahl der Unheilbaren größer, er lieferte sieben Patienten ein; Professor Meynert, der die schwierigsten Fälle beurteilen mußte, erzielte mit dreizehn die höchste Zahl von Überweisungen.
Die Zeit in der Station der »Geisteskranken« wirkte sich sowohl auf Sigmunds Gemüt als auch auf seine Gesundheit aus. Er aß wenig, schlief schlecht und nahm ein paar Pfund ab, obgleich er ohnehin schon zu mager war. Die Hitze in den überfüllten Krankensälen, die dauernden Ausbrüche von Gewalttätigkeit und Wahnsinn hatten seine Augen tief in die Höhlen sinken lassen und scharfe Falten in die Wangen gekerbt. Als diensthabender Arzt durfte er an den Leiden der Geisteskranken eigentlich ebensowenig Anteil nehmen wie an den Schmerzen körperlich Kranker. Aber da war doch ein kleiner Unterschied. Für einen Patienten, der an Kropf oder Gallensteinen leidet, empfindet der Arzt Mitleid; bei einem Wahnsinnigen lernt der Arzt die Angst kennen. Das ist eine instinktive Reaktion. Da Sigmund niemals die Absicht hatte, sich mit Geisteskranken abzugeben,

hatte er auch niemals geglaubt, daß er sich so sehr engagieren würde. Aber nun begann er zu ahnen, wenn auch noch undeutlich, daß diese unglücklichen Geschöpfe den Anschluß versäumt hatten.
Dem Pathologen bot sich ein ungeheuer weites Arbeitsfeld. Es gab so vieles hinsichtlich der Struktur und Funktion des menschlichen Gehirns, das noch erforscht werden mußte. Aber wie stand es um den behandelnden Arzt, der so wenig helfen konnte? Wie um die Patienten, für die es in den meisten Fällen keine Hilfe gab? Rückblickend auf diese Monate und die Hunderte von Patienten und Patientinnen, die er betreut hatte, dachte Sigmund mutlos: »Sie ist so unfruchtbar, diese Psychiatrie!«

Drittes Buch
Tanz auf einem Seil

1

Zweimal in der Woche kam Ignaz Schönberg aus der Universität herüber, um zusammen mit Sigmund Freud ein leichtes Nachtmahl einzunehmen. Die beiden lasen und studierten gemeinsam im Schein der Petroleumlampe auf Sigmunds Schreibtisch. Schönberg, der Minna so rasch wie möglich heiraten wollte, hatte sich viel vorgenommen. Eines Abends wirkte er blaß und abgespannt. Sigmund horchte ihm Brust und Rücken mit dem Stethoskop ab, legte zwei Finger an seine Rippen und klopfte ihn ab.
»Ignaz, du brauchst Ruhe.«
»Vielleicht nächstes Jahr, Sigmund«, antwortete Schönberg müde.
»Nein, heuer noch.«
Sigmund beschloß, sich an Schönbergs Brüder zu wenden. Alois war verreist, aber Geza lud ihn zum Essen ein. Da Sigmund seit Jahren mit Ignaz befreundet war, kannte er auch seine Brüder recht gut. Geza Schönberg war ein grobknochiger Mann mit derben Gesichtszügen, der schwer arbeitete und schon frühzeitig erklärt hatte, Bücher seien die natürlichen Feinde des Menschen. Sigmund hielt ihn für dumm und eingebildet. Er hielt sich daher nicht lange mit Vorreden auf.
»Herr Schönberg, mit der Tb Ihres Bruders wird es immer schlimmer.«
»Was erwarten Sie von mir?«
»Geld. Geld für ein paar Wochen Urlaub in den Bergen.«
»Warum sollte ich ihm den Urlaub bezahlen? Ich arbeite mir die Hände wund für die Gulden, die ich verdiene.«
Sigmund wählte einen verbindlicheren Ton. »Jeder muß für sich selbst sorgen. Aber Ignaz ist unersetzlich.«
»Warum ist er unersetzlich? Weil er Verse in Sanskrit lesen kann? Ein hungriges Maul kann man nicht mit Sanskrit stopfen.«
»Wenn Alois Unterstützung zusagt, werden Sie dann auch etwas geben? Ich werde ihn begleiten. Ich möchte nicht, daß er allein reist.«
»Na schön«, brummte Geza Schönberg. »Ich werde etwas geben. Tu ich das nicht immer?«
Sigmund brachte Ignaz Schönberg nach Stein am Anger in Ungarn und ließ ihn dort mit der strengen Anweisung zurück, gut auf sich zu achten. Er war kaum nach Wien zurückgekehrt, da ließ ihn Josef Breuer in Fleischls

Wohnung bitten. Die dünne Haut, die sich nach der letzten Operation an Fleischls Daumen gebildet hatte, war wieder aufgebrochen. Fleischl ging es schlecht. Breuer hatte Morphium mitgebracht und gab ihm eine Injektion. Sie gingen an dem feuchtheißen Juliabend durch die Stadt zurück, wo selbst die Steine der Bürgersteige und die Hauswände noch die Tageshitze ausstrahlten. Da wurde Breuer von einem Mann angesprochen. Sigmund blieb ein paar Schritte zurück. Dann wartete Breuer, bis er ihn wieder eingeholt hatte.

»Das war der Ehemann einer meiner Patientinnen. Seine Frau hatte sich in Gesellschaft so eigenartig benommen, daß er sie zur Behandlung ihres Zustands zu mir schickte. Aber ich kann ihr wenig helfen. Diese Fälle sind immer Geheimnisse des Alkovens.«

»Wie meinen Sie das?« fragte Sigmund erstaunt.

»All diese neurotischen Fälle beginnen und enden im Ehebett.«

Sigmund überlegte eine Weile, dann rief er aufgeregt: »Breuer, Sie ahnen sicher gar nicht, wie wichtig das ist, was Sie gerade gesagt haben.«

Breuer schwieg. Sigmund ging in Gedanken versunken neben ihm her. Mit Schlafzimmergeheimnissen hatte er keine Erfahrung. Er fühlte, daß hier eine potentielle Gefahr für einen Mann lag, der noch ein paar Jahre auf sein eigenes Schlafzimmer warten mußte. Es wollte ihm nicht ohne weiteres einleuchten, daß Verheiratete im ehelichen Bett nicht immer harmonierten. Bei ihm und Martha würde das doch sicher der Fall sein!

Und dennoch – er war in Wien aufgewachsen, der Stadt, die den Ruf genoß, sich der größten sexuellen Freiheit in ganz Europa zu erfreuen. Er wußte, daß es in geschlossenen Häusern junge, hübsche Prostituierte gab und daß die Damen der Demimonde jederzeit zu Liebesdiensten bereit waren. Seine reicheren und gleichzeitig weniger seriösen Kommilitonen hatten sich zumeist gleich nach dem Eintritt in die Universität nach einem süßen Mädchen vom Lande oder aus den umliegenden Arbeitervierteln umgesehen und sie bis zum Examen als Mätresse gehalten. Dann vergoß das »süße Mädchen« ein paar Tränen, trocknete sie aber rasch wieder, um bei der Suche nach einem neuen Liebhaber unter den jüngeren Studenten einen klaren Blick zu haben. Auch verheiratete Frauen waren durchaus nicht unzugänglich. Er hatte von so mancher modisch gekleideten Dame nachmittags bei Demel unmißverständliche Blicke aufgefangen, hatte beobachtet, wie ein Herr einer Dame etwas zuflüsterte, die allein in einem Café saß, und er wußte, daß darauf ein Rendezvous und die Erregung eines Abenteuers folgen würden. Wurde man erwischt, ging man das Risiko ein, von dem empörten Ehemann gefordert zu werden, aber die Duelle verliefen nur selten tödlich.

Sigmund Freud und seine Freunde wußten schon seit der gemeinsam verbrachten Zeit im Sperlgymnasium über diese galante Schlamperei Bescheid, aber sie selbst hatten nie Geld dafür ausgegeben. Sie waren nach dem strengen Moralkodex des Alten Testaments erzogen worden; sie glaubten an die Romantik in der Liebe; jeder Gulden, den sie erübrigen konnten, wurde für die heißgeliebten Bücher geopfert. Aber etwas anderes war für diese intellektuellen Bücherwürmer noch wichtiger: Sie brauchten ihre Zeit und Kraft für die Studien und Diskussionen, für ihre Streitgespräche über Ideen und philosophische Systeme. Dr. Sigmund Freud, der schon Dutzende toter Frauen seziert hatte, hatte die lebendigen Frauen ringsum kaum wahrgenommen.

Sigmund und Josef Breuer gingen nach oben in Breuers Büro. Frau Mathilde schickte zur Stärkung einen Teller Kraut mit Rahm hinauf, mit würzigem Kümmel bestreut.

Josef bemerkte: »Wenn einige meiner Fälle nicht aus wohlhabenden Familien stammten, wären sie nicht in meiner Ordination, sondern in Ihren Krankensälen. In jeder Stadt gibt es eine Gruppe von Neurotikern, die zu jedem neuen Arzt rennen, weil sie sich Wunderkuren für nicht vorhandene Leiden erhoffen. Eine wandernde Gesellschaft mit wandernden Schmerzen! Heute ist es der Kopf, morgen die Brust, übermorgen die Kniescheibe. Es hat keinen Zweck, den Schmerz aus der Schulter oder aus dem Magen zu vertreiben, denn er ist ein Monstrum, das schneller wächst, als ein Arzt es beschneiden kann. Das erleben alle Ärzte, es gehört mit zu der Last, die sie tragen müssen. Aber warum? Wo liegt die Ursache? Tausende gescheiter, gesunder Männer und Frauen, die eine Krankheit, die Schmerzen einfach brauchen. Erst gestern kam ein neuer Patient zu mir, ein angesehener Wiener Finanzier in mittleren Jahren, der sich auf der Straße von Ungeheuern, Gnomen und Fledermäusen bedroht fühlt. Sie stoßen ihn an und flattern um seinen Kopf herum. Wenn er zu einer Sitzung geht, sieht er nicht die Gesichter seiner Geschäftsfreunde, sondern Teufel und schreckliche Kreaturen aus der Unterwelt. Sein Geschäft blüht, Frau und Kinder sind gesund. Dennoch lebt er in einer Welt des Schreckens. Ich sehe zwar, was ihn bedrängt, aber ich kenne die Ursache seines Leidens nicht.«

Er schüttelte hilflos und niedergeschlagen den Kopf.

»Sagen Sie, Freud, was bekommen Sie heutzutage in Ihrer Station zu sehen?«

»Zum Beispiel einen Mann namens Johann, neununddreißig Jahre alt, Junggeselle, früher Beamter der Französisch-Österreichischen Bank. In den letzten Wochen vor seiner Einlieferung machte sich bei ihm zunehmende Zerstreutheit bemerkbar, ungehöriges Benehmen zu Hause und in der Öffentlichkeit, eine panische Unruhe, die ihn veranlaßte, nachts um vier Uhr aufzustehen und durch die Straßen zu laufen. Er kaufte Sachen, die er nicht brauchte, stahl völlig sinnlos. Heute schlug er in seinem Zimmer mehrere Fensterscheiben ein. Als ich ihn nach dem Grund fragte, antwortete er: ›Mein Bruder ist Glaser und braucht Arbeit. Mein Vater war Glaser, er starb mit einundsiebzig Jahren. Meine Mutter lebt noch, und es geht ihr gut. Ich bin nur zum Spaß hergekommen. Hier gibt es keine Verrückten, sondern nur nette Menschen. Essen und Bedienung sind ausgezeichnet. Ich werde darüber einen Artikel für die Presse schreiben. Ich spreche fünf Sprachen und bin enorm reich. Wenn man mich nicht bald von hier wegläßt, werde ich mich aufhängen. Ich gebe Ihnen eine Million Gulden. Gehen Sie zum Börsenmakler und kaufen Sie Aktien.‹«

»Die klassischen Symptome: Irrsinn, der sich schon der Idiotie nähert«, bemerkte Breuer.

»Dann hab' ich gestern im BZ einen anderen Patienten befragt. Während der Untersuchung war er ganz ruhig, aber als er dann in sein Bett gebracht werden sollte, kletterte er aufs Fensterbrett und drohte damit, durch das Fensterglas zu springen. Ich mußte ihn in die geschlossene Abteilung bringen lassen. Er sagte mir: ›Ich weiß gar nicht, warum ich hier bin, ich bin doch vollkommen gesund. Ich kann seit acht Nächten nicht schlafen und träume immer von der Madonna. Ein guter Teil der Welt ist untergegangen, Affen haben sich in Menschen verwandelt und werden über die Menschen herrschen. Schauen Sie hinauf, spüren Sie nicht, wie Ihnen die Sonne das Gehirn aus dem Kopf zieht? Sie zieht mein Gehirn heraus, saugt es mir aus dem Kopf . . . ‹«

Breuer dachte eine Weile über Sigmunds Beispiele nach.

»Die Psychiatrische Klinik war schon immer die Durchgangsstation vor dem Irrenhaus. Trotzdem bekommen Sie nicht die schlimmsten Fälle zu Gesicht. Die geraten der Polizei in die Hände und werden ins Gefängnis gesteckt. Ich meine die Fälle, die unter der Bezeichnung ›moral insanity‹ laufen.«

»Sie meinen solche Fälle, wie sie Krafft-Ebing vor deutschen Gerichten zu verteidigen sucht?«

»Ja. Sadisten, die auf offener Straße auf Frauen einstechen, zumeist in den Oberarm oder ins Gesäß, und dabei eine Ejakulation erleben. Fetischisten, die Frauenkleider zerschlitzen oder Taschentücher stehlen, um hineinzumasturbieren; Männer, die weibliche Leichen ausgraben und sich an ihnen vergehen; Päderasten, die über kleine Jungen herfallen; Homosexuelle, die dabei erwischt werden, wie sie in öffentlichen Pissoirs miteinander unzüchtige Handlungen begehen; Transvestiten, die Frauenkleidung anlegen und sich mit Männern einlassen; Exhibitionisten, die in Parks und Theatern ihre Genitalien zeigen; Flagellanten, die einander gegenseitig auspeitschen; Lesbierinnen, die Cunnilingus praktizieren und dann von den Mädchen, die sie verführt haben, angezeigt werden . . . Sie können von Glück reden, Freud, daß Sie sich nicht mit diesen moralischen Psychopathen herumschlagen müssen.« Sigmund schüttelte betrübt den Kopf.

»Heiße Bäder, Beruhigungsmittel, Kuraufenthalte. Wir geben ihnen ein paar Tage oder Wochen der Absolution. Aber wir können nicht im Schädel

operieren, wie Billroth es an den Eingeweiden tut, eine Krankheit herausschneiden und die Enden wieder zusammennähen. Für dieses Fieber besitzen wir kein Chinin. Wir können ihnen nicht den Zucker entziehen, wie wir es bei Diabetikern tun, oder die Beine hochlagern, bis die Venenentzündung abgeklungen ist. Die Hirnanatomie hat uns noch nicht eine einzige Heilmöglichkeit beschert.«
Breuer stand auf und ging im Zimmer auf und ab.
»Freud, ich habe Sie aus einem ganz bestimmten Grund nach Ihren Fällen in der Psychiatrie gefragt. Selbst wenn Ihnen die Arbeit im Laboratorium noch so sehr zusagt, können Sie von Hirnanatomie nicht leben. Von den Geisteskranken können Sie nicht leben, es sei denn, Sie machen es wie Ihr Freund Holländer und eröffnen ein Privatsanatorium. Sie müssen einfach in die Vierte Medizinische Abteilung unter Scholz überwechseln, zu den Nervenkrankheiten.«

2

Am schönsten waren meistens die späten Stunden des Tages, wenn es im Krankenhaus ruhig wurde und er seine Aufgaben erledigt hatte. Dann konnte er es sich gemütlich machen, dann war er glücklich in der Illusion von Marthas Gegenwart, die das Bild auf seinem Schreibtisch so lebhaft herbeizauberte; er sah sie im Belvedere-Garten auf sich zukommen und ihm zuwinken, oder neben sich den Beethovengang in Grinzing entlangschlendern, oder am Wegesrand sich verlegen zur Seite drehen, um einen rutschenden Strumpf zu befestigen. Während er die Briefe, die ihn fast täglich erreichten, immer wieder las, hörte er aus jeder Zeile ihre ruhige, angenehme Stimme sprechen, ihre deutliche Aussprache, ihr sanftes Lachen.
Er schrieb ihr lange, vertraute Briefe und verheimlichte ihr nichts, was wichtig war: seine Arbeit in den Stationen und im Laboratorium; wie froh er in der Gesellschaft der anderen Sekundarärzte war; seinen Vorschlag an Fleischl, die Netzhaut des Auges mit der Goldchloridmethode zu färben – ein Vorschlag, den Fleischl akzeptierte. »Zu meiner Freude, denn einen alten Lehrer was zu lehren, ist eine reine, schöne Genugtuung.« Er schrieb, daß Breuer ihm geraten hatte, in die Abteilung für Nervenkrankheiten überzuwechseln; mit welch großem Vergnügen er »Don Quichotte« gelesen und wie sehr er sich bei der Lektüre von Byron nach ihr gesehnt habe.
Er schrieb gern und wurde mit einer Feder in der Hand erst richtig lebendig. Er schrieb so selbstverständlich, wie er atmete, denn das Schreiben entwirrte seine Gedanken und erfrischte ihn. Seit er auf die Deutscharbeit für die Matura ein »Ausgezeichnet« bekommen hatte, hielt er sich für

einen guten Stilisten. Sein Professor hatte damals zu ihm gesagt: »Sie verfügen über das, was der deutsche Dichter und Philosoph Johann Herder so treffend ›einen idiotischen Stil‹ genannt hat – ›zugleich korrekt und charakteristisch‹.« Der siebzehnjährige Sigmund Freud hatte diese Bemerkung als Kompliment aufgefaßt und einem Freund geraten, seine Briefe in Zukunft aufzubewahren: »Binden Sie sie zusammen – hüten Sie sie wohl – man kann nicht wissen.«

Marthas Gegenwart in seinem Zimmer verblaßte nicht; ihr Duft war stärker als die Laboratoriumsgerüche, die er mitbrachte, so gründlich er sich auch mit der derben braunen Kernseife wusch. Wenn er sein Zimmer betrat, galt sein erster Blick immer ihrem Bild. Doch wenn er einen Ischiasanfall erlitt, wenn er erschöpft, entmutigt oder deprimiert war, dann stritt er per Post mit ihr.

Er kam einfach nicht darüber hinweg, daß Frau Bernays ihre Tochter aus Wien entführt hatte. Er hätte doch den ersten Anspruch auf Marthas Loyalität gehabt! Er warf ihr Schwäche und Feigheit vor, weil sie den leichteren Weg wählte, anstatt unangenehmen Situationen ins Auge zu sehen. Martha beantwortete diese Vorwürfe etwa so:

»Ich liebe Dich, aber ebenso meine Familie. Ich möchte mich weder gegen Dich noch gegen meine Familie stellen, und ich werde es nicht zulassen, daß die eine oder andere Beziehung leidet.«

Aber seine Stimmungen besserten sich immer wieder rasch, schon nach ein bis zwei Tagen, nach ausgiebiger Ruhe, einem langen Spaziergang in den Wäldern und einer kleinen Ermutigung bei der Arbeit. Er erkannte, daß er sich in diesen Briefen nur abreagierte, daß sich in ihnen seine Ungeduld und Verzagtheit angesichts seiner langsamen Fortschritte und der noch vor ihm liegenden langen, trostlosen Jahre manifestierten. Er erkannte auch, daß Martha es nicht leicht hatte mit ihrem Verlobten. Dann saß er vor ihrem Bild, war dankbar, daß es nicht mit ihm ins Gericht gehen konnte und schrieb ihr zwei bis zehn Seiten voller Reue, Entschuldigungen und Liebesbeteuerungen. Da er es immer fertigbrachte, ihr solche Briefe ausgerechnet um den Siebzehnten eines jeden Monats, ihrem Verlobungstag, zu schicken, ahnte er dunkel, daß seine Stimmungen ihre eigenen Kreise zogen und er kaum einen Einfluß darauf hatte. Marthas Liebe war ihm sicher; er konnte sie nicht zerstören. Ließ er sich vielleicht deshalb gehen?

Gegen Ende Juli zogen die Breuers, wie so viele andere Wiener, aus der Stadt und suchten ihren Sommersitz in den Bergen des Salzkammergutes auf. Breuer bat Sigmund: »Ich möchte gern, daß Sie sich um einen meiner Patienten kümmern, einen Herrn Krell aus Pötzleinsdorf. Fahren Sie mit mir hinaus, dann werde ich Sie einführen.«

»Was fehlt denn dem Herrn Krell?«

»Amyotrophische laterale Sklerose. Er ist gut fünfzig Jahre alt. Etwa vor

einem Jahr merkte er, daß ihm das Gehen schwerfiel. Vor sechs Monaten kam ein langsamer Muskelschwund in den Waden hinzu. Seit zwei Monaten hat er zunehmende Schwierigkeiten beim Trinken. Er verschluckt sich, und ein Teil der Flüssigkeit tritt durch die Nase wieder aus.«
»Und die Ursache?«
»Das wissen wir nicht.«
»Die Prognose?«
»Wir können nur die Symptome lindern, nicht die Krankheit. Bestenfalls zwei bis drei Jahre. Vielleicht aber auch nur ein Jahr.«
»Auf welche Weise helfen Sie ihm?«
»Sie werden es ja sehen.«
Sie kamen in eine gemütliche, gutbürgerliche Wohnung im besten Biedermeierstil, mit einem hübsch angelegten und gepflegten Garten um das Haus.
Breuer stellte Dr. Freud als seinen Kollegen vor. Frau Krell bot Kaffee an. Seit dem letzten Besuch hatte sich die Ataxie des Patienten offensichtlich verschlimmert. Sigmund sah, wie schwerfällig und stolpernd er sich fortbewegte. Breuer untersuchte die Waden des Mannes, dann bat er um ein Glas Wasser und rührte ein Bromidpulver hinein.
»Der August wird sicher ein schöner Monat für Sie, Herr Krell. Verbringen Sie möglichst viel Zeit in Ihrem Garten. Laufen Sie herum, soviel Sie wollen. Und machen Sie sich keine Sorgen, Frau Krell. Herr Dr. Freud ist im Krankenhaus zu jeder Tages- und Nachtzeit erreichbar und wird sofort kommen, wenn Sie ihn brauchen.«
Als Sigmund in sein Zimmer im Krankenhaus zurückkehrte, erwartete ihn Nathan Weiß. Er war aufgeregt und verlegen. »Freud, mein Entschluß ist gefaßt. Erinnern Sie sich noch an die Mutter mit den beiden Töchtern, von denen ich Ihnen erzählt habe? Ich habe beschlossen, die ältere zu heiraten. Ich kann Ihnen sagen, das wird keine leichte Eroberung sein. Ich brauche dazu die Hilfe eines erfahrenen Weltmannes, wie Sie einer sind.«
Die Werbung ging schief. Das auserwählte Mädchen war sechsundzwanzig, hatte bereits mehrere geeignete Freier abgewiesen und erklärte Weiß in aller Offenheit, daß sie kein Bedürfnis nach Liebe habe. Sie kritisierte sein Benehmen, seine Geschwätzigkeit und seine Einbildung, »der Mittelpunkt des Universums« zu sein. Sie verlangte von ihm, sein ganzes Wesen zu ändern. Weiß zeigte Sigmund zwei Briefe, die sie ihm geschrieben hatte, und bat ihn um eine Beurteilung ihres Charakters.
»Nach den Briefen würde ich sagen, daß sie sachlich, nüchtern und achtbar ist«, erwiderte Sigmund. »Aber weder in ihrer Handschrift noch in ihrer Ausdrucksweise kann ich viel an weiblicher Delikatesse finden.«
»Was sagen Sie da? Sie ist außerordentlich weiblich. Ich brauche sie nur noch mit meiner Liebe zu entzünden.«
»Aber hat sie Ihnen nicht gesagt, daß sie die Liebe nicht braucht?«

»Wie kann sie wissen, ob sie die Liebe braucht, wenn sie die Liebe noch nie erfahren hat? Das alles ist nur abstrakte Theorie, bis der Richtige kommt.«
Sigmund fragte ruhig: »Weiß, glauben Sie der richtige Mann zu sein für eine solche Brunhilde? Sie scheint zurückhaltend, anspruchsvoll und nicht sehr nachgiebig zu sein.«
Kurze Zeit später erklärte Nathan Weiß:
»Ich bin ganz niedergeschlagen. Sie ist melancholisch geworden, weint grundlos und findet nichts an meiner Gesellschaft. Ich habe einen baldigen Hochzeitstermin festgesetzt, ihre Eltern sind begeistert, und . . . «
»Weiß, das Mädchen ist gewissenhaft. Drängen Sie nicht zu sehr.«
Aber einen Rat anzunehmen gehörte nicht zu Nathan Weiß' Tugenden. Er gab tausend Gulden für Geschenke an seine Braut aus und investierte den Rest seiner Ersparnisse in die Wohnungseinrichtung. Dann kam er gebrochenen Herzens zu Sigmund gelaufen.
»Freud, als ich ihr unser prächtiges Heim zeigte, fragte sie mich: ›Wollen Sie nicht lieber meine Schwester heiraten?‹«
»Ich flehe Sie an, Weiß, finden Sie sich damit ab, daß dieses Mädchen Sie nicht liebt«, drängte Sigmund. »Machen Sie eine längere Reise. Wenn Sie zurückkommen, haben Sie etwas Abstand . . . «
»Ich will aber keinen Abstand gewinnen, im Gegenteil. Ich ertrage es nicht, von diesem Mädchen zurückgewiesen zu werden. Ich gebe zu, sie ist kühl und prüde; aber wenn wir erst einmal verheiratet sind, kann ich sie dazu zwingen, mich zu lieben, wie ich auf dem Wege zu meinem Erfolg alles erzwungen habe.«
Die Hochzeit fand trotz allem statt. Vor dem Aufbruch zur Hochzeitsreise umarmte Weiß seinen Freund.
»Wir sehen uns in vierzehn Tagen. Ich habe eine herrliche Reise vorbereitet.«

Sigmund Freud wandte seine Aufmerksamkeit Breuers Patienten zu. Die ersten Male wurde er nach Pötzleinsdorf gerufen, um Trost und Zuspruch zu spenden. Eine Verschlechterung ergab sich nicht. Über den Straßen lag eine drückende Hitze. Kein Lüftchen regte sich. Die Patienten in den Sälen des Allgemeinen Krankenhauses wischten sich mit den Pyjamaoberteilen den Schweiß von der Brust. Auf den Straßen ließ sich nur hin und wieder ein Dienstmann blicken, der mit seinem Handwagen Gepäck in eines der Dörfer am Wienerwald brachte. Wien schien menschenleer zu sein.
An einem besonders heißen Tag wurde er dann gerufen. Sigmund war kraftlos und niedergeschlagen. Breuer hatte ihm dringend angeraten, einen Fiaker zu nehmen, da ein Arzt es sich gegenüber seinem Patienten einfach nicht leisten könne, mit einem Einspänner aufzutauchen. Er fürchtete, daß sich die lange Fahrt wieder nicht lohnen werde, aber er sah seinen Irrtum in dem Augenblick ein, als er das Haus der Familie Krell betrat. Herrn Krells

Ataxie war in ein kritisches Stadium getreten. Am Morgen war er aufgestanden, hatte plötzlich das Gleichgewicht verloren und war zu Boden gestürzt.

Zum erstenmal in seinem Leben erfuhr Dr. Sigmund Freud, was es bedeutete, als Hausarzt wirklich gebraucht zu werden. Seine Lustlosigkeit fiel von ihm ab. Er gab Herrn Krell zur Beruhigung Chlorhydrat. Als sich der Patient an der Flüssigkeit verschluckte, brachte Sigmund ihn zu Bett, machte ihm kalte Wadenwickel und massierte ihn. Als Krell einschlief, beruhigte Sigmund seine Frau.

»Das liegt nur an der Sommerhitze. In ein oder zwei Tagen wird er schon wieder viel ruhiger sein.«

»Wir danken Ihnen sehr, Herr Doktor, daß Sie bei diesem unangenehmen Wetter den weiten Weg gemacht haben.«

Auf dem Rückweg in die Stadt, in deren Mauern sich die Gluthitze gefangen hatte, dachte er: »Der arme Kerl wird nächstes Jahr um diese Zeit schon tot sein. Ich habe ihm nur über die nächsten Stunden hinweggeholfen. Warum fühle ich mich dann so beschwingt, als hätte ich in dieser Welt wirklich etwas geleistet?«

Jetzt wußte er, warum viele Ärzte ihre Praxis so sehr liebten und so an ihren Patienten hingen.

Bis zu Josef Breuers Rückkehr wurde er insgesamt zwölfmal zu Herrn Krell gerufen. Er bekam dafür insgesamt sechzig Gulden plus die Fahrtkosten per Fiaker überwiesen. Das war die größte Summe, die Sigmund jemals verdient hatte. Er gab seiner Mutter vierzig Gulden, leistete bei Deuticke eine Akontozahlung, beglich bei Freunden im Krankenhaus ein halbes Dutzend kleiner Schulden und behielt immer noch genug Geld übrig für das Wörterbuch, das Martha sich gewünscht hatte. Das war ein schwacher Trost für die vielen Nächte, in denen er sich so nach ihr sehnte, daß er aus dem Bett sprang, sich anzog und blindlings bis zum Morgengrauen durch die Straßen lief.

Die Sonntage im Journal gaben ihm Gelegenheit, in aller Ruhe zu lesen und zu schreiben. Am Tag des Herrn wurden nur wenige Leute ins Krankenhaus eingeliefert. Die jüngeren Aspiranten holten sich bei ihm Rat. Wenn sich zwischen den Sekundarärzten und der Verwaltung Meinungsverschiedenheiten ergaben, wurde Sigmund zu ihrem Sprecher gewählt. Er legte dann logisch die Punkte dar, die zu regeln waren. Der Direktor stimmte mit ihm darin überein, daß gewisse Vorschriften gelockert werden müßten.

Nathan Weiß kehrte wieder an seine Arbeit zurück, besuchte ihn aber nicht. Als Sigmund ihm dann bei einer Versammlung begegnete, fragte er: »Wie geht es zu Hause?«

Weiß wandte den Blick ab. »Ich könnte mir was Schöneres vorstellen.«

Eine Woche später trafen sie sich wieder. Weiß murmelte nur: »Ich bin ein elender Versager.«

Eines Morgens stürmte Dr. Sigmund Lustgarten sehr früh in Sigmunds Zimmer, ganz grün im Gesicht. Sigmund lag noch im Bett.
»Haben Sie es schon gehört?« rief Lustgarten. »Nathan Weiß hat sich erhängt! In einem öffentlichen Bad in der Landstraße.«
Es war eine erschütternde Nachricht. Das ganze Krankenhaus war entsetzt. Gerade bei Weiß hätte niemand an einen Selbstmord gedacht. Es wurden viele Gründe angeführt: man hatte ihn um die versprochene Mitgift gebracht; er hatte all seine Ersparnisse für diesen unglücklichen Hausstand geopfert; die nicht erwiderte Leidenschaft hatte ihn in Wut versetzt. Aber Sigmund glaubte keine dieser Theorien. Er brachte es einfach nicht fertig, mit seinen Kollegen über Nathan Weiß zu sprechen. Statt dessen setzte er sich an seinen Tisch und verbrachte Stunden damit, Martha in einem langen Brief die ganze Geschichte zu erzählen. Dann besuchte er Josef Breuer. Die beiden sprachen über den Selbstmord.
»Das ist eine der geheimnisvollsten Krankheiten«, sagte Breuer. »Man kann kaum eine Diagnose stellen.«
»Weiß war doch ein so lebensfroher Mann, ein Egoist . . . «
»Anscheinend nicht, sonst hätte er doch das Leben nicht bei der ersten Schwierigkeit weggeworfen.«
»Breuer, ich habe das seltsame Gefühl, Weiß hat gewußt, daß er einer Niederlage zutrieb. Indem er dieses arme Mädchen umwarb, suchte er nur einen Vorwand für seinen Tod.«

3

Sigmund entdeckte dann doch noch ein brauchbares Färbemittel für Hirnschnitte, obgleich er noch mehrere Monate lang bis in die Nächte hinein daran arbeiten mußte. Er blieb bei dem ursprünglichen Konzept, das er schon Holländer dargelegt hatte: einer Mischung, die aus Jodkalium, Goldchlorid und Natron bestand. Die weiteren Schritte im Härtungsprozeß erleichterte er dadurch, daß er die Gewebeprobe in Alkohol legte. Die dünnen Schnitte wurden dann in destilliertem Wasser gereinigt und in eine verdünnte Lösung von Goldchlorid gelegt. Nach ungefähr vier Stunden wurde die Probe dann mit Hilfe eines Holzstabes aus der Lösung gehoben, gewaschen und in eine konzentrierte Lösung von Ätznatron gelegt, damit sie transparent und glatt wurde. Nach zwei bis drei Minuten holte er das Präparat mit einem Zahnstocher aus der Lösung und ließ es abtropfen. Dann legte er den Schnitt in eine zehnprozentige Jodkaliumlösung, wo das Gewebe sofort eine zartrosa Färbung annahm, die in den nächsten zehn bis fünfzehn Minuten immer dunkler wurde.
Er legte das Präparat eines Erwachsenengehirns in Alkohol und präparierte es auf die übliche Weise. Für Proben des Hirns oder Rückenmarks

neugeborener Kinder oder Embryos entwickelte er eine andere Methode: Er legte sie mittels eines Kamelhaarpinsels vorsichtig auf ein Glasscheibchen, trocknete sie ohne Druck und bedeckte sie mit einem Stück Filterpapier. Das war ein schwieriger, langwieriger Prozeß, aber er lieferte ihm die brauchbarsten Schnitte.

Die neue Methode machte die Fasern in rosa, purpurner, schwarzer oder gar blauer Farbe deutlich sichtbar. Sie verteilten sich überall in der weißgrauen Gehirnmasse. Bei den Embryos waren die Nervenfasern überraschend deutlich zu sehen. Diejenigen gebündelten Nervenfasern, die bereits mit einer Markschicht überzogen waren, hoben sich durch dunklere Färbung von den anderen ab. Unter einem starken Mikroskop konnte er sogar die Anzahl der einzelnen Achsenzylinder ermitteln. Diese Methode erwies sich bei seinen Untersuchungen der Nervenbahnen im zentralen Nervensystem Neugeborener als höchst wertvoll.

Er rief eine Gruppe von Freunden zusammen, um ihnen seine Ergebnisse vorzuführen. Meynert und Pfungen waren ebenso überrascht wie erfreut. Lustgarten wollte Sigmunds Methode bei seinen Hautuntersuchungen, Horowitz bei Blasenexperimenten und Ehrmann bei seinen Untersuchungen der adrenalen Drüsen anwenden. Noch in derselben Nacht begann er, beflügelt von ihrer Begeisterung, eine vorläufige Mitteilung über diese Methode für das »Centralblatt für die medizinischen Wissenschaften« zu schreiben, so wie er es Holländer vorausgesagt hatte.

Er teilte Martha triumphierend seinen Erfolg mit. Jeder Erfolg, jeder Schritt vorwärts, und sei er noch so klein, brachte sie ihrem Hochzeitstag näher.

Nach zwei weiteren Wochen des Experimentierens hatte er das gewünschte Fixativ gefunden. Jetzt konnte man die Schnitte aufbewahren und sie später zu Vergleichs- und Studienzwecken wiederverwenden. Er war begeistert. Er nahm seine Präparate mit hinüber ins Physiologische Laboratorium, um sie Fleischl und Exner zu zeigen.

Da erschien Professor Brücke.

»Gibt's was zu sehen?« fragte er.

»Bitte, Vergoldungen des Gehirns.«

»Ah, das ist ja sehr schön, und das Gold steht doch im Ruf, nichts zu leisten.«

»Ja, das ist eine neue Methode, Herr Hofrat.«

Brücke beugte sich gespannt über das Mikroskop und murmelte »Aha!« Als er die Serie von Präparaten gesehen hatte, richtete er sich auf. Seine harten blauen Augen blitzten zufrieden und stolz.

»Ja so, Sie werden ja noch durch Ihre Methoden allein berühmt werden.«

Jetzt, wo das Verfahren ausgereift war, schrieb Freud eine ausführliche Abhandlung: »Eine neue Methode zum Studium des Faserverlaufs im Zentralnervensystem« für das »Archiv für Anatomie und Physiologie«;

später übersetzte er diesen Artikel ins Englische für die Zeitschrift »Brain: A Journal of Neurology«. Barney Sachs überarbeitete den Text, damit er auch in erstklassigem Englisch geschrieben war. Sachs war bei Professor Meynert sehr beliebt, weil er auch dessen soeben vollendetes Werk »Psychiatrie« für die Veröffentlichung in London und New York übersetzte. Darkschewitsch bat, den Artikel für die neurologischen Fachzeitschriften seines Heimatlandes ins Russische übersetzen zu dürfen.
An diesem Abend schrieb Sigmund an Martha:

»Außer ihrer praktischen Bedeutung hat dieser Fund für mich noch einen Affektionswert. Es ist mir etwas gelungen, wonach ich zu wiederholten Malen in langen Jahren gestrebt habe. Überblicke ich die Zeit, wo ich zuerst anfing, dasselbe Problem in Arbeit zu nehmen, so finde ich mein Leben doch progressiv. Ich habe mich so oft nach einem süßen Mädchen, das mir alles sein könnte, gesehnt, ich habe es jetzt. Dieselben Männer, die ich als unnahbar von weitem bewundert, verkehren auf dem Fuß der Gleichheit mit mir und erweisen mir Freundschaft. Ich bin gesund geblieben und habe nichts Unehrenhaftes getan; selbst obwohl ich arm geblieben bin, sind mir die Besitztümer, die für mich Reiz hatten, zugänglich geworden, und ich sehe (mich) vor dem Schlimmsten, vor dem Verlassensein, geschützt. So darf ich hoffen, wenn ich arbeite, auch vom Fehlenden ein Stück zu erringen, und mein Marthchen, jetzt so fern und einsam, wie ihr Briefchen zeigt, nahe bei mir zu haben, ganz für mich zu haben und in ihrer zärtlichen Umarmung der weiteren Entwicklung unseres Lebens entgegenzusehen.

Du trauerst mit mir; freue Dich heute mit mir, Geliebte, und glaub' nicht, daß etwas anderes als Du im Mittelpunkt meiner Gedanken steht. Mit herzlichem Gruß und Kuß

Dein Sigmund«

Als er den Brief beendet hatte, schrieb er noch auf die Rückseite: »Hope and joy!«

Obgleich Nathan Weiß nun tot war, ließ Professor Franz Scholz wissen, daß in der Vierten Abteilung erst nach Neujahr ein Posten frei werde. Sigmund ließ sich sofort in die Dermatologie versetzen. In dieser Abteilung wurden Syphilis und andere ansteckende Krankheiten behandelt. Er war immer noch Sekundararzt. Beim Antritt seines neuen Postens wurde er von dem jungen Dr. Maximilian von Zeissl begrüßt, dessen Vater die Abteilung bis vor einem Jahr geleitet hatte.
Zeissl war ungefähr in Sigmunds Alter, ein blonder Mann mit kleinem Bart und lebendigen blauen Augen. Sein Vater hatte ihn schon im Alter von sechs Jahren mit in die Station genommen. In keiner Abteilung gibt es

schrecklichere Anblicke als in der Station der Syphiliskranken: zerfressene Nasen, tränende Augen, grüne, schwärige Wangen, Krebsgeschwüre, die aus Ohren und Mund herauswachsen, ein halbes Kinn ...
Aber der Junge fühlte sich nicht abgestoßen, sondern war fasziniert.
Sofort nach Abschluß seines Studiums begann er in der Dermatologie zu arbeiten. Er war erst kürzlich zum Sekundararzt befördert worden, hatte jedoch die feste Absicht, als Chef der Abteilung Nachfolger seines Vaters zu werden.
Er empfing Sigmund in seinem Büro. Auf den Regalen ringsum standen sämtliche wissenschaftlichen Publikationen über Syphilis.
»Ich werde Sie unter meine Fittiche nehmen«, sagte er. »Ich lehre gern und habe jetzt zum erstenmal Gelegenheit, mit einem Mann zusammenzuarbeiten, der Ihre Erfahrung in Histologie und Pathologie mitbringt.«
»Betrachten Sie mich bitte als Studenten, Herr Doktor. Ich habe keinerlei Erfahrung auf diesem Gebiet.«
»Das werden wir rasch ändern. Unser ein und alles hier ist das Quecksilber. Bei jedem unserer Gebete danken wir Gott für seine Heilkraft. Wußten Sie, daß die Araber es schon vor fünfhundert Jahren anwandten? Trotzdem gibt es in Europa immer noch viele Ärzte und Spitäler, die sich weigern, Quecksilber anzuwenden. Mir ist natürlich klar, daß man auch Mißbrauch damit treiben kann; ich weiß, daß man nicht alle Fälle von Syphilis mit Quecksilber behandeln kann; ich weiß auch, daß die Krankheit nicht in allen Stadien damit behandelt werden darf. Aber ich habe andererseits gesehen, was wir damit erreichen konnten, selbst bei jenen Patienten, bei denen schon geistige Störungen auftraten.« Er lachte. »Wie Sie sehen, bin ich ein Fanatiker. Sie haben hoffentlich nichts gegen Fanatiker, Herr Doktor?«
»Nicht, wenn Sie damit Zielstrebigkeit und feste Entschlossenheit meinen. Wer gelangt denn zu großen Entdeckungen, wenn nicht ein Fanatiker?«
»Ich weiß von manchen Entdeckungen, die dem reinen Zufall zu verdanken sind. Kommen Sie, gehen wir durch die Säle. Wir haben unsere Patienten nach den Fournierschen Kategorien aufgeteilt und arbeiten mit vier verschiedenen Methoden. Erstens wäre da die dermatische Methode: Wir reiben den Teil der Haut ein, der die meisten Schweißdrüsen aufzuweisen hat, nämlich Achselhöhle, Lenden und Fußsohlen.« Er zeigte Sigmund einen Fall im Primärstadium. »Diesen Ausschlag behandeln wir einfach mit Jodtinktur oder Van Swietenscher Lösung. Im Sekundärstadium verwenden wir Quecksilber. Nach etwa zweimonatiger Behandlung schicken wir den Patienten für zwei Monate nach Hause, damit er sich von den Folgen der Behandlung erholt. Dann holen wir ihn zum drittenmal her und behandeln ihn ausschließlich mit Jodid und Kalium.«
Als nächstes demonstrierte er die hypodermatische Methode, beginnend mit der subkutanen Injektion von Chloroform.

»In die Hüfte, genau an dieser Stelle. Für Männer sehr schmerzhaft und für Frauen in den meisten Fällen fast unerträglich.«

Die Krankensäle waren von einem unangenehmen Phenolgeruch erfüllt.

In den nächsten Wochen hörte Sigmund seinem Lehrer Zeissl sehr aufmerksam zu. Er hatte zwar nicht die Absicht, jemals Dermatologe zu werden, aber er mußte sein Handwerk lernen, weil er später in seiner Praxis auch solche Fälle behandeln mußte.

»Wir richten uns darauf ein, unsere schwersten Fälle drei bis vier Jahre lang zu behandeln«, erklärte von Zeissl. »Innerhalb der ersten vierundzwanzig Monate bekommt der Patient nur zehn Monate lang Quecksilber. Am Ende des zweiten Jahres geben wir zusammen mit dem Quecksilber auch Kaliumjodid. Im dritten und vierten Jahr lassen wir das Quecksilber ganz weg und behandeln nur mit Kaliumjodid weiter. Manchmal bekommen wir einen Patienten zu spät in die Hände und können der Krankheit nicht mehr Herr werden: Der Betreffende muß sterben. Dennoch gelingt es uns, die Ausbreitung der Syphilis größtenteils zu bremsen. Die physiologische Wirkung des Quecksilbers liegt noch im dunkeln. Daran arbeite ich gerade. Ich versuche auch, den *virus syphiliticus* zu isolieren.«

Sigmund lernte, wieviel Quecksilber in die Bäder zu mischen war. Er lernte die dermopulmonarische Methode kennen, bei der der Patient in eine Kiste gestellt und die Tür verschlossen wurde, sodann mußte er betäubende und ätzende Dämpfe einatmen, die den Bazillus in den Lungen abtöten sollten. Auch die orale Methode wurde angewandt: Der Patient bekam metallisches Quecksilber zu schlucken, blaue Pillen Quecksilberbichlorid oder Kaliumjodid in einem Sirup aus Orangenschalen. Sigmund wußte bald, wann man mit der abführenden Milchdiät beginnen mußte. Er beobachtete Zeissl, wie er Gold-, Silber- und sogar Kupferlösungen zubereitete, in der Hoffnung, die Krankheit damit rascher zum Stillstand zu bringen.

Es lag zum Teil an dem Phenolgeruch, den er nicht aus seinen Kleidern verbannen konnte, daß Sigmund sich in diesen ersten Wochen seiner Ausbildung ganz im Krankenhaus vergrub und nicht einmal an der Hochzeit seiner Schwester Anna mit Eli Bernays teilnahm; die Fehde mit Eli war immer noch nicht beigelegt. Er machte seine Visiten, tat regelmäßig seinen Dienst als Aufnahmearzt im Journal, arbeitete auch weiterhin in Meynerts Laboratorium, wenn er gerade nicht in der Station gebraucht wurde, und verbrachte die Abende mit dem Studium von Fachzeitschriften.

Syphilis war eine Geschlechtskrankheit und daher ein unaussprechlicher Name. Man konnte sich diese Krankheit nur auf unanständige Art und Weise zuziehen, anders als beispielsweise Tuberkulose oder Angina pectoris. In den Krankensälen lagen allerdings viele Ehefrauen, die sich auf ganz ehrbare Weise bei ihren Männern angesteckt hatten, die sich die Krankheit ihrerseits allerdings auf weniger ehrbare Weise von den Halbweltdamen Wiens geholt hatten. Soldaten, bei denen die Syphilis am meisten grassierte, kamen ins Lazarett, aber alle anderen Heilungsuchenden wurden ins Allgemeine Krankenhaus eingeliefert, da kaum ein anderes Spital jemanden mit einer ansteckenden Krankheit aufnehmen wollte. Aber es war wie bei den Geisteskranken, die nicht in Meynerts Klinik gelangten: Viele Syphiliskranke wurden von ihren Angehörigen verborgen gehalten, weil sie die Schande fürchteten. Diese Kranken waren Parias, genau wie die Psychopathen. Sigmund wurde zwischen Ekel und Mitleid hin und her gerissen.

4

Die Vierte Medizinische Abteilung war die Auffangstation für alle unklaren Fälle, insbesondere nervöser Art, mit denen das zentrale Journal bei der Aufnahme ins Allgemeine Krankenhaus nichts anzufangen wußte. Das Krankenhaus wurde vom Kronland Niederösterreich und der Stadt Wien gemeinsam unterhalten und war verpflichtet, jeden aus Wien und Umgebung aufzunehmen, der stationärer Behandlung bedurfte. Primarius Dr. Franz Scholz hatte eine geniale Methode entwickelt, diese Vorschrift zu umgehen; das fand Sigmund am Neujahrstag des Jahres 1884 heraus, als er durch die fünf Krankensäle der Vierten Abteilung geführt wurde. Für die riesige Anzahl von Patienten standen einhundertdreizehn Betten zur Verfügung. Scholz betrachtete es als seine Pflicht, jeden Kranken so schnell wie möglich wieder aus seiner Klinik zu schaffen – manchmal sogar noch vor dem Abschluß der Diagnose oder der möglichen Aussicht auf eine Heilung.

»Die Betten siebenundachtzig bis neunzig sind eine Schleuse«, erklärte Dr. Scholz seinem neuen Sekundararzt. »Wir sind kein Erholungsheim. Untersuchen, Bericht schreiben, und dann hinaus mit dem Patienten.«

Primarius Dr. Franz Scholz, jetzt vierundsechzig Jahre alt, war in medizinischen Kreisen vor zweiundzwanzig Jahren zu Berühmtheit gelangt, weil er die Technik der subkutanen Injektion mit Hilfe einer Injektionsnadel vervollkommnet hatte. Zunächst hatte er an der Universität Prag Philosophie studiert und war dann zum Medizinstudium nach Wien gekommen. Etwa sechzehn Jahre lang nahm er im Allgemeinen Krankenhaus eine Machtposition ein, zuerst als Chefchirurg, dann als Leiter der medizinischen Forschung.

Sigmund kannte seinen Ruf. In jungen Jahren war Scholz ein brillanter Entdecker gewesen; er hatte wichtige Abhandlungen in Wiener Fachzeitschriften veröffentlicht und einen bedeutenden Beitrag zur Verbreitungsstatistik der Syphilis geleistet. Von ihm stammte eine Studie über die »Geisteskrankheiten von Gefangenen in Einzelhaft«. Als er dann die Vierzig überschritten hatte, als die subkutanen Injektionen allgemein

übernommen und er dafür mit Ehren überhäuft wurde, erstarb in ihm der Pioniergeist. Er setzte sich zur Ruhe und spielte den Administrator.
Er war ein gewichtiger Mann, trug immer dicke Jacken und Westen und konnte sich eines der schönsten und mächtigsten Bärte und Schnurrbärte von ganz Wien rühmen. Zum Ausgleich für seine Stirnglatze trug er das Haar im Nacken sehr lang. Man mußte zugeben, daß ihm seine scharfe römische Nase und seine durchdringenden Augen ein imposantes Aussehen verliehen. Sigmund erschien es tragisch, daß er sich nicht mehr der Lösung wissenschaftlicher Probleme widmete, sondern darin aufging, die Kosten in seiner Abteilung möglichst niedrig zu halten und ein ausgeglichenes Budget vorlegen zu können. Die Sekundarärzte durften keine teuren oder neuen Medikamente, keine elektrischen Apparate und andere Dinge verwenden, mit denen sie den Patienten vielleicht hätten helfen können. Sigmund erfuhr sofort, wie pedantisch Scholz darauf achtete, daß die Betten in den Krankenzimmern genau den vorgeschriebenen Abstand voneinander hatten.
»Aber Sie werden feststellen, daß man in dieser Abteilung viel lernen kann«, sagte der Erste Sekundararzt Josef Pollak zu ihm. Er war sechs Jahre älter als Sigmund. »Solange Ihre Methoden kein Geld kosten, wird Scholz Ihnen völlig freie Hand lassen. Sie werden Überstunden machen müssen, um den Schwerkranken zu helfen, aber das fördert Ihr Improvisationstalent.«
Sigmund war froh, endlich in der Abteilung für Nervenkrankheiten gelandet zu sein. Nach Breuers Auffassung lagen hier seine besten Aussichten. Dennoch war es für ihn ein deutlicher Einschnitt. Es fielen nicht nur Lehre, Vorlesungen und Demonstrationen weg, sondern auch die Arbeit im Laboratorium. Josef Pollak arbeitete mit Exner in Brückes Laboratorium an otologischen Geräten. Er erklärte im Brustton der Überzeugung:
»Ich will mich auf die Störungen im Ohr spezialisieren. Von Nervenkrankheiten hab' ich genug! Ich hab' das Gefühl, als könnte ich mir selbst ein paar davon, und noch dazu die unschönsten, zuziehen. Übrigens müssen alle jungen Ärzte, die unter Scholz arbeiten, gute Freundschaft halten. Nur so kann man gegen den alten Primarius ankommen.«
Sigmund bat Professor Meynert um die Erlaubnis, auch weiterhin im Laboratorium für Hirnanatomie zu arbeiten.
Seine Pflegebefohlenen in der Vierten Abteilung stellten eine bunte Mischung aller möglichen Fälle dar. Das lag in der Hauptsache an der oberflächlichen Diagnose des Journaldienstes, der sie bei der Aufnahme einteilte. Diese Praxis versetzte Primarius Scholz immer wieder in Wut; seine Betten waren mit Patienten belegt, die eigentlich in andere Abteilungen gehörten. Er sorgte für rasche Überweisung. Die anderen Primarii zeigten sich nicht abgeneigt. Jede Abteilung war an Nervenkrank-

heiten interessiert, da das Nervensystem Krankheiten aller Körperteile verursachen konnte.
Sigmund stand früh auf, hatte seine Krankenvisiten um halb zehn beendet und konnte um zehn Uhr in Meynerts Laboratorium sein. Nach dem Mittagessen machte er die zweite Visite, die bis fünf Uhr dauerte. Dann las und studierte er bis nach dem Nachtmahl und arbeitete anschließend noch einmal bis Mitternacht in Meynerts Laboratorium. Sowohl Meynerts als auch Scholzens Klinik bekamen so viele Fälle von Gesichtslähmung zugewiesen, daß Sigmund beschloß, diese Paresen zu untersuchen.
Gleich zu Beginn der ersten Woche in der neuen Abteilung wurde ein armer Schneiderlehrling eingeliefert. Er litt unter einem starken Befall von Skorbut. Sigmund fand bei dem Jungen am ganzen Körper die blauschwarzen Flecken, die von Blutungen unmittelbar unter der Haut herrührten. Bei der Untersuchung zeigte sich der Junge apathisch. Andere Symptome waren nicht festzustellen. Am nächsten Morgen war der Patient bewußtlos. Alles deutete auf eine Hirnblutung hin. Sigmund kehrte gleich nach Abschluß seiner Visite an sein Krankenbett zurück und verbrachte hier den größten Teil des Vormittags und Nachmittags. Er beobachtete genau den Verlauf der Krankheit. Er konnte zwar nichts unternehmen, aber es war wichtig, die Ursache herauszufinden. Um sieben Uhr abends entwickelte sich eine beiderseitige Lähmung. Eine Stunde später war der junge Mann tot.
Noch in derselben Nacht und am darauffolgenden Morgen verfaßte Sigmund eine achtzehnseitige Arbeit über seine Beobachtungen und seine Diagnose hinsichtlich der befallenen Gehirnpartien. Er hielt sich dabei an die Wernicksche Lehre von der indirekten Wirkung der Herdläsionen. Als die Autopsie ihm recht gab, schickte er den Aufsatz an die »Medizinische Wochenschrift«. Er verdiente damit zehn Gulden, die er bitter nötig hatte, und festigte seinen Ruf unter den Kollegen in der Vierten Abteilung.
Auch diese Abteilung hatte ihr »Beobachtungszimmer«. Dieses BZ stand unter der Leitung von Dr. Josef Pollak, der Sigmund half, seine Diagnosetechnik erheblich zu erweitern.
Sigmunds erster Fall war eine zweiundvierzigjährige Frau, die unter Akromegalie litt. Im Laufe der letzten fünf Jahre war ihr aufgefallen, daß ihre Schuhgröße beträchtlich zugenommen hatte; auch ihre Hände waren größer geworden. Ihr Mann hatte bemerkt, daß ihre Gesichtszüge sich vergröberten. Sie war nicht krank, fühlte sich aber allgemein matt. Sigmund diagnostizierte einen Tumor der Hypophyse.
»Wie kommt es dazu, und wie sieht die Behandlung aus?« fragte er Pollak.
Der Erste Sekundararzt zuckte die Achseln.
»Das weiß kein Mensch, Freud. Eine Behandlung gibt es nicht. Die Vergrößerungen betreffen die gesamte Knochenstruktur. Die Prognose? Sie kann noch fünfzig Jahre leben. Das Wachstum einiger Körperteile wird

bis zu einem bestimmten Grad fortschreiten und dann zum Stillstand kommen.«

»Wie lange sollen wir sie hierbehalten, wenn es keine Möglichkeit der Behandlung gibt?«

»Nur so lang, wie wir zur Beobachtung brauchen.«

Der nächste Patient, den er zu untersuchen hatte, war ein fünfundzwanzigjähriger Mann, den beim Geschlechtsverkehr plötzlich rasende Kopfschmerzen befallen hatten. Nach seiner Beschreibung gingen sie hauptsächlich vom Hinterhaupt aus. Ihm war, »als liefe heißes Wasser ins Genick«. Weder Freud noch Pollak hatten die geringste Ahnung, was ihm fehlen mochte. Sie schickten ihn wieder nach Hause. Zehn Tage später brach er beim Stuhlgang unter erneuten heftigen Kopfschmerzen zusammen. Als er ins Krankenhaus eingeliefert wurde, lag er bereits im Koma. Primarius Scholz wurde gerufen. Er stellte eine Apoplexie fest. Pollak untersuchte den Mann mit dem Ophthalmoskop und entdeckte eine Blutung im Auge. Er raunte Sigmund zu:

»Es ist ein Aneurysma. In der Arterienwand bildet sich ein Ballon, der immer größer wird und die Wand immer dünner werden läßt, bis er schließlich platzt. Das ist eine angeborene Anomalie.«

Der Mann starb noch in derselben Nacht. Bei der Autopsie fanden sie das geplatzte Aneurysma. Jede Anstrengung hatte heftige Kopfschmerzen hervorgerufen: der Geschlechtsverkehr und die Verdauung. Dadurch war der Blutdruck angestiegen, bis das Aneurysma endlich platzte. Josef Pollak hatte recht behalten.

Am nächsten Morgen sagte er zu Sigmund: »Kommen Sie mit mir auf Zimmer 89, ich möchte ein Experiment machen. Es handelt sich um die hübsche Dreißigjährige, die schon seit Monaten im Krankenhaus liegt und ihre Beine nicht bewegen kann. Sie ist außerdem bis an die Hüfte ohne Empfindung. Dennoch gibt es keine eindeutigen Hinweise auf eine Krankheit. Ihre Reflexe sind völlig normal.«

Sie betraten das Zimmer. Pollak sagte sehr ernst:

»Fräulein, letzte Nacht haben wir die Erprobung eines neuen Medikaments abgeschlossen. Es kann Ihnen innerhalb von sechzig Sekunden die Bewegungsfähigkeit Ihrer Beine zurückgeben. Aber die Anwendung ist äußerst gefährlich; sie kann den Tod zur Folge haben. Wenn es meine Beine wären, würde ich es riskieren. Was meinen Sie dazu? Ich habe das neue Mittel hier in dieser Injektionsspritze.«

Die Patientin erschauderte. Sie flüsterte: »Ich – kann davon sterben, Herr Doktor? Wie schnell geht das?«

»Innerhalb einer Woche. Aber andererseits könnte auch die Lähmung innerhalb von sechzig Sekunden behoben sein. Wollen Sie nicht lieber das Risiko auf sich nehmen, als für den Rest Ihres Lebens gelähmt zu sein?«

Sie schloß für eine Weile die Augen und öffnete sie dann weit.

»Geben Sie mir die Injektion.«

Pollak gab ihr die Spritze in den Oberarm. Sigmund wußte, daß es kein derartiges neues Mittel gab. Er fürchtete, die junge Frau könnte so heftig auf Pollaks Bluff reagieren, daß sie tatsächlich vor ihren Augen starb. Aber noch vor Ablauf einer halben Minute sah er, wie die Beine unter ihrem Nachthemd zu zittern begannen. Nach einer Minute hob sie ein Bein hoch. Sie rief: »Ich kann mich wieder bewegen! Ich kann meine Beine bewegen! Ich bin nicht mehr gelähmt!«

Pollak klopfte ihr auf die Schulter und wischte ihr den Schweiß von der Stirn.

»Sie waren sehr tapfer. Sie haben sich selbst das Leben gerettet. Jetzt können Sie in ein normales Leben zurückkehren.«

Als sie weggingen, fragte Sigmund leise:

»Und was war das für ein neues Wundermittel? H_2O?«

»Genau. Das war ein Fall von Hysterie. Ich glaube kaum, daß sie nur simuliert hat.«

»Warum haben Sie der Ärmsten solche Angst gemacht?«

»Weil das Element der Gefahr wichtig ist. Der Mut, dem Tod ins Auge zu sehen, gibt manchmal den Mut zum Leben zurück.«

Sigmund schüttelte erstaunt den Kopf. »Doktor Pollak, Sie gehören eigentlich als Schauspieler ins Karltheater. Das war eine der überzeugendsten Vorstellungen, die ich jemals gesehen habe.«

Pollak blinzelte ihn pfiffig an. »Wer sagt Ihnen, daß ein Arzt nicht zuweilen auch ein guter Schauspieler sein muß? Wir spielen doch ununterbrochen irgendeine Rolle. Dem Unheilbaren erzählen wir mit ermutigendem Lächeln, daß er seine Krankheit dank seiner starken Konstitution überwinden könne. Wenn uns eine Neurotikerin erzählt, kein Arzt habe sie heilen können, machen wir ein ernstes Gesicht, sagen ihr, daß sie unter einer sehr seltenen Krankheit leide und verschreiben ihr Zuckerpillen. Die kurieren sie – zumindest für die nächsten dreißig Tage. Wenn wir vollkommen ratlos vor bestimmten Symptomen stehen, setzen wir unser intelligentestes Gesicht auf und murmeln: ›Jaja, die Diagnose steht fest, jetzt müßten sich schon sehr bald die ersten Resultate zeigen.‹«

Sigmund sehnte sich nach der ehrlichen Welt des Laboratoriums zurück. Was sich unter dem Mikroskop als wahr beweisen ließ, das blieb auch wahr, und was falsch war, blieb falsch.

5

Manchmal glaubte er, die Sterne hätten sich gegen ihn verschworen. Sein einziges Einkommen war sein Sekundararztgehalt von 30 Gulden. Selbst die geringsten Nebeneinkünfte waren versiegt. Keine Patienten kamen, keine Studenten verlangten Nachhilfe, keine medizinischen Fachartikel mußten für die Zeitschriften durchgesehen werden. Seine Kleidung wurde immer schäbiger, und er konnte es sich nicht einmal leisten, sich das Haar und den Bart stutzen zu lassen. Tagelang hatte er keinen einzigen Gulden in der Tasche. Der Stammtisch im Café und das gelegentliche gesellige Nachtmahl mit anderen Krankenhausärzten entfielen. Es war ihm sogar peinlich, in den Neuerscheinungen im Buchladen zu stöbern. Er hatte zwar auch sonst nicht viel Geld fürs Theater übriggehabt, aber gelegentlich konnte er sich doch um sechs Uhr morgens zusammen mit anderen Kollegen der Schlange vor der Universität anschließen; hier bekam man dann einen Schein, der dazu berechtigte, um fünf Uhr nachmittags vor der Hofoper oder dem Theater an der Wien noch einmal Schlange zu stehen, um einen Stehplatz zu ergattern. Wenn das Theater dann geöffnet wurde, rannte man die Treppen hinauf zum »Olymp«, um wenigstens noch einen Platz in der vordersten Reihe zu bekommen, wo man sich ans Geländer lehnen konnte. Er war schon von fünf Uhr nachmittags bis Mitternacht auf den Beinen gewesen, nur um Mozarts »Zauberflöte«, den »Figaro« oder »Don Giovanni« zu hören.

Schon in den mittleren Klassen des Sperlgymnasiums hatte er – oft wochenlang – sein Taschengeld gespart, um die schönsten Stücke der deutschen Theaterliteratur in den hervorragenden Inszenierungen des Hofburgtheaters zu sehen: Goethes »Faust«, Schillers »Wilhelm Tell«, Grillparzers »Die Ahnfrau«. Seine größte Freude war es, wenn ihn an seinem Geburtstag seine Eltern oder ein Freund zu Shakespeares »Hamlet«, »Macbeth« oder »Was Ihr wollt« einlud. Er kannte lange Passagen dieser Stücke auswendig.

In den Sommermonaten lachte er über die leichten Komödien oder derben Schwänke, die auf den Bühnen der Vorstadt, wie dem Fürsttheater im Prater oder dem Thaliatheater aufgeführt wurden. Die Wiener Theater waren sehr erfolgreiche Ehevermittlungsinstitute. Die jungen Leute promenierten in den manchmal sehr langen Pausen, warfen einander Blicke zu, ließen sich einander vorstellen und begannen ihren Flirt mit geistreichem »Salongeplauder«, das wiederum zu Einladungen, zu Freundschaften und Eheschließungen führte. Sigmund und seine Freunde waren zu arm und hatten beruflich noch einen zu langen Weg vor sich, um auf dem Heiratsmarkt eine Rolle zu spielen. Aber in der Hauptstadt strömten gepflegte und geschniegelte junge Leute aus dem ganzen Kaiserreich zusammen, um eine gute Partie zu machen. Dieses Schauspiel war oft ebenso interessant wie das, was vorn auf der Bühne geschah.

Die Philharmoniker spielten im Musikvereinsgebäude, das am Sonntag um elf Uhr den beliebtesten Treffpunkt Wiens darstellte. Sigmund war es nur einmal oder zweimal gelungen, solche Konzerte zu hören, da die Abonnements für die Konzerte häufig zum kostbarsten Familienbesitz zählten und vom Vater auf den Sohn vererbt wurden. Für einen Abonnenten war es unschicklicher, sein Abonnement zu verkaufen als seine Tugend preiszugeben. Echte Musikfreunde beklagten sich oft darüber, daß die Hälfte aller Orchesterplätze von jenen legendären Wiener Xanthippen mit Beschlag belegt waren, die, wie man in ganz Österreich behauptete, während Beethovens Neunter neunmal einschliefen.

Aber es ließ sich noch ertragen, von den philharmonischen Konzerten ausgeschlossen zu sein. Überall in Wien erklang Musik. Aus dem »Ronacher« erklangen die beliebten Wiener Märsche, gespielt von der flotten Regimentskapelle der Deutschmeister; im Kursalon des Stadtparks spielte ein Orchester romantische Melodien; im Volksgarten konnte man Mozart und Beethoven hören; aus dem Gartenbau-Restaurant klangen beschwingte Wiener Walzer. In den Bier- und Weingärten unter lauschigen Bäumen unterhielten abends Sänger mit Volksweisen die Gäste.

»Wie sollten wir die Musik nicht lieben?« fragten die Wiener. »Haben wir sie nicht erfunden? Ein Großteil der schönsten Musik, die jemals komponiert wurde, entstand hier oder in den umliegenden Dörfern – Mozart, Beethoven, Schubert, Haydn. Welche andere Stadt kann sich in dieser Hinsicht mit uns messen?«

Wien liebte seine Musik. »Warum auch nicht?« fragten die Spötter. »Gibt es eine bessere Methode, das Denken zu unterlassen?«

Sigmund war schließlich an dem Punkt angelangt, wo ihm die Kreuzer für das Porto seiner Briefe an Martha fehlten. Er ging nur noch selten nach Hause, weil seine Eltern nicht sehen sollten, wie ausgemergelt er war. Seinen Angehörigen ging es ja genauso schlecht, und der Vorratsschrank war leer. Wenn Amalie Freud morgens aufwachte, betete sie, es möge Manna vom Plafond ihrer Küche regnen. Sigmund wurde von Schuldbewußtsein gequält. Er war immerhin fast achtundzwanzig und hatte eine hervorragende Ausbildung genossen, und dennoch konnte er nichts zum Unterhalt seiner Familie beitragen, die von Alexanders Lohn – sechs Gulden pro Woche – kaum existieren konnte. Mitzi hatte in Paris eine Stellung als »Bonne« versprochen bekommen, aber auch erst für den Sommer. Dolfi und Pauli suchten noch nach Arbeit. Jakob Freud hatte sich von einem Vetter zu einer Reise nach Odessa überreden lassen, weil sich dort angeblich eine aussichtsreiche geschäftliche Möglichkeit anbot. Er war mit leeren Händen und niedergeschlagen zurückgekehrt.

An einem kalten Aprilnachmittag traf Sigmund zufällig seinen Vater auf dem Franzensring zwischen dem Rathauspark und dem leuchtendweißen Burgtheater, an dem bereits seit zehn Jahren gebaut wurde. Er erblickte seinen Vater, als dieser noch ein paar Häuser entfernt war. Er hatte das schmale Kinn tief in den Kragen des dicken Wintermantels vergraben, und sein Schritt war ein wenig schleppend. Sigmund hing sehr an seinem Vater. Seit seiner Geburt hatte er von ihm nur warme Zuneigung und

Hilfsbereitschaft erfahren. Er zwang sich zu einem strahlenden Lächeln und blieb auf dem Bürgersteig stehen, bis sein Vater ihm buchstäblich in die Arme lief. Er küßte seinen Vater auf beide Backen und erfand dann eine faustdicke Lüge.

»Vater, wie schön, daß wir uns treffen! Ich wollte gerade zur Jause nach Hause kommen, um es euch zu sagen: Ich erwarte eine recht ansehnliche Geldsumme.«

In Jakob Freuds Augen trat ein kleines, belustigtes Lächeln. »Sigmund, du hast in der kleinen Zehe mehr Verstand als ich im Kopf, aber halt dich lieber an die Medizin. Zum Märchenerzähler hast du kein Talent.«

»Und zeichnet sich am Horizont für dich irgend etwas ab, Papa?«

»Gewiß. Ich habe gute Aussichten und beste Hoffnungen.«

Sigmund rannte durch den Park, an der Universität vorbei und die Währinger Straße hinauf zum Krankenhaus. Er setzte sich sofort hin und bat seine Halbbrüder in Manchester, Vater jeden Monat wenigstens so viel Geld zu schicken, daß seine Gesundheit und seine Würde bewahrt blieben. Sobald er seine Ausbildung abgeschlossen hatte, wolle er ihn ernähren, aber bis dahin seien sie es ihrem Vater schuldig.

Philipp und Emanuel schickten eine großzügig bemessene Geldsumme.

Ein paar Abende später wurde er von seinem alten väterlichen Freund, Professor Hammerschlag, eingeladen, der zusammen mit Frau und Kindern an der Brandstätte wohnte. Hammerschlag war im Sperlgymnasium Sigmunds Lehrer gewesen. Inzwischen hatte er sich nach fünfzig Dienstjahren mit einer bescheidenen, aber ausreichenden Pension zur Ruhe gesetzt. Hammerschlag war zu Sigmund immer wie ein Vater gewesen. Während des Studiums hatte er ihm kleinere Summen geliehen. Zuerst hatte sich Sigmund geschämt, Geld von einem Mann anzunehmen, der selbst in sehr bescheidenen Verhältnissen lebte. Hammerschlag hatte ihm gesagt:

»Ich habe in meiner Jugend selbst bittere Armut erlitten. Ich finde nichts dabei, wenn man von jemandem Hilfe annimmt, der es sich leisten kann.«

Josef Breuer, der Sigmund ebenfalls half, war derselben Meinung. Sigmund sagte schließlich: »Nun gut, ich glaube, ich kann in der Schuld guter Menschen stehen, die noch dazu unserem Glauben angehören, ohne ein Schuldgefühl haben zu müssen.«

Als Fleischl versuchte, Sigmund ein paar Gulden zu leihen und dasselbe zu hören bekam, riß er ihm fast den Kopf ab.

»Was für eine Engstirnigkeit soll das denn sein? Sie sind also bereit, bei ›guten Menschen Ihres Glaubens‹ in der Schuld zu stehen. Hat Geld denn eine bestimmte Religion? Gibt es einen Unterschied zwischen jüdischen Schulden und katholischen Schulden? Wenn Sie einmal ein wohlhabender Arzt sind, werden Sie sich dann weigern, einem christlichen Medizinstudenten Geld zu leihen, wenn er Ihre Hilfe braucht? Sie werden es nicht ablehnen. Freud, Sie schleppen weniger vom Getto mit sich herum als jeder andere Jude, und ich habe mit vielen der Besten von ihnen zusammengearbeitet. Vorurteile sind Ketten. Sie leben nicht nach den äußeren Regeln Ihrer Religion, aber im Grunde Ihres Herzens machen Sie doch noch irgendwo ungerechtfertigte Unterschiede. Sie müssen einfach die Reste dieser Gettomauern niederreißen.«

»Sie haben recht, Fleischl. Ich werde es versuchen«, hatte Sigmund nachdenklich geantwortet. »Und vielen Dank für das Geld.«

Hammerschlag kämmte sich das schüttere weiße Haar nach vorn in die Stirn, so daß gerade noch seine sanften weisen Augen und die kurze Nase zwischen dem weißen Schnurrbart und Bart sichtbar blieben.

»Freud, mein Sohn Albert braucht ein wenig Unterstützung beim Medizinstudium. Er hat auf ein oder zwei Gebieten Schwierigkeiten. Könnten Sie nicht etwas für ihn tun?«

»Selbstverständlich, Herr Professor. Schicken Sie ihn zwischen fünf und sechs Uhr zu mir. Ich helfe ihm, was seine schwachen Punkte betrifft, schon auf die Beine.«

»Ich hab' gewußt, daß Sie das sagen würden. Aber das war nicht der eigentliche Grund, aus dem ich Sie hergebeten habe. Ein reicher Verwandter hat mir fünfzig Gulden für einen jungen Mann gegeben, der Hilfe braucht und sie auch verdient. Ich habe Ihren Namen erwähnt, und er war einverstanden, daß Sie das Geld erhalten sollten.«

Sigmund ging hinüber auf die andere Seite des Zimmers und betrachtete die abgenutzten Möbel, ohne sie eigentlich zu sehen. Wie konnte Professor Hammerschlag von seiner verzweifelten Lage erfahren haben? Und wie konnte es sich dieser Mann bei seiner kleinen Pension leisten, fünfzig Gulden zu verschenken?

Das war schon eine wunderbare menschliche Tat.

»Herr Professor Hammerschlag, ich will nicht verhehlen, daß ich das Geld brauche. Aber ich kann's einfach nicht annehmen.«

Hammerschlag drückte Sigmund die Geldscheine in die Hand. »Nehmen Sie nur. Es soll Ihnen eine Last von der Seele nehmen.«

Sigmund schluckte hart. »Wissen Sie, Herr Professor, ich muß es meinen Eltern geben.«

»Nein! Ich bin dagegen! Sie arbeiten schwer und können es sich im Augenblick nicht leisten, auch noch andere zu unterstützen.« Dann gab Hammerschlag nach. »Na schön, geben Sie die Hälfte zu Hause ab.«

Zu solchen Zeiten sagte sich Sigmund insgeheim, daß die Astrologen vielleicht doch nicht so unrecht hatten: Es gab Perioden, da standen die Sterne ungünstig, und alles ging schief; dann wieder wendete sich alles aus unerfindlichen Gründen zum Guten. Ein Medizinstudent wurde ihm geschickt, der einen kompletten Nachhilfekurs in Hirnanatomie brauchte. Er war bereit, eine hübsche Summe dafür zu bezahlen, wenn es Dr. Freud gelänge, ihm den fehlenden Stoff innerhalb von vier Wochen einzupauken. Ein Freund schickte ihm eine Patientin, die Öbstlerin von den »Drei Raben« an der Abzweigung zur Seitenstettengasse. Die Frau litt unter ständigem Ohrensausen. Sigmund ließ ihre Ohren von Dr. Pollak untersuchen, um sicherzugehen, daß ihr organisch nichts fehlte. Dann behandelte er sie mit Elektrizität. Der Lärm des Apparats schien das Summen übertönt zu haben, jedenfalls ging sie geheilt nach Hause. Am nächsten Morgen brachte sie einen Korb Obst für den Herrn Doktor. Josef Paneth ließ aus dem Physiologischen Institut bestellen, daß er gern am nächsten Nachmittag zusammen mit Sophie, die er sechs Monate zuvor geheiratet hatte, zur Jause kommen und ein paar Appetithappen und Kuchen mitbringen würde. Ob Sigmund wohl für den Kaffee sorgen könnte? Paneths Hochzeit war ein schönes Fest gewesen. Nach der feierlichen Zeremonie gab es im Restaurant »Riedhof« ein Hochzeitsmahl für fast hundert Gäste; eine Musikkapelle spielte Walzer, und am Nachmittag sorgten die besten Sänger, Tänzer und Akrobaten, die Josef auftreiben konnte, für ein unterhaltsames Programm. Die junge Frau Paneth liebte die Geselligkeit und führte ein gastliches Haus. Paneths Freunde konnten sich mindestens einmal in der Woche bei gutem Essen und Trinken hier treffen und ihre Zigarren rauchen. Paneth brauchte nicht mehr den armen Jungen zu spielen. Seine Frau sorgte dafür, daß er die besten Wollstoffanzüge, Hemden und Schuhe trug, die man bekommen konnte. Für ihn waren die Tage der gespielten Armut vorüber.

Sigmund machte ihm ein Kompliment, wie gut er aussähe.

»Ich habe zu meiner Freude festgestellt, daß meine bessere Hälfte viel gescheiter ist als ich«, rief Josef. »Stell dir nur vor, welche großartige Idee ihr gekommen ist. Sophie, zeig Sigmund doch mal das Sparbuch. Die ›Sigmund-Freud-Stiftung‹! Wir haben fünfzehnhundert Gulden auf deinen Namen angelegt. Die Zinsen machen jährlich vierundachtzig Gulden aus. Damit kannst du Martha besuchen.«

Sigmund starrte seinen Freund verständnislos an. »Josef – Sophie – was redet ihr da? Fünfzehnhundert Gulden – für mich – auf der Bank? Damit ich die Zinsen nehmen und damit nach Wandsbek fahren kann?«

Josef lachte vergnügt. »Aber nein, keine Bedingungen. Die fünfzehnhundert Gulden kannst du nach Belieben verwenden. Wenn du gleich heiraten willst, gehört das Geld dir. Meinetwegen kannst du damit auch hier in Wien eine Praxis einrichten oder nach Amerika fliehen.«

»Josef, das ist wie ein Märchen von Andersen.« Seine Hand zitterte. Er goß sich aus der Kanne etwas Kaffee über seinen Anzug. Sophie nahm ihm die Kanne aus der Hand. Er sagte leise: »Ich hab' schon manchen Beweis von Freundschaft erfahren; vielleicht war es mir auch möglich, mich hier und da auf bescheidene Art zu revanchieren. Aber das ist wahre Großherzigkeit! Meine Kinder werden dich bis ins siebente Glied segnen!«

Als die Paneths wieder gegangen waren, nahm Sigmund das Sparbuch – das erste, das er jemals besessen hatte – und legte es neben Marthas Bild. Er beschloß, das Geld nicht für unmittelbare Bedürfnisse zu verschleudern, so dringlich diese auch sein mochten. Die Zinsen wollte er jeweils gleich abheben und seinen Eltern zukommen lassen. Das Kapital sollte jedoch nicht angetastet und für einen wirklich großen Zweck aufgespart werden – entweder für seine Hochzeit mit Martha, wie Sophie gemeint hatte, oder für die Einrichtung der Privatpraxis, wie Josef gesagt hatte.
Die Sterne schienen jetzt tatsächlich günstiger zu stehen. Auch Ignaz Schönberg erhielt eine erfreuliche Nachricht: Professor Monier Williams lud ihn an die Universität Oxford ein, um zusammen mit ihm ein neues Sanskrit-Wörterbuch herauszugeben. Er bot ihm ein Gehalt von 150 Pfund und die Nennung seines Namens als Mitarbeiter auf der Titelseite. Für die Erlangung einer Professur würde das von unschätzbarem Wert sein. Die beiden Bernays-Schwestern hatten also erfreuliche Post zu erwarten.

Ein ständiger Strom von Patienten ergoß sich in Scholzens Nervenklinik, genau wie Sigmund sie zuvor in Billroths Chirurgischer Abteilung, Nothnagels Innerer Medizin, Meynerts Psychiatrie und Zeissls Dermatologischer Abteilung erlebt hatte.
Eine dreißigjährige Frau war von einer Leiter gefallen und mit dem Hinterkopf auf einen Stein geschlagen. Sie war bewußtlos ins Krankenhaus eingeliefert worden. Sigmund untersuchte sie zwei Stunden später. Sie blutete aus dem linken Ohr. Er stellte eine Gehirnerschütterung mit Schädelbasisbruch fest. Der Bruch reichte bis ins Felsenbein und hatte das Trommelfell beschädigt. Das einzig Richtige war, sie vollkommen in Ruhe zu lassen. Sie würde vermutlich noch am selben Abend wieder zu sich kommen. Man mußte nur darauf achten, daß keine Hirnhautentzündung hinzukam. Dann konnte er sie nach vier Tagen wieder entlassen. Er tat es auch, obgleich sie immer noch Kopfschmerzen hatte und auf dem linken Ohr nichts hörte.
Beim nächsten Patienten mußte er den Augenarzt Dr. Karl Koller hinzuziehen: Ein Buchhalter klagte über Kopfschmerzen und konnte die Zahlen auf der rechten Seite seiner Kontokorrents nicht mehr erkennen. Wenn er geradeaus blickte, war auch die linke Seite seines Gesichtsfeldes verwischt. Koller hielt seine Hände von rückwärts links und rechts neben den Kopf des Mannes. Dann schob er sie langsam nach vorn. Der Patient nahm in seinem Blickfeld zuerst die rechte Hand des Arztes wahr und dann erst die linke. Nun wußte Sigmund aus seiner Erfahrung mit vielen sezierten Gehirnen, wo der Tumor sitzen mußte: im Hypophysenbereich, und von hier aus drückte er auf die Sehnerven. Der Mann würde innerhalb der nächsten ein bis fünf Jahre erblinden. Helfen konnte man ihm nicht. Sinnlos, ihn länger dazubehalten, als für den Krankenbericht nötig war.

Man riet ihm, sich eine Arbeit zu suchen, bei der die Augen keine so große Rolle spielten.
Sie kamen Tag für Tag, zu Hunderten, Menschen aller Altersgruppen, Große und Kleine, Dicke und Dünne, mit Krankheiten in den verschiedensten Stadien. Da waren Fälle von amyotrophischer Lateralsklerose, die sich schwerfällig bewegten und an Muskellähmungen litten, Zerebralthrombosen mit halbseitigen Lähmungen, eine lokomotorische Ataxie, fortschreitende Muskelatrophien, bei denen die Muskeln allmählich dahinschwanden, multiple Sklerosen, begleitet von Krämpfen, Schlaganfälle, Bleivergiftungen, Hirntumore, Meningitis, Epileptiker, die von Zuckungen geschüttelt wurden, die zitterten und hinfielen, andere Patienten mit Ischias, Brüchen und Geisteskrankheiten.
Das schwierigste Problem für einen Arzt in der Abteilung für Nervenkrankheiten war die Schmerzlinderung. Dafür standen die in Wasser aufgelösten Bromide, Chloroform und Opium zur Verfügung. Sigmund absolvierte im Selbstunterricht einen Kurs in *Materia Medica*; er studierte die Naturheilkunde, ihre physiologischen Eigenschaften, die Dosierung und praktische Anwendung ihrer Arzneien.
Dann waren da noch die Fälle von Hysterie, durchwegs Frauen; schließlich leitet sich das Wort »Hysterie« vom griechischen *hystera* ab, zu deutsch »Gebärmutter«. Männer haben keinen Uterus und können daher auch nicht hysterisch werden. Nach alten medizinischen Lehrbüchern verursacht der Uterus, wenn er sich im Leib einer Frau bewegt, verschiedenartige Ausbrüche. Die Behandlung mußte daher bezwecken, den Uterus zu beruhigen. Sigmund erinnerte sich an den Fall der Krankenschwester, die von Dr. Pollak eine Injektion mit reinem Wasser bekommen hatte. Aber er stellte auch fest, wie leicht man sich täuschen konnte. Er diagnostizierte einen Fall als Hysterie, und als die Patientin einige Tage später verstarb, ergab sich bei der Autopsie, daß sie Krebs hatte. Die Hysterie hatte neben der tödlichen organischen Erkrankung bestanden. Er sagte sich:
»Das soll mir eine Warnung sein, daß ich niemals zu sehr vereinfachen darf! Hinter den Krankheiten stecken andere Krankheiten, und hinter diesen vielleicht noch eine ganze Reihe komplizierter Störungen.«
Hier sah er ein Forschungsgebiet vor sich, das ebenso wichtig und aufregend sein konnte wie die Arbeit in Meynerts Laboratorium.

6

Sigmund Freud stieß zufällig auf das Thema, als er in der Dezemberausgabe der »Deutschen Medizinischen Wochenschrift« einen Artikel von Dr. Theodor Aschenbrandt über Versuche las, die während der Herbstmanöver an bayerischen Soldaten vorgenommen worden waren. Der Artikel trug den Titel »Die physiologische Wirkung und Bedeutung des Cocainmuriat auf den menschlichen Organismus«. Einige Worte fielen ihm sofort auf: »Hintansetzung des Hungergefühls – Stärkung des Körpers gegen Strapazen – Hebung aller geistigen Kräfte.« Dr. Aschenbrandt berichtete über sechs Fälle. Sigmund las mit zunehmendem Interesse:

> »Einj. T. sank am 2. Marschtage, der Tag war sehr heiß, dicht hinter W. erschöpft zusammen. Ich verabreichte ihm cr. einen Eßlöffel voll Wasser mit 20 Tropfen einer Cocainlösung (0,5:10). Einige Minuten (cr. 5) darauf stand er von selbst auf und legte mit Gepäck den Weg nach H., der noch immer einige Kilometer betrug, in der größten Sonnenhitze frisch und munter zurück.«

Er las aufmerksam die nächsten fünf Fälle, stellte sich dabei die entscheidende Frage und suchte nach Antworten. Kam die gesteigerte Energie bei den Soldaten aus ihrem eigenen Kräftereservoir? Oder hatten ihnen die zwanzig Tropfen Kokain völlig neue Kräfte beschert? Welche Eigenschaften des Kokains waren es, die sich auf die Ausdauer auswirkten? Dann fiel ihm plötzlich ein Artikel über dasselbe Thema ein, den er vor ungefähr einem Monat in der »Detroit Therapeutic Gazette« gelesen hatte. Er ging hinunter in den Lesesaal, fand die betreffende Ausgabe der Fachzeitschrift und nahm sie mit hinauf in sein Zimmer. Mit einem raschen Blick auf die Schreibtischuhr stellte er fest, daß ihm noch Zeit blieb, in die Bibliothek der Chirurgie hinüberzugehen. Der Index verzeichnete einen Artikel »Erythroxylon coca« mit einer Bibliographie der Literatur über diese Droge. Er ging wieder zurück ins Physiologische Laboratorium. Ernst Fleischl gab ihm eine Empfehlung für die »Gesellschaft der Ärzte« mit, die über eine ausgezeichnete medizinische Fachbibliothek verfügte. Er unterschrieb eine Bürgschaft für alle Bücher, die Dr. Freud auszuleihen wünschte. Was Sigmund aus einem Dutzend verschiedener Quellen zusammensuchte, war überwältigend. »Man kann es wirklich kaum fassen!« dachte Sigmund. In einer Artikelserie wurde aus Lima in Peru berichtet, daß die Indianer das Koka von frühester Jugend an als Stimulans benutzten und es ohne gesundheitsschädigende Wirkung ihr ganzes Leben lang einnahmen; sie bedienten sich der Droge, wenn sie eine anstrengende Reise vor sich hatten oder zu einer Frau gehen wollten. Standen ihnen besondere, länger dauernde Kraftanstrengungen bevor, dann erhöhten sie die gewohnte Dosis. Valdez y Palacios behauptete:

> ». . . daß die Indianer mittels Coca Hunderte von Stunden Wegs zu Fuß zurücklegen und dabei schneller laufen als die Pferde, ohne Zeichen von Ermüdung zu zeigen.«

Tschudi berichtete in seinen Artikeln vom Fall eines Halbbluts, der fünf Tage und fünf Nächte lang die harte körperliche Arbeit der Ausgrabungen ertrug, nachts nie länger als zwei Stunden schlief und nichts zu sich nahm außer Koka. Humboldt schrieb, dies sei in tropischen Ländern eine allgemein bekannte Tatsache. Es gab Berichte darüber, daß Kokain, in übermäßigen Dosen genossen, zu Verdauungsstörungen, Auszehrung, geistigem und moralischem Verfall und Apathie führen könne; viele der Symptome waren denen der Alkohol- und Morphiumsucht sehr ähnlich. Bei mäßigem Genuß der Droge wurde jedoch nichts über derartige Nebenwirkungen berichtet.

Noch mehr faszinierten Sigmund Berichte, die teilweise bis in das Jahr 1787 zurückgingen und die über die wohltätige Wirkung des Kokains bei psychiatrischen Fällen berichteten. Der Jesuit Antonio Julian berichtete über einen gelehrten Missionar, der von schwerer Hypochondrie geheilt wurde; Mantegazza behauptete, die Droge helfe ganz allgemein bei funktionellen Störungen bei Neurasthenikern; Fliessburg schrieb, bei Nervenzusammenbrüchen ließen sich mit Hilfe von Koka eindeutige Besserungen herbeiführen; Caldwell bescheinigte in der »Detroit Therapeutic Gazette« die Wirksamkeit als Mittel gegen Hysterie. Die Italiener Morselli und Buccola hatten die Droge, subkutan injiziert, bei einer Gruppe von Melancholikern erprobt und konstatierten »an ihren Kranken leichte Besserung, indem dieselben heiterer wurden, Nahrung zu sich nahmen etc.«

Sigmund begann sich zu fragen, ob Kokain nicht eine Lücke im Medikamentenschrank der psychiatrischen Klinik des Allgemeinen Krankenhauses füllen könnte. Bei der Versorgung von Meynerts Patienten hatte ihm ein gutes Sortiment von Mitteln zur Beruhigung erregter Nervenzentren zur Verfügung gestanden, aber weder er noch irgendein anderer besaß ein Medikament, das die reduzierten Funktionen der Nervenzentren hätte aktivieren können. Während er in der Bibliothek der »Gesellschaft der Ärzte« saß und die Fachartikel studierte, fand er immer neue Hinweise darauf, daß Koka nicht nur bei Hysterie und Melancholie wirksam war, sondern auch bei Hypochondrie, Hemmungen, Stupor, Spannungs- und Angstzuständen.

Wenn das alles stimmte, dann mußte es für die Droge doch noch andere Anwendungsmöglichkeiten geben, die noch niemand untersucht hatte. Wie sollte er sich von der Richtigkeit dieser Berichte überzeugen? Würde ihm Professor Meynert erlauben, das Medikament an den Patienten der Psychiatrischen Abteilung zu erproben? Oder würde Professor Scholz damit einverstanden sein, daß er es den Nervenkranken eingab? Bei einem Besuch in Haubners Engelapotheke am Hof erfuhr er, daß das Mittel sehr teuer war.

Professor Meynert wollte nichts von Versuchen an seinen Patienten wissen. Für Professor Scholz war das Zeug keinen Kreuzer wert. Wenn Sigmund Versuche machen wollte, blieb ihm nichts anderes übrig, als sein eigener Patient, sein Versuchskaninchen und sein Finanzier zu sein. Er bestellte bei der Firma Merck in Darmstadt, die auch Aschenbrandt das

Koka für seine Versuche geliefert hatte, einige Proben. Die Honorare der Nachhilfestunden für zwei Studenten deckten gerade die Kosten. Als das Mittel per Post kam, ließ er es auf seinem Tisch liegen, bis er aus Müdigkeit eine leichte Depression verspürte.

Er stellte aus 0,05 Gramm *cocainum muriaticum* eine einprozentige Wasserlösung her und trank sie. Dann streckte er sich in voller Kleidung auf seinem Bett aus und wartete ab, was nun geschehen würde. Schon nach wenigen Augenblicken überkam ihn eine innere Heiterkeit, ein Gefühl der Entspannung und Leichtigkeit. Er stand auf und trat an seinen Schreibtisch. Lippen und Gaumen fühlten sich pelzig an, dann setzte ein Wärmegefühl ein. Er trank ein Glas kaltes Wasser. Es fühlte sich an den Lippen warm, in der Kehle jedoch kalt an. Dann notierte er:

> ». . . daß die Cocainstimmung bei solchen Dosen hervorgebracht würde, nicht so sehr durch direkte Erregung als durch den Wegfall deprimierender Elemente des Gemeingefühls.«

In den nun folgenden Stunden war er so angeregt, daß er unmöglich hätte schlafen können. Er verspürte weder Hunger noch Müdigkeit, sondern nur den Wunsch nach intensiver geistiger Beschäftigung. Er griff nach einigen schwierigeren Büchern und begann das teilweise schwerverständliche Material zu analysieren. Einige Stunden lang arbeitete er begeistert und konzentriert, dann begann die Wirkung der Droge nachzulassen. Er sah auf die Uhr – es war zwei Uhr morgens. Er zog sich aus, wusch sich Hände und Gesicht, ging zu Bett und schlief sofort ein. Er wachte pünktlich um sieben Uhr auf, fühlte sich überhaupt nicht müde und stand auf. Dann betrachtete er auf seinem Schreibtisch den Stapel beschriebener Blätter und das umfangreiche Material, das er durchgearbeitet hatte.

»Ist das die Wirkung von Kokain?« fragte er sich. »Oder hätte ich ohne die Droge ebensoviel geschafft?« Aber hätte er sich in seiner deprimierten Stimmung dazu überwinden können, sich zur Arbeit hinzusetzen?

In den nun folgenden Wochen erprobte er mehrfach dieselbe Dosis Kokain. Nicht ein einziger Versuch schlug fehl. Er schrieb, durch das Kokain erreiche er ». . . eine Aufheiterung und anhaltende Euphorie, die sich von der normalen Euphorie des gesunden Menschen in gar nichts unterscheidet . . .« Er stellte bei sich eine Zunahme der Selbstbeherrschung, Vitalität und Arbeitskraft fest. Er wollte kaum glauben, daß er unter dem Einfluß einer Droge stand. Ohne zu ermüden leistete er intensive geistige Arbeit; er aß reichlich, hatte aber den Eindruck, daß er die Mahlzeit eigentlich nicht brauchte. Er hatte kein Verlangen nach Kokain, sondern eher eine unerklärliche Abneigung gegen die Droge.

Nach einem Dutzend Versuchen beschloß er, mit den Ergebnissen zu Josef Breuer zu gehen. Breuer arbeitete gerade oben in seinem Laboratorium. Als er hörte, was Sigmund getan hatte, legte er seine Arbeit beiseite. Sigmund berichtete und fragte dann ganz ruhig:

»Was meinen Sie, mein Lieber: Könnten wir das nicht bei Fleischl ausprobieren? Ich habe einige Berichte bei mir, nach denen Menschen durch die Einnahme von Koka vom Morphinismus abgebracht und sogar geheilt werden konnten.«
»Haben Sie Fleischl schon etwas davon gesagt?«
»Nein. Aber er weiß von meinem Quellenstudium, weil er mir eine Empfehlung an die ›Gesellschaft der Ärzte‹ gegeben hat. Von meinen Experimenten hab' ich ihm nichts erzählt.«
Josef Breuer kniff die Augen zusammen, als könnte er die Wahrheit dann besser sehen. Schließlich schüttelte er leicht besorgt den Kopf.
»Und wie steht es mit der Kokainsucht?«
»Die Indianer Perus verwenden es ihr ganzes Leben lang. Das deutet zwar auf Sucht hin, aber es scheint ihnen nicht zu schaden. Fleischl steigert ständig seine Morphindosis. Wäre es nicht einen Versuch wert?«
Sie fanden Fleischl in einem erschreckenden Zustand vor. Seine Augen waren blutunterlaufen, sein ganzer Arm zuckte vor Schmerzen. Sigmund berichtete über seine Erfahrungen mit Kokain. Fleischl war begeistert. Sigmund löste 0,05 Gramm in einem Glas Wasser auf und gab es Fleischl zu trinken. Dann saßen sie still beisammen. Schon nach kurzer Zeit ließen die Schmerzen bei Fleischl fühlbar nach. Sein Blick wurde klarer, er erhob sich und ging in seinem Zimmer auf und ab.
»Freud, mein lieber Freud, ich glaube, Sie haben's entdeckt! Ich denke, es funktioniert! Ich weiß, daß ich zuviel Morphin nehme, aber ich kann mich einfach nicht beherrschen, wenn das Ding da schmerzt.«
Josef Breuer sagte: »Ich weiß, was Sie zu leiden haben, Fleischl. Aber das Kokain ist noch nicht hinreichend erprobt. Wir müssen größte Vorsicht walten lassen.«
»Ich werde genau das tun, was Sie mir raten, Breuer. Freud, können Sie mir das Zeug besorgen?«
»Ja, ich habe schon mit dem Apotheker Haubner gesprochen. Es wird nur ein wenig teurer als beim Direktbezug von Merck.«
Einmal pro Tag gaben Sigmund, Breuer oder Dr. Heinrich Obersteiner, ein anderer Freund Fleischls, Leiter einer Privatnervenheilanstalt in Oberdöbling, Ernst Fleischl seine Dosis Kokain. Sie gingen dabei nie über 0,05 Gramm hinaus. Als sie zögerten, ihm das Mittel auch nach Einbruch der Dunkelheit zu geben, weil er dann die Nacht über nicht würde schlafen können, rief Fleischl:
»Was macht das schon? So fühle ich mich wenigstens wohl, ich kann lesen, schreiben und an meinen Experimenten arbeiten. Ansonsten fühle ich mich elend und kann ohnehin nicht schlafen.«
Es dauerte nur eine Woche, dann kam der Zusammenbruch. An einem Spätnachmittag kletterte Sigmund die Treppen hinauf und klopfte an Fleischls Wohnungstür, bekam aber keine Antwort. Er klopfte lauter. Von

innen hörte er ein Geräusch, das er sich aber nicht erklären konnte. Da lief er hinüber ins Physiologische Laboratorium, um Hilfe zu holen. Exner kam sofort mit. Auch Josef Breuer und Obersteiner wurden gerufen. Als es ihnen endlich gelang, in das Zimmer einzudringen, lag Fleischl halb bewußtlos auf dem Boden.

Sie zogen ihn aus und legten ihn ganz vorsichtig in ein warmes Bad. Langsam kam er zu sich. Er war ebenso erschüttert wie seine Freunde. Sigmund verließ die Wohnung erst, als er einen Passepartout bekommen hatte. Er gab Obersteiner den Schlüssel und nahm ihm das Versprechen ab, jeden Nachmittag um dieselbe Zeit herzukommen, nachdem er seine Arbeit im Krankenhaus beendet hatte.

In der Morgendämmerung gingen Sigmund und Breuer nach Hause. Sie kauften sich beim Würstlmann an der Ecke ein Paar heiße Würstl mit einer Semmel, weil ihnen plötzlich einfiel, daß sie das Nachtmahl vergessen hatten. Vor ihnen ging ein Laternenanzünder mit seinem spitzen Hut und dem langen Stab von einer Gaslaterne zur nächsten, öffnete die gläsernen Türchen und löschte die Lichter.

»Das beunruhigt mich«, sagte Breuer. »Schmerz allein kann diesen Zustand nicht hervorgerufen haben. Ob er sich vielleicht zusätzliches Kokain besorgt hat? Ich meine, von Haubner?«

»Gleich wenn sie aufmachen, geh ich hin und frag ihn.«

Was er erfuhr, war bedenklich: Fleischl hatte eine große Menge Kokain gekauft und es heimlich genommen. War Kokain wirklich so harmlos, wie die Fachliteratur es darstellte? Bei welcher Menge begann die Überdosierung? Offenbar brachte der Gebrauch der Droge doch Gefahren mit sich.

Sigmund versuchte gar nicht, sein Experiment geheimzuhalten. Er teilte seine Ergebnisse den Kollegen mit. Einige von ihnen probierten die Droge ebenfalls aus und bestätigten ihm, daß sie dieselbe Wirkung habe wie eine reichliche Mahlzeit, daß sie auch tiefe Erschöpfung behebe und genügend belebende Kraft für einen langen Spaziergang gebe. Josef Pollak berichtete von der erfolgreichen Anwendung des Mittels zur Regulierung der Schleimhäute und des Muskelsystems des Magens.

Fleischl wurde aus Erfahrung klug und verringerte die Kokaindosis. Sigmund selbst nahm die erprobte Menge immer dann, wenn er das Gefühl hatte, Kokain zu brauchen. Er gab auch etwas davon seiner Schwester Rosa und schickte eine kleine Menge an Martha. Auch sie schrieb, das Mittel helfe ihr bei seelischen Belastungen.

Breuer hatte immer noch Vorbehalte, aber Sigmund glaubte weiterhin an die Wirkung des Kokains. Beobachtungen gaben ihm Grund zu der Annahme, daß Kokain dem Erbrechen vorbeugte, bei Magenkatarrh half und schmerzstillend bei Trachomen und Hautentzündungen wirkte. Er gab etwas Kokain auch an seine Freunde Karl Koller und Leopold Königstein

weiter und riet ihnen, das Kokain zur Schmerzlinderung bei inoperablen Augenkrankheiten anzuwenden.
Als er alles Material gesammelt hatte, schrieb er eine sechsundzwanzigseitige Abhandlung »Über Coca« für das »Centralblatt für Therapie«. Er stellte die gesamte, in fünf Sprachen erschienene Literatur zusammen, zitierte aus seinen Quellen und setzte sich dann enthusiastisch für die Anwendung der Droge bei Verdauungsstörungen, Dyspepsie, Anämie, fieberhaften Erkrankungen, Syphilis, Impotenz und zur Eindämmung von Morphiumsucht und Alkoholismus ein. Auch wenn sich nur die Hälfte dieser erstaunlichen Möglichkeiten realisieren ließ, war doch sein Ruhm fest begründet.
Er schrieb an Martha:

> »Mehr als einen solchen glücklichen Wurf brauchen wir nicht, um an unsere Hauseinrichtung denken zu dürfen.«

Ignaz Schönbergs Mutter zog sich eine schwere Herzkrankheit zu. Sigmund opferte seine freien Stunden für ihre Behandlung. Er machte sie wieder gesund. Ignaz Schönberg reiste nach England, verabschiedete sich aber nicht einmal von Sigmund, weil es ihm wohl peinlich war, daß seine Brüder nicht einmal Dr. Freuds Honorar beglichen hatten. Als die sechzig Gulden endlich eintrafen, kaufte sich Sigmund ein elektrisches Massagegerät, das er für seine Privatpatienten brauchte. Zehn Gulden schickte er an Martha, damit sie sich die Strickjacke kaufen konnte, die sie sich schon so lange wünschte.

7

Die Sommerhitze des Jahres 1884 lag drückend auf Wien. Die Straßen leerten sich. Die Wiener übersiedelten mit Wagen und Handkarren aufs Land. Sigmund ging zum Friseur, ließ sich Haupthaar und Bart ganz kurz stutzen und bestellte sich bei Tischer sogar einen leichten Sommeranzug. Dieser Schneider hatte die meisten jungen Ärzte des Krankenhauses als Kunden.
Es war schon über ein Jahr her, seit Frau Bernays mit ihren beiden Töchtern wieder nach Deutschland zurückgekehrt war.
Fleischls Angehörige baten Sigmund, Ernst für den Monat August nach St. Gilgen zu begleiten. Er erklärte sich zwar bereit, aber Fleischl wehrte mit der Versicherung ab, er könne immer noch für sich selbst sorgen. Dann bot man ihm an, einen Patienten, der unter einer schweren Neurose litt und bereit war, dem Herrn Doktor tausend Gulden zu bezahlen, während des Sommers auf seinen Reisen zu begleiten. Die Kollegen drängten ihn, das Angebot anzunehmen. Aber Sigmund lehnte es ab, den Krankenpfleger bei einem Nervenkranken zu spielen. Außerdem brauchte er die Sommermo-

nate, um seine Arbeit in Meynerts Laboratorium und die Erforschung des Kokains abzuschließen.
Primarius Scholz ging in Urlaub. Er überließ die Leitung der Vierten Abteilung Dr. Josef Pollak und Dr. Moritz Ullmann, der kurz nach Sigmund in die Abteilung gekommen war. Dann kam es in Montenegro zu einer ernsten Choleraepidemie. Es sprach sich im Krankenhaus herum, daß dringend Ärzte benötigt würden. Pollak und Ullmann meldeten sich sofort freiwillig und suchten Sigmund in seinem Zimmer auf. Er war gerade eifrig mit der Niederschrift seiner Messungen von Muskelreaktionen unter dem Einfluß von Kokain beschäftigt. Pollak war ein harter Arbeiter und ein ernster Mann, wenn er durch die Krankenzimmer ging, aber sobald er die Tür hinter sich geschlossen hatte, liebte er einen Scherz. Er stand vor Sigmund habt acht, verbeugte sich feierlich und rief:
»Herr Professor Doktor Freud, wir sind gekommen, Ihnen zu gratulieren. Sie sind soeben vom Herrn Minister für Unterricht zum Primarius der Vierten Medizinischen Abteilung ernannt worden!«
Sigmund hob den Kopf und starrte Pollak offenen Mundes an. Er war die Späße des Kollegen zwar gewöhnt, aber mit diesem Unsinn wußte er nichts anzufangen.
»Und wann ist mir diese unerwartete Ehre zuteil geworden?«
»Vor zehn Minuten«, antwortete Ullmann feixend. »Und wir sind es, denen Sie die große Ehre zu verdanken haben.«
»Sie sind doch zwei Clowns! Nun sagen Sie schon, was soll das alles?«
»Es ist kein Witz, Freud«, sagte Pollak. »Ullmann und ich haben uns freiwillig nach Montenegro gemeldet. Dort ist eine Choleraepidemie ausgebrochen. Man braucht jeden einzelnen Arzt, den Wien entbehren kann.«
»Gut, ich fahre mit.«
»Das können Sie nicht, Herr Hofrat«, erwiderte Pollak. »Sie müssen sich nämlich um den Laden hier kümmern. Es ist wirklich keiner da, der an Ihre Stelle treten könnte. Der junge Dr. Steigenberger wird Sie unterstützen. Wir bringen Ihnen dafür ein paar Andenken mit.«
Sigmund wuchs rasch in seine Aufgabe als amtierender Chefarzt der Vierten Medizinischen Abteilung hinein. Er hatte zwar auch bisher die Patienten zu versorgen gehabt, aber die letzte Verantwortung hatte doch bei Scholz oder Pollak gelegen. Jetzt war er allein verantwortlich, nicht nur für die Aufnahme, Untersuchung und Behandlung der Patienten, sondern auch für die Verwendung der Gelder für Material, Medikamente und Ausrüstung. Aufgeregt ging er als Primarius durch die Krankensäle und dachte mit einem neuen Gefühl der Verantwortung:
»Erst jetzt weiß ich wirklich, was es heißt, Krankenhausarzt zu sein!«
Alle paar Minuten galt es Entscheidungen über Leben und Tod zu treffen. Ein Patient mußte aufgenommen, ein anderer abgewiesen werden. Oft

mußte er einen Patienten nach Hause schicken, weil ein anderer dringender der stationären Behandlung bedurfte. Er war Herr über einhundertsechs Betten, aber manchmal warteten bis zu fünfhundert Patienten auf einen Platz in diesen Betten – Fälle verschiedenster nervlicher Störungen, Epilepsien, Tumoren, aber auch motorischer und spinaler Lähmungen. Die Betten standen nicht mehr so weit voneinander entfernt, wie es die Bestimmungen und Dr. Scholz vorschrieben.

An manchen Tagen kam er erst um drei Uhr morgens ins Bett. Als bescheidener junger Sekundararzt durfte er bis sieben Uhr schlafen. Als Primarius war er um sechs schon auf den Beinen. Aber trotz seiner Erschöpfung ging ihm der Gedanke durch den Kopf:

»Josef Breuer und Nathan Weiß hatten recht. Herr Dr. Freud, endlich wird aus Ihnen ein Neurologe!«

Primarius Scholz kehrte Ende August zurück. Nun konnte auch Sigmund Urlaub machen und die langersehnte Reise nach Hamburg antreten. Martha holte ihn am Hamburger Hauptbahnhof ab und lief ihm winkend gegen den Strom der aussteigenden Fahrgäste entgegen. Er stellte seinen Koffer hin, fing sie in seinen Armen auf und flüsterte ihr ins Ohr:

»Ich hab' dir doch geschrieben, du sollst mich nicht vom Bahnhof abholen, es sei denn, du bist bereit, dich in aller Öffentlichkeit küssen zu lassen.«

»Ich konnte dich doch nicht nach Hamburg kommen lassen, ohne dich hier zu begrüßen!«

»Martha, Martha, wie schön, deine Stimme wieder zu hören.«

Sie hatte für die Fahrt nach Wandsbek, ungefähr acht Kilometer von Hamburg entfernt, eine Kutsche gemietet. Der Kutscher wartete auf sie vor dem Haupteingang. Sie saßen engumschlungen in den Lederpolstern mit den vielen Knöpfen. Vierzehn Monate sind für einen jungen Mann und eine junge Frau eine sehr lange Zeit. Er hielt sie etwas von sich weg und betrachtete ihr Gesicht. Es war ein wenig schmaler, als er es in Erinnerung hatte. Ihre Augen strahlten vor Wiedersehensfreude. Sie trug ihr Haar immer noch in der Mitte gescheitelt und hatte seinen Rat befolgt und täglich einen längeren Spaziergang gemacht. Sie trug ein seidenes Sommerkleid. Sein alter grauer Anzug und das weiße Hemd waren von der Reise zerknittert und schmutzig vom Ruß der gewaltigen Lokomotive.

»Wie war die Reise? Ich zählte jede Stunde, seit du abgefahren bist.«

»Du weißt doch, daß ich denselben Eisenbahnspleen habe wie Alexander. Hast du mir ein Zimmer besorgt?«

»Ja, aber nicht die Dachkammer, die du wolltest. Bekannte in der Kedenburgstraße hatten gerade ein Zimmer nach vorn frei. Es liegt am Eichtalpark und wird dir sicher gefallen. Die Monatsmiete ist nicht hoch.«

»Du bist ein gescheites Mädchen.«

Er fand den Vorort Wandsbek reizend. Das Zimmer, in das er geführt wurde, war mit einer cremefarbenen Tapete mit gelbem Blumenmuster ausgekleidet. Martha wartete im Salon, während er sich wusch, ein frisches Hemd und den neuen Anzug anzog, dann gingen sie das kurze Stück bis zu dem Haus, das Frau Bernays am Steinpilzweg gemietet hatte, zu Fuß. Es war ein bescheidenes Häuschen mitten in einem Garten, in einer ruhigen Lage. Die Einrichtung kannte Sigmund noch aus der Wiener Zeit, auch die gemütliche braune Sitzecke, in der er mit Martha so viele glückliche Stunden zugebracht hatte.

Sigmund hatte dem Wiedersehen mit Frau Bernays mit einigem Unbehagen entgegengesehen. Aber als er das Haus betrat, fiel ihm sofort auf, daß sie von langer Krankheit ausgezehrt war. Sofort verflog seine Abneigung. An ihre Stelle traten Reue und Mitgefühl.

Er trat auf sie zu und sagte: »Küß die Hand, Mama. Es ist schön, Sie wiederzusehen.« Er beugte sich über ihre Hand, erkundigte sich nach ihrem Befinden und sagte tröstend:

»Sie müssen mir gestatten, daß ich Ihnen ein besonderes Stärkungsmittel verschreibe und mich um Sie kümmere, während ich hier bin. Ich glaube, daß aus mir allmählich ein halbwegs guter Arzt wird.«

Auch Frau Bernays war auf eine frostige Begrüßung, vielleicht sogar eine Auseinandersetzung gefaßt gewesen. Sigmunds Besorgnis um ihr Wohlbefinden überwand ihren Widerstand.

»Daran habe ich niemals gezweifelt«, entgegnete sie in einem zärtlichen Ton, wie er ihn bei ihr noch nie gehört hatte. »Meine einzige Sorge bestand darin, wie lang Sie dazu brauchen würden. Ich weiß, daß Ihr Freund, Dr. Ernst Fleischl, jetzt schon seit zehn Jahren mit diesem armen Mädchen verlobt ist. Oder sind es schon zwölf? Aber ich weiß auch, wie sehr Martha Sie liebt. Wir wollen lieber Verbündete sein.«

Dann verließ sie das Zimmer. Martha gab ihm einen Kuß auf die Stirn. »Danke. Siehst du, daß ich recht hatte, wenn ich den Familienfrieden bewahren wollte? Ein vermiedener Streit ist ein gewonnener Krieg.«

»Das muß ich zugeben, Fräulein Aristoteles. Deine Logik ist unschlagbar.«

Minna kam herein. Ihr breites Gesicht strahlte, als sie Sigmund herzlich in die Arme schloß.

»Ich bin so froh, daß du da bist. Du siehst großartig aus. Aber jetzt erzähl mir rasch von meinem Ignaz. Hat er dir schon aus Oxford geschrieben? Er schreibt mir nie, wie es ihm geht. Kommt er mit seiner Arbeit gut voran?«

»Hör mal, Minna, laß mich erst mal verschnaufen. Du kannst mich doch nicht wie einen Kutschgaul jagen! Ich erzähl' dir schon noch von deinem Ignaz. Sein Wörterbuch macht gute Fortschritte. Es wird nicht mehr lange dauern, dann verdient er dreitausend Gulden im Jahr und kann dich heiraten.«

Minna drehte sich im Walzertakt quer durch das ganze Zimmer, umarmte schließlich Martha und Sigmund und gab beiden einen herzhaften Kuß auf die Wange.

Frühmorgens, wenn noch der frische Tau an den Gräsern hing und die Septembersonne warm durch die Zweige schien, spazierten sie durch die Wälder rings um Wandsbek. Martha trug dazu ein leichtes, braunes Kleid und einen breiten Hut.
Sigmund erklärte: »Dieses Grün hier ist so intensiv, daß deine Augen wie Smaragde leuchten. Der Prater ist zwar ein Paradies, aber man hat immer mindestens hundert andere Leute vor sich und hinter sich. Diese Wandsbeker Wälder sind viel schöner, weil wir hier allein sind wie Adam und Eva.«
Sie besprachen in aller Ruhe ihre gemeinsame Zukunft. Um elf Uhr kehrten sie dann zu einem Frühstück in einen kleinen Gasthof ein, wo Tische und Stühle noch draußen unter den Bäumen standen. Hier gab es kein Wiener Gabelfrühstück, das zumeist aus einem kleinen Gulasch bestand, sondern die Kellnerin brachte ihnen frischgebackenes Brot, süße Butter, Kuchen und Milch. Dann gingen sie wieder nach Hause und pflückten unterwegs die letzten wilden Blumen. Das Mittagessen wartete schon auf sie. Frau Bernays und Minna hatten beschlossen, Martha für den September – »solange Sigmund hier ist« – von jeglicher Hausarbeit zu befreien.
Am Spätnachmittag fuhren sie dann mit der Pferdebahn nach Hamburg hinein, um Hemden zu kaufen, von denen Vater Freud behauptet hatte, sie seien hier besser als in Wien. Oder sie betrachteten mit leuchtenden Augen die Schaufenster der Möbelgeschäfte, in denen Mahagoni-Eßzimmer, Sessel und Sofas für den Salon und Schlafzimmer mit hohen, handgeschnitzten Kopf- und Fußteilen ausgestellt waren. In Hamburg waren die Möbel viel solider und wuchtiger als in Wien.
»Das alles sieht aus, als sei es für Generationen gemacht«, bemerkte er.
»Ist es auch!« antwortete sie mit Nachdruck. »In Hamburg kauft man ein Haus und richtet es so ein, daß es mindestens hundert Jahre hält.«
»Voriges Jahr war ich in Wien auf der Elektroausstellung. Da wurden einige Zimmer gezeigt – natürlich mit elektrischem Licht –, die das Möbelgeschäft Jaray wunderschön ausstaffiert hatte. Ich war ganz hingerissen und stellte mir vor, wie sehr dir diese hübschen Dinge gefallen würden. Aber dann wurde mir klar, daß wir auf einem von Jarays schönen Sofas unglücklich und in einem alten, abgewetzten Sessel glücklich sein können. Die Frau sollte immer der schönste Schmuck des Heims sein.«
Sie betrachtete sein Spiegelbild in der Schaufensterscheibe. »Sigi, du hältst dich immer für einen Wissenschaftler, der nur das glaubt, was er messen kann. Das stimmt nicht, mein Lieber. Du bist ein Dichter.«
Um die Monatsmitte regnete es zwei Tage lang. Sie saßen gemütlich im Wohnzimmer beisammen und lasen einander Gedichte von Heine, Dramen wie »Nathan der Weise« und Romane wie »Jahrmarkt der Eitelkeiten« vor. Sigmund erholte sich von der aufreibenden Arbeit eines ganzen Jahres in

den Krankensälen und Laboratorien des Krankenhauses. Er genoß jeden Augenblick seines Zusammenseins mit Martha und ihrer Familie. Einen ganzen Tag lang bummelten sie an den geschäftigen Hamburger Docks und Fleeten entlang. Er erzählte Martha von dem Angebot, einen kranken Patienten auf Auslandsreisen zu begleiten.

»Tausend Gulden Honorar, das ist eine ganze Menge. Du hättest vielerlei mit dem Geld anfangen können!« rief sie aus.

»Ja, aber meine Arbeit und unsere Hochzeit wären um drei Monate hinausgeschoben worden.«

»Ich bin dir ein Hindernis«, sagte sie.

Er griff nach ihren Schultern und schüttelte sie.

»Liebste, solche düsteren Gedanken darfst du überhaupt nicht aufkommen lassen. Du kennst doch meine Grundeinstellung: Ich kann nur arbeiten, wenn mich echte Hoffnung auf das anspornt, was mir im Leben am wichtigsten ist. Ehe ich dich kennenlernte, wußte ich gar nicht, wie schön das Leben ist, und jetzt, wo du sozusagen im Prinzip mir gehörst, geht es mir nur darum, daß du mir bald ganz gehörst. Sonst verlange ich nicht viel vom Leben. Ich bin ein leichtsinniger Dickkopf und brauche die große Herausforderung. Ich hab' einiges getan, was ein vernünftiger Mensch als sehr unüberlegt bezeichnen würde: zum Beispiel, daß ich als armer Schlucker Wissenschaftler wurde, oder daß ich als armer Mann ein armes Mädchen an mich band. Aber das muß auch weiterhin meine Art zu leben bleiben – viel wagen, viel hoffen, viel arbeiten. Dem vernünftigen Bürgertum bin ich schon vor langer Zeit verlorengegangen.«

Sie hatte Tränen in den Augen, als sie sich bei ihm einhängte.

Dann erzählte er ihr schließlich von dem Reisestipendium, das von der Medizinischen Fakultät gewährt wurde. Die Stiftung war vom Rektor und Konsistorium der Universität im Jahre 1866 ins Leben gerufen worden.

»Es sind sechshundert Gulden«, erklärte er. »Das Stipendium ist für denjenigen Sekundararzt im Krankenhaus bestimmt, der nach Auffassung der Medizinischen Fakultät am meisten davon profitieren kann. Das bedeutet die Möglichkeit, ins Ausland zu reisen und unter einem anerkannten Meister des betreffenden Fachs zu studieren. Es ist eine große Ehre, dieses Stipendium zu gewinnen.«

»Ach, Sigi, glaubst du wirklich, daß du dabei eine Chance hast?«

»Es ist nur so ein Gerücht. Sollte es sich bewahrheiten, möchte ich nach Paris gehen und an der Salpêtrière bei Professor Charcot studieren. Er gilt praktisch als der alleinige Erfinder der modernen Neurologie.« Er sah sie beklommen an. »Das würde bedeuten, daß ich noch ein weiteres Jahr zur Ausbildung am Krankenhaus bleiben muß. Danach könnte ich hier zusammen mit dir Ferien machen, um anschließend nach Paris zu gehen.«

Martha schloß die Augen und stützte ihr Kinn auf die gefalteten Hände.

»Was für ein schöner Traum. Wenn er nur Wahrheit würde!«

Der erste Mensch, dem Sigmund Freud nach seiner Rückkehr aus Wandsbek auf dem Hof der Vierten Abteilung begegnete, war Dr. Karl Koller. Der siebenundzwanzigjährige Koller war praktisch der einzige Glattrasierte im ganzen Krankenhaus. Er trug das Haar kurz und kämmte sich beiderseits des Mittelscheitels je eine fesche Locke nach vorn in die Stirn. Sein einziges Zugeständnis an die Konvention war ein schmaler Schnurrbart, dessen Enden etwas aufgezwirbelt waren. Er hatte ein offenes gutmütiges Gesicht und gleichmäßige Züge, doch seine äußere Erscheinung täuschte: Koller war reizbar, grob und ein Haarspalter.
»Koller, was treiben Sie denn hier in meinem Revier? Haben wir plötzlich die Ophthalmologie übernommen?«
»Nein!« rief Koller. »Die Ophthalmologie hat euch übernommen.«
Sigmund suchte sein Zimmer auf, legte Mantel und Schuhe ab und zog seine Pantoffeln an. Koller ging auf und ab.
»Freud, das verdanke ich alles Ihnen. Erinnern Sie sich, wie Sie uns die Wirkung des Kokains demonstriert und jedem eine kleine Probe gegeben haben? Sie erwähnten dabei auch das taube Gefühl, das es im Mund hervorruft. Ich war jedenfalls in Professor Strickers Laboratorium und hatte ein kleines Röhrchen mit etwas weißem Pulver in der Tasche. Das hab' ich dem Professor und seinem Assistenten, Dr. Gärtner, gezeigt und gesagt: ›Ich hoffe zuversichtlich, mit diesem Pulver das Auge schmerzunempfindlich machen zu können.‹ Stricker fragte: ›Wann?‹ Ich antwortete: ›Ich könnte jederzeit mit dem Experiment beginnen.‹ Da sagte Gärtner: ›Warum nicht gleich jetzt?‹ Er holte mir einen großen lebenden Frosch und hielt ihn fest, während ich das Koka auflöste und etwas von der Lösung in eines der vorstehenden Augen träufelte. Wir haben den Reflex der Hornhaut mit einer Nadel untersucht. Freud, ich schwör's Ihnen – dann war der große Augenblick da: Der Frosch ließ seine Hornhaut berühren und sogar ritzen, ohne auch nur die Spur eines Reflexes oder einer Abwehrbewegung zu zeigen! Sie können sich vorstellen, wie aufgeregt wir waren. Wir haben uns sofort ein Kaninchen und einen Hund geholt und ihnen Kokain in ein Auge geträufelt. Wir konnten mit der Nadel und dem Messer alles machen, ohne daß die Tiere Schmerz empfanden.«
Sigmund saß da und starrte seinen Kollegen an.
»Großer Gott, Koller – ja, natürlich! Wenn Kokain die Zunge betäubt, dann betäubt es auch das Auge.«
»Das nächste Problem war die Wirkung bei Menschen. Wir wagten es nicht, sie an einem Patienten zu erproben. Deshalb haben wir uns gegenseitig etwas von der Lösung unter die Lider geträufelt. Dann haben wir die Hornhaut vor einem Spiegel mit einer Nadel berührt und fast gleichzeitig geschrien: ›Ich spür' überhaupt nichts!‹ Ob Sie es glauben oder

nicht, wir konnten die Hornhaut eindrücken, ohne auch nur die Berührung zu spüren. Ist Ihnen klar, was das heißt? Wir können Glaukome und Katarakte operieren, ohne dem Patienten Schmerzen zuzufügen. Gleichzeitig hält er still, bis wir fertig sind.«

Sigmund sprang auf und umarmte Koller.

»Da ist Ihnen ein großer Durchbruch gelungen! Sie müssen die Ergebnisse festhalten, der ›Gesellschaft der Ärzte‹ vortragen und sie dann veröffentlichen.«

»Ich habe bereits einen Freund veranlaßt, beim Ophthalmologenkongreß in Heidelberg einen vorläufigen Bericht vorzulegen. Ich wollte es selbst tun, aber ich hab' das Geld nicht zusammenkratzen können.« Koller traten die Tränen in die Augen. »Für mich bedeutet das viel, den ersten Schritt zum Aufbau einer eigenen Privatpraxis. Ich werde nebenbei ein kleines Spital eröffnen und vielleicht schon bald hier eine Abteilung übernehmen. Das war schon immer mein Traum.«

»Wir haben alle denselben Traum, Koller.« Ein kleines Lächeln spielte um seine Mundwinkel. »Genau wie alle Soldaten davon träumen, sich im Prater ein hübsches Mädel anzulachen und mit in den Wald zu nehmen.«

Am nächsten Morgen wurde Sigmund von Leopold Königstein, einem anderen Augenarzt, aufgesucht. Man merkte der Stimme dieses Mannes, der sonst nur selten Gemütsbewegungen erkennen ließ, die heftige innere Erregung an.

»Freud, ich bin so froh, daß Sie wieder hier sind. Sie erinnern sich doch an unsere Gespräche über Ihr Kokain und seine betäubende Wirkung auf verschiedene Körperteile? Sie haben empfohlen, es am Auge zu erproben. Das hab' ich getan. Freud, ich glaube, wir haben das Anästhetikum gefunden, nach dem wir all die Jahre hindurch gesucht haben.«

Sigmund stöhnte. »Königstein, haben Sie schon mit Karl Koller darüber gesprochen?«

Königstein sah Sigmund eine ganze Weile betroffen an.

»Warum fragen Sie das?«

»Weil Sie beide dieselbe Entdeckung gemacht haben.«

Königstein erbleichte. »Woher wissen Sie das?«

»Als ich gestern abend nach Hause kam, lief Koller hier auf dem Gang hin und her. Er hatte das Kokain an verschiedenen Versuchstieren und an sich selbst erprobt. An menschlichen Augen hat er damit noch nicht operiert.«

»Ich hab auch noch nicht an menschlichen Augen operiert, aber ich werde es ganz bestimmt tun.«

Sigmund war nicht sehr glücklich.

»Königstein, ich freue mich ja für Sie. Ich weiß, wie wichtig das ist. Aber wenn Sie und Koller gleichzeitig dieselbe Entdeckung gemacht haben, müssen Sie Ihre Arbeiten darüber auch gleichzeitig der ›Gesellschaft der Ärzte‹ vorlegen. Sie werden den Ruhm mit Koller teilen müssen.«

Sie waren alle beide bitter enttäuscht. Sigmund redete ihnen gut zu. Als er merkte, daß er damit nicht viel erreichte, bat er den stämmigen, hünenhaften Dr. Wagner-Jauregg, der drüben in der Niederösterreichischen Irrenanstalt arbeitete, um Hilfe; er wußte, daß Wagner-Jauregg ständig in Strickers Laboratorium zu tun hatte und einige der Experimente verfolgte. Sie überredeten Koller und Königstein dazu, ihre Berichte an zwei aufeinanderfolgenden Abenden vorzulegen und die Gleichzeitigkeit ihrer Arbeit anzuerkennen.

Als einige Zeit später Sigmunds Vater mit Augenschmerzen ins Krankenhaus kam, führte Sigmund ihn zu Koller. Dieser stellte ein Glaukom fest. Er riet zur sofortigen Operation. Zu demselben Ergebnis kam auch Königstein. Wenige Tage darauf half Sigmund im Operationssaal der Augenklinik Koller bei der Kokain-Anästhesie, während Königstein die Operation vornahm. Als alles vorüber war, sagte Koller mit schüchternem Lächeln: »Das ist ein schöner Augenblick. Wir drei haben solche Operationen möglich gemacht, und hier arbeiten wir nun alle drei zusammen.«

Kollers junger Ruhm bekam jedoch einen harten Stoß, der sich auch allen jenen mitteilte, die so frohgemut seine Leistung gefeiert hatten. Er wurde in einen Zwischenfall verwickelt, wie er sich in so krasser Form seit Jahren nicht mehr im Krankenhaus zugetragen hatte. Sigmund hatte gerade seine Krankenvisite beendet, da wurde er in Kollers Zimmer gerufen. Er fand dort ein Dutzend seiner Freunde und Kollegen versammelt, alle zutiefst empört.

Koller war auf einen Stuhl gesunken. Er hob den Kopf.

»Ich hatte gerade zusammen mit Dr. Zinner, einem Arzt aus Billroths Abteilung, Journaldienst. Da wurde ein Mann mit einer schweren Verletzung am Finger eingeliefert. Bei der Untersuchung bemerkte ich, daß die Gummibinde die Blutzirkulation unterband; wenn ich sie nicht entfernte, bestand die Gefahr eines Gangräns. Dr. Zinner ordnete an, der Patient solle sofort in Professor Billroths Klinik gebracht werden. Ich war derselben Meinung, notierte die Anordnung im Journal und wollte dann die Abschnürung lockern. Zinner war dagegen und sagte, ich sollte den Patienten nicht anrühren, sondern ihn augenblicklich zu Billroth schicken. Das wollte ich nicht riskieren, deshalb durchschnitt ich rasch die Gummibinde am Finger.«

Er erhob sich schwerfällig.

»Zinner brüllte: ›Unverschämter Jude! Sie Judenschwein!‹ Da packte mich blinde Wut. Ich holte aus und schlug ihm mit aller Kraft die Faust ins Gesicht. Zinner schrie: ›Meine Sekundanten werden Sie aufsuchen und Ihnen meine Forderung überbringen!‹«

Sigmund war schockiert. Die Spitalverwaltung bemühte sich stets um die Wahrung des Rufs ihrer Medizinischen Fakultät und des Allgemeinen Krankenhauses. Der Antisemitismus schwelte nur unter der Oberfläche

und trat selten offen zutage. Sigmund und seine Freunde bekamen, da sie in diesen Dingen nun einmal empfindlich waren, ab und zu einen Hauch davon zu spüren. Professor Billroths Traktat war zwar verurteilt worden, aber im Krankenhaus existierte eine unsichtbare Trennlinie. Außerhalb des Krankenhauses gingen sich Christen und Juden aus dem Wege. Sie verkehrten nicht gesellschaftlich miteinander. Diese gegenseitige Absonderung wurde von beiden Seiten praktiziert. »Eine Cliquenwirtschaft aus Bequemlichkeit« hatte Julius Wagner-Jauregg den Zustand einmal mit einem sehr ernsten Blick in seinen grünen Augen genannt.
Der Katholik Wagner-Jauregg, Sohn eines oberösterreichischen Beamten, war äußerlich ein Naturbursche geblieben: Er war bis auf den sandgelben Schnurrbart glattrasiert und trug sein dichtes, ebenfalls sandfarbenes Haar militärisch knapp; Kinn und Stirn waren wie aus Granit geschnitten; er hatte die mächtigen Arme und den stämmigen Körper eines Holzhackers und kleidete sich auch wie ein solcher, wenn er in die Berge ging. Wagner-Jauregg spielte seine überlegenen Körperkräfte niemals aus, um andere damit einzuschüchtern; sie waren einfach vorhanden, wie eine Naturgewalt. Er hatte gemeinsam mit Koller und Königstein eine Methode zur Hautanästhesie mit Hilfe von Kokain entwickelt.
»Freud, ich mag die jüdischen Ärzte im AK«, hatte er einmal gesagt. »Viele von ihnen sind brillant und aufrichtig. Ich habe viel von ihnen gelernt. Ich könnte von morgens sechs bis abends sechs an ihrer Seite in den Kliniken und Laboratorien arbeiten, ohne jemals daran zu denken, daß wir verschiedenen Religionen angehören. Solche Dinge haben nichts mit der Wissenschaft zu tun. Aber wenn ich abends zu meinen Freunden gehe, möchte ich unter meinesgleichen sein. Das heißt nicht, daß sie etwas Besseres wären, nein – wir sind nur ganz einfach miteinander aufgewachsen und vertraut miteinander. Sagen Sie ganz ehrlich – das kann man doch nicht als Antisemitismus bezeichnen?«
Jedermann wußte, daß ein jüdischer Arzt es schwerer hatte, in der Hierarchie der Medizinischen Fakultät aufzusteigen, daß es länger dauerte und mehr Talent erforderte. Aber kein Jude, der die nötige Befähigung mitbrachte, wurde vom Medizinstudium ausgeschlossen, und im Krankenhaus gab es immer eine ganze Anzahl jüdischer Ärzte.
Jemand fragte leise: »Karl, wann hast du zuletzt einen Säbel in der Hand gehabt?«
»Ich hab' ein paarmal gefochten, als ich meine einjährige Militärzeit abdiente.«
»Zinner kann dich umbringen. Er ist seit seiner Studienzeit ein guter Duellant.«
Koller seufzte schwer. »Daran hab' ich auch schon gedacht. Aber wenn ich seine Forderung zurückweise, ist das eine Schande für uns alle.«
Dr. Zinners Sekundanten erschienen mit der formellen Forderung. Das

Duell sollte bei der Kavalleriekaserne in der Josefstadt mit leichten Degen ausgefochten werden. Es sollte keine Bandagen geben, die Sekundanten durften sich nicht einschalten, die Abwehr gewisser Stöße sollte verboten sein. Der Kampf sollte bis zur völligen Kampfunfähigkeit eines der beiden Duellanten dauern.

Zum Erstaunen aller war es Koller, der seinem Gegner die entscheidenden Wunden zufügte. Er verletzte ihn am Kopf und am rechten Oberarm.

»Freud, ich weiß ganz ehrlich nicht, wie ich es fertigbrachte, ihn zu bezwingen. Er hat drei Ausfälle gegen mich gemacht, und ich hab' nur mit dem Degen herumgefuchtelt und versucht, mich zu verteidigen.«

Koller und Zinner wurden zum Staatsanwalt vorgeladen. Koller weigerte sich, die gegen ihn vorgebrachte Beleidigung zu wiederholen. Zinner erzählte offen die ganze Geschichte und behauptete, er sei es seiner Offiziersehre als Oberarzt der Reserve schuldig gewesen, die Forderung auszusprechen. Er versuchte weder seinen Wutausbruch zu rechtfertigen noch sich gegen den inzwischen öffentlich erhobenen Vorwurf zu verteidigen, Dr. Koller habe recht daran getan, die Knebelbinde zu lösen. In einem Artikel im »Neuen Wiener Abendblatt« wurde Koller gelobt: Es sei seine Pflicht als Arzt gewesen, dem Verletzten sachgerecht zu helfen. Dr. Zinner wurde darin wegen seiner »unbeherrschten Kränkungen« angegriffen.

Im Krankenhaus konnte man sich mit Kollers Sieg einfach nicht abfinden. Dadurch, daß er das Duell gewonnen hatte, war er eines Verbrechens schuldig geworden, das ebenso schwer wog wie Dr. Zinners Beleidigungen. Unausgeschlafen, eingefallen und sorgenvoll suchte er Sigmund auf.

»Freud, ich brauche Ihren Rat.«

»Gießen Sie sich eine Tasse Kaffee auf, Koller. Ich kann auch nicht schlafen.«

Koller bereitete den Kaffee und goß jedem eine Tasse ein.

»Ich glaube, man versucht mich hinauszuekeln. Man will mich hier nicht mehr.«

»Behindert man Ihre Arbeit?«

»Nein. Das kann man dem Krankenhaus nicht vorwerfen. Aber es gibt hundert Anzeichen dafür.«

»Können Sie sich nicht wie eine Schnecke ins Gehäuse zurückziehen und abwarten, bis sich der Sturm gelegt hat?«

»Das sage ich mir ja auch, und ich hab's probiert. Aber ich denke mehr an das, was wohl die anderen Ärzte denken mögen und was ich ihnen vorwerfen könnte, als an meine eigene Arbeit.«

»Das ist das Schlimmste von allem.«

»Freud, bilde ich mir das alles nur ein?«

»Ich hab's auch schon gespürt.«

»Es sieht so aus, als müßte ich von hier weg. Vielleicht bewerbe ich mich in

Berlin oder Zürich, oder ich versuche gar, eine Stellung in Amerika zu finden. In letzter Zeit denke ich viel an Amerika.«
Sigmund lächelte. »Das gelobte Land? Wissen Sie, warum es ein gelobtes Land ist? Wenn einer von uns den Mut verliert, dann packt er einfach sein Bündel und geht nach Amerika. Das nehmen wir uns zumindest vor. In Wirklichkeit tun wir's dann doch nicht, aber daß die Möglichkeit dazu besteht, das hilft uns über die schwärzesten Augenblicke hinweg. Ich glaube, in den letzten zwei Jahren hab' ich mindestens ein dutzendmal daran gedacht, nach Amerika auszuwandern.«
»Freud, wenn man mich hier nicht mehr haben will, dann muß ich gehen. Dabei sind die Universität und das Spital mein ganzer Lebensinhalt. Ich wünsche mir nichts weiter, als hier zu lehren, zu forschen, zu praktizieren, zu operieren.«
»Dann würde ich Ihnen einen Urlaub empfehlen. Nicht gleich. Das sähe zu sehr nach einer Flucht aus. Wenn's wieder Frühling wird, dann gehen Sie für ein paar Monate nach Salzburg oder in eine andere hübsche Gegend, damit Sie wieder zu sich finden. Schließlich sind Sie weltbekannt. Sie haben der Medizin einen großen Dienst geleistet. Wien braucht Sie. Vielleicht wird man das einsehen, wenn Sie eine Zeitlang fort sind.«

9

Es war leicht, einem Freund einen guten Rat zu geben, aber für sich selbst klarzusehen, das war schon schwieriger. Er war gut erholt von seinem einmonatigen Urlaub bei Martha zurückgekehrt. Jetzt arbeitete er ebenso hart wie zuvor, aber es geschah alles nicht mehr so spontan wie früher.
Es gab ihm Auftrieb, als eine Gruppe amerikanischer Ärzte, die Doktoren Campbell, Darling, Giles, Green, Leslie und Montgomery, ihn ersuchten, in englischer Sprache ein Kolleg in klinischer Neurologie zu halten. Dr. Leslie besuchte den Kurs, ohne zu bezahlen, und übernahm es dafür, die Honorare zu kassieren und die Berichte zu führen. Sigmund hielt fünf Wochen lang täglich eine einstündige Vorlesung. Obgleich seine englischen Sprachkenntnisse begrenzt waren, zeigten sich die amerikanischen Ärzte hoch erfreut darüber, daß sie eine komplette Vorlesung oder Demonstration verstehen konnten, anstatt sich mit den wenigen Brocken zufriedengeben zu müssen, die sie bei den langen, manchmal etwas umständlichen Vorlesungen in Deutsch mitbekamen.
Er bekam von jedem der Ärzte die vorgeschriebene Gebühr von zwanzig Gulden und konnte die ansehnliche Summe von hundert Gulden in die alte Kassette legen, die ihm Martha in der Hamburger Altstadt gekauft hatte. Er half seiner Familie mit einem größeren Betrag aus und schickte auch ein paar Gulden nach Wandsbek: »Von nun an sollen Martha und Minna

Portwein trinken.« Dann leistete er sich die dringend benötigte Winterhose.

Der Kurs wurde ein voller Erfolg. Er wurde um eine Wiederholung gebeten. Diesmal hatte er elf Hörer, ziemlich viel für einen jungen Mann, der noch nicht einmal Universitätsdozent war. Bei allen Sprachschwierigkeiten waren die Amerikaner doch gut ausgebildete Neurologen, die ihren Lehrer auch gelegentlich bei einem diagnostischen Schnitzer erwischten; so beschrieb er beispielsweise einmal einen Fall von hartnäckigen Kopfschmerzen als »chronische lokalisierte Meningitis«, während der Patient keine organische Krankheit, sondern eine ausgeprägte Neurose hatte! Für Sigmund war das eine Feuertaufe, die ihm ausgesprochen Freude machte.

Er versah auch weiterhin seinen Dienst in der Klinik von Professor Scholz und wurde auf zwei neue interessante Fälle aufmerksam. Der eine war ein Bäcker, bei dessen Aufnahme er Endokarditis und Lungenentzündung in Verbindung mit einer akuten Erkrankung des Rückenmarks und des Gehirns feststellte. Keiner in der ganzen Abteilung wußte, wie man dem Mann helfen konnte. Sigmund hielt den Fall in allen Einzelheiten fest. Der Bäcker starb Mitte Dezember. Bei der Autopsie stellte sich heraus, daß Sigmund die richtige Diagnose gestellt hatte. Wieder veröffentlichte er einen detaillierten Bericht. Das »Neurologische Centralblatt« meinte dazu: »Hier haben wir einen sehr wertvollen Beitrag zu unserer Kenntnis der akuten Polyneuritis.«

Der zweite Fall war ein Weber, bei dem Sigmund Syringomyelie, eine seltene Rückenmarkskrankheit, feststellte. Der Mann hatte in beiden Händen jede Empfindung für Schmerz und Temperatur verloren, aber in den Beinen war er schmerzempfindlich. Sigmund kümmerte sich sechs Wochen lang ganz besonders um ihn, aber die Behandlung schlug bei dem Patienten nicht an. Er wurde nach Hause geschickt. Über diesen Fall berichtete er in der »Wiener Medizinischen Wochenschrift«. Wenige Monate später wurde der Bericht vom »Neurologischen Centralblatt« nachgedruckt.

Doch selbst diese Erfolge konnten ihn nicht von dem unangenehmen Gefühl befreien, nicht weiterzukommen. Er war mit sich selbst unzufrieden. Was ihn bedrückte, kam an einem Sonntagmorgen zutage, als er um elf Uhr zum Gabelfrühstück bei den Breuers eingeladen war. Bei einem kleinen Gulasch erzählte er Josef Breuer von seiner wachsenden Unzufriedenheit, von seiner Überzeugung, eigentlich nicht mehr ins Krankenhaus zu gehören.

»Ich weiß, daß mir die gynäkologische Ausbildung fehlt, und es gibt bestimmt Knochen- und Blutkrankheiten, von denen ich gar nichts verstehe. Aber meine Lehrzeit müßte nun vorüber sein. Ich bin in einer Sackgasse gelandet.«

Breuer lächelte, aber Sigmund ließ sich nicht beirren.
»Ich bin allmählich zu alt für einen kleinen Sekundararzt. Ich weiß, daß von der Bewerbung um eine Dozentur bis zur Gewährung des Gesuchs ein Jahr vergehen kann. Ohne den Titel komme ich mir allmählich nackt vor. Sobald ich Dozent bin, kann ich überall meine eigene Praxis eröffnen.«
Der Titel eines Privatdozenten, ohne den eine erstklassige Privatpraxis in Österreich kaum denkbar war, verlieh das Recht, an der Universität Vorlesungen zu halten, allerdings nicht in Fächern, die zum regulären Lehrplan gehörten. Die Dozentur war ehrenamtlich, und der Dozent durfte auch nicht an den Versammlungen der Fakultät teilnehmen. Aber diese offizielle Ehrung durch die Medizinische Fakultät brachte dem Träger des Titels das Vertrauen der Öffentlichkeit ein. Ein Wiener sagte nie: »Ich gehe zum Doktor.« Er sagte immer: »Ich suche den Professor zu einer Konsultation auf.«
»Sie sind sozusagen in die Mühlen der Verwaltung geraten«, sagte Breuer. »Sie müssen die Medizinische Fakultät davon überzeugen, daß Sie eine Beförderung und auch das Reisestipendium verdient haben.«
Frau Mathilde beugte sich über den Tisch. »Ich weiß auch schon, wie Ihr Arztschild aussehen muß: An die Straße kommt ein Schild aus schwarzem Glas mit goldenen Buchstaben. Das Schild in der Ordination wird aus Porzellan sein.«
Am 21. Januar 1885 schrieb Sigmund Freud seine Bewerbung um die Dozentur:

> »Wenn das hochgeehrte Professorenkollegium mir die Dozentur für Krankheiten des Nervensystems gewährt, ist es sodann meine Absicht, nach zwei Richtungen die Wissenschaft dieses Zweiges der menschlichen Pathologie zu verfolgen.«

Die Medizinische Fakultät setzte einen Ausschuß ein, der Dr. Freuds Bewerbung um eine Dozentur für Neuropathologie zu prüfen hatte. In ihm waren die Professoren Brücke, Nothnagel und Meynert vertreten.
Fleischl meinte amüsiert:
»Herr Dr. Freud, Sie haben alle Trümpfe in der Hand.«
Professor Brücke erklärte sich bereit, Sigmunds Arbeiten zu prüfen und den Bericht abzufassen, an Hand dessen die Ernennung erfolgen konnte. Er mußte Sigmund Freuds histologische Schriften wie »Über den Ursprung der hinteren Nervenwurzeln im Rückenmark von Amocaetes Petromyzon Planeri« und »Über den Bau der Nervenfasern und Nervenzellen beim Flußkrebs« lesen, die er, Brücke, als »sehr wichtig« bezeichnete, dazu noch einige kürzere Darlegungen seiner Methodik.
Brücke schrieb:

> »Die mikroskopisch-anatomischen Veröffentlichungen von Dr. Freud wurden mit allgemeiner Anerkennung seiner Resultate angenommen . . . Dr. Freud hat eine gute Allgemeinbildung, einen ernsthaf-

ten und gemäßigten Charakter, ist ein ausgezeichneter Arbeiter auf dem Gebiet der Neuroanatomie und sehr geschickt; er besitzt einen guten Einblick, weitreichendes Wissen und eine vorsichtige Methode der Deduktion und zeigt in seinen Veröffentlichungen gute Disposition und einen individuellen Stil.«

Die Professoren Nothnagel und Meynert unterschrieben voller Überzeugung Brückes Empfehlung.

In die engere Wahl für das Reisestipendium kamen schließlich Dr. Sigmund Freud, Dr. Dimmer, ein Neffe des einflußreichen Professors Braun, und Dr. Julius Hochenegg aus der Chirurgie.

Die Wochen vergingen überraschend schnell, während er kaum etwas anderes tat, als bei den Mitgliedern der Medizinischen Fakultät vorstellig zu werden. Die Professoren, mit denen er zusammengearbeitet hatte, waren ihm gewogen; sie schrieben Empfehlungsbriefe an ihre Kollegen und sorgten dafür, daß sich ihre Freunde oder auch Freunde ihrer Freunde für ihn einsetzten. Sigmund bemühte sich um weitere Verabredungen und hielt genau fest, wie sich die Stimmen verteilten. Er gab jede Hoffnung auf, als ein Professor nach Sigmunds Vortrag ohne ein Wort der Ermutigung nur »Servus« murmelte.

Die kleine Gruppe seiner Freunde plante eine Kampagne mit »militärischer Strategie«, wie sie es nannten. Josef Breuer übernahm es, Professor Billroths Stimme zu sichern und brachte eine Zusage mit. Dr. Sigmund Lustgarten wollte Professor Ludwig für Freud gewinnen. Der Vater des jungen Dr. Heinrich Obersteiner leitete zusammen mit Professor Leidesdorf in Oberdöbling eine private Nervenheilanstalt. Obersteiner versprach, Professor Pollitzers Zustimmung zu besorgen.

Ende April glaubten Sigmund und seine Freunde, sich auf acht Ja-Stimmen fest verlassen zu können. Er war insofern benachteiligt, als sich einige Gegenstimmen allein schon aus der Tatsache ergeben würden, daß er Jude war. Wenn sich jedoch die beiden anderen Kandidaten – beides Katholiken – die übrigen Stimmen teilen mußten, mußte Sigmund die höchste Stimmenzahl bekommen. Dann zog Dr. Braun seine Bewerbung mit der Begründung zurück, er sei noch zu jung. Nun war es eine klare Entscheidung zwischen Dr. Freud und Dr. Hochenegg.

Sigmund schrieb an Martha:

»Das war ein schlechter, unfruchtbarer Monat. Ich mache den ganzen Tag gar nichts.«

Dann wurde er von einem leichten Pockenanfall heimgesucht. Der verantwortliche Professor entschied, die Erkrankung sei so harmlos, daß sich eine Isolierung im Krankenhaus erübrige, aber seine Freunde bekamen Anweisung, sich für einige Tage seiner Wohnung fernzuhalten. Er wurde von den Krankenschwestern gut versorgt. Sie brachten ihm Essen und frische Wäsche.

Als er wieder genesen war, ging er nach Hause, um seine Eltern zu beruhigen. Als er sich dem Mietshaus näherte, sah er Eli eintreten. Rasch machte Sigmund kehrt, besuchte seine Schwester Anna und ließ sich seine kleine Nichte vorführen. Anna war viel zu glücklich, um sich über die Vernachlässigung durch ihren Bruder ärgern zu können. Sigmund wußte selbst kaum noch, weshalb er eigentlich mit Eli Streit gehabt hatte.
Am 13. Mai trat die Medizinische Fakultät zusammen, um den Gewinner des Reisestipendiums zu bestimmen. Die Abstimmung ging unentschieden aus.
Sigmund war ziemlich niedergeschlagen. Da bat ihn der junge Dr. Obersteiner, für ein paar Wochen in der Georgenschen Privatheilanstalt in Oberdöbling einen Arzt zu vertreten, der Urlaub machte. Sigmund war sehr froh über die Gelegenheit, nicht nur für einige Zeit aus dem Krankenhaus herauszukommen, sondern sich auch noch etwas Geld verdienen zu können. Er meldete sich »krank« und packte seine Sachen.
Das Privatsanatorium in Oberdöbling, eine Stunde Weges von Wien entfernt, lag mitten in einem Park am Ende der Hirschengasse an der Straße nach Grinzing. Das weitläufige, zweistöckige Haus auf der Hügelkuppe war von mehreren Nebengebäuden umgeben. Gegenüber auf der anderen Straßenseite lag das Pflegeheim für die schweren Fälle. Der Vorort war damals noch dünn besiedelt. Als Sigmund die Hirschengasse entlangging und vergnügt seinen Spazierstock schwenkte, hatte er das Gefühl, für ein paar Wochen aufs Land zu gehen.
Professor Leidesdorf, der Mitbesitzer des Sanatoriums, war Meynerts Lehrer gewesen. Als Leiter der Niederösterreichischen Irrenanstalt führte er den Titel eines außerordentlichen Professors für Psychiatrie. Er litt sehr unter Gicht, bewegte sich steif, trug eine Perücke und war, wie Sigmund bald erfuhr, ein aufmerksamer Beobachter von Geisteskrankheiten. Professor Leidesdorfs Tochter war mit dem jungen Obersteiner, einem Schüler Brückes, verheiratet, einem hageren, unauffälligen, aber sehr anständigen Mann. Obersteiner führte Sigmund durch das Sanatorium. Die Räume waren groß, sonnig und freundlich eingerichtet. Das Sanatorium beherbergte sechzig Patienten, die alle nur erdenklichen Krankheiten hatten, angefangen von leichtem Schwachsinn bis hin zu ernster *dementia praecox*. Sie entstammten durchweg wohlhabenden Familien. Sigmund war überrascht, wie viele von ihnen klingende Namen und Titel trugen. So gut wie jeder war Baron oder Graf. Auch zwei Fürsten waren darunter. Einer von ihnen war der Sohn von Marie Louise, Napoleons Gattin. In Sigmunds Augen wirkten diese Vertreter des Adels in ihrem ganzen Benehmen schäbig und heruntergekommen, obgleich sie sich vielfach sehr extravagant kleideten. Bei einigen von ihnen konnte er nie genau feststellen, was an ihnen nur exzentrisch und was krankhaft war. Das gehörte auch nicht zu seinen Aufgaben. Er hatte nur dafür zu sorgen, daß

sie sich wohl fühlten, und er mußte sich um die Behandlung eventuell auftretender körperlicher Beschwerden kümmern.
Er war auch erstaunt, wie friedlich das Dasein in einem Sanatorium sein konnte. Das Essen war vorzüglich. Um halb zwölf wurde ihm ein handfestes Gabelfrühstück serviert, um drei Uhr das Mittagessen. Arbeiten konnte er in der Bibliothek des jungen Obersteiner, einem angenehm kühlen Raum mit einem schönen Blick auf Wien und die Berge. Sigmund stand nicht nur Obersteiners Mikroskop zur Verfügung, sondern auch seine ausgezeichnete Fachbibliothek über das Nervensystem, die zwei Generationen zusammengetragen hatten.
Sigmunds Runde durch die Krankenzimmer dauerte von neun Uhr dreißig bis zehn. Dann zog er sich in sein Dienstzimmer zurück und mußte bis drei Uhr nachmittags verfügbar sein. Mit den Patienten kam er gut aus. Die Monate in Meynerts Klinik hatten ihn gelehrt, die verschiedenen Symptome zu erkennen. Reichtum und Herkunft veränderten zwar die äußeren Erscheinungsformen der psychischen Leiden, aber es trat kaum etwas auf, das er nicht bereits beobachtet und behandelt hatte. Die Patienten schienen sich in ihrer Umgebung wohl zu fühlen. Sie aßen gut und schliefen gut, und nur gelegentlich verlangte einer von ihnen nach einem Schlafmittel, einem Abführpulver oder einer elektrischen Massage. Von drei bis sieben machte Sigmund wieder Visite.
Das Leben wurde für ihn noch angenehmer, nachdem er zum erstenmal zusammen mit Dr. Obersteiner senior Visite gemacht und einige scharfsinnige Diagnosen gestellt hatte. Von diesem Augenblick an genoß er das Vertrauen des alten Herrn und hatte noch mehr freie Zeit zum Lesen und Studieren. Professor Leidesdorf sagte zu ihm: »Herr Doktor, darf ich Ihnen einen guten Rat geben? Sie sollten sich auf Nervenkrankheiten bei Kindern spezialisieren. Über dieses Gebiet ist noch viel zuwenig bekannt.«
»Ach, Herr Professor, wenn man nur eine offizielle Berufung bekommen könnte. Ich weiß, daß auf diesem Gebiet noch viel Arbeit getan werden muß, und ich würde auch gern meinen Beitrag dazu leisten.«
Er dachte: »Ich muß das Martha schreiben. Hier könnte man mit Frau und Kindern ein idyllisches Dasein führen. Wenn ich meine Dozentur und das Reisestipendium nicht bekomme, muß ich sie fragen, ob sie nicht in einem solchen Sanatorium leben möchte.«

Am 20. Juni sollte die Medizinische Fakultät wieder zusammentreten, um endgültig den Gewinner des Stipendiums zu benennen und über Sigmund Freuds Privatdozentur zu entscheiden. Die Wochen zogen sich endlos in die Länge. Er versuchte, sich die Zeit zu vertreiben, aber es gelang ihm nicht so recht. Die Minuten waren wie nasse Badeschwämme unter seinen Füßen: Je mehr er sich bemühte, sie zusammenzutreten, um so mehr quollen sie zu beiden Seiten unter seinem Fuß hervor.

Seine Sorgen wurden noch durch die Nachricht vermehrt, Ignaz Schönberg habe seinen Posten in Oxford verlassen und sei abgemagert, hohlwangig und fiebernd in Wandsbek eingetroffen. Frau Bernays und Minna brachten ihn sofort zu Bett und riefen den Hausarzt. Es stand schlecht um ihn: Eine Lungenhälfte war bereits zerstört, die andere vermutlich auch schon von der Krankheit befallen. Mit dem, was von seiner versagenden Lunge noch übrig war, hätte er höchstens in der Sahara überleben können. Ignaz hatte offenbar alle Hoffnung aufgegeben. Er stand trotz seines hohen Fiebers auf, packte seinen Koffer und erklärte Minna, er betrachte ihre Verlobung als aufgelöst und wolle nach Wien zurückkehren.

Sigmund war fest entschlossen, Ignaz sofort nach dessen Heimkehr von Dr. Müller, einem erfahrenen Lungenarzt, untersuchen zu lassen. Während er in seinem Zimmer saß und auf die für seine ganze Zukunft so wichtige Entscheidung der Medizinischen Fakultät wartete, dachte er an die vielen Jahre der Freundschaft mit Ignaz Schönberg.

Er überlegte:

»Wir können einen Menschen, der arbeiten muß, nicht so verwandeln, daß er es sich künftighin leisten kann, nur noch sein Leben zu genießen und auf seine Gesundheit zu achten. Nicht die Krankheit ist unheilbar, der Stand und seine Pflichten werden zur unheilbaren Krankheit.«

Am Nachmittag brachte ein Bote der Universität die freudige Nachricht: Herrn Dr. Freud sei mit neunzehn gegen drei Stimmen die Dozentur gewährt worden.

Auch das Reisestipendium war ihm mit dreizehn gegen neun Stimmen zuerkannt worden.

Für Sigmund war es ein Augenblick reiner Freude.

Sigmund nahm die herzlichen Glückwünsche Professor Leidesdorfs und der beiden Doktoren Obersteiner entgegen. Dann zog er sich in sein Dienstzimmer zurück und schrieb einen Brief an Martha. Er fuhr mit einer Kutsche nach Wien zurück, erst zum Postamt und dann zu seinen Eltern. Anschließend fuhr er zu den Breuers, um sich für ihre großmütige Hilfe zu bedanken, und am Abend feierte er seinen Erfolg mit Ernst Fleischl. Der öffnete zur Feier des Tages eine Flasche Champagner.

»Freud, ich bin ziemlich genau über alles unterrichtet. Was die Dozentur betrifft, so gab es eigentlich keine Frage. Die drei Gegenstimmen begreife ich einfach nicht. Aber das Stipendium war heiß umkämpft. Professor von Stellwag hat sich überzeugend für Hochenegg eingesetzt. Sie haben nur gewonnen, weil Professor Brücke so leidenschaftlich für Sie eintrat. Er erklärte, Sie seien der beste junge Wissenschaftler, den die Universität seit vielen Jahren hervorgebracht hätte. Es gab eine echte Sensation. Noch niemand hat Brücke jemals so erregt gesehen, so felsenfest überzeugt, die Fakultät müsse Ihnen das Stipendium zugestehen, weil Ihre Zusammenarbeit mit Charcot in Paris wichtige Ergebnisse zeitigen würde.«

Sigmund schwieg lange Zeit. Er nippte an dem Champagner und sah in dem Glas Brückes klare, harte, blaue Augen.
»Wie soll ich ihm nur dafür danken?« murmelte er kläglich.
»Durch Arbeit«, antwortete Fleischl. »Indem Sie die Ergebnisse erzielen, die Brücke prophezeit hat. Ihre Probevorlesung findet übrigens am siebenundzwanzigsten Juni um zwölf Uhr dreißig in Brückes Auditorium statt. Sie brauchen dafür einen Zylinderhut.«
Plötzlich kam Sigmund die Erkenntnis, was das alles bedeutete.
»Fleischl, ich kann's noch gar nicht fassen. Jetzt kann ich nach Paris gehen, mit der Gloriole eines großen Gelehrten nach Wien zurückkehren und Martha heiraten! Ich werde all die unheilbaren Nervenkrankheiten heilen!«
»Prost!« rief Fleischl und hob sein Glas.

Viertes Buch
Ein Provinzler in Paris

1

Sigmund Freud traf in der zweiten Oktoberwoche des Jahres 1885 in Paris ein und fand ein hübsches Zimmer im zweiten Stock des Hôtel de la Paix. Aus seinem Fenster hatte er einen Blick über den Impasse Royer-Collard und die Gärten des Mietshauses am Ende der Sackgasse. Es war eine ruhige Wohnlage in der Nähe des Jardin du Luxembourg, eine halbe Stunde von der Salpêtrière entfernt. Das nur drei Fenster breite Hotel schmiegte sich zwischen zwei großzügigere Privathäuser. Vor seinem Bett lag ein Bettvorleger auf dem Bretterboden, der Wandschrank war für seine knappe Garderobe viel zu groß, die Wände waren mit einer heiteren Tapete – rote Rosen auf einem Goldgrund – beklebt, und an der Wand gegenüber dem Bett stand ein Tisch, auf dem seine Bücher und Marthas Bild Platz fanden.
Marthas Bild!
Er betrachtete es, nachdem er den Docht der Lampe herabgedreht und das Fenster geöffnet hatte, um die kühle Herbstluft und die fernen Geräusche vom Boulevard Saint-Michel hereinzulassen. Der gemeinsam verbrachte Monat in Wandsbek war wunderbar gewesen. Sigmund fühlte sich innerlich ruhig, erholt, glücklich und sicher geborgen im Schoß seiner Liebe. Die Vorhänge bauschten sich im leichten Wind.
Er schlief ein.
Am Morgen stand er früh auf und ging in das Café gegenüber dem Eingang zum Luxembourg. Die Tische waren bereits dicht besetzt von Männern auf dem Weg zur Arbeit und von Studenten, die es von hier aus nicht weit zur Sorbonne hatten. Als der Garçon mit seiner weißen Schürze erschien und aus zwei genau gleichen Kannen Kaffee und Milch einschenkte, bestellte Sigmund in dem peinlich exakten Französisch, das ihm vor seiner Abreise aus Wien ein Hauslehrer für einen Gulden pro Stunde beigebracht hatte: »Du pain, s'il vous plaît.«
Der Garçon fragte kopfschüttelnd: »Comment?«
Sigmund ärgerte sich über sich selbst. Er dachte: »Ist es denn möglich, daß ich seit dem Sperlgymnasium französische Texte lese und nicht einmal ein Stück Brot bestellen kann? Bleibt es mir wirklich nicht erspart, wie ein Analphabet auf den Brotkorb am Nachbartisch zu deuten?« Dann fiel ihm der Ausdruck für die gebogenen Kipferln wieder ein. Triumphierend sprach

er das Wort aus. Der Garçon atmete erleichtert auf und brachte ihm den Korb mit den *croissants*.
Er trank bedächtig seinen Kaffee und lauschte dabei den Unterhaltungen ringsum. Er verstand keinen Satz, nicht einmal ein einziges Wort. Er stöhnte innerlich:
»Wie soll ich jemals diese komischen Laute verstehen, geschweige denn aussprechen lernen? Wo sind all die Vokale geblieben, die ich immer so deutlich ausgesprochen habe, wenn ich laut aus Molière und Victor Hugo vorlas? Diese Franzosen verschlucken sie noch schneller als ihren köstlichen heißen Kaffee!«
Dann machte er sich in der frischen Oktoberluft auf den Weg, Paris zu Fuß zu erobern. Er dachte bei sich: »Wer durch eine Stadt wandert, der erobert sie, ergreift Besitz von ihr, lernt sie ebenso intim kennen wie ein Mann seine Frau. Ich möchte Paris in mich aufnehmen wie ein neues Buch, jede Straße, jeden Laden, die vielen Menschen – als wäre Paris eine belagerte Stadt und ich ihr Eroberer.«
Er erreichte die Seine, schlenderte am Ufer entlang, stöberte in den Bücherständen, bewunderte die Architektur der Ministerien am Quai d'Orsay, ging über den Pont Alexandre III und befand sich auf den breiten, baumgesäumten Champs-Élysées. In der strahlenden Herbstsonne wurde das Laub bereits purpurn, golden und dann braun.
Er hatte zwar gewußt, daß Paris doppelt oder dreimal so groß war wie Wien, aber es versetzte ihn doch in Erstaunen, daß sich die Straßen kilometerweit dahinzogen, als blickte man direkt in die Unendlichkeit.
Er erreichte den Étoile am Ende der Champs-Elysées und stieg zum Bois de Boulogne hinab. Exquisit gekleidete Damen fuhren in ihren Kutschen vorüber. Unterwegs zum Zoo im Jardin d'Acclimatation sah er im Park Ammen, die Säuglinge nährten, größere Kinder in Wägelchen, die von Ziegen gezogen wurden, andere, die sich Marionettentheater ansahen, weißgekleidete Kinderschwestern, die Streitereien schlichten mußten.
Erst am späten Nachmittag wanderte er zurück zum Boulevard Saint Michel. Die Stadt war in bernsteinfarbenes Licht getaucht. Alles in Paris war für ihn neu, anders, staunenswert – und doch irgendwie sehr einheitlich. Im Gegensatz zu Wien war dies nicht eine gewachsene Stadt, in der sich alle Kulturströmungen widerspiegelten. Er begriff, wie entschieden eigenständig, wie französisch Paris war. Nun verstand er auch, warum die Wiener sagten, Paris liege »in Europa«, als wollten sie andeuten, bei Wien sei dies nicht der Fall. Das Kaiserreich Österreich-Ungarn war als Gebiet, als Dynastie, als Kulturbereich einmalig und unvergleichlich. Aber Paris, das war »die Mutter aller Städte«. Er war nun müde, doch er frohlockte: Jede Straße, die er durchwandert hatte, gehörte nun ihm, jedes Haus, dessen Architektur er betrachtet hatte, die Seine, die Brücken, die Parks, das alles war jetzt unauslöschlich eingeprägt, ein Teil seiner selbst.

Er kam an die Kreuzung der Rue de Médicis mit dem Boulevard Saint-Michel gegenüber dem Eingang zum Luxembourg. Hier gab es ein Dutzend Straßencafés, an deren dichtgedrängten Tischen sich Ehefrauen mit ihren Männern zu einem Apéritif trafen; junge Pärchen saßen hier, Studenten ruhten sich nach den Vorlesungen des Tages aus, Maler kamen in runden Kappen und Samtjacken direkt aus ihren Ateliers, schicke junge Mädchen gingen mit ihren Freunden oder in Gruppen plaudernd nach Hause; alle verliebt in Paris, verliebt in das Leben, verliebt ineinander. Zu seiner Verwunderung beobachtete er, wie Jungen und Mädchen plötzlich ein paar Tanzschritte machten wie an einem ausgelassenen Maienabend. Sie hatten anscheinend vergessen, daß sie sich mitten in der heimflutenden Menschenmenge befanden und schienen sich in den elysischen Gefilden zu wähnen. Er dachte:
»Ein solcher Anblick wäre in Wien undenkbar. Wie herrlich, in den Straßen zu tanzen, nur weil man jung und in Paris ist.«
Aber dann traf es ihn wie ein Keulenschlag: Er war plötzlich vollkommen allein, ein Fremder unter Fremden, er kannte keine Menschenseele, konnte sich nicht verständigen und sehnte sich mit allen Fasern seiner Seele nach Martha mit ihren blanken Augen, ihrem zärtlichen Lächeln, ihrem schönen Mund. Erst in fünf Tagen sollte er sich in der Salpêtrière vorstellen und Professor Charcot sein Empfehlungsschreiben überreichen – wie sollte er diese Zeit nur überstehen?
Er kehrte in sein Hotelzimmer zurück, schloß die Fensterläden, zog die Vorhänge zu, warf sein Jackett auf einen Stuhl und legte sich verzweifelt aufs Bett; er fühlte den Schmerz bis in die letzte Faser seines Herzens – Heimweh, Liebesschmerz, die bange Frage, ob er sich durchsetzen würde. Welche Veranlassung hatte Professor Charcot, ihn zu empfangen oder ihm gar zu helfen? Weshalb sollten die Mitarbeiter der Salpêtrière ihm, einem Fremden, einem Ausländer, Entgegenkommen zeigen? Warum war er überhaupt hierhergekommen?
Das Reisestipendium war eine Ehrung, die sich ein armer Mann gar nicht leisten konnte! Er überschlug zum hundertstenmal die Zahlen im Kopf: Die Medizinische Fakultät hatte ihm bei der Abreise nur die halbe Summe, dreihundert Gulden, ausgezahlt; die zweite Hälfte sollte er bekommen, wenn er nach seiner Rückkehr in Wien den Bericht vorlegte. Vor seiner Abreise hatte er noch seine Schulden bezahlen müssen: Hundert Gulden an den Schneider, fünfundsiebzig an den Buchhändler, dreißig für die Reisekoffer, acht Gulden an die Putzfrau im Krankenhaus, sieben an einen Schuster, fünf an seinen Französischlehrer, drei Gulden als Gebühr an die Polizei für die Formulare, die er anläßlich der Verleihung der Dozentur hatte ausfüllen müssen. Zwanzig Gulden in Goldstücken hatte er in die Kaffeebüchse seiner Mutter auf dem Küchenregal gelegt, für dreißig Gulden die Eisenbahnfahrkarte nach Hamburg gekauft, zweihundert

Gulden für den Monat in Wandsbek beiseite gelegt; dann weitere fünfunddreißig Gulden für die Fahrkarte Hamburg – Paris ... Er war verschuldet, bevor er überhaupt die Salpêtrière erreichte!
Er stöhnte: »Ich hätte lieber Buchhalter und nicht Arzt werden sollen!«
Die Ärzte am Allgemeinen Krankenhaus, die in Paris studiert hatten, versicherten ihm, daß er hier zum Leben mindestens 150 Gulden pro Monat brauchen würde, insgesamt also mindestens 750 Gulden. Weitere 150 Gulden brauchte er für den einmonatigen Studienaufenthalt in Berliner Krankenhäusern, der für den Rückweg vorgesehen war, und noch einmal fünfundsechzig Gulden für die Eisenbahnfahrt Paris – Hamburg – Berlin – Wien. Sigmund war klar, daß er in eine ausweglose Situation geraten war. Nur die fünfzehnhundert Gulden von Josef Paneth konnten ihn noch retten. Er hatte das Kapital bisher nicht angerührt, sondern nur die Zinsen abgehoben, um seine Eltern zu unterstützen und im vergangenen Jahr Martha zu besuchen. Er verbrachte ein Wochenende bei Sophie und Josef Paneth, die sich eine Villa am Waldrand auf dem Semmering gemietet hatten. Auch Sophie und Josef waren der Ansicht, daß das Geld am besten für das Studium bei Professor Charcot zu verwenden sei.
Er stand auf, nahm seine Brieftasche aus dem Jackett und legte das Geld auf den Holztisch. Er konnte zählen, wie er wollte, mehr als tausend Francs waren von Paneths »Stiftung« nicht übriggeblieben. Er klappte ein Schreibheft auf und begann zu rechnen. Tausend Francs, das waren rund fünfhundert Gulden; damit konnte er drei Monate im Ausland finanzieren, nur die Hälfte der vorgesehenen Zeit. Um diese Reise wirklich ausnutzen zu können, brauchte er weitere dreihundert Gulden. Aber wie sollte er die verdienen? Er mußte doch jede Stunde dieser kostbaren Zeit für das Studium bei Charcot verwenden.
Er warf sich wieder aufs Bett, verzweifelt und unglücklich. Die Geräusche der Großstadt Paris drangen nicht durch die geschlossenen Fensterläden. Nach einer Weile fiel er in einen unruhigen, von bösen Träumen bedrängten Schlaf.
Am nächsten Morgen fühlte er sich wesentlich wohler und ärgerte sich, weil er sich so sehr der Verzweiflung hingegeben hatte. Aber an den nun folgenden Tagen betrachtete er Paris und die Franzosen mit kritischeren Augen. Er ging durch die Tuilerien zum Louvre. Zuerst besuchte er die Säle mit griechischen und römischen Skulpturen. Er sah Frauen vor nackten Männerstatuen stehen, deren intimste Körperteile entblößt waren. Er war schockiert.
»Kennen die denn gar kein Schamgefühl?«
Auf der Place de la Concorde betrachtete er den Obelisken aus Luxor mit den wunderbar gearbeiteten Reliefs, Darstellungen von Vögeln, von Menschen und Hieroglyphen. Auch hier unterhielten sich die Franzosen ungeniert und lebhaft gestikulierend. Er sagte sich:

»Der Obelisk ist dreitausend Jahre älter als dieses lumpige Volk um ihn herum.«
In Paris fand gerade eine Nachwahl statt. Die Republikaner bemühten sich, die Monarchisten zu verdrängen. Sigmund kaufte sich jeden Tag zwei Zeitungen und setzte sich damit in irgendein Café. Er war froh, wenigstens die schriftlichen Berichte verfolgen zu können, wenn er schon das gesprochene Wort nicht verstand. Aber die Schreie der Zeitungsverkäufer, die täglich vier oder fünf Ausgaben feilboten, fand er nicht nur lästig, sondern ausgesprochen ungeziemend.
Am nächsten Abend ging er mit dem Maler John Philipp, einem Vetter von Martha, um die beiden Coquelins in einem Stück von Molière bewundern zu können. Er bezahlte einen Franc fünfzig Eintritt und bekam dafür doch nur einen Platz hoch oben in der *quatrième loge de côté*, von wo aus er nur ein Stückchen des Parketts und kaum etwas von der Bühne sehen konnte. Er nannte sie »schändliche Taubenlöcherlogen«, kritisierte die mangelnde Eleganz der Abendgarderoben der Damen und war enttäuscht, weil es hier kein Orchester gab wie in den Wiener Theatern. Auch die primitiven drei Stockschläge hinter dem Vorhang, mit denen der Beginn der Vorstellung angekündigt wurde, fielen ihm unangenehm auf.
»Warum in aller Welt dämpfen sie nicht einfach die Beleuchtung?«
Er sah »Tartuffe«, »Le Mariage Force« und »Les Précieuses Ridicules«. Alle drei Stücke hatte er sowohl in Deutsch als auch in Französisch gelesen. Wenn er sich lebensgefährlich vorbeugte, konnte er nicht nur einen Teil der Vorgänge auf der Bühne sehen, sondern auch Worte und ganze Sätze verstehen.
Er war wütend auf die weiblichen Darsteller, deren Dialoge er überhaupt nicht mitbekam, und zog sich eine Migräne zu. »Ich glaube nicht, daß ich sehr oft ins Theater gehen werde.«
Daß alles so viel Geld kostete, ging ihm auf die Nerven. Die Restaurants waren teuer, und als er in einer Apotheke für etwas Puder, Mundwasser und Seife drei Francs fünfzig bezahlen mußte, war er erschüttert.
Eine seltsame Verwirrung ergriff ihn. Er identifizierte die Franzosen, denen er auf der Straße begegnete, mit jenen historischen Gestalten, die so viele blutige Revolutionen durchgemacht hatten. Als er auf der Place de la République vor der gewaltigen Statue mit der Reliefdarstellung der letzten hundert Jahre Geschichte voller Bürgerkriege und Revolutionen stand, sagte er sich:
»Die Franzosen sind anfällig für psychische Epidemien, für historische Massenhysterien. Und Paris ist eine riesige, geputzte Sphinx, die jeden Reisenden verschlingt, der ihre Geheimnisse nicht zu enträtseln vermag.«
Am späten Nachmittag – morgen sollte er sich bei Professor Charcot vorstellen – ging er über den Boulevard du Montparnasse zurück zu seinem Hotel; da sah er sich zufällig in voller Lebensgröße in einer Schaufenster-

scheibe, Gesicht und Kleidung, Gestalt und Haltung. Zum Erstaunen der Passanten rief er laut aus:

»Mein Herz ist deutsch-kleinstädtisch und ist überhaupt nicht mit mir hier angekommen.«

Zum erstenmal seit seiner Ankunft an der Gare du Nord betrachtete er sich selbst ganz objektiv: seinen dicken österreichischen Anzug, der an eine Beerdigung erinnerte, den Hamburger Hut, den Wiener Bart, den schwarzen Seidenbinder, der spießig unter dem steifen weißen Kragen hervorschaute, den strengen, nüchternen Ausdruck seiner Augen, den verbissenen Zug um den Mund. Er gestand sich ein:

»Der Fehler ist bei mir selbst zu suchen. Ich falle hier als Fremder auf, nicht nur durch Kleidung, Bart und Akzent, sondern auch durch meine typisch deutschen Wertvorstellungen und Vorurteile. Als ich zugab, nicht mit dem Herzen hier zu sein, bedeutete es, daß ich nicht hier sein wollte. Ich mache die Stadt und ihre Einwohner für meine Einsamkeit, mein Fremdsein verantwortlich – aber wie sollte ich mich in Paris heimisch fühlen, nachdem ich vier Tage lang durch die Straßen gelaufen bin, unfähig, mit einer Menschenseele zu sprechen, eine unsichere Zukunft vor Augen?«

Mit einem leisen Lächeln auf den Lippen wandte er sich von dem Schaufenster ab.

»Verzeih mir, Paris, der Barbar war ich!«

2

Das Krankenhaus Salpêtrière lag am südöstlichen Ende von Paris, unweit der Gare d'Austerlitz, einen ordentlichen Fußmarsch von Sigmunds Hotel entfernt. Er hatte den Stadtplan von Paris studiert und festgestellt, daß es keine direkte Verbindung gab. Er nahm sich vor, später, wenn er mit der Umgebung besser vertraut war, nach Abkürzungen zu suchen. Nun wanderte er bis an die Ecke des Jardin du Luxembourg, dann die breite Rue Lhomond entlang bis zu einem Gewirr kleiner Straßen und Gassen, wo er ein paarmal nach links und nach rechts abbiegen mußte, ehe er über den belebten Boulevard St.-Marcel genau an den Haupteingang des Krankenhauses gelangte.

In der Salpêtrière fühlte er sich sofort heimisch. Genau wie Professor Brückes Physiologisches Institut war das Gebäude ursprünglich als Pulverturm errichtet worden. Später verwandelte dann ein königliches Edikt das scheunenartige Gebäude in ein Hôpital Général für verstoßene Frauen und Gebrechliche. Die Salpêtrière füllte sich mit den Prostituierten von ganz Paris; später beherbergten die dicken Mauern die Bettler der Stadt. Schließlich erhielt das Gebäude den Namen »Asyl« und öffnete seine Tore den Bedürftigen. Ein ganzer Gebäudeteil war zu einem Altersheim geworden; weitere Trakte für Krüppel und Unheilbare, für Kinder mit geheimnisvollen Leiden, für geisteskranke Frauen wurden angebaut. In den Krankensälen lagen Idioten, Paralytiker und Krebskranke durcheinander, oft zu dritt und zu viert in einem Bett. Im achtzehnten Jahrhundert kam ein Entbindungsheim für ledige Mütter dazu; sie mußten den zahlreichen Findlingen, die vom Armenbüro aufgelesen wurden, als Ammen dienen. Während des sechzehnten und siebzehnten Jahrhunderts gab es in der Salpêtrière so gut wie keine ärztliche Versorgung. Die Insassen wurden nur einfach untergebracht und verpflegt. Im achtzehnten Jahrhundert besuchten dann ein Arzt und ein Chirurg aus dem Hôpital Général regelmäßig zweimal in der Woche die Salpêtrière, um den beiden Heimärzten mit Rat und Tat zur Seite zu stehen. Aber erst als Dr. Jean-Martin Charcot 1862 Chefarzt wurde, entwickelte sich die Salpêtrière zu einem voll ausgebauten, normal funktionierenden Krankenhaus.

In dem Augenblick, da Sigmund Freud über das Kopfsteinpflaster der breiten, von Bäumen gesäumten Auffahrt das mittlere der drei Bogenportale mit ihren hohen, schmalen Fenstern, dem achteckigen Kuppeldach und der weißen Stuckdecke erreicht hatte, betrat er wieder eine vertraute Umgebung: quadratische Gebäude, gepflegte Höfe, Ärzte und Krankenschwestern, die geschäftig vorbeieilten.

Die Salpêtrière war, wie das Allgemeine Krankenhaus, eine in sich abgeschlossene Welt; sie bestand aus fünfundvierzig verschiedenen Gebäudeblocks auf einem Areal von dreißig Hektar, ringsum von einer hohen Steinmauer eingeschlossen. Sie war jetzt ständig mit sechstausend Patienten belegt. Selbst die dienstälteste Krankenschwester konnte sich nicht mehr erinnern, wann zuletzt ein Bett leergestanden hätte. Zwischen den Gebäuden lagen geräumige Höfe mit kiesbestreuten Wegen und alten Bäumen. Einige der Gebäude hatten weit vorspringende Dächer wie Schweizer Chalêts. Im Gegensatz zum Allgemeinen Krankenhaus führte eine Anzahl von Straßen und Wegen durch die Salpêtrière; wenn man von einer Abteilung in die andere gelangen wollte, brauchte man nicht wie in Wien mehrere Höfe zu durchqueren.

Sigmund erreichte Charcots Büro und erfuhr von einer Krankenschwester, die Herren Doktoren hätten sich zur allwöchentlichen *consultation externe* begeben, er möge sich dorthin bemühen. Sigmund fand rasch die getrennte Abteilung für die ambulanten Patienten, die sich zunächst zu einer Untersuchung hier einfanden. Er betrat einen kleinen Raum, in dem sich ein Dutzend Ärzte im Halbkreis um einen Untersuchungstisch drängten. Hinter dem Tisch stand Charcots Klinikchef Dr. Pierre Marie, ein noch junger, glattrasierter Mann. Sigmund gab seine Visitenkarte ab.

Dr. Marie sagte höflich: »Wollen Sie sich uns bitte anschließen, Herr Dr. Freud? Herr Professor Charcot wird jeden Augenblick hier sein und mit der Untersuchung beginnen.«

Sigmund setzte sich auf den letzten noch freien Stuhl. Die beiden Ärzte links und rechts von ihm nickten ihm zu. Es sollte für ihn ein Vormittag der Überraschungen werden.
Punkt zehn Uhr trat Professor Jean-Martin Charcot ein. Er war fast sechzig, groß, kräftig gebaut, breit in den Schultern. Er trug einen zweireihigen schwarzen Rock, der ihm bis an die Knie reichte, und einen Zylinderhut. Auch er war glattrasiert. Sein an den Schläfen schon graumeliertes Haar war streng aus der breiten, mächtigen Stirn zurückgekämmt. Sein Kopf wirkte überhaupt wie von einem Bildhauer modelliert: kräftige, buschige Augenbrauen, eine große, derbe Nase, die aber in dem breiten Gesicht nicht unproportioniert wirkte, flach anliegende, weit hinter den Schläfen ansetzende Ohren, volle Lippen, ein derbes, eckiges Kinn und dunkle Augen. Sigmund fühlte die enorme Kraft, die von diesen Zügen ausging, die doch ohne die leiseste Spur von Anmaßung oder Arroganz waren.
Er dachte: »Er wirkt wie ein Weltgeistlicher, von dem man sich viel Witz und Verständnis für ein gutes Leben erwartet.«
Bei Charcots Eintritt hatten sich die Assistenten und Gastärzte erhoben. Lächelnd bedeutete er ihnen mit einer eleganten Handbewegung, wieder Platz zu nehmen.
Für Sigmund Freud begann nun eines der erhebendsten Erlebnisse in seinem jungen Arztleben. Nachdem der jeweilige Patient so weit entkleidet war, wie es für die Untersuchung sein mußte, stellte Charcot die neurologische Diagnose, als befände er sich in seiner Privatordination. Diese Art von Improvisation hätte ein Wiener Professor niemals gewagt. Die Patienten litten schließlich nicht unter irgendwelchen Allerweltskrankheiten. Dr. Marie und Dr. Babinski hatten bei Voruntersuchungen bereits die interessantesten und schwierigsten Fälle herausgesucht. Charcot ließ sich von jedem Patienten genau die Entwicklung der Krankheit schildern, gliederte die Symptome sodann in neurologische Kategorien, stellte die Diagnose und gab Empfehlungen für die Behandlung. Sigmund hatte geglaubt, in der Neurologie einigermaßen bewandert zu sein. Aber nun hörte er mit ehrfürchtigem Staunen, wie Charcot laut dachte, bei seiner Analyse ähnliche Fälle anführte, wie er originelle Theorien über Ursache und Eigenart des vorliegenden Krankheitsfalles entwickelte. Wenn Charcot zu dem Schluß gelangte, sich bei seiner Beurteilung geirrt zu haben, dann gab er diesen Irrtum sofort zu und korrigierte sich.
Die erste Patientin war eine Frau in mittleren Jahren, die an Basedowscher Krankheit, dem exophthalmischen Kropf, litt; Charcot war der erste Arzt, der diese Krankheit in Frankreich bekannt machte. Er wies auf die Symptome hin: beschleunigter Puls, vorstehende Augen, Herzflattern, Muskelzittern, deutlich sichtbare Kropfentwicklung.
Dann folgte ein junger Arbeiter mit multipler Sklerose, begleitet von spastischer Paraplegie, Zittern und Sprachstörungen. Charcot erläuterte,

daß man klar zwischen dieser Krankheit und der Parkinsonschen Krankheit unterscheiden müsse. Um die Unterschiede aufzuzeigen, rief er eine ältere Frau herbei, die unter *paralysis agitans* litt. Er machte auf die deformierten Hände, die steifen, langsamen Körperbewegungen und den starren Gesichtsausdruck aufmerksam.
Als nächstes stellte Dr. Marie ein junges Mädchen vor, das unter Aphasie litt – der Unfähigkeit, zusammenhängend Worte zu formen. Statt dessen gab sie nur unverständliche Laute von sich. Darauf folgten Fälle von Stummheit, Herzstörungen und Bettnässen.
Gegen Ende der Demonstration stellte Dr. Marie eine fünfzigjährige Frau mit progressiver Muskelatrophie vor. Sigmund kannte die Symptome von Patienten, die er in Scholz' Klinik behandelt hatte. Nachdem Charcot den Fall analysiert hatte – erst kürzlich hatte er zusammen mit Dr. Marie darüber eine ausführliche Abhandlung veröffentlicht –, wandte er sich an den Halbkreis von Ärzten:
»Dies ist eine der furchtbarsten Krankheiten. Sie ist erblich und angeboren. Vom Augenblick der Geburt an gab und gibt es keinerlei Hoffnung auf Genesung.« Er wandte sich kurz ab, dann betrachtete er seine Schüler mit seinen sanften, dunklen Augen und sagte mit leiser, bewegter Stimme:

»Was haben wir getan, o Zeus, dies Schicksal zu verdienen?
Vermessen war der Väter Streben, doch was ist unsere Schuld?«

Besonders faszinierend für Sigmund war die Tatsache, daß Charcot von den Assistenten und Gastärzten während der Untersuchung der Patienten Einwände erwartete; sie sollten ihn unterbrechen, ihm widersprechen oder ihre eigene, andersgeartete Meinung äußern. In deutschsprachigen Ländern wäre so etwas unerhört gewesen. Dort galt der Professor als kleiner Herrgott, dessen Diagnose auch nicht im kleinsten Detail angezweifelt werden durfte.
Einmal schaltete sich ein Arzt aus Berlin ein:
»Was Sie da sagen, Monsieur Charcot, widerspricht doch der Theorie von Young-Helmholtz!«
Freundlich erwiderte Charcot: *»La théorie, c'est bon, mais ça n'empêche pas d'exister.* – Theorie ist gut und schön, aber sie ändert nichts an den Tatsachen.«
Kurz darauf machte einer der Assistenten eine ganz vernünftig klingende Zwischenbemerkung, die aber von Charcots Beurteilung abwich. Charcot antwortete:
»Ja – das klingt sehr klug, ist aber leider nicht richtig.« Dann wies er auf die weniger augenfälligen Aspekte des vorliegenden Falles hin und ermahnte seinen Assistenten ironisch, aber ohne Schärfe, sich eingehender damit zu befassen.
Ein belgischer Arzt fragte:
»Monsieur, wenn wir bei einem Patienten die Symptome nicht erkennen,

wie sollen wir dann genau wissen, inwieweit die Nervenstruktur geschädigt wurde?«
Charcot trat hinter dem Untersuchungstisch hervor und stellte sich mitten in den Halbkreis. Er war Sigmund so nahe, daß er ihn mit ausgestreckter Hand hätte berühren können. Er philosophierte:
»Für einen Menschen gibt es keine größere Befriedigung, als etwas Neues zu sehen. Das heißt, es als neu zu erkennen. Wir müssen zu Sehern werden. Wir müssen die Augen aufmachen und beobachten und sehen, bis wir schließlich die Wahrheit erkennen. Ich schäme mich nicht, Ihnen, verehrte Kollegen, einzugestehen, daß ich heute bei meinen Patienten Dinge sehe, die mir dreißig Jahre lang in meinen Krankenzimmern nicht aufgefallen sind. Wie kommt es, daß Ärzte immer nur das sehen, was zu sehen sie gelernt haben? Auf diese Weise erstarrt die medizinische Wissenschaft. Wir müssen schauen, beobachten, denken und meditieren. Wir müssen unserem Verstand erlauben, in jede Richtung zu schweifen, in die uns die Symptome führen.«
Am Ende der Untersuchungen reichte Dr. Marie dem Professor Sigmunds Karte. Charcot hielt sie eine Weile in der Hand, dann fragte er:
»Wo ist Monsieur Freud?«
Sigmund trat vor und überreichte Charcot ein Empfehlungsschreiben von Dr. Benedikt. Dieser Wiener Neurologe hatte in früheren Jahren mit Charcot zusammengearbeitet. Charcot lächelte erfreut, als er Benedikts Namen sah. Er trat beiseite, las den Brief und ging dann mit wohlwollender Miene auf Sigmund zu:
»*Charmé de vous voir!* Würden Sie mich bitte in mein Büro begleiten?«
Sigmund war überrascht, wie wenig Formalitäten es in der Welt der französischen Mediziner gab und wie leicht er sich damit zurechtfand. Er hatte der Begegnung mit Charcot mit einigem Bangen entgegengesehen – am vorangegangenen Morgen war er sogar schon einmal in der Salpêtrière gewesen, um am Tor feststellen zu müssen, daß er unverständlicherweise Dr. Benedikts Brief im Hotel vergessen hatte –, aber nun legte sich seine innere Unruhe augenblicklich.
Charcot führte Sigmund in sein Büro, dessen Wände und Möbel schwarz gestrichen waren. Nur ein einziges Fenster ließ Licht ein. An den Wänden hingen Stiche von Raphael und Rubens, daneben ein handsigniertes Porträt des bahnbrechenden englischen Neurologen Dr. Hughlings Jackson. Die Möblierung war sparsam: ein Garderobenschrank, ein kleiner Tisch mit einem Stuhl, mehrere Sessel für Besprechungen mit den Krankenhausärzten. Sigmund wußte bereits, daß Charcot in diesem kleinen schwarzen Zimmer zahlreiche jener Entdeckungen gemacht hatte, die der Neurologie den Rang einer systematischen medizinischen Disziplin verliehen hatten.
Charcot zeigte ihm das Laboratorium hinter seinem Büro. Es bot nur Raum für zwei Tische und ein Minimum an Geräten. Auch ophthalmologische

Experimente wurden hier durchgeführt. Eine Ecke konnte als Dunkelkammer abgetrennt werden. Charcot bemerkte halblaut:
»Jaja, ich weiß, das alles macht einen engen, unordentlichen Eindruck. Aber ich habe mich hier immer wohl gefühlt, da ich schon vor dreißig Jahren mit meinen ersten Experimenten begonnen habe, und damals stand mir als Laboratorium nur eine winzige Ecke in einem Flur zur Verfügung. Gehen wir hinauf zum nächsten Stockwerk. Ich möchte Ihnen unsere Station zeigen.«
Jean-Martin Charcot war in Paris zur Welt gekommen, als Sohn eines in bescheidenen Verhältnissen lebenden Wagners. Er hatte an der Medizinischen Fakultät der Sorbonne studiert und mit dreiundzwanzig Jahren promoviert. Bald darauf hatte er in einer bescheidenen Wohnung in der Rue Laffitte seine erste Praxis eröffnet, erklomm aber gleichzeitig die Leiter des Erfolgs in der Medizinischen Fakultät und in den Pariser Krankenhäusern. Der einschneidende Wendepunkt in seiner Karriere kam, als er zum erstenmal durch die Säle der Salpêtrière schritt, wo sich Tausende von Patienten in ihren Schmerzen wanden, ohne daß ihnen jemand zu helfen schien. Als Charcot die namenlosen Qualen dieser Geschöpfe ohne Hoffnung sah, erklärte er:
»*Faudrait y retourner et y rester.* – Ich muß hierher zurückkehren und hier bleiben.«
Als Charcot diese Erkenntnis kam, war er dreißig. Der Weg, den er sich vorgezeichnet hatte, war lang und mühevoll, aber er kämpfte sich durch. Als er siebenunddreißig war, durfte er sich endlich Médicin de l'Hospice de la Salpêtrière nennen. Niemand gab ihm Geld, keiner half ihm. Er selbst besorgte sich die ersten primitiven Apparate und richtete, wie er vorhin gegenüber Sigmund bemerkt hatte, in einem dunklen Korridor sein erstes Laboratorium ein. Er hatte bereits wichtige Entdeckungen auf dem Gebiet der pathologischen Anatomie der Erkrankungen von Leber, Nieren, Lungen, Rückenmark und Hirn gemacht. Als er mit seinen neurologischen Kursen begann, stellte ihm die Medizinische Fakultät für seine Vorlesungen bestenfalls eine leere Küche oder einen nicht mehr benötigten Apothekenraum zur Verfügung. Auch die Medizinstudenten zeigten nicht viel mehr Interesse. Im ersten Jahr nahm nur ein Arzt des Krankenhauses an den Vorlesungen teil.
Doch das alles konnte Jean-Martin Charcot nicht davon abhalten, durch eine Art stiller Revolution die Salpêtrière von Grund auf zu verändern und aus dem geschlossenen Asyl ein Krankenhaus zu machen, ein Zentrum der wissenschaftlichen Forschung, der Ausbildung junger Ärzte und der Erforschung neurologischer Krankheiten, von denen die meisten seit Anbeginn aller Zeiten als unergründliches Geheimnis galten. Er nahm an den Patienten eingehende klinische Untersuchungen vor, er teilte ein und klassifizierte, er analysierte bis ins kleinste Detail die Unterschiede

zwischen den tausend verschiedenen Leiden, er brachte die Patienten in getrennten Abteilungen unter und schrieb im Laufe der Jahre erst Hunderte, dann Tausende von Krankengeschichten; er veröffentlichte Artikel und Bücher über Schüttellähmung und fortschreitenden Rheumatismus, über arterielle Krämpfe, Gelenksabnutzung, Wirbelsäulenkrebs, die Auswirkungen von Harnsäure bei Arthritis und über Muskelatrophien, die später nach ihm benannt wurden. Sigmund Freud hatte einmal die Bemerkung über Charcot gehört: »Er erforscht den menschlichen Körper, wie Galilei den Himmel, Kolumbus die Meere, Darwin die Flora und Fauna dieser Erde erforschten.«

Als Sigmund nun an Charcots Seite durch die Krankensäle ging und beobachtete, wie der Professor an jedem Bett für eine kurze Unterhaltung verweilte, als er die Verehrung auf den Gesichtern der Kranken sah, da wurde ihm bewußt, daß diese Patienten, die teilweise seit Jahren hier lagen, Charcots Kinder waren und daß er sich für alle wie ein Vater verantwortlich fühlte. Viele der Fälle waren zwar unheilbar, aber Charcots Studien hatten so manchem dieser Patienten zumindest einen teilweisen Stillstand der Krankheit beschert. Unterwegs von einem Bett zum anderen erläuterte Charcot jeweils, worunter der einzelne litt: halbseitige Lähmung, Hirnblutung, Aneurysma, lokomotorische Ataxie. Es war nicht viel anders als im Allgemeinen Krankenhaus. Am häufigsten vertreten waren die höchst unterschiedlichen Lähmungen des einen oder anderen Körperteils.

Als sie sich dann wieder auf dem Rückweg ins Büro befanden, wandte sich Charcot Freud zu und sagte ernst:

»Sie haben das zwar bereits vernommen, Monsieur Freud, aber meine Einführungslektion bleibt Ihnen nicht erspart: Von Ihrem Aufenthalt in der Salpêtrière müssen Sie als *visuel* nach Wien zurückkehren.«

»Verzeihen Sie, daß ich so schlecht französisch spreche, Monsieur Charcot; aber die Grammatik Ihrer Sprache kenne ich recht gut. Wenn *voir* das Wort für ›sehen‹ ist, muß ›Seher‹ dann nicht *voyant*, Prophet, heißen?«

Charcot erwiderte augenzwinkernd:

»Ein Seher als Prophet ist jemand, dem göttliche Offenbarungen zuteil werden. Wenn ich mich göttlicher Eingebung rühmen dürfte, dann hätte ich nicht jahrelang diese ungezählten Fälle vor Augen gehabt, ohne sie begreifen zu können. Ich habe das Fortschreiten einer Krankheit jahrzehntelang beobachtet und mit peinlicher Sorgfalt kleine Mosaiksteinchen des Verstehens zusammengesetzt, bis ich schließlich das Bild der Wahrheit vor mir hatte, und auch das häufig erst nach der Autopsie. Deutet das auf eine Vision hin? Ist es nicht vielmehr das fleißige Erlernen eines Handwerks?«

Freud sagte voll ehrlicher Bewunderung:

»Sie gelten als Künstler in der Neurologie.«

Charcot strich sich sehr nachdenklich ein paar lose Haarsträhnen hinters Ohr.

»Sollte damit mein angeblicher sechster Sinn gemeint sein? Ich will Ihnen sagen, worin dieser sechste Sinn besteht, Monsieur Freud: in viel ehrlicher Beobachtung und unbeirrter Forschungstätigkeit, auch wenn diese in Widerspruch zu allen herkömmlichen Thesen gerät, in der Suche nach Antworten auf niemals gestellte Fragen!«
Als sie das Büro wieder erreicht hatten, sagte Charcot: »Ich würde Ihnen raten, alles übrige mit dem Chef de Clinique abzusprechen.«
»Monsieur Charcot, Sie waren sehr freundlich zu einem Neuling, einem Fremden.«
»In der Neurologie dürfen wir einander nie fremd sein, sondern *confrères*. Das verlangt die Arbeit.«
Sigmund entrichtete bei einem Verwaltungsangestellten eine Gebühr von drei Francs und bekam dafür den Schlüssel zu einem Spind im Laboratorium sowie ein *tablier*, eine Schürze, ausgehändigt. Als er wieder durch das Hauptportal schritt, nahm er die Quittung aus der Tasche; sie war für »M. Freud, *élève de médecin*« ausgestellt. Er jubelte:
»Dieses Französisch ist doch eine wunderbare Sprache! Ich brauche nur einen Accent aigu über das dritte ›e‹ anstatt über das zweite zu setzen, und schon werde ich von einem Schüler der Medizin zu einem berühmten, erhabenen Arzt befördert!«
Dann bemerkte er, wie hungrig er war. Ohne auf seine Würde zu achten, rannte er über den Boulevard de l'Hôpital hinüber zum nächstbesten Restaurant.
Am folgenden Morgen zeigte er Charcot einige seiner Wiener Präparate. Der Professor war sehr beeindruckt.
»Wie kann ich Ihre Arbeit hier am besten fördern, Monsieur Freud?«
»Ich brauche einige Gehirne von Kindern. Außerdem Material über sekundäre Degenerationen.«
»Ich werde den für die Autopsien zuständigen Professor entsprechend informieren.«
Sigmund schloß seinen Spind auf, zog den Rock aus und band sich die Schürze um. Dann trat er an den langen Arbeitstisch an der Rückwand des Laboratoriums, wo ihm ein Mikroskop zugewiesen worden war. Ein halbes Dutzend hiesige und auswärtige Ärzte waren bereits bei der Arbeit. Dr. Marie brachte ihm einige Gewebsproben. Sigmund kletterte auf seinen Hocker. Er konnte kaum seinen Ellbogen heben, ohne ihn dem Nebenmann in die Rippen zu stoßen. Er stellte das Mikroskop ein und drückte das Auge ans Okular. Was sah er darin? Wien, Meynerts Laboratorium, sich selbst auf einem Hocker, über ein Mikroskop gebeugt . . .
Er richtete sich auf und murmelte:
»Was für ein weiter Umweg nach Hause! Neurologie wollte ich hier studieren! Die Gehirne von Pariser Kindern sehen auch nicht anders aus als die von Wiener Kindern!«

3

Der wichtigste Tag der Woche war der Dienstag. Dann hielt Charcot seine wöchentliche Vorlesung im Amphitheater des Auditoriums mit den steil ansteigenden Bankreihen über der geräumigen Bühne, an deren Wand ein Ölgemälde hing: Pinel, wie er 1795 den Irren in der Salpêtrière die Ketten abnimmt. Charcots Vorlesungen waren derzeit in Paris am besten besucht; sie lockten eine große Anzahl von Medizinstudenten, Ärzten und interessierten Laien an.

Sigmund fand sich rechtzeitig ein, um noch einen Platz in den vorderen Reihen zu bekommen. Dann trat der Professor ein. Es war nicht der Mann, den Sigmund kennengelernt hatte, lebhaft, auch in ernsten Augenblicken zu einem Scherz aufgelegt. Dieser Mann mit dem Samtbarett wirkte feierlich, nüchtern und um zehn Jahre älter.

Zu beiden Seiten der Bühne und hinter seinem Rücken warteten die Medizinstudenten. Charcot begrüßte sie mit einer förmlichen Verneigung, dann wandte er sich dem überfüllten Amphitheater zu. Er hielt seine strenge, gründlich vorbereitete Vorlesung, die er vor seinen Mitarbeitern geprobt und nach gründlicher Besprechung der fachlichen Einzelheiten korrigiert hatte, fast aus dem Gedächtnis. Er sprach mit gedämpfter Stimme. Was er sagte, war stilistisch makellos, rhythmische französische Prosa. Die eigenen Erkenntnisse untermauerte er mit Zitaten aus deutschen, englischen, italienischen und amerikanischen Fachzeitschriften. Sigmund dachte an die formlos gehaltenen Vorlesungen, die er in Wien gehört hatte. Ihn beeindruckte nicht nur Charcots offenkundiges Bemühen, alle Plattheiten und Banalitäten zu vermeiden, sondern auch sein kühnes Konzept, nach dem eine medizinische Vorlesung hohe Literatur sein könne und müsse.

Ihm war bereits klargeworden, daß hier noch weitere Überraschungen auf ihn warteten. Als Professor Charcot bei seiner Vorlesung einen Punkt erreichte, an dem ihm selbst seine klaren Worte nicht mehr ausreichend erschienen, gab er ein Zeichen. Seine Assistenten führten eine Gruppe wartender Patienten, Männer und Frauen, auf die Bühne, die durchweg an derselben Krankheit litten. Charcot legte sein Manuskript aus der Hand, ging von einem Patienten zum anderen und zeigte, daß sie alle ähnliche Verformungen der Hüften, Beine oder Füße aufwiesen und alle einen schwerfälligen Gang hatten. Er ließ sie ihre Nachthemden ausziehen, um die entsprechenden Verbildungen zu zeigen; sie mußten sich bücken, hinknien, setzen und eine Reihe von Bewegungen ausführen, bis auch dem letzten Zuhörer das klinische Erscheinungsbild klargeworden war.

Andere Patienten wurden hereingeführt. Charcot gruppierte sie nach den unterschiedlichen Arten von Tremor und den verschiedenen Formen von Paralysen, um aufzuzeigen, in welchen wichtigen Punkten sie sich unterschieden. Nun verwandelte sich Charcot plötzlich in einen meisterhaften Mimen, einen jungen, lebhaften Mann. Er führte selbst eine Serie von Gesichtszuckung und Teillähmungen vor, demonstrierte die Muskellähmungen bei der Parkinsonschen Krankheit, zeigte an seiner eigenen Hand die Folgen einer Lähmung des *nervus radialis* und ahmte erschütternd naturgetreu die halb tierischen Laute nach, die aus den Kehlen von Aphasie-Opfern drangen.

Als der letzte Patient den Hörsaal wieder verlassen hatte, bauten Charcots Assistenten eine große Wandtafel auf. Sie brachten kleine Statuen und Gipsmodelle der Fälle herein, die Charcot im Laufe der Woche analysiert hatte, und befestigten an den Seitenwänden der Bühne Darstellungen, Zeichnungen und Diagramme. Mit farbigen Kreiden zeichnete Charcot die komplizierten Abschnitte des Nervensystems, in denen der Ursprung der Krankheiten zu suchen war, an die Tafel. Dann wurde der Raum verdunkelt. Charcot zeigte Fotos von Patienten mit sämtlichen Erscheinungsformen der durch die gerade besprochenen Krankheiten hervorgerufenen Mißbildungen.

Dann war die Demonstration beendet. Die Vorhänge wurden wieder zurückgezogen, damit das Tageslicht hereinfiel, Tafel, Modelle und Zeichnungen wurden weggeräumt. Professor Charcot nahm gelassen und würdevoll seinen Platz mitten auf der Bühne ein, rückte sich das Barett zurecht, wirkte wieder um zehn Jahre älter und verlas mit ruhiger Stimme die abschließenden Seiten seiner Lektion. Als er geendet hatte, erhoben sich Studenten und Hörer in respektvollem Schweigen. Kein Fuß, keine Wimper rührte sich, bis der Professor den Saal verlassen hatte. Erst dann war der fast hypnotische Bann gebrochen.

Benommen verließ Sigmund die Salpêtrière. Manchmal stolperte er, dann wandelte er wieder wie auf Wolken. Er kam an der Gare d'Austerlitz vorbei, überquerte die Seine auf dem Pont d'Austerlitz und fand sich schließlich an der Bastille wieder. Die Straßen waren um die Mittagszeit fast menschenleer. Ein Hochgefühl beherrschte ihn. Charcot hatte ihm eine neue Vorstellung von Vollendung vermittelt.

Das ungewöhnlichste Erlebnis erwartete ihn jedoch am darauffolgenden Montag. Charcot betrat das Auditorium und verkündete, er werde sich mit dem Thema der »männlichen Hysterie« befassen. Dr. Sigmund Freud, Privatdozent aus Wien, traute seinen Ohren nicht. In all den Jahren seiner medizinischen Fachausbildung hatte man ihn gelehrt, Hysterie käme nur beim weiblichen Geschlecht vor.

Ein fünfundzwanzigjähriger Kutscher, seit April in stationärer Behandlung, wurde auf die Bühne geführt. Er hatte einen Unfall erlitten und war vom Kutschbock auf die rechte Schulter und den rechten Arm gestürzt. Der Sturz war zwar schmerzhaft gewesen, hatte aber keine sichtbaren Verletzungen hinterlassen. Sechs Tage später mußte der Kutscher Porcz

nach einer schlaflosen Nacht plötzlich feststellen, daß sein rechter Arm bewegungsunfähig herabhing; nur die Finger konnte er noch rühren. Ein Assistent hob ihm den Arm hoch; er fiel wieder schwer und leblos herab. Charcot demonstrierte, daß der Arm gegen Schmerz, Hitze und Kälte unempfindlich war.
Charcot wandte sich an die Zuhörer: »Stellen wir fest: Es liegt eine absolute motorische Lähmung von Schulter und Arm vor, verbunden mit einer völligen Gefühllosigkeit der Haut. Aber wir müssen feststellen, daß der mangelnde Gebrauch des Arms nur zu einer minimalen Atrophie geführt hat. Die Reflexe sind normal. Diese Überlegungen lassen uns von dem Gedanken an eine Hirnrindenverletzung, eine Rückenmarksverletzung oder eine Verletzung der peripheren Nerven Abstand nehmen. Womit haben wir es also zu tun?«
Sigmund beugte sich sprachlos vor. Charcot schloß:
»Hier liegen zweifellos keine zerstörenden, keine organischen Verletzungen vor, die sich mit unseren heutigen Mitteln anatomisch nachweisen ließen und die wir in Ermangelung eines treffenderen Ausdrucks als funktionell bezeichnen.«
Während Porcz hinausgeführt und der nächste Patient geholt wurde, versuchte Sigmund Ordnung in das Durcheinander seiner Gedanken zu bringen. Charcot hatte bewiesen, daß Schulter und Arm keinen physischen Schaden genommen hatten; eine echte Paralyse konnte demnach nicht vorliegen. Der Unfall hatte dem Kutscher einen Schock versetzt. Die Lähmung war eine Folge dieses Schocks, dieses Traumas, und nicht der Armverletzung. Da bei dem Sturz der Kopf nicht in Mitleidenschaft gezogen worden war und Porcz nicht einmal das Bewußtsein verlor, konnte auch keine physische Schädigung des Hirns vorliegen. Das also war »männliche Hysterie«. Sigmund wurde lebhaft an die Krankenschwester bei Scholz erinnert, die Pollak mit Hilfe von Suggestion und einer kleinen Wasserinjektion geheilt hatte.
Und dennoch – Hunderte von Männern erlitten kleine Unfälle, verletzten sich die Schulter oder ein Knie, fühlten für ein paar Tage Schmerzen und vergaßen den Zwischenfall dann wieder. Warum hatte der Unfall bei Porcz eine Lähmung zur Folge?
Der nächste Patient war ein zweiundzwanzig Jahre alter Maurer. Seine Mutter und zwei seiner Schwestern waren hysterisch. Drei Jahre vor seinem ersten Anfall hatte er Rinde vom Granatapfelbaum eingenommen, um sich von einem Bandwurm zu kurieren. Der Anblick des Bandwurms in seinen Exkrementen hatte ihn so sehr entnervt, daß er einen Kolikanfall erlitten und an allen Gliedern gezittert hatte. Zwei Jahre später wurde bei einem Streit ein Stein nach ihm geworfen. Er verfehlte ihn zwar, aber der junge Mann zitterte wieder und hatte alptraumhafte Visionen von seinem abgegangenen Bandwurm. Fünfzehn Tage darauf erlitt er den ersten Anfall

von Krämpfen, die in regelmäßigen Abständen wiederkehrten. Am Tag nach seiner Einlieferung in die Salpêtrière hatte er hintereinander fünf Anfälle. Die Untersuchung ergab einen Verlust des Empfindungsvermögens, eine Einengung des Sehbereichs und – laut Charcot – »eine fast perfekte Nachahmung alle Symptome einer partiellen Epilepsie«. Zum Zweck der Demonstration übte Charcot einen leichten Druck auf einen der beiden spasmogenen Punkte dicht unterhalb der falschen Rippe auf der rechten Seite des Brustkorbs aus.

Vor Sigmunds Augen klagte Lyons über epigastrische Verkrampfungen und dann über einen »Kloß im Hals«. Seine Zunge versteifte sich und zog sich zurück. Er verlor das Bewußtsein. Krankenwärter legten ihn auf eine Pritsche. Seine Arme waren ausgestreckt, aber seine Beine blieben schlaff. Dann setzten epileptische Zuckungen ein; Arme und Beine bebten. Er wurde von Gesichten heimgesucht und schrie:

»Schuft! Preuße! Mit Steinen werfen! Er will mich umbringen!«

Er setzte sich, immer noch bewußtlos, auf und versuchte, sich von einem eingebildeten Bandwurm zu befreien, der sich um sein Bein ringelte. Als er ins nächste epileptische Stadium hinüberglitt, drückte Charcot auf denselben hysterogenen Punkt unterhalb der falschen Rippe, und Lyons erwachte. Er wirkte benommen, schwor jedoch, sich nicht erinnern zu können, was geschehen war. Die Pfleger brachten ihn in sein Zimmer zurück.

Charcot beschloß seine Vorlesung über »Hystero-Epilepsie« mit dem Versprechen, ein Dutzend weiterer Fälle vorzuführen.

Als alle anderen gegangen waren, blieb Sigmund allein im leeren Halbrund des großen Amphitheaters sitzen, das ihn wie ein schützender Mantel umgab.

Er war zutiefst erschüttert. Woher hatte Charcot nur dieses phantastische Wissen, wo doch die ausgezeichneten Ärzte in Österreich und Deutschland noch vollkommen ahnungslos waren? Paris und Wien trennten nur ein paar hundert Kilometer, doch was die Hysterie bei Männern anbetraf, hätte Wien ebensogut irgendwo im höchsten Bergland Afghanistans liegen können.

Er mußte an seine vierzehn Monate in der Nervenklinik von Primarius Scholz zurückdenken. Dort waren alle Paralytiker, Patienten mit eigenartigen Anfällen, andere, denen die Schmerzempfindung abhanden gekommen war – in der Sprache der Neurologen »Anästhesie« genannt –, als Fälle von somatischen Störungen betrachtet und entsprechend behandelt worden; sie litten angeblich an organischen Erkrankungen. Während er sich einzelne Fälle vor Augen führte, fielen ihm beunruhigende Einzelheiten ein. Bei einem Mann waren die Beine gelähmt, aber er konnte die Zehen bewegen; ein Stummer fand ohne jeden ersichtlichen Grund die Sprache wieder; bei einem anderen Patienten waren Kopf und Arme scheinbar gelähmt, er

konnte jedoch ohne Schwierigkeiten atmen, was anatomisch unmöglich war, da bei einer Kopflähmung auch das Zwerchfell gelähmt sein mußte. Sigmund erhob sich mit einem Gefühl innerer Leere. Als er zur Tür ging, mußte er an die Worte denken, die Charcot gesagt hatte, als er vor dreißig Jahren zum erstenmal durch die verkommenen Räume der Salpêtrière geschritten war:
»Ich muß hierher zurückkehren und hier bleiben.«

4

Er war im Hôtel de la Paix recht bequem untergebracht, wenn man bedenkt, daß stille Junggesellenbuden überall auf der ganzen Welt gleich nüchtern und spartanisch sind. Seine Mahlzeiten nahm er allein in den beliebten Studentenrestaurants ein, die einfache, aber reichliche Kost servierten. Wenn er nicht im Krankenhaus arbeitete, verbrachte er einen guten Teil seiner Zeit im Louvre oder in Notre-Dame auf der Ile de la Cité; dort stieg er häufig zur Aussichtsplattform dicht unterhalb der Turmspitze hinauf. Von hier aus hatte man einen atemberaubenden Blick auf die Seine, die sich in weitem Bogen am Invalides vorbei zum Bois de Boulogne im Südwesten der Stadt hinzog. Er hatte zwar außerhalb des Krankenhauses keine Freunde, aber er war in Paris verliebt, und das entschädigte ihn für die vielen einsamen Stunden. Es gab ihm ein besonderes Gefühl der Befriedigung, als er einmal an der Kirche von St.-Germain-des-Près vorbeikam und in Deutsch dachte und dann, als er die andere Seite des Boulevards erreichte, plötzlich feststellte, daß er in Französisch dachte.
Das alles sollte sich ändern. Er war seit zwei Wochen in der Salpêtrière, als ihn eines Morgens auf dem Weg ins Krankenhaus plötzlich ein heftiger Novemberregen überraschte. Die Kollegen in Professor Charcots Laboratorium liehen ihm trockene Kleidung und ein Paar Pantoffeln. Er traf etwas verspätet bei der *consultation externe* ein und mußte sich einen Platz hinter dem Halbkreis von Ärzten suchen. Da erblickte er vor sich einen schmalen Kopf, der nur noch schütteres, blondes Haar aufwies. Als der Besitzer sich umdrehte und ihm freundlich lächelnd zunickte, erkannte Sigmund seinen Kollegen Darkschewitsch aus Moskau, mit dem er in Meynerts Laboratorium zusammengearbeitet hatte; er hatte Sigmunds Publikation über die Goldchloridmethode ins Russische übersetzt.
Nach der Konsultation lud ihn der große, hagere, melancholische Slawe in sein Zimmer ein und bewirtete ihn mit Brot, Käse und ausgezeichnetem russischem Tee. In Wien hatten sie einander nie sehr nahe gestanden, aber hier begrüßten sie einander sofort wie gute alte Freunde. Ihre Bindung wurde noch enger, als Sigmund erfuhr, daß auch Darkschewitsch seit Jahren mit einem Mädchen verlobt war, das er von ganzem Herzen liebte,

aber erst heiraten konnte, wenn er seine Ausbildung abgeschlossen, ein Lehrbuch darüber geschrieben und den versprochenen Lehrstuhl an der Moskauer Universität erhalten hatte.
Darkschewitsch machte ihn mit einem anderen Russen bekannt, der ebenfalls bei Charcot studierte. Klikowicz, Assistent beim Leibarzt des Zaren, kannte sich in Paris schon sehr gut aus und zeigte Sigmund, daß man in einer *crémerie* für dreißig Centimes das kaufen konnte, wofür man in einem Restaurant sechzig bezahlen mußte. Er führte ihn auch in einigen kleinen, als Familienbetriebe geführten Restaurants ein, in denen man billig, aber sehr gut essen konnte. Klikowicz war jung, lebhaft, gescheit und liebenswürdig. Sie radebrechten in einem furchtbaren Französisch miteinander und machten sich eines Abends gemeinsam zum Theater Porte St.-Martin auf, um Sarah Bernhardt in Sardous »Theodora« zu bewundern. Sigmund empfand das viereinhalb Stunden dauernde Stück als schwülstig und viel zu lang. Als sie in der Pause auf der Straße standen, die frische Nachtluft genossen und Orangen aßen, sagte er zu Klikowicz:

> »Aber wie spielt diese Sarah! Nach den ersten Worten einer innigen, lieben Stimme war mir, als hätte ich sie seit jeher gekannt. Ich habe nie eine komischere Figur gesehen als Sarah Bernhardt, aber jeder Zoll an diesem Figürchen lebte und bezauberte. Dann ihr Schmeicheln und Bitten und Umarmen: es ist unglaublich, wie sie sich um eine Person schmiegt, wie sie mit jedem Glied und jedem Gelenk agiert.«

Klikowicz lachte. »Das klingt wie eine Anatomie-Vorlesung. Wir alle sind in die Bernhardt verliebt, da kann das Stück noch so schlecht sein.«
Dann nahm sich ein älteres Ehepaar seiner an. Er war ein in Wien ausgebildeter Neurologe italienischer Herkunft namens Richetti, sie stammte aus Frankfurt. Die beiden waren von Wien nach Venedig übersiedelt, wo Richetti – wie er Sigmund erzählte – so erfolgreich war, daß er sich ein Vermögen von einer Viertelmillion Francs zurücklegen konnte. Seine Frau, die ziemlich hausbacken war, hatte eine riesige Mitgift in die Ehe gebracht. Das kinderlose Ehepaar lebte nun allein in Paris; sie bestanden darauf, Sigmund täglich zu Duval zum Mittagessen einzuladen. Er genoß es, bemuttert zu werden. Am Sonntag besuchten sie gemeinsam die Messe in Notre-Dame.
Am Montagmorgen kaufte sich Sigmund Victor Hugos »Notre-Dame de Paris«, ein Buch, das er bereits in Wien gelesen hatte, das ihm aber jetzt ein völlig neues Verständnis von Paris und den Franzosen vermittelte.
Die anatomische Forschungsarbeit im Laboratorium lief für Sigmund nur langsam an, obgleich ihn der berühmte Histologe Dr. Louis Ranvier persönlich willkommen geheißen und anerkennende Worte über seine Arbeit gefunden hatte. Er kam mit seinen Kinderpräparaten nicht weiter. Vielleicht lag das daran, daß er so sehr von Charcot eingenommen war. Der Professor vermittelte ihm nicht nur eine unschätzbare Ausbildung in

Neurologie und männlicher Hysterie, sondern berichtigte auch in freundlicher Weise sein Französisch und gestattete ihm, klinische Studien interessanter Fälle in den Krankenhausstationen aufzunehmen. Er erlebte Stunden tiefer Niedergeschlagenheit, fühlte sich als Fremder und sehnte sich nach Martha. Hinzu kamen die ständigen Sorgen mit dem »verflixten Geld«. Er tat etwas, das in seinen Augen ein großer Leichtsinn war. In einer Buchhandlung auf dem Boulevard St.-Michel wollte er sich ein »Mémoire« von Charcot kaufen, dessen Preis mit fünf Francs angegeben war. Leider war das Buch vergriffen. Statt dessen ließ er sich von dem Buchhändler zu einem Abonnement auf alle Bände von Charcots »Archives« überreden. Die »Archives« selbst kosteten sechzig Francs, für das Abonnement mußte er noch zwanzig Francs dazulegen.
Als er dann den Impasse Royer-Collard erreichte und die schmalen Treppen zu seinem kleinen Zimmer hinaufstieg, hätte er sich am liebsten geohrfeigt. Jeden Tag legte er einen oder zwei Francs beiseite, um davon Weihnachtsgeschenke für Martha und ihre Angehörigen zu kaufen, die so freundlich zu ihm gewesen waren. Und hier hatte er sinnlos das Geld zum Fenster hinausgeworfen – obgleich Charcots »Archives« ihm bei seiner Arbeit natürlich unschätzbare Dienste leisten würden.
Das Geld ging ihm früher aus, als er sich ausgerechnet hatte. Er wußte, daß nur er selbst daran schuld war, da er nicht so bescheiden gelebt hatte, wie es vielleicht möglich gewesen wäre. Aber wenn er schon in Paris war, dann mußte er doch wenigstens in der *Opéra Comique* gewesen sein, um Alexander davon berichten zu können; nach Eisenbahnen war die Operette die größte Leidenschaft seines Bruders. Mußte er nicht einfach in die *Comédie Française* gehen, um dort das reinste Französisch zu hören, das auf der ganzen Welt gesprochen wurde? Wie konnte er auf die Fahrt nach Versailles verzichten? Solche Gelegenheiten boten sich ihm vielleicht nie wieder in seinem ganzen Leben.
Er seufzte: »Ach was, irgendwie wird's schon weitergehen.«

In der ersten Dezemberwoche setzte schlechtes Wetter ein. Aus einem schiefergrauen Himmel goß es wie aus Kannen; dann kam ein so plötzlicher Kälteeinbruch, daß die Nässe auf den Bürgersteigen gefror und jeder Schritt zu einer akrobatischen Leistung wurde. In einer fremden Stadt schien die Kälte durchdringender zu sein als daheim.
Am ersten Sonntag im Dezember stellte Sigmund bei gewissenhafter Überlegung fest, daß dies sein letzter Monat in Paris sein werde; er konnte noch zu Weihnachten nach Wandsbek fahren und sich anschließend einige Tage in Berlin aufhalten, aber dann mußte er nach Wien zurückkehren. Einen Tag später erwähnte Charcot bei seiner Montagsvorlesung nebenbei, er hätte schon längere Zeit nichts mehr vom Deutsch-Übersetzer seiner Vorlesungen gehört. Sigmund fühlte sich wieder in die Psychiatrische

Klinik zurückversetzt, als Professor Meynert gerade sein Buch über Psychiatrie vollendet hatte und der junge amerikanische Arzt Barney Sachs sich für die englische Übersetzung anbot. In den darauffolgenden Monaten war es keinem der anderen Ärzte gelungen, sich Meynert zu nähern, da dieser all seine Aufmerksamkeit Dr. Sachs geschenkt hatte. Ob Sigmund mit den Übersetzungshonoraren vielleicht die restlichen Monate in Paris, die er so dringend brauchte, finanzieren konnte?

Beim Mittagessen sagte er zu Dr. Richetti und dessen Frau:

»Mir ist da eine Idee gekommen. Heute hat Monsieur Charcot erwähnt, sein Deutsch-Übersetzer sei verschwunden. Glauben Sie, ich könnte ihn um die Erlaubnis bitten, den dritten Band seiner ›*Leçons*‹ zu übersetzen? Ich könnte ihm erklären, daß ich im Französischen nur an einer motorischen Aphasie leide; er soll nicht glauben, daß ich seine Sprache so schlecht verstehe, wie ich sie spreche.«

Madame Richetti antwortete im Ton mütterlicher Begeisterung: »Das sollten Sie ganz gewiß versuchen!«

Sie befaßten sich eine Stunde lang damit, den Brief aufzusetzen. Sigmund erwähnte darin die großen Dienste, die seinen Kollegen im deutschen Sprachraum damit geleistet würden.

Wenige Tage später nahm ihn Charcot beiseite.

»Ich bin sehr gern bereit, Ihnen die Übersetzung meines dritten Bandes ins Deutsche zu übertragen, und zwar nicht nur der ersten Hälfte, die in Französisch bereits erschienen ist, sondern auch des zweiten Teils, der noch nicht zum Druck freigegeben ist und von dem Sie einige Vorlesungen gehört haben.«

Am Nachmittag schrieb Sigmund an Deuticke und bot ihm die deutschen Rechte an. Der Vertrag kam postwendend in Paris an. Sigmund ging damit zu Professor Charcot. Gemeinsam überprüften sie jede Klausel des Vertrags. Es schien Charcot zu freuen, daß der Verleger so spontanes Interesse gezeigt hatte.

»Aber ich lese in diesem Vertrag nichts über Ihr Übersetzungshonorar, Monsieur Freud«, sagte der Professor. »Das muß doch auch festgelegt werden, nicht wahr?«

»Sicher, Monsieur Charcot. Ich werde vierhundert Gulden verlangen. Das bringt mich wieder um einige Monate weiter.« Er sah ernst von den Papieren auf. »Und es verschafft mir das große Vergnügen, nach Weihnachten zu Ihren Vorlesungen zurückkehren zu können.«

»*Bon*. Ich möchte Sie bei Ihrer Übersetzung unterstützen. Ich weiß, wie schwer es für einen deutschsprachigen Arzt ist, meine These der männlichen Hysterie zu akzeptieren. Sie werden Gelegenheit haben, noch eine ganze Anzahl weiterer Fälle zu sehen, die dieses seltsame Phänomen aufweisen. Dann wird es Ihnen vielleicht gelingen, Ihre *confrères* an der Universität Wien zu überzeugen.«

5

Das Weihnachtsfest nahte, und es wurde endgültig Winter. Sigmund kaufte eine Schachtel *Chocolat Marquis* für Minna und ein französisches Kopftuch für Frau Gehrke, die Putzfrau; da der Zug über Köln fuhr, wollte er dort für Frau Bernays eine Flasche Eau de Cologne kaufen. Martha hatte er ein Armband in Form einer goldenen Schlange versprochen, »weil alle Dozentenfrauen eines tragen, um sich von den Frauen der einfachen Ärzte zu unterscheiden«. Aber das Geld reichte nicht für das goldene Armband. Deshalb erstand er in der Rue de la Paix eine silberne Schlange, die man sich ohne Schloß über das Handgelenk schieben konnte. Damit erfüllte er sein Versprechen wenigstens teilweise.

Fünf Tage vor Weihnachten – das Wetter war glücklicherweise trocken und sonnig geworden – zog er aus dem Hôtel de la Paix aus und stellte sein Gepäck bei dem Ehepaar Richetti unter. Die Richettis liehen ihm einen Koffer und ein Reiseplaid für die lange Zugfahrt. Für die Zeit nach den Ferien hatte er ein hübscheres Zimmer im Hôtel de Brésil gefunden, nur einen Häuserblock vom Impasse Royer-Collard entfernt; von hier aus waren es nur wenige Schritte zu dem bunten, geschäftigen Boulevard Saint-Michel.

Er freute sich schon sehr darauf, mit Martha und Minna plaudern zu können. Seit seiner Ankunft in Paris hatte er nur mit zwei Frauen gesprochen: mit Madame Richetti und Frau Dr. Kreisler, der Frau des alten Hausarztes der Familie Freud in Wien. Sie hatte ihren Sohn Fritz nach Paris gebracht, in der Hoffnung, daß er hier zu einem Violinvirtuosen werden könnte. Natürlich gab es genug Mädchen auf den Straßen, aber sie erschienen Sigmund nicht so hübsch wie die jungen Wienerinnen, die über die Kärntner Straße flanierten. Sigmund hielt es für angebracht, darüber lieber nichts nach Hause zu schreiben.

Frau Bernays hatte ihm angeboten, im Hause zu wohnen. Er schlief im Gästezimmer, auf demselben Flur wie Martha. Jeden Morgen stand er sehr früh auf und weckte Martha mit Küssen. Sobald Minna ihre Stimmen hörte, kam sie aus der Küche und brachte auf einem Tablett Kaffee und gekochte Milch in silbernen Kännchen sowie einen Teller frische Hörnchen, Butter und Marmelade. Nachdem sich Martha gewaschen und ihr langes braunes Haar gebürstet hatte, machte sie es sich noch einmal in den Kissen bequem; die beiden anderen saßen dann auf dem Fußende des Bettes und unterhielten sie mit munteren Geschichten. Natürlich war das gegen jede gute Sitte und wäre von den gestrengen Hamburger Bürgern sofort verurteilt worden. Aber Frau Bernays drückte ein Auge zu und bezeichnete diese Ungehörigkeiten gutmütig als »Wiener-Pariser Schlamperei«.

Sie gingen in den winterlich kahlen Wäldern spazieren, bis an die Ohren in dicke Mäntel eingehüllt. Wenn es regnete, saßen sie vor dem offenen

Kamin im Wohnzimmer und lasen einander etwas vor. An sonnigen Tagen fuhren sie nach Hamburg hinein und mischten sich unter die festlich gestimmte Menge.

Als Martha ihm am Tag vor Weihnachten zum Fünf-Uhr-Tee seinen geliebten Gugelhupf mit viel Rosinen und süßen Mandeln servierte, stellte sie ganz ruhig die Frage: »Wie lange noch, Sigi? Wie sehen deine Pläne aus?«

Er streckte vor dem Kaminfeuer behaglich die Beine aus und entspannte sich; sie waren gerade noch rechtzeitig vor einem heftigen Regenguß nach Hause gekommen. Dann sah er sie an. Martha war jetzt vierundzwanzigeinhalb Jahre alt. Vor dreieinhalb Jahren hatte sie sich bereit erklärt, auf ihn zu warten. Sie war in dieser Zeit gereift. Aus dem erwartungsvollen, auf das Leben neugierigen Mädchen war eine junge Frau geworden. Ihre Augen wirkten größer und ausdrucksvoller, das Oval ihres Gesichts war schmaler geworden, ihre Frisur mit dem Mittelscheitel ein wenig strenger. Er beugte sich hinüber und gab ihr einen innigen Kuß. Sie legte ihm die schlanken Arme um den Nacken und erwiderte voll Glut seine Umarmung. »Wann, Martha? Laß dir erklären, was ich vorhabe. Zunächst bleibe ich noch zwei Monate bei Charcot. Ich möchte mich so eingehend wie möglich mit den Hysteriefällen beschäftigen und gleichzeitig meine Übersetzung der ›Leçons‹ abschließen. Danach gehe ich für einen Monat nach Berlin, um an der Charité die Behandlungsmethoden hysterischer Paralysen und im Kaiser-Friedrich-Hospital die Behandlung neurologischer Fälle bei Kindern zu studieren. Dann kehre ich nach Wien zurück, erstatte meinen fälligen Reisebericht, eröffne meine erste Praxis und übernehme auf Vorschlag von Dr. Kassowitz die Leitung der Neurologischen Kinderabteilung im Ersten Öffentlichen Kinder-Krankeninstitut. Die Arbeit im Institut ist zwar ehrenamtlich, aber es stellt mir Material für meine Forschungen und Veröffentlichungen zur Verfügung. Ein weiterer Vorteil liegt darin, daß ich auf diese Weise meinen Ruf als Spezialist festigen kann. Ich werde versuchen, mein Monatseinkommen so rasch wie möglich zu steigern, bis ich die zweihundertfünfzig Gulden verdiene, die zum Unterhalt eines Hausstands und einer Praxis nötig sind.«

»Wie lang kann das noch dauern, Sigi?«

»Vermutlich bis Ende des nächsten Jahres. Höchstens bis zum darauffolgenden Frühjahr. Auf lange Sicht hängt die Praxis eines Arztes von seinem Können ab; am Anfang braucht er etwas Glück. Es ist genauso ein Glücksspiel wie Tarock oder die Pferderennen im Prater.«

Martha saß neben ihm auf dem Fußboden, einen Arm leicht auf seine Knie gestützt. Als sie wieder den Kopf hob, zeigte ihr Gesicht einen nachdenklichen Ausdruck.

»Ich gehöre zu denen, über die Milton sagt: ›Auch jene dienen, die nur dastehen und warten.‹ Sigi, du hast einmal gesagt, draufgängerisch müsse

man in der Jugend sein; wer sich in gesetztem Alter noch auf Abenteuer einließe, bewiese damit mehr Verzweiflung als Glaube. Ich fürchte das Risiko nicht. Ich glaube, daß du diese zweitausendachthundert Gulden im Jahr schneller verdienen wirst, wenn du verheiratet bist, als wenn du Junggeselle bleibst und auf dich allein gestellt bist.«
Er spielte mit der silbernen Schlange an ihrem Gelenk und schwieg.
Am Morgen des Weihnachtstages bat die kräftige, robuste Minna Sigmund, mit ihr einen kleinen Spaziergang zu machen. Sie gingen durch den kleinen Park gleich gegenüber am Steinpilzweg. Die Kirche war zwar mit Gläubigen gefüllt, aber der Park mit seinen kahlen Bäumen und den schneebedeckten Pfaden lag menschenleer da.
»Sigi, ich habe von Ignaz nichts mehr gehört, seit du ihn im vorigen Sommer gesehen hast. Es bricht mir das Herz, nicht bei ihm sein zu können, gerade jetzt, wo er mich doch braucht . . . «
»Minna, Ignaz' Krankheit hat seine Seele und seinen Willen gebrochen, ehe sie seinen Körper zerstörte. Deshalb hat er die Verlobung mit dir gelöst. Er ist zu erschöpft, um noch an Liebe zu denken.«
»Aber wie kann er denn so schwer krank sein, wenn er in Baden noch mit dir im Theater war, eine Zigarre rauchte und vergnügt war?«
»Das ist die Eigenart dieser Krankheit. Wenn uns im Krankenhaus ein Tb-Patient erklärt, daß es ihm ausgezeichnet geht und er morgen nach Hause möchte, dann wissen wir, daß er morgen um dieselbe Zeit tot sein wird.«
»Dann muß Ignaz also sterben?«
»Ich wollte mich nicht mit dem Ergebnis meiner eigenen Untersuchung zufriedengeben. Zwei Tage später habe ich Dr. Müller mit nach Baden hinausgenommen. Du mußt dich seelisch darauf vorbereiten, Minna: Jetzt kann täglich die Nachricht von Ignaz' Tod eintreffen.«
Minna wandte sich ab, um ihre Tränen vor ihm zu verbergen. Er legte ihr tröstend den Arm um die Schulter.
»Minna, du bist doch noch so jung, gerade erst zwanzig. Das Schicksal hat dir und Ignaz einen harten Schlag versetzt. Für dich wäre es leichter gewesen, wenn ihr hättet bis zum Ende beisammen sein können; dann hättest du nur seinen Tod betrauern müssen.« Er zog sie an sich heran und wischte ihr die Tränen aus den Augenwinkeln. »Minna, du hast noch ein langes Leben vor dir. Es wird dir eine neue Liebe begegnen. Sobald Martha und ich verheiratet sind, mußt du nach Wien kommen und zu unserem kleinen Kreis gehören.«
Sie schmiegte sich eine Weile an ihn und legte den Kopf an seine Schulter. Dann durchlief sie ein Zittern, und sie richtete sich resolut auf.
»Gehen wir. Martha wollte inzwischen den Rotweinpunsch bereiten. Der wird wenigstens die äußeren Bereiche unserer Seele ein wenig anwärmen.«

6

Das Hôtel de Brésil war wesentlich luxuriöser als das Hôtel de la Paix. Sigmund Freud hatte von seinem Zimmer aus einen Blick über die Rue de Goff. Es war zwar nicht größer als seine bisherige Unterkunft, aber höher; Bett und Tisch an der einen Wand und der Sekretär gegenüber waren von besserer Qualität. Auf dem Fußboden lag ein Teppich, rote Samtvorhänge waren vor den Fenstern drapiert, in einer Ecke verbargen sich hinter einem Wandschirm Bidet und Waschtisch. Der einzige Schmuck des Zimmers, ein Spiegel gegenüber dem Bett, erwies sich als ein recht zweifelhafter Vorteil: Als er am ersten Morgen erwachte, erschrocken hochfuhr und im ersten Augenblick nicht wußte, wo er sich befand, sah er sein Spiegelbild – mutterseelenallein, ein »möblierter Herr«, ohne seine Braut in derselben Etage, die er mit einem Kuß wecken konnte.

»Ich bin ein hoffnungsloser Philister«, dachte er, während er seine dunklen Augen und das vom Schlaf zerzauste Haar betrachtete. »Einem freien, mutigen jungen Mann stehen doch so viele reizvolle und romantische Abenteuer offen, und ich wünsche mir nichts weiter als Martha zur Frau, ein Heim, Kinder und ein ausreichendes Einkommen.«

Den Neujahrstag verbrachte er über seiner Charcot-Übersetzung. Es war für ihn eine angenehme Beschäftigung, denn wenn er die geschriebenen Zeilen las, klang ihm gleichzeitig die Stimme des Professors im Ohr, wie er in seinem Auditorium die Vorlesung hielt. Am selben Abend schrieb er noch an seine Eltern und Freunde in Wien und wünschte ihnen ein glückliches Jahr 1886: Breuer, Paneth, Fleischl und Koller. Er schloß seine Glückwünsche an diesen mit der Zeile: » . . . und trinke eins auf Dein Gedeihen.« Nur hatte er nichts anderes zu trinken als das Wasser aus dem Krug. Es erschien ihm als eine ziemlich triste Geste, das Wasserglas in einem stummen Toast zur Stuckdecke zu erheben.

Am nächsten Tag kehrte er in die Salpêtrière zurück und begann mit der Arbeit an einer Gruppe von Neurosen, die aus einem Trauma entstanden waren, das der Engländer Erichsen erst kürzlich »Eisenbahnrückgratslähmung« genannt hatte. Die Zunahme der Bahnreisen in England, Europa und Amerika brachte verhältnismäßig häufige Unfälle mit sich; so hatte sich eine neue Nervenkrankheit entwickelt. Fünf französische Ärzte hatten Abhandlungen darüber geschrieben. Putnam und Walton in Amerika und Page in England hatten nachgewiesen, daß Fälle von »Eisenbahnrückgratslähmung« häufig nichts anderes waren als schlichtweg hysterische Erscheinungen.

Sigmund hatte nun Gelegenheit, neun Fälle dieses Traumas in der Salpêtrière zu studieren. An Hand der Symptome erkannte er, daß es sich bei einigen Fällen, die er in der Nervenklinik des Allgemeinen Krankenhauses behandelt hatte, ebenfalls um diese Krankheit gehandelt hatte. Er

verfolgte die Genesung dieser Patienten nach den Gerichtsverfahren und der Auszahlung des Schadenersatzes. Charcot erklärte seiner Ärztegruppe mit Nachdruck:
»Diese ernsten und hartnäckigen nervösen Zustände, die sich nach Kollisionen bemerkbar machen und zur Arbeitsunfähigkeit der Opfer führen, sind sehr häufig nichts weiter als Hysterien. Aber wohlgemerkt, gelegentlich handelt es sich auch um Simulanten mit Betrugsabsichten.«
In den Krankensälen studierte Sigmund auch andere Formen der Hysterie. Ein achtzehnjähriger Maurer namens Pinand hatte sich beim Sturz von einem zwei Meter hohen Gerüst nur leicht verletzt, aber drei Wochen später war sein linker Arm vollständig gelähmt. Jetzt, zehn Monate danach, wurde er in die Salpêtrière eingeliefert. Die Untersuchung ergab heftigen arteriellen Puls am Hals mit vollständiger Unempfindlichkeit der Haut; Arm und Schulter waren gegen Kälte, Stiche und Stromstöße unempfindlich. Der Arm hing schlaff und kraftlos herab, aber ohne den geringsten Hinweis auf eine Atrophie. Auch deutete nichts auf eine Rückenverletzung hin, und die motorische Paralyse des Arms griff zu keinem Zeitpunkt auf die korrespondierende Gesichtshälfte über. Hysterogene Zonen wurden unterhalb der linken Brustwarze und am rechten Testikel gefunden. Wenn auf diese Stellen Druck ausgeübt wurde, verlor Pinand das Bewußtsein und erlebte einen sehr heftigen hysteroepileptischen Anfall. Er biß sich in den linken Arm, fluchte und forderte eingebildete Gestalten zum Morden auf: »Halt! Nimm dein Messer! Los – stich zu!«
Im Laufe der nächsten Tage kam es zu einer ganzen Reihe von Anfällen; bei einem davon wurde der linke Arm des Patienten plötzlich wieder bewegungsfähig. Als er aufwachte, konnte er zum erstenmal seit zehn Monaten Arm und Schulter wieder gebrauchen. Er war geheilt.
»Geheilt wovon, meine Herren?« fragte Charcot. »Hat Pinand simuliert? Nein? Wie kommt es dann, daß seine Arm- und Schultermuskulatur nach zehn Monaten angeblicher Paralyse noch so gut wie normal entwickelt ist? Hat er sie im Dunkeln, wenn ihn keiner sehen konnte, geübt? Möglich. Das sind Rätsel, die wir noch lösen müssen. Aber eines dürfte als bewiesen gelten: daß es sich hier nicht um brachiale Monoplegie, sondern um einen Fall von Hysterie handelte.«
Etwa um dieselbe Zeit geriet der Patient Porcz, bei dem es nach dem Sturz von seinem Kutschbock zu einer Lähmung des rechten Arms gekommen war, in einen heftigen Streit mit einem anderen Patienten wegen einer Partie Domino. Er war so erregt, daß er aufsprang und seinen Mitspieler körperlich bedrohte. Dabei wurde sein bislang gelähmter Arm schlagartig wieder voll bewegungsfähig. Ein paar Stunden später packte er seine Sachen und verließ das Krankenhaus.
Sigmund hielt sich zusammen mit Marie und Babinski in Charcots Zimmer auf, als dieser den Patienten entließ.

»Sie hatten recht, Monsieur Charcot«, sagte Sigmund leise. »Der Mann war überhaupt nie gelähmt.«
»Aber sicher war er das!« antwortete Charcot sehr nachdenklich. »Vielleicht lag eine minimale Schädigung des Nervensystems vor, hervorgerufen durch das Trauma des Sturzes. Er kompensierte dieses Trauma durch ein anderes Trauma, nämlich einen so heftigen Wutanfall, der ihn dazu zwang, beide Fäuste drohend gegen seinen Widersacher zu schütteln.«
»Monsieur Charcot«, fragte Sigmund beunruhigt, »bewegen wir uns hier nicht bereits im Bereich der Psychologie und nicht mehr auf dem Boden physischer Krankheiten? War Porcz nicht ein eingebildeter Kranker?«
»Nein, nein«, antwortete Charcot entschieden. »Die Psychologie ist kein Bestandteil der medizinischen Wissenschaft. Porcz' hysterische Paralyse war somatischer Natur. Sie ergab sich aus einer Schädigung der Hirnrinde, hauptsächlich in der motorischen Zone des Arms lokalisiert, aber ohne einschneidende organische Veränderung. Wir setzen ihre Existenz hypothetisch voraus, um das Auftreten der verschiedenen Symptome der Hysterie erklären zu können.«
»Wir setzen hypothetisch voraus! Monsieur Charcot, geben wir damit nicht zu, daß wir es nicht wissen?«
Charcot erwiderte ganz offen: »Stimmt, Monsieur Freud. Aber das darf ein Nichtmediziner niemals erfahren.«
Als Charcot gegangen war, wandte sich Sigmund an den Chef de Clinique. »Monsieur Marie, haben Sie jemals bei einem hysterischen Paralytiker, der an anderen Ursachen starb, eine Autopsie vorgenommen? Bei einem Fall von ›hypothetisch vorausgesetzten Schädigungen‹?«
»Mehrfach.«
»Haben Sie die Schädigungen gefunden?«
»Nein.«
»Warum nicht?«
»Sie verschwinden mit dem Eintritt des Todes.«
»Und wie kommt es dann, daß einige Menschen nach verhältnismäßig geringfügigen Unfällen zu hysterischen Paralytikern werden, während bei anderen nichts dergleichen geschieht?«
Dr. Marie sah ihn eine Weile schweigend an, dann murmelte er: »Eine erbliche Schwäche des Nervensystems.«

Sigmund erfuhr, daß Professor Charcot eine seiner selten gewordenen Demonstrationen von *la grande hystérie* geben wollte. Er hatte zwar gehört, daß diese Hypnosevorführungen in Paris sehr beliebt waren, aber auf das Publikum, das sich auf den Rängen des Amphitheaters drängte, war er doch nicht vorbereitet: modisch gekleidete Damen der *haute volée*, frühere Höflinge, *Boulevardiers* mit grauen Zylinderhüten und Spazierstöcken, Schauspieler der *Comédie Française*, Journalisten, Maler und Bildhauer mit Zeichenblocks. Sie alle unterhielten sich halblaut in einer Atmosphäre gespannter Erwartung, wie Sigmund sie im französischen Theater erlebt hatte, bevor die drei Gongschläge den Beginn der Vorstellung ankündigten.

Charcot hatte nicht nur die männliche Hysterie als Störung des Nervensystems und nicht als Trick von Simulanten zu einem ernstzunehmenden Studienobjekt erhoben, er hatte auch in früheren Jahren mit der Hypnose begonnen und sie als »künstlich hervorgerufene Neurose, die sich nur bei Neurotikern durchführen läßt« bezeichnet. Seine klinischen Untersuchungsergebnisse hatte er niedergeschrieben. In Wien hatte bereits Dr. Anton Mesmer, der die Medizinische Fakultät der Wiener Universität mehr als ein Jahrhundert vor Sigmunds Eintritt absolviert hatte, Reichtum, Ruhm und Macht durch seinen auf Hypnose beruhenden »animalen Magnetismus« errungen, ehe ihn die österreichischen Behörden zwangen, seine Praxis aufzugeben. Später jagten ihn die Pariser Ärzte als Scharlatan davon. Erst Jean-Martin Charcot hatte die Hypnose wieder salonfähig gemacht, obgleich er hier in der Salpêtrière lediglich die Natur der Hypnose kategorisiert und illustriert, sie aber niemals – wie Josef Breuer bei Bertha Pappenheim – in der Therapie eingesetzt hatte.

In einem Nebenraum warteten vier junge, attraktive Patientinnen aus der Frauenstation. Charcots Assistenten wechselten einander unter Dr. Babinskis Leitung darin ab, sie gleich zu hypnotisieren, als sie hereingeführt wurden. Sie mußten in der Mitte der Bühne Platz nehmen und den Blick auf einen Metallgegenstand oder eine Glaskugel richten. Die Mädchen fielen rasch in Hypnose. Dann führten die Assistenten die einleitenden Experimente aus. Erst später wollte Charcot die drei Stadien seiner *grande hystérie* durchexerzieren.

Der ersten Patientin wurde gesagt, ein Handschuh, den ein Assistent in die Nähe ihres Fußes warf, sei eine Schlange. Sie stieß einen schrillen Schrei aus, hob den Rock bis ans Knie und wollte zurückweichen. Der Handschuh wurde weggenommen; die Patientin erklärte, wieder zufrieden zu sein. Sie lächelte vor sich hin und begann dann zu kichern. Der zweiten Patientin wurde eine Flasche Ammoniak gereicht und gesagt, es handle sich um Rosenwasser. Sie roch mit dem größten Vergnügen daran. Die Flasche wurde ihr weggenommen. Man sagte ihr, sie befände sich in einer Kirche und solle beten. Sie fiel auf die Knie und sprach mit gefalteten Händen ein Gebet. Die dritte Patientin erhielt lange, dünne Stücke Holzkohle, die angeblich Schokolade darstellen sollten. Sie knabberte mit sichtlichem Genuß an den Stäbchen. Der vierten jungen Frau wurde gesagt, sie sei ein Hund. Sie kroch auf Händen und Knien umher und begann zu bellen. Man sagte ihr, sie solle sich erheben, sie sei jetzt eine Taube. Da schlug sie kräftig mit den Armen und versuchte zu fliegen.

Damit war der erste Teil der Demonstration abgeschlossen. Sigmund hörte hinter sich anerkennendes Raunen und drehte sich um. Er wandte sich gerade wieder rechtzeitig nach vorn, um zu sehen, wie sich Professor Charcot von seinem Sessel am Rand der Bühne erhob. Heute wirkte er jung, war glattrasiert und nach der Mode frisiert, das Haar an den Seiten und im Nacken kurz geschnitten. Er trug einen gut geschnittenen schwarzen Gehrock, ein modisches Hemd mit elegantem Binder und glänzende, schwarze Lackschuhe.
Zwei Krankenschwestern führten eine neue Patientin herein, eine hübsche junge Frau, deren brünettes Haar im Nacken zu einem Schopf gebunden war. Sie trug ein leichtes Mieder.
Schweigen senkte sich auf das Auditorium herab. Charcot erläuterte noch einmal, Hypnose sei eine künstlich herbeigeführte Neurose, die nur bei überempfindsamen und unausgeglichenen Menschen möglich sei; er habe sie als erster Neurologe studiert, die Vorgänge festgehalten und eine wissenschaftliche Theorie zur Beschreibung ihrer vielfältigen Stadien entwickelt. Neben Charcot standen seine engsten Mitarbeiter, Babinski und Richet. Dr. Marie fehlte. Ein Assistent versetzte das Mädchen ins erste Stadium der Hypnose, den Somnambulismus. Charcot sprach über die Beziehungen zwischen Somnambulismus und echtem Schlaf und wies auf die Unterschiede hin. Dann versetzte er die Patientin in das zweite Stadium, indem er einen hellen Lichtstrahl auf ihre Augen richtete: Katalepsie. Ihre Glieder wurden vollkommen steif und selbst für Nadelstiche unempfindlich; die Haut wurde blaß, die Atmung verlangsamte sich. Charcot konzentrierte sich auf das physische Verhalten des Körpers und demonstrierte die sogenannte »Ikonographie der Salpêtrière«. Er konnte das Mädchen veranlassen, mit verkrampften Armen, Beinen, Hals und Händen jede beliebige Stellung einzunehmen. Der »Höhepunkt« seiner Theorie wurde vorgeführt, als sich die Patientin mit geschlossenen Augen so weit zurückbeugte, daß jeder in wachem Zustand sicher umgefallen wäre.
Dann erlöste Charcot die Patientin aus ihrer Katalepsie und versetzte sie ins dritte Stadium: den entspannten Schlaf. Als er sie weckte, war sie nur lethargisch, aber von der paralytischen Starre war kein Anzeichen zurückgeblieben. Sie beantwortete flüssig alle Fragen. Sigmund fiel halb unbewußt auf, daß Charcot keinerlei Versuch unternahm, das Phänomen zu erklären. Welches waren die Ursachen? Waren die unter Hypnose vorgenommenen Handlungen rein physikalischer Natur? War der Körper noch sein eigener Herr, wenn er diese grotesken, unnatürlichen Stellungen einnahm? Oder zapfte Charcot bei diesen hysterischen Patienten etwa eine andere Kraft an?
Charcot erhielt von seinem Publikum donnernden Applaus. Er verbeugte sich feierlich, erst nach links, dann nach rechts, setzte seinen Zylinderhut auf und verließ den Saal.

Sigmund ging neben einem jungen skandinavischen Arzt her, den er mehrfach bei den Montagsvorlesungen gesehen hatte. Den Namen hatte er nicht genau verstanden. Es wäre ihm peinlich gewesen, den hochgewachsenen, blonden, blauäugigen Mann danach zu fragen. Er bemerkte, daß das Gesicht des Hünen dunkel angelaufen war, und seine Augen blitzten. Er wandte sich an Sigmund und sagte mit schneidender Schärfe:
»Ein Betrug! Reines Theater! Diese Mädchen haben das schon so oft gespielt, daß sie ihre Rolle auch im Schlaf beherrschen. Gehen Sie hinauf in die Krankenzimmer und geben Sie ihnen das Stichwort, dann können Sie die ganze Demonstration noch einmal erleben!«
Sigmund war wie vor den Kopf gestoßen.
»Aber – wollen Sie damit etwa behaupten . . . Sie werden doch Professor Charcot keinen Schwindel vorwerfen wollen.«
Der Kollege sagte barsch: »Natürlich nicht. Seine Assistenten sind es. Sie haben diese Mädchen abgerichtet, wie man Ballettänzerinnen in der Oper dressiert. Diese Mädchen wissen genau, was von ihnen erwartet wird; sie produzieren sich gern; sie sind verhätschelte Lieblingspatienten, weil sie genau das vorspielen, was Charcot will. Das ist keine Hypnose. Diese Mädchen sind überhaupt nicht hysterisch. Sie werden mißbraucht. Ich habe gerade mehrere Wochen lang bei Liébault und Bernheim in Nancy studiert. Das sind echte Hypnotiseure! Sie haben Tausende von Fällen aufgezeichnet. Ich habe es hundertmal erlebt, wie durch Suggestion geholfen wurde. Die Symptome wurden gelindert, die Krankheit unter Kontrolle gebracht. Charcot hat sich immer geweigert, seine Patienten mit hypnotischer Suggestion zu behandeln. Für ihn ist die Hypnose eine Unterabteilung der Neurologie, die man als *la grande hystérie* vorführen kann, anstatt sie in der Therapie einzusetzen. Das sollten Sie einmal sehen, dann wüßten Sie auch, wie gefährlich solche Demonstrationen für die Medizin und für Charcots Ruf sind.«
Sigmund sagte so leise, daß ihn keiner der anderen, die auch zum Boulevard de l'Hopital gingen, hören konnte:
»Aber Charcot ist doch der Schöpfer der modernen Neurologie!«
Der Skandinavier hatte sich etwas beruhigt. Er sagte leiser:
»Er hat der Welt mehr über die Funktion der verschiedenen Organe und des Zentralnervensystems beigebracht als irgendein anderer seit Hippokrates. Aber das hier ist sein einziger furchtbarer Irrtum.«
»Haben Sie schon mit Charcot darüber gesprochen?«
»Ich habe ihm gegenüber einmal Dr. Bernheim erwähnt. Er brauste furchtbar auf und verbot mir, diesen Namen jemals wieder in der Salpêtrière auszusprechen. Aber das dürfen Sie mir glauben: Was die Hypnose betrifft, hat die Schule von Nancy recht, und die Schule der Salpêtrière befindet sich in einem furchtbaren Irrtum.«
Einige Tage später erfuhr Sigmund, daß der rebellische junge Kollege in

einer Klemme steckte. Er hatte zufällig ein hübsches Mädchen vom Lande kennengelernt, das nach Paris gekommen war, um Arbeit zu suchen. Es war in der Küche der Salpêtrière untergekommen und als ausgezeichnetes Medium entdeckt worden. Nun war sie in einer der Stationen untergebracht. Der Mann hatte das Mädchen hypnotisiert und ihm befohlen, sich aus dem Krankenhaus zu schleichen und in seine Wohnung zu kommen. »Jeder kann sich denken, zu welchem Zweck«, sagte Dr. Babinski zu Sigmund. Das Mädchen war in verwirrtem Zustand erwischt worden, als es die Station verließ, und hatte den Behörden gemeldet, was der Skandinavier ihm befohlen hatte. Charcot hatte ihn daraufhin zu sich ins Büro bestellt, ihm seine verwerfliche Haltung gegenüber einem wehrlosen Opfer vorgehalten und ihn aus dem Krankenhaus hinausgeworfen. Er hatte ihn nur deshalb nicht der Polizei übergeben, weil das dem guten Ruf der Salpêtrière geschadet hätte.

Der Mann tat Sigmund leid, aber er verstand ihn auch nicht recht. Weshalb sollte er seine Karriere aufs Spiel setzen, um ein hübsches junges Mädchen unter Hypnose zu sich nach Hause zu locken, wo doch auf den Straßen von Paris Tausende ebenso hübscher junger Mädchen flanierten, die nur auf ein solches Rendezvous warteten?

7

An einem Samstagmorgen unterhielt er sich vor der Neurologischen Klinik mit Dr. Richetti. Da trat Professor Charcot auf sie zu und lud sie zu seiner berühmten Dienstag-Soirée ein, bei der sich in seinem Haus stets berühmte Leute trafen. Charcots engerer Stab nahm oft daran teil, aber Gastärzte nur selten. Zu Sigmund gewandt, fügte Charcot hinzu: »Und würden Sie bitte auch am Sonntag um halb zwei kommen? Dann sprechen wir über Ihre Übersetzung.«

Als die Glocken von St.-Germain-des-Près läuteten, machte sich Sigmund von der Rue de Goff aus auf den Weg. Es war einer der seltenen Januartage, an denen die Sonne das eisige Pflaster von Paris ein wenig wärmte. Er bog in den breiten, prunkvollen Boulevard Saint-Germain ein und blieb vor dem Haus Nummer 217 stehen, sicher einem der schönsten von ganz Paris. Das Gebäude war ursprünglich im Jahre 1704 für Madame de Varangeville erbaut worden, aber mit dem dazugehörigen Grundstück so weitläufig, daß einhundertfünfzig Jahre später, während des Zweiten Kaiserreichs, der Boulevard Saint-Germain quer über Madame de Varangevilles Hof verlief. Charcot hatte die Tochter eines wohlhabenden Pariser Couturiers geheiratet und seine eigene Privatpraxis so ausgebaut, daß auch die Mitglieder europäischer Fürstenhäuser zu seinen Patienten zählten. Vor einigen Jahren konnte er dieses prächtige Haus erwerben und zwei moderne Flügel

anbauen. In einem davon war die Bibliothek des Hausherrn untergebracht, in die Sigmund nun von einem Butler geführt wurde.
Diese Bibliothek war sicherlich so groß wie die ganze Wohnung, die er und Martha eines Tages vielleicht beziehen würden, und zwei Stockwerke hoch. Eine Hälfte war der Bibliothek der Medici in Florenz nachgebaut: Bücherwände aus dunklem Holz reichten bis an die Decke. Treppen führten hinauf zu einem schmalen Balkon mit den Tausenden kostbar gebundenen Büchern. Es war schon fast die Bibliothek einer kleinen Universität. Kurze Wandvorsprünge unterteilten den Raum. An einem Ende waren Charcots wissenschaftliche Bücher untergebracht, in der anderen Hälfte, in der sich Sigmund jetzt staunend umsah, standen bequeme Lehnsessel, auf dem langen Refektoriumstisch lagen Zeitschriften, und vor den bunten Glasfenstern, die in den parkähnlichen Garten hinausblickten, befand sich Charcots kunstvoll geschnitzter Schreibtisch mit Tintenfässern, Manuskripten und medizinischen Nachschlagewerken. Hinter dem Schreibtisch stand ein lederbezogener Thronsessel. An den Wänden hingen Gobelins und Gemälde aus der italienischen Renaissance. Vor dem Kamin am anderen Ende des Raums waren chinesische und indische Antiquitäten in Schaukästen und auf Tischen angeordnet.
Charcot betrat das Zimmer, schüttelte Sigmund freundlich die Hand, bat ihn, am Arbeitstisch Platz zu nehmen, und reichte ihm zehn Seiten der unveröffentlichten Vorlesungen.
»Nun, Monsieur Freud«, sagte er, »zeigen Sie mir die ersten Seiten. Ich spreche sehr schlecht Deutsch, aber ich kann es flüssig lesen.«
Sigmund erklärte, er habe sich nicht um eine wörtliche Übersetzung bemüht, sondern um eine möglichst klare und getreue Wiedergabe von Monsieur Charcots neurologischen Lehrmeinungen.
»*Bien, bien,* lassen Sie sehen«, antwortete Charcot. »Gestatten Sie, wenn ich Ihre Seiten korrigiere?«
Sie arbeiteten eine Stunde lang. Charcot brachte Korrekturen und Empfehlungen in kollegialem Ton vor. Als sie fertig waren, sagte er: »Wollen wir noch ein wenig durch den Garten gehen? Ich möchte Ihnen einiges über die Geschichte der Villa Varangeville erzählen. Über diese Wege sind zwei Jahrhunderte lang Könige und Diplomaten, Wissenschaftler, Schriftsteller und Künstler geschritten . . . «

Madame Richetti wollte ihren Mann dazu überreden, sich für die Dienstag-Soirée eine neue Hose und einen Hut zu kaufen, aber Richetti erklärte, sein Redingote sei gut genug. Sigmund trug den schwarzen Gehrock, den ihm Tischer geschneidert hatte. Er kaufte sich ein neues Hemd und weiße Handschuhe und ließ sich Haar und Bart nach französischer Mode stutzen. Als er sein Ebenbild im Spiegel betrachtete, rief er aus:

»Der deutsche Provinzler ist verschwunden. Ich muß schon sagen, daß ich mit meinem neuen schwarzen Binder aus Hamburg ganz gut aussehe. Sogar auf mich selbst mache ich damit einen guten Eindruck!«
Er mußte lachen. Dann ging er die schmale Treppe hinunter zur Rue de Goff. Richettis Wagen fuhr gerade vor. Richetti zitterte vor Nervosität. Madame Richetti meinte in gespielter Verzweiflung: »Herr Freud, sieht er nicht aus wie ein armer Student, der Herrn Charcot anflehen will, ihn zu seinen Vorlesungen zuzulassen?«
Sie betraten den großen Salon mit den Kristallüstern, dicken Teppichen, Vorhängen und kostbaren Kunstgegenständen. Monsieur Charcot machte sie mit Madame, mit seinem Sohn, seiner Tochter sowie mit dem Sohn des berühmten Schriftstellers Alphonse Daudet bekannt, dann mit Louis Pasteurs Assistenten, Monsieur Strauß, den seine Arbeiten über Cholera berühmt gemacht hatten. Dann folgten noch einige französische Ärzte und ein italienischer Maler.
Madame Charcot war eine ansprechende Frau, klein, füllig und lebhaft. Sie sprach mehrere Sprachen fließend und erkundigte sich bei Sigmund:
»Und Sie, Monsieur Freud?«
»Deutsch, Englisch, ein wenig Spanisch und Französisch – aber sehr schlecht.«
Dr. Charcot schaltete sich ein: »Ganz und gar nicht. Monsieur Freud ist zu bescheiden. Ihm fehlt nur ein wenig Übung.«
Sigmund trank Bier und rauchte einige von Charcots ausgezeichneten Zigarren. Er mischte sich unter die Gäste und machte einige Bekanntschaften: Paul Camille Brouardel, Professor für forensische Medizin, der ihn einlud, seine Vorlesungen im Leichenschauhaus zu besuchen; Professor Lépine, ein faltiger, kränklich aussehender Mann, aber einer der führenden Klinikärzte Frankreichs. Er schlug Sigmund vor, zu ihm nach Lyon zu kommen und mit ihm zusammen in der Neurologie zu arbeiten. Gegen Ende des Abends gesellte sich Mademoiselle Charcot zu ihm. Sie war zwanzig Jahre alt, vollbusig und hatte eine hübsche Figur. Sie wies eine frappierende Ähnlichkeit mit ihrem Vater auf. Im Umgang mit den Gästen hatte sie dieselbe unbefangene Art wie ihre Mutter. Während er ihrem langsamen, deutlichen Französisch lauschte, das sie dem Neuling zuliebe sprach, dachte er:
»Wie verlockend wäre es, diesem reizenden jungen Mädchen den Hof zu machen! Sie hat wirklich viel Ähnlichkeit mit dem großen Mann, den ich so verehre ... *Mon Dieu!* Diese Schwärmerei werde ich Martha beichten müssen, wenn ich ihr über den Empfang berichte.«
Die nächsten Wochen wurden durch Charcots *jour fixe* bereichert, auch wenn die Gespräche nicht immer gleich anregend verliefen. Es waren stets vierzig bis fünfzig Gäste anwesend. Im Speisesaal gab es reichlich zu essen und zu trinken. Manchmal begnügte er sich mit einer Tasse Schokolade und

nahm sich vor, nicht wiederzukommen. Aber natürlich wurde er diesem Vorsatz untreu.

In der Woche vor seiner geplanten Abreise sagte Charcot zu ihm: »Ich erwarte Sie heute abend *chez moi*, aber diesmal zum Diner.«

Das Essen fand im kleinen Kreis statt: Außer den vier Charcots waren nur Dr. Charles Richet, Charcots Erster Assistent, mit seiner Frau anwesend, dann ein Monsieur Mendelssohn aus Warschau, Emanuel Arêne, ein Kunsthistoriker, dessen Artikel in den Tageszeitungen Sigmund mit Vergnügen las, und der italienische Maler Tofano. An diesem Dienstag waren die abendlichen Gäste besonders interessant: Louis Ranvier, der berühmte Histologe der Salpêtrière; Marie Alfred Cornu, Physikprofessor und berühmt wegen seiner Experimente mit der Lichtgeschwindigkeit; schließlich ein Monsieur Peyron, Direktor der *Assistance Publique*.

Sigmund stand neben Professor Brouardel und hörte Charcot zu, der von einigen seiner heutigen Patienten erzählte. Ein junges Ehepaar war eigens nach Paris gekommen, ihn zu konsultieren. Die Frau litt unter verschiedenartigen Neurosen; ihr Mann war entweder impotent oder so ungeschickt, daß es schon an Impotenz grenzte. Professor Brouardel fragte erstaunt: »Wollen Sie damit etwa sagen, Monsieur Charcot, daß die Beschwerden der Frau durch den Zustand ihres Mannes hervorgerufen sein könnten?«

Charcot rief voller Überzeugung:

»Mais, dans des cas pareils c'est toujours la chose génitale, toujours . . . toujours . . . toujours! – Aber in solchen Fällen dreht es sich doch immer um die Genitalien, immer . . . immer . . . immer!«

Sigmund war genauso verblüfft. Er sah Charcot an, der die Hände vor dem Bauch faltete und bekräftigend nickte. Er mußte unwillkürlich an den Abend denken, da er zusammen mit Josef Breuer von Fleischl nach Hause ging und Breuer auf der Straße vom Ehemann einer Patientin angesprochen wurde. Breuer hatte zum seltsamen Verhalten der Ehefrau bemerkt: »In diesen Fällen geht es immer um Geheimnisse des Alkovens!«

Dieser Zwischenfall hatte sich vor drei Jahren ereignet, und Breuer hatte ihn seitdem nie wieder erwähnt. Nun behauptete Charcot genau dasselbe; Breuer und Charcot waren zwei der bekanntesten Neurologen.

Sigmund beobachtete Charcot und überlegte: »Was können sie damit nur meinen? Das ist ein Teil der medizinischen Wissenschaft, den ich in keinem Lehrbuch, in keinem Krankenzimmer gefunden habe. Worauf gründen sich ihre Behauptungen, die ihnen so vertraut sind, daß sie aus ihnen herausbrechen wie eine Quelle aus dem Wüstensand, die alsbald wieder versickert.«

Unversehens war eine Verbindung zwischen Dr. Josef Breuer und Dr. Jean-Martin Charcot entstanden. An diesem Abend lag Sigmund schlaflos im Bett, die Hände hinter dem Kopf verschränkt, und mußte an Josef Breuers »Anna O.« denken. War Breuer auf ein neues Heilverfahren gestoßen, das Bertha Pappenheim »chimney-sweeping« nannte, die »talking cure«? Er beschloß, mit Charcot darüber zu sprechen. Am nächsten Morgen suchte er Charcot schon früh in seinem Büro auf. Ob der Herr Professor wohl ein paar Minuten Zeit hätte, sich einen seltsamen Fall anzuhören, bei dem die Hypnose eine beträchtliche heilende Wirkung gezeigt hatte? Charcot lehnte sich mit verschlossener Miene in seinem Sessel zurück.

Sigmund skizzierte in groben Zügen die Einstellung der Familie Pappenheim, Fräulein Berthas Unterdrückung durch einen puritanischen Moralkodex, die Krankheit des Vaters, die monatelange Pflege und die ersten Anfälle; sie führten zu ungefähr dreißig verschiedenen physischen Ausfallserscheinungen, wie Nackensteife, heftige Kopfschmerzen, Muskelstarre, Halluzinationen, bis zur Unfähigkeit, Leute wiederzuerkennen ...

Er berichtete, wie Dr. Breuer sie unter Hypnose zu den Ursprüngen ihrer Besessenheit zurückgeführt und damit erreicht hatte, daß sich die junge Frau offen darüber aussprechen konnte. Diese Aussprachen hatten zur Abschwächung zahlreicher Symptome geführt; allerdings habe es auch Rückschläge gegeben, und die teilweise Heilung habe zwei Jahre in Anspruch genommen. Als er mit seinem Bericht fertig war, fügte er nach einigem Zögern hinzu:

»Monsieur Charcot, was halten Sie davon? Hat Josef Breuer hier ein neues Feld für weitere Studien eröffnet? Sollten wir diese Sache weiterverfolgen? Kann uns die Hypnose in der Therapie dienen, insbesondere in den Fällen, in denen wir nicht weiter wissen?«

Charcot machte mit den Fingern der linken Hand eine wegwerfende Bewegung.

»Nein. Nein, daran ist überhaupt nichts von Interesse.«

Sigmund verdrängte den Gedanken an Bertha Pappenheim.

8

Charcot gefielen Sigmunds Übersetzungen der täglichen »Leçons« so gut, daß er ihn während der Stunden im Krankenhaus bei sich behielt und gleichzeitig sein Französisch wie auch seine Kenntnisse in der Neurologie korrigierte. Darkschewitsch entdeckte einiges Neue an Sigmunds Präparaten mit der Goldeinfärbung. Stundenlang untersuchten die beiden unter dem Mikroskop in Darkschewitschs Zimmer die Präparate. Als sie sich ihrer Entdeckung sicher waren, schrieben sie einen Artikel: »Über die Beziehung des Strickkörpers zum Hinterstrang und Hinterstrangskern nebst Bemerkungen über zwei Felder der Oblongata.«

Sigmund meinte dazu lächelnd:

»Dieser Titel wird bestimmt nicht so populär werden wie ›Notre-Dame de Paris‹.«
Das »Neurologische Centralblatt« in Wien nahm den Artikel für die Märzausgabe an. Ermutigt durch diesen Erfolg begab sich Sigmund an ein Projekt, mit dem er sich in Gedanken schon seit einigen Wochen beschäftigte: Ein schmales Buch als Einführung in die Neuropathologie. Es sollte das deutsche Gegenstück zu dem werden, was Darkschewitsch gerade in russischer Sprache vollendete: ein Lehrbuch für Ärzte und Medizinstudenten. Den ersten Abschnitt stellte er in dreitägiger konzentrierter Arbeit fertig, dann kehrte er zu seinen Übersetzungen zurück.
In Paris ging alles seinen Weg. Die Nachrichten aus Wien waren weniger erfreulich. Seine Schwester Rosa schrieb ihm, daß Ignaz Schönberg gestorben sei. Sigmund hatte zwar geglaubt, sich mit dem Unabänderlichen längst abgefunden zu haben, aber es traten ihm doch Tränen in die Augen, als er am Fenster stand, betrübt auf die Rue de Goff hinabsah und bitteren Gedanken nachhing.
»Wie sinnlos ist das doch! Da wird ein großer Gelehrter, ein so kluger Kopf, zum Friedhof hinausgetragen, noch ehe er mit seiner Arbeit beginnen konnte. Und was waren die eigentlichen Ursachen? Wie kam es, daß der Tuberkelbazillus einen so fruchtbaren Nährboden fand? Schlechte Lebensbedingungen? Überarbeitung? Die Armut, die ihn daran hinderte, sich zur Ausheilung in ein trockenes, warmes Klima zu begeben? Wie lang wird es noch dauern, bis die Medizin diese verhaßte Krankheit ausrotten kann?«
Er setzte sich an seinen Schreibtisch und schrieb Minna einen langen Brief voller Mitgefühl und Liebe.
Als nächstes kam ein Brief vom Verleger seiner Charcot-Übersetzungen; ihm lag ein Vertrag bei, in dem die zugesagten vierhundert Gulden Honorar auf dreihundert reduziert waren. Das bedeutete zwar nur eine kleine Einbuße, aber Sigmund hatte die Kosten bis zum Ende seines Aufenthalts in Paris bis zum letzten Franc und die seines einmonatigen Aufenthalts in Berlin bis zur letzten Mark genau berechnet. Nun würde ihm das Geld dafür fehlen. Es war ihm peinlich, sich noch einmal von Josef Breuer Geld borgen zu müssen. Er war verärgert über den Verleger, der ihn ausnutzte, und beschämt, daß er nun Martha seinen Mangel an Geschäftssinn eingestehen mußte. Trotz dieses Rückschlags kaufte er sich ein Dynamometer, um seinen Nervenzustand zu kontrollieren und sich selbst etwas verschreiben zu können.
In diesem Zustand schrieb er einen ungewöhnlich langen Brief an Martha, in dem er noch einmal scharfsinnig und zuweilen bissig seine Eigenheiten und seinen Charakter analysierte.
Seine Depression und Erschöpfung waren auf all die Arbeit und Sorgen der vergangenen Jahre zurückzuführen. Er hatte Martha immer wieder kritisiert und ihr Vorwürfe gemacht, aber nun wurde ihm klar, daß er sie

genau so haben wollte, wie sie war; zur Abwechslung zerpflückte er einmal sich selbst! Er wußte seit langem, daß ihm der geniale Funke fehlte, und im Grunde fragte er sich, warum er sich mit Talent belasten sollte. Wenn er trotzdem so diszipliniert arbeiten konnte, lag es nur daran, daß er keine intellektuellen Schwächen aufzuweisen hatte. Er hatte immer geglaubt, unter idealen Bedingungen ebensoviel erreichen zu können wie Nothnagel oder Charcot, aber da die Voraussetzungen nun einmal schlecht waren, würde er sich wohl oder übel mit einer mittelmäßigen Leistung zufriedengeben müssen. Im Sperlgymnasium war er immer der kühnste Opponent gewesen; er hatte niemals gezögert, einen extremen Standpunkt auch dann zu verfechten, wenn er dafür einen hohen Preis bezahlen mußte. Wenn er bei Martha war, dann verschwand seine Neurasthenie wie durch ein Wunder; also mußte er baldmöglichst versuchen, die dreitausend Gulden im Jahr zu verdienen, die ihm eine Heirat ermöglichen würden.

In der letzten Februarwoche, gleichzeitig seiner letzten Woche in Paris, kam ihm eine glänzende Idee für einen würdigen Abschluß seiner Arbeit an der Salpêtrière: Er wollte eine Monographie über »*Quelques considérations pour une étude comparative des paralysies motrices organiques et hystériques*« (Ein Vergleich zwischen hysterischer und organischer Lähmung) schreiben. In seinen Notizen definierte er »organisch« als »physischen Schaden am Rückenmark oder Gehirn«. Für »hysterisch« fand er die Definition »Repräsentationslähmung«, eine Lähmung, die mehr auf Einbildung als auf einem somatischen Schaden oder den Folgen einer Krankheit beruhte. Sein Ziel war es, festzustellen, ob die beiden verschiedenartigen Ursachen – einmal physisch, einmal psychisch – auch zu Unterschieden in den Lähmungserscheinungen selbst führten.
Er hoffte, dabei drei Punkte klarzustellen: daß eine hysterisch bedingte Paralyse sich auf einen Körperteil, beispielsweise einen Arm, beschränken konnte, während organische Lähmungen auf Grund von Hirnerkrankungen üblicherweise ausgedehnt auftraten; daß bei einer hysterischen Paralyse die sensorischen Veränderungen, bei einer zerebralen Paralyse die motorischen Veränderungen ausgeprägter waren; daß die Verteilung motorischer Veränderungen bei einer zerebralen Paralyse anatomisch erklärt und begriffen werden konnten. Die hysterische Lähmung benimmt sich im Gegenteil, als ob es eine Gehirnanatomie nicht gäbe. Ihre Veränderungen rühren von Ideen, Beobachtungen und Einbildungen her. Er wollte damit beweisen, daß hysterisch bedingte Lähmungserscheinungen von der Vorstellung abhingen, die der Patient selbst sich von ihrem Ausmaß machte.
Er legte Charcot seine Idee in einem Brief dar und stellte dabei befriedigt fest, um wieviel besser sein Französisch geworden war. Dennoch zögerte er, ihm den Brief zu überreichen. Er schrieb an Martha: »Ich weiß, daß ich

durch diesen Brief sehr viel bei Charcot riskiere, der es nicht liebt, daß man ihm mit zuviel Esprit dreinredet.«
In einem Punkt wich er von Dr. Jean-Martin Charcot ab, obgleich er das in seinem Brief nicht erwähnte: Nach Charcots Ansicht rührten hysterische Paralysen von einer, wenn auch geringfügigen, Verletzung oder Beschädigung des Nervensystems her; zu Gesundungen wie im Falle von Porcz und Lyons käme es, wenn eine Gefühlsregung stark genug sei, die Schädigung zu überwinden oder sie zu heilen. Sigmund Freud zweifelte an dieser Theorie, da es noch niemals gelungen war, bei einem lebenden oder toten hysterischen Paralytiker zerebrale Schäden nachzuweisen. Die Schädigung bestand nur in der Vorstellung!
»Aber wie kann man eine Idee, einen Gedanken, der keine physische Kontur besitzt, beschädigen?« fragte Darkschewitsch, als Sigmund mit ihm darüber sprach.
»Ich weiß es nicht. Einmal kam ich beispielsweise sehr spät ins Hôtel de Brésil zurück und fand keine Zündhölzer für die Lampe. Da zog ich mich beim Mondschein aus – ohne einen Schimmer Mondlicht! Aber ich kann Charcot einfach nicht die Berechtigung zugestehen, eine Verletzung ›hypothetisch‹ anzunehmen. Wenn die Medizin eine exakte Wissenschaft bleiben soll, dürfen wir uns nicht mit Hypothesen zufriedengeben. Wir müssen herausfinden, auf welche Weise der menschliche Verstand eigene Muskelmassen so vollständig anästhesieren kann, daß man einem Patienten eine Nadel in die Schulter stechen oder ihm mit einer brennenden Kerze am Bein Brandblasen zufügen kann, ohne daß er Schmerz empfindet. Wenn ich mit der Annahme recht behalte, daß das menschliche Gehirn diese unglaubliche Leistung vollbringt, dann ist das Gehirn des Menschen der leistungsfähigste und vielseitigste Mechanismus auf der Welt.«
Darkschewitschs tiefliegende Augen blickten ihn sehr nachdenklich an.
»Aber, Freud, es gibt doch keine Möglichkeit, Gedanken sichtbar zu machen. Wir wissen von unserer Arbeit hier, daß so etwas dem Patienten selbst nie bewußt wird. Wie sollen wir es dann herausfinden?«
Sigmund mußte an Bertha Pappenheim denken und daran, wie es Breuer gelungen war, in ihre Erinnerung einzudringen, wie er ihr geholfen hatte, ihre Neurosen durch einen Schwall von Worten herauszuspülen. Andererseits hatte Charcot erklärt, aus diesem Fall gäbe es nichts zu lernen.
»Darkschewitsch, ich glaube, wir müssen aus der Psychologie eine exakte Wissenschaft machen, falls so etwas überhaupt möglich ist. Glauben Sie, daß diese Idee wichtig genug ist, um Charcot den Brief zu zeigen?«
Darkschewitsch fiel eine Haarsträhne über die Augen.
»Es ist ein legitimes Forschungsgebiet.«
Sigmund legte am darauffolgenden Nachmittag Charcot seinen Brief auf den Schreibtisch. Charcot ließ ihn rufen. Er bot Sigmund einen Stuhl an und griff nach dem Brief, den er offenbar mehrmals gelesen hatte.

»Monsieur Freud, die Ideen, die dieser Brief enthält, sind gar nicht übel. Ich selbst kann mich weder Ihrer Beweisführung noch Ihren Schlußfolgerungen anschließen; aber ich will Ihnen auch nicht widersprechen. Es könnte sich lohnen, weiter daran zu arbeiten.«
»Ich freue mich sehr über Ihre Zustimmung, Monsieur Charcot!«
»Nein, nein – nicht Zustimmung! Billigung. Wenn Sie das Material beisammen haben, dann schicken Sie mir die Arbeit. Ich werde sie in meinem ›Archive de Neurologie‹ veröffentlichen.«
Einige Tage später suchte Darkschewitsch Sigmund in dessen Zimmer im Hôtel de Brésil auf, um ihm beim Packen zu helfen. Aber Sigmund war bereits fertig. Angstvorstellungen irgendwelcher Art kannte er nur in einem Punkt, und der betraf seltsamerweise die Bahnreisen, die zu den größten Vergnügen seines Lebens zählten. Wenn er nur daran dachte, daß er einen Zug besteigen sollte, brach ihm schon der Schweiß aus allen Poren. Vierundzwanzig Stunden vor einer jeden Abreise befand er sich im Zustand nervöser Erregung. Sonst konnte er immer tief und fest schlafen, doch in der Nacht vor einer Bahnreise warf er sich unruhig in seinem Bett hin und her, schwankend zwischen Vorfreude und Angst. Schon Tage zuvor ging er zum Bahnhof, schaute noch einmal auf dem Fahrplan nach und bemühte sich, im voraus eine Platzkarte zu bekommen. Am Morgen der Abreise war er schon Stunden vor der Abfahrt reisefertig. Es kostete ihn äußerste Selbstbeherrschung, nicht mit dem Koffer in der Hand aus dem Haus zu stürzen und zum Bahnhof zu rennen. Gleichzeitig war er von einem so heftigen Gefühl der Angst beherrscht, daß ihm übel wurde und er am liebsten den Koffer wieder ausgepackt hätte. Bei jeder Reise mußte er diese Ängste aufs neue überwinden.
Es stimmte zwar, daß auf dem europäischen Kontinent Eisenbahnunfälle verhältnismäßig häufig vorkamen, aber Sigmund war überzeugt, daß die Furcht vor physischer Verletzung nicht die eigentliche Ursache seiner inneren Spannungen war. Aber wie sollte er sich dann dieses unbestimmte Flattern im Magen erklären?
In seiner Begeisterung über Charcots Versprechen, den Text zu veröffentlichen, ließ Sigmund sein Manuskript zur Einführung in die Neuropathologie liegen. Darkschewitsch hatte seine eigene Arbeit über die Hirnanatomie praktisch abgeschlossen. Noch ein Jahr, dann würde er wieder zu Hause in Moskau sein, das Buch drucken lassen, seine Vorlesungen für das Wintersemester vorbereiten und seine Allerliebste heiraten. In ihrer Karriere hatten Freud und Darkschewitsch praktisch denselben Punkt erreicht. Die langen Monate und Jahre der Ausbildung waren für sie vorüber, sie standen im Begriff, ihren Platz in Beruf und Wissenschaft einzunehmen. Dennoch war Sigmund ein wenig traurig, als sie in einer Kutsche durch die Straßen von Paris zur Gare du Nord rollten.
»Oder ist es vielleicht nur Heimweh, Darkschewitsch? Ich habe Paris, die

Salpêtrière, Charcot liebgewonnen – und sogar Sie, Sie melancholischer Slawe!«
Darkschewitsch mußte heftig blinzeln. »Ich danke Ihnen für dieses Abschiedswort, Freud. Seit ich Rußland verließ, hatte ich keinen besseren Freund als Sie. Glauben Sie, daß wir uns jemals wiedersehen?«
»Ganz bestimmt, Darkschewitsch. Denken Sie nur an die vielen Neurologenkongresse in allen Hauptstädten der Welt, bei denen wir mit unseren Vorträgen konkurrieren werden!«
Da mußten sie beide herzhaft lachen. Aber als Sigmund dann am Fenster seines Abteils Dritter Klasse saß und die Rückseiten der zweistöckigen Häuser betrachtete, da wurde ihm klar, daß er in der beklemmenden Abschiedsstunde sowohl Darkschewitsch als auch sich selbst etwas vorgemacht hatte. Die Vergangenheit war vorbei. Vermutlich würde er Darkschewitsch niemals wiedersehen – übrigens auch nicht Charcot oder die Salpêtrière. Es war an der Zeit, die Zukunft fest ins Auge zu fassen. In zwei Monaten war er dreißig. Er konnte nicht als ewiger Student herumlaufen.
Dann plötzlich hatte der Zug die Vororte hinter sich gelassen und dampfte durch die grünen Weiten Frankreichs. Ein Hochgefühl der Freude überkam ihn wie ein milder Sommerregen. Er hatte seine Sache in Paris gut gemacht, hart gearbeitet, sich die Freundschaft der Kollegen am Krankenhaus erworben und über die Hälfte seiner Charcot-Übersetzung fertiggestellt. Er hatte einige gute Artikel geschrieben und Charcots Zustimmung – nein, seine Billigung – erhalten, eine eigene Untersuchung durchzuführen, aus der vielleicht eine Pioniertat werden konnte. Ebenso wichtig war, daß er eine Ausbildung genossen hatte wie kaum ein anderer junger Neurologe in Mitteleuropa.
Aus dem Abteilfenster lächelte ihm sein eigenes Gesicht entgegen. Sein Haar war am Scheitel, wo er es links straff zum Ohr herabkämmte, dünner geworden. Er bemerkte einen ersten Anflug von Grau in seinem knappen Kinnbart. Zu seiner Überraschung fiel ihm auf, daß sein Gesicht in Paris voller geworden war. Seine glattrasierten Backen mit der ganz schmalen Linie von Bart gefielen ihm. Aber besser noch: Er blickte mit klaren, weit offenen, leuchtenden Augen in die Zukunft, er sah erwartungsvoll dem entgegen, was ihm Leben, Liebe und Arbeit an Schönem zu bieten hatten. Natürlich würde es den üblichen Ärger geben, der keinem jungen Arzt bei der Eröffnung einer Praxis erspart blieb, aber er rechnete nicht mit ernsten Schwierigkeiten. Er hatte die sumpfigen Niederungen durchschritten und die erste Anhöhe erreicht, von der aus er sein Leben besser überblicken konnte. Er fühlte neue Kräfte in sich aufsteigen.
Endlich hatte er das reife Mannesalter erreicht!

Fünftes Buch
Ein ärztliches Rezept

1

Anfang April war Sigmund Freud wieder in Wien. Er fand bei einem kinderlosen Ehepaar eine für einen unverheirateten Arzt recht praktische Wohnung: zwei möblierte Zimmer und einen Vorraum. Die Vermieter wohnten im Parterre am Fuß der breiten Treppe. In der Monatsmiete von achtzig Gulden waren die Dienste eines Zimmermädchens inbegriffen, das zwischen zwölf und drei Uhr auch die Patienten einlassen sollte. Aus dem Vorraum führte die eine Tür in Sigmunds Wartezimmer und Ordination, durch die andere konnte das Zimmermädchen aus der Wohnung direkt zur Etagentür gelangen.

Sigmund hatte die für einen jungen Arzt, der gerade erst seine Praxis eröffnete, denkbar beste Lage erwischt: in einem massiven sechsstöckigen Wohnhaus in der Rathausstraße Nr. 7, gegenüber einem kleinen Park hinter dem gotischen Rathaus und nur einen Häuserblock vom Rathauspark, dem Franzensring und dem fast vollendeten Burgtheater entfernt. Die Eingangshalle war im Barockstil mit roten Marmorplatten, geflammten Marmorsäulen und reichlich vergoldetem Stuck an der Decke verziert. Im Vorzimmer stand ein dreiteiliger Garderobenschrank mit Spiegel; hier konnte man Hüte und Mäntel aufhängen, und am Boden waren Fächer für Spazierstöcke, Regenschirme und Galoschen. Das Wartezimmer war mit einem gepolsterten Sofa, einem niedrigen Tischchen und genügend Stühlen für eine gut florierende Praxis ausgestattet.

Der Hauptraum seiner Wohnung war geräumig; die hübsch dekorierten Fenster blickten auf einen Hof hinab, die Tapete täuschte Samt vor, Sessel und Fauteuils, eine hohe Dresdner Wanduhr und ein dunkelgrüner holländischer Kachelofen vervollständigten die Einrichtung. Ein Vorhang im Hintergrund des Zimmers verbarg ein schmales Bett mit Nachtschränkchen und Öllampe. Anschließend an diesen Raum gab es noch ein Kabinett, in dem er seine ophthalmologischen Geräte unterbrachte; auf der anderen Seite führte eine Tür in das gemeinsame Bad, das von beiden Seiten her abgeschlossen werden konnte. Er brachte aus dem Allgemeinen Krankenhaus seinen eigenen Schreibtisch und die Bücherregale mit. Seine medizinischen Nachschlagewerke baute er in Reichweite neben dem Schreibtischsessel auf.

Mathilde Breuer löste ihr Versprechen ein und entwarf die beiden Türschilder für Dr. Freud. Am späten Nachmittag des Ostersamstag bestiegen die drei vor Breuers Wohnung einen Fiaker. Jeder der beiden Männer hatte ein Schild unter dem Arm, Frau Breuer hielt den Einkaufskorb mit Kuchen von Demel am Arm. Sigmund lieh sich vom Hausmeister einen Schraubenzieher. Gemeinsam mit Frau Mathilde hielt er das Glasschild mit den Goldbuchstaben auf schwarzem Grund fest: *Privatdozent Dr. Sigmund Freud;* Breuer schraubte es an den massiven Steinen neben dem Hauseingang fest.
Gemeinsam schritten sie dann durch den Hausflur. Frau Mathilde holte das Porzellanschild hervor, das hier seinen Platz finden sollte. Während sich Josef Breuer die Wohnung ansah und Mathilde ein paar Lilien in eine Vase stellte, läutete Sigmund dem Zimmermädchen und bestellte Kaffee. Mathilde verteilte den Gugelhupf auf die Teller, die von Mutter Freud stammten, deckte den Tisch und sorgte für Sahne und Zucker. Dann saßen sie gemütlich um den kleinen Tisch im Wartezimmer.
Breuer hatte über der gefurchten Stirn eine ovale Glatze und trug seinen Bart jetzt ebenfalls in einem genau passenden Oval gestutzt.
»Freud, ich erinnere mich noch genau, wie enttäuscht Sie waren, als Brücke Ihnen die Assistentenstelle verweigerte. Vier Jahre ist das jetzt her.«
Frau Mathilde rief: »Sie sind ausgesprochen hübsch geworden, ein bißchen frech-französisch!« Sie war mit ihren vierzig Jahren eine noch gut aussehende Frau und hatte den üppigen Mehlspeisen und den Erzeugnissen der Wiener Konditoreien abgeschworen, um ihre schlanke Figur zu behalten. Ihre haselnußbraunen Zöpfe trug sie zu einer Haarkrone aufgesteckt, ihre rauchgrauen Augen leuchteten lebhafter denn je. »Im Ernst, mein lieber Freud: Sie sind als vielversprechender junger Student nach Paris gegangen und als gereifter Arzt wiedergekommen. Ich kann Ihnen gar nicht sagen, wie schön es ist, in Ihren warmen braunen Augen nicht mehr die Ungeduld, sondern echte Weisheit zu sehen.«
Sigmund beugte sich über den Tisch und deutete aus einer Entfernung von gut zehn Zentimetern einen Kuß auf die Wange an. Er dachte: »Mathilde setzt mehr Vertrauen in mich als Josef.«
Als er ihnen eröffnete, er wolle Martha noch vor Jahresende heiraten, pflichtete ihm Frau Mathilde bei: »Je früher, desto besser. Ihr habt euch jahrelang nacheinander gesehnt, und das ist für einen jungen Mann nie gut.«
Josef rief aus: »Herr im Himmel, Mathilde, jetzt hetz' ihn mir nicht ins frühe Heiraten. Freud, ich würde Ihnen raten, noch zu warten. Mindestens zwei Jahre. Bis dahin haben Sie sich eine solide Praxis aufgebaut, die Ihrer Frau und Ihrer Familie Sicherheit bietet.«
»Wozu eigentlich, Breuer? Ich brauche doch nur dreitausend Gulden im Jahr. Die müßte ich bis Ende 1886 doch verdienen können? Bis dahin ist

meine Übersetzung von Charcots Buch veröffentlicht; die ›Wiener Medizinische Wochenschrift‹ hat sich bereit erklärt, zwei der Vorlesungen abzudrucken. Ich habe zweihundert Karten an die Wiener Ärzte verschickt; mit vielen von ihnen hab' ich zusammengearbeitet. Sie werden mir doch sicher ein paar Patienten überweisen . . . «
Mathilde bemerkte Sigmunds Unsicherheit und unterbrach ihn:
»Mein lieber Freud, wann wird denn Ihre Ankündigung in der Zeitung stehen?«
»Morgen, Frau Mathilde. In der ›Neuen Freien Presse‹. Ich werde Ihnen mein Inserat zeigen. Es hat mich übrigens zwanzig Gulden gekostet. Kein Wunder, daß die Zeitungen so viel Geld verdienen.« Er trat an seinen Schreibtisch, holte unter einem Bündel von Notizen ein Blatt hervor und las laut: »Dr. Sigmund Freud, Dozent für Neuropathologie an der Universität Wien, ist von seinem sechsmonatigen Aufenthalt in Paris zurückgekehrt und ordiniert jetzt Rathausstraße 7.«
Mathilde bemerkte dazu: »Sehr gut. Aber hätten Sie nicht hinzufügen sollen: › . . . sechs Monate in Paris an der Salpêtrière unter Professor Charcot‹? So könnten die Leute glauben, Sie hätten die sechs Monate im Moulin Rouge mit ein paar Cancan-Mädchen verbracht.«
Josef Breuer lächelte amüsiert. Er strich sich über seinen länglichen Bart und sagte: »Das wäre nicht *comme il faut*. Wien könnte den Eindruck gewinnen, daß er damit prahlen will, besonders die zweihundert Ärzte, die keine Gelegenheit hatten, an der Salpêtrière zu studieren. Aber warum in aller Welt haben Sie das Inserat für den Ostersonntag aufgegeben? Das hat's noch nie gegeben.«
Sigmund schmunzelte. »Daran hab' ich auch gedacht. Aber an einem Feiertag haben die Leute mehr Zeit zum Lesen. Sie werden überrascht sein, die Ankündigung in dieser Ausgabe zu finden, und sich meinen Namen leichter merken.«
Nach dem Kaffee machte es sich Mathilde im Sessel bequem, während Sigmund über die Entwicklungen der männlichen Hysterie berichtete, wie Charcot sie dargelegt hatte. Breuer war sehr nachdenklich. Er sagte bedächtig:
»Ich möchte Sie warnen, Freud – gehen Sie behutsam und diskret vor. Setzen Sie sich mit der männlichen Hysterie nicht dem Gespött von ganz Wien aus. Das könnte Ihnen nur schaden.«
Sigmund ging nervös in seinem Wartezimmer auf und ab.
»Damit verlangen Sie doch sicher nicht von mir, daß ich von dem abrücke, was ich gelernt habe?«
»Wenden Sie Ihre Erkenntnisse und Ihre Erfahrungen bei den Patienten an. Sammeln Sie Beweise.«
»Sobald meine Charcot-Übersetzung in deutscher Sprache erscheint, kann ein jeder die Beweise nachlesen. Dann bin ich ohnehin festgelegt.«

Breuer schüttelte den Kopf. »Man wird Charcots neurologische Vorlesungen mit größtem Respekt lesen. Die Angaben über männliche Hysterie wird man als das verzeihliche Steckenpferd eines im übrigen großen Wissenschaftlers abtun. Was Ihren Anteil an dem Buch betrifft, so sind Sie nur Übersetzer und nicht Befürworter.«

»Breuer, ich hatte vor, meinen Vortrag vor der ›Gesellschaft der Ärzte‹ über dieses Thema zu halten.«

»Tun Sie's ja nicht! Das ist zu gefährlich. Skeptiker kann man nur in dem Tempo überzeugen, das sie gewöhnt sind, nicht im Eilschritt eines Eiferers.«

An diesem Abend setzte Sigmund sich hin und schrieb einen Brief an Martha. Am nächsten Tag sollte seine Familie kommen und die neue Unterkunft besichtigen. Seine Mutter und die Mädchen hatten versprochen, eine handfeste Sonntagsjause mitzubringen. Die unterschiedlichsten Gefühle überstürzten sich in jenen Bereichen seines Gehirns, die seine anatomischen Studien noch nicht lokalisiert hatten: Die Angst, daß keine Patienten kommen könnten, lag im Widerstreit mit der Überzeugung, daß jede Arbeit ihres Lohnes wert sei; er wußte nicht, ob es richtig war, nun doch in einer Privatpraxis gelandet zu sein, andererseits freute er sich darüber, daß Professor Meynert ihn begeistert im psychiatrischen Laboratorium willkommen geheißen hatte, damit er seine Untersuchungen über die Hirnstruktur von Kleinkindern vollenden könne, und daß Dr. Kassowitz ihn dringend aufgefordert hatte, unverzüglich die neurologische Abteilung in der Kinderklinik zu eröffnen.

Zu diesem Wirrwarr von Gedanken und Gefühlen kam seine nicht ungeteilte Freude, wieder in Wien zu sein. Während der sieben Monate der Abwesenheit hatte er darüber nachgedacht, was ihn in dieser Stadt hielt. Vielleicht spielte es eine Rolle, daß er nicht hier geboren war; doch an Freiberg in Mähren hatte er kaum noch eine Erinnerung. Als Akademiker, der seine Jünglingsjahre in Professor Brückes physiologischem Laboratorium und im Allgemeinen Krankenhaus verbracht hatte, kannte er Wien nur von der seriösen Seite; die Wissenschaftler lebten in einer ganz anderen Welt als die Masse des Volkes, die sich auf den Flügeln beschwingter Musik von Mozart, Beethoven, Schubert und Strauß durchs Leben tragen ließ.

Er zweifelte nicht daran, daß er sich trotz allen Widerstrebens in Paris verliebt hatte: in die sonnenbeschienene Kirche von Notre-Dame, in den Anblick der Seine bei Nacht, wie sie sich durch die Stadt wand, in die Ruhe und Gelassenheit der Architektur, der breiten Boulevards und freien Plätze, in die vielen Straßencafés, wo man die Zeitungsjungen schreiend vorbeiziehen und die jungen Leute singend über den Boulevard Saint-Michel wandern sah, in den flotten, leichtlebigen Ton der Menschen ganz allgemein, das moderne Empfinden des Republikanertums. In Frankreich

lag eben etwas in der Luft – ein Bouquet, ein Gefühl menschlicher Freiheit. Nur einmal zuvor hatte er es gespürt: als er seine Halbbrüder in Manchester besucht hatte.
In Berlin hatte er einen Monat lang bei Professor Baginsky, Direktor des Kaiser-Friedrich-Hospitals, sowie bei den Doktoren Robert Thomsen und Hermann Oppenheim in der Abteilung für Nerven- und Geisteskrankheiten der Charité studiert. Von dort aus hatte er an Martha mit einem Schillerwort geschrieben: »In meinem Frankreich war's doch schöner.« Und er hatte hinzugefügt:

> »Ich glaube, ich wäre auf der Reise gestorben, wenn ich von Paris direkt hätte nach Wien gehen müssen.«

Er saß allein in seinem Zimmer, hatte den Lampendocht kleingedreht und dachte darüber nach, welche Bedeutung Wien in seinem Leben hatte. Vieles kannte er nur von Festtagsparaden: Kaiser Franz Joseph, die Kaiserin und ihre Kinder, die prächtig uniformierten Offiziere, die in der Stadt den Ton angaben, den Adel, der das flache Land regierte, die Minister, die das Kaiserreich verwalteten. Darüber wußte er nur, was die »Neue Freie Presse« und die »Wiener Zeitung« schrieben. Die Habsburger waren hier schon seit Jahrhunderten an der Herrschaft, sie regierten das größte und wohlhabendste Reich, das es seit der Römerzeit gegeben hatte. Auch Paris hatte seinen Adelsstand, allerdings dezimiert durch den Aderlaß dreier Revolutionen. Aber hier wählte das Volk selbst seine Würdenträger, und Gesetze wurden durch Repräsentanten des Volkes gemacht und angewandt. Wäre es ihm anders ergangen, wenn er in ein von Ludwig XV. regiertes Paris gekommen wäre?
Und doch vermißten die Österreicher die Freiheit nicht. Sie bewunderten und verehrten ihren Kaiser Franz Joseph, der sie auf solide, anständige, verantwortungsvolle und bürgerliche Weise regierte und ihnen seit der Volkserhebung von 1848 sogar eine bescheidene Mitbestimmung einräumte. In der Einstellung bestanden Unterschiede. Indem sich die Österreicher mit ihrem geliebten Kaiser identifizierten, machten sie sich gerade dadurch zu Untertanen. Die Franzosen waren politisch ihre eigenen Herren. Sie erwiesen sich manchmal als verschwenderisch, unaufmerksam, unklug, sie trugen ihre Freiheit wie einen schlechtsitzenden, lockeren Mantel, der ihnen nicht recht zu Gesicht stand – aber trotzdem als freie Menschen.
So eigenständig wie die Pariser Architektur war auch der französische Volkscharakter. Es wurde wenig geborgt, nichts erbettelt. Wien gab sich betont polyglott: Österreicher, Böhmen, Ungarn, Kroaten, Slowaken, Polen, Mähren, Italiener. Als die Kaiserstadt strebte sie die Repräsentation aller Volksgruppen an, als »Rekapitulation aller Weltzivilisation, üppig und barock«.
Trotzdem war Sigmund froh, wieder daheim zu sein. Er brannte darauf, mit der Arbeit zu beginnen. Er hatte Grund genug, der Wiener Universität, der

Medizinischen Fakultät, den wissenschaftlichen Instituten und dem Allgemeinen Krankenhaus dankbar zu sein. Die Stadt hatte ihm, dem armen Sproß einer Immigrantenfamilie, eine gute Schule und eine hervorragende Berufsausbildung gegeben, wie er sie besser auch in Berlin, Paris, London oder New York nicht hätte bekommen können. Man konnte ihm vorhalten, daß er kaum mehr kennengelernt hatte als die akademisch-medizinisch-wissenschaftliche Sphäre von Wien. Aber war es notwendig, mehr zu kennen? Bestand nicht jede Stadt aus vielen einzelnen Waben, die jeweils von einem ganz bestimmten Teil der Bevölkerung bewohnt wurden? Für den Berufsoffizier war Wien das Militär; für die gehobene Gesellschaft war es der Kaiser; für den Schauspieler war es das Hofburgtheater, für den Musiker die Oper und der Musikverein, für den Geschäftsmann waren es die Banken und Läden, der Textilbezirk, die Börse. Jeder kannte seine Stadt. Die Stadt, in der Sigmund lebte und arbeitete, zog zweifelslos die besten Köpfe und die größten Geister nicht nur Österreich-Ungarns, sondern aller deutschsprachigen Länder an. Sie hatten sich als freundlich, hilfsbereit und großzügig erwiesen. Was sie verkörperten, war ein großartiges Wien. In einem anderen Wien hätte er gar nicht leben wollen!

Aus diesem Grund wollte er überhaupt in keiner anderen Stadt leben, auch nicht in Paris. Hier hatte er seine Wurzeln geschlagen, sie saßen fest im Kopfsteinpflaster. Es stimmte schon, daß es nicht immer angenehm war, als Jude in einer vorwiegend katholischen Umgebung zu leben; aber der Jude war nun einmal ein Wanderer seit der Zerstörung des Tempels, er hatte immer inmitten anderer Religionen leben müssen. Nach allem, was er aus der Geschichte wußte, spielte es kaum eine Rolle, welcher Art die Gastkultur war. Kaiser Franz Joseph war es mit dem Schutz der Rechte der Juden in seinem Reiche immer ernst gewesen.

Er stand auf, ging ein paarmal im Zimmer auf und ab und schaute dann vom Fenster hinunter in den kleinen Park hinter dem Rathaus. Durch die Gardinen sah er einige junge Paare langsam über die Wege spazieren, die vom milchig-weißen Licht der Gaslaternen erhellt wurden. Er kehrte an seinen Schreibtisch zurück.

Wien mußte ihm die Möglichkeit bieten, seinen Lebensunterhalt zu verdienen, eine Frau zu ernähren, zu studieren, zu forschen und zu entdecken, Abhandlungen über seine Spezialgebiete zu schreiben.

Hier konnte er mit Martha leben und arbeiten, glücklich sein und eine Familie begründen.

2

Am Montag nach Ostern saß er eine Stunde vor der Mittagszeit an seinem Schreibtisch. Links und rechts waren ordentlich die Manuskripte aufgestapelt: der Reisebericht, den er vor der »Gesellschaft der Ärzte« abzulegen hatte; die bereits übersetzten Kapitel des Charcot-Buches und seine Notizen zur Einleitung; die ersten Seiten eines Artikels über Hypnose, den er zuerst dem »Physiologischen Club« und dann der »Psychiatrischen Gesellschaft« vorlegen wollte; Auszüge aus der neurologischen Literatur Wiens für Mendels »Neurologisches Centralblatt« und aus der Fachliteratur der Kinderneurologie für Baginskys »Archiv für Kinderheilkunde« – beides hatte er den Berliner Ärzten versprochen.
Seine gesamte Barschaft in diesem Augenblick des Neubeginns betrug vierhundert Gulden. Die dreihundert Gulden, die er sich für die letzten Monate in Paris und den Aufenthalt in Berlin hatte borgen müssen, konnte er im Juli zurückzahlen, sobald er sein Honorar für die Charcot-Übersetzung erhielt. Die zweite Rate seines Reisestipendiums, die er nach Vorlage des schriftlichen Berichts ausgezahlt bekommen sollte, war ebenfalls zur Rückzahlung von Schulden bestimmt. Er hatte sich im Laufe der Jahre, häufig sogar auf Fleischls Drängen, von diesem kleinere Summen geliehen. Als Sigmund versprach, das Geld innerhalb von ein bis zwei Jahren zurückzuzahlen, hatte Fleischl gesagt:
»Reden Sie nicht davon, Freud. Ich schulde Ihnen das Hundertfache für ärztliche Dienste. Ganz zu schweigen von den langen Nächten, die Sie mit mir durchwacht haben, wo wir diskutierten und Go spielten, damit ich meine Schmerzen wenigstens für Augenblicke vergessen konnte.«
»Das war ein reiner Freundschaftsdienst.«
»Liegen denn kleine Geldsummen außerhalb des Bereichs der Freundschaft? Waren Ihre Zeit und Ihre ärztliche Betreuung nichts wert?«
»Fast nichts. Ich werde mich auf andere Weise revanchieren.«
Fleischl knirschte mit den Zähnen. »Erfinden Sie eine Methode, mir einen neuen Daumen in diese verdammte Hand zu schrauben.«
Die meisten Schulden hatte Sigmund bei Josef und Mathilde Breuer. Es waren inzwischen volle zweitausenddreihundert Gulden. Er hatte vorgeschlagen, in kleinen Monatsraten die Rückzahlung zu beginnen, aber das hatte Breuer mit einer entschiedenen Handbewegung abgelehnt.
»Das hat keinen Zweck, Freud. Wir brauchen das Geld im Augenblick nicht. Lassen Sie sich zehn Jahre Zeit damit. Dann werden Sie gut verdienen.«
In den ersten Monaten bestand kaum Aussicht, daß er mit seiner Praxis die erforderlichen zweihundertfünfzig Gulden verdienen würde. Einige seiner Kollegen aus dem Allgemeinen Krankenhaus hielten ihn für leichtsinnig, weil er mit einer so geringen Reserve anfing. Ein oder zwei Tage nach seiner Rückkehr zog ihn der Ohrenarzt Dr. Politzer zu einer Konsultation bei, für

die er fünfzehn Gulden erhielt. Als dieser hörte, daß Sigmund im Herbst zu heiraten gedachte, sagte er:
»Ich bin schockiert. Ich habe ihn erst vor ein paar Tagen gesprochen und weiß, daß er über absolut keine Mittel verfügt. Warum besteht er darauf, ein Mädchen ohne Geld zu heiraten, wenn er doch eine Mitgift von hunderttausend Gulden bekommen kann?«
Eine Minute vor zwölf wurde er durch ein Klopfen an seiner Tür aus diesen Gedanken aufgeschreckt. Das Zimmermädchen, noch ein wenig verlegen in seiner neuen Rolle, ließ zwei Beamte aus dem Polizeirevier am Donaukanal ein. Josef Breuer hatte sie geschickt.
Er nahm sich zuerst den älteren der beiden vor, einen Mann mit mächtigem Brustkasten und eiförmig vorstehendem Bauch. Bei der Festnahme eines Diebes war er mit diesem in ein Handgemenge geraten; seitdem verspürte er Schmerzen im Nacken, die in seinen linken Arm ausstrahlten, begleitet von nadelartigem Stechen, das bis in Daumen und Zeigefinger reichte. Dr. Freud vermutete eine Neuritis im Arm und verordnete ein Zugpflaster. Der Mann kam noch einige Male wieder, dann konnte ihn Sigmund für geheilt erklären.
Der Jüngere war vollkommen kahl. Sein Kopf saß tief zwischen den Schultern. Er erklärte Dr. Freud, er wisse nie recht, wie er bei der Nachtschicht einen Fuß vor den anderen setzen solle; er fühle sich ausgesprochen unsicher, wenn er nicht genau sehen könne, wohin er seine Füße setze. Nach seiner Beschreibung litt er unter Schmerzen, die sich stoßweise vom Rücken über die Bauchwand ausbreiteten und seit einigen Monaten ständig zugenommen hatten. Dr. Freud führte eine Reihe von Untersuchungen durch, und die Diagnose bestätigte seine anfängliche Vermutung: Syphilis, begleitet von Anzeichen lokomotorischer Ataxie.
Nachdem Professor Meyer von der Universität erfahren hatte, daß Sigmund seine Praxis eröffnet hatte, schickte er seine Frau zu ihm; Sigmund sollte zusehen, ob er nicht ihre Ischiasschmerzen lindern könne. Er vermutete einen Bandscheibenriß, der im Kreuz und im linken Bein heftige Schmerzen verursachte. Er verschrieb ihr Bettruhe, Gymnastik und eine Unterlage, die sie beim Liegen unterschieben sollte. Durch diese Behandlung glitt die Bandscheibe allmählich in ihre richtige Position zurück.
Auch Breuers »vagabundierende Bande von Neurotikern« fand den Weg zu seiner Praxis. Die erste Patientin aus dieser Gruppe war Frau Heintzner, füllig, attraktiv, ungefähr vierzig Jahre alt. Sie kam mit einem Hautriß, den der Dermatologe Freud mit Salbe verarztete. Wenige Tage später war sie wieder da: Sie hatte einen steifen Nacken und konnte ihren Kopf nur nach einer Seite drehen. Der Elektrotherapeut Freud lockerte ihre Nackenmuskulatur durch Elektrisieren. Bei ihrem nächsten Besuch litt sie unter stechenden Magenschmerzen. Der Internist Freud massierte Magen und Bauchdecke und erlöste sie so von ihren Krämpfen.

»Herr Dr. Freud, Sie sind ein wunderbarer Arzt. Sie können einfach alle meine Leiden kurieren.«

Er antwortete auf das Lob ein wenig lahm: »Wir Mediziner haben einen Grundsatz: ›Was ein Patient sich zuziehen kann, das kann ein Arzt auch heilen.‹« Aber während Frau Heintzner darüber lachte, ihr Kleid geradezog und den Hut auf dem hochgetürmten Haar befestigte, dachte er: »Was macht man mit einem Menschen, der nur die Aufmerksamkeit des Arztes auf sich ziehen will, indem er fortwährend neue Symptome erfindet? Meine geringe medizinische Erfahrung kann mit ihrer Phantasie niemals Schritt halten.«

Er stellte bald fest, daß die Praxiseröffnung viel Arbeit mit sich brachte, die ständig von Ungewißheiten und Gefahren bedroht und mit Genugtuung und Enttäuschungen gewürzt war. Professor Nothnagel schickte ihm den portugiesischen Gesandten; Sigmund heilte ihn von einer kleinen Unpäßlichkeit. Aber die beiden nächsten Patienten, denen Professor Nothnagel eine Konsultation bei Dr. Freud empfahl, gingen lieber zu älteren Ärzten. Als nächstes wurde er zu einem alten Schulkameraden aus dem Gymnasium gerufen, der mittellos und bettlägerig war. Sigmund hatte drei Tage lang auf das Abendessen verzichtet, um die paar Gulden zu sparen; nun ging er täglich eine Stunde zu Fuß, weil der Fiaker zu teuer war. Aber dann wurde er eines Abends dringend gerufen: der Mann liege im Sterben. Sigmund bezahlte für die Mietdroschke, was er sich an drei Abenden vom Munde abgespart hatte, aber es gelang ihm, seinen alten Schulfreund am Leben zu erhalten.

Josef Breuer schickte Frau Dr. Kleinholtz zu ihm; sie suchte Hilfe für ihren Mann. Dr. Kleinholtz machte deutliche Veränderungen seiner Persönlichkeit durch und änderte auch seine Gewohnheiten. War er früher peinlich auf sein Äußeres bedacht, so lief er jetzt ungepflegt herum, konnte sich nicht mehr konzentrieren und traf geschäftliche Fehlentscheidungen. Außerdem klagte er über Kopfschmerzen.

Der Patient machte einen verwirrten Eindruck. Als Dr. Freud keinerlei Hinweis auf eine organische Krankheit oder Funktionsstörung finden konnte, glaubte er, es mit einer echten Neurose zu tun zu haben. Er hatte sich jedoch strikt vorgenommen, niemals vorschnell auf Neurosen oder Hysterien zu schließen, sondern einen jeden Patienten objektiv zu untersuchen.

Während der zweiwöchigen Untersuchungen entwickelte sich bei Dr. Kleinholtz eine Schwäche in der rechten Hand, verbunden mit noch heftigeren Kopfschmerzen. Diese Symptome kannte Sigmund. Dr. Kleinholtz hatte einen Tumor am linken Vorderhirnlappen.

An einem besonders kalten Morgen schickte ihm ein junger Assistenzarzt aus dem Krankenhaus einen amerikanischen Kollegen, der zu einem Auffrischungskurs ins Krankenhaus gekommen war. Dr. Adamson war

fünfunddreißig Jahre alt, hatte dichtes rotes Haar und trug einen blauen Zweireiher.
»Wie kann ich Ihnen behilflich sein, Herr Dr. Adamson?«
Adamson machte es sich in dem Sessel vor dem Schreibtisch bequem und versuchte, sich den roten Haarschopf aus der Stirn zu streichen.
»Die Sache ist mir peinlich, Dr. Freud. Meine Frau und ich haben genug Geld für unseren Aufenthalt in Wien gespart, aber kaum etwas für Arztkosten übrig.«
»Wollen Sie mir nicht sagen, was Ihnen fehlt? Wenn ich Ihnen helfen kann, werde ich Ihnen gern einen kollegialen Gefallen erweisen.«
»Danke. Ich leide unter immer schlimmer werdenden Kopfschmerzen. Es ist ein Gefühl, als hätte ich einen engen Ring um den Kopf, und gleichzeitig wird genau von oben her Druck ausgeübt. Dabei habe ich Ohnmachtsanfälle, die aber eigentlich gar keine sind, weil ich alles wahrnehme, was um mich herum vorgeht.«
»Sie sind doch Arzt, Dr. Adamson. Konnten Sie bei sich irgendwelche organischen Störungen feststellen?«
Adamson ließ seinen Blick über die medizinischen Fachbücher schweifen, dann sah er Sigmund kummervoll an. Zögernd gestand er:
»Ich mache mir Sorgen, weil ich glaube, daß die Eifersucht auf meine Frau mich geistig etwas aus der Bahn geworfen hat. Sie ist jung und schön. Wir sind seit mehreren Jahren glücklich verheiratet. Ich muß gestehen, daß ich nicht weiß, was in sie gefahren ist. Wenn wir ausgehen, macht sie allen Männern schöne Augen. So etwas ist noch nie zuvor dagewesen. Aber mein eigentliches Problem ist ihr zunehmender sexueller Hunger. Meine Energie wird förmlich ausgelaugt. Schlimmer noch – unser sexueller Verkehr hat einen anderen Charakter angenommen. Sie wird immer aggressiver, beinahe besessen. Sie ist zeitweilig psychisch unausgeglichen, und nun hat sie mich auch noch geistig verwirrt.«
»Ich werde Sie gründlich untersuchen. Danach sprechen wir über Ihre Frau. Können Sie sie mitbringen?«
Am nächsten Nachmittag kam Dr. Adamson in Begleitung seiner Frau wieder. Er hatte nicht übertrieben, was ihre Schönheit betraf: Sie war aschblond, hatte leuchtende blaue Augen und eine gute Figur; ihr Kleid war eine Nummer zu klein und betonte ihren Busen, den schlanken Leib und die hübschen Beine.
Dr. Adamson blieb im Wartezimmer. Kaum war Mrs. Adamson mit Dr. Freud allein, da schüttelte sie kokett ihre blonden Locken und sah ihn herausfordernd lächelnd an. Er kam um seinen Schreibtisch herum. Dabei fiel Marthas Bild, das sicher auf der hinteren Seite des Tisches gestanden hatte, zu Boden. Sigmund erschrak. Er war sicher, das Bild nicht gestreift und auch nicht so heftig gegen den Tisch gestoßen zu sein, daß es hätte herunterfallen können.

Er brachte wenig aus Mrs. Adamson heraus. Sie erzählte ihm nur, wie lustig sie es in Wien fände. Erst nach eindringlichem Befragen berichtete sie, vor sechs Jahren hätte sie eine Zeitlang unter Doppelsehen gelitten. Nachdem dieses Phänomen verschwunden war, waren ihr linker Arm und ihr Gesicht leicht betäubt gewesen. Da ihr Mann draußen wartete, bat Sigmund sie, am nächsten Tag wieder zu kommen.
Als Sigmund ihr zur Begrüßung entgegenging, fiel Marthas Bild wiederum vom Tisch. Betroffen stand er da und starrte es an. Wie konnte so etwas zweimal hintereinander passieren? Schön, Mrs. Adamson war hüftenschwingend hereingekommen, den Kopf zurückgelegt und den Busen herausgestreckt, aber davon konnte doch kein Foto vom Tisch fallen. Sie fragte mit neckischem Lächeln:
»Ihre Braut, Dr. Freud? Es sieht fast so aus, als sollte sie aus Ihrem Leben gedrängt werden.«
Sigmund hob Marthas Bild auf, wischte es mit dem Rockärmel ab und stellte es genau mitten auf den Schreibtisch. Dann beschäftigte er sich sofort mit Mrs. Adamsons übertriebenem sexuellem Verlangen und versuchte herauszufinden, wann sich der Wandel vollzogen hatte. Mrs. Adamson bestritt, übermäßige sexuelle Forderungen zu stellen.
»Ich habe nur das Gefühl, mit jedem Tag jünger und lebendiger zu werden, Doktor. Und mein Mann, der arme Kerl, muß so hart arbeiten, daß er immer älter wird.«
Sigmund war ratlos. Lag hier eine Gefühlsstörung vor? Oder steckte irgendeine andere organische Störung dahinter? Er war sicher, daß Dr. Adamson ihm im Gegensatz zu seiner Frau die Wahrheit gesagt hatte.
Er dachte: »Vor allen Dingen müßte man sie erst einmal gynäkologisch untersuchen; aber auf diesem Gebiet bin ich zu unerfahren. Ich wüßte nicht, wonach ich suchen sollte. Außerdem könnte das ein gefährliches Unterfangen werden, wie man von Mrs. Adamsons Gesicht ablesen kann. Ich denke, ich rede lieber einmal mit Rudolf Chrobak.«
Am späten Nachmittag suchte er Dr. Chrobak in dessen Wohnung auf. Der Gynäkologe war, obgleich er erst dreiundvierzig Jahre zählte, zum Professor für Gynäkologie an der Wiener Universität berufen worden. Sigmund hatte im Krankenhaus nicht unter seiner Leitung gearbeitet, aber sie mochten einander gut leiden und waren fast Freunde geworden. Er berichtete Dr. Chrobak über das Ehepaar Adamson. Der strich sich gedankenvoll über seinen korrekten Van-Dyck-Bart, konnte ihm aber auch nicht helfen.
Einige Wochen später nahm der Fall eine unerwartete Wendung. Dr. Adamson brachte seine Frau zu Freud. Aber es war eine völlig veränderte Mrs. Adamson. Von Koketterie war keine Spur mehr geblieben. Sie hielt den Kopf schräg, als hätte sie Schmerzen. Ihre Worte kamen langsam und stolpernd.

»Die Symptome von vor sechs Jahren . . . sie sind wieder da. Aber anders. Meine linke Augenbraue . . . gefühllos. Und ich kann den rechten Fuß . . . schlecht bewegen . . . «
Sigmund führte die Frau hinter den Wandschirm und untersuchte sie gründlichst. Kein anderer Körperteil wies auch nur die geringste Gefühllosigkeit auf; es lag keinerlei Anästhesie in Beinen, Rücken, Bauch oder Brust vor. Der erste Lichtschimmer fiel auf den Fall, als sich Sigmund erinnerte, daß bei multipler Sklerose gelegentlich ein gesteigerter Sexualtrieb zu beobachten war.
Nach Durchführung weiterer Untersuchungen war er seiner Sache sicher: multiple Sklerose. Er klärte seine Patientin nicht auf, aber er wußte, daß die junge Frau zunehmend unter Zittern, Sprachstörungen und schließlich Paralyse leiden würde. Die Medizin besaß kein Mittel, den Fortgang der Krankheit aufzuhalten. Die Schwere des Verlaufs hing von der Lage der Schädigung in Hirn oder Rückenmark ab. Dr. Adamson würde von seinen Beschwerden bald geheilt sein; aber seiner Ehe stand ein anderer, ein schwerer traumatischer Schock bevor.

3

Sein dreißigster Geburtstag am 6. Mai 1886 fiel auf einen Donnerstag. In den vorangegangenen Wochen hatte er nur ein paar Gulden verdient, und schon seit Tagen hatte sich kein Patient mehr in seinem Wartezimmer blicken lassen. Er nörgelte: »Die Bezeichnung ist falsch: Warten muß der Arztneuling, nicht der Patient.«
Schon am frühen Morgen klopfte der Postbote an seine Tür und brachte ihm eine Topfpflanze von Martha. Dann erschien seine Schwester Rosa mit einer Schreibunterlage, auf beiden Seiten von rotem, goldgeprägtem Leder eingefaßt. Seit sich der ängstliche junge Brust aus dem Staub gemacht hatte, war Rosa ohne Verehrer geblieben. Sigmund verstand das nicht ganz, denn schließlich war sie doch ein sehr attraktives Mädchen mit einem lebhaften Verstand. Sie schien glücklich und wohlgemut zu sein und nahm gegenüber dem Leben eine gelassene Haltung ein, obwohl sie ebenso wie Sigmund heftigen Gefühlsschwankungen ausgesetzt war.
Rosa drehte an einem Knopf, der lose von Sigmunds Rock herabhing.
»Sigi, du wirst vernachlässigt. Hast du Nadel und Zwirn zur Hand? Und sieh dir mal deine Schuhe an! Die müssen unbedingt zum Schuster. Du hast doch noch ein anderes Paar. Ich nehme sie nachher mit, wenn ich gehe.«
Er legte ihr lachend den Arm um die Schulter.
Pauli und Dolfi erschienen mit einem Bouquet getrockneter Palmwedel, Bambusstengel, Gräser und einer Pfauenfeder. Ihnen folgten Mitzi und ihr junger Ehemann Moritz Freud, ein entfernter Verwandter. Sie brachten als

Geschenk ihr gerahmtes Hochzeitsbild mit. Dann waren Sigmunds Eltern an der Reihe. Frau Freud brachte eine Sachertorte, die sie am Morgen selbst gebacken hatte, sein Vater schenkte ihm ein Buch des Engländers Disraeli, den er sehr bewunderte. Dann nahmen ihn seine Eltern in die Arme und küßten ihn genau so, wie sie es an seinem zehnten und zwanzigsten Geburtstag getan hatten.
Der letzte Gratulant war Alexander. Er war schon um fünf Uhr aufgestanden und hatte an der Kasse des Theaters an der Wien Schlange gestanden, um zwei Karten für den »Zigeunerbaron« von Johann Strauß zu bekommen. Alexander besuchte zweimal in der Woche die Operette, so etwa »Die Fledermaus« oder »Hoffmanns Erzählungen«; in der vorigen Woche hatte er auf sein einziges Vergnügen verzichtet, um seinen Bruder an dessen dreißigstem Geburtstag einladen zu können.
Dolfi kochte auf der Heizplatte des Ophthalmologie-Schrankes Kaffee, Frau Freud stellte den Kuchen auf den Tisch, Alexander holte die Stühle aus dem Wartezimmer herein. Dann setzte sich die Familie zu einem Kaffeeklatsch nieder. Anna, im sechsten Monat schwanger, kam atemlos angerannt, unter dem einen Arm einen Blumenstock vom Naschmarkt, auf dem anderen ihre vierzehn Monate alte Tochter; sie wünschte Sigmund »weitere dreißig glückliche Jahre« und setzte ihm die kleine Judith auf den Schoß. Sigmund lag mit Eli schon wieder in Fehde, diesmal, weil dieser mit der Rückzahlung von Geld aus Marthas Mitgift in Verzug war, das sie ihm anvertraut hatte. Doch die friedliche Geburtstagsstimmung veranlaßte ihn, sich nach dem Befinden seines Schwagers zu erkundigen.
Jakob Freud arbeitete seit kurzem wieder und brachte wieder Geld nach Hause. Da sein Vater neue Anekdoten erzählte, merkte Sigmund, daß er glücklich war.
»Weißt du, Sigi, da war einmal ein armer Jude, der mogelte sich ohne Fahrkarte in den Schnellzug nach Karlsbad. Er wurde dabei immer wieder erwischt und hinausgeworfen. An einer der Stationen traf er einen Bekannten, der ihn fragte, wohin er wolle. ›Nach Karlsbad‹, antwortete der Mann. ›Falls ich die Reise gesundheitlich durchstehe.‹«
Es war schon spät, als die Operette zu Ende ging. Sigmund bedankte sich bei seinem Bruder und ging dann allein nach Hause. Ein wenig niedergeschlagen betrat er seine kleine Wohnung. Auch er reiste ohne Fahrkarte, sein Reiseziel war die Ehe, ein Heim, eine Praxis – falls er es durchhielt.
Er hatte sich gezwungen gesehen, eine Untersuchungscouch zu erwerben und dafür praktisch sein letztes Bargeld ausgegeben. Wieder einmal wurde ihm bewußt, was er eigentlich schon längst wußte: daß zwischen der Ausübung des Arztberufs und dem Geldverdienen ein himmelweiter Unterschied bestand. Wenn ihn Dr. Politzer nicht am Tag zuvor zu einer zweiten Konsultation hinzugezogen hätte, so hätte er die ganze Woche lang wie ein Wilder gearbeitet, ohne einen einzigen Kreuzer zu verdienen. Er

setzte sich an seinen Schreibtisch, drehte den Docht seiner Lampe so weit herunter, daß der Lichtschein gerade noch auf das Papier und seine Hand fiel, und schrieb an Martha:

»Ich will gern hoffen, daß der nächste Geburtstag so ist, wie du ihn schilderst, daß du mich mit einem Kusse weckst und ich nicht auf den Brief von Dir warte. Es wäre mir schon recht gleichgültig, wo das geschieht . . . Ich kann ja viel Sorge und Arbeit ertragen, aber nicht mehr lange allein. Und im Vertrauen, meine Hoffnung, es in Wien aushalten zu können, ist sehr klein.«

Am nächsten Morgen brachte er den Brief zur Post. Unterwegs zu Meynerts Laboratorium dachte er dann: »Ich bin genau wie Rosa. Meine Gefühle sind so unstet wie die Gezeiten des Meeres.«

Jemand hat einmal gesagt, die Erde kreise um ihre Achse, die Patienten um ihre Schmerzen. Im Laufe der nächsten Tage fanden sich ein halbes Dutzend Patienten in seinem Wartezimmer ein, und am Nachmittag wurde er von einem Kollegen in das Krankenhaus Wieden gerufen. Er sollte sich ein Neugeborenes ansehen, das am unteren Teil des Rückens, dicht über der Gesäßspalte, eine etwa zitronengroße weiche Wucherung hatte. Dr. Freud untersuchte die gespannte Haut, aus der Härchen wuchsen, dann auch den übrigen Körper des Babys.

»Eine anlagebedingte Veränderung, nichts weiter«, versicherte er seinem Kollegen. »Ich hab' mehrere solcher Wucherungen bei Erwachsenen gesehen. Das Kind wird ohne Beschwerden aufwachsen.«

»Würden Sie das bitte der Mutter sagen«, bat der Arzt.

Am nächsten Morgen wurde er in die Wohnung einer früheren Nervenpatientin von Obersteiner in Oberdöbling gerufen. Ihr Kind war von der Hüfte abwärts gelähmt zur Welt gekommen und rang mit dem Tode. Als Dr. Freud den Sphinkter des Rektums betastete, fand er diesen Ringschließmuskel vollkommen erschlafft. Die Lähmung erstreckte sich also auch auf Blase und Eingeweide. Es handelte sich um einen Fall von Meningozele. Das Kind würde sein Leben lang gelähmt bleiben. Aber wenn es ihm gelang, das Fieber zu drücken, die Krämpfe abzuschwächen, eine Blasenentzündung zu verhindern . . .

Er verbrachte den ganzen Samstag und Sonntag bei dem Neugeborenen und schlief nachts auf einer Couch. Die Hauptschwierigkeit war der mangelhafte Abfluß aus der Harnblase. Sie füllte sich und bildete eine Brutstätte für die im Urin enthaltenen Krankheitskeime. Er hatte Anlaß zu der Befürchtung, das Baby könnte an einer Nierenvergiftung sterben. Das konnte zwei Jahre dauern oder auch nur zwei Monate. Aber er hatte gelernt, um ein Leben zu kämpfen, solange noch der geringste Funke einer Hoffnung glomm. Und er kämpfte. Er hielt das Kind am Leben, bis der Hausarzt die weitere Behandlung übernehmen konnte.

Er hatte für sich selbst einen strengen Stundenplan festgelegt: Um sechs Uhr aufstehen, baden, anziehen, dann das Zimmermädchen einlassen, das warme Semmeln vom benachbarten Bäcker brachte und dazu eine Tasse von Sigmunds eigenem Kaffee, den sie in der Küche gemahlen hatte. Um sieben Uhr räumte das Mädchen das Kaffeegeschirr und die Tischdecke ab, die sie über eine Ecke seines Schreibtisches gebreitet hatte. Dann begann er an der Übersetzung von Charcots letzten Kapiteln und dem Reisebericht zu arbeiten. Um zehn Uhr war er schon in Meynerts Laboratorium und arbeitete am Ursprung des Hörnervs im menschlichen Fötus. Um elf Uhr ging er in ein Restaurant auf der anderen Straßenseite. Sein Gabelfrühstück bestand aus einer doppelten Portion Gulasch. Die kleine Emailleschüssel enthielt fünf oder sechs Fleischstückchen mit Kartoffeln und Saft. Seine Sprechstunde ließ ihm keine Zeit für ein richtiges Mittagessen.
Nach dem Gabelfrühstück kehrte er für eine weitere halbe Stunde zu seinen Präparaten ins Laboratorium zurück und saß Punkt zwölf Uhr hinter dem Schreibtisch seines Sprechzimmers. Das Wartezimmer war jetzt ganz voll, weil es sich herumgesprochen hatte, daß der neue junge Doktor die Armen mit derselben Sorgfalt behandelte wie die zahlenden Privatpatienten. Im ersten Monat hatte er seine Spesen nicht verdient, aber er war trotzdem froh über die »Gratis-Patienten«; in Wien kursierte der Spruch: Wenn ein neuer Arzt keine Wohltätigkeitsfälle hat, dann will ihn auch sonst niemand. Und es war wie beim Gulasch: Zwischen den Kartoffeln fand sich immer wieder ein Fleischstückchen. Im Gegensatz zu dem portugiesischen Gesandten, der seine Rechnung niemals beglich, zückten so manche Patienten sofort beim Weggehen ihre Geldbörse und bezahlten das Honorar.
Sobald im nächsten Monat die neue Station fertiggestellt war, würde er am Dienstag, Donnerstag und Samstag um drei Uhr in das Erste Öffentliche Kinder-Kranken-Institut Wiens hinübergehen und dort seine Abteilung für Kinderneurologie aufbauen. An den übrigen Tagen wollte er die Sprechstunden bis vier Uhr verlängern und diejenigen Patienten, die um die kostenlose Diagnose oder Elektromassage baten, später bestellen, damit seine zahlenden Patienten nicht zu warten brauchten. Am späten Nachmittag traf er sich dann mit irgendeinem befreundeten Arzt – mit Paneth, Obersteiner, Widder, Lustgarten oder Königstein, der ebenfalls im Kinderkrankenhaus arbeitete – in einem Café; sie besprachen gemeinsame Berufsprobleme, nahmen ein leichtes Nachtmahl zu sich, falls Sigmund nicht nach Junggesellenart bei den Breuers, Paneths oder Fleischls eingeladen war, und anschließend kehrte Sigmund wieder an seinen Schreibtisch zurück, um konzentriert bis Mitternacht zu lesen und zu schreiben. Kaum lag er im Bett, da war er auch schon eingeschlafen. Am Sonntag ging er zum Mittagessen zu seinen Eltern. Jeden Sonntag warf er ein paar Gulden in die Kaffeetasse mit dem abgebrochenen Henkel, die Frau

Freud auf der Küchenkredenz stehen hatte. Weder Mutter noch Sohn verloren je ein Wort über diese bescheidene, beinahe rituelle Gabe, aber sie hatten doch ihr Vergnügen daran, besonders gegen Ende des zweiten Monats, als sich seine Praxis ausweitete und er merkte, daß er um die Hälfte mehr einnehmen würde, als seine Kosten ausmachten. Nun konnte er zehn oder fünfzehn Gulden in die Haushaltskasse legen.
Trotz seines anstrengenden Achtzehnstundentages gab es immer wieder Stunden, meist spät abends, da er Martha sehr vermißte. Er schrieb ihr fast täglich, berichtete von seinen Patienten und ihren Leiden, war froh, wenn alle Stühle im Wartezimmer besetzt waren, und verzagt, wenn er von zwölf bis drei wartete und niemand kam außer den Schnorrern.

4

Genauso aufregend wie die Einführung seiner Privatpraxis war für Sigmund Freud der Aufbau der neurologischen Kinderabteilung in dem Krankenhaus, das jetzt nach seinem Leiter Dr. Max Kassowitz das »Kassowitz-Institut« hieß. Er galt als Wiens hervorragendster Spezialist für Kinderkrankheiten. Als Kassowitz sich bemühte, den gesamten Bereich der Kinderkrankheiten zu erfassen, war er ursprünglich der Ansicht gewesen, daß Rachitis durch eine Entzündung hervorgerufen werde. Dennoch war er der erste in Wien, der die Erforschung der Kinderkrankheiten auf eine wissenschaftliche Basis stellte. Als Kassowitz feststellte, welch große Rolle Phosphor bei der Behandlung von Rachitis und anderen Schwächungen des kindlichen Körpers spielte, suchte er nach einer Emulsion, die den Phosphor binden und gleichzeitig den Kindern die Einnahme ermöglichen sollte. Er stieß schließlich auf Lebertran, der als medizinisch wertlos angesehen wurde. Phosphor wirkte Wunder bei Kindern, die an Rachitis, Tuberkulose und Anämie litten.
Erst wenige Monate vor Sigmunds Rückkehr nach Wien war Kassowitz, der seine Ausbildung im Allgemeinen Krankenhaus vor siebzehn Jahren abgeschlossen hatte, mit seiner Familie aus der geräumigen Achtzimmerwohnung im ersten Stock des Hauses Tuchlauben Nr. 9, über der Moll-Apotheke, einer der ältesten in der Stadt, ausgezogen, hatte sich im gleichen Gebäude eine andere Wohnung eingerichtet und seine bisherige Wohnung in eine Kinderklinik für ambulante Fälle umgewandelt. Die Behandlung war kostenlos. Die Kinder kamen aus den ärmeren Bevölkerungsschichten, die sich eine Bezahlung nicht leisten konnten. Sämtliche Ärzte arbeiteten ehrenamtlich, ohne irgendein Honorar zu beziehen. Das frühere »Kinder-Kranken-Institut« wurde durch private Spenden unterhalten. Die jährlichen Auslagen betrugen nur etwa tausend Gulden für unentbehrliche Medikamente.

Sigmund ging die Tuchlauben entlang, an der Apotheke vorbei, die zu jeder Tageszeit von Kunden belagert wurde, die Kassowitz' Arznei kaufen wollten. Unter den Wartenden befanden sich auch Mütter, die ihre Babys stillten. In der Apotheke waren drei Angestellte nur damit beschäftigt, den Phosphor-Lebertran herzustellen. Sigmund bog in die Kleeblattgasse ein. Hier standen auf dem Bürgersteig Mütter mit ihren Kindern vor der Außentreppe zum Institut Schlange.

Dr. Max Kassowitz begrüßte ihn. Er war ein ernster, seriöser Mann, vierundvierzig Jahre alt, wirkte aber älter. Er war kahl, hatte jedoch einen so schön geformten Kopf, daß sein Mangel an Haaren nicht unangenehm auffiel. Er versuchte auch nicht, den Mangel durch einen eindrucksvollen Bartwuchs auszugleichen und begnügte sich mit einem kleinen, graumelierten Kinnbärtchen. Die Augenbrauen waren rabenschwarz und gut zweieinhalb Zentimeter dick. Sie bildeten eindrucksvolle Bogen über den tiefliegenden, gütigen Augen. Er war gut gekleidet, wie es sich für einen Wiener Arzt gehörte: perlgraue Weste mit breiten Revers unter einem gutgeschnittenen schwarzen Rock.

Er zeigte Sigmund den Operationssaal, den Hörsaal, das Laboratorium, die Abteilung für Innere Medizin, die Räume für Erkrankungen von Haut, Nerven, Ohren, Nase und Hals und das Zimmer für ansteckende Krankheiten. Sigmund sah einige der jungen Ärzte wieder, mit denen er die Universität besucht hatte und die er auch vom Allgemeinen Krankenhaus her kannte: Emil Redlich, Moritz Schustler, Karl Hochsinger, der Kassowitz' Erster Assistent war. Während er von einem Raum zum anderen wanderte, stellte er fest, daß alle Ärzte Juden waren. Er fragte sich nach dem Grund, da offensichtlich nur ein kleiner Teil der hier behandelten Kinder aus jüdischen Familien stammten. Hatte Kassowitz keine katholischen Ärzte zur Mitarbeit eingeladen? Oder interessierten sich die katholischen Ärzte nicht dafür, weil das Institut von einem Juden geleitet wurde?

Sie gelangten ans Ende des langen Flurs. Kassowitz zeigte Sigmund ein Zimmer, in dem Mütter mit ihren Kindern standen oder auf den wenigen vorhandenen Sitzgelegenheiten Platz genommen hatten. Er sagte:

»Dr. Freud, dies hier ist Ihr Arbeitsgebiet. Wir hoffen, daß Sie eines Tages ein Institut für Kinder-Neurologie schaffen werden. Aber bis Sie Ihr eigenes Institut gegründet haben, ernenne ich Sie hiermit zum Abteilungsleiter. Dieser Titel ist zwar nicht ganz so gewichtig wie der eines Abteilungsleiters im Allgemeinen Krankenhaus, aber immerhin auch ein guter Anfang.«

Während seines Berlin-Aufenthalts hatte Sigmund reichlich Gelegenheit gehabt, Kinder zu untersuchen, die unter Nervenkrankheiten litten. Diese Erfahrung war jetzt für ihn von unschätzbarem Wert.

Die Kinder waren alle frisch gebadet und ordentlich gekleidet. Das Haar der kleinen Mädchen war zu Zöpfen geflochten. Die größeren Kinder beklagten sich kaum. Die Krankheiten, die in ihnen wüteten, hatten ihr Zerstörungswerk bereits getan. Viel mehr litten die Mütter, wenn sie ihre Kinder in die Klinik brachten und auf vorsichtige Fragen den Werdegang eines jeden Falles schilderten. Die Eltern fühlten sich schuldig an dem, was geschehen war, obgleich oft die Natur schon ihr Zerstörungswerk begonnen hatte, während das Kind noch im Mutterleib ruhte.

Sigmunds erster Patient war ein sechsjähriger Junge, der unter Meningitis, einer Infektion der Hirnhaut, litt. Das Kind war vollkommen normal gewesen, begann jedoch plötzlich zu kränkeln; es hatte hohes Fieber und einen steifen Nacken bekommen. Das war vor zwei Tagen geschehen. Jetzt war der Junge schläfrig und apathisch. Sein Gesicht war deutlich gerötet. Dr. Freud maß die Temperatur: 40,2 Grad. Er sah sich die Hand des Jungen an und entdeckte unter den Fingernägeln winzige rote Punkte – Blutergüsse aus den Hautkapillaren.

Er konnte nichts weiter tun, als das Fieber zu bekämpfen. Der Junge würde bald von Krämpfen geschüttelt werden, Arme und Beine würden unaufhörlich zucken, und dann würde er sterben. Dabei war er vor drei Tagen noch ein gesunder, fröhlicher Junge gewesen. Meningitis wurde durch Bakterien hervorgerufen. Diese ließen sich in der Luft nachweisen. Vielleicht hatte der kleine Junge sie einfach eingeatmet.

Freud untersuchte ein sieben Jahre altes Mädchen, das beim Sprechen plötzlich für etwa drei Sekunden innehielt, den Kopf leicht zur Seite drehte, ins Leere starrte und dann fortfuhr, als sei nichts geschehen. Das komme nun vier- bis fünfmal täglich vor, erklärte die Mutter, und vor ungefähr einem Monat habe es angefangen.

Dr. Freud beobachtete das Kind und erkannte in den Absencen einen Fall von *petit mal*. Der allgemeine Begriff Epilepsie paßte allerdings schlecht auf derlei Anfälle. Das Blutbild war normal, und er konnte keinerlei Hinweise auf Narben alter Verletzungen oder gar einen Hirntumor finden. Er beruhigte die Mutter, erklärte ihr, daß sich während der Pubertät gewisse Veränderungen ergeben würden – Fleischl hatte diese Veränderungen mit seiner neuen Methode sichtbar gemacht –, und versicherte ihr, daß die Störungen verschwinden würden.

Allmählich leerte sich das Zimmer – bis auf einen Neunjährigen und seine Mutter, die sich in die hinterste Ecke gesetzt hatten. Das Kind wirkte völlig normal, aber die Mutter berichtete, der Junge hätte über Kopfschmerzen und Übelkeit geklagt. Die Frau errötete, blinzelte rasch und schlug die Augen nieder. Sigmund bat sie, ihm zu erklären, warum sie den Jungen hergebracht hätte.

»Herr Doktor . . . es ist mir peinlich . . . ich hab' mich nicht getraut . . . früher zu kommen . . . «

»Bitte, fahren Sie fort.«

»Der Kleine hat einen . . . einen . . . großen Zipfel und . . . viel Haare drumherum . . . als ob er vierzehn oder fünfzehn wär. Ist es dumm von mir, Herr Doktor, wenn ich mir . . . Sorgen mach'?«
Sigmunds Untersuchungen und seine jahrelange Erfahrung in der Hirnanatomie deuteten auf einen Tumor im mittleren Bereich des Großhirns hin, eine Krebsgeschwulst an der Hirnbasis, durch die die Impulse vom Hypothalamus zur Hirnanhangdrüse verändert wurden. Dadurch kam es zu Veränderungen der Sexualcharakteristik und zur Ausbildung abnorm großer Geschlechtsorgane. Dafür gab es keine Medizin und keine Behandlung. Er sagte es der Mutter zwar nicht, aber er wußte, daß sich noch im Laufe dieses Jahres die Kopfschmerzen und der Brechreiz bei dem Jungen verschlimmern würden, er würde immer lethargischer werden, in ein Koma hinübergleiten und schließlich sterben.
Erschüttert saß er bis in den Abend hinein an seinem Schreibtisch und machte sich Notizen über die Fälle, die er gesehen hatte. Dann ging er über den Platz Am Hof nach Hause und war so sehr mit seinen Gedanken beschäftigt, daß er keinen Blick für das kunstvoll geschmückte dreistöckige Haus hatte, das als das schönste in ganz Wien galt. An der Freyung blieb er vor dem Brunnen stehen. Während das Wasser des Brunnens wie ein feiner Sprühregen sein Gesicht kühlte, sah er vor sich die Gesichter der kleinen Patienten, die er an diesem Nachmittag untersucht hatte.

5

Seine Arbeit und seine Praxis wurden bald zur Routine. Sein schriftlicher Reisebericht wurde von der Medizinischen Fakultät akzeptiert. Er hielt vor dem »Physiologischen Club« einen Vortrag über Hypnose. Zwei Kapitel seiner Charcot-Übersetzung erschienen in der »Wiener Medizinischen Wochenschrift«. Die »Gesellschaft für Psychiatrie« lud ihn ein, seinen Vortrag über Hypnose zu wiederholen. Ermutigt durch diesen Erfolg, erprobte er die Hypnose an einer Italienerin, die jedesmal einen krampfartigen Anfall erlitt, wenn sie die Worte »Apfel« oder *»poma«* hörte. Bei diesem ersten ernsthaften Versuch war er noch ungeschickt und unsicher, aber die Patientin bemerkte es nicht, weil sie entweder unaufmerksam oder gleichgültig war. Als er sie endlich in einen leichten Halbschlaf versetzt hatte, machte er ihr klar, ein Apfel sei kein lebendes Geschöpf, das ihr etwas zuleide tun könne; wenn sie das Wort »Apfel« höre, dann solle sie sich ganz einfach ein Blech voll frischen Apfelstrudels im Schaufenster einer Bäckerei vorstellen. Er selbst hielt diese Lösung für sehr klug, aber da er die Patientin nie wiedersah, wußte er auch nicht, ob er ihr damit geholfen hatte oder nicht.
Als er Josef Breuer über diesen Fall berichtete, fragte dieser:

»Was glauben Sie wohl, wovon diese Frau ›besessen‹ war?«
»Höchstwahrscheinlich Würmer, Breuer. Sie muß einmal in einen wurmstichigen Apfel gebissen haben. In der Salpêtrière hatten wir einen männlichen Hysteriker, einen gewissen Lyons, der in seinen Exkrementen einen Bandwurm sah; durch diesen Anblick bekam er eine Darmkolik und zitterte am ganzen Körper. Jahre später plagte ihn das Bild des Bandwurms wieder, als jemand mit einem Stein nach ihm warf. Er litt schließlich unter epilepsieartigen Anfällen.«
Breuer schüttelte nachdenklich und verzweifelt den Kopf.
»Unsere Leiber sind doch unglaublich komplizierte Apparate, die nur von der Hand eines Genies stammen können. Sie sind, wie Michelangelo bewiesen hat, die größten Kunstwerke auf Erden. Und was machen wir damit? Wir streuen Sand ins Getriebe, bis die Maschine knirschend stehenbleibt.«
»Meinen Sie mit Sand vielleicht – Ideen, Vorstellungen, Illusionen, Phantasiegebilde?«
»Wenn ich nur wüßte, was für ein ›Sand‹ das ist, mein lieber Freud. Dann wäre ich Psychologe und nicht Spezialist für die Bogengänge im Taubenohr. Vögel schrecken nicht vor Würmern zurück, sie fressen sie auf.«

Im zweiten Monat seiner Praxis verdiente Sigmund die ansehnliche Summe von fast 390 Gulden. Er brauchte sich selbst nur ein wenig zu hypnotisieren, um daran zu glauben, daß er nun an eine Heirat denken konnte. Martha war mit seinem Vorschlag einverstanden. Sie setzten die Hochzeit für Ende des Sommers fest.
Die böse Nachricht kam in der letzten Juniwoche in Form eines amtlichen Schreibens: Dr. Sigmund Freud, Oberleutnant der Reserve, habe sich am 10. August zu einer einmonatigen Übung zu melden. Das k. u. k. Kriegsministerium fürchtete, der vorjährige Krieg zwischen Serbien und Bulgarien könnte erneut aufflackern. Oberleutnant Freud hatte während der Manöver bei Olmütz über die Gesundheit der Soldaten zu wachen.
Es war sieben Jahre her, seit er im Militärhospital in der Van-Swieten-Gasse, gegenüber dem Allgemeinen Krankenhaus, seinen einjährigen Militärdienst abgeleistet und in seiner Freizeit das Buch von John Stuart Mill übersetzt hatte.
Sigmund ließ sich sonst nicht so leicht zu heftigen Worten hinreißen, aber nun rannte er durch sein an diesem Vormittag glücklicherweise leeres Behandlungs- und Wartezimmer und belegte Kriege, das Militär, Einberufungen, Manöver und insbesondere sein eigenes Pech mit jedem nur erdenklichen Schimpfwort. Während der drei Jahre, die er im Allgemeinen Krankenhaus gearbeitet hatte, wäre es ihm leichtgefallen, wegzugehen. Noch ein Jahr, dann hätte er nicht mehr einberufen werden können.

»Was nun?« fragte er sich. »Wo ich doch gerade erst angefangen habe! Wo allmählich die Patienten kommen und ich so langsam meinen Lebensunterhalt verdiene. Wie kann ich jetzt einfach verschwinden und meine Praxis zumachen? Dann muß ich wieder ganz von vorn beginnen. Wenn ich nicht hier bin, kann ich die Miete für das nächste Vierteljahr nicht bezahlen. Und was wird aus meiner Hochzeit? Ich brauche doch auch Zeit, ein geeignetes Heim für Martha zu finden. Verdammt!«
Er drückte sich den Hut auf den Kopf, durchquerte den Rathauspark und lief den ganzen Ring entlang. Dabei ließ er seine Verzweiflung und Wut an dem Kopfsteinpflaster aus.
Als er wieder nach Hause kam, schmerzte ihn sein Kopf genauso wie seine Füße. Aber er war nicht zu müde, um Martha in einem langen Brief über das Unglück zu berichten, das über sie hereingebrochen war. Sie antwortete ihm mit ein paar zuversichtlichen Zeilen und der Ermahnung, in der heißen Augustsonne nicht zu weit zu marschieren!
Die unerschütterliche Ruhe seiner Braut nahm ihm den Wind aus den Segeln. Er suchte seine Eltern auf und bat seine Mutter, die alte Uniform aus der Mottenkiste zu holen. Sie war zwar muffig und zerknittert, aber sie paßte ihm immer noch. Die helle Jacke der Ausgehuniform wurde von der rechten Schulter mit acht silbernen Knöpfen gerade herunter geknöpft. Der bis unter das Kinn reichende steife Kragen und die breiten Manschetten stachen dunkel davon ab. Hosen und Stiefel waren schwarz. Dazu gehörte die runde, hohe, dunkle Schirmmütze mit dem Abzeichen des Arztes in der Mitte. Vater Jakob, der die maßgeschneiderte Uniform hatte bezahlen müssen, als Sigmund dreiundzwanzig war, bemerkte:
»Mein Sigi ist wirklich fesch. Er weiß so viel, daß er sogar in Friedenszeiten einberufen wird.«
»Aber ich bin nicht klug genug, mich ganz davon drücken zu können«, erwiderte Sigmund.
»Ein Monat auf dem Land wird dir guttun«, sagte seine Mutter. »Du bist ganz blaß von der ewigen Krankenhausluft.«
Mit dem Kriegsministerium konnte man nicht rechnen. Er mußte vor allem praktisch denken. Der günstigste Monat für einen Wiener Arzt war der Oktober. Dann kehrten die Wiener aus ihren Sommerferien in den Bergen zurück, machten es sich wieder in ihren Wohnungen gemütlich und beschlossen, endlich etwas gegen die Wehwehchen zu tun, die sie schon im Frühjahr geplagt hatten, an die sie aber im Sommer in der herrlichen Bergluft, im schönen Urlaub, nicht gedacht hatten. Er mußte seinen Zeitplan so einrichten, daß er einen oder zwei Tage nach seiner Entlassung heiraten konnte. Dann konnte er rund zwei Wochen Flitterwochen machen und am 1. Oktober wieder in Wien sein. Er braucht ganz einfach eine Wohnung, in der er dann sofort wieder seine Praxis einrichten könnte.
Die nächsten Tage verbrachte er damit, leerstehende Wohnungen zu

besichtigen. Die Räume mußten für eine Arztpraxis geeignet sein. Die Praxis mußte für die Patienten leicht erreichbar sein. Sie mußte in einem halbwegs wohlhabenden Bezirk liegen, damit niemand auf den Gedanken verfiel, der Herr Privatdozent Dr. Sigmund Freud tauge als Arzt nichts. Rosa inspizierte ein gutes Dutzend Wohnungen. Sigmunds Eltern liefen durch die Straßen und hielten Ausschau nach Angebotsschildern. Die verfügbaren Räumlichkeiten waren entweder zu groß oder zu klein, zu ungünstig gelegen oder zu teuer.

Erst Mitte Juli stieß Sigmund zufällig auf ein vernünftiges Angebot. Kaiser Franz Joseph hatte gerade in der besten Lage, gleich an der Ringstraße, ein neues feudales Mietshaus errichten lassen. Sein Architekt, Friedrich Schmidt, hatte auch das imposante Rathaus entworfen. Die Mieten waren bescheiden, die Zimmer groß, Flure und Treppenhäuser ganz im Geschmack der kunstliebenden Wiener gestaltet. Das Haus war um einen hübschen Innenhof herum gebaut. Und zwölf der schmucken Wohnungen standen noch leer! Dieses »Sühnhaus« war genau an der Stelle errichtet worden, wo am 8. Dezember 1881 fast vierhundert Wiener in dem Großfeuer des Ringtheaters den Tod gefunden hatten. Diese Erinnerung war für die Wiener so makaber und traurig, daß sie sich weigerten, in das derzeit modernste und schönste Mietshaus von ganz Wien einzuziehen.

Hier sah Sigmund alle seine Wünsche erfüllt. Die Lage war günstig – nur einen Häuserblock von der Universität und der Votivkirche mit ihrem Park entfernt, nicht viel weiter vom Allgemeinen Krankenhaus. Als ihn der Hausmeister durch die Eckwohnung im ersten Stock, mit Blick auf die Maria-Theresien-Straße führte, einer breiten, baumgesäumten Einkaufsstraße, empfand Sigmund die Anordnung der Räume geradezu als ideal. Die Miete lag ein wenig höher, als er es sich im Augenblick leisten konnte, aber er sagte sich: »Im Moment kann ich mir eigentlich gar nichts leisten!« Auf dem freien Wohnungsmarkt hätte die Wohnung gut den doppelten Wert gehabt. Sigmund hatte keine Bedenken, hier einzuziehen. Er wollte diese günstige Gelegenheit nicht versäumen.

Er schrieb jedoch an Martha einen ganz offenen Brief, in dem er ihr nichts von den Schwierigkeiten verheimlichte. Er fragte sie, ob sie bereit sei, in ein so verpöntes Haus einzuziehen, das allerdings für den Beginn ihrer Ehe und der Praxis gute Voraussetzungen böte. Martha telegraphierte prompt zurück, er solle zugreifen. Sie war auch damit einverstanden, daß er zusammen mit Rosa die Wohnung einrichten wollte, wobei er sich an den Zimmern orientieren sollte, die sie sich in Hamburg gemeinsam angesehen hatten. Onkel und Tanten hatten Martha eine Mitgift von zweitausend Gulden geschenkt, die für die Wohnungseinrichtung reichte. Für Wohn-, Eß- und Schlafzimmer sollten solide, langlebige Möbel angeschafft werden, soweit es die Mittel gestatteten. Rosa versprach, ihr Muster der Teppiche und Gardinen zu schicken. Martha wollte das Geld zur Begleichung der

jeweiligen Rechnungen schicken. Geschirr, Silber, Glas und Wäsche sollten nicht angeschafft werden. Sie erhofften sich reichliche Geschenke von den Familien Bernays, Philipp, Freud und von Sigmunds Freunden.
Sigmund war selig über die vernünftige Gelassenheit seiner Braut, die seiner Schwiegermutter allerdings völlig fehlte. Er erhielt einen Brief von Frau Bernays, die gerade erst erfahren hatte, daß er Martha Mitte Spetember und nicht erst zu Ende des Jahres heiraten wollte, obgleich er seine Praxis für mehr als sechs Wochen schließen mußte. Es war die schlimmste Gardinenpredigt, die er jemals über sich ergehen lassen mußte. Frau Bernays nannte es einen »unverantwortlichen Leichtsinn«, nur aus Verzweiflung zu heiraten; er sei nicht nur unpraktisch und unvernünftig, sondern auch verantwortungslos und geradezu dumm!

6

Das Manöverlager bei Olmütz entlarvte sich gleich auf den ersten Blick als Dreckloch. Aber er hatte wenig Zeit, darüber nachzudenken, denn er mußte schon um halb vier Uhr morgens mit den anderen Soldaten aufstehen und in einem gespielten Angriff auf die österreichische Flagge bis Mittag über steinige Felder marschieren. Eine Festung wurde belagert, und Dr. Freud hatte die Soldaten zu verarzten, die nach den Spielregeln von den Platzpatronen »verwundet« wurden. Auch bei den Soldaten handelte es sich um Reservisten. Die aktiven Militärs schienen mit ihnen ganz und gar nicht zufrieden zu sein. Als sie auf freiem Feld lagen und über sie eine Kanonade hinwegdonnerte, ritt ein General vorbei und schrie sie heiser an: »Landwehr, Landwehr, wo wärst du, wenn die scharf geladen hätten; nicht ein Mann stünde mehr da!«
Am Nachmittag hielt Sigmund Vorlesungen über Sanitätswesen. Sie waren gut besucht. Er argwöhnte zwar, daß die Teilnahme Pflicht war, aber seine Referate fanden so großen Beifall, daß der verantwortliche Offizier ihre Übersetzung ins Tschechische anordnete und Sigmund zum Regimentsarzt beförderte, was rangmäßig einem Hauptmann entsprach.
Er hatte befürchtet, daß ihm dieser Monat gründlich verhaßt sein würde, aber zu seinem Erstaunen stellte er schon nach der ersten Woche fest, daß seine Ängste und Probleme und seine Sorgen um die Zukunft unter der heißen Sonne dahingeschmolzen waren. Er wurde braun, aß kräftig in der Offiziersmesse und genoß den Schlaf der Erschöpfung. Sein Benehmen gegen seine Vorgesetzten war von ausgesuchter Höflichkeit; er versorgte die Kranken im Lazarett, überwiegend Fälle von Ruhr, Sonnenstich und Knöchelbrüchen. Kritisch wurde es, als sich bei einem der Soldaten alle Anzeichen einer *paralysis agitans* bemerkbar machten. Dr. Freud widmete dem Mann besondere Sorgfalt und begann mit Arseninjektionen. Nach

einer Woche waren die Symptome verschwunden. Sigmund verschwieg in seinem schriftlichen Bericht, daß es sich seiner Meinung nach um einen Fall von Hysterie gehandelt habe.

Am Ende der einmonatigen militärischen Übung erhielt er eine ausgezeichnete Beurteilung, nicht nur für seine Dienste als Arzt, sondern auch für seine Einstellung gegenüber den Manövern und der österreichisch-ungarischen Armee ganz allgemein.

Er kehrte nach Wien zurück, vertauschte die Uniform mit dem Zivilanzug und fuhr mit dem ersten Zug nach Hamburg. In seinem Koffer lagen der Frack, ein zerknittertes weißes Hemd und der schwarze Binder für die bürgerliche Trauung im Rathaus. Die Zeit war knapp, und er saß bereits auf seinem Eckplatz in einem Abteil Zweiter Klasse, als ihm etwas auffiel: das sonst übliche Reisefieber war ausgeblieben! Er war nur widerwillig nach Olmütz gefahren. Jetzt war er froh um diesen Monat: Noch nie zuvor hatte er sich besserer Gesundheit erfreut.

Bei der Ankunft in Wandsbek wurde er von Martha und Minna herzlich begrüßt. Frau Bernays hatte ihm anscheinend verziehen, daß er ihre Warnungen in den Wind geschlagen hatte. Sie reichte ihm die Wange zum Begrüßungskuß.

In Marthas Augen bemerkte er ein schelmisches Glitzern.

»Los, Martha, 'raus damit! Du hast doch irgend etwas gegen mich ausgeheckt!«

»Ganz und gar nicht. Wollen wir nicht ein bißchen in den Garten gehen?«

Das war weniger eine Frage, mehr ein Befehl. Er nahm ihren Arm, dann gingen sie über die Kieswege hinter dem Haus.

»Also, was hast du auf dem Herzen?«

Sie wurde rot, aber dann sprach sie doch aus, was sie sich anscheinend seit Wochen zurechtgelegt hatte.

»Sigi, ich weiß, das ist ein harter Schlag für dich, aber wenn die Trauung nur im Rathaus vorgenommen wird, gilt sie in Österreich nicht als rechtmäßig.«

»Was redest du da? Das ist doch völliger Unsinn!«

»Ja, Liebling, ich dachte mir, daß du so etwas sagen würdest. Deshalb habe ich mir das betreffende Gesetz abschreiben lassen. Einer meiner Vettern ist zufällig darauf gestoßen. Hier, lies selbst. Da steht, daß eine nicht kirchlich vollzogene Trauung im Kaiserreich Österreich-Ungarn ungültig ist.«

»Aber Martha, du weißt doch selbst, daß wir keine Zeit haben, uns erst zum Katholizismus zu bekehren.« Er blinzelte ihr zu.

»Vorerst muß ich mich zur Ehe bekehren, und dieses Abenteuer reicht mir völlig. Wir können im Rathaus standesamtlich heiraten. Aber danach müssen wir wieder hierherkommen und eine religiöse Zeremonie über uns ergehen lassen. Bis ein Rabbi unsere Urkunde unterschrieben hat, sind wir offiziell immer noch verlobt.«

Er merkte, daß sie sich davon nicht würde abbringen lassen. So stürmte er durch den Garten und rief ihr seine Proteste über die Schulter hinweg zu.
Jakob Freud war in Freiberg zwar Angehöriger einer Synagogengemeinde gewesen und hatte an seinen beiden Söhnen von Saly Kanner das Bar-Mizwa vollziehen lassen, aber weder Sigmund noch Alexander zu diesem Ritual gezwungen, durch das der junge Jude mit dreizehn Jahren in die Religionsgemeinschaft aufgenommen wurde. Seit der Übersiedlung nach Wien war Jakob Freud Freidenker geworden und hatte in seinem Hause keine religiösen Formen mehr beachtet. In Sigmunds Kindheit war nur noch das Passahfest gefeiert worden, das Mahl und der Gottesdienst zum Gedenken an den Auszug der Juden aus Ägypten und die Überquerung des Roten Meeres.
Diese feierliche Zeremonie hatte Sigmund immer große Freude bereitet. Sein Vater kannte die Liturgie auswendig. Er saß dann am Kopfende des von der Mutter festlich weiß gedeckten Tisches und reichte unter den Falten einer großen Serviette die drei Matzen. Es gab gebratene Lammkeule, bittere Kräuter, Charosset aus feingehackten Nüssen, Äpfeln und Zimt, Salzwasser und einen Becher Wein für Elias. Dann rezitierte Vater Freud in klassischem Hebräisch die uralte Geschichte von Israels Befreiung aus der Gefangenschaft.
Sigmund kam zu Martha zurück.
»Ich glaube nicht an religiöse Riten. Es ist sinnlos, leere Formalitäten zu erfüllen. Die Ehe ist ein Zivilvertrag. Das Rathaus ist der einzige Ort, an dem wir unser Gelübde abzulegen haben. Jetzt hab' ich dir volle vier Jahre lang erklärt, daß ich keine religiöse Zeremonie mitmachen werde. Du kannst mich nicht dazu zwingen.«
»Ich nicht, mein lieber Sigi«, antwortete sie freundlich. »Dein geliebter Kaiser Franz Joseph und sein Ministerium zwingen dich. Wirf mir nicht etwas vor, woran Österreich-Ungarn schuld ist.«
Sie setzte sich auf einen weiß gestrichenen Gartenstuhl, faltete ihre Hände im Schoß und sah ihn ebenso nachdenklich wie mitfühlend an. Endlich war sein Gefühlsausbruch vorüber. Er ergriff ihre Hände.
»Martha, du weißt doch, daß ich nicht vor unserem Erbe weglaufen will. Die äußeren Formen, gegen die ich mich wehre, machten die alten Juden glücklich, weil sie sich darin geborgen fühlten. Wir aber brauchen diesen Schutz nicht mehr. Selbst wenn wir nicht nach dieser Geborgenheit streben, wird in unserem Heim stets etwas vom Kern und wahren Wesen des lebensbejahenden Judentums gegenwärtig sein.«
»Soll das heißen, daß du zustimmst?«
»Ich kapituliere. Bitte, glaube nicht, meine liebe Martha, daß ich mich vorhin nur zieren wollte. Ich weiß, daß leere Proteste gegen Formen ebenso töricht sein können wie die Formen selbst, gegen die man sich auflehnt. Also, was hab' ich zu tun?«

»Vor allen Dingen mußt du die Berachot auswendig lernen. Mein Onkel Elias Philipp wird dich die Gebete lehren.«

»Warum muß ich sie denn auswendig lernen? Kann ich sie nicht einfach ablesen?«

»Sigi, selbst Analphabeten sind imstande, diese Gebete auswendig zu lernen. Sie haben dazu zwei volle Tage Zeit, Herr Privatdozent! Hamburg blickt ohnehin schon auf die Universität Wien herab. Du willst doch deine Alma mater nicht entsetzlich blamieren?«

»Was muß ich sonst noch tun?«

»Du stehst mit mir unter der Chuppa, damit wir symbolisch die Ehe in den Mauern des Ersten Tempels schließen. Ich habe dem Rabbi klargemacht, daß wir uns mit den feierlichen Gebeten begnügen und daß du die Predigt über Ehepflichten nicht nötig hättest. Sobald die Zeremonie vorüber ist, zerstampfst du mit dem Fuß ein Weinglas. Das wird uns für unsere Ehe Glück bringen. Dann bringen die Angehörigen mit Wein einen Toast auf Braut und Bräutigam aus, und du hast alles überstanden.«

Während der nächsten drei Tage verwandelte sich das Haus in einen Bienenstock; ständig trafen Blumen, Süßigkeiten und andere Geschenke ein. Schließlich wurde das Holzgerüst der Chuppa mit grünem Laub geschmückt. Manchmal lehnte Sigmund in der offenen Tür und sah zu. Oft kam er sich jedoch so überflüssig vor, daß er lieber allein durch den Hafen wanderte und die Schiffe betrachtete, die aus fernen fremden Ländern eintrafen.

Als er eines Nachmittags spät zurückkam, nahm er Marthas Gesicht liebevoll in beide Hände und küßte sie.

»Das würde ich sonst für keinen Menschen auf der ganzen Welt über mich ergehen lassen.«

Sie erwiderte dankbar seinen Kuß.

»Für eine andere würde ich dich auch gar nicht zu überreden versuchen.«

Sie verlebten zwei unendlich glückliche Flitterwochen in Travemünde. Morgens schliefen sie lang und erwachten in derselben Umarmung, in der sie am Abend zuvor selig eingeschlafen waren. Sie frühstückten spät auf ihrem lauschigen Balkon über dem Meer, genossen die dampfende Schokolade, heiße, in Servietten gewickelte Brötchen und frische Butter. Sie genossen ihr Liebesnest und schlenderten nach dem Mittagsschlaf über den weißen Sand des fast menschenleeren Ostseestrandes. Ihr Glück war vollkommen. Für ein liebendes Paar, das getreulich vier Jahre lang trotz aller Nöte, Kämpfe, Entbehrungen und manchmal auch Meinungsverschiedenheiten zusammengehalten hat, ist die Ehe nicht nur das Ende einer langen Entbehrung, sondern auch das Ende eines langwierigen Prozesses der Anpassung. Jetzt konnten sie die Früchte ihres Sieges ernten. Sie hatten alles ertragen und sich gegen eine oftmals feindlich eingestellte Welt behauptet.

»Wir wollten höher hinaus. Nur bescheidene Wünsche werden rasch erfüllt«, murmelte er, als sie im Bett lagen und zusahen, wie der Mond sein silbernes Licht auf das Meer ausgoß.
Über diesen Gedanken schliefen sie ein.

7

An einem Nachmittag spät im September trafen sie in Wien ein. Seine Eltern und Geschwister waren zur Begrüßung an den Kaiser-Ferdinand-Nordbahnhof gekommen. Dolfi und Pauli hatten Blumen für Martha mitgebracht.
Ein Dienstmann packte ihre Koffer auf seinen Wagen und schob ihn durch die Straßen zum »Sühnhaus«. Rosa stieg zu den beiden in den Fiaker, um Martha zu zeigen, wie genau sie ihre schriftlichen Anweisungen ausgeführt hatte. Die anderen gingen zu Fuß nach Hause. Aber zuvor hatte das junge Paar versprechen müssen, um sieben Uhr zum Nachtmahl zu kommen.
Sigmund wies den Kutscher an, an der Vorderfront des Sühnhauses am Schottenring vorbeizufahren. Beim Anblick der prächtigen Fassade mit den beiden eindrucksvollen, zwei Stockwerke hohen gotischen Torbogen, dem runden Buntglasfenster über dem Bogen, den kunstvoll gerahmten Renaissance-Fenstern und Balkonen, den Kuppeln, Zinnen, Türmchen und Spitzen am Dach und den heroischen männlichen und weiblichen Figuren an der Häuserfront stieß Martha einen Ruf des Entzückens aus. Es war Kaiser Franz Josephs Wunsch gewesen, die Wunden der Katastrophe durch besonders reiche Gestaltung vergessen zu machen.
Der Eingang zur Freudschen Wohnung lag um die Ecke in der Maria-Theresien-Straße. Hier wucherte das Rankenwerk der Dekorationen weniger üppig, dafür zierte ein hübsches, schmiedeeisernes Geländer die Treppe vom Parterre zum Wohnungseingang im ersten Stock. Der Hausmeister begleitete sie bis an die Haustür, schloß auf und überreichte ihnen dann feierlich die Schlüssel. Sigmund belohnte den Mann mit einem goldenen Vierguldenstück dafür, daß er die schweren Kisten und Reisekörbe aus Wandsbek heraufgeschleppt hatte, in denen sich Marthas in mühsamer vierjähriger Handarbeit genähte und bestickte Aussteuer befand.
Martha strich mit der Hand über Mathilde Breuers Porzellanschild. Sigmund öffnete die Wohnungstür. Sie betrat das Vorzimmer, in dem ein Dutzend Patienten Platz fanden. Dann machte sie einen raschen Rundgang durch die Zimmer, ehe sie rechts die Tür zum Schlafzimmer öffnete und mit beglücktem Lächeln auf der Schwelle stehenblieb. Rosa und Martha hatten zwar unzählige Briefe mit Stoffmustern der verschiedensten Art und Farbe und sogar mit Einrichtungsskizzen gewechselt, dennoch war

Martha ein gewisses Risiko eingegangen, als sie Rosa und Sigmund die Einrichtung ihres Heims und insbesondere dieses ganz persönlichen Zimmers überlassen hatte. So sehr Rosa bei Jaray und bei Portois und Fix auch gebettelt hatte, sie konnte doch nicht mehr erreichen als die Übereinkunft, Frau Dr. Freud dürfe die Einrichtung eines Zimmers wieder zurückgeben, und auch das nur gegen Übernahme der Transportkosten hin und zurück. Martha schloß Rosa überglücklich in die Arme. Rosa stieß einen Seufzer ehrlicher Erleichterung aus.

»Gott sei Dank! Ich habe so sehr gehofft, daß es dir gefallen wird. Auf Wiedersehen um sieben!«

Da es als unhygienisch galt, das ganze Schlafzimmer mit Teppichen auszulegen, hatte Rosa links und rechts von den Ehebetten bunte Bettvorleger vorgesehen, imitierte Orientteppiche, wie sie neuerdings in Wien hergestellt wurden. Über den zwei Fenstern, die auf den großen Innenhof des Sühnhauses blickten, waren breite Volants angebracht, von denen weinrote Vorhänge niederfielen und beiderseits der dicht nebeneinander liegenden Fenster von Kordeln mit Quasten gehalten wurden. Die Überdecke bestand aus burgunderfarbenem Samt. Das Bett selbst war kunstvoll geschnitzt. Blumen, Kreise, Vierecke, Prismen und geschwungene Arabesken von der Hand der besten österreichischen Holzschnitzer bedeckten das Fußende, über das Martha nicht hinwegsehen konnte.

Sigmund legte seiner jungen Frau den Arm um die Mitte und zog sie an sich.

»Ist das nun solide genug? Können wir hier unsere Dynastie begründen?«

Sie drehte sich um, gab ihm einen flüchtigen Kuß und antwortete: »Ja, aber nicht jetzt gleich.«

Sie strich mit der Hand liebevoll über die Intarsienarbeit des hohen Kleiderschranks, den Waschtisch in der Ecke mit seinen zwei Schüsseln und dem Krug auf einer dünnen Marmorplatte und dem Schränkchen darunter. In der Ecke gegenüber stand das vierte Möbelstück des Schlafzimmers, eine Wäschekommode mit vier tiefen Schubladen.

»Wozu brauchen wir eigentlich Krug und Schüsseln«, grollte Sigmund, »wenn wir doch gleich hinter der Tür ein Badezimmer mit einer ganz modernen Badewanne, mit Waschbecken und Heißwasserbereiter haben?«

»Sie gehören eben dazu. Wir hätten keinen einzigen Gulden gespart, wenn wir den Waschtisch im Möbelgeschäft stehengelassen hätten.«

Sie trat wieder auf den Flur hinaus und nickte befriedigt, weil die Küchentür gleich gegenüber der Eingangstür lag. »So kann das Mädchen den Patienten rasch öffnen.« Sie betrat die Küche und rief: »Oh, wie schön groß! Sie ist sogar noch größer als die Küche, die wir hatten, als Vater noch lebte. Mit einer blauen Uhr und blauen Vorhängen. Schau mal, sogar das Nudelholz und die Flaschen für Essig und Öl sind an der richtigen Stelle.«

Fußboden und Wandverkleidung bestanden aus Keramikfliesen. Unter den

Regalen waren Haken für Kochlöffel, Schöpflöffel und Geschirrtücher angebracht. Die Geschirrschränke waren aus Fichtenholz. Auf den Gewürzregalen standen Porzellangefäße mit der Aufschrift Salz, Kaffee, Tee, Zucker, Mehl und Grieß. Unten im Eiskasten lag ein ganzer Eisblock. Die Fächer darüber hatte Frau Freud mit Butter, Käse, Wurst und ungarischer Salami vom Naschmarkt versorgt. Im Brotkasten aus Metall lag frisches Brot, eine Schüssel war mit Obst gefüllt, auf dem Küchentisch stand ein Philodendron. Über dem Tisch hing ein Wandschoner, auf dem Mutter Freud den Spruch gestickt hatte: »Eigner Herd ist Goldes wert.«
»Wie wahr«, murmelte Martha. »In Hamburg sagt man, ein guter Herd ist wichtiger für eine Ehe als ein gutes Bett.«
Dem Schlafzimmer gegenüber lagen drei Räume. Der hinterste sollte Dr. Freuds Sprechzimmer werden. Er war bereits mit seinem Schreibtisch und Sessel, den Bücherregalen und der schwarzen Couch eingerichtet. Das mittlere Zimmer, das kleinste von den dreien, war holzgetäfelt. In der Mitte stand ein gewaltiger Eßtisch aus Mahagoniholz mit einer dicken Platte, geschmückt mit geschnitzten Blumenmustern; die Beine waren ebenfalls geschnitzte viereckige Säulen, durch geschnitzte Fußbretter verbunden, die sich in der Mitte trafen. Die acht Stühle waren, wie Martha gewünscht hatte, ledergepolstert und so breit, daß sie auch die Sitzfläche eines älteren Wieners aufnehmen konnten, der sein Leben lang nie auf Leberknödelsuppe und Tafelspitz verzichtet hatte. Der Tisch stand, wie es sich gehörte, in voller Länge auf einem Teppich. Was an Stellfläche noch frei war, wurde von einer riesigen Kredenz beherrscht, mit Schubladen für das Silber und darüber gläsernen Türen, um das beste Porzellan und die schönsten Gläser zur Schau zu stellen. Jede freie Stelle war mit Putten, Engelchen, Früchten oder Blumen in feinen Schnitzereien verziert.
Sigmund meinte: »Es stimmt schon, daß die Österreicher jedes Vakuum verabscheuen. Jeder Zentimeter Fläche, der nicht verziert ist, wird als nackt und roh angesehen.«
Die ganze Wohnung strahlte soliden, sicheren Wohlstand aus.
Das Wohnzimmer war so geräumig, daß Rosa entsprechend Marthas Skizze zu beiden Seiten des breiten Fensters je einen großen Bücherschrank mit Glastüren aufstellen konnte. Die Nische dazwischen nahm ein zehn Zentimeter hohes Podest ein, bedeckt mit einem echten türkischen Teppich. Auf der einen Seite stand ein zweisitziges Sofa, an der Wand darüber hing eine Mandoline; der Platz gegenüber blieb einer Polsterbank reserviert, über der auf einem winzigen halbmondförmigen Regal ein Strohblumenstrauß prangte. An einer Längswand stand ein mit braunem Velour bedeckter Diwan. Er hatte auf jeder Seite eine runde Rolle und Troddeln, die bis zum Boden reichten. An der Wand gegenüber gruppierten sich Polstersessel um ein Tischchen mit Intarsienarbeit. Neben der Tür stand ein hoher Glasschrank für Marthas Figuren aus Dresdner Porzellan

und andere Nippsachen. Eine Ecke nahm der braune Kachelofen ein, die andere eine Standuhr aus Hamburg, die Rosa im Wiener »Dorotheum« gefunden hatte; dort wurden Möbel aus den Provinzen und aus anderen europäischen Ländern versteigert, die von ihren Besitzern zurückgelassen worden waren. Martha war gerührt.

»Wie nett von Rosa. Damit die Braut kein Heimweh bekommt.« Sie umarmte ihn und küßte ihn. »Nichts müssen wir zurückgeben!« Sie lächelte ein wenig betrübt. Es war auch kein Geld übrig, noch etwas zu kaufen. Die Wohnung war wirklich komplett eingerichtet, und schönere Möbel besaß kaum ein anderer Wiener Bürger. Sie würden bestimmt ein Leben lang halten.

Sie erklärte: »Weißt du, was mir an unserem Heim am besten gefällt? Daß alles brandneu ist. Vor uns hat hier noch niemand gewohnt.«

»*Virgo intacta*«, murmelte er. »Genauso wie wir ahnungslosen Kinder.«

Am nächsten Morgen genoß er den Luxus des ersten eigenen Badezimmers. Während er das heiße Wasser aus dem Badeofen in die Wanne einließ, dachte er an Breuers Bad, wo das heiße Wasser aus Gefäßen am Boden hochgepumpt werden mußte. Er zog sich an, hängte seinen Schlafanzug weg und saß mit der Titelseite der »Neuen Freien Presse« am Eßtisch, als Martha mit dem frischen Brot vom Bäcker zurückkam. Nach einer Weile brachte sie zwei Kannen mit Kaffee und Milch aus der Küche. Er starrte sie erstaunt an. Der Mittelscheitel, den er vom ersten Augenblick ihres Kennenlernens her kannte, war verschwunden. Sie trug das Haar glatt aus dem Gesicht zurückgekämmt und hatte es zu einem Knoten im Nacken zusammengebunden.

In Wandsbek hatte sie ihm oft das Frühstück serviert, aber das war im Haus ihrer Mutter gewesen. Ihr Gesicht trug jetzt einen ganz anderen Ausdruck. Hier war sie die Herrin, eine tüchtige Hausfrau, die ihr Reich bereits in Besitz genommen hatte.

Er beugte sich vor und streichelte ihre Wange.

»Was für eine Veränderung, Frau Dr. Freud! Wenn ich dir irgendwo im Dunkeln begegnet wäre, hätte ich dich kaum wiedererkannt.«

»Ach, ich denke schon. Ist mein Kaffee auch so gut wie der, den du in französischen Restaurants getrunken hast? Bitte den Hausmeister, meine Kisten aufzumachen. Ich gehe inzwischen zur Stellenvermittlung und suche mir ein junges Mädchen aus Böhmen. Die können am besten kochen und sind auch sonst im Haushalt sehr geschickt.«

»Bitte, achte drauf, daß sie außerdem klug ist. Sie muß meine Patienten einlassen, meine Instrumente auskochen und auf deinem Herd die Injektionsnadeln sterilisieren.«

Er war nicht ganz sicher, ob er sich den Anfangslohn von zehn Gulden leisten konnte, den ein Dienstmädchen bekam, aber sie mußten unbedingt

sofort eins haben. Es wäre vollkommen unmöglich gewesen, daß ein Arzt oder seine Frau den Patienten selbst die Tür öffnete.
Er saß an seinem Schreibtisch und ordnete seine Papiere, als es heftig an der Haustür klopfte. Ein Mann, der sich als »zufälliger Passant« ausgab, bat Dr. Freud, sofort mit auf den Schottenring vor das Sühnhaus zu kommen, dort sei ein kleiner Junge von einer Kutsche niedergestoßen worden. Sigmund rannte im Laufschritt über den Innenhof. Ein paar Schritte entfernt fand er auf dem Gehsteig einen strohblonden Jungen von etwa vierzehn Jahren mitten in einem Kreis erregter Menschen liegen, die den Kutscher bedrohten. Der Körper des Jungen wurde von wiederholten Zuckungen geschüttelt.
Sigmund mußte sich rasch entscheiden. Wenn ernstliche Verletzungen vorlagen, mußte er den Jungen so schnell wie möglich ins Allgemeine Krankenhaus bringen lassen. Er vergewisserte sich, daß der Junge nicht auf den Kopf gestürzt war, daß keine Knochen gebrochen waren und daß er nicht von einem Rad überfahren worden war. Dann bat er zwei Männer, den zitternden Jungen in seine Ordination zu tragen. Er untersuchte ihn gründlich. Als die verängstigten Eltern eintrafen, konnte er sie beruhigen.
Martha kam mit einem pummeligen, rotbackigen Mädchen zurück, das von einem kleinen Bauernhof in Südböhmen stammte und erst seit dem Vorabend in Wien war. Sie trug ein fleckenloses Dirndl. Martha stellte sie als Marie vor und führte sie dann mit ihrem Bündel in das Kabinett neben der Küche. Der Raum hatte etwa dieselbe Größe wie Sigmunds Zimmer in der elterlichen Wohnung. Als Martha dann in Sigmunds Arbeitsraum zurückkam, hörte sie voller Freude von seinem ersten Fall.
»Da siehst du, wie nützlich diese Schilder an der Straße sind«, bemerkte sie. »Viel besser als eine Anzeige in der ›Neuen Presse‹.«
»Eigentlich nicht«, antwortete er. »Nur darf man nicht zweimal innerhalb so kurzer Zeit inserieren. Außerdem können wir uns im Augenblick die zwanzig Gulden nicht leisten. Du scheinst mit deiner Marie ganz zufrieden zu sein.«
»Warst du schon einmal in einer solchen Stellenvermittlung? Mindestens zwanzig Mädchen saßen auf Bänken entlang der Wände. Einige hatten ihre Tanten mitgebracht, ältere Frauen, die bei der Vorstellung dabei waren und die man rufen konnte, wenn das Mädchen mit der Unterbringung oder der Arbeit nicht zufrieden war. Das erste Mädchen, das mir vorgestellt wurde, war eine Ungarin. Sie fragte sofort: ›Krieg ich auch einen Wohnungsschlüssel, damit ich kommen und gehen kann, wann ich will?‹ Die zweite stammte aus Galizien. Sie wollte abends nach dem Geschirrabwaschen frei haben, weil ›ich ein Gschpusi hab'‹. Die dritte aus Rumänien erkundigte sich, ob wir häufig Gesellschaften geben, damit sie ein anständiges Trinkgeld bekommt. Dann kam Marie. Als ich sie fragte, was sie von ihrer Stelle erwarte, antwortete sie schüchtern: ›Daß ich zur Familie gehör' und

gut behandelt werde.‹ Ich fragte, ob sie nicht auch eine Tante hier hätte. Sie sagte: ›Nein, gnädige Frau, ich mach' den Schwindel nicht mit. Wenn mir was nicht gefällt, dann sag' ich's der Gnädigen selbst.‹ Ich denke, wir haben Glück gehabt.«

Der Hausmeister hatte inzwischen Marthas Packkisten geöffnet. Sigmund traute seinen Augen nicht: Dutzende von Handtüchern und Badetüchern, alle mit Monogramm; große Stapel Bettücher und Kopfkissenbezüge; Berge von Topflappen, Geschirrtüchern, Staubtüchern; Decken, Federbetten, Kissen, Überdecken, gehäkelte Deckchen für Sofas und Polstermöbel; Damasttischtücher und passende Servietten für Gesellschaften; bunte Leinendecken für den Alltag, Wäsche für mindestens zwanzig Jahre. Dann folgten Marthas persönliche Wäsche und Bettwäsche, ebenfalls dutzendweise, Nachthemden ohne Spitzenbesatz, bei dem die Reinigung zu teuer kam, aber dafür mit hübschen Besätzen und Matrosenkragen; Hemden, gestickte Taschentücher, Hauskleider aus bunten, weichen Woll- und Baumwollstoffen; Wollsachen für Ausflüge ins Gebirge; schließlich Damenunterhosen mit rosa und blauen Bändern, die man unter dem Knie binden konnte.

Beim Anblick des scheinbar unerschöpflichen Vorrats wurde er von einem Lachkrampf geschüttelt.

»Du bist in diesen vier Jahren wirklich nicht müßig gewesen, wie? Mit dem Zeug da könnte man ja einen ganzen Laden füllen.«

»Du wolltest doch sicher nicht, daß ich nackt in die Ehe gehe, oder?«

Er nahm sie in die Arme.

»Du wirst uns ein wunderschönes Heim einrichten. Und ich werde bei dir stets der wohlerzogene Gast sein.«

8

Der Junge, der von der Kutsche angefahren worden war, konnte nach mehreren Behandlungen mit dem Elektrisiergerät als geheilt nach Hause geschickt werden. Als der Vater kam, um die Rechnung zu begleichen, schrieb Dr. Freud die Heilung der Elektrobehandlung zu; doch der Mann antwortete:

»Vielleicht, Herr Doktor, aber mein Johann ist anderer Meinung. Er hat seiner Mutter und mir gesagt, daß es Ihre freundliche Art und Ihre gütigen Augen waren, die ihm so geholfen haben.«

»Vielleicht, Herr Doktor«, sagte Sigmund einige Tage später stöhnend zu sich selbst. »Aber mir ist seit Tagen kein Patient mehr vor meine gütigen Augen gekommen. Ich habe für September die volle Monatsmiete hingelegt, nur damit wir die Patienten unterbringen können, die im Oktober in Scharen an unsere Tür klopfen sollten. Wir haben ein

Dienstmädchen angestellt, damit diesen Patienten geöffnet wird, wie es sich gehört, und nicht einmal die nichtzahlenden Patienten sind wiedergekommen ...«

Nachdem die Kosten des Einzugs bezahlt und ein paar unentbehrliche Dinge wie Suppentöpfe und Pfannen gekauft sowie die restliche Miete für das erste Vierteljahr – vierhundert Gulden – bezahlt waren, war der Geldbeutel leer. Als erstes mußte Sigmund seine goldene Uhr versetzen, aber er behielt die goldene Kette an seiner Weste, um das Gesicht zu wahren. Früher hätte ihn derlei zutiefst deprimiert, aber jetzt war er viel zu glücklich, um sich darüber Sorgen zu machen. Er war glücklich über Marthas wundervolle Liebe und Kameradschaft, über die hübsche Wohnung und die noch immer eintreffenden Blumengrüße von Freunden und Bekannten. Jeden Tag kam ein Bote und brachte entweder ein silbernes Kaffeeservice als Geschenk der Breuers, ein massives Silbertablett von Förster, das Fleischl schickte, silberne Obstschalen von den Paneths, Meißner Porzellan, geschliffene Kristallvasen, kleine Orientteppiche, niedliche Dresdner Figürchen für den Couchtisch und für Marthas Glasétagere, alles Aufmerksamkeiten von Gratulanten.

Am schwierigsten wurde es in der letzten Oktoberwoche, weil er Martha kein Haushaltsgeld geben konnte. Aber im November kam mit Dr. Rudolf Chrobak die Wende. Er bat Sigmund in einer kurzen Mitteilung, sich einer seiner Patienten anzunehmen. Seit er zum Professor für Gynäkologie an der Universität berufen worden war, hatte er keine Zeit mehr, sich um diese Frau zu kümmern. Sie wohnte ganz in der Nähe am Schottenring. Ob er, Dr. Freud, wohl um fünf Uhr dort hinkommen könne, damit er ihn der Patientin vorstellen könne?

Sigmund traf Frau Lisa Pufendorf in einem üppig eingerichteten Wohnzimmer gleich neben ihrem Schlafzimmer an. Als das Dienstmädchen ihn meldete, erhob sie sich von ihrem rosa Satindiwan und ging blaß und händeringend auf und ab. Sie war noch keine vierzig Jahre alt, doch ihr Gesicht wirkte eingefallen, und sie hatte dunkle Ringe unter den Augen. Sigmund fragte:

»Frau Pufendorf, Herr Dr. Chrobak hat Ihnen doch angekündigt, daß ich komme?«

Ihr Blick huschte unruhig hin und her, als suche sie nach einem Fluchtweg.

»Ja, ja, das schon, aber er ist nicht hier. Er ist nicht gekommen. Wo mag er nur stecken?«

»Er wird gleich hier sein. Bitte, beruhigen Sie sich. Vielleicht könnten Sie mir inzwischen etwas über Ihre Beschwerden erzählen.«

Nervös ordnete sie den Strauß getrockneter Blumen, Gräser, Disteln und Pfauenfedern in dem »Makartbouquet« auf dem überfüllten Kaminsims. Sigmund beobachtete sie dabei.

»Wir müssen feststellen, wo Dr. Chrobak bleibt«, verlangte sie. »Ich muß

es einfach wissen.« Sie drehte sich um. Aus ihrem Blick sprach nackte Angst. »Ich muß in jeder Minute wissen, wo er sich aufhält. Das ist meine einzige Sicherheit – damit ich ihn jederzeit erreichen kann, wenn mir etwas zustößt. Ich muß wissen, ob er in seiner Ordination oder in der Universität ist. Ich muß ihn immer finden können!«
Dr. Freud redete ihr begütigend zu. Die Frau beruhigte sich ein wenig. Dann kam Dr. Chrobak. Frau Pufendorf sank auf den Diwan. Chrobak legte ihr väterlich die Hand auf die Schulter und sagte:
»Entschuldigen Sie uns für einen Augenblick, meine liebe gnädige Frau. Ich möchte mich kurz mit meinem Kollegen beraten.«
Chrobak führte Sigmund in den Salon. Sie nahmen auf zerbrechlichen, vergoldeten Stühlchen Platz. Chrobak war ein ruhiger, gütiger Mensch, der es sich zur Gewohnheit gemacht hatte, mit seinen Kollegen im selben Ton zu reden wie mit seinen Patienten.
»Mein lieber Freud, Sie haben ja gesehen, in welchem Zustand sich Frau Pufendorf befindet. Rein physisch fehlt ihr absolut nichts. Höchstens eines: Sie ist achtzehn Jahre lang verheiratet und immer noch *virgo intacta*. Ihr Mann ist impotent und war es von jeher. Bei einer so geschlagenen Frau bleibt für den Arzt nichts weiter zu tun, als dem Ehepaar seine Gewogenheit zu zeigen, die arme Frau zu trösten und die Schwierigkeiten vor der Öffentlichkeit zu verbergen. Ich muß Sie warnen, lieber Kollege, das ist kein leichter Fall, den ich Ihnen da übergebe. Wenn ihre Bekannten erfahren, daß Frau Pufendorf einen neuen Arzt hat, werden sie Hoffnung schöpfen und von Ihnen wahre Wunder erwarten. Wenn Ihnen das nicht gelingt, werden die Leute gegen Sie eingenommen sein und sagen: ›Was ist das schon für ein Arzt, wenn er nicht einmal Frau Lisa helfen kann?‹«
Sigmund war erstaunt über Chrobaks Einstellung. »Und abgesehen von Bromiden und anderen Beruhigungsmitteln, die sie verträgt, können Sie mir keinen weiteren Rat für ihre Behandlung geben?«
Chrobak schüttelte mit traurigem Lächeln den Kopf.
»Ihr Ehemann braucht keine ärztliche Behandlung. Seine Impotenz scheint ihn nicht zu stören. Was Ihre Patientin betrifft, so gibt es für dieses Leiden nur ein einziges Rezept. Sie werden selbst darauf kommen, aber es gibt leider keine Möglichkeit, es ihr tatsächlich zu verschreiben. Auf dem Rezept müßte stehen: *Re: Penis normalis dosim repetatur.*«
Das traf Sigmund völlig unvorbereitet. Er sah seinen Kollegen befremdet an und schüttelte den Kopf über seinen Zynismus. Er dachte: »Ein normaler Penis, wiederholt anzuwenden – soll das vielleicht ein ärztlicher Rat sein?«
Josef Breuers Stimme klang ihm in den Ohren: »In solchen Fällen handelt es sich immer um Geheimnisse des Alkovens.« Charcot hatte dazu gemeint: »In solchen Fällen dreht es sich immer um die Genitalien . . . immer, immer, immer!«

»Lassen Sie uns wieder zu unserer Patientin gehen«, sagte Chrobak ruhig. »Noch eines muß Ihnen klar sein, wenn Sie diesen Fall übernehmen: Frau Pufendorf muß jederzeit, Tag und Nacht, genau wissen, wo Sie sich aufhalten.«

»Das wird nicht allzu schwierig sein«, erwiderte Sigmund. »Ich richte mich nach einem strikten Stundenplan. Aber wenn Frau Pufendorf physisch nichts fehlt, warum muß sie dann jederzeit wissen, wo sie ihren Arzt finden kann?«

Chrobak polierte seine randlose Brille mit einem Taschentuch, als hoffe er, die kleingedruckte Antwort auf diese Frage besser lesen zu können, wenn die Gläser blank waren.

»Darüber habe ich mir jahrelang vergeblich den Kopf zerbrochen. Vielleicht können Sie das Rätsel lösen.«

Bevor Sigmund sich verabschiedete, erklärte er Frau Pufendorf seinen Tagesablauf, damit sie ihm jederzeit innerhalb weniger Minuten eine Nachricht schicken konnte.

Langsam, tief in Gedanken versunken, ging er nach Hause. Was hatten diese ungewöhnlichen Ansichten von Breuer, Charcot und Chrobak zu bedeuten? Waren solche Lehrmeinungen jemals in einer Vorlesung oder Demonstration zu finden? Welches Lehrbuch, welche Monographie hatte jemals die Meinung vertreten, daß die sexuelle Betätigung einer männlichen oder weiblichen Person Einfluß auf die körperliche Gesundheit oder die geistige und nervliche Stabilität haben könnte?

Konnte eine so radikale und abwegige Idee überhaupt einen medizinisch wahren Kern enthalten? Wenn ja, wie sollte man ihn finden? Wo gab es ein Laboratorium, in dem man die Phänomene des Geschlechtsverkehrs zerlegen und studieren konnte, wie man Hirnpräparate unter einem Mikroskop untersuchte?

Ein unvorstellbarer Gedanke. Breuer, Charcot und Chrobak hatten ihre Randbemerkungen einfach nicht ernstgemeint. Der Akt des Koitus war eine normale, ganz natürliche Sache. Es mochte wohl Schwierigkeiten dabei geben, das schon. Und es gab die Abstinenz. War er nicht selbst bis zu seinem dreißigsten Lebensjahr ohne Geschlechtsverkehr ausgekommen, obgleich er in der sexuell freizügigsten Stadt der Welt lebte? Aber solche Probleme?

Nein, die gab es nicht. Er war schließlich Wissenschaftler. Er glaubte nur an Dinge, die man messen konnte.

Sechstes Buch
Das Eis ist gebrochen

1

Sigmund Freud wurde eingeladen, seinen Vortrag »Über männliche Hysterie« beim ersten Treffen der »Gesellschaft der Ärzte« in dieser Saison zu halten. Diese Veranstaltungen wurden von der österreichischen und deutschen Presse, der Medizinischen Fakultät, frei praktizierenden Ärzten und dem Personal kleinerer Krankenhäuser stets gut besucht. Er aß um fünf Uhr einige Salzstangerln, verzichtete jedoch auf das Abendessen. Martha ließ seinen besten Anzug bügeln und legte ihm sein weißes Hemd zurecht. Marie putzte ihm die Schuhe auf Hochglanz. Er hatte sich das Haar schneiden und den Bart stutzen lassen. Martha betrachtete ihn voller Stolz.

Die Versammlungen der »Gesellschaft der Ärzte« fanden im Konsistorialsaal der alten Universität statt, die jetzt von der vor zwei Jahren vollendeten neuen Universität in den Schatten gestellt wurde. Der Saal faßte einhundertvierzig Zuhörer. Sigmund erkannte Professor Brücke, flankiert von Exner und Fleischl, Breuer neben Meynert, Nothnagel mit seiner Schar junger Internisten, seine Kollegen vom Kassowitz-Institut. Die einleitenden Worte sprach Professor emeritus Heinrich von Bamberger, unter dem Sigmund vor Jahren studiert hatte. Der Saal war bis auf den letzten Platz gefüllt, die Luft dick vom Zigarrenrauch. Sigmund rutschte nervös auf seinem Stuhl hin und her, während der Kehlkopfspezialist Professor Grossmann über einen Fall von Gaumenlupus berichtete. Dann kam er an die Reihe.

Die Zuhörerschaft war ihm freundlich gesonnen, bis er das Bild der männlichen Hysterie zeichnete, wie Charcot es dargestellt hatte, »das Vorhandensein einer klar definierten Reihe hysterischer Symptome nachwies« und damit das Vorurteil zunichte machte, das alle Hysteriker zu Simulanten stempelte. Professor Meynert wurde unruhig und blickte dann zur Decke empor, während Freud die Fälle beschrieb, die er selbst in der Salpêtrière beobachtet hatte. Nach zwanzig Minuten hörte ihm der größte Teil des Publikums nicht mehr zu. Die Leute flüsterten ungeniert miteinander.

Bamberger, der Veranstaltungsleiter, bemerkte, Dr. Freuds Arbeit enthielte nichts Neues; männliche Hysterie sei bekannt, aber sie verursache nicht Anfälle oder Lähmungen der Art, wie Freud sie beschrieben habe. Dann

erhob sich Meynert. Das lange graue Haar fiel ihm über ein Auge, und auf seinem derben Gesicht lag ein Lächeln, das Sigmund als wohlwollend deutete. Aber der Ton seiner Stimme nahm ihm rasch alle Illusionen.
»Meine Herren, dieser französische Import, den Herr Dr. Freud durch den österreichischen Zoll geschmuggelt hat, mag in der sublimen neurologischen Atmosphäre von Paris den Anschein solider Substanz erweckt haben, aber er verflüchtigte sich zu Gas, als er über unsere Grenzen kam und in Wien dem grellen Licht der wissenschaftlichen Sonne ausgesetzt wurde. In den dreißig Jahren meiner Tätigkeit als Pathologe und Psychiater habe ich viele Erkrankungen des Vorderhirns gesehen und lokalisiert. Ich bin der Funktion des zerebralen Mechanismus bei morbider geistiger Verfassung nachgegangen. Aber nirgendwo in meinen Untersuchungen der kortikalen und Ganglienfasern oder der Verbindung dieser Fasern mit den Zentren des Gehirns habe ich je einen Hinweis auf männliche Hysterie oder die Möglichkeit entdeckt, daß solche Störungen Paralysen, Aphasien oder Anästhesien hervorrufen könnten, die alle als Krankheitserscheinungen von der Veranlagung abhängig sind.«
Er hielt inne und machte eine herablassende Verbeugung vor Sigmund. »Ich möchte mir jedoch nicht nachsagen lassen, daß es mir an Verständnis für Weiterbildung durch Reisen mangelt oder daß ich es an der geistigen Wendigkeit einiger meiner jüngeren und kühneren Kollegen fehlen ließe. Ich möchte mein Interesse für Herrn Dr. Freuds aufsehenerregende Theorien dadurch kundtun, daß ich ihn einlade, Fälle von ›männlicher Hysterie‹ dieser Versammlung vorzustellen, damit er die Gültigkeit seiner Behauptungen beweisen kann.«
Sigmund war von der ablehnenden Haltung gegenüber seiner Arbeit so verwirrt, daß er kein einziges Wort des ausgezeichneten Referats verstand, das der physiologische Chemiker Dr. Latschenberger »Über das Vorhandensein von Schleim und Flüssigkeiten während schwerer Erkrankungen bei Tieren« hielt. Als er sich endlich aufraffte und sich von seinem Platz erhob, war der Saal bereits leer. Vor der Aula erwarteten ihn einige seiner jüngeren Kollegen, um ihm ein paar anerkennende Worte zu sagen. Breuer war mit Meynert weggegangen, Fleischl mit Brücke.
Er ging allein durch die kalte Oktobernacht nach Hause. Jeder Schritt verursachte ihm einen dumpfen Schmerz. Meynert hatte seinen einstigen Sekundararzt vor einem großen Teil der Wiener Ärzteschaft der Lächerlichkeit preisgegeben.
Martha begrüßte ihn im Vorzimmer. Ein langer Schlafrock aus blauer Wolle verhüllte ihr Nachthemd mit dem Matrosenkragen.
Ein Blick auf sein Gesicht genügte, und ihre Augen verdüsterten sich.
»Sigi, was ist geschehen?«
Er nahm den Binder ab, knöpfte sein Hemd auf und fuhr sich mit der Hand über den steifen Nacken, den der hohe Kragen wundgescheuert hatte.

Genauso wund fühlte er sich innerlich.
»Man hat mein Referat nicht gut aufgenommen.«
Sie saßen im Erker des Wohnzimmers. Er trank eine Tasse heiße Schokolade. »Hoffentlich bin ich nicht überempfindlich, aber es war genauso, als hätte ich mich angesichts der großen Meister wie ein frecher Student benommen und sei dafür von der Schule gewiesen worden.«
Nervös ging er zwischen den kleinen Tischchen auf und ab. So erregt hatte sie ihn noch nie gesehen. Seine fest zusammengepreßten Lippen bewegten sich hin und her. Dann blieb er mit düsterer Miene vor ihr in dem erhöhten Erker stehen.
»Die jüngeren Mitglieder der ›Gesellschaft der Ärzte‹ haben immer schon gesagt, daß uns die älteren nur als Zuhörerkulisse brauchen. Selbst zuhören wollen sie nie. Ich habe es selbst erlebt, wie Bamberger und Meynert zu jungen Forschern grob wurden, aber es ist mir noch nie passiert, daß sie ihre Einwände so vorschnell und unwissenschaftlich formuliert hätten. Ich hätte vermutlich als Einleitung erklären sollen, daß die Pariser Professoren der Medizinischen Fakultät von Wien nichts beibringen könnten. Allein schon die Andeutung, in Paris bediene man sich fortschrittlicher neurologischer Techniken, läßt mich als undankbar erscheinen. Schlimmer noch, es macht mich zu einem Abtrünnigen! Meynerts Einladung war nicht nur spöttisch gemeint, sie klang regelrecht verächtlich.«
»Aber Meynert schätzt dich doch.«
»Wir hatten einen Zusammenstoß. In einem finsteren Tunnel. Zwei Züge. Frontal gegeneinander. Und ich hab' mir dabei eine ›Eisenbahnrückgratslähmung‹ zugezogen.«
Er legte den Arm um sie und sagte ruhig: »Das ist ein weiterer unverhoffter Vorteil der Ehe: Man hat eine Schulter, an die man sich lehnen kann. Man hat jemanden, der einem glaubt, daß man recht und daß die Welt unrecht hat.«

Am nächsten Tag saß er mit Breuer und Fleischl im Café Landtmann. Es wirkte beruhigend mit seinen braunen Wänden und Nischen, den braungemaserten Marmortischen, an denen die Männer nach getaner Arbeit saßen, plauderten und fremdsprachige Zeitungen lasen. Hier erfuhr Sigmund, daß er recht und zugleich unrecht hatte. Breuer und Fleischl warfen Bamberger und Meynert Grobheit vor und erklärten ihrem Schützling dann, worin sein Fehler bestand. Josef Breuer sagte:
»Freud, Sie hätten von Charcots Arbeit über männliche Hysterie berichten sollen, ohne seine Theorien über Hypnose zu verfechten. Seine *grande hystérie* ist ohnehin suspekt. Seit unser lieber Kollege Anton Mesmer vor hundert Jahren in Wien mit seinem ›animalischen Magnetismus‹ einen Skandal entfesselte, ist ›Hypnose‹ das meistgehaßte Wort im Wiener medizinischen Lexikon.«

Fleischl nickte zustimmend. Es fiel ihnen nicht leicht, ihren Freund zurechtzuweisen, aber sie spürten, daß er sich auf eine ernstere Sache eingelassen hatte als eine vorübergehende Ablehnung aus Eifersucht.
Breuer fuhr fort:
»Außerdem hätten Sie das Material über die ›Eisenbahnrückgratslähmung‹ weglassen können. Es ist nebensächlich und ohne Einfluß auf Ihre Hauptthese, daß es keine symptomatischen Unterschiede zwischen männlichen und weiblichen Hysterikern gebe. Wir haben gelernt, alle Lähmungen als Folgen nachweislicher physischer Schädigungen des Zentralnervensystems zu behandeln. Wenn Sie uns nun erzählen, diese Störungen von Muskelfunktionen und Sinneswahrnehmungen könnten von Neurasthenien herrühren, dann machen Sie die älteren Ärzte arbeitslos.«
»Aber was soll ich denn tun? Widerrufen? Ich habe doch selbst gesehen, wie Hysteriker nach Monaten scheinbarer physischer Lähmung augenblicklich geheilt wurden. Sie wissen doch, daß Charcot recht hat und nicht Meynert.«
Fleischl winkte den Kellner herbei und bestellte noch eine Runde Tee mit Rum und Schinkensemmeln. Dann griff er in die Diskussion ein.
»Es ist nicht Charcot, der in Wien einen Rückhalt braucht – Sie sind es. Meynert ist verletzt. Besänftigen Sie ihn. Sie halten ihn doch immer noch für den größten Hirnanatomen der Welt. Sagen Sie es ihm. Einen Monat lang, jeden Tag.«
»Und seine Herausforderung soll ich dabei übersehen?«
»Nein!« rief Breuer bestimmt. »Sie müssen einen Fall vorführen. Aber tun Sie es nicht in provozierender Weise, nur um zu beweisen, daß Sie recht haben und Meynert unrecht. Sie müssen sich Meynerts Wohlwollen erhalten, denn er kann Ihnen furchtbaren Schaden zufügen.«

Primarius Scholz' Vierte Abteilung für Nervenkrankheiten wäre der rechte Ort gewesen, seinen Fall für die Demonstration zu finden. Aber Scholz hatte sich mehrmals über seinen jungen Sekundararzt Dr. Freud geärgert, wenn dieser durchblicken ließ, daß ihm die Beschaffung der geeigneten Medikamente für die Patienten wichtiger sei als die genaue Einhaltung des Bettenabstands. Nun lehnte Scholz die Genehmigung ab, auch nur einen seiner Patienten zu untersuchen oder vorzuführen. Es sprach sich im Allgemeinen Krankenhaus so schnell herum, wie sich die Pest im vierzehnten Jahrhundert ausbreitete: Dr. Sigmund Freud war in den neun großen Höfen *persona non grata*.
Professor Meynert machte dabei allerdings eine Ausnahme. Er nahm Sigmunds schwerfällige Schmeicheleien gutmütig hin. Sein versöhnliches Lächeln war nur noch eine Spur gezwungen, als er sagte:
»Aber selbstverständlich, Herr Kollege. Natürlich können Sie in meiner Abteilung nach einem geeigneten Demonstrationsfall suchen. Sie wissen

doch, daß ich der Letzte wäre, der sich der medizinischen Forschung in den Weg stellen möchte.«

Sigmund begab sich in die Abteilung, in der er vor drei Jahren seine Lehrzeit in Psychiatrie absolviert hatte. Im ersten Bett lag ein ehemaliger Gastwirt mit einem teilgelähmten Arm, der nach dem Krankenblatt unter »Geistesstörungen« litt. Die Trauer um seine verstorbene Frau ließ ihn nicht mehr los. Dr. Freud beobachtete den Patienten bei einem Tobsuchtsanfall. Er schrie laut, er werde das Ministerium stürzen. Dann rannte er fluchend umher und schlug auf andere Patienten ein, bis man ihn schließlich überwand und in eine Zwangsjacke steckte.

Sigmund wandte sich ab. Der arme Kerl litt gleichzeitig unter einem Dutzend verschiedener Krankheiten.

Am nächsten Morgen versuchte er es bei einem anderen Patienten, einem Kellner mit Sprachstörungen und Gesichtsparese. Auf seiner Karte stand: »Irrsinn mit Paralyse«. Er freute sich über Dr. Freuds Aufmerksamkeit und vertraute ihm an, daß Gott ihm mindestens hundertmal am Tag erschiene . . . »Warum werde ich also in der Gendarmerie festgehalten? Die Wärter hier martern mich.«

Dr. Freud ließ ihn aus dem Bett steigen. Der Mann hatte einen unsicheren Gang, seine Finger und seine Zunge zitterten. Das waren mögliche Hinweise auf eine Hysterie, aber es lag auch Größenwahn und ein solches Maß an Geistesstörungen vor, daß sich Sigmund sagte, mit diesem Fall ließe sich nichts beweisen.

Im nächsten Bett lag ein dreiunddreißig Jahre alter Kutscher, der einen Einspänner fuhr. Er litt an *delirium tremens* und manischer Erregung, aber es war ganz offensichtlich der Alkohol, der diese Störungen verursachte. Die Wiener Kutscher waren als Trinker bekannt; sie begannen damit schon am frühen Morgen, um sich warm zu halten.

In der Zweiten Station fand Sigmund einen Fall von echtem Trauma: einen Dachdecker, der vor fünfzehn Jahren einmal abgestürzt war. Jetzt litt er unter *delirium tremens* und Halluzinationen. Kurz bevor er ins Krankenhaus eingeliefert worden war, hatte er seine Tochter geschlagen, weil sie versucht hatte, ihn aus einer Weinstube nach Hause zu holen. Seit seinem Sturz vom Dach trank er so viel, daß er dauernd stürzte. Rührten das Trinken und die Teillähmung etwa von dem Sturz her? Oder war er abgestürzt, weil er betrunken gewesen war?

»Das ist hoffnungslos«, dachte Sigmund, als er um elf Uhr zur Sprechstunde nach Hause ging. »Wo der Alkoholismus eine so große Rolle spielt, wäre es zu schwierig, die eigentlichen Ursachen eines seelischen Traumas nachzuweisen. Ich frage mich nur, ob noch nie jemand versucht hat, den Ursachen des Alkoholismus auf die Spur zu kommen?«

In seinem Wartezimmer saßen fast ein halbes Dutzend Patienten, die Marie freundlich begrüßt und zu ihren Plätzen geführt hatte. Jetzt, gegen Ende des kalten, regnerischen Monats November, begann seine Praxis aufzublühen. Die nichtzahlenden Patienten waren wieder da, nur der Heiratsvermittler suchte sich sein Opfer anderswo. Breuer, Nothnagel und Obersteiner schickten ihm jene Patienten, die sie bei ihm besser aufgehoben glaubten. Professor Brücke, der sich schweigend Meynerts Zurechtweisung ihres gemeinsamen Schützlings angehört hatte, verlor kein Wort über den Vortrag, sondern gab seine Meinung in der gewohnten stillen Art zu erkennen, indem er Sigmund einen deutschen Pathologen schickte, der neurologischer Behandlung bedurfte. Auch im Kassowitz-Institut machte Sigmunds Arbeit Fortschritte.

Da war zum Beispiel der Fall eines Siebzehnjährigen, der plötzlich einen epileptischen Anfall erlitt, der Schaum vor den Lippen hatte und sich so lange in die Zunge biß, bis das Blut kam. Durch eingehende Befragung fand Sigmund heraus, daß der Junge im Alter von acht Jahren einmal von einem Stein am Kopf getroffen worden war und eine Impressionsfraktur des Schädels davongetragen hatte. Die Wunde war verheilt und die Infektion innerhalb eines Monats abgeklungen, auf der rechten Kopfseite hatte sich aber eine Narbe gebildet, die Reizungen hervorrief. Ein Stromstoß hatte nun den Anfall ausgelöst. Dr. Freud konnte das Narbengewebe nicht beseitigen und damit allen Anfällen vorbeugen, aber er konnte wenigstens etwas zu ihrer Abschwächung tun.

Ein Zwerg wurde ihm gebracht, der sonst ein kluger und gut proportionierter Junge war, dessen Wachstum jedoch infolge einer Unterentwicklung der Hypophyse zu früh aufgehört hatte. Er verschrieb den aufgeregten Eltern Bromide und dem Jungen kräftigende Nahrung. Dann erkundigte er sich bei seinen Kollegen nach einem geeigneten Medikament zur Stärkung der Hypophyse.

Er zahlte seine Schulden an Minna zurück, löste seine goldene Uhr aus und konnte auch wieder ein paar Gulden in die Kaffeetasse seiner Mutter mit dem abgebrochenen Henkel legen.

2

Er war wirklich nur Gast in seinem eigenen Heim. Martha verlangte lediglich von ihm, daß er zumindest eine Minute, bevor Marie die Terrine mit heißer Suppe auftrug, zu arbeiten aufhörte und mit der Serviette auf dem Schoß seinen Platz am Eßtisch einnahm. Daß Martha eine geschickte und tüchtige Hausfrau war, überraschte ihn nicht. Aber daß sie ihre Hausfrauenpflichten ebenso ernst nahm wie er seine Pflichten als Arzt, das mußte er erst allmählich begreifen lernen. Trotzdem war sie kein Putzteufel, der schon mit Besen und Kehrschaufel dastand, noch bevor er mit seiner Zigarre das Zimmer verlassen hatte.

Dreimal pro Woche weckte sie ihn früher, wenn das Wetter mild war. Am Freitagmorgen nahm sie ihn mit hinunter zum Franz-Josephs-Kai am Donaukanal, wo die Fischerboote mit ihrem Fang anlegten. Martha hatte immer gern die erste Wahl. Wenn sie ihren Karpfen oder Barsch im Einkaufskorb hatten, gingen sie weiter, die Donau entlang zum Schanzelmarkt. Dort kaufte sie frisches Obst ein, das die Bauern in der Nacht auf ihren laternengeschmückten Leiterwagen in die Stadt gebracht hatten. Am Samstagmorgen gingen sie eine Viertelstunde weit vom Ring durch die Wipplingerstraße zum Hohen Markt und von dort zum Wildbretmarkt; hier wurde das beste Geflügel angeboten. Lebende Hühner, Gänse, Enten, Puter und Fasane schnatterten und gackerten mit zusammengebundenen Füßen, die Bauersfrauen mit ihren Kopftüchern, knöchellangen Röcken und weiten Schürzen priesen lauthals die Vorzüge ihrer Ware, während ihre Männer unter den wachsamen Blicken der Hausfrauen die ausgewählten Tiere schlachteten und ausnahmen. Um sieben waren sie wieder daheim und ließen sich von Marie das Frühstück servieren.
Den Höhepunkt dieser frühen Ausflüge bildete jedoch der Mittwoch. Sie verließen schon um fünf Uhr das Haus, wenn die Morgendämmerung erst einen vagen Anflug von Grau an den östlichen Horizont malte, um den buntesten Fleck von ganz Wien aufzusuchen – den Naschmarkt mit seinen unzähligen gedeckten Ständen. Hier gab es die feinsten und aufregendsten Leckerbissen. Nicht umsonst hieß der Markt »die goldene Straße zum Naschen«: Süßigkeiten, Näschereien, Delikatessen, exotische Gewürze, die den Geist anregten und den Leib verführten. Man kann nicht gerade behaupten, daß der Wiener seinen Naschmarkt mehr liebte als die Oper oder den Konzertsaal, aber das bunte Gemisch aufregender Düfte, Farben und Formen hatte etwas an sich, das ihm das Gefühl gab, sich in einem wahren Schlaraffenland mit den Köstlichkeiten der ganzen Welt zu befinden.
Zuerst kamen die Blumenstände, fünfzig Buden in zwei langen Reihen zu beiden Seiten an einem Ende des Marktes. Die einzelnen Stände waren nur klein, aber sie flossen über von leuchtend bunten Herbstblumen und Pflanzen. Als nächstes folgten die Obststände mit Orangen, Pfirsichen, Trauben aus Albanien und Frankreich, Bulgarien und Rumänien, süßen Melonen aus Spanien, Bananen aus Ekuador, Nüssen und Rosinen aus Böhmen und Mähren. An einigen Ständen wurden nur Eier verkauft oder Backwaren: Mohnkipferl, runde Linzer-Schnitten mit drei Löchern, durch die man das Gelee sehen konnte, Nußstrudel, Honigkuchen und Tobelstrudel, original aus Tirol, der außen ganz knusprig und innen köstlich flaumig war.
Um sich warm zu halten, aßen sie heißen Leberkäs. Dann gingen sie weiter durch die Reihen der Gemüsestände zu den Ständen der Fleischer, die alle Fleischsorten und Wurstspezialitäten, wie große schwarze Blutwürste aus

Krakau, ungarische Salami und »Heurigensalami«, feilboten. Geräucherte Schinkenkeulen, schwarzes Geselchtes und gebratene Schweinshaxen hingen von der Decke. Es gab Stände mit Zuckerzeug und Biskuits, gemahlenem Paprika, Salbei und Koriander, mit Gewürzen wie Curry und Fenchel. Kolonialwarenstände boten aus prallgefüllten Säcken Reis, Linsen, Bohnen, Hirse, geschälte Erbsen und Limabohnen. Es gab Gurken in Fässern, bündelweise Suppengrün, Zitronen aus Italien, Zwiebeln aus Spanien, Preiselbeeren aus Schweden, bulgarischen Ziegenkäse und Schwammerln.
Als Sigmund den Korb mit Spezialitäten, die bestimmt eine Woche reichen würden, heimtrug, scherzte er: »Alle Länder, die in diesem Korb vertreten sind, stehen unter der Herrschaft der Habsburger oder unterstanden ihr zumindest einst.«
In diesen sorglosen Stunden griff sie gern seinen scherzhaften Ton auf. »Dann dürfen wir auch mit Recht sagen: Über dem Habsburger Speisezettel geht die Sonne niemals unter.«

Er bekam ein Billett von dem Kehlkopfspezialisten Dr. von Beregszászy, der auch den umstrittenen Vortrag vor der »Gesellschaft der Ärzte« gehört hatte. Ob Herr Dr. Freud sich wohl mit ihm im Café Griensteidl, dem Treffpunkt der Intellektuellen, Romanautoren, Stückeschreiber, Dichter, Journalisten, der jungen Anwälte und Ärzte, treffen könne? Es sei sehr wichtig. Jetzt, wo wegen des schlechten Wetters das Straßencafé geschlossen hatte, war der Raum überfüllt. Über den eng stehenden Tischchen hing das Summen vieler Stimmen. Dr. von Beregszászy winkte ihm von einem kleinen Marmortisch auf der Seite, weit weg von den klickenden Billardbällen, den hektisch scharwenzelnden Kellnern und der erregten Unterhaltung der Stammgäste. Dr. Julius von Beregszászy, ein ungarischer Katholik, der in Budapest und Wien Medizin studiert hatte und neun Jahre älter als Sigmund war, sagte: »Ich habe vielleicht den Fall, den Sie suchen: einen intelligenten, neunundzwanzigjährigen Graveur, Opfer zerebraler Hemianästhesie mit Verlust des Tastsinns auf der linken Körperhälfte. Ich behandle den Mann seit drei Jahren. Er hat mich in immer neues Erstaunen versetzt, bis ich von Ihrer Arbeit hörte. Falls es Ihnen nicht gelingt, einen physischen Schaden zu entdecken, den ich vielleicht übersehen habe, ist August ein typischer Fall von Hysterie, hervorgerufen durch ein Trauma. Lassen Sie mich Ihnen einiges darüber erzählen.«
Sigmund fühlte, wie es in seinen Schläfen zu pochen begann, wie ihn eine innere Erregung ergriff. Hier hatte er eine Chance, sich im Allgemeinen Krankenhaus zu rehabilitieren!
»Bitte.«
»Sein Vater war ein gewalttätiger Mensch, ein Säufer, der mit achtundvierzig Jahren starb; seine Mutter litt immer unter Kopfschmerzen und starb

mit sechsundvierzig an Tb. Von Augusts fünf Brüdern starben zwei schon sehr früh, ein weiterer starb an einer syphilitischen Hirninfektion, einer leidet unter Krämpfen, ein anderer desertierte aus der Armee und ist seitdem verschwunden. Im Alter von acht Jahren wurde August auf der Straße überfahren und erlitt eine Ruptur des rechten Trommelfells. Auf den Unfall folgten in Abständen nervöse Anfälle. Vor drei Jahren hatte er eine Auseinandersetzung mit seinem Bruder, der ihm Geld schuldete. Der Bruder wollte nicht zahlen und stach mit einem Messer nach August. August wurde zwar nicht getroffen, erlitt aber einen Schock und brach vor seiner Haustür bewußtlos zusammen. Wochenlang war er furchtbar geschwächt, litt unter heftigen Kopfschmerzen mit einem starken Druckgefühl auf der linken Schädelseite. Er erklärte mir, in der linken Körperhälfte ein ganz verändertes Gefühl zu haben, seine Augen seien müde, aber er arbeitete weiter. Dann beschuldigte ihn eine Frau in seiner Firma, einen Diebstahl begangen zu haben. Er bekam heftiges Herzklopfen, wurde deprimiert und drohte mit Selbstmord. Damit begann das Zittern in seinem linken Arm und Bein, verbunden mit Schmerzgefühlen im linken Knie und in der linken Fußsohle beim Gehen. Er suchte mich auf, weil er das Gefühl hatte, seine Zunge sei in der Kehle ›angenagelt‹. August hat niemals simuliert. Er hat als Graveur weitergearbeitet. Im Gegensatz zu manchen anderen Patienten ist er nicht gern krank. Er wünscht sich nichts sehnlicher, als wieder gesund zu werden. Soll ich ihn zu Ihnen schicken?«

»Ich bitte darum.« Er legte seine Hand auf die des älteren Kollegen. »Und ich möchte Ihnen sagen, wie sehr ich das Vertrauen zu schätzen weiß, das Sie in mich setzen.«

Am nächsten Tag kam August in Sigmunds Sprechstunde. Sigmund stellte ihm eine Reihe von Fragen, dann untersuchte er ihn. Es lag keine Muskelatrophie vor. Abgesehen von einem dumpfen Herzton konnte er keinerlei Beschwerden feststellen. Jedoch bemerkte er in beiden Augen, was er wie folgt notierte: »Die typische Schädigung des Gesichtssinns bei hysterischen Patienten und Störungen des Farbsehens.« Er stellte außerdem fest, daß die ganze linke Körperhälfte anästhetisch war. Der Gehörsinn auf dem linken Ohr war jedoch intakt. Hatte August vielleicht das Gehör auf dem linken Ohr behalten, weil er ganz einfach nicht stocktaub sein wollte?

Er ließ den Mann von Dr. Königstein untersuchen. Die Augen waren immer noch so etwas wie eine offene Tür zum Gehirn. Königstein erklärte August für physisch vollkommen gesund. Danach stellte Sigmund genau die anästhetischen Bereiche fest, die sich über den linken Arm, die linke Hälfte des Rumpfes und das linke Bein erstreckten. Er konnte August eine Nadel in die linke Seite stechen, ohne daß er zuckte oder Schmerz fühlte. Und doch überzeugten ihn gewisse Aspekte im Verhalten des Patienten davon, daß die Anästhesie nicht echt war, daß die Störungen in der

Bewegungsfähigkeit des linken Armes und Beines größtenteils auf äußere Umstände zurückzuführen waren. Als er ihn zu einem langen Spaziergang entlang der Donau mitnahm und ihn anwies, genau auf seinen Gang zu achten, fiel es August sehr schwer, den linken Fuß vorzusetzen. Als sie jedoch über den Ring bummelten und Sigmund ihm die Schönheiten von Wiens neuer klassizistischer Architektur erklärte, trat August links genau so sicher auf wie rechts.
Beim vierten Besuch erzählte Sigmund seinem Patienten eine der Anekdoten seines Vaters. Während August darüber lachte, wies er ihn an, sich auszuziehen. August tat es und gebrauchte dabei beide Hände mit gleicher Geschicklichkeit. Während August noch abgelenkt war, ersuchte ihn Sigmund, das linke Nasenloch mit den Fingern der linken Hand zuzuhalten. August führte die Anweisung ganz automatisch aus. Wenn jedoch Dr. Freud wieder als der besorgte Arzt vor ihm stand und ihm befahl, bestimmte Bewegungen mit dem linken Arm oder der linken Hand auszuführen und sich ganz darauf zu konzentrieren, versagte August regelmäßig. Er war außerstande, den Arm zu senken. Seine Finger begannen zu zittern, ein Beben ging durch sein linkes Bein.

Am Abend des 26. November 1886 fand eine der üblichen Wochenzusammenkünfte der »Gesellschaft der Ärzte« statt. Nur wenige der Anwesenden kümmerten sich um Dr. Freud. Sigmund war sicher, seine Kollegen überzeugen zu können. Er sprach Dr. von Beregszászy seinen Dank aus, bat Leopold Königstein um seinen Bericht über die ophthalmologische Untersuchung, deren Befund negativ war, erklärte, was er selbst im Verlauf eines Monats festgestellt hatte und erläuterte alle Experimente, die er mit August durchgeführt hatte.
Er schloß seine Demonstration mit den Worten: »Die Hemianästhesie bei unserem Patienten weist eindeutig die Charakteristik der Instabilität auf . . . Die Ausdehnung der schmerzunempfindlichen Zonen des Körpers und die Sehstörungen schwanken in ihrer Intensität. Gerade diese Instabilität der Sinnesstörungen gibt mir die Hoffnung, dem Patienten ein normales Empfindungsvermögen zurückgeben zu können.«
Es folgte höflicher Applaus, doch niemand stellte Fragen, niemand gab einen Kommentar. Die Männer, die Sigmund als die einflußreicheren betrachtete, bildeten Gruppen und verließen das Gebäude. Sigmund war enttäuscht.
Dr. von Beregszászy beglückwünschte ihn zu seinem klaren, verständlichen Vortrag, dann kamen noch ein paar Freunde und schüttelten ihm die Hand: Kassowitz, Lustgarten, Paneth. Sigmund wußte zwar selbst, daß er nicht den vollständigen Beweis für die männliche Hysterie geliefert hatte, aber er glaubte doch, mit seiner Demonstration darauf hingewiesen zu haben, daß viele Arten von Anästhesien und Funktionsfehlern ihren

Ursprung in der Hysterie haben können. Der Haltung der älteren Ärzte konnte er aber entnehmen, daß sie seinem Experiment keine große Bedeutung beimaßen.
Professor Meynert verlor kein Wort über den Vortrag. Es war, als hätte er ihn ganz vergessen. Vielleicht betrachtete er ihn auch als nichtssagend, wie Sigmund aus einer gewissen Kühle in Meynerts Benehmen zu schließen glaubte.
Niemand brachte die Sache je wieder zur Sprache. Doch Sigmund ließ sich nicht beirren. Er widmete August täglich eine halbe Stunde, massierte kräftig seine Hand, führte Elektrobehandlungen mit seinem Elektrisierapparat durch und redete ihm ein, daß sich eine Zone nach der anderen normalisieren, daß das Empfindungsvermögen in die Haut zurückkehren und das Zittern der Hand verschwinden werde.
Die Erfolge stellten sich zwar nur langsam ein, aber sie waren eindeutig und unverkennbar. Nach drei weiteren Wochen konnte August wieder ganztägig als Graveur arbeiten, obwohl eine gewisse Behinderung in der Bewegung auf der linken Seite des Körpers zurückgeblieben war.
Sigmund überlegte, ob er vor der »Gesellschaft der Ärzte« ein drittes Referat halten sollte, aber dann sagte er sich, daß es wohl sinnlos sei. Die älteren Ärzte würden ebensowenig an Augusts Heilung glauben, wie sie an den hysterischen Ursprung seiner Symptome geglaubt hatten.

3

Seine Praxis wuchs langsam, aber stetig – hier eine Überweisung, dort eine Empfehlung durch einen Patienten. Da Martha nicht zuließ, daß er wie in seiner Junggesellenzeit das Mittagessen ausfallen ließ, ordinierte er von zwölf bis eins, aß dann zu Mittag und kehrte um zwei in die Sprechstunde zurück. Im Kassowitz-Institut nahm die Zahl der neurologischen Fälle, die er zu behandeln hatte, ebenfalls zu. Er analysierte die Symptome der Patienten, machte sich umfangreiche Aufzeichnungen und bemühte sich um eine gewisse Ordnung, indem er die Nervenkrankheiten in dreizehn deutlich unterschiedene Kategorien einteilte. Er sagte zu Martha:
»Heute ist mir ein Fall von Tollwut gestorben. Der Hausarzt hat die Symptome erst erkannt, als das Kind schon Schaum vor den Lippen hatte. Aber einen meiner neuen Patienten, einen Fall von partieller Gehirnlähmung, werde ich am Leben erhalten können. Vielleicht gelingt es uns sogar, dem Kind durch Übungen gewisse Bewegungen beizubringen, damit es später in bescheidenem Umfang einem Beruf nachgehen kann.«
Als er merkte, daß sich die Atmosphäre im Allgemeinen Krankenhaus etwas entspannte, entschloß er sich zu einem kühnen Schritt. Zu den Privilegien seiner Dozentur gehörte das Recht, an der Medizinischen

Fakultät der Universität Vorlesungen zu halten. Zur Planung eines solchen Kurses und seiner Ankündigung durch die Universität brauchte er Meynerts Genehmigung. Meynert lag krank zu Bett. In akademischen und medizinischen Kreisen raunte man sich zu, sein chronisches Herzleiden hätte sein ohnehin schon recht ausgeprägtes Verlangen nach Alkohol noch verstärkt. Sigmund schenkte diesen Gerüchten keine Beachtung. Sie entstanden meistens am Kaffeehaustisch: Wenn die Männer stundenlang bei einer Tasse starkem, süßem türkischem Mokka beisammensaßen und redeten und wenn es nicht genügend wahre Begebenheiten gab, über die man klatschen konnte, wurden eben Geschichten erfunden. Sigmund stürzte sich in Unkosten: Er kaufte eine Schachtel Havannas, die Professor Meynert besonders gern rauchte, und stattete ihm einen Besuch ab.

»Es tut mir leid, Herr Hofrat, Sie indisponiert zu sehen. Aber da ich wußte, daß es sich um keine Erkrankung der Atmungswege handelte, habe ich mir erlaubt, Ihnen eine Schachtel Ihrer Lieblingszigarren mitzubringen.«

Meynert war gerührt. Er mochte aufbrausend sein und seine Position eifersüchtig hüten, aber schließlich hatte Charcot das meiste von dem, was er über Hirnanatomie wußte, aus Meynerts Schriften gelernt. Sigmund Freud war einer seiner besten Studenten und Sekundarärzte gewesen; er hielt große Stücke auf ihn. Er war gekränkt gewesen, wie eben ein Vater gekränkt wäre, wenn er hörte, daß sein Sohn den Vater eines anderen höher priese.

»Ich danke Ihnen, Herr Kollege. Das war sehr aufmerksam von Ihnen. Und es muß ein ordentliches Loch ins Haushaltsgeld Ihrer Frau Gemahlin gerissen haben.«

Sigmund wurde rot.

»Erinnern Sie sich noch, Herr Hofrat, daß Sie mir im vergangenen Frühjahr, nach meiner Rückkehr aus Paris, vorschlugen, Ihre Vorlesungen über Hirnanatomie zu übernehmen?«

»Natürlich erinnere ich mich. Sie waren für diese Vorlesungen am besten geeignet – hätten wir Sie nur nicht in dieses Paris gesandt, aus dem Sie mit einem Kopf voller Phantastereien zurückgekehrt sind.«

»Keine Hysterie, Herr Hofrat, und keine Hypnose.« Sigmund verzog das Gesicht zu einem verschmitzten Lächeln. »Nicht einmal ›Eisenbahnrückgratslähmung‹. Nur solide, authentische Hirnanatomie, wie Professor Meynert sie mich gelehrt hat.«

Meynert öffnete die Zigarrenschachtel, wählte bedächtig eine aus, drehte sie zwischen den Fingern, roch daran, drückte das Ende weich, griff nach seinem Federmesser, schnitt sie damit ein und zündete sie an. Auf seinem Gesicht breitete sich ein Ausdruck wohlwollender Güte aus.

»Eine sehr gute Zigarre, Herr Kollege. Sorgen Sie dafür, daß Ihre Vorlesungen ebenso mild sind. Und sammeln Sie Ihre Gebühren selbst ein, anstatt sie durch die Universität einziehen zu lassen.«

Das war ein ungewöhnliches Ansinnen. Normalerweise kassierte der Schatzmeister die Studiengebühren und zahlte dem Dozenten die gesamte Summe aus. Wollte Meynert ihn auf diese Weise bestrafen? Wenn ja, dann war es ein geringer Preis, den Sigmund gern entrichtete. Er war sofort einverstanden, bedankte sich beim alten Hofrat und verabschiedete sich frohen Herzens.

Die Ankündigung für seine erste offizielle Vorlesungsfolge an der Universität lautete:

> Anatomie der *corda spinalis* und der *medulla oblongata*. Eine Einführung. Zweimal wöchentlich. Von Herrn Privatdozent Dr. Sigmund Freud. Im Auditorium des Herrn Hofrates Professor Dr. Meynert.

Es war ein Mittwochnachmittag Ende Oktober – die Tage wurden schon sehr kurz –, als Sigmund das Auditorium zu seiner ersten Vorlesung betrat. Er fand eine ansehnliche Gruppe von Medizinstudenten, jungen Assistenten und Sekundarärzten aus dem Allgemeinen Krankenhaus vor, die ihre Kenntnisse auf diesem sehr speziellen Gebiet des Nervensystems vervollkommnen wollten. Als er vor seinen Hörern stand, überkam ihn ein Gefühl echter Freude. Das hier war seine politische Partei, seine Religion, sein Club, seine Welt. Er hatte keine andere und wollte auch keine andere haben, seit er die Kindheitsträume überwunden hatte, ein großer Krieger in der Tradition Alexanders des Großen oder ein Rechtsanwalt im Wiener Stadtrat zu werden. Viel Wasser war die Donau hinuntergeflossen, seit er vor zwei Jahren seine Vorlesungen vor den sechs amerikanischen Ärzten gehalten hatte. Jetzt war er Dozent an der Medizinischen Fakultät, ein Schüler Charcots, Abteilungschef im Kinder-Kranken-Institut, ein glücklich verheirateter Arzt. Seine Praxis brachte ihm genug ein, um seine Familie unterhalten zu können.

Vor seinem inneren Auge sah er das Bild, das ihm aus dem Spiegel am Kleiderschrank seines Schlafzimmers entgegengeblickt hatte: der hübsche dunkelgraue Anzug, den er sich gerade erst hatte schneidern lassen, das weiße Hemd und die schwarze Querbinde, die er in Paris in Charcots Salon und auch zu seiner Hochzeit getragen hatte. Mit dreißig Jahren wirkte er ein wenig fülliger, sein Bart und Schnurrbart waren knapp gestutzt und mit ein paar grauen Fäden durchsetzt, die sich in sein dichtes schwarzes Haupthaar, das an beiden Seiten ordentlich hinter die Ohren gekämmt war, noch nicht hineingeschlichen hatten. Seine Augen spiegelten die frohe Erregung wider. Er war ein reifer, gutaussehender Mann und wußte, daß sein Äußeres nie vorteilhafter gewesen war. Professor Brücke hatte vor vier Jahren recht gehabt, als er ihm geraten hatte, sein Laboratorium zu verlassen. Wenn Sigmund sich nur der reinen Wissenschaft im Physiologischen Institut gewidmet hätte, wäre sein medizinisches Wissen immer unzulänglich geblieben. Er wäre ein Arbeitstier im Laboratorium gewor-

den. Nun standen ihm zwei Welten offen: Die eine Hälfte seines Lebens widmete er der Privatpraxis, die ihm die Unabhängigkeit sicherte; die andere Hälfte gehörte dem Lehren, Forschen, Entdecken, Schreiben.
Er gestand sich ein, daß er oftmals ungeduldig gewesen war, daß er es sehr eilig hatte, etwas zu finden und zu enthüllen, sich eine Stellung und Ruhm zu erwerben. Dieses Fieber hatte sich gelegt. Er war in das Reich heimgekehrt, in dem er sich stets am wohlsten gefühlt hatte: in ein Auditorium, zu einer Gruppe von Männern, die zusammengekommen war, um zu denken, zu lernen, zu diskutieren und die großartige Wissenschaft der Medizin voranzutreiben. Er wußte zwar genau, daß er wieder einmal auf der untersten Sprosse einer Leiter stand, aber zufrieden sah er all die vielen Jahre vor sich liegen, in denen er allmählich zum Ordinarius an der Universität aufsteigen und einen der neun Höfe des Allgemeinen Krankenhauses übernehmen konnte. Er wollte ein Professor werden, wie Ernst Brücke einer war oder Theodor Meynert oder Hermann Nothnagel; er wollte den Männern nacheifern, die lange vor seiner Zeit die Medizinische Fakultät der Universität Wien zu einem strahlenden Vorbild für die ganze Welt gemacht hatten: Skoda, Gall, Hildenbrand, Prochaska, Hebra, Rokitansky, Semmelweis, Kaposi – sie alle waren Pioniere, Schöpfer der modernen Medizin.
Plötzlich bemerkte er, daß seine Zuhörer immer noch standen. Sie warteten auf sein Zeichen. Lächelnd öffnete er die linke Hand. Die Männer nahmen Platz. Er klappte auf dem Podium sein Notizbuch auf, warf einen Blick auf die vorbereitete Strukturzeichnung und begann mit ruhiger, beherrschter Stimme zu sprechen. Bald waren er und seine Studenten ganz in die verwickelte und unendlich großartige Anatomie des Rückenmarks vertieft.

Er besuchte Lisa Pufendorf täglich auf dem Weg zum Kassowitz-Institut oder zu einem anderen Krankenbesuch. Sie empfing ihn im Wohnzimmer und zerknüllte meist ein Taschentuch in ihren schweißnassen Händen. Wenn die Arbeit ihn zwang, seinen Besuch etwas zu verschieben, fand er sie oft in Tränen aufgelöst in ihrem Bett vor. Er gab ihr Beruhigungsmittel, doch in geringen Dosen, weil er hoffte, daß seine begütigenden Worte ihre Wirkung tun würden. Wo er sich auch aufhalten mochte, überall erreichte ihn die Nachricht: Frau Pufendorf befände sich in einer Nervenkrise, ob er sofort kommen könne? Er tat es, wann immer es sich einrichten ließ. Es ermutigte ihn, daß sie ihren Haushalt immer noch mit großer Umsicht führte. Er empfahl ihr dringend, jeden Nachmittag eine Freundin zum Kaffee einzuladen. Am Ende des Monats rechnete er die mehr als fünfzig Hausbesuche zusammen und sah, daß er für seine Dienste eine recht ansehnliche Rechnung stellen mußte. Herr Pufendorf bedankte sich bei ihm und bezahlte die Honorarforderung auf der Stelle.
Er betreute Frau Pufendorf während der ganzen Wintermonate, bei Schnee

und Regen, und stellte fest, daß Dr. Chrobaks Befürchtung nicht eingetreten war: Ihre Verwandten machten ihm keine Vorwürfe, weil es ihm nicht gelang, seine Patientin zu heilen. Sie hatten sich damit abgefunden, daß Lisa eine außerordentlich nervöse Frau war, die sich wohl nicht mehr ändern würde. Einmal oder zweimal glaubte Sigmund im Auge irgendeines Onkels oder Vetters ein spöttisches Glitzern zu sehen, das darauf hindeutete, daß Herrn Pufendorfs betrübliches Versagen nicht ganz unbekannt war. Was nun die andere Hälfte von Dr. Chrobaks Vermutungen über Frau Lisas Heilung betraf, so sah er jetzt allmählich ein, daß Chrobak recht gehabt hatte.

Nach Angabe ihrer Angehörigen war sie bis zu ihrer Heirat und auch noch ein, zwei Jahre danach gesund und munter gewesen, erst dann hatte die Nervosität eingesetzt. Also hatten die Störungen ihren Ursprung nicht in der Vergangenheit, sondern in den Tatsachen der Gegenwart. Wenn sie es fertiggebracht hätte, sich genau wie eine beträchtliche Anzahl anderer leichtlebiger Wienerinnen auf Kaffeehausflirts mit fremden Männern und auf heimliche Liebesaffären einzulassen, dann wäre alles gut gewesen. Aber ein solches Verhalten widersprach ihrem ganzen Charakter. Für Lisa Pufendorf gab es keine Hilfe, solange ihr Ehemann nicht geheilt wurde. Sigmund überlegte, ob er es bei der armen Frau mit Hypnose versuchen sollte, wollte dann aber das Risiko nicht eingehen.

Nach einiger Zeit meldete sich sein ärztliches Gewissen. Die Familie Pufendorf konnte sich die Arzthonorare sehr wohl leisten, und für den Freudschen Haushalt kamen sie mehr als gelegen. Aber nach dem hundertsten Besuch mußte er sich die Frage stellen, was er als Arzt nun wirklich für Lisa Pufendorf tun konnte. Als Arzt durfte er sich gefühlsmäßig bei seinen Patienten nicht engagieren, aber bei dieser Patientin machte Sigmund eine wahre Hölle der Enttäuschung, des Ärgers und gar der Langeweile durch, wenn er immer wieder dieselben beruhigenden Worte sprechen mußte. Er suchte Professor Chrobak in seinem überheizten Arbeitsraum in der Universität auf.

»Herr Doktor, ich muß den Fall abgeben.«

Chrobak beugte sich in seinem Ledersessel vor und antwortete in einem für ihn ungewöhnlich strengen Ton:

»Die oberste Pflicht eines Arztes besteht darin, ein Leben zu erhalten. Frau Pufendorf kann ohne ärztlichen Beistand nicht existieren. Wenn sich ihr Zustand auch nicht gebessert hat, seit ich Sie hinzugezogen habe, so hat er sich ganz bestimmt nicht verschlechtert. Sie halten ihre Hysterie unter Kontrolle. Das ist ebenso wichtig, wie eine Infektion einzudämmen.«

Sigmund wurde unruhig und versuchte, in der drückenden Hitze des Büros seinen Kragen zu lockern.

»Aber es ist doch peinlich zu wissen, daß ich ihr nichts weiter geben kann als eine Dosis beruhigender Worte.«

»Mein lieber junger Freund«, sagte Chrobak. »Sie selbst haben mir oft genug gesagt, daß Neurosen und Hysterien ebenso tödlich sein können wie Blutvergiftung.« Er stand auf und trat an Sigmunds Seite. »Wenn Sie die Frau im Stich lassen, wird sie sich einen anderen Arzt suchen und dann noch einen. Wenn das arme Geschöpf eines Tages keinen Arzt mehr findet, wird es in einer jener Zwangsjacken enden, die Sie in Meynerts Klinik verwendeten, um gewalttätige Irre zur Raison zu bringen.«

An einem Märznachmittag kam Sigmund Freud müde, von einem plötzlichen Regenschauer durchnäßt und mißgestimmt, aus dem Kassowitz-Institut nach Hause. Martha war kurz vor ihm heimgekommen. Sie brannte darauf, ihm ihre Neuigkeiten mitzuteilen und seiner Verstimmung ein Ende zu bereiten. »Sigi, du wirst niemals erraten, wo ich vorhin war. Ich habe meine liebe alte Freundin Bertha Pappenheim besucht. Wir trafen uns in der Bäckerei, und sie lud mich zu einer Tasse Kaffee in ihre Wohnung ein.«
Sigmund tat einen überraschten Atemzug. Josef Breuer hatte ihn über das Mädchen und die »talking cure« auf dem laufenden gehalten. Sie hatte zwei Rückfälle erlitten, seit Breuer nach ihrem Ruf »Doktor Breuers Baby kommt!« die Beziehungen abgebrochen hatte. Sie war in einem Sanatorium in Groß-Enzersdorf gewesen, aber von dort geflohen, weil sich ein junger Arzt in sie verliebt hatte. Breuer hatte um ihr Leben gefürchtet.
Aber das alles war nun vier Jahre her. Martha nahm ihm den nassen Mantel ab. Dann brachte sie ihm trockene Socken und Pantoffeln.
»Tagsüber geht es Bertha gut, sie geht aus, besucht ein paar alte Freunde und Konzerte. Meistens liest sie und beschäftigt sich, wie sie mir sagt, sehr ernsthaft mit den Berichten über die Frauenrechts-Bewegung, die sie in deutschen Zeitschriften findet. Sie will mit ihrer Mutter wieder nach Frankfurt übersiedeln und dort aktiv an dieser Bewegung mitarbeiten. Sie will nie heiraten, sondern sich einen Beruf suchen und ihr Leben dem Dienst an der Gemeinschaft widmen. Nur das könne sie retten, glaubt sie.«
»Retten? Wovor, Martha?«
»Vor der Dunkelheit. Sie sah heute sehr gut aus. Alle Symptome ihrer Krankheit sind verschwunden. Aber nachts spürt sie das Dunkel in ihrem Kopf. In Frankfurt will sie Tag und Nacht arbeiten und erst nach Hause gehen, wenn sie vollkommen erschöpft ist. Sie hat versprochen, mir mehr über die Emanzipation der Frau zu erzählen.«
»Hör ihr nicht allzu genau zu. Ich mag dich genau so, wie du bist.«
»Ich interessiere mich auch nicht so besonders dafür – im Augenblick.« Sie setzte sich neben ihn, lehnte ihren Kopf an seine Brust und fuhr fort, ohne ihn dabei anzusehen: »Ich war heute drüben bei deinem Freund Dr. Lott.«
»Dr. Lott? Der ist doch Frauen . . . «
»Ja, mein Lieber.« Sie legte ihre Wange an seine. »Du wirst ungefähr im

Oktober Vater werden. Dr. Lott hat es mir bestätigt. Ich wußte es schon, wollte aber sicher sein, bevor ich es dir sagte.«

Die Freude überwältigte ihn fast. Das war die schönste Erfüllung ihrer Liebe. Er nahm ihr Gesicht zärtlich in seine Hände und küßte sie erst auf beide Wangen, dann sehr behutsam auf den Mund.

»Glücklicher kann ich gar nicht mehr sein. Deinetwegen. Meinetwegen. Ich hab' mir immer gewünscht, daß wir eine richtige Familie werden.«

Sie legte beide Arme um ihn und hielt seine Hände fest.

»Das ist das Schönste, was man einer Frau in der Hoffnung sagen kann.«

4

Die Wochen des Frühlings 1887 vergingen wie im Fluge. Die Erfüllung in der Liebe und ein sonniges Heim machten ihn so glücklich, daß er sich sogar mit Eli Bernays aussöhnte. Insgeheim mußte er sich eingestehen, daß die Streitigkeiten mit seinem bewunderungswürdigen Schwager keinen greifbaren Grund hatten. Die Ehe und sein Ansehen in der medizinischen Welt hatten seine Nervosität und die Geringschätzung seiner eigenen Person, das krampfhafte Suchen nach einer raschen und leichten Lösung beseitigt, Körper und Geist bildeten eine Einheit, er spürte in sich die warme Glut von Gesundheit, Spannkraft und Energie. In den Jahren seiner Verlobungszeit mit Martha hatte ihn der Schuh an all den vielen Stellen gedrückt, wo er einen mittellosen jungen Romantiker nur drücken konnte. Jetzt war keine Rede mehr von einer Auswanderung nach Manchester, New York oder Australien.

Er revidierte seinen Zeitplan. Mit dreißig konnte er keine Meisterleistung mehr vollbringen, da er dieses würdige Alter bereits erreicht hatte – also würde er diesen Beitrag eben mit vierzig leisten. Sollte er sich mit vierzig noch mitten in der Entwicklung befinden, dann konnte er seine Arbeit auch mit fünfzig noch krönen. Auch wenn er es Martha gegenüber abgestritten hatte, lag ihm immer noch daran, seinen Namen in Granit einzumeißeln. Inzwischen hatte er sich mit der Tatsache abgefunden, daß man so etwas nicht mit dem Fingernagel tun kann.

Als es wärmer wurde, verbrachten sie ihre Sonn- und Feiertage im Wienerwald. Sie zogen zum Picknick hinaus, erfreuten sich an den späten Frühlingsblumen und an der Luft, die wie neuer Wein moussierte. Und sie genossen den Blick von den Höhen des Leopoldsberges: Die braun-grauen Schieferdächer Wiens und seine grünen Kirchenkuppeln ragten aus einem Meer von Kaminen auf; das Donautal zog sich in weitem Bogen dahin, der Fluß glänzte in der Sonne, und im Süden erhoben sich die immer noch schneebedeckten Gipfel der Alpen.

Martha war von grenzenloser Begeisterung erfüllt. Für einen besonders schönen Ausblick erklomm sie auch noch den benachbarten Gipfel, sie servierte das Picknick aus ihrem Weidenkorb, sie drückte die Glasmurmel ihres Kracherls ein und trank die süße Himbeerlimonade aus der Flasche. Ihre Wangen waren rosig angehaucht, ihre Augen blitzten vor Lebensfreude, sie fühlte sich eins mit der Natur und dem ganzen Universum, während in ihrem Leib das neue Leben heranwuchs. An den langen Abenden, wenn Sigmund noch an seinen Buchbesprechungen für die »Wiener Medizinische Wochenschrift« arbeiten mußte, saß sie bei ihm in seinem Arbeitszimmer und las einen neu erschienenen Roman. Sigmund gewöhnte sich an, ihr beim Frühstück Stellen aus der »Neuen Freien Presse« vorzulesen.

Dr. Sigmund Freud erzielte seine schönsten Erfolge durch die geschickte Anwendung seines Elektrisierapparates. Er widmete immer mehr Stunden am Tag der Behandlung seiner Patienten mit diesem Gerät. Seine Honorare waren mäßig, und da sich die Patienten tatsächlich wohler fühlten, sprach sich seine Geschicklichkeit rasch herum. Er hatte Dr. Wilhelm Erbs umfassendes »Handbuch der Elektrotherapie« stets griffbereit neben sich liegen. Immer wieder las er Erbs Anweisungen für die Anwendung »galvanischen« und »faradischen« Stroms, bis er schließlich selbst eine gewisse Meisterschaft im Umgang mit dem komplizierten Apparat erlangte, der für ihn als Neurologen zum wichtigsten Werkzeug wurde. Er lernte das zu messen, was Erb »die absolute Stromstärke« nannte, er übte sich in der Anwendung von Rheostaten, Elektroden und Ohmschem Gesetz. Er wußte bald, wie man den Apparat am wirkungsvollsten zur Behandlung der Nerven von Haut und Muskeln, für Hirn- und Rückenmark, bei Hypochondrien und Erkrankungen der Geschlechtsorgane anwandte.
Er konnte etwas Geld für die Geburt des Kindes beiseite legen und zum elterlichen Haushalt so viel beitragen, daß sich sein Vater wegen seiner sehr unregelmäßigen Beschäftigung keine Sorgen mehr zu machen brauchte. So blieb es auch, bis der Sommer mit seiner Wärme, dem heilsamen Sonnenschein und den weißen Wolken am strahlend blauen Himmel begann. Die Wiener saßen stundenlang in den Straßencafés, von den Straßenpassanten durch Reihen grüner Topfpflanzen getrennt, und lasen in den Zeitungen und Zeitschriften, die zusammen mit dem Kaffee serviert wurden. (»Kaffee ist Nahrung für den Leib, die Zeitung Nahrung für den Geist.«) Sie bestellten ein Glas Wasser nach dem anderen und waren als Kunden willkommen, obwohl sie sonst nichts bestellten.
Martha bemerkte zu den auftretenden Schwierigkeiten: »Professor von Stein sagte gern zu meinem Vater: ›Reichtum oder Armut kann man nicht nach dem beurteilen, was man in einer Woche oder in einem Monat verdient; rechnen Sie am Jahresende alles zusammen, dann wissen Sie, ob Sie solvent oder bankrott sind.‹«

»Das ist etwas für Wirtschaftswissenschaftler. Die wissen eine Menge Dinge, von denen wir Ärzte überhaupt keine Ahnung haben.«
Sie klopfte ihm tröstend auf die Schulter.
»Ich kann auch sparsam wirtschaften, wenn es nötig ist. Dir wird nicht einmal auffallen, daß ich weniger für den Haushalt ausgebe.«
Da die Breuers wußten, daß Martha bald nicht mehr ausgehen konnte, fragten sie die Freuds, ob sie sich nicht eine Vorstellung von »König Ödipus« im alten Hofburgtheater am Michaelerplatz ansehen wollten. Sie sollte am nächsten Montagabend stattfinden.
»Ach bitte, Sigi, können wir nicht hingehen?« bat Martha.
»Ja, ich möchte das Stück auch sehr gern sehen. Sieh dir nur mal hier im ›Wiener Extrablatt‹ die Besetzung an: Robert spielt den Ödipus, Charlotte Röckel die Königin Jokaste, Hallenstein den Kreon. Das sind ausgezeichnete Darsteller. Martha, ich hab' den Ödipus seit meinem fünften Jahr Griechisch im Sperlgymnasium nicht mehr gelesen, aber ich weiß noch ganz genau, daß es ein sehr trauriges, düsteres Stück ist. Bist du sicher, daß es dir in deinem jetzigen Zustand nichts ausmachen wird?«
»Was hat das denn mit meinem Zustand zu tun?« Ihre Wangen, die wie ihr Körper voller geworden waren, erröteten.
Am nächsten Montag gingen sie zu einem leichten Nachtmahl zu den Breuers. Sie wohnten ganz in der Nähe des Theaters. Sigmund gab die Umhänge der Damen vor sieben Uhr an der Garderobe ab. Es war Mathilde Breuer gelungen, vier Plätze in der ersten Reihe zu reservieren. Als sie saßen, drehte sich Sigmund um und erinnerte sich daran, wie oft er dort oben auf dem vierten Rang gestanden hatte, wo der Platz nur zwanzig Kreuzer kostete. Er zog das schmale Bändchen mit der griechischen Originalfassung von »König Ödipus«, daß er sich vor dem Weggehen eingesteckt hatte, aus der Tasche und begann ein paar Zeilen zu lesen. Da hob sich der Vorhang.
Unter der Führung eines Priesters von Theben hatte sich eine große Schar von Jünglingen und Greisen um einen Altar vor Ödipus' Palast versammelt. König Ödipus erschien und fragte den Priester, warum er und die Knaben und Männer der Stadt hier als Bittsteller erschienen seien. Der Priester berichtete von dem Fluch, der über Theben lag: Das Getreide verdorrte auf den Feldern, das Vieh werde von einer Seuche heimgesucht, die Mütter seien ohne Milch, Neugeborene stürben in den Straßen. Ödipus erwiderte, er habe Kreon, den Bruder der Königin Jokaste, nach Delphi gesandt, um Apollo zu fragen, wie die Stadt gerettet werden könne.
In diesem Augenblick kehrte Kreon zurück und berichtete, was Apollo ihm geoffenbart hatte: Eine Schuld laste auf dem Land – Mord.
Nun entfaltete sich die tragische Geschichte. Bei Ödipus' Geburt hatten die Orakel geweissagt, er werde seinen Vater ermorden und seine Mutter ehelichen. Um die Erfüllung dieser Prophezeiung zu verhindern, überga-

ben ihn seine Eltern einem Hirten, der ihn töten sollte. Aber der Hirte schreckte vor dieser Tat zurück und übergab den Knaben einem anderen Hirten aus dem fernen Korinth. Dort wurde das Kind vom König und der Königin aufgenommen und wie ein eigener Sohn großgezogen. Zum Mann herangewachsen, erfuhr Ödipus, welcher Fluch auf seinem Leben lastete. Entsetzt floh er die gastliche Stadt und seine vermeintlichen Eltern. Unterwegs begegnete er einem Wagen mit einem alten Mann. Es kam zu einem Streit, weil der Greis den Weg nicht freigab. Da erzürnte Ödipus, zog sein Schwert und tötete ihn.

Kurze Zeit danach gelangte Ödipus nach Theben und fand die Stadt von einem geheimnisvollen Fluch beladen vor. Die Sphinx forderte immer wieder Opfer unter der Jugend Thebens. Ödipus konnte das Rätsel, an dem so viele vor ihm gescheitert waren, lösen und die Stadt retten. Aus Dankbarkeit wurde er zum König von Theben gekrönt. Er heiratete Königin Jokaste, die Witwe des unter geheimnisvollen Umständen ums Leben gekommenen Königs Laios und zeugte Kinder mit ihr.

Der einzige Diener aus Laios' Gefolge, der sein Leben hatte retten können und der nach Theben zurückgekommen war, wurde nun in den Palast geführt. Ödipus erfuhr, daß der Greis, den er erschlagen hatte, König Laios war. Da er sich immer noch für den Sohn des Königspaares von Korinth hielt, nahm er die Nachricht vom Tode seines Vaters Polybos, die ein Bote aus Korinth überbrachte, mit Erleichterung auf, denn damit war die eine Hälfte des Fluches, den das Orakel ausgesprochen hatte, erloschen. Doch die Angst ist geblieben, er sagt zu Jokaste:

> »Und doch droht noch der Mutter Ehebett.«

Jokaste erwidert:

> »Laß doch die Angst vorm Ehebett der Mutter.
> Es haben viele Menschen schon im Traum
> Der Mutter beigelegen. Solche Dinge
> Blas in den Wind – und leicht wird dir das Leben.«

Der Bote aus Korinth bekennt, er sei der Hirte gewesen, der den jungen Ödipus nach Korinth brachte. Ödipus ist nun fest entschlossen, den ersten Hirten ausfindig zu machen. Jokaste ruft aus:

> »Nein, nein, bei Gott! Ist dir dein Leben lieb,
> Laß das Gefrage! Quäle mich nicht weiter!«

Aber Ödipus läßt sich nicht beirren. Er schickt nach dem ersten Hirten. Da schreit Jokaste:

> »O, daß du nie erführest, wer du bist!
> Weh dir, Unseliger! Dies eine Wort noch
> Hörst du von meinen Lippen und nun nichts mehr!«

Voller Gram läuft sie in den Palast. Der alte Hirte wird hereingeführt und enthüllt die Wahrheit: Ödipus ist der Sohn von Laios und Jokaste. Ödipus verflucht den Mann, der ihn vom Tode errettet hat:

»Dann gab es nie Vatermord, niemals hieß ich in der Welt
Gemahl der Frau, die einst geboren mich.
Nun gottlos ich selbst und ruchloser Sohn,
Und ein Bett, in dem ich zeugt und gezeugt!
Gibt's Leid irgendwo, das Leid übersteigt –
Es trifft Ödipus!«

Jokaste hatte sich inzwischen erhängt. Ödipus schneidet ihren Leichnam ab, reißt ihr die zwei goldenen Spangen vom Gewand und sticht sich damit seine Augen aus. Seine Töchter Antigone und Ismene führen den blinden Mann fort, damit er als Bettler durch die Welt wandere, auf der Suche nach seiner Sühne.

Als die Vorstellung zu Ende war, saßen die vier schwer atmend da, zutiefst erschüttert. Josef Breuer schlug einen kleinen Imbiß im Café Central vor. Die Breuers waren hier Stammgäste. Ihr »Marqueur« wußte genau, was sie nach dem Theater zu essen pflegten. Breuer erklärte Martha, warum das Café Central bei den Wienern so beliebt war: wegen der Schmeicheleien. Hier wurden mehr Titel verliehen als von Kaiser Franz Joseph persönlich. Wer eine Brille trug, wurde mit »Herr Doktor« angeredet, echte Doktoren wurden zu Professoren befördert, wirkliche Professoren durch ein »von« vor ihrem Namen in den Adelsstand erhoben.

Sigmund zog den »König Ödipus« aus der Rocktasche und begann darin zu blättern. Halblaut übersetzte er aus dem Griechischen ins Deutsche.

»Breuer, etwas daran gibt mir Rätsel auf«, meinte er. »Haben Sie der Aufführung entnommen, daß Jokaste von Anfang an wußte, daß sie mit ihrem eigenen Sohn verheiratet war?«

»N-nein. Aber sie erkannte die Wahrheit vor Ödipus. Deshalb hat sie Selbstmord begangen.«

»Aber zu Anfang des Stückes erzählt Ödipus der Jokaste doch von seinem Zusammentreffen mit Phöbus:

›. . . verkündet aber
Mir anderes Unheil, furchtbar, grauenhaft:
Mir sei bestimmt, zu zeugen mit der Mutter . . .
Und meines Vaters Mörder würd' ich sein.‹«

»Das schon«, unterbrach ihn Breuer. »Aber aus der Ähnlichkeit der düsteren Orakelsprüche kann Jokaste doch nicht geschlossen haben, daß es sich bei Ödipus um ihren eigenen Sohn handelte. Sie nahm an, dieser sei als Säugling draußen im Gebirge getötet worden.«

Sigmund blätterte im Text, während Breuer herzhaft in sein »Powidltatschgerl« biß, einen Blätterteigkuchen mit dickem Zwetschgenmus.

»Aber wie dann der Bote kommt, um Ödipus mitzuteilen, sein Vater Polybos sei gestorben, und Ödipus sich immer noch vor der zweiten Hälfte der Weissagung fürchtet, da sagt Jokaste:

›Leben, wie's geht! Leben, so gut man kann!
Laß doch die Angst vorm Ehebett der Mutter.
Es haben viele Menschen schon im Traum
Der Mutter beigelegen.‹

Ich habe den Eindruck, daß sie damit gute Miene zum bösen Spiel macht.«

»Das beweist doch noch nicht, daß sie es gewußt hat.«

»Dann überlegen Sie doch folgendes«, gab Sigmund zu bedenken. »Jokaste ist nicht dabei, als der Hirte in Ödipus ihren Sohn erkennt. Sie hat sich bereits erhängt!«

Martha warf ein: »Ich weiß jetzt, worauf Sigi hinaus will: Selbst wenn Jokaste in diesem Augenblick erst die Wahrheit erfahren hat, unternimmt sie alles, was in ihrer Macht steht, um die Enthüllung zu verhindern.«

Breuer schüttelte den Kopf.

»Ich gebe zu, daß die Wahrheit sie offenbar nicht völlig unvorbereitet getroffen hat. Könnte es denn sein, daß Jokaste es wußte – im Unterbewußtsein?«

»Ich glaube schon. Sie muß lange Zeit mit diesem Wissen gelebt haben, um das Schreckliche zu akzeptieren und um den Bestand ihrer Ehe kämpfen zu können.«

Mathilde fragte ruhig: »Aber interpretieren Sie da nicht ein bißchen zuviel in ein altes griechisches Drama hinein?«

»Nein, Frau Mathilde«, antwortete Sigmund. »Das ist gleichzeitig sehr zeitgemäß.«

»Aber wieso denn? Wir haben doch keine Götter mehr auf dem Olymp, keine Söhne, ›denen es bestimmt ist, zu zeugen mit der Mutter und Mörder des Vaters zu sein‹. Das alles ist doch lange her und ebenso vergangen wie Jasons Suche nach dem Goldenen Vlies.«

»Große Literatur ist immer universell. Ist sie es nicht, dann vergeht sie. Das heißt, daß ›König Ödipus‹ durchaus ein zeitgemäßes Drama ist. Heinrich Schliemann hat erst vor fünfzehn Jahren Troja entdeckt und es unter sieben Städten ausgegraben, die übereinander errichtet worden waren. Bis dahin hatte nur Homer daran geglaubt, daß es ein Troja überhaupt gegeben hat.«

»Dann glauben Sie also, daß im ›König Ödipus‹ sieben Städte vergraben liegen?« fragte Breuer.

»Ich weiß nicht, was ich glauben soll. Aber hören Sie sich diese zwei Zeilen an, die der blinde Seher zu Ödipus spricht:

›Du ahnst nicht, sag' ich dir, daß mit den Nächsten
Du greulichen Verkehr hast, blinder Tor.‹«

»Au!« rief Martha.

Sigmund sah sie besorgt an.

»Das Baby hat mich gerade getreten. Ich denke, der Tritt war für den Vater bestimmt.«

Sie mußten alle lachen; Sigmund war leicht beschämt.

Liebenswürdigerweise beschloß Martha, ihr Baby an einem Sonntag zu bekommen, da ihr Mann an diesem Tag keine Sprechstunde hatte und auch nicht ins Krankenhaus mußte. Die ersten Wehen weckten sie um drei Uhr morgens. Sigmund fragte sie, ob er Dr. Lott und die Hebamme holen solle. Sie antwortete:

»Warten wir noch.«

Um fünf Uhr hatte Sigmund keine Ruhe mehr. Nach einer kurzen Untersuchung erklärte Dr. Lott: »Es geht sehr langsam voran. Es kann noch den ganzen Tag und die ganze Nacht dauern.«

Martha war ruhig und gelassen. Sie wollte auf jede Schmerzlinderung verzichten. Als die Wehen am Spätnachmittag heftiger wurden, konnte sie ihre Schmerzensschreie nicht mehr unterdrücken, aber sie entschuldigte sich jedesmal dafür. Um halb acht Uhr abends sagte Dr. Lott:

»Das Kind rückt nicht weiter. Ich denke, ich muß doch die Zange benutzen.« Sigmund sah seine Frau an. Das war gefährlich, weniger für die Mutter als für das Kind.

Die eigentliche Entbindung dauerte eine Viertelstunde. Obgleich es im Zimmer kühl war, fühlte Sigmund, wie ihm der Schweiß übers Gesicht lief. Martha scherzte in ihren Qualen noch, was Dr. Lott und die Hebamme amüsant fanden. Dann war das Kind geboren. Martha erklärte, sie fühle sich ganz wohl, aß einen Teller Suppe, sah sich ihre Tochter genau an und schlief ein, nachdem sie festgestellt hatte, daß das Baby normal und unverletzt war. Glücklich und erschöpft hielt Sigmund seine Tochter in den Armen. Sie wurde nach Frau Breuer Mathilde getauft und wog sieben Pfund. Als sie zu schreien begann, stellte Sigmund erfreut fest, was für eine schöne Stimme sie hatte. Dann legte er das Baby zum Schlafen in die Wiege und murmelte:

»Dein großes Abenteuer scheint dich gar nicht aufzuregen.«

Um Mitternacht saß er in seinem Arbeitszimmer und teilte Frau Bernays und Minna die Neuigkeit mit. Er beschloß seinen Brief mit den Worten:

> »Ich habe jetzt ja dreizehn Monate mit ihr gelebt und immer mehr meine Kühnheit gepriesen, die mich um sie werben ließ, als ich sie noch so unvollständig kannte; ich habe den unschätzbaren Schatz, den ich mir mit ihr erworben habe, seither immer gewürdigt, habe sie aber doch nie so großartig in ihrer Echtheit und Güte gesehen, wie bei diesem schweren Anlaß, der doch keine Vorstellung zuläßt.«

Babys bringen Glück. Am nächsten Morgen war sein Wartezimmer wieder mit Patienten gefüllt.

Professor Theodor Meynert erhielt endlich die Neurologische Abteilung, um die er sich so lange bemüht hatte. In den Jahren, da Sigmund ihm nahestand, hatte er berechtigte Hoffnung gehabt, zu Meynerts Erstem

Assistenten ausgewählt zu werden. Nun war es zu spät. Aber er war stolz darauf, in Meynerts Auditorium lesen zu können. Außerdem war er dem Älteren dankbar für dessen innere Größe, die sich darin zeigte, daß er Sigmund trotz fortgesetzter Meinungsverschiedenheiten nicht den offiziellen Segen der Psychiatrischen Klinik entzog.
Zur zweiten Serie von Vorlesungen, die ein Jahr nach der ersten folgte, hängte er an die Wand hinter seinem Pult Zeichnungen vom Kleinhirn und Vorderhirn.
Für den Kurs meldeten sich nur fünf Hörer. Sie saßen in der zweiten Reihe wie die Schwalben auf einem Zaun. Flüchtig schoß ihm der Gedanke durch den Kopf: »Der Kurs bringt mir in fünf Wochen ganze fünfundzwanzig Gulden ein.« Aber natürlich wollte er seiner kleinen Hörerschaft nicht zeigen, daß sein Stolz verletzt war.
»Meine Herren, wollen Sie sich nicht hier vorn um das Pult gruppieren?«
Zögernd, weil sie sich in dem leeren Raum verloren vorkamen, rückten die drei Studenten und die zwei Ärzte nach vorn. Schon nach ein paar Minuten hatte Sigmund vergessen, wie klein sein Fähnlein war, und sich mit Eifer mitten in die erregende Materie gestürzt. Nachher ging er raschen Schrittes durch die kalten, dunklen Straßen, an den Studenten vorbei, die nach ihren Vorlesungen heimwärts eilten.
Als Sigmund drei Tage später zur zweiten Vorlesung das Auditorium betrat, stand ein Neuling an seinem Pult, ein junger Mann in einem gutgeschnittenen Anzug mit feinen grauen Nadelstreifen und einer Fliege mit grauen Blumen auf dunklem Hintergrund. Aber ganz besonders faszinierte Sigmund sein Gesicht. Er hatte noch niemals ein so lebendiges Mienenspiel gesehen. Die großen, dunklen Augen standen weit auseinander, ihr lebhaftes Feuer schien das ganze Auditorium zu erhellen, das am späten Nachmittag im Zwielicht lag. Das schwarze, gewellte Haar lag dicht an einem schön modellierten Kopf; auch der männlich-selbstbewußte, etwas verwilderte Bart und Schnurrbart glänzten in tiefstem Schwarz; ein breiter Mund mit glänzenden Lippen leuchtete wie ein roter Farbfleck intensiv in diesem Urwald; Backen und Stirn wiesen die gesunde, frische Hautfarbe eines kleinen Jungen auf.
Der Fremde hob den Kopf, als er Sigmunds Blick auf sich ruhen fühlte. Er bedachte Sigmund mit dem gewinnendsten Lächeln, das dieser jemals bei einem Mann gesehen hatte. Dann streckte er die Hand aus.
»Herr Dr. Sigmund Freud! Dr. Josef Breuer hat mir Ihren Kurs empfohlen oder vielmehr darauf bestanden, daß ich ihn belege. Er sagte, Ihre Vorlesungen würden meinen Aufenthalt in Wien unvergeßlich machen. Mein Name ist Wilhelm Fliess; ich bin Hals-, Nasen-, Ohrenarzt in Berlin und verbringe hier einen Monat bei Freunden meiner Familie und bei Fachkollegen. Nehmen Sie mich noch auf? Ich bin sicher, daß dieser eine Monat der Vorlesungen für mich von bleibendem Wert sein wird.«

Sigmund schüttelte ihm die Hand. Selbst von dieser einfachen Geste ging etwas Elektrisierendes aus. Fliess zeigte seine Freude durch einen festen Händedruck.
»Ich heiße Sie willkommen, Herr Dr. Fliess. Der Kurs wird durch Ihre Anwesenheit eine Bereicherung erfahren.«
Genauso war es auch. Fliess setzte sich bescheiden an die Seite, wie es einem Neuling seiner Meinung nach zustand, aber seine Konzentration war so intensiv, daß Sigmund nach einiger Zeit das Gefühl hatte, die Vorlesung nur noch für ihn zu halten. Dr. Fliess gehörte zu den wenigen Hörern, die imstande sind, sich leserliche Notizen zu machen, ohne den Blick vom Vortragenden zu wenden; dieser aufgeschlossene Blick, das ungewöhnliche Maß an Aufnahmebereitschaft – das war für Sigmund ein vollkommen neues Erlebnis. Als die anderen nach der Vorlesung gegangen waren, trat Fliess an das Pult.
»Das war eine sehr interessante Erfahrung für mich, Dr. Freud. Ihre Einstellung zur Hirnanatomie eröffnete mir ganz neue Aspekte. Aber schließlich wurde ich als Biologe ausgebildet. Ich beneide Sie um Ihr Physiologiestudium unter den Professoren Brücke und Meynert. Könnten wir nicht noch auf einen Sprung in eines Ihrer hübschen Wiener Kaffeehäuser gehen?«
»Ja, gehen wir ein Stück und plaudern wir miteinander. Erzählen Sie mir etwas über Berlin. Ich habe dort einen Monat bei Robert Thomsen und Hermann Oppenheim in der Charité und bei Adolf Baginsky am Kaiser-Friedrich-Hospital gearbeitet. Bei Ihnen sieht die medizinische Praxis ganz anders aus als bei uns in Wien.«
»Anders wohl, aber nicht besser«, antwortete Fliess, als sie die Lazarettgasse überquerten und zur Alser Straße weitergingen. »Wir haben in der Erprobung neuer Wege etwas mehr Freiheit. Die medizinische Praxis unterliegt bei uns keinen Saisonschwankungen. Das Café hier an der Universität scheint ganz nett zu sein. Ich habe für heute abend eine Verabredung, aber ich werde erst um halb neun erwartet. Eine Soirée bei der Familie Wertheimstein. Sie kennen sie natürlich?«
»Nur flüchtig«, bekannte Sigmund, als sie das warme, betriebsame Café betraten. »Allerdings kam mein erster bedeutsamer Auftrag ausgerechnet aus diesem Salon. Einer der John-Stuart-Mill-Übersetzer von Theodor Gomperz starb ganz unerwartet. Gomperz ließ bei einer Gesellschaft zufällig eine Bemerkung darüber fallen, und mein Philosophieprofessor Franz Brentano empfahl mich.«
»Da sehen Sie, wie wichtig diese Salons sind. Viele unserer jungen Künstler haben dort Gelegenheit, ihre Werke vorzustellen, und finden Mäzene, die ihre Arbeit fördern. Aber gestatten Sie, daß ich Ihnen einiges über mich berichte.«
Wilhelm Fliess war neunundzwanzig, zwei Jahre jünger als Sigmund. Er

stammte aus einer wohlhabenden jüdischen Kaufmannsfamilie, hatte als frühreifer junger Mann sein Medizinstudium im Eiltempo absolviert und sich bereits eine gutgehende Praxis aufgebaut. Er galt trotz seiner Jugend als einer der führenden Hals-Nasen-Ohren-Spezialisten Deutschlands.
Er hatte eine sonore Stimme, die wie bei einem Opernsänger tief aus seinem Brustkasten kam. Er sprach zwar so leise, daß nur Sigmund ihn verstehen konnte, aber die Leute an den umliegenden Tischen konnten keinen Blick von ihm wenden.
»Lieber Dr. Freud, ich gehöre schon lange zu Ihren Bewunderern, und zwar seit ich Ihre Arbeit über Kokain gelesen habe. Ich habe selbst Experimente durchgeführt und kann nun berichten, daß sich gewisse Symptome durch die Behandlung der Nasenschleimhaut mit Kokain lindern lassen.«
Sigmund rückte in der gemütlichen, mit braunem Leder ausgekleideten Nische näher an Fliess heran und vertraute ihm an:
»Sie ahnen nicht, was das für mich bedeutet. Meine Arbeit über Kokain wurde nämlich heftig angegriffen.«
»Aber warum, um Himmels willen? Ihre Entdeckung hat doch die Augenärzte in die Lage versetzt, bislang unmögliche Operationen durchzuführen. Auf meinem eigenen Gebiet konnte ich mit Hilfe des Kokains Reflexneurosen entdecken, die von der Nase ausgehen.«
»Reflexneurosen? Von der Nase aus? Das müssen Sie mir genauer erklären.«
Fliess' Augen leuchteten begeistert auf, weil das sein Lieblingsthema war. Seine Worte und Sätze überschlugen sich wie Kinder, die auf einer abschüssigen Rasenfläche Purzelbäume schlagen.
»Sehen Sie, mein lieber Doktor, die Nase ist das am meisten vernachlässigte Organ des menschlichen Körpers und gleichzeitig eines der bedeutsamsten. Ein Gradmesser aller Krankheiten, die Körper und Psyche befallen. Die Nase sitzt mitten im Gesicht wie ein erigierter Penis, Tag und Nacht, für alle deutlich sichtbar, leicht zu messen und zu diagnostizieren. Ich habe einige Entdeckungen gemacht, die mich in die Lage versetzen, durch wissenschaftlich einwandfreie Untersuchungen in der Nase festzustellen, was anderen Körperteilen fehlt. In einigen Jahren werde ich bereits nachweisen können, daß es Beziehungen zwischen der Nase und den weiblichen Geschlechtsorganen gibt.«
Sigmund war verblüfft. Er hatte keine Ahnung von derartigen Arbeiten, geschweige denn davon, daß sie sich bereits im Stadium der Dokumentation befanden. Er betrachtete seinen Begleiter, der vor innerer Erregung zitterte, und fragte ihn:
»Dr. Fliess, was hat eigentlich Ihr spezielles Interesse für die Nase hervorgerufen? Doch sicherlich nicht Ihre eigene – es ist die vollkommenste griechisch-römische Nase, die ich seit Jahren gesehen habe.«
Fliess lachte vergnügt.

»Ja. Auf meine Nase war ich immer schon stolz. Wenn sie knollig oder krumm und schief gewesen wäre, hätte ich niemals Otologe werden können. – Aber nun will ich Sie nicht länger aufhalten. Noch eins, Dr. Freud: Ich bin einfach hingerissen von den Wiener Mädchen. Sie sind viel weicher, weiblicher, entgegenkommender als die Mädchen bei uns in Berlin ... «

Nach einer Stunde stolperte Sigmund heimwärts. Er vergaß sogar, sich bei den alten Verkäuferinnen eine Tüte »Maroni« zu kaufen, die heiß und schwarz direkt vom Holzkohlenfeuer kamen. Seit Charcots erster Vorlesung in Paris hatte er keine solche Hochstimmung mehr empfunden.

Er entschuldigte sich bei Martha wegen der Verspätung. Aber als er dann versuchte, ihr Fliess zu beschreiben, mußte er feststellen, daß es ihm nicht gelang, dessen quicklebendige Persönlichkeit und seinen wachen Verstand mit einigen treffenden Worten zu charakterisieren.

In der darauffolgenden Woche schlug Fliess nach der Vorlesung vor, noch auf einen Plausch in das berühmte Literatencafé Griensteidl zu gehen. Von ihrem Tisch aus konnten sie die Straße überschauen, auf der Hochbetrieb herrschte. Manche Leute strebten eilig irgendeinem Ziel zu, andere schlenderten Arm in Arm dahin und unterhielten sich. Diesmal hielt Fliess eine weitere Überraschung für Sigmund bereit: Er wollte nicht über sich selbst sprechen.

»Aber nein, mein lieber Kollege, das letztemal war ich egoistisch. Ihre Vorlesung hatte mich so angeregt, daß ich mich nicht beherrschen konnte. Heute möchte ich einiges über Sie erfahren, vom Anfang Ihrer histologischen Forschungen. Ganz besonders interessiere ich mich für Charcots Arbeiten über die männliche Hysterie. Breuer hat mir erzählt, daß Sie sich die Finger verbrannt hätten, als Sie vor Ihren Vorgesetzten ein Referat über dieses Thema hielten.«

Mit wachen, ernsten Augen, als wollte er kein einziges Wort versäumen, hing Fliess an Sigmunds Lippen. Sigmund ertappte sich dabei, daß er über eine Stunde lang ununterbrochen redete. Es war ihm peinlich.

»Herr im Himmel, das ist heute nachmittag bereits die zweite Vorlesung von mir, die Sie sich anhören müssen. Aber es ist Ihre eigene Schuld. Sie haben so eine Art, anderen das Gefühl zu geben, als sei jedes Wort, das sie aussprechen, bedeutsam.«

»Für mich war tatsächlich alles, was Sie gesagt haben, von großer Bedeutung«, antwortete Fliess ruhig. »Wissen Sie, Dr. Freud, in einer Hinsicht sind wir beide uns sehr ähnlich: Wir haben uns niemals in akademische oder professionelle Verhaltensweisen pressen lassen. Wir glauben mit Heraklit, das ›alles fließt‹. Wir müssen auf unserem Gebiet täglich etwas hinzulernen, oder wir haben das Gefühl, in diesen vierundzwanzig Stunden nicht wirklich gelebt zu haben. Ich bin wie Sie ein

Anhänger der Helmholtz-Schule: Alles muß nach physikalischen, chemischen und mathematischen Gesetzen überprüft werden. Auf dieser soliden Grundlage betreiben wir unsere Praxis – ich als Otolaryngologe, Sie als Neurologe. Aber in Wirklichkeit ist unser Leben zweigeteilt: In der einen Hälfte praktizieren wir nach bestem Wissen, was die Medizin allgemein anerkennt, und in der anderen Hälfte erforschen wir den hypothetischen Bereich der Ideen und Vorstellungen und suchen nach kühnen neuen Wegen zur Linderung menschlicher Leiden.«

Sigmund wandte sich von Fliess ab und beobachtete die Passanten. Ein kalter Wind fegte jetzt die Straße entlang, die Leute hüllten sich in ihre warmen Wintermäntel.

»Ja. Ohne Spekulation wäre das Leben für mich langweilig. Jeder Arzt, der auch nur einen Schuß Pulver wert ist, sollte seine Wissenschaft auf dem Weg in die Zukunft wenigstens um einen kleinen Schritt weiterbringen.«

»Genau. Das Gegenwärtige stirbt, wenn es sich nicht in die Zukunft fortpflanzt. Wie schön, einer verwandten Seele zu begegnen.«

Verwundert fragte Sigmund: »Aber Sie müssen doch in Berlin viele Kollegen haben, die so denken?«

Fliess' Blick verdüsterte sich.

»Lieber Kollege, was meine Praxis betrifft, so habe ich viele Freunde und Bewunderer. Über meine Arbeit im Krankenhaus und auf Medizinertagungen werden Sie nur Lob zu hören bekommen. Aber meine Hypothesen muß ich für mich behalten.«

Fliess blieb noch drei Wochen in Wien und traf ziemlich häufig mit Sigmund zusammen: abends bei den Breuers, wo er in Begleitung zweier hübscher junger Damen erschien; dann lud er Martha und Sigmund Freud ins Restaurant »Breying und Sohn« ein; schließlich bat ihn Sigmund an einem Sonntagabend auch zu sich zum Essen. Nach jeder Vorlesung saßen sie bei einem kleinen Braunen oder einem Glas Bier beisammen und redeten. Sigmund hatte das Gefühl, noch niemals bessere Vorlesungen gehalten zu haben. Fliess' rasche Auffassungsgabe und sein Grundsatz, die medizinische Wissenschaft sei wie ein Embryo im Mutterleib, der sich verändert und wächst und der mit jedem Tag lebenstüchtiger wird, waren für Sigmund Aufmunterung, Anregung und Offenbarung. Er sah Fliess nur ungern abreisen.

Bevor sich Fliess verabschiedete, vermittelte er Sigmund noch eine neue Patientin, eine Frau Andrassy. Er war in Berlin ihr Hausarzt gewesen, hatte ihr aber nicht helfen können.

Frau Andrassy suchte Sigmund am Tag nach Fliess' Abreise auf. Sie war siebenundzwanzig Jahre alt, eine kleine Frau von schlichter, ungekünstelter Art, mit sandfarbenem Haar und Wimpern von derselben Farbe. Sie war Mutter von zwei kleinen Kindern. Seit der Geburt ihres zweiten Kindes war sie abgemagert und anämisch geworden. Wiederholte Krämpfe im Fuß und ein Schweregefühl in den Beinen behinderten sie beim Gehen. Fliess hatte sie von Josef Breuer untersuchen lassen. Beide Ärzte kamen zu dem Ergebnis, daß die Symptome auf eine Neurasthenie ohne physische Ursache hindeuteten.

Kaum saß Frau Andrassy im Wartezimmer, da setzte ein Krampf in den Füßen ein, eine rasche Muskelkontraktion. Sigmund massierte den Fuß, bis der Krampf nachließ; dann behandelte er ihre Beine und ihren Rücken mit der Elektrisiermaschine. Er untersuchte ihre Muskeln auf Zug- und Druckempfindlichkeit. Brennen und Jucken, aber er konnte nichts Auffallendes finden. Als sie wieder vor seinem Schreibtisch saß, fragte er:

»Diese Muskelkrämpfe deprimieren Sie anscheinend nicht?«

»Nein, Herr Doktor. Alles wäre noch schwerer, wenn ich auch noch den Mut sinken ließe.«

»Dann sind Sie wegen Ihres Zustandes nicht besorgt?«

»Besorgt eigentlich nicht. Ich bin kein schwermütiger Typ. Natürlich machen mein Mann und ich uns Gedanken darüber, daß es vielleicht schlimmer werden könnte. Schließlich hab' ich zwei kleine Kinder zu erziehen.«

»Dr. Fliess hat Ihnen eine Diätvorschrift dagelassen. Es ist wichtig, daß Sie das Gewicht wieder aufholen, das Sie seit der Geburt Ihres letzten Kindes verloren haben. Ich empfehle Ihnen jeden Nachmittag mehrere Stunden Ruhe. Kommen Sie bitte am Donnerstag wieder.«

Nachdem sie gegangen war, saß er regungslos an seinem Schreibtisch und dachte über diesen seltsamen Fall nach. Fliess und Breuer waren sich darin einig, daß es sich um eine Neurose handelte. Aber er konnte keine Spur der seiner Meinung nach typischen Symptome der Neurasthenie, wie Ängstlichkeit, eine Fülle immer neuer Wehwehchen oder Hypochondrie, entdecken. Solche Erscheinungen fehlten bei Neurasthenien niemals. Diese Frau dachte mehr an ihre Kinder als an sich selbst. Sie war glücklich verheiratet und verstand sich ausgezeichnet mit ihrem Mann. Das waren keine Symptome von Hysterie. Alles deutete auf eine organische Erkrankung hin. Diese mußte er finden.

Frau Andrassy nahm zu und wurde wieder kräftiger. Nach zweiwöchiger Behandlung mit Massagen und Elektrisierapparat hörten die Krämpfe auf, und auch das Schweregefühl in den Beinen ließ nach. Aber Sigmund wußte, daß er der eigentlichen Ursache des Leidens auf die Spur kommen mußte.

»Frau Andrassy, die Schwindelgefühle, die Sie vor einigen Jahren hatten, scheinen nichts weiter als eine vorübergehende Ohnmacht gewesen zu sein. Hatten Sie denn noch nie zuvor Beschwerden mit Ihren Beinen?«

»Als Kind hatte ich einmal Diphtherie. Als ich wieder aufstehen durfte, waren meine Beine gelähmt.«

»Aber meine liebe Frau Andrassy, warum haben Sie mir das denn nicht gesagt?«

»Das war doch vor siebzehn Jahren. Ich bin danach wieder vollkommen gesund geworden.«
Sigmund trat an seine Fachbibliothek und nahm einen Band Charcots vom Regal. Doch dann hörte er plötzlich Dr. Maries Stimme, wie er zu der kleinen Gruppe in der Salpêtrière sagte: »Wir können multiple Sklerosen auf akute Infektionen zurückführen, die in der Vergangenheit überstanden wurden. Krankheitssymptome treten erst dann auf, wenn der Patient unterernährt und körperlich geschwächt ist. Unter diesen Umständen revoltiert dann der schwächste Punkt des Rückenmarks.« Genau das war bei Frau Andrassy eingetreten.
»Wie fühlen Sie sich in den letzten Tagen?«
»So wohl wie noch nie seit dem Beginn meiner Krankheit.«
»Großartig. Jetzt können wir auch dafür sorgen, daß es so bleibt.«
Er war sehr froh über dieses Ergebnis. Er hatte damit nicht nur Frau Andrassy geholfen, sondern auch seine eigene Sicherheit wiedergewonnen. »Jetzt weiß ich, daß ich jeden Patienten objektiv behandeln kann, ohne dauernd mein Steckenpferd zu reiten, die Neurosen.«

6

Angespornt von seinem Erfolg im Fall Andrassy, wandte sich Sigmund nun den ungeklärten Fällen zu, in denen er seinen Patienten keine Hilfe bieten konnte. Drei dieser Patienten hatten vorher bereits andere Ärzte konsultiert, aber ohne Erfolg. Seine Kollegen waren überzeugt, daß es sich um somatische Krankheiten handelte. Daran begann Sigmund ernsthaft zu zweifeln. Er bestellte bei dem Buchhändler in Paris, bei dem er die Charcot-Sammlung gekauft hatte, das vor fünf Jahren erschienene Buch »Die Suggestion und ihre Heilwirkung« des Professors Hippolyte Bernheim von der Medizinischen Fakultät in Nancy. Bernheim behauptete, Hypnose sei die Erzeugung »eines psychischen Zustands erhöhter Empfänglichkeit für Suggestionen«. Sigmund stimmte zwar nicht mit allen Thesen Bernheims überein, insbesondere dann nicht, wenn sie von Charcots Meinungen abwichen, aber er war fasziniert von den Dutzenden peinlich genau dargestellten Fällen, in denen Bernheim Hypnose und Suggestion als therapeutische Mittel angewandt hatte. Er glaubte, daß mehrere seiner eigenen Patienten unter Neurosen litten, die große Ähnlichkeit mit den Neurosen von Hysterikern aufwiesen, die er selbst an der Salpêtrière beobachtet hatte und die Bernheim in seinem Buch darstellte. Nachdem Sigmund das Buch zum zweitenmal gelesen hatte, beschloß er, brieflich bei Professor Bernheim in Nancy anzufragen, ob dieser nicht sein Werk ins Deutsche übersetzt haben wollte.
Es war nicht die Aufgabe des Arztes, herauszufinden, welche Idee den

Patienten krank gemacht hatte. Die Lösung dieses Rätsels kannte ohnehin kein Mensch, nicht einmal der Kranke selbst. Aber war es nicht seine Pflicht, die Symptome zu lindern? Und wenn es schon unmöglich war, eine Idee auszurotten, die weder Patient noch Arzt in Worte kleiden konnten – sollte er dann nicht wenigstens versuchen, dem Denken des Patienten Abwehrkräfte einzupflanzen, die den Feind bezwingen und Raum für eine neue Vorstellung schaffen konnten: die Überzeugung, daß die Symptome überwunden seien, daß der Patient wieder gesunden könne? Eine solche Suggestion wird ein Patient im wachem Zustand hundertmal von sich weisen. In Trance aber, unter Hypnose, wenn er sich gegen die Suggestion nicht wehren kann ...? Er suchte Josef Breuer auf, weil es dieses Forschungsgebiet gerade in Wien recht schwer hatte. Hypnotiseure hatten ihre Vorstellungen auf das Theater zu beschränken, und damit Schluß. Der stimmgewaltigste Gegner war Professor Theodor Meynert, der dreißig Jahre lang verkündet hatte, die Hypnose sei eine Hure, die in angesehenen Medizinerkreisen nichts zu suchen habe.

Sigmund klopfte leicht an die Tür von Breuers Bibliothek und betrat den Raum, in dem er sich immer noch am wohlsten fühlte. Breuer saß schreibend in seinem hochlehnigen Stuhl hinter dem Arbeitstisch. Sigmund eröffnete ihm, er wolle Versuche mit hypnotischer Suggestion unternehmen und beschrieb die betreffenden Fälle. Josef Breuer ließ sich mit der Antwort Zeit.

»Freud, haben Sie schon einmal jemanden hypnotisiert – abgesehen von der Italienerin, die jedesmal Würmer sah, wenn sie das Wort ›Apfel‹ hörte?«

»Ja, in der Salpêtrière habe ich zwei oder drei Leute hypnotisiert, nur um zu sehen, ob ich dazu fähig sei. Aber diese Frauen waren von Charcots Assistenten so oft hypnotisiert worden, daß sie schon einschliefen, bevor ich ihnen befehlen konnte, die Augen zu schließen.«

»Dann wissen Sie also gar nicht, ob Sie ein guter Hypnotiseur sind?«

»Ich glaube kaum, daß ich ein ungewöhnliches Talent besitze. Übrigens haben Sie seit dem Fall Bertha Pappenheim nichts mehr von Hypnose erwähnt. Arbeiten Sie nicht mehr mit dieser Methode?«

Breuer wurde verlegen. Er wich Sigmunds Blick aus und murmelte: »Nein, ich ...« Er brach ab, stand auf und rückte auf dem Wandregal einige Bücher gerade, die ohnehin schon in Reih und Glied standen. Als er sich umdrehte, hatte er seine Haltung wiedergefunden.

»Freud, wollen wir es nicht gleich einmal ausprobieren? Ich treffe mich in ein paar Minuten mit Dr. Lott in der Wohnung einer Patientin. Frau Dorff. Ich mache mir Sorgen um sie. Dr. Lott und ich haben schon alles mögliche versucht, aber nichts hilft ihr. Ich werde den Angehörigen nahelegen, daß Sie es einmal mit hypnotischer Suggestion versuchen wollen.«

Der Himmel war wolkenlos, doch es war bitter kalt. Die Berge und bewaldeten Hügel hoben sich ganz scharf und zum Greifen nahe vom

Horizont ab. Josef Breuer sagte leise: »Wir sind in Wien von Schönheit umgeben. Die Alpen gehören ebenso zu unserem täglichen Leben wie Essen und Trinken und wie unsere Patienten. Diese grünen Hügel haben mir schon oft die Freude am Leben wiedergegeben, wenn ich gehetzt und ratlos durch die Straßen lief.«

Breuer blieb trotz der durchdringenden Kälte stehen und sah andächtig hinüber zu den Bergen. Sigmund nahm seinen älteren Kollegen beim Arm und sagte: »Kommen Sie, bevor Ihre Zähne zu klappern beginnen. Erzählen Sie mir etwas über Frau Dorff. Was muß ich ihr suggerieren?«

»Daß sie ihr Baby selbst stillen soll.«

Frau Dorff war schon über dreißig, als sie vor drei Jahren ihr erstes Kind geboren hatte. Sie hatte die Absicht, es zu stillen und war auch völlig gesund, aber sie hatte wenig Milch. Das Stillen verursachte ihr heftige Schmerzen. Dieser Umstand beunruhigte sie so sehr, daß sie schlecht schlief. Nach zwei unglücklichen Wochen wurde dann eine Amme besorgt, worauf Mutter und Kind gut gediehen.

Jetzt, drei Jahre später, beim zweiten Kind, waren ihre Schwierigkeiten ernsterer Art: Wenn die Zeit des Stillens näherrückte, mußte sie sich übergeben, und sobald ihr das Kind gebracht wurde, begann sie zu weinen, da es ihr unmöglich war, das Kind zu nähren.

»Dr. Lott und ich sind heute morgen übereingekommen, daß wir Mutter und Kind nicht länger gefährden dürfen. Wir haben beschlossen, der Familie nahezulegen, sich sofort nach einer Amme umzusehen.«

»Breuer, sie ist doch Ihre Patientin, und Sie haben die größere Erfahrung. Warum hypnotisieren Sie die Frau nicht selbst?«

Breuer erklärte kurz angebunden: »Bei einer Änderung der bisherigen Behandlung halte ich einen Arztwechsel für angebracht.«

Sie trafen Frau Dorff im Bett an. Sie war wütend auf sich selbst, weil sie außerstande gewesen war, das zu erfüllen, was sie »die Pflicht einer jeden Mutter« nannte. Sie hatte den ganzen Tag noch nichts gegessen. Ihr Bauch war aufgebläht, der Magen druckempfindlich. Sigmund rückte sich einen Stuhl ans Bett und begann mit langsamer, sonorer Stimme zu sprechen.

»Sie werden jetzt schlafen ... Sie sind müde. Sie werden einschlafen. Ihre Lider werden schwer ... Nun kommt der Schlaf. Sie werden gleich schlafen. Ihre Augen fallen Ihnen zu. Sie werden einschlafen ... Sie werden ausruhen ... Jetzt sind Ihre Augen zu. Sie sinken in tiefen Schlaf ... «

Es dauerte nicht lange, bis sie wirklich einschlief, aber Sigmund sagte sich: »Sie ist so erschöpft, ich hätte es in der halben Zeit schaffen müssen.« Er zog seinen Stuhl noch näher ans Bett heran und begann mit fester, zuversichtlicher Stimme zu sprechen.

»Haben Sie keine Angst! Sie werden Ihr Kind selbst stillen können. Es wird ohne Schwierigkeiten gehen. Das Baby wird aufblühen. Sie sind doch eine gesunde, normale junge Frau. Sie lieben Ihr Kind. Sie wollen es stillen. Das wird Ihnen Freude machen. Ihr Magen hat sich vollkommen beruhigt. Sie haben guten Appetit. Sie freuen sich schon auf die nächste Mahlzeit. Sie werden mit Appetit essen und alles gut vertragen. Wenn Ihnen das Baby gebracht wird, werden Sie es stillen. Ihre Milch ist ausgezeichnet. Das Kind wird blühen und gedeihen . . . «

Fünf Minuten lang redete er auf sie ein, dann weckte er sie. Frau Dorff erinnerte sich an nichts mehr. Dann kam Herr Dorff wutentbrannt ins Zimmer und sagte zu Sigmund so laut, daß auch seine Frau es hören mußte:

»Ich bin nicht einverstanden mit dem, was hier vorgeht. Man darf die Nerven einer Frau nicht durch Hypnose ruinieren!«

Dr. Freud antwortete gelassen: »Das stimmt nicht, Herr Dorff. Hypnose hat noch nie jemandem geschadet. Sie ist nichts weiter als Schlaf, dem normalen Schlaf sehr ähnlich. Ihre Frau wirkt bereits erholt. Sollen wir nicht die Ergebnisse abwarten, bevor wir eine Entscheidung treffen? Ich komme morgen wieder vorbei.«

Herr Dorff ließ sich nicht besänftigen.

Bei seinem nächsten Besuch am darauffolgenden Nachmittag erfuhr Sigmund, daß er zumindest einen Teilerfolg errungen hatte: Seine Patientin hatte ein ausgiebiges Nachtmahl zu sich genommen und die ganze Nacht ruhig geschlafen. Am Morgen hatte sie das Baby ganz normal gestillt. Aber als sie dann mittags bei Tisch saß, waren die Störungen wieder aufgetreten; sie mußte sich erneut übergeben, als die Schüsseln mit dem Essen aufgetragen wurden. Am Nachmittag war sie nicht mehr in der Lage gewesen, ihr Kind zu stillen. Sie war deprimiert.

»Dazu besteht keinerlei Veranlassung«, versicherte ihr Sigmund. »Ihre Beschwerden waren einen halben Tag lang verschwunden, damit ist die Schlacht schon zur Hälfte gewonnen. Jetzt wissen wir, daß wir die Symptome restlos verbannen können. Kommen Sie, versuchen wir es noch einmal.«

Diesmal hielt er sie etwa fünfzehn Minuten lang unter Hypnose und wiederholte ein dutzendmal dieselben Worte. Er zerstreute ihre Ängste, versicherte ihr, daß alles wieder gut werde und daß sie ihr Baby am Abend ganz bestimmt stillen könne. Ganz zuletzt kam ihm noch ein zusätzlicher Gedanke: Er suggerierte ihr, daß sie fünf Minuten nach seinem Weggehen Streit mit ihren Angehörigen bekommen, daß sie nach ihrem Nachtmahl verlangen und die anderen vorwurfsvoll fragen würde, wie man denn von ihr verlangen könne, ihr Kind ausreichend zu stillen, wenn sie selbst nichts zu essen bekäme? Dann weckte er sie. Als er am nächsten Abend wiederkam, erfuhr er, daß Frau Dorff bei allen Mahlzeiten mit Appetit gegessen und ihr Kind ohne Schwierigkeiten gestillt hatte. Sie erklärte, sie sei vollkommen gesund und bedürfe keiner weiteren Behandlung.

Herr Dorff begleitete Sigmund an die Tür und erzählte ihm, seine Frau hätte gestern abend nach Dr. Freuds Besuch etwas ganz Seltsames getan: Sie hätte ihre Mutter in gereiztem Ton angefahren, warum sie denn nicht endlich etwas zu essen bekäme. Dr. Freud schwieg. Beim Abschied machte ihm Herr Dorff unmißverständlich klar, daß die Natur und die Zeit seine Frau kuriert hätten, und daß der Herr Privatdozent Dr. Freud absolut nichts dazu beigetragen habe. Die Honorare für die drei Hausbesuche bekäme er aber selbstverständlich bezahlt.
Sigmund jubelte innerlich. Er hatte eine Heilung zu verzeichnen! Natürlich mußte er Frau Dorff im Auge behalten, damit es keinen Rückschlag gäbe, aber ihr ganzes Verhalten deutete darauf hin, daß sie gesund war. Seine Suggestion, daß sie durchaus imstande war, ihr Kind zu stillen, war stärker gewesen als ihre Autosuggestion, sie könne es nicht. Professor Bernheim hatte recht: Es gab tatsächlich ganz bestimmte Krankheitsformen ideeller Art, die von bestimmten Vorstellungen ausgingen und die eine grausame Herrschaft über den wehrlosen Körper ausübten. Die ohnehin recht dürftige Auswahl an therapeutischen Mitteln war um ein neues Instrument bereichert worden! Charcot tat nicht recht daran, es zu ignorieren.
Martha begriff sofort den Grund seiner Heiterkeit. Wenn sie angestrengt nachdachte, dann bildete sich zwischen ihren Augenbrauen eine steile Falte; sie strich geistesabwesend mit dem Zeigefinger darüber.
»Hab' ich das richtig verstanden, Sigi: Du hast Frau Dorff eine Idee eingepflanzt, die eine andere Idee zerstreute, die sie krank gemacht hatte?«
»Ja. Diese ursprüngliche Idee hat sich zwar nicht wie ein Würfel Zucker im Kaffee aufgelöst, aber so ungefähr war es schon.«
»Und woher hatte sie diese Idee?«
»Da fragst du mich zuviel, Martha. Damit begeben wir uns in den spekulativen Bereich der Psychologie. Wenn wir Ärzte anfingen, über den Ursprung dieser krankmachenden Ideen nachzudenken, würden wir den Boden der Wissenschaft verlassen.«
»Ist Hypnose denn noch Wissenschaft? Kannst du mit einem Mikrotom ein Stück davon abschneiden und unter dem Mikroskop untersuchen?«
»Im Grunde schon. Genau das macht Bernheim in Nancy. Eines Tages werde ich einmal hinfahren und seine Methoden studieren. Besonders dann, wenn ich die Erlaubnis zur Übersetzung seines Buches bekommen sollte. Der Schlüssel liegt in Bernheims Ausspruch: ›Hypnose ist der Zustand erhöhter Suggestibilität.‹ Warum läßt sich nicht dasselbe Ergebnis erzielen, wenn der Patient in normalem Schlaf liegt? Die Antwort: Ich weiß es nicht. Frage: Dann besteht also doch ein wesentlicher Unterschied zwischen normalem Schla und Hypnose? Antwort: Ja! Frage: Worin besteht dieser Unterschied? Antwort: Ich weiß es nicht.«
Einige Tage später unternahm er einen weiteren Versuch. Dr. Königstein

schickte ihm einen jungen Mann mit Augenzucken und erklärte dazu, organisch sei das Auge vollkommen gesund. Der junge Mann war argwöhnisch. Er weigerte sich kategorisch, sich hypnotisieren zu lassen. Sigmunds Mühe war vergebens. Am späten Nachmittag wurde ein fünfzigjähriger Patient gebracht, der ohne fremde Hilfe weder gehen noch aufrecht stehen konnte. Der überweisende Arzt teilte Dr. Freud mit, weder er noch andere Kollegen könnten irgendeine physische Störung entdecken. Sigmund untersuchte Franz Vogel selbst noch einmal. Die Muskulatur an Bein und Hüfte wies keinerlei Spuren einer Atrophie auf. Dann ließ er sich das Auftreten der Symptome beschreiben: zuerst Schweregefühl im rechten Bein, dann im linken Arm, einige Tage später Bewegungsunfähigkeit der Beine bis in die Zehen. Die Krankheit hatte sich in mehreren Stadien innerhalb von zehn Tagen entwickelt. Lag es da nicht nahe, Herrn Vogel im gleichen Tempo zur Gesundung zurückzuführen?

Er versenkte den Patienten ohne Schwierigkeiten in Schlaf und suggerierte ihm, daß er nach dem Erwachen imstande sein würde, die Zehen zu bewegen. Nachdem Vogel wieder aufgewacht war, führte er zu seinem eigenen Erstaunen den in der Hypnose erhaltenen Befehl aus. Am nächsten Tag suggerierte ihm Dr. Freud, er werde nach dem Erwachen zwar noch nicht gehen können, aber doch imstande sein, auf der Couch liegend das rechte Bein auf und ab zu bewegen. Wieder führte Vogel die Anweisung aus. Bei der dritten Sitzung wies ihn Sigmund an, ohne fremde Hilfe aufzustehen. Vogel tat es. Am darauffolgenden Montag redete ihm Sigmund ein, er werde bis zum anderen Ende des Zimmers und zurück gehen können. Franz Vogel konnte es. Nach der zehntägigen Behandlung konnte der Mann an seinen Arbeitsplatz in einem Büro zurückkehren. Übrig blieb nur ein geringes Schweregefühl im rechten Bein, von dem die Beschwerden ursprünglich ausgegangen waren. Es ließ sich auch durch einige weitere Sitzungen unter Hypnose nicht beseitigen.

Am darauffolgenden Sonntagmorgen machten Sigmund Freud und Josef Breuer unter einem kalten, aschgrauen Himmel einen Spaziergang um den Ring. Sigmund stellte seinem Freund die Frage:

»Ist das Schweregefühl zurückgeblieben, weil vielleicht ganz unabhängig von der psychologischen Störung irgendeine leichte physische Störung vorliegt? Oder ist es mir nicht gelungen, die Zwangsvorstellung mit Stumpf und Stiel auszurotten?«

Breuer war bis an die Ohren in seinen dicken Wintermantel eingehüllt. Seine Stimme klang gedämpft.

»Oder schützte sich so das letzte verbliebene Fünkchen von Vogels Idee? Wenn es Ihnen gelungen wäre, ihn innerhalb von zehn Tagen völlig zu kurieren, hätten die Leute dann nicht annehmen müssen, daß er überhaupt nicht krank war? Lieber Kollege, man stellt seine eigenen Heilerfolge nicht in Frage!«

Die Luft war so eisig, daß man sogar den Atem der Sprechenden sehen konnte.

»Wie viel wissen wir doch über die physische Struktur des Hirns, und wie wenig darüber, was für Gedanken durch diese graue Masse kreisen . . . Ja, Breuer, ich weiß: Ideen gehören zur Psyche, die Hirnanatomie zum Soma. Aber manchmal treibt es mich doch zur Verzweiflung, daß ich nicht weiß, warum ein Mensch das denkt, was er gerade denkt.«

Noch vor Ablauf des Jahres ergaben sich für Sigmund zwei weitere Gelegenheiten zur Erprobung der hypnotischen Suggestion. Sein Freund Obersteiner schickte ihm ein fünfundzwanzigjähriges Kindermädchen, das seit sieben Jahren bei einer angesehenen Wiener Familie arbeitete. Einige Wochen lang hatte Tessa jeden Abend zwischen acht und neun Uhr, wenn sie den Familienkreis verließ und sich auf ihr Zimmer zurückzog, einen Nervenanfall erlitten. Auf den Anfall folgten Krämpfe, und danach sank das Mädchen in einen tranceähnlichen Schlaf. Nach dem Erwachen rannte Tessa dann kaum bekleidet auf die Straße hinaus. Sie war ein grobknochiges Mädchen und hatte im Laufe eines Monats dreißig Pfund abgenommen. Seit Tagen hatte sie keinen Bissen mehr zu sich genommen. Ihre Arbeitgeberin hatte sich vergeblich an mehrere Ärzte gewandt und dann beschlossen, daß es besser sei, Tessa in eine Nervenheilanstalt zu bringen. Dr. Obersteiner empfahl, vorher noch Dr. Freud zu konsultieren.

Tessa war klug, sie redete bereitwillig und konnte überhaupt nicht begreifen, was mit ihr geschehen war. Sigmunds Diagnose lautete: Hysterie. Er legte Tessa die Fingerspitzen leicht auf die Lider und redete beruhigend auf sie ein. Sie schlief bald. Dann suggerierte er ihr, sie sei im Grunde doch ein kräftiges und gesundes Mädchen; sie würde bald wieder gesund; sie brauche keine Angst mehr davor zu haben, ihr Zimmer aufzusuchen; ihr Appetit würde wiederkehren; sie würde die ganze Nacht tief und friedlich schlafen. Nach zehn Minuten weckte er sie wieder. Tessa schlug erstaunt die Augen auf und rief: »Herr Doktor, das verstehe ich nicht. Ich habe plötzlich Hunger! Auf dem Heimweg kauf' ich mir gleich eine Semmel.«

Am nächsten Tag kam Tessa wieder. Sie hatte zwar gut gegessen, war aber mitten in der Nacht aufgewacht und hatte sich sehr beherrschen müssen, um nicht aus dem Haus zu laufen. Sigmund hypnotisierte sie wieder und betonte diesmal nachdrücklich, daß sie sich im Schlaf ganz sicher fühlen werde und daß es überhaupt keinen Grund gebe, aus dem Haus zu laufen. Sie sei dort glücklich und werde von der ganzen Familie geschätzt.

Am dritten Tag berichtete Tessa, sie sei um drei Uhr morgens aufgewacht, habe sich unruhig und verstört gefühlt, aber nicht das Verlangen gehabt, wegzulaufen. Nach einer weiteren Sitzung war Tessa wieder völlig normal. Eine Woche später kam ihre Herrin, um die Rechnung für die Behandlung zu bezahlen.

»Herr Doktor, wie kommt es, daß einige der besten Professoren von Wien unserer Tessa nicht helfen konnten? Ich war ja schon so verzweifelt, daß ich sie in ein Sanatorium bringen wollte. Und dann bringen Sie es in wenigen Tagen fertig, sie wieder vollkommen gesund zu machen. Wie haben Sie das erreicht?«
Sigmund strich sich über den Bart, um Zeit zu gewinnen. War es ratsam, ihr zu sagen, daß er mit Hypnose gearbeitet hatte? Wäre er dann nicht vielleicht gezwungen, sich deswegen zu verantworten – in einer Stadt, die für diese Methode nur Verachtung übrig hat?
»Manchmal kommt so etwas eben vor«, antwortete er ruhig. »Sie haben mir Tessa genau zu dem Zeitpunkt gebracht, da eine Heilung möglich war.«
Die Dame entnahm ihrer Börse einige Goldmünzen und legte sie auf den Schreibtisch. Als sie ging, schüttelte sie immer noch vor Verwunderung den Kopf. Sigmund murmelte leise:
»Es gibt noch andere, die auch vor einem Rätsel stehen. Warum scheute sich Tessa nach sieben Jahren plötzlich, ihr Zimmer aufzusuchen? Was war die Ursache der Krämpfe? Was trieb sie halbnackt auf die Straße hinaus? Warum konnte sie plötzlich nichts mehr essen?«
Eine dreifache Antwort ging ihm durch den Sinn, beiläufige Bemerkungen von Breuer, Charcot und Chrobak. »Diese Dinge sind immer Geheimnisse des Alkovens!« – »In solchen Fällen ist es immer eine Frage der Genitalien – immer, immer, immer!« – »*Re: Penis normalis dosim repetatur!*« Aber bei den betreffenden Patientinnen hatte es sich um verheiratete Frauen gehandelt.
Tessa war erst fünfundzwanzig, ledig und Jungfrau, davon war er überzeugt. Diese Thesen trafen für Tessa sicher nicht zu.
Dann stieß Sigmund Freud auf den Fall, der ihm schwerwiegende Fragen beantwortete und die Tore in die Zukunft öffnete. Ein Fall, der sein ganzes Leben veränderte.

7

Ein Dienstmann brachte eine kurze Mitteilung von Josef Breuer: Doktor Freud möge ihn, bitte, nach Beendigung der Praxis in seiner Wohnung aufsuchen. Bevor Sigmund sich auf den Weg machen konnte, brachte ein Dienstmädchen eine zweite Mitteilung. Sie stammte von Frau Emmy von Neustadt, die in einer der teuersten Pensionen Wiens wohnte. Dr. Breuer habe ihn empfohlen. Ob der Herr Doktor wohl noch am Nachmittag kommen könnte? Es sei sehr dringend.
Es war der erste Mai, in Wien ein angenehm warmer Tag. Auf den Straßen boten die Bauersfrauen singend ihren Lavendel feil. An den Straßenecken fiedelten Musikanten in ausgebeulten Hosen ebenso begeistert wie falsch

ihre Walzer. Sigmund hielt sein Gesicht der Sonne entgegen und freute sich über ihre angenehme Wärme.
Er fand Breuer hemdsärmelig in seinem Laboratorium mit seinen Tauben beschäftigt. Durch das Dachfenster strömte die belebende Frühlingsluft herein. Die beiden Freunde standen am offenen Fenster und blickten auf den Garten hinaus.
»Freud, ich möchte Sie bitten, mir einen schwierigen Fall abzunehmen. Frau Emmy von Neustadt. Ich behandle sie seit sechs Wochen, seit sie mit einer Teillähmung der Beine aus Abbazia zurückgekommen ist. Ich habe alles in meiner Macht Stehende getan: Massagen, Elektrobehandlung, Beruhigungsmittel, aber sie ist mit mir nicht mehr zufrieden. Gestern, als sie glaubte, ich bemerkte es nicht, machte sie sich sogar über mich lustig. Da habe ich ganz beiläufig Ihren Namen erwähnt. Sie hält es für Zufall. Vermutlich haben Sie heute schon von ihr gehört.«
»Ja. Sie hat für heute nachmittag um meinen Besuch gebeten. Vielen Dank für die freundliche Empfehlung. Ist es denn wirklich so dringend?«
Breuer läutete und bestellte Erfrischungen. Dann setzten sie sich auf die Holzstühle am Arbeitstisch, auf dem das Mikroskop, mehrere Präparate und das Heft mit Breuers Aufzeichnungen von seinen Experimenten lagen.
»Ja, Freud, es ist dringend. Ich werde Ihnen alles erzählen, was ich über Frau von Neustadt weiß.«
Frau Emmy, wie Breuer sie nannte, stammte aus einem norddeutschen Adelsgeschlecht, das unter anderem auch ein Stadthaus und einen Landsitz an der Ostsee besaß. Mit dreiundzwanzig hatte die sehr gebildete Frau einen Witwer von Anfang fünfzig geheiratet, der mehrere Kinder aus erster Ehe hatte. Von Neustadt, ein hochtalentierter und sehr intelligenter Mann, hatte sich einen großen Industriekonzern aufgebaut. Im Laufe einer dreijährigen, offenbar sehr glücklichen Ehe schenkte ihm Frau Emmy zwei Töchter. In ihrem Salon trafen sich Schriftsteller, Künstler, Theatervolk, Wissenschaftler und Universitätsprofessoren. Dann erlag von Neustadt einem Schlaganfall. Die jüngste Tochter zählte damals erst wenige Wochen. Nach dem plötzlichen Tod ihres Mannes wurden sowohl Frau Emmy als auch das Baby für längere Zeit krank. Später spielte sie eine wichtige Rolle in der Verwaltung des Industriekonzerns ihres verstorbenen Mannes. Ihr Salon war weiterhin berühmt, sie reiste viel und war an vielen Dingen lebhaft interessiert. Aber in den vierzehn Jahren seit dem Tode ihres Mannes litt sie unter den verschiedensten rätselhaften Krankheiten.
Sigmund traf in der feudalen Pension ein, in der Frau von Neustadt mit ihren beiden Töchtern, einer Gouvernante und einem Dienstmädchen abgestiegen war. Mit dem Lift fuhr er in den obersten Stock und wurde vom Dienstmädchen ins Wohnzimmer geführt. Hier empfing ihn eine immer noch jugendliche Frau. Sie lag auf dem Sofa, hatte den Kopf auf ein Lederkissen gebettet und eine Decke über die Beine gebreitet. Ihm fiel das

beherrschte, feingeschnittene Gesicht auf, aus dem ihn meergrüne Augen zwar schmerzbeladen, aber voller Intelligenz anblickten. Ihr seidiges, blondes Haar war außerordentlich sorgfältig hochgekämmt. Sie trug einen geblümten, seidenen Morgenrock.
Sigmund blieb einen Augenblick an der Tür stehen und betrachtete seine Patientin, bevor er auf sie zutrat. Ihr Gesicht zeigte einen starren, angestrengten Ausdruck; die Halsmuskeln zeichneten sich als dicke Stränge ab; auf der linken Gesichtshälfte stellte er eine Art Muskeltick fest, der unter der glatten Haut gleichmäßig wie ein Uhrwerk auf und ab lief. Sie spielte nervös mit ihren Fingern.
»Gnädige Frau, ich bin Dr. Sigmund Freud. Wie fühlen Sie sich heute?«
Frau von Neustadt antwortete mit leiser, kultivierter Stimme:
»Es geht mir heute gar nicht gut, Herr Doktor. Mir ist kalt und im linken Bein habe ich Schmerzen, die vom Rücken auszugehen scheinen . . . « Sie brach ab. Ein Ausdruck des Entsetzens breitete sich auf ihrem Gesicht aus. Dann streckte sie ihm die rechte Hand mit gespreizten Fingern entgegen und schrie mit einer Stimme, die vor Angst halb erstickt klang: »Seien Sie still! – Reden Sie nichts! – Rühren Sie mich nicht an!« Ihre Hand sank herab, die Finger entkrampften sich. Sie fuhr in einem ruhigen Ton fort: »Außerdem leide ich unter schweren Verdauungsstörungen. Seit zwei Tagen kann ich nichts mehr essen oder trinken. Nach jedem Bissen, nach jedem Tropfen wird mir übel . . . « Sie hielt inne und schloß die Augen. Plötzlich kam von ihren Lippen ein schnalzendes Geräusch, ihre Zunge stieß gegen die Zähne; ihre Lippen machten »Plopp«, dann folgte ein Zischen. Der Ausdruck des Schmerzes wich von ihrem Gesicht. Sie legte sich bequemer in die Kissen zurück.
»Meine Eltern hatten vierzehn Kinder, ich kam als dreizehntes zur Welt. Aber leider blieben nur vier von uns am Leben. Ich erhielt eine gute Erziehung, allerdings achtete meine Mutter auf eiserne Disziplin. Sie liebte uns, aber sie war streng . . . « Wieder warf sie den rechten Arm in die Luft und rief: »Seien Sie still! – Reden Sie nichts! – Rühren Sie mich nicht an!« Dann fuhr sie mit ruhiger Stimme fort: »Durch den plötzlichen Tod meines Mannes, den ich sehr verehrte, und durch die Schwierigkeiten bei der Erziehung meiner beiden Töchter – sie sind jetzt vierzehn und sechzehn und seit ihrer Geburt nervenleidend – bin ich krank geworden . . . « Wieder das seltsame Schnalzen, Ploppen, Zischen.
Sigmund überhörte die eigentümlichen Laute, die diese Frau von sich gab. »Im Laufe dieser Jahre haben Sie doch sicher Ärzte und Behandlungsmethoden gefunden, die Ihnen geholfen haben, Frau von Neustadt?«
»Selten. Vor vier Jahren verschaffte mir eine Kombination von Massagen und Elektrobädern Erleichterung. Seit Monaten leide ich jetzt unter Depressionen und Schlaflosigkeit. Seit sechs Wochen suche ich nun schon ärztliche Hilfe in Wien, aber ich habe sie nicht gefunden.« Ihr Arm fuhr

hoch. »Seien Sie still! – Reden Sie nichts! – Rühren Sie mich nicht an!« Sie entspannte sich. »Gestern hat Dr. Breuer während der Behandlung eine Bemerkung gemacht, die mich auf den Gedanken brachte, daß Sie mir vielleicht helfen könnten.«

»Ich hoffe es sehr, gnädige Frau. Ich würde Ihnen jedoch empfehlen, Ihre beiden Töchter hier unter der Obhut der Gouvernante und des Mädchens zurückzulassen und in ein erstklassiges Sanatorium zu gehen, das ich Ihnen empfehlen werde. Dort können wir Ihre Symptome gründlicher studieren, und mir bietet sich eine gute Chance, Ihnen die Gesundheit wiederzugeben.«

Frau von Neustadt sah ihn aus ihren grünen Augen eine ganze Weile an. »Ich danke Ihnen, Herr Doktor. Lassen Sie mir bitte die Anschrift des Sanatoriums hier, dann werde ich morgen früh dorthin übersiedeln.«

Er verließ das Haus und hatte keine Augen für die Abenddämmerung, die die harten Konturen von Mauern und Steinen in ein sanftes Licht hüllte. Seine braunen Augen waren verschleiert. Der ungleichmäßige, stolpernde Gang war ungewöhnlich für ihn. Er versuchte sich über die seltsamen Dinge klarzuwerden, die er bei Frau von Neustadt gesehen und gehört hatte. Sie litt offensichtlich an einer schweren Hysterie: Minutenlang war sie vollkommen normal und vernünftig, um dann plötzlich das Opfer erschreckender Halluzinationen zu werden, deren sie sich anscheinend nicht einmal bewußt war. Wollte sie das Böse abwehren, wenn sie den Arm hochwarf und schrie: »Seien Sie still! – Reden Sie nichts! – Rühren Sie mich nicht an!« Und verschwand ihr Dämon, nachdem sie die Beschwörungsformel ausgesprochen hatte? Und was bedeuteten die unheimlichen Schnalz- und Zischlaute? Diese Zwangshandlungen schienen ihren Ursprung in einem Bereich des Gehirns zu haben, der in keinerlei Verbindung zu jenem anderen Teil des Gehirns stand, der sie logisch sprechen und denken ließ.

Auf seinem Spaziergang kam er über den Stephansplatz, auf dem reihenweise die Einspänner und Fiaker auf Kunden warteten, während ihre Kutscher sich unterhielten. Die Gedanken wirbelten ihm durch den Kopf, aber er war doch auch so aufgewühlt, daß ihm war, als läge ein schwerer Klumpen in seinem Magen. Er versuchte, bei sich selbst Ordnung zu schaffen; was übrigblieb, war nur Beklemmung, vermischt mit einer gewissen Scheu. Er ahnte, daß er einem Abgrund gegenüberstand: der Zwiespältigkeit der menschlichen Natur. Nach der Aufführung von »König Ödipus« hatte Breuer bemerkt, Königin Jokaste sei es nicht *bewußt* klargewesen, daß sie mit ihrem eigenen Sohn verheiratet war. Sigmund hatte den nächsten logischen Schritt nicht getan, zu dem seine Intelligenz ihn drängte – zu der Erkenntnis, daß Ödipus' wahre Identität in ihr *Unbewußtes* gedrungen war. Der blinde Seher Teiresias hatte es eigentlich schon ausgesprochen:

»Du ahnst nicht, sag' ich dir, daß mit dem Nächsten
Du greulichen Verkehr hast, blinder Tor!«

Der einzige Schlüssel zu diesem Unbewußten war die Hypnose.

Die Patienten, denen er durch Hypnose geholfen hatte, waren durch eine Idee krank geworden, die sich in ihrem Unterbewußtsein festgesetzt hatte: die Mutter, die ihr Kind nicht stillen konnte; der Geschäftsmann, der seine Beine nicht gebrauchen konnte; das Dienstmädchen, das nachts nicht im Hause bleiben wollte; und nun Frau Emmy, deren Unbewußtes von Dämonen beherrscht wurde, die stark genug waren, sogar beim Sprechen ins Bewußtsein vorzudringen und sich bemerkbar zu machen!

Er sah gedankenverloren zum gotischen Turm von St. Stephan empor. Sein Atem ging rasch, er war beängstigt und aufgewühlt wie noch nie zuvor in seinem ganzen Leben. Ihm war, als wäre er auf dem höchsten Alpengipfel gestanden, eingehüllt in undurchdringlichen Nebel. Plötzlich war der Schleier zerrissen, er sah unter sich die Ebene, die Konturen des menschlichen Geistes liegen. Es war ein Anblick, den Lyriker, Romanciers und Dramatiker schon immer vorausgeahnt hatten: das Unbewußte. Die Psychologie hatte von der Seele gesprochen, von moralischen Werten – und sie war verlacht worden. Aber heute hatte er mit eigenen Augen das Unbewußte am Werk gesehen. Wie alle anderen hatte er diese Beobachtung schon früher ungezählte Male gemacht, ohne die Bedeutung des Gesehenen zu begreifen.

Konnte das überhaupt sein? War es möglich, daß zwei Bewußtseinsebenen in einem einzigen Menschen unabhängig voneinander funktionierten? Diese Vorstellung war erschütternd. Er schauderte in der milden Abendluft und konnte sich vorstellen, wie Vasco de Balboa zumute gewesen sein mußte, als er zum erstenmal den Pazifischen Ozean erblickte – unbekannt, unerforscht und so unendlich weit, daß er den Menschen in seiner Winzigkeit überwältigen mußte. Welche Gefahren lauerten in dieser bodenlosen Tiefe? Welche Ungeheuer mochten zum Vorschein kommen? Welche Kräfte waren da am Werk, die des Menschen kleines Schiff im Sturm packen und zerschmettern konnten? Gab es vielleicht große Löcher, in die das Schiff mit Mann und Maus stürzen konnte, um niemals wieder aufzutauchen? War dieses Meer grenzenlos, erstreckte es sich bis in die Unendlichkeit? Würden sie ohne Proviant immer weiter und weiter segeln, weil es am anderen Ende kein festes Land mehr gab? War ihnen ein nasses Grab bestimmt?

Die neue Erkenntnis versetzte ihn in Angst, Verwirrung und Grauen. Er traute den eigenen Augen und Ohren nicht mehr. Vor ihm lag ein Land, das noch nie eines Menschen Fuß betreten hatte. Hatte kein Mensch es je gewagt? Im Laufe der Jahre hatte er viel über den Konflikt zwischen Gott und Luzifer gelesen, besonders in Goethes »Faust«. Er hatte diesen Kampf zwischen Himmel und Hölle nie verstanden und ihn nur für ein symbolisches Konzept der Literatur und der Religion gehalten. Nun begriff er zum erstenmal, worum es ging. Gott, das war der bewußte, logische, verantwortliche Verstand, die mächtige Kraft, die den Menschen aus dem Meer, aus dem Dschungel, aus dem Busch herausgeführt und zu einem denkenden, schöpferischen Wesen gemacht hatte. Der Teufel war das Unterbewußte. Das Übel Nummer eins herrschte in niederen Regionen, die nur für Monster, Ungeheuer, Reptilien gemacht waren, im Reich des Häßlichen, Bösen, Abscheulichen, Dämonischen, des Üblen, Boshaften, Hinterhältigen, Gefährlichen, Giftigen, Niederen, Verfluchten, Feindseligen, wo nur der Abschaum, der Auswurf des Universums zu Hause war. Seine willigen Helfershelfer waren stets bereit, bei der ersten sich bietenden Gelegenheit zu verderben, zu vergiften, zu lähmen, zu zerstören. An einem solchen Ort der Verdammnis konnte es keinen Gott geben, keine Wissenschaft, keine Disziplin, keine Vernunft und keine Zivilisation. Hier war kein Fleck, wo ein Mensch seinen Fuß hinsetzen konnte, ohne sofort in stinkendem Schlamm zu versinken.

Konnte ein Mensch, befallen von einem so hoffnungslosen Schicksal, jemals wieder zur Vernunft und in die menschliche Gesellschaft zurückkehren?

Sigmund Freud bewunderte tapfere Männer: Alexander den Großen, Galilei, Kolumbus, Luther, Semmelweis, Darwin. Er hatte sich selbst stets für einen tapferen Menschen gehalten, der den Gefahren des Lebens unerschrocken ins Auge sah. Aber wer schreckte nicht vor diesem Gruselkabinett zurück, das entsetzlicher war als alles, was einem Torquemada eingefallen war, um Menschen an Geist und Körper zu zerbrechen?

Josef Breuer hatte einen Blick in den Hexenkessel geworfen. War der Preis zu hoch, der dafür bezahlt werden mußte? Konnte man unversehrt entrinnen? Hatte ihn das nackte Entsetzen davon abgehalten, in diesen Abgrund zu tauchen, selbst wenn auf seinem Boden die Diamanten, Perlen und Smaragde des reinen Wissens, der wahren Schönheit liegen mochten? Hatte er dieses Abenteuer absichtlich seinem jüngeren Schützling überlassen?

Sigmund hatte Dorés Illustrationen zu Dantes »Inferno« vor Augen. Er mußte an den Anfang des ersten Gesangs denken:

> »Als ich auf halbem Weg stand unsers Lebens,
> Fand ich mich einst in einem dunklen Walde,
> Weil ich vom rechten Weg verirrt mich hatte;
> Gar hart zu sagen ist's, wie er gewesen,
> Der wilde Wald, so rauh und dicht verwachsen,
> Daß beim Gedanken sich die Furcht erneuet;
> So herb, daß herber kaum der Tod mir schiene:
> Doch eh vom Heil, das drin mir ward, ich handle,
> Meld' ich erst andres, was ich dort gewahrte.«

8

Sigmund Freud ging ein Stück durch den Garten des Sanatoriums, ehe er Frau Emmys Zimmer aufsuchte. Der strahlend blaue Himmel von Wien schaute zum Fenster herein. Sie hatte nichts gegessen und in der vorangegangenen Nacht auch nicht geschlafen. Immer, wenn unerwartet die Tür aufging, zuckte sie zusammen und machte Anstalten, sich in ihrem Bett zu verteidigen.

Sigmund ordnete an, daß niemand, weder eine Krankenschwester noch ein Arzt, das Zimmer betreten durfte, ohne vorher anzuklopfen.

»Gnädige Frau, ich schlage vor, daß wir die erste Woche dazu verwenden, Sie zu kräftigen. Ich werde Sie zweimal täglich massieren. Ich habe angeordnet, daß Sie warme Bäder bekommen. Jetzt werde ich Sie hypnotisieren. Sie werden einschlafen, und danach werde ich Ihnen gewisse Dinge suggerieren. Sind Sie schon einmal hypnotisiert worden?«

»Nein.«

Es stellte sich heraus, daß sie sich ausgezeichnet hypnotisieren ließ. Er hielt ihr einen Finger vor die Augen und befahl ihr einzuschlafen. Innerhalb weniger Minuten ließ sie sich in die Kissen zurücksinken. Sie wirkte ein wenig benommen, aber überhaupt nicht ängstlich.

Er sagte mit ruhiger Stimme: »Frau von Neustadt, Ihre Symptome werden verschwinden, Sie werden beginnen, mit gutem Appetit zu essen, und Sie werden die ganze Nacht ruhig durchschlafen.«

Er machte sechs Tage hintereinander diese Hypnosebehandlungen, verbunden mit Bädern und Massagen, bis er bei Frau Emmy die erste Entspannung erreichte; die nervösen Zuckungen und Zwangsvorstellungen wurden gemildert. Sigmund wußte, daß sie noch nicht überwunden waren, sondern nur im Hintergrund lauerten. Zu ihrer Beseitigung war eine intensivere Behandlung nötig.

Als er an einem schönen Dienstagmorgen ihr sonnendurchflutetes Zimmer betrat, fuhr sie sofort hoch.

»Ich habe heute morgen in der ›Frankfurter Zeitung‹ eine schreckliche Geschichte gelesen: Ein Lehrling hat einen Jungen gefesselt und ihm eine weiße Maus in den Mund gesteckt. Der arme Junge ist aus Angst gestorben. Einer meiner Ärzte hat mir erzählt, er habe eine ganze Kiste weißer Ratten nach Tiflis geschickt.« Mit einem Ausdruck des Ekels verschränkte sie die Arme vor der Brust.

»Seien Sie still! – Reden Sie nichts! – Rühren Sie mich nicht an! – Herr Doktor, wenn eine dieser Ratten in meinem Bett ist!«

Er versenkte Frau Emmy in Schlaf, nahm die Zeitung vom Nachttisch und las die Geschichte von dem mißhandelten Jungen. Von Mäusen oder Ratten war überhaupt keine Rede. Irgend etwas, eine Idee, eine Halluzination, eine Angst hatte sich in Frau Emmys Bewußtsein eingeschlichen. So hatte sie die Sache mit den Mäusen und Ratten in eine Geschichte verwoben, die sie glaubte, tatsächlich gelesen zu haben.

Wollte er versuchen, diese Angstzustände bei Frau Emmy zu bekämpfen, so mußte er zuerst herausfinden, wodurch sie hervorgerufen wurden. Inzwischen hatte er erkannt, daß es zwischen ihrem Fall und dem der Bertha Pappenheim deutliche Parallelen gab. Er hatte versucht, die Ähnlichkeiten mit Josef Breuer zu erörtern, mit ihm über die Aussichten eines »chimney-sweeping« oder einer »talking cure« zu sprechen, aber Breuer hatte jede Diskussion über dieses Thema abgelehnt.

Während Frau Emmy im Dämmerschlaf lag, redete er eine ganze Weile auf sie ein und suggerierte ihr auf verschiedenste Weise, daß die Angst vor solchen Tieren wie Mäusen, Ratten, Schlangen und anderen Reptilien normal sei, daß sie aber in ihrem Leben keine Rolle spielen würden. Er befahl ihr, sich darüber keine Sorgen mehr zu machen und diese Gedanken als etwas abzutun, was bei allen Menschen vorkommt, aber nebensächlich sei. Er suggerierte ihr: »Frau Emmy, Sie sind fähig, dies einzusehen.«

Als er sie das nächstemal hypnotisierte, fragte er sie, warum sie so oft Angst hätte. Sie antwortete:

»Das sind Erinnerungen aus frühester Jugend.«

»Wann war das?«

»Zum erstenmal, als ich fünf Jahre alt war und meine Geschwister oft tote Tiere nach mir warfen. Damals bekam ich den ersten Ohnmachtsanfall mit Zuckungen, aber meine Tante sagte, das sei abscheulich, solche Anfälle dürfe man nicht haben, und da haben sie aufgehört. Mit sieben Jahren wurde ich wieder erschreckt, als ich unvermutet meine Schwester im Sarge gesehen habe, dann mit acht Jahren, als mich meine Brüder sehr oft dadurch in Angst versetzten, daß sie sich weiße Tücher überzogen und als Gespenst erschienen. Dann wieder mit neun Jahren, als ich meine Tante im Sarge sah und ihr plötzlich der Unterkiefer herunterfiel.«

Während der ganzen Erzählung zitterte sie. Ihr Gesicht und ihr ganzer Körper zuckten. Dann sank sie schwer atmend und erschöpft in die Kissen zurück. Freud goß etwas Wasser in eine Schüssel, tauchte ein Handtuch hinein und wischte ihr den Schweiß vom Gesicht. Er massierte behutsam ihre Schultern.

Dann trat er ans Fenster, starrte hinaus in den Garten und versuchte das anscheinend so qualvolle Erlebnis zu begreifen, das Frau Emmy jetzt noch einmal durchgemacht hatte. Die einzelnen Vorfälle waren durch Jahre voneinander getrennt, sie mußten also in verschiedenen Schichten ihrer Erinnerung eingebettet sein. Und dennoch hatte sie auf eine einfache Frage hin sofort diese Erlebnisse hervorgeholt und zusammenhängend erzählt. Als er sie nun fragte, wie sie das fertiggebracht hätte, antwortete sie:

»Weil ich so oft an diese schaurigen Szenen denken muß. Ich sehe alles so lebhaft und deutlich vor mir, als erlebte ich es jetzt ein zweites Mal.«

Er strich ihr leicht über die Augen, um sie in einen tieferen Schlaf zu versetzen. Dann griff er die verschiedenen Einzelheiten ihres Berichts noch einmal einzeln auf. Konnte sie sich tatsächlich noch so lebhaft an Szenen aus einer Zeit erinnern, in der sie erst fünf Jahre alt war? Hatten ihre Geschwister wirklich mit toten Tieren nach ihr geworfen? Das alles kam ihm höchst unwahrscheinlich vor. Hatte sie in ihrer Kindheit unter Anfällen und Krämpfen gelitten? Allem Anschein nach war sie ein kerngesundes Mädchen gewesen.

»Das mag nun alles wirklich vorgekommen sein oder nicht, ich jedenfalls empfehle Ihnen, diese Bilder auszulöschen. Unsere Augen nehmen im Laufe eines Lebens Millionen verschiedener Eindrücke auf, und nichts zwingt uns, sie alle im Gedächtnis zu bewahren. Auch hier ist uns wieder die Freiheit der Entscheidung gegeben, Frau Emmy. Ich empfehle Ihnen, sich freiwillig nicht mehr an diese Szenen zu erinnern, und ich denke, daß Sie durchaus imstande sind, sie aus Ihrem Gedächtnis zu tilgen. Sie sind stark genug und intelligent genug. Breiten wir einen Schleier darüber, damit diese Bilder undeutlich werden und mit der Zeit ganz verschwinden.«

Am darauffolgenden Tag stellte Sigmund fest, daß sie nur noch unter Magenschmerzen litt. Da entschloß er sich zu einem Versuch, ihren nervösen Ticks auf den Grund zu gehen. Er fragte:

»Frau Emmy, seit wann haben Sie diesen Tick, bei dem Sie so seltsame schnalzende Laute von sich geben?«

Frau Emmy antwortete bereitwillig und wußte nicht nur von ihrer Störung, sondern kannte auch deren Ursache.

»Das habe ich seit fünf Jahren. Damals saß ich am Bett meiner schwerkranken Tochter und gab mir Mühe, vollkommen still zu sein.«

Er sagte mitfühlend: »Diese Erinnerung sollte für Sie nicht so wichtig sein, Frau Emmy. Ihrer Tochter ist doch nichts zugestoßen.«

»Das weiß ich, Herr Doktor. Aber der Tick kommt jedesmal, wenn ich mir Sorgen mache oder Angst habe.«

In diesem Augenblick trat Josef Breuer in Begleitung des Stationsarztes ein. Augenblicklich streckte Frau Emmy ihre Hand aus und schrie: »Seien Sie still! – Reden Sie nichts! – Rühren Sie mich nicht an!« Breuer und der andere Arzt zogen sich hastig zurück.

Als Sigmund sie das nächste Mal in Hypnose versetzte, fragte er sie nach weiteren Erlebnissen, die sie geängstigt hatten. Sie antwortete:

»Da gibt es noch eine ganze Reihe anderer Szenen, die ich jetzt ganz deutlich vor mir sehe. Als ich fünfzehn war, wurde einmal eine Cousine von mir in ein Irrenhaus gebracht. Ich wollte um Hilfe rufen, aber es gelang mir nicht, und ich konnte bis zum Abend dieses Tages nicht mehr sprechen.«

Sigmund unterbrach sie: »Gab es noch andere Gelegenheiten, bei denen Sie mit Irrsinn in Berührung kamen?«

»Meine Mutter war selbst einige Zeit in einer Anstalt. Wir hatten einmal ein Dienstmädchen, das mir entsetzliche Geschichten erzählte, wie die Patienten an Stühlen festgebunden und geschlagen wurden oder wie sie sich so lange um die eigene Achse drehen mußten, bis sie bewußtlos umfielen.«

Während sie das berichtete, bewegte sie die ganze Zeit über krampfhaft ihre Finger, und ihre Lippen verzerrten sich vor Entsetzen. Er erklärte ihr, sie sei doch viel zu intelligent, um die Schauermärchen eines Dienstmädchens zu glauben. Er habe selbst in Irrenanstalten gearbeitet und beobachtet, mit welcher Sorgfalt die Patienten dort gepflegt würden. Er suggerierte ihr, daß kein Anlaß bestünde, über solche Geschichten zu erschrecken und daß sie ihr nichts anhaben könnten.

Ihr Körper entspannte sich, ihr Gesichtsausdruck wurde gelöster. Da sagte er: »Erzählen Sie mir bitte, was es zu bedeuten hat, wenn Sie sagen: ›Seien Sie still! – Reden Sie nichts! – Rühren Sie mich nicht an!‹«

Frau von Neustadt antwortete ganz ruhig:

»Das bezieht sich darauf, daß die Tiergestalten, die mir dann immer erscheinen, sich in Bewegung setzen und mich angreifen, wenn sich jemand bewegt. Das ›Rühren Sie mich nicht an!‹ stammt von einem Erlebnis, das ich mit meinem Bruder hatte. Ich war damals neunzehn, und er hatte so viel Morphium genommen, daß er mich packte. Als ich achtundzwanzig war und meine Tochter ihre schwere Krankheit durchmachte, umklammerte sie in ihrem Delirium meinen Hals so gewaltsam, daß ich an diesem Griff fast erstickt wäre.«

Wieder ging Sigmund gegen jeden einzelnen dieser Berichte mit gezielten Suggestionen vor, um die Erinnerungen auszulöschen.

Bei der nächsten Sitzung fragte er Frau Emmy, nachdem er sie in Schlaf versetzt hatte, nach dem Ursprung ihres Stotterns. Sie erregte sich sehr und hatte Schwierigkeiten beim Sprechen. Stockend erzählte sie ihm, wie einmal die Pferde mit einer Kutsche durchgegangen seien, in der ihre Kinder saßen. Ein andermal sei sie bei einem Gewitter mit den Kindern durch einen Wald gefahren, da schlug genau vor ihnen der Blitz in einen Baum, und die Pferde scheuten. Sie hätte nur gedacht: »Jetzt mußt du ganz still sein, sonst erschreckst du die Pferde durch dein Schreien nur noch mehr, und der Kutscher kann sie überhaupt nicht mehr bändigen!« Von diesem Augenblick an hätte das Stottern begonnen.

Er wiederholte immer wieder jede nur erdenkliche Suggestion, die geeignet war, diese plastischen Erinnerungen auszulöschen. Als er damit fertig war, bat er: »Frau Emmy, würden Sie mir jetzt bitte all diese Episoden noch einmal erzählen?« Frau von Neustadt reagierte nicht auf diese Anweisung. Er weckte sie. Sie erinnerte sich an nichts, was während der Hypnose geschehen war. Das Stottern hatte offenbar aufgehört. Sigmund war erleichtert.

Emmy von Neustadt wurde sein wichtigster Fall. Er verbrachte täglich zwei Stunden mit ihr – eine morgens nach dem Frühstück und eine am frühen Abend. Aber sosehr ihn auch ihre Fortschritte faszinierten, zwischen den beiden Besuchen fand er kaum Zeit, sich damit zu beschäftigen, da in seiner Klinik im Kassowitz-Kinder-Institut ein solcher Andrang herrschte, daß er dort drei volle Nachmittage in der Woche zubrachte. Auch seine Privatpraxis weitete sich aus. Oft dauerte die Behandlung der Patienten, die ihn aufsuchten, volle vier Stunden. Er betrachtete die Krankheiten mit den Augen des Neurologen: Er suchte und fand oft auch die somatischen Ursachen. Aber es war eine Ironie des Schicksals: Ausgerechnet jetzt, wo sich ihm neue Wege zur Behandlung von Neurosen eröffneten, kam kein einziger Hysteriker!

Durch die Arbeitsüberlastung wurde er zwar schmal und war abgespannt, aber er verbrachte trotzdem die Stunde vor Mitternacht, wenn es in der Wohnung ruhig wurde und Martha schon schlief, an seinem Schreibtisch, um sorgfältig jedes einzelne Wort aufzuzeichnen, das an diesem Tag zwischen ihm und Frau Emmy gesprochen worden war. Er bemühte sich, auf diese Weise Ordnung in das unheimliche Chaos zu bringen, das im Unterbewußtsein dieser Frau herrschte.

Gegen Ende der dritten Behandlungswoche stellte Sigmund Freud fest, daß Frau von Neustadt ein wandelndes Laboratorium aller möglichen eingebildeten Krankheiten war. Sechs Jahre waren vergangen, seit Josef Breuer den Fall Bertha Pappenheim abgegeben hatte. Soweit Sigmund unterrichtet war, hatte in diesem Zeitraum niemand Versuche mit der Therapie der »talking cure« unternommen. Es war ein erregendes Erlebnis für ihn, das Bernheim-Buch »Die Suggestion und ihre Heilwirkung« zu übersetzen und gleichzeitig diese Therapie anzuwenden. Er wußte auch, daß seine Suggestionen unter Hypnose nur die eine Hälfte des Erfolgs bedeuteten; die andere Hälfte trug Frau Emmy selbst durch die »talking cure« bei. Es war offenkundig, daß keine der Geschichten, die sie nun bereitwillig erzählte, jemals zuvor über ihre Lippen gekommen waren. Sigmund war jetzt auch ziemlich sicher, daß bisher nichts von alledem aus den verborgensten Winkeln ihrer Erinnerung in ihr Bewußtsein vorgedrungen war. Josef Breuer hatte die Wirksamkeit dieser Behandlungsmethode gekannt und sich dennoch geweigert, sie noch einmal anzuwenden. Warum? Er hatte doch bestimmt Frau Emmys Krankheit richtig diagnostiziert und hätte sie genauso behandeln können wie Bertha Pappenheim. Warum hatte er es abgelehnt, sich selbst um die Heilung dieser Frau zu bemühen?

Wenn er nachts an seinem Schreibtisch saß, stellte er sich auch die Frage, wie groß die Anzahl jener Patienten war, die ihre Leiden eingebildeten und nicht infektiösen Keimen zu verdanken haben mochten. Natürlich nicht alle; nicht einmal die Mehrzahl. Er hatte zu lange in Krankenhäusern gearbeitet und zu viele Menschen an physischen Erkrankungen sterben sehen, um nicht zu wissen, daß die meisten von ihnen an Fehlfunktionen eines Organs, an Krankheiten von Lunge, Herz und Blut oder an Krebsgeschwüren litten. Aber während er Tag für Tag Frau von Neustadt behandelte und abends ein Kapitel des Bernheim-Buches nach dem anderen übersetzte, wurde er doch den Verdacht nicht los, daß sich die Kranken nur allzuoft selbst zugrunde richteten. Es war ein langsamer, subtiler Selbstmord, von dem Patienten, Angehörige, Freunde und Ärzte keine Ahnung hatten!

9

Es gelang Sigmund Freud, Frau Emmys Beklemmungen und ihre Angst vor dem Sanatorium durch Suggestion zu beseitigen. Wenn sie aus der Hypnose erwachte, war sie guter Dinge und erzählte von ihrem Salon, von ihren Freunden, größtenteils Schriftsteller und Künstler. Aber kam er dann am nächsten Morgen wieder, rief sie ihm schon entgegen:

»Herr Doktor, ich bin so froh, daß Sie da sind. Ich fürchte mich so sehr. Ich weiß, daß ich sterben muß.«

Unter Hypnose erzählte sie ihm ihren furchtbaren Traum:

»Die Beine und Armlehnen aller Stühle verwandelten sich in Schlangen. Ein Monstrum mit einem Geierschnabel hackte nach mir und fraß mich auf. Andere wilde Tiere sprangen mich an. Als ich noch ein Kind war, bückte ich mich einmal nach einem Wollknäuel, aber es war in Wirklichkeit eine Maus, die weglief. Als ich einen Stein aufheben wollte, saß eine dicke Kröte darunter. Ich hatte solche Angst, daß ich einen Tag lang nicht sprechen konnte.« Das waren wieder andere Tierbilder, die er noch nicht aus ihrer Vorstellungswelt verbannt hatte. Waren es vielleicht Halluzinationen? War es möglich, daß sie genauso schnell neue Trugbilder erfand, wie er die alten beseitigen konnte? Oder entstammten sie echten Ängsten aus ihrer Kindheit? Während sie eine Episode aus ihrer Vergangenheit erzählte, fragte er:

»Frau Emmy, warum sagen Sie so oft, Sie erlebten Stürme in Ihrem Kopf?«

Sie wurde abweisend und sagte gereizt:

»Sie sollen mich nicht dauernd fragen, woher dieses oder jenes kommt; lassen Sie mich ausreden, ohne mich zu unterbrechen.«

Als er spät am Abend seine Notizen niederschrieb, dachte er: »Frau Emmy hat recht. Solange ein Patient fließend erzählt, muß ich mich im Hintergrund halten, damit sich alles von selbst formuliert. Das ist die beste Möglichkeit, ein echtes Selbstporträt zu bekommen. Ich darf erst dann eingreifen, wenn die Quelle versiegt.«

Am nächsten Tag erzählte sie ihm eine erstaunliche Geschichte: Einer ihrer älteren Brüder, ein Offizier, hatte Syphilis. Da die Familie darauf bedacht war, die Krankheit zu vertuschen, mußte sie mit ihm am selben Tisch essen, obgleich sie Todesängste ausstand, daß sie versehentlich sein Messer oder seine Gabel erwischen und sich anstecken könnte. Ein anderer Bruder war schwindsüchtig und pflegte auch bei Tisch in einen offenen Napf zu spucken, der im Eßzimmer direkt neben ihrem Stuhl stand. Als sie noch sehr jung war, wollte sie manchmal nicht essen; ihre Mutter zwang sie dann, am Tisch sitzen zu bleiben, manchmal mehrere Stunden lang, bis sie ihr Fleisch aufgegessen hatte, auch wenn »es inzwischen ganz kalt und das Fett starr geworden war«. Ekel überkam sie. »Immer wenn ich mich zum Essen hinsetze, sehe ich diese Fettschicht vor mir und bringe keinen Bissen hinunter.«

Behutsam fragte er: »Frau Emmy, ist Ihnen irgendwann während Ihrer dreijährigen Ehe eine dieser Erinnerungen gekommen? Haben Sie damals auch darunter gelitten?«

»O nein, obwohl ich von diesen sechsunddreißig Monaten insgesamt achtzehn Monate mit meinen beiden Töchtern schwanger war. Aber sehen Sie, ich hatte immer schrecklich viel zu tun. Wir hatten immer Gäste, sowohl in der Stadt als auch in unserem Landhaus. Mein Mann führte mich in die schwierigen Geheimnisse seiner Geschäfte ein. Er nahm mich auch auf Geschäftsreisen ins Ausland mit.«

Ihre Miene belebte sich.

Sie sah jung aus. Er hielt sie unter Hypnose.

»Welches Ereignis in Ihrem Leben hat auf Sie den nachhaltigsten Eindruck gemacht?«

Sie zögerte keinen Augenblick und ließ auch weder Entsetzen noch Angst oder Abscheu erkennen. Nur ein Ausdruck der Trauer legte sich über ihr feingeschnittenes Gesicht, und ihre Wangen wurden ein wenig blaß.

»Der Tod meines Mannes.« Ihrer Stimme war die Gemütsbewegung anzumerken, aber sie stotterte nicht. »Wir waren damals in unserem Lieblingsort an der Riviera. Als wir über eine Brücke gingen, sank mein Mann plötzlich zu Boden und blieb einige Minuten lang regungslos liegen. Dann stand er wieder auf und schien sich ganz wohl zu fühlen. Kurze Zeit später – ich lag noch nach meiner zweiten Niederkunft zu Bett, stand mein Mann plötzlich von dem kleinen Tischchen neben mir, wo er seine Zeitung gelesen hatte, auf, sah mich seltsam an, tat einige Schritte und fiel tot um. Die Ärzte machten Wiederbelebungsversuche, aber alles war vergebens. Dann wurde das erst wenige Wochen alte Baby ernstlich krank – sechs Monate lang. Ich selbst mußte mit hohem Fieber ins Bett.« Ihr Gesichtsausdruck veränderte sich. Zorn und Verbitterung breiteten sich aus. »Sie können sich gar nicht vorstellen, was ich unter dieser Tochter zu leiden hatte. Sie war unleidlich, schrie Tag und Nacht, wollte nicht schlafen und bekam schließlich auch noch eine scheinbar unheilbare Lähmung im linken Bein. Sie lernte erst sehr spät gehen und sprechen, und eine Weile

dachten wir, sie sei schwachsinnig. Nach Angabe der Ärzte hatte sie Encephalitis, Rückenmarksentzündung und was weiß ich noch alles!«
Er wies darauf hin, daß ihre Tochter jetzt vollkommen gesund sei. »Frau Emmy, ich werde die Erinnerung an diese ganze Zeit so vollständig auslöschen, als sei sie in Ihrem Gedächtnis niemals vorhanden gewesen. Sie rechnen dauernd mit irgendeinem Unglück. Das flößt Ihnen solche Angst ein. Aber Sie haben gar keine Veranlassung, sich so zu quälen. Es gibt auch keinen Grund für die immer wiederkehrenden Schmerzen in Armen und Beinen, für die Genickkrämpfe oder die Gefühllosigkeit mancher Teile Ihres Körpers. Da ich diese Erinnerungen auslöschen kann, kann ich auch die immer wiederkehrenden Schmerzen auslöschen.«
Aber sie blieb deprimiert. Er fragte sie, warum sie so oft melancholisch sei. Sie antwortete: »Weil mich die Familie meines Mannes verfolgt. Sie lehnte mich ab. Nach seinem Tod schickten sie mir zweifelhafte Journalisten ins Haus, die in der Nachbarschaft üble Geschichten über mich verbreiteten und mich in Zeitungsartikeln schlechtmachten.«
In Meynerts Klinik hatte Sigmund nur allzuoft ähnliche Geschichten vernommen und erkannte sie daher sofort als eine Form von Verfolgungswahn. Aber gleichgültig, ob es sich nun um Einbildung handelte oder nicht, er mußte ihr diese Ideen austreiben.
Da er wußte, daß Josef Breuer um sechs Uhr seine Arbeit beendet hatte, suchte er ihn um diese Zeit zu Hause auf. Sie gingen gemeinsam ins Café »Kurzweil«; während ihrer Studentenzeit hatten sie das Café zu ihrem Stammlokal erkoren, weil dort eine Wandtafel hing, auf die man mit Kreide Mitteilungen für Freunde und Bekannte schreiben konnte. Beim Billardspiel wurden die Kellner oft gebeten, ein paar Punkte zu machen. Sie waren als die besten Billardspieler von ganz Österreich-Ungarn bekannt und mußten oft einspringen, wenn ein Stammgast eilig gehen mußte und die Partie noch nicht beendet war.
»Breuer, ich behandle Frau Emmy nun seit sechs Wochen und hab' mir nicht einmal den Sonntag freigehalten. In vieler Hinsicht habe ich Fortschritte erzielt, nur um einen Tag oder eine Woche später feststellen zu müssen, daß neue Zwangsvorstellungen an die Stelle der alten getreten sind, die ich ausgelöscht habe. Manchmal befürchte ich, ihr Wille, krank zu sein, ist stärker als mein Wille, sie zu heilen.«
Breuer schüttelte ernst den Kopf und strich sich über den Bart.
»Ich weiß, wie widerspenstig sie ist. Aber zur Heilung einer Frau, die vierzehn Jahre lang krank war, sind sechs Wochen eine kurze Zeit.«
Sigmund überlegte eine Weile.
»Breuer, hätte Frau Emmy auch dann unter diesen Symptomen gelitten, wenn ihr Mann am Leben geblieben wäre? Alles deutet darauf hin, daß sie während ihrer Ehe gesund und glücklich war. Hätte sie ihre beiden Töchter normal erzogen, wenn sie nicht Zeuge geworden wäre, wie er zu ihren

Füßen tot zusammenbrach? Sie war es nämlich, die in ihrem Schock, in ihrer Trauer die Mädchen nervenkrank gemacht hat, und nicht umgekehrt. Oder stimmt das etwa nicht, Breuer?«

»Doch, Freud, ich fürchte, daß es so ist. Warum hat Frau Emmy sich nicht wieder verheiratet?«

»Sie behauptet, aus Pflichtgefühl Witwe geblieben zu sein. Sie wollte nicht das Risiko eingehen, durch eine zweite Heirat eventuell das Erbteil ihrer Töchter zu schmälern.«

Breuer stieß einen leisen Pfiff aus und rührte nachdenklich in seiner Tasse.

»Meinen Sie nicht auch, daß sie damit für das Geld einen höheren Zins bezahlt hat, als ihn irgendein Wucherer verlangen würde? Um den beiden Mädchen das Vermögen zu erhalten, hat sie vierzehn Jahre ununterbrochener Krankheit in Kauf genommen. Als Sie die Behandlung übernahmen, stand es so schlecht um sie, daß sie an ihrer Krankheit hätte sterben können.«

»Breuer, Sie haben mir doch einmal erzählt, was Bertha Pappenheim zu Ihnen gesagt hat: daß sie zwei verschiedene Ichs hätte, ein ›böses zweites Ich‹, das eine ganze Serie psychotischer Krankheiten hervorrief, und ein erstes oder normales Ich, oder wie sie es ausdrückte, ›einen gelassenen, klarblickenden Beobachter, der in einer Ecke meines Gehirns sitzt und sich den ganzen Unsinn mit ansieht‹. Mir ist klargeworden, daß es bei Frau Emmy zwei deutlich voneinander getrennte Bewußtseinsebenen gibt: die eine klar zutage liegend, die andere verborgen. Sechs Wochen lang habe ich nun diesen Prozeß in vollem Gang beobachtet, jetzt weiß ich, wie diese ›zweite Kraft‹ wirkt. Ich habe einen Blick auf einen unbekannten, unerforschten Kontinent geworfen, auf ein entscheidend wichtiges Gebiet, das unbedingt der wissenschaftlichen Erforschung bedarf. Breuer, wie viele Unglückliche waren nur deshalb an die runden Mauern des Narrenturms angekettet, weil ihr ›böses Ich‹, ihr krankes zweites Bewußtsein, die Macht über das andere errang? Wie viele der Patienten in Professor Meynerts Klinik wurden geisteskrank, wie viele Insassen der Niederösterreichischen Irrenanstalt wurden gemütskrank und schließlich wahnsinnig, nur weil sie nicht ein Bewußtsein hatten, sondern deren zwei, die unabhängig voneinander funktionierten, wobei das kranke Ich langsam die Macht über das normale gewann? Ich weiß, Frau Emmy hat zweifellos ein schwer neuropathisches Erbe mitbekommen; aber andererseits wissen wir doch auch, daß Veranlagung und Vererbung allein keine solche Hysterie hervorrufen können, Breuer. Es müssen äußere Einflüsse hinzukommen, wie beispielsweise der plötzliche Tod ihres Mannes, um aus der ererbten Nervenschwäche ein Nervenleiden zu machen.«

Josef Breuer schüttelte in gespielter Verzweiflung den Kopf.

»Freud, als ihr Arzt können Sie Frau Emmy doch nicht versuchsweise einen neuen Ehemann verschreiben! Es bleibt Ihnen keine andere Wahl, als die

Dinge auszulöschen, mit denen sie sich selbst krank macht. Daher rate ich Ihnen, sie nicht eher aus dem Sanatorium zu entlassen, als bis sie von sich aus den festen Willen zu erkennen gibt, in ein normales Leben zurückzukehren.«

Frau Emmy machte gute Fortschritte. Dr. Freud suggerierte ihr unter Hypnose immer wieder, daß sie eine zu willensstarke Frau sei, um sich von einer Sammlung alter Fotografien beherrschen zu lassen. Er forderte sie direkt auf, diese Bilder zu zerreißen und wegzuwerfen.
Eines Morgens traf er sie in dem Stuhl neben ihrem Bett sitzend an, bereits vollständig angezogen und das Haar ordentlich gekämmt, ein Lächeln auf den Lippen.
»Herr Doktor, ich fühle mich wieder vollkommen gesund. Um diese Jahreszeit ist es in unserem Landhaus wunderschön. Ich möchte gern nach Hause und meine beiden Kinder mitnehmen. Ich will meine Freunde wiedersehen und mich um das Geschäft kümmern. Ich bin Ihnen zutiefst dankbar für alles, was Sie für mich getan haben.«

Als er in dieser Nacht keinen Schlaf finden konnte, neben sich Marthas gleichmäßige Atemzüge hörte und in der Wiege nur den Kopf des Babys aus dem Bettzeug blicken sah, begann er über den Fall nachzudenken. Es war die ruhige Stunde der Besinnung, in der vielen Männern die besten Gedanken kommen.
»Was habe ich nun eigentlich für Frau Emmy getan?« fragte er sich. Er hatte sie zumindest vorläufig von ihren Schmerzen befreit und ihr die Vorstellung genommen, an Gliederlähmung zu leiden oder gar sterben zu müssen. Er hatte sie gefüttert und massiert, ihr Elektrobehandlungen und Bäder verordnet und aus ihrer Einbildung eine endlose Folge abstoßender Bilder herausgerissen. Aber was hatte er nun wirklich getan, um an die Wurzel des Übels vorzudringen? Das war die Frage, die sich jeder Arzt irgendwann stellen muß. Er war nun bereit, nach der Ursache der *Vorstellungen* zu fragen, die sich in den menschlichen Verstand einschlichen und ihn verwüsteten. Woher kamen diese Vorstellungen? Woher bezogen sie ihre Macht? Wodurch konnten sie sich zum Herrn im Hause aufschwingen und den Betroffenen zu ihrem Diener erniedrigen? Es genügte nicht zu erklären, die Ursache für Frau Emmys psychische und physische Leiden wäre der plötzliche Tod ihres Mannes. Tausende junger Frauen wurden zu Witwen; sie heirateten wieder, oder sie blieben allein, aber sie arbeiteten und fanden die Erfüllung ihres Lebens in der Erziehung ihrer Kinder.
Das Baby regte sich. Sigmund stand auf, fühlte, ob es noch trocken lag, zog ihm die weiche Decke über die kleinen Schultern und legte sich wieder ins Bett.

Waren es nicht genau dieselben Fragen, die auch bei jeder anderen Krankheit gestellt wurden? Tausend Jahre lang waren Menschen an Tuberkulose gestorben, bis Robert Koch eines Tages den Krankheitserreger fand. Nun arbeiteten andere Ärzte an einem Medikament, um diesen Bazillus auszurotten. Jahrhundertelang waren Menschen an Gallensteinen gestorben, bis die Chirurgen lernten, sie zu entfernen. Viele Generationen lang starben Frauen am Kindbettfieber. Semmelweis fragte sich: »Warum? Woher kommt dieses Fieber?« Er fand die Antwort und bändigte das Fieber. Sigmund zweifelte nicht länger daran, daß die Neurose eine ernste Krankheit war. Sie konnte einen Menschen blind, taub oder stumm machen, seine Arme und Beine lähmen, Krämpfe hervorrufen, die Nahrungsaufnahme unmöglich machen, ihn ebenso töten wie die Pest, wie Blutvergiftung, Lungenentzündung oder eine Embolie. Immer noch starben Patienten an ihren Neurosen – wie viele, das vermochte niemand zu sagen. Die meisten Ärzte waren gut ausgebildet und gewissenhaft. Sie wünschten sich nichts sehnlicher als ihren Patienten zu helfen, sie zu retten. Aber was wurde aus den Fällen, die falsch beurteilt, in die falsche Abteilung des Krankenhauses oder der Klinik eingewiesen und dort falsch behandelt wurden? Was wurde aus den Patienten, die man aus den falschen Gründen einsperrte oder nach Hause schickte, die viel zu früh starben?

Siebentes Buch
Die verlorene Insel Atlantis

1

Ende Juni fuhren Sigmund und Martha mit dem Schnellzug morgens um sieben Uhr dreißig zum Semmering, der beliebten Sommerfrische aller Wiener, um sich nach einer geeigneten Villa für die Ferien umzusehen. Ihr Abteil Zweiter Klasse war mit braunem Leder gepolstert. Die weißen Schonbezüge der Kopflehnen trugen die stolzen Buchstaben »k. u. k.«, denen man in Wien auf Schritt und Tritt begegnete.

Als sie durch den ersten Tunnel fuhren, der »Kußtunnel« genannt wurde, weil zu Beginn der zweieinhalbstündigen Bahnfahrt die Gaslampe im Abteil noch nicht zu brennen pflegte, legte Sigmund seinen Arm um Martha und gab ihr ein herzhaftes Busserl. Sie flüsterte ihm ins Ohr:

»Hast du eigentlich gewußt, Sigi, was es bedeutet, wenn ein Ehemann seine Frau im Kußtunnel nicht umarmt? Daß er eine andere hat!«

Sie fuhren an Weinbergen mit langen Reihen hochgebundener Rebstöcke vorbei. Als der Zug in Pfaffstätten hielt, sahen sie die Girlanden aus frischem Weinlaub über den Türen der Weinstuben, ein Zeichen dafür, daß hier Heuriger ausgeschenkt wurde. Sigmund, dessen Gedanken an die Praxis sich in Luft aufgelöst hatten wie das Wasser der Straßensprenger auf dem warmen Pflaster in der Morgensonne, bemerkte ironisch:

»Vielleicht sollte ich auch einen ›Buschen‹ über meine Haustür hängen, als Zeichen dafür, daß ich einer neuen medizinischen Philosophie anhänge, die genau so herb und berauschend ist wie der Heurige.«

In der Ferne sahen sie Schneeberg und Rax liegen, deren schneebedeckte Gipfel in zweitausend Meter Höhe in der Sonne glänzten. Während der Zug die steile Anhöhe des Semmerings erklomm, bewunderten sie die meisterhafte Konstruktion dieser ersten Bergbahn Europas mit ihren fünfzehn Tunnels und sechzehn Viadukten. Früher war Sigmund sehr oft zum Bergsteigen hier heraufgefahren.

Auf dem Bahnhof Gloggnitz wurde der Zug von drei Beamten inspiziert. Dann wurde für die Bergstrecke eine spezielle Lokomotive vorgespannt und eine zweite zum Schieben am Zugende angekuppelt. Bei Klamm wurden die Gaslampen angezündet. Als sie über einen der Viadukte fuhren und in die Schlucht hinabblickten, sagte Sigmund: »Kannst du dir vorstellen, Martha, daß es Menschen gibt, die den Tod dem Leben vorziehen?«

»Nein, das kann man sich kaum vorstellen, Sigi. Weißt du, warum?«
»Meine Patienten bringen es mir allmählich bei.«
Es war kurz vor zehn Uhr, als sie durch die breiten Tore den Bahnhof Semmering verließen und durch das Dorf spazierten. Sie atmeten tief die würzige, nach Harz duftende Luft ein. Obwohl sie sich hier schon fast in tausend Meter Höhe befanden, ragten im Süden noch gewaltigere Bergketten in den azurblauen Himmel. Unter ihnen lagen weite, grüne Almen, auf denen das Vieh weidete. Entlang der schmalen, unbefestigten Gebirgsstraßen, die sich wie helle Bänder durch die Berge wanden, lagen kleine Dörfer mit roten Ziegeldächern und grauen, verwitterten Scheunen.
Die meisten Villen waren bereits vermietet, aber kurz nach Mittag fanden sie doch ein hübsches Sommerhaus, das am Waldrand lag. Es war ein geräumiges Haus mit einem Obergeschoß aus Holz, grüngestrichenen Fensterläden, einem kleinen hölzernen Glockenturm und Hirschgeweihen an den Wänden. Der Besitzer bewohnte das Erdgeschoß. Zu dem geräumigen oberen Stockwerk gehörte ein gedeckter Balkon. Sie saßen draußen, wo sie im Urlaub ihren Kaffee trinken würden. Als ihnen die Frau des Besitzers als Willkommensgruß ein Glas Weißwein reichte, stießen Sigmund und Martha miteinander an und flüsterten einander zu: »Ich liebe dich.« Sie beschlossen, ihr Urlaubsquartier »Villa Pufendorf« zu taufen, weil Herr Pufendorf mit seinem Honorar die Miete bezahlte.
Der Sommer in der »Villa Pufendorf« wurde ein voller Erfolg. Martha und die neun Monate alte Mathilde erholten sich gut in der gesunden Bergluft. Die Nächte waren allerdings recht kühl. Marie wirtschaftete sehr geschickt mit den spärlich vorhandenen Küchenutensilien. Sie hatte zwei Kisten Geschirr, Besteck und Tischwäsche eingepackt, die hinten im Gepäckwagen mitgefahren waren, während sie die Handkoffer ins Abteil mitgenommen hatte. Sigmund kam an jedem Freitagabend um acht Uhr fünfzehn mit dem Schnellzug. Um Mitternacht lag er dann in der wohligen Wärme der Federbetten neben Martha.
Es war schon viele Jahre her, seit Sigmunds Eltern sich zuletzt ein Sommerhaus leisten konnten. Sigmund lud sie ein. An Sonntagen kam auch Alexander heraus.
»Nicht um uns zu besuchen«, neckte ihn Martha, »sondern nur um über diese sechzehn Viadukte zu fahren.«
Alexander antwortete mit seligem Lächeln: »Ich kann dir selbst im Schlaf den Namen jeder Station sagen: Gloggnitz, Payerbach, Klamm, Spital . . . « Der zweiundzwanzigjährige Alexander war ein ganzes Stück kleiner als Sigmund – wobei dieses Stück größtenteils am Hals fehlte –, aber sonst sahen die beiden Brüder einander überraschend ähnlich. In Sigmunds Augen war der Bruder eine komplizierte Persönlichkeit, temperamentvoll und aufbrausend im Umgang mit Menschen, aber vernünftig und zuverlässig bei der Arbeit. Er saß bis Mitternacht an seinem Schreibpult.

Nur eine Klage hatte er vorzubringen: Die Schrift auf den Frachtpapieren war so mikroskopisch klein, daß er jetzt schon eine Brille mit einem schmalen Metallbügel auf seiner kräftigen Nase tragen mußte, während der um zehn Jahre ältere Sigmund seine Fachbücher immer noch ohne Brille lesen konnte.
»Wenn ich erst einmal Verkehrsminister bin, wird meine erste Amtshandlung darin bestehen, den Druck auf sämtlichen Eisenbahnformularen um das Vierfache vergrößern zu lassen. Allein für diese Tat müßte Kaiser Franz Joseph mich adeln.«
Alexanders Firma gab den »Allgemeinen Tarif-Anzeiger« heraus. Als Alexander dort zu arbeiten begonnen hatte, bestand die Tarifliste noch aus zwei schlichten Blättern. Jetzt, fünf Jahre später, war ein ansehnliches Journal daraus geworden.
»Alex, sei vorsichtig«, warnte ihn Sigmund, »sonst wirst du noch Österreichs erster Experte für Eisenbahntransporte.«
»Das bin ich doch bereits.«

Es war für Sigmund ein seltsames Gefühl, plötzlich ganz allein in der Wohnung zu sein, in der die Möbel verhüllt, die Vorhänge abgenommen und die Teppiche in Zeitungspapier eingerollt waren. Da sich nur gelegentlich ein Patient in der Praxis blicken ließ, verbrachte er die Nachmittage im Kassowitz-Institut, in das immer mehr Kinder aus ganz Österreich gebracht wurden. Vormittags las er, schrieb für ein medizinisches Handbuch Artikel über Aphasien, Hirnanatomie und Paralysen bei Kindern und verfaßte eine Einleitung für die soeben beendete Übersetzung des Bernheim-Buches. Er stellte fest, das Verdienst Dr. Bernheims bestünde darin:

> ». . . die Erscheinungen des Hypnotismus ihrer Seltsamkeit zu entkleiden, indem sie an wohlbekannte Phänomene des normalen psychologischen Lebens und des Schlafes geknüpft werden . . . und daß die Suggestion als Kernpunkt und Schlüssel des Hypnotismus hingestellt wird.«

Das Buch sei anregend und gut geeignet, die Auffassung zu zerstreuen, daß die Hypnose immer noch von einem »Glorienschein des Absurden« umgeben sei, wie Meynert behauptete.
Die Abende verbrachte er bei seinen Freunden. Ernst Fleischl bat ihn, so oft wie möglich zum Nachtmahl zu kommen, da er einsam und krank zu Hause saß und wegen seiner Schmerzen oft nicht einmal mehr in Professor Brückes Laboratorium arbeiten konnte. Seine Aufgabe hatte Josef Paneth übernommen. Zusammen mit Exner leistete er ausgezeichnete Arbeit auf dem Gebiet der Sehstörungen nach Operationen des Gehirns. Fleischls früher so ebenmäßiges Gesicht bestand nur noch aus Haut und Knochen. Er machte sich ernste Sorgen um Sigmunds Mangel an Patienten.

»Freud, sollten Sie nicht lieber als praktischer Arzt arbeiten? Wenigstens so lange, bis Sie sich den Luxus einer Spezialisierung auf die Neurologie leisten können?«
Sigmund legte seine Gabel hin.
»Es stimmt ja, es ist zum Verzweifeln, wenn man Vormittag für Vormittag dasitzt und darauf wartet, daß ein Patient läutet. Aber für einen praktischen Arzt verstehe ich zuwenig von allgemeiner Medizin. Außerdem gibt es nur ganz wenige Spezialisten für Neurologie.«
Fleischl seufzte. »Natürlich haben Sie recht, wenn Sie dabeibleiben.«
In Josef Breuers Augen hingegen war das störrisch. Er griff nach der »Medizinischen Wochenschrift« und las laut einen Abschnitt aus Sigmunds Vorwort zu Bernheims Buch vor.
»Warum mußten Sie Meynert namentlich angreifen? Damit haben Sie ihn wieder verärgert.« Er senkte den Kopf und sah Sigmund sehr ernst an. »Er ist ein Löwe, der König dieses Dschungels. Er wird ganz bestimmt zurückschlagen, Freud. Glauben Sie ja nicht, daß Sie schon die Waffen hätten, sich mit ihm auf offenem Schlachtfeld zu messen.«
Am glücklichsten war Sigmund, wenn er den Abend mit Sophie und Josef Paneth in ihrer kühlen Wohnung am Parkring hoch über dem Stadtpark verbringen konnte. Josef lud oft noch ein paar andere junge Ärzte ein. Dann saßen sie am offenen Fenster im Wohnzimmer und spielten Tarock. Sigmund war dann ganz bei der Sache. Er vergaß Medizin, Sorgen der Praxis und Meynert, wenn er rief: »Stich oder schmier!« und »Ultimo!« Er war dann etwas enttäuscht, wenn sein Gegenspieler »Kontra!« sagte und ihm die sechzehn Punkte abnahm.
Eines Abends nahm ihn Sophie beiseite.
»Sigmund, Josef hustet in letzter Zeit so viel. Meistens mitten in der Nacht. Einmal hab' ich Blutflecken entdeckt, die er verbergen wollte. Könntest du ihn nicht unter irgendeinem Vorwand untersuchen?«
»Meine liebe Sophie, ich kenne den besten Lungenspezialisten von ganz Österreich.«
»Könntest du diesen Arzt dann auch bitten, uns für den Rest des Sommers in die Berge zu schicken? Josef ist so fasziniert von seiner Zusammenarbeit mit Dr. Exner, daß er sich vor Eifer überanstrengt.«
Am meisten freute sich seine Mutter darüber, daß ihr Sohn den Sommer über Strohwitwer war, da sie nun Gelegenheit fand, ihm zu Mittag seine Lieblingsgerichte zu kochen. Sie war inzwischen vierundfünfzig, ihr Haar war mit grauen Fäden durchsetzt, aber ihr Gesicht war immer noch voll, ihre Energie nicht zu erschüttern. Der Haushalt wurde ihr als eigenes Reich zu eng, zumal Sigmund darauf bestand, daß sie für die schwere Arbeit eine Putzfrau nahm. Manchmal ging es allerdings auch recht unruhig zu, da die drei noch zu Hause wohnenden Töchter gezwungen waren, in einem Zimmer zu schlafen. Obgleich die Schwestern sonst gut miteinander

auskamen, führte die Enge doch oft zum Streit. Beim ersten Anzeichen einer Mißstimmung floh Jakob Freud aus dem Haus. Mutter Freud ergriff nie Partei, sondern ermahnte die Mädchen nur, in ihrem Hause den Frieden zu bewahren. Der praktisch veranlagte Alexander löste dann das jeweils auftretende Problem und schuf Platz für einen weiteren Kleiderbügel im Schrank oder brachte noch ein Regal über einem Bett an.

Jetzt, wo Sigmund selbst Vater geworden war, verstand er seinen Vater viel besser als früher. Er hatte ihn wegen seiner Weisheit und seines Humors immer geliebt; Jakob Freud hatte seinen Kindern gegenüber stets einen leichten Ton angeschlagen. Aber zwischen Vater und Sohn lag ein Abstand von nicht nur einer, sondern von zwei Generationen. Dieser Altersunterschied spielte nun keine Rolle mehr. In seinen eigenen Gefühlen gegenüber der kleinen Mathilde erkannte er dieselbe gütige Liebe, die sein Vater ihm stets bewiesen hatte. Sein Vater war sein erster Lehrer und – nach der Mutter – sein erster Bewunderer gewesen.

Fast täglich fand Sigmund eine Stunde Zeit für Spaziergänge im kühlen Praterwald, die sein Vater so sehr liebte. Sie waren eine Erinnerung an Sigmunds Kindheit, als sie regelmäßig einen Tag in der Woche gemeinsam gewandert waren. Nun gingen die beiden Arm in Arm spazieren und sprachen über alle möglichen Dinge, die sich auf der Welt ereignet hatten. Sigmund hatte in der »Neuen Freien Presse« ein Inserat gelesen, in dem ein Arzt für eine gute Stellung in einer mährischen Fabrik gesucht wurde. Als einzige Qualifikation wurde von dem Arzt verlangt, daß er Christ war. Diese Form des Antisemitismus hatte in den letzten Jahren nicht nur zugenommen, sondern trat auch offen zutage. Die christlichsoziale Partei strebte ein Bündnis mit Deutschland an und wollte dafür die Beziehungen zu den östlichen Ländern vermindern. Von dieser Partei ging ein Antisemitismus aus, der aus politischen Gründen betrieben wurde.

Bei einem Gespräch über Karl Kollers Duell war Sigmund zu dem Schluß gekommen, daß Dr. Zinner es hatte verlieren müssen, wenn er nicht aus dem Allgemeinen Krankenhaus entlassen werden wollte. So gelangten die Behörden zu dem Eindruck, Zinner hätte durch seine Verletzung hinreichend für sein schlechtes Benehmen gebüßt. »Wenn Koller schlau genug gewesen wäre, sich verwunden zu lassen, wäre er jetzt noch dort«, meinte Jakob Freud.

Sie verlebten herrliche Tage am Semmering. Am Samstagmorgen machten Martha und Sigmund sich schon früh auf den Weg. In einem Rucksack trug Sigmund den Proviant für den ganzen Tag. Martha zog für diese Bergwanderungen einen weiten Rock an und setzte einen großen Strohhut auf, um ihr Gesicht vor der Sonne zu schützen. Sobald sie die »Villa Pufendorf« hinter sich gelassen hatten, vergaßen sie die Zeit und wanderten über die Bergpfade. Marthas Lieblingsblume war das seltene Edelweiß, das nur an schwer zugänglichen Stellen in den Felsen wuchs. Auf seinen Bergpartien kletterte Sigmund manchmal bis zu den Felsvorsprüngen und pflückte ein paar Edelweiß für sie. Das war ein anstrengendes und gefährliches Unterfangen. Der kleine Strauß wurde dadurch nur um so kostbarer. Auf der Terrasse eines Berggasthofes mit herrlichem Fernblick über das Tal tranken sie ein Bier, aßen die mitgebrachten Butterbrote und kehrten in der Abenddämmerung angenehm müde in ihr Sommerhaus zurück, den herben Duft der Latschenkiefern noch in den Nasen. Durch diese »Sommerfrische« wurde die Stadt für die Wiener auch im Winter bei Regen, Glatteis und Schnee erträglicher.

2

Martha entfachte mit ihrem Großputz einen regelrechten Herbststurm, die ganze Wohnung wurde gelüftet und saubergemacht. Da war es ganz selbstverständlich, wie sie triumphierend verkündete, daß Sigmunds Praxis sofort lebhafter wurde. Sigmund war zwar dankbar, daß viele neurologische Fälle zu ihm kamen: Männer, die an den Folgen einer Syphilis, an Gesichtsparesen oder lokomotorischer Ataxie litten, Frauen mit multipler Sklerose, darunter manchmal ein Fall im Anfangsstadium. Man brachte ihm Fälle von Aphasien, da er auf diesem Gebiet allmählich einen gewissen Ruf genoß und Krankengeschichten für eine Monographie sammelte. Opfer der Parkinsonschen Krankheit suchten ebenso Hilfe bei ihm wie Fälle von Veitstanz mit den typischen krampfhaften Zuckungen. Im Laufe des Winters wurden ihm auch immer mehr kleine Kinder und Babys zur Behandlung übergeben, deren Eltern sich eine Privatbehandlung leisten konnten und die nun zu ihm kamen, weil sie von seinen Erfolgen im Kassowitz-Kinder-Institut gehört hatten. Aber er war darüber enttäuscht, daß er nicht einen einzigen Patienten hatte, der an einer Neurose litt. Diese Hysteriker waren das einzige Material, an dem er die Krankheit weiter studieren konnte. Abgesehen von den psychiatrischen Lehrbüchern von Kraepelin und Krafft-Ebing und von Charcots »Archives« war in den medizinischen und wissenschaftlichen Artikeln nur wenig Material zu finden, höchstens noch bei dem amerikanischen Neurologen Silas Weir Mitchell, dem Begründer der Liegekur für Neurastheniker, und in dem Werk »Neurypnology« des Engländers James Braid.
Meynert war der Ansicht, Neurosen seien entweder ererbt oder durch physische Schädigungen des Gehirns ausgelöst. Sigmund hatte sein eigenes Wissen hauptsächlich aus dem Fall Emmy von Neustadt erworben, der ihm das klarste Bild von der Funktionsweise des Unbewußten vermittelt und ihn gelehrt hatte, wie man dieses Unbewußte durch Hypnose und »talking cure« von schmerzlichen Erinnerungen befreien konnte, die Halluzinationen hervorriefen. Er hatte sie fast völlig geheilt in ihre norddeutsche

Heimat zurückgeschickt. Er hatte Frau Dorff in die Lage versetzt, ihr Kind zu stillen, Herrn Vogel den Gebrauch seiner scheinbar gelähmten Beine wiedergegeben und erreicht, daß das Dienstmädchen Tessa nachts wieder schlafen konnte, anstatt aus dem Haus zu laufen. Er besaß umfangreiche Notizen über diese Fälle und ergänzte sie durch neue Gedanken und Überlegungen. Aber nur, wenn er neue Patienten bekam, konnte er Parallelen aufzeigen und nach feststehenden Verhaltensweisen suchen.

Ein elfjähriges Mädchen wurde zu ihm gebracht. Das Kind litt seit fünf Jahren in größeren Abständen unter heftigen Krämpfen, die von einer Reihe erfahrener Ärzte als Epilepsie diagnostiziert wurden. Man hatte mit ihm alle möglichen Untersuchungen gemacht, ohne daß ein neurologisches Leiden gefunden werden konnte. Sigmund unterhielt sich eine Weile mit der kleinen Patientin, um ihr Vertrauen zu gewinnen, dann hypnotisierte er sie. Kaum war sie in Schlaf gesunken, da erlitt sie schon einen Anfall. Dr. Bernheim und Dr. Liébeault waren über Charcot hinausgegangen, indem sie dem hypnotisierten Patienten suggerierten, er werde von seinem Leiden befreit aufwachen. Sigmund ging noch einen Schritt weiter als die Hypnotiseure von Nancy. Anstatt dem Mädchen zu suggerieren, daß die Krämpfe verschwinden sollten, fragte er:

»Mein liebes Kind, was siehst du jetzt vor dir?«

»Den Hund! Der Hund kommt!«

»Was für ein Hund? Gehört er dir?«

»Nein, nein, ein fremder Hund ... wütend ... böse Augen ... Schaum vor dem Maul ... will mir das Bein abbeißen ...«

Sigmund untersuchte beide Beine des Mädchens, fand aber keine Narben.

»Aber er hat dich doch nicht gebissen. Du bist weggelaufen. Den Hund gibt es gar nicht mehr. Du hast ihn doch nie wieder gesehen. Du brauchst vor dem Hund keine Angst mehr zu haben. Du wirst ihn nie wieder sehen und bist vor ihm vollkommen sicher. Du wirst jetzt diese ganze Episode vergessen, mein Kind. Sie ist nie geschehen. Das Bild von dem Hund wird aus deinen Gedanken verschwinden. Du wirst ihn vergessen.«

Er rief den Vater des Mädchens aus dem Wartezimmer herein und fragte ihn, ob sich der erste Anfall kurz nach einem Zwischenfall mit einem Hund eingestellt hätte. Der Vater erinnerte sich, daß beides ungefähr gleichzeitig geschehen sei.

»Und niemand ist auf den Gedanken gekommen, diese beiden Dinge miteinander in Verbindung zu bringen?«

Der Vater machte große Augen und drehte verlegen seinen runden steifen Hut zwischen den Fingern.

»Wie sollte man auf den Gedanken kommen? Der Hund hat sie doch gar nicht gebissen. Wie kann sie denn von ihm Epilepsie bekommen haben?«

»Sie hat etwas anderes bekommen, nämlich Angst. Diese Angst war die Ursache für die Krämpfe. Dieses Kind hat ebensowenig Epilepsie wie Sie

oder ich. Meine Aufgabe ist es nun, diese Angst auszurotten, die sich im Unterbewußtsein Ihrer Tochter festgesetzt hat. Ich glaube, damit schon einen guten Anfang gemacht zu haben.«
Sigmund behandelte das Mädchen eine Woche lang jeden Tag – die Angstvorstellung verschwand. Das Mädchen erlitt keinen Anfall mehr. Als Sigmund dem Vater die bescheidene Rechnung überreichte, warf dieser einen Blick darauf, zog einen versiegelten Briefumschlag aus der Rocktasche, legte ihn auf den Schreibtisch und dankte Herrn Dr. Freud sehr bewegt dafür, daß er seiner Tochter das Leben gerettet hätte. Als Sigmund später den Briefumschlag öffnete, traute er seinen Augen kaum. Der Fabrikant hatte der Familie Freud die nächste Sommerfrische in den Bergen finanziert.
Weniger Erfolg hatte Josef Breuer, der zu einem zwölfjährigen Jungen gerufen wurde. Der Bub war eines Tages mit heftigen Kopfschmerzen aus der Schule heimgekommen und konnte kaum schlucken. Der Hausarzt stellte eine Halsentzündung fest. Fünf Wochen lang ging es mit dem Kind ständig bergab. Es verweigerte jegliche Nahrung und erbrach sie, wenn sie ihm aufgezwungen wurde. Der Junge konnte die ganze Zeit nicht aufstehen. Dr. Breuer sagte er, daß er krank geworden sei, weil sein Vater ihn bestraft habe. Breuer war vom psychischen Ursprung des Leidens fest überzeugt. Er bat Sigmund zu einer Konsultation. Nach einem Besuch bei dem Jungen berichtete Sigmund:
»Sie haben bestimmt recht, Breuer: Die Krankheit ist im Grunde emotionell bedingt. Ich spüre dieselbe Angst wie bei meiner kleinen Patientin nach dem Zwischenfall mit dem Hund. Aber ein Unterschied ist vorhanden: Ich glaube, daß dieser Bub weiß, was ihn krank macht, daß es ihm sozusagen auf der Zunge liegt.«
»Seine Mutter ist eine sehr kluge Frau. Ihr wird er eher etwas sagen als mir.«
Der Plan war erfolgreich. Als die beiden am darauffolgenden Abend ihren einstündigen Spaziergang um den Ring machten, erzählte Breuer, was geschehen war: Auf dem Heimweg von der Schule war der Junge in ein Pissoir gegangen. Dort hatte ihm ein fremder Mann einen erigierten Penis vors Gesicht gehalten. Der Junge hatte die Flucht ergriffen, erschüttert vom ersten Erlebnis sexueller Perversion. Der Ekel hatte ihn so übermannt, daß es ihm unmöglich war, Nahrung in den Mund zu nehmen oder bei sich zu behalten.
Nachdem seine Mutter alles mit ihm besprochen und ihm versichert hatte, daß er an dem Zwischenfall unschuldig sei und daß er ihn vergessen solle, konnte der Junge wieder mit gutem Appetit essen. »Jetzt ist er wieder in Ordnung.«
»Breuer, wir haben wieder einiges über die Anorexie, den Appetitmangel ohne Abscheu vor Nahrung, und über chronisches Erbrechen gelernt: Sie

haben etwas mit den Vorstellungen über den Mund und den Essensvorgang zu tun. Immer dann, wenn Frau Emmy etwas essen wollte, mußte sie an eine Szene denken, die dreißig Jahre zurücklag, als ihre Mutter ihr das kalt gewordene Fleisch aufzwang. Wissen Sie, Breuer, nun wird mir immer klarer: Hysteriker leiden größtenteils an Reminiszenzen.«

Ende Januar wurde Sigmund Freud eines Morgens zu einem Patienten in der Eschenbachgasse gerufen. Er ging durch die Herrengasse zum Michaelerplatz und blieb unter dem mächtigen, mit üppigen Figuren geschmückten Portal stehen, als er im Innenhof der Hofburg die Militärkapelle spielen hörte. Es war ein trockener Frosttag. Eine große Menschenmenge hatte sich versammelt, um der Wachablösung zuzuschauen. Es war ein buntes Bild, das Sigmund seit seiner Kindheit liebte, als ihn sein Vater hergeführt hatte, damit er die Wache mit Trommelwirbel aufmarschieren sehe.

Die Kapelle intonierte gerade einen Marsch, da stürzte ein kaiserlicher Adjutant aus dem Haupttrakt der Hofburg und befahl dem Kapellmeister, sofort aufzuhören. Die Musiker setzten verwirrt ihre Instrumente ab. Die Zuhörer waren sprachlos. Noch nie zuvor war eine Militärkapelle bei der Wachablösung plötzlich unterbrochen worden.

Beunruhigt setzte Sigmund seinen Weg fort. Erst als er am Nachmittag seinen Dienst im Kinder-Kranken-Institut beendet hatte und in die Tuchlauben einbog, sah er die Zeitungsjungen, die ein Extrablatt der »Wiener Zeitung« verteilten. Es verkündete: »Seine Kaiserlich-Königliche Hoheit, Kronprinz Erzherzog Rudolf, ist in seinem Jagdschloß Mayerling einem plötzlichen Tode, wahrscheinlich infolge eines Schlaganfalls, erlegen.«

Sigmund lenkte seine Schritte sofort zum Café Central, weil er wußte, daß er dort einige seiner Freunde antreffen würde. In Wien fand die Staatstrauer in den Kaffeehäusern statt. Das Café war bis auf den letzten Platz besetzt. Breuer rückte beiseite und bedeutete dem Ober, noch einen Stuhl zu bringen. Josef Paneth war mit Exner gekommen, Obersteiner hatte Fleischl mitgebracht, den er gerade behandelt hatte, als das Extrablatt erschien.

Der Tod des Kronprinzen war eine erschütternde Tragödie. Kaiser Franz Joseph genoß nicht nur den Respekt, sondern auch die Liebe und Verehrung seiner Landeskinder. Er war der große Vater seines Reiches, treu, nimmermüde, gütig, der Inbegriff patriarchalischer Gerechtigkeit und Verläßlichkeit. In seinem Privatleben war ihm das Glück weniger hold. Seine schöne Cousine und Gemahlin Elisabeth von Bayern verbrachte die meiste Zeit auf Reisen, fern von Wien. Sein ältester Sohn, Kronprinz Rudolf, bereitete sich so nachlässig auf die Übernahme der Regierung vor, daß sein Vater ihm schließlich jegliches Staatsamt entzog. Außerdem

wurde gemunkelt, der Kaiser habe ihn zur Heirat mit Stephanie von Belgien gezwungen und dann das an den Papst gerichtete Gesuch um Annullierung der unglücklichen Ehe hintertrieben.
Aller Augen waren nun auf Josef Breuer gerichtet, der zwar nicht die Kaiserfamilie selbst, aber doch Angehörige des Hofes zu seinen Patienten zählte.
»Ich habe nie etwas von einem Herzleiden des Kronprinzen gehört«, berichtete Breuer. Er sah sich vorsichtig um, denn Hofklatsch war zwar eines der Hauptvergnügen in Wien, aber die geheiligte Person des Kaisers und seine nächsten Anverwandten waren tabu. »Es ist allerdings bekannt, daß er übermäßig trank und gewisse Drogen nahm.«
»Aber doch wohl nicht in einem Maße, daß es zu einem tödlichen Herzschlag führen konnte?« fragte Exner beinahe im Flüsterton. »Er war doch erst dreißig . . . «
Sigmund ging sehr bedrückt nach Hause. Er hatte den Kronprinzen zwar niemals persönlich kennengelernt, und es war auch höchst unwahrscheinlich, daß ihm diese Ehre jemals zuteil geworden wäre, aber wie alle Österreicher fühlte er sich dem Hause Habsburg so sehr verbunden, daß er diese Tragödie als ein persönliches Unglück empfand.
Am nächsten Tag wurde die Trauer der Nation auf unangenehme Weise gestört. In Wien sprach sich herum, der Kronprinz sei nicht infolge eines Herzschlags gestorben, sondern habe gemeinsam mit der siebzehnjährigen Baronesse Marie Vetsera Selbstmord verübt. Zunächst durften die Zeitungen natürlich nichts davon veröffentlichen. Telegramme und Briefe der ausländischen Botschaften wurden zensiert und zurückgehalten. Aber die Wahrheit ließ sich nicht verheimlichen: Der Kronprinz und die Baronesse hatten sich im Bett Seiner Hoheit selbst oder auch gegenseitig erschossen. Die Leiche der Baronesse wurde heimlich weggebracht und ohne jede Zeremonie in Heiligenkreuz beigesetzt. Rudolfs Leiche wurde nach Wien überführt und in den kaiserlichen Gemächern aufgebahrt.
Bis zum fünften Februar, als Rudolfs Sarg in der Krypta der Kapuzinerkirche beigesetzt wurde, machte Wien den Eindruck einer belagerten Stadt. Die Wiener waren zutiefst erschüttert und lebten in einer großen Verwirrung. Es wurde kaum noch gearbeitet, sondern nur noch fassungslos und heimlich darüber getuschelt, wie so etwas hatte geschehen können. Schließlich war die Baronesse nicht Rudolfs erste Liebe gewesen und zu diesem Zeitpunkt nicht einmal die einzige.
Dann machten neue Gerüchte die Runde. Jetzt erst kehrte der Alltag wieder in die Stadt ein. Wo immer Sigmund auch hinkam, ob in ein Krankenhaus, ins Kinder-Kranken-Institut oder zu einem Freund, stets war ihm schon ein neues Gerücht vorausgeeilt. Einmal sprach man vom Doppelselbstmord eines Liebespaares, das nicht heiraten durfte. Dann war Marie schwanger und hatte Rudolf ermordet, weil er sich weigerte, ihr zu helfen. Ein

andermal war Rudolf von Johann Orth, einem österreichischen Anwärter auf den bulgarischen Thron, mit einer Champagnerflasche erschlagen worden. Der Kronprinz sei von einem Forstadjunkten mit dessen Frau in flagranti ertappt und erschossen worden. Doch dieses Gerücht hielt sich nicht lange, da der österreichische Ministerpräsident Graf Taaffe witzig bemerkte:

»Wenn ein österreichischer Forstadjunkt den Sohn seines Kaisers mit der eigenen Frau ertappt, dann schießt er nicht, sondern singt: ›Gott beschütze unsern Kaiser . . . ‹«

Eine ganz typische Kaffeehausgeschichte wurde besonders oft erzählt: Nachdem Baronesse Marie erfahren hatte, daß sie schwanger war, entmannte sie Rudolf im Schlaf, worauf dieser aufwachte und in seiner Verzweiflung sie beide tötete.

Langsam kehrte Wien wieder zum gewohnten Rhythmus von Arbeit und Vergnügen zurück und gab sich mit dem letzten Gerücht zufrieden: Der Kronprinz habe hinter dem Rücken des Kaisers eine Verschwörung betrieben, um Ungarn durch eine Revolution vom Reich abzutrennen, und sich erschossen, als er mit der Aufdeckung seines Plans rechnen mußte.

Auf Sigmund machte dieser Selbstmord einen gewaltigen Eindruck. Für ihn war es unvorstellbar, daß ein Habsburger, daß der Kronprinz des Kaiserreichs Österreich-Ungarn und Erbe der erhabensten Position in ganz Europa, sich unter so erniedrigenden Umständen erschießen konnte. Die letzen Verse aus »König Ödipus« fielen ihm wieder ein:

»So ein Sterblicher noch jenem letzten Tag entgegenblickt,
Hütet Euch, sein Los zu preisen, eh er nicht gewonnen hat
Seines Lebens Ziel und Ende ohne Schmerz und ohne Leid.«

Sigmund störte an der Geschichte vor allem, daß Kronprinz Rudolf keine einzige Zeile an seinen Vater hinterlassen hatte. An seine Mutter hatte er geschrieben, nicht aber an den Vater. Das war ein ganz bewußtes Versäumnis.

»Wir wissen, daß er ein Liberaler war«, erklärte er Martha. »Er wollte die Monarchie von innen her reformieren und ihre absolute Macht einschränken. Vielleicht hat der Kaiser ihn deshalb von allen Staatsgeschäften ausgeschlossen.«

»Willst du damit sagen, daß Rudolf aus Enttäuschung und Verzweiflung Selbstmord beging?«

»Ich will damit sagen, daß Rudolf dem Alkohol, den Drogen und einem ausschweifenden Liebesleben verfiel, weil ihm der Kaiser keine verantwortungsvolle Aufgabe anvertraute. Ich glaube, daß er seinen Vater zuletzt gehaßt hat und daß sein Selbstmord ein Racheakt war.«

»Das ist ein Gerücht, das ich noch nicht gehört habe.«

»Du wirst es auch nie zu hören bekommen, Martha. Bitte, sag es auch niemals weiter. Es würde mir schwerfallen, diese These zu belegen.«

3

Neurologen sind an Rückschläge bei ihren Patienten gewöhnt. Trotzdem war es für Sigmund eine schwere Enttäuschung, als ihm Josef Breuer berichtete, Frau von Neustadt hätte einen Rückfall erlitten und auf Anraten ihres Arztes ein Sanatorium in Norddeutschland aufgesucht. Er hatte wirklich gehofft, hier eine echte Heilung erzielt zu haben. Frau Emmy war nämlich der Eckpfeiler seiner These, daß die »talking cure« unter Hypnose das wichtigste therapeutische Mittel zur Behandlung von Neurosen sei. Er zählte die Monate an seinen Fingern ab.

»Im Juni hatte sie sich noch wohl gefühlt und war nach Hause zurückgekehrt. Das ist jetzt sieben Monate her. Nach allem, was Sie mir berichten, ging es ihr bis Neujahr gut. Wie schlimm steht es jetzt um sie? Und aus welchem Grund haben wir diesen Kampf verloren?«

»Einer ihrer Ticks hat sich wieder eingestellt, dazu noch einige weitere Symptome, wie zum Beispiel die teilweise Lähmung eines Beines. Vielleicht waren einige der verdrängten Erinnerungen schon zu lange vorhanden und hatten zu tiefe Wurzeln geschlagen, um durch eine verhältnismäßig kurze Behandlung ausgelöscht zu werden. Würden Sie bitte ihrem Arzt einen Bericht über die Hypnosetheorie schicken und ihm darlegen, bei welchen Symptomen sie anwendbar ist?«

»Ich werde noch heute abend schreiben. Schön, ich habe eine Niederlage erlitten, aber dafür können Sie einen Sieg feiern. Bertha Pappenheim war am Sonntag bei uns zum Essen eingeladen und ist am Montag nach Frankfurt abgereist. Sie will sich der deutschen Frauenrechtsbewegung anschließen. Sie hat die Absicht, den Rest ihres Lebens dieser Aufgabe zu widmen. Ich muß schon sagen: Sie machte einen sehr gesunden und auch einen sehr glücklichen, zufriedenen Eindruck.«

»Um welche Frauenrechte will sie denn kämpfen?« fragte Breuer mit rauher Stimme. »Das Wahlrecht? Gerechtigkeit vor den Gerichten? Die Selbstbestimmung über ererbtes Geld?«

»Und das Recht, zu studieren, akademische Berufe zu ergreifen. Um bessere Arbeitsbedingungen in den Fabriken . . . «

Breuer ließ das Thema fallen.

»Ich bin Ihnen dankbar, daß Sie den Brief schreiben wollen, Freud. Sollte es Frau Emmy nicht bald besser gehen, werde ich ihr empfehlen, wieder nach Wien zu kommen und sich in Ihre Behandlung zu begeben. Wir wissen aus anderen Fällen, daß die Suggestionstherapie wiederholt werden muß, bis die Auswirkungen des Unbewußten restlos abgebaut sind.«

Mürrisch antwortete Sigmund: »Hoffentlich ist das nicht nur ein Tropfen auf einen heißen Stein. Wenn es sich herausstellt, daß das Unterbewußtsein ein solcher Stein und nicht ein Schwamm ist, werden wir Mittel und Wege finden müssen, wahre Wasserfälle darauf loslassen zu können.«

Am nächsten Abend hörte Sigmund einen Vortrag in der »Gesellschaft der Ärzte«, bei dem Meynert eine scharfe Attacke gegen die von Charcot in Paris begründete Hypothese männlicher Hysterie ritt. »Er kann dieses Thema einfach nicht in Ruhe lassen«, dachte Sigmund. Er nannte Sigmund zwar nicht beim Namen, aber alle Anwesenden wußten genau, wer gemeint war und wer den Begriff ›männliche Hysterie‹ in Wien zuerst gebraucht hatte. Sigmund wartete das Ende der Veranstaltung ab und ging dann zu Meynert.

»Herr Hofrat, darf ich Sie nach Hause begleiten?«

Meynerts Bart und Augenbrauen wurden bereits grau. Das dichte Haar, das ihm in Büscheln über die Ohren hing, war von vielen weißen Fäden durchzogen. Die hellere Färbung verlieh dem achtunggebietenden Kopf beinahe etwas Gütiges.

»Nein, mein junger Freund, Sie dürfen mich nicht nach Hause begleiten. Sie sind mir zu schnell. Sie lieben das Spazierengehen aus demselben Grund, aus dem Pegasus das Fliegen liebte: Es ist reine Freude an der Bewegung, wenn Sie schneller als ein Hofwagen um den Ring preschen. Zügelten Sie sich aber, so würde ich mich über Ihre Begleitung freuen. Ich gehöre mehr zur bedächtigen Sorte. Ich genieße das Gefühl, einen Fuß sicher vor den anderen zu setzen.«

Sigmund lachte. Meynert konnte sehr amüsant sein, wenn er wollte.

»Außerdem weiß ich, daß Sie mit mir streiten wollen. Ich habe nicht die Absicht, mit den Beinen und mit dem Geist neben Ihnen herzurennen.«

»Nicht streiten will ich, Herr Hofrat – nur diskutieren. Gestatten Sie mir die Bemerkung, daß sich in Ihre Darstellung der verschiedenen Stadien von Charcots Hypnose ein Irrtum eingeschlichen hat . . . ?«

Meynert ließ Sigmund geduldig reden, bis sie seine Haustür erreicht hatten. Dann läutete er nach dem Hausmeister, klopfte Sigmund auf die Schulter und sagte:

»Vielen Dank für diesen aufschlußreichen Spaziergang.«

Damit wäre die Sache erledigt gewesen, wenn Meynert seinen Vortrag nicht in einer der Fachzeitschriften publiziert hätte. Sigmund fühlte sich zu einer Richtigstellung verpflichtet und wies nun seinerseits in der »Wiener Medizinischen Wochenschrift« auf Meynerts »Irrtum« hin. Meynert fühlte sich in seiner Standesehre getroffen. Er ging mit einer Serie von drei Artikeln in der »Wochenschrift« erneut zum Angriff über und verurteilte darin rundheraus Charcots Theorie von der Autosuggestion als tieferer Ursache hysterischer Paralysen, indem er bekräftigte, derartige Lähmungserscheinungen hätten stets physische Ursachen.

Meynert kleidete seinen entscheidenden Schlag in die Worte:

> »Dr. Freuds Eintreten für die Suggestionstherapie befremdet mich um so mehr, als dieser vor seiner Reise nach Paris ein Arzt mit solider physiologischer Ausbildung war.«

Damit war der Konflikt offen ausgebrochen. Sigmund mußte sich von Josef Breuer eine gesalzene Moralpredigt anhören, blieb jedoch dabei, daß er sich zur Wehr setzen müsse, wenn er angegriffen würde.
»Meynert schreibt doch über mich, ich sei ›hierorts als geschulter Praktiker in Hypnose tätig‹. Dadurch könnte der falsche Eindruck entstehen, daß ich nichts weiter täte als hypnotisieren. Ich arbeite aber als Nervenspezialist und wende alle therapeutischen Mittel an, die dem Neurologen zur Verfügung stehen. Meynert nennt die Hypnose ›absurden Unsinn‹. Wir beide wissen, daß das nicht stimmt. Wir haben Kranken damit geholfen – erst Sie, dann auch ich.«
Josef Breuer sah seinen Freund betrübt an. Er war ein friedliebender Mann.
»Ich gebe zu, daß Meynert zu weit geht. Aber überlassen Sie es doch ihm, den langen Weg von einem Fehlurteil zurückzugehen. Sie sollten sich niemals auf einen Streit mit älteren Fachkollegen einlassen.«
Sigmund konnte der Logik dieses Gedankens nicht folgen, weil ihn Breuers reservierter Ton kränkte. Das kam in letzter Zeit immer häufiger vor, und er konnte sich beim besten Willen nicht erklären, weshalb Breuer sich ihm weniger eng verbunden fühlte als während der vergangenen zehn Jahre herzlicher Freundschaft.
Er hörte nicht auf Breuers Rat. Am nächsten Tag schrieb er die Besprechung eines kleinen Bändchens, das der berühmte Schweizer Neurologe August Forel unter dem Titel »Der Hypnotismus, seine Bedeutung und seine Handhabung« herausgebracht hatte. Er lobte Forels Werk, faßte den Inhalt kurz zusammen und fuhr fort:

> »Die Bewegung, welche die Suggestionstherapie in den Heilschatz der Medizin einführen will, hat an anderen Orten bereits triumphiert und wird endlich auch in Deutschland, respektive in Wien, zum Ziele gelangen.«

Dann nahm er Meynert aufs Korn, der Forel vor Wissenschaftlern als »den südlichen Forel« abgetan und ihm einen »nördlicheren« Opponenten der Hypnose als Beispiel kühleren Denkens gegenübergestellt hatte. Sigmund klärte seine Leser darüber auf, daß Forel am Genfer See das Licht der Welt erblickt habe, den Meynert wohl mit dem Mittelmeer verwechselt haben müsse. Er war es leid, sich ständig »Unlauterkeit der Absichten und unwissenschaftliche Denkweise« bei der Anwendung der Hypnose vorwerfen zu lassen und zog gegen den Professor vom Leder:

> »Wenn sich unter diesen Gegnern Männer befinden, wie Herr Hofrat Meynert, Männer, die durch ihre Arbeiten eine große Autorität erworben haben, welche das ärztliche wie das Laienpublikum nun ohne weitere Prüfung auf alle ihre Äußerungen überträgt, so ist eine gewisse Schädigung der Sache des Hypnotismus allerdings unvermeidlich. Es fällt den meisten Menschen schwer anzunehmen, daß ein Forscher, der für einige Kapitel der Neuropathologie große Erfahrung

erworben und viel Scharfblick bewiesen hat, für andere Probleme jeder Eignung, als Autorität angerufen zu werden, entbehren sollte.«
Sigmund gelangte zu dem Schluß, daß es höchste Zeit sei, die von Bernheim und Liébeault angewandten Methoden aus erster Hand kennenzulernen.
Martha fragte mit gezwungenem Lächeln: »Soll ich mich nach einem anderen Vorlesungssaal für dich umsehen, während du in Nancy bist?«
»So ist Meynert auch nicht, Martha. Er wird mir auch für das Wintersemester wieder sein Auditorium überlassen. Peinlich ist mir nur, daß ich nicht in Wien bin, wenn die Buchbesprechung erscheint. Es soll niemand glauben, daß ich davonlaufe!«
»Keine Angst! Wie ich es sehe, ist man in Wiener wissenschaftlichen Kreisen vielmehr überzeugt, daß du bei einem Streit nicht davon-, sondern ihm entgegenläufst. Ob dein Sohn wohl dein Temperament erben wird?«
»Sohn?«
»Ja. Hast du nicht immer gesagt, du möchtest einen Sohn haben – oder sollte ich mich da irren?«
Da begriff er und schloß sie in seine Arme.
»Wir werden eine großartige Familie sein! Und eine vielköpfige dazu. Sollen wir für die Sommerfrische wieder dieselbe Villa am Semmering mieten? Ich werde fast den ganzen August in Nancy verbringen. Inzwischen wird dir meine Schwester Pauli Gesellschaft leisten.«

4

Er stieg aus dem Nachmittagszug und ging über die Place de la Gare von Nancy zu seinem Hotel. Er bekam ein geräumiges Zimmer im dritten Stock zur Rückseite hin; es war sehr bequem, nur waren die Wände leider in widerlichem Senfgelb gestrichen. Aus dem Fenster hatte er einen Blick auf die Bergkette, aus deren Tiefen Nancy das Eisenerz für die französische Stahlindustrie gewann.
Er wusch sich den Reisestaub ab. Dann ging er in ein Papierwarengeschäft am oberen Ende des Platzes und besorgte sich einen Stadtplan. Es war Ende Juli, und er hatte noch einige Stunden Zeit, die Stadt zu erforschen, ehe die Sonne unterging. Er wäre an diesem Abend ohnehin außerstande gewesen, etwas zu essen oder ruhig einzuschlafen, ohne zuvor das Pflaster der Stadt unter den Füßen gespürt zu haben.
Er orientierte sich nach dem Stadtplan und machte sich dann auf den Weg zur Kathedrale in der Rue St.-Georges. Sie hatte eine reichgeschmückte Fassade und zwei Kuppeltürme, aber im Vergleich zu den Kirchen von Paris und Wien fand Sigmund diesen Bau enttäuschend langweilig. Dann suchte er auf der Karte den Weg zur Place Stanislas, dem Stolz von Nancy, den der

polnische Exkönig Stanislas Leszczynski erbaut hatte, nachdem er Herzog von Lothringen geworden war.
Freud war sofort von der Pracht des Platzes überwältigt. Das war nicht einfach ein Platz, das war ein ganzer Stadtteil, der von öffentlichen Gebäuden in einheitlichem Stil und goldverzierten schmiedeeisernen Toren gebildet wurde. In der Mitte erhob sich ein Triumphbogen, der von einem Statuenfries gekrönt wurde. Das herrliche barocke Hôtel de Ville, das Palais de Justice, das Theater und die mit Bäumen gesäumte Place de la Carrière bildeten eine Symphonie von heller, mozartischer Harmonie. Die Müdigkeit der langen Reise war wie weggeblasen.
Am nächsten Morgen stand er um sechs Uhr auf. Die Sonne stand zwar schon über dem Horizont, doch die schmale Straße unter seinem Fenster lag noch im Schatten. Vor dem Hintergrund dunkler Läden eilten Arbeiter auf dem Weg zu den Minen und Hütten über die Bürgersteige. Sigmund wusch sich vor dem kleinen Rasierspiegel notdürftig mit dem Schwamm, zog seinen würdevollen, grauen Anzug an, dazu das weiße Hemd mit dem steifen Kragen und einen dunklen Binder. Dann setzte er sich in ein Straßencafé an der Place de la Gare und studierte bei Kaffee und Croissants eine Lokalzeitung von Nancy.
Es tat ihm gut, wieder einmal durch eine französische Stadt zu wandern, an den soliden, wohlhabenden, gutbürgerlichen und ein wenig faden Gebäuden der Hauptstraße vorbei. Das Krankenhaus und die Medizinische Fakultät befanden sich am Stadtrand. Auch diese Gebäude wirkten solide. Sie hatten eine Reihe von Innenhöfen und ähnelten in der Anlage dem Wiener Allgemeinen Krankenhaus oder der Salpêtrière in Paris. Alle Häuser waren makellos sauber. Blumenbeete und blühende Sträucher verliehen den Höfen eine fröhliche Note.
Als Professor Hippolyte Bernheim ihn willkommen hieß und sich für die deutsche Übersetzung seines Buches bedankte, hatte Sigmund Gelegenheit, den Mann genauer zu betrachten. Bernheim war untersetzt, glattrasiert bis auf einen bescheidenen Schnurrbart, der ebenso wie das kurzgeschnittene Haar schon grau wurde. Seine tiefliegenden Augen wurden von schweren Lidern beschattet, sie wirkten gleichzeitig freundlich und reserviert. Aber seine auffallendsten Merkmale waren die vorstehenden Backenknochen und das harte Kinn. Der jetzt neunundvierzigjährige Professor war im Elsaß geboren und hatte in Straßburg studiert. Er war schon frühzeitig in das nahe Nancy übergesiedelt, hatte fünfundzwanzig Jahre lang seine rasch wachsende Privatpraxis versorgt und daneben im Hôpital Civil mehrere Kliniken geleitet. Als angesehenes Mitglied der Medizinischen Fakultät hatte er an der Universität gelehrt und – wie auch Meynert in Wien – in jüngeren Jahren in dem der Universität angeschlossenen Asyl gearbeitet.
Sigmund wußte, daß Bernheim vor sechs Jahren zufällig auf das Gebiet der

Hypnose gestoßen war, als er einen hartnäckigen Fall von Ischias behandelte und keine Erfolge erzielen konnte. Da hatte er seinen Patienten ohne viel Aufhebens in den Garten eines Landarztes namens Ambroise-Auguste Liébeault geführt, der ein genialer Mystiker oder, wie manche Mitglieder der Medizinischen Fakultät von Nancy behaupteten, nichts weiter als Quacksalber war. Dr. Liébeault hatte den Patienten in drei Sitzungen durch Hypnose geheilt. Immer noch in aller Heimlichkeit, hatte Bernheim sodann weitere Patienten zu Liébeault gebracht, Fälle, in denen es ihm nicht gelungen war, irgendein physisches Leiden festzustellen oder eine Linderung der Krankheit zu erreichen. Liébeault hatte immer erhebliche Erleichterungen, oft sogar vollständige Heilungen erzielt.
Auf diese Weise war es ihm gelungen, Dr. Hippolyte Bernheim zur Hypnose zu bekehren.
»Monsieur Freud, ich habe die Chefs aller Abteilungen darauf hingewiesen, daß Sie von heute an bei uns arbeiten werden. Ich möchte Sie mit jedem von ihnen bekannt machen, damit Sie unsere Methode genau studieren können. Kein Patient darf in unsere Hypnose-Klinik aufgenommen werden, wenn nicht jeder Abteilungschef eine gründliche Untersuchung vorgenommen und sich davon überzeugt hat, daß keine physische Krankheit, kein Leiden somatischen Ursprungs vorliegt.« Mit listigem Zwinkern fügte er hinzu: »Noch etwas, Monsieur Freud: Kein Patient meiner Klinik wird von einem meiner Mitarbeiter instruiert oder gelenkt – im Gegensatz zur Salpêtrière. Charcots drei Phasen der Hypnose waren nie etwas anderes als ein Kult.«
Sigmund war peinlich berührt. Er wollte sich auf keine Diskussion über die voneinander abweichenden Ansichten der Schule von Nancy und der Salpêtrière einlassen. Dr. Bernheim führte ihn in die Abteilung für Hypnose, ging mit ihm von Bett zu Bett und erläuterte ihm die Symptome. Sobald sie sich dann außer Hörweite des betreffenden Patienten befanden, besprach er seine Diagnose mit Sigmund.
»Wie Sie selbst sehen werden, befinden sich hier nur die Fälle, die ich vorhin erwähnte: Hysterie, Neurose, Autosuggestion. Wir, die Begründer der Schule von Nancy, rühmen uns, gründlich und wissenschaftlich vorzugehen. Wir können Ihnen Tausende von Fällen aus unseren Akten vorlegen. Wir haben sehr viel an empirischem Material gesammelt: stündliche und tägliche Aufzeichnungen über den Patienten und seine Behandlung. Sie werden kein Theoretisieren, keine bloßen Vermutungen finden. Wir halten die Tatsachen fest und helfen damit dem nächsten, der unter ähnlichen Symptomen leidet. Dazu ist ein Krankenhaus doch da, nicht wahr?«
Sigmund sagte leise: »Sie sind viel mehr als nur ein Heilkünstler, Herr Dr. Bernheim – Sie sind Wissenschaftler. Das möchte ich auch werden!«
Er wurde von den Abteilungschefs herzlich aufgenommen. Sie wußten, daß

Bernheims Buch übersetzt hatte, aber auch, daß er Charcots Übersetzer war. Sie waren überzeugt, auf medizinischem Gebiet genausoviel zu leisten wie die Ärzte der Salpêtrière, obgleich sie ihr Leben lang im Schatten des berühmten Pariser Krankenhauses stehen würden. Sigmund lernte in ihnen Männer von allererstem Rang kennen. Das war einer der Gründe, warum er die Medizin liebte: Sie zog in jedem Land die besten Köpfe und lautersten Charaktere an.

Auf dem Rückweg zu seiner eigenen Abteilung sagte Bernheim: »Heute vormittag werde ich Ihnen zwei Fälle vorführen, von denen ich glaube, daß sie Sie interessieren werden. Dann erwartet uns Madame Bernheim zum Essen.«

Bernheim arbeitete in einem kahlen Raum neben seinem Büro, wo er auch seine Vorlesungen hielt. Für den Patienten stand ein schlichter Stuhl bereit. Eine Krankenschwester führte eine verheiratete Frau von siebenundzwanzig Jahren herein, die an Ruhr litt. Dr. Bernheim reichte Sigmund die Krankenkarte. Die Frau war geschwächt und nervös, sie hatte Gelbsucht, hysterische Paroxismen und klagte über Schwierigkeiten in ihrer Ehe.

Dr. Bernheim versetzte sie in Trance. Sigmund beobachtete ihn dabei und mußte feststellen, wie bescheiden seine eigene Begabung als Hypnotiseur war. Bernheim war ein Naturtalent. Das lag nicht nur an der einschläfernden Wirkung seiner schleppenden Stimme, sondern auch am Ausdruck seiner Augen, der ganzen Körperhaltung und der Art, wie er der Patientin die Arme entgegenstreckte, als könne sie sich unbesorgt hineinfallen lassen. Dr. Bernheim machte der Kranken mit ruhiger, überzeugender Stimme klar, daß ihre Depression die Ursache der Leiden sei, daß ihre Schmerzen und Beschwerden allmählich verschwinden würden, sobald sie wieder guter Dinge sei. Dann suggerierte er ihr, daß sie in zuversichtlicher Stimmung erwachen solle. Als er sie wenige Minuten später weckte und fragte: »Na, wie fühlen Sie sich?« antwortete sie erstaunt: »Ich fühle mich wirklich recht wohl!« – »Gut«, antwortete Bernheim. »Morgen werden wir Ihre Ruhr behandeln. Danach werden Ihre Kräfte wiederkehren.«

Sigmund fragte: »Was glauben Sie, wie viele Behandlungen nötig sein werden?«

Bernheim zählte die Symptome der Patientin auf. »Ich würde sagen, eine Woche. Ich will bei jeder ›Operation‹ – so nannte übrigens James Braid die Hypnosebehandlungen, um vom berüchtigten ›Mesmerismus‹ abzukommen –, bei jeder ›Operation‹ also will ich nur ein Symptom beseitigen. Dieses Isolieren einzelner Symptome verleiht der Suggestion größere Einheitlichkeit und Kraft und macht die Heilung dauerhafter.«

»Ja, das habe ich auch herausgefunden!« rief Sigmund aufgeregt. »Bei einem fünfzigjährigen Mann, der Lähmungserscheinungen am Bein, am Fuß und an den Zehen hatte. Ich ließ ihn auf dieselbe Weise wieder gesund werden, wie er krank geworden war.«

Die Krankenschwester führte einen zwanzigjährigen Mann mit einer alten Handverletzung herein. Seit dieser Verletzung konnte er die Finger weder ausstrecken noch zur Faust ballen. Dr. Bernheim versetzte ihn in Schlaf und suggerierte ihm, daß er ohne Schwierigkeiten die Faust ballen und die Finger ausstrecken könne. Zehn Minuten lang massierte er die Hand und die Finger des Mannes. Bevor er den Patienten wieder aufweckte, sagte er leise: »Sehen Sie, Monsieur Freud, das war eigentlich keine Suggestion, sondern eine Gegensuggestion. Der junge Mann hatte sich selbst suggeriert, seine Hand sei verkrüppelt. Ich muß ihn nur von dieser Autosuggestion befreien.«
Der Mann wachte auf und stellte fest, daß er Hand und Finger ohne Schwierigkeiten wieder bewegen konnte.
»Ich habe solche Fälle von Verletzungs-Traumata in der Salpêtrière erlebt«, sagte Sigmund. »Aber dort wird nur demonstriert, daß der Patient unter Hypnose zu Dingen fähig ist, die er bei vollem Bewußtsein nicht tun kann. Ein Versuch zur Heilung wird nicht unternommen. Ich bin sicher, daß auch im Allgemeinen Krankenhaus solche Fälle vorkommen, nur erkennen wir sie nicht. Aber trotzdem muß ich fragen: Warum geschah das ausgerechnet bei diesem jungen Mann und nicht auch bei hundert anderen, die sich überall auf der Welt Handverletzungen zuziehen, manchmal sogar recht schwere, und am nächsten Tag trotz der Verbände wieder zur Arbeit gehen?«
Dr. Bernheim schüttelte ganz entschieden den Kopf.
»Die Beantwortung dieser Frage würde zu vagen Vermutungen führen, Monsieur Freud. Ich befasse mich nur mit Tatsachen, um das Ansehen meiner Klinik hochzuhalten. Meine Aufgabe ist es, Krankheiten zu heilen. Aus der Fülle dokumentierter Tatsachen werden wir die Hypnose zu einer wissenschaftlichen medizinischen Methode ausbauen.«
Sie gingen durch die Mittagshitze zur Wohnung Dr. Bernheims mitten im Stadtzentrum, in der Rue Stanislas Nr. 14, nahe der in der alten Universität gelegenen Stadtbibliothek. Das Haus war von einem liebevoll gepflegten Garten umgeben. Madame Sarah Bernheim, eine eindrucksvolle, außerordentlich vitale Frau von Anfang Vierzig, war Kindersegen versagt worden. Nun bemutterte sie ihren Mann, als müßte er ihr Ersatz für mindestens sechs Kinder bieten. Sigmund erkannte sofort, wie sehr Bernheim es genoß, so verwöhnt zu werden. Das Ehepaar Bernheim war wohlhabend und konnte sich zwei Dienstboten leisten, die den Doktor und seinen Gast empfingen, Sigmund in ein Gästezimmer führten, damit er sich vor dem Essen erfrischen konnte, und dann im Salon als Aperitif ein Glas Weißwein servierten. Aber Frau Bernheim ließ es sich nicht nehmen, das Essen für »Monsieur le docteur« eigenhändig zuzubereiten, »denn nur ich weiß, was ihm schmeckt . . . «
Zum Glück war es in dem zweistöckigen Haus recht kühl, da dichte

Vorhänge das Eindringen der sommerlichen Hitze verhinderten. Sigmund war die in Wien üblichen drei Gänge beim Mittagessen gewöhnt. Nun servierte ihm ein Mädchen in schwarzer Kleidung zuerst eine dicke Zwiebelsuppe, danach ein Entrecôte mit kleinen Karotten, Erbsen, Blumenkohl und knusprigen Pommes frites und eine mit verschiedenen Kräutern gefüllte Tomate. Dazu tranken sie Burgunder Wein. Den Abschluß bildeten grüner Salat und ein Orangensoufflé. So gut hatte er in Frankreich noch nie gegessen. Er machte Madame Bernheim ein entsprechendes Kompliment. Sie errötete vor Freude.

»Mein Mann arbeitet so schwer«, bemerkte sie, »da halte ich es für meine oberste Pflicht, ihn bei Kräften zu erhalten.«

Bernheim strich sich lachend über den rundlichen Bauch.

»Du sorgst dafür, meine Liebe, daß meine Taille nicht schmäler wird.« Er wandte sich an Sigmund. »Monsieur Freud, erinnern Sie sich noch an den jungen schwedischen Arzt, der zusammen mit Ihnen an der Salpêtrière arbeitete und dann entlassen wurde, weil er angeblich versucht hatte, eine junge Patientin des Krankenhauses zu verführen?«

»Natürlich. Er hatte eine sehr hohe Meinung von Ihnen.«

»Dann gestatten Sie mir, daß ich seinen guten Ruf wiederherstelle. Er begegnete den Eltern des Mädchens im Garten der Salpêtrière. Sie waren vom Land gekommen, um ihre Tochter zu besuchen, von der sie glaubten, daß sie in der Krankenhausküche arbeitet. Der junge Arzt erkundigte sich nach ihr und stellte fest, daß Charcots Assistenten in ihr ein gutes Hypnose-Medium entdeckt hatten; sie hatten das Mädchen mit Kleidung und Kosmetika versorgt und aus ihr eine ›Hypnose-Schauspielerin‹ gemacht. Die Aufmerksamkeit, mit der man sie umgab, schmeichelte ihr natürlich, doch der Arzt war überzeugt, daß man mit ihrer geistigen Gesundheit spielte. Er kaufte ihr eine Rückfahrkarte zum Bauernhof ihrer Eltern und befahl ihr unter Hypnose, zu ihm in die Wohnung zu kommen, damit er sie in den Zug setzen konnte.«

Sigmund überlegte.

»Ich erinnere mich, daß mir die ganze Affäre damals schon unglaubwürdig erschien.«

»An der Salpêtrière gibt es noch mehrere solche Affären. Doch jetzt müssen wir zu Monsieur Liébeault gehen, er wird gleich mit seiner Nachmittagssprechstunde beginnen. Ich werde Sie mit ihm bekannt machen und dann meine Privatpraxis aufsuchen. Den größten Teil meines Lebensunterhalts verdiene ich – genau wie Sie – als Neurologe.«

5

Auf dem Weg zu Liébeault, der in einem bescheideneren Stadtteil wohnte, sagte Dr. Bernheim: »Ich möchte Ihnen einiges über Ambroise-Auguste Liébeault erzählen. Seine Eltern, anständige, schlichte Bauern, brachten ihn ins Petit Seminaire; er sollte Priester werden. Aber mit fünfzehn Jahren waren er und seine Lehrer davon überzeugt, daß er nicht zum Theologen taugte. Mit einundzwanzig immatrikulierte er sich – vierzehn Jahre vor mir – an der Medizinischen Fakultät der Universität Straßburg und promovierte 1850 mit einer Doktorarbeit über die Dislokation des Oberschenkelknochens. Einer seiner Professoren weckte sein Interesse an der Hypnose, indem er bewies, daß man Nasenbluten künstlich hervorrufen konnte, wenn man dem in Schlaf versetzten Patienten einen entsprechenden Befehl gab. Nach der Promotion ließ sich Liébeault in einem kleinen Bauerndorf hier in der Nähe nieder und war vollauf damit beschäftigt, Babys ans Licht der Welt zu befördern und Knochenbrüche einzurichten. Nur ein einziges Mal wollte er es mit Hypnose versuchen, und zwar bei einem jungen Mädchen, das an Krämpfen litt. Ihr Vater ließ das aber nicht zu, weil er in der Hypnose eine Hexerei und ein Sakrileg sah. Aber Liébeault blieb weiterhin fasziniert. Nach einigen Jahren Landpraxis besuchte er in Nancy Vorlesungen über Braids ›Neurypnology‹, kaufte sich ein Haus in der Stadt und eröffnete eine Praxis. Seine Patienten waren größtenteils Bauern und Arbeiterfamilien. Er bot seinen Patienten kostenlose Behandlung, wenn sie ihm die Anwendung der Hypnose gestatteten; im anderen Falle mußten sie die normalen Arzthonorare und auch alle anderen Kosten für Medikamente, Massagen oder ähnliches selbst tragen. Ein solches Angebot hätte kein Bauer in ganz Frankreich zurückgewiesen! Ein Arbeiter übrigens auch nicht. Seit fünfundzwanzig Jahren verdient nun Liébeault den bescheidenen Lebensunterhalt für sich und seine Familie durch die Behandlung normaler Gebrechen. Doch sein Herz gehört der Hypnose. Von seinem ersten Buch ›Der künstliche Schlaf und analoge Zustände‹ wurde ein einziges Exemplar verkauft! Stellen Sie sich das einmal vor! Sein zweites Buch ging kaum besser. Wir sind da.« Ambroise-Auguste Liébeault hatte sich ein zweieinhalbstöckiges Eckhaus gekauft, das schmucklos war, aber für die Jahrhunderte gebaut zu sein schien. Linker Hand lag ein kleiner Garten mit einer Rasenfläche und einem Kiesweg, der zu einem Anbau unter einem gewaltigen, schattenspendenden Baum führte. Vor der Tür saß auf rohen Holzbänken ein rundes Dutzend Patienten, Bauern und Arbeiter im besten Sonntagsgewand mit ihren Frauen oder Kindern. Wenn ein Patient hineinging, rückten die anderen auf den Bänken nach.

Dr. Liébeault trat an die offene Tür seiner Praxis, um sich einen Augenblick zu entspannen. Sigmund hatte Gelegenheit, den fünfundsechzigjährigen Mann, der bereits etwas gebeugt ging, aus der Nähe zu betrachten. Er hatte feines, weißes Haar und einen kurzen weißen Bart, seine Stirn war von waagerechten Falten durchfurcht. Er hatte die gesunde Hautfarbe eines Bauern. Sein Gesicht wirkte widersprüchlich: kindliche Fröhlichkeit mischte sich mit der strengen Autorität eines Priesters, sein Ausdruck war schlicht, doch ernst, sanft, aber beherrschend. Seine Begriffe »verbale Suggestion« und »künstlicher Schlaf« waren in vielen Teilen Europas bekannt und akzeptiert, aber in Nancy blieb ihm der Zugang zu den gehobenen Kreisen verwehrt. Patienten mit Geld und Ansehen wagten es nicht, Dr. Liébeault zu konsultieren – das gehörte sich einfach nicht. Und so sehr Dr. Bernheim seine Leistung auch zu schätzen wußte und ihn dafür pries, man hatte ihn nicht aufgefordert, an der Medizinischen Fakultät der Universität zu lehren. *Le bon père*, wie seine Patienten Liébeault nannten, hob den Kopf, sah Dr. Bernheim und Sigmund Freud und hieß beide mit herzlichem Lächeln willkommen. Dann lud er Sigmund zum Betreten seines Gartenhauses ein. Sie gelangten zuerst in einen kleinen Vorraum, das Wartezimmer für kalte und regnerische Tage. Dahinter lag ein großer, sparsam möblierter Raum: Regale voller uralter Bücher, ein hölzerner Armsessel für den Herrn Doktor, ein paar wackelige Stühle für die Patienten. Sigmund sah sich nach einem Arzneischrank oder einem Karteikasten für die Krankenberichte um, fand aber nichts dergleichen. Liébeault führte keine Aufzeichnungen und nahm auch keine gründlichen Untersuchungen vor. Deshalb bezeichnete ihn die Medizinische Fakultät auch als »unwissenschaftlich«.

Sigmund sah dem Arzt zu, wie er die Patienten behandelte. Seine Methoden waren noch einfacher und durchschaubarer als die Bernheims. Seine hellen Augen blickten mitfühlend, er sprach rasch, mit tiefer Stimme, jede Bewegung wirkte ruhig und selbstsicher. Er hielt die Daumen seiner Patienten liebevoll in seinen großen, gütigen Händen fest, befahl ihnen, an nichts anderes zu denken als an Schlaf und Heilung und suggerierte ihnen, daß ihre Augenlider schwer würden, ihre Muskeln müde und entspannt, so daß sie in einen Zustand des Somnambulismus hinüberglitten. Sobald sie zu blinzeln begannen, sagte Liébeault mit seiner sonoren Stimme: »Sie werden jetzt schlafen!« Und sie taten es auch.

Der erste Patient war ein elfjähriger Junge, der nachts immer noch sein Bett naßmachte. Liébeault suggerierte dem Jungen, daß er in Zukunft jedesmal, wenn er nachts den Drang verspürte, auf die Toilette zu gehen, aufwachen und hinausgehen werde. In der darauffolgenden Woche erfuhr Sigmund, daß diese eine Sitzung genügt hatte, um den Bettnässer zu heilen. Als nächstes kam ein vierzehnjähriges Mädchen, das über ein Schwächegefühl in den Beinen, Schmerzen in den Hüften und unsicheren Gang klagte. Liébeault stellte fest, daß die Beschwerden im Zunehmen begriffen waren und meinte, sie in ein bis zwei weiteren Sitzungen beseitigen zu können. Dann kam ein sechzigjähriger Zimmermann, dessen linke Körperhälfte

gelähmt war. Er war aber schon seit drei Wochen in Behandlung, und Liébeault raunte Sigmund zu:
»Ich habe ihn so weit, daß er wieder gehen kann, aber in einem Bein ist ein Schweregefühl zurückgeblieben. Er arbeitet wieder, weigert sich jedoch, auf eine Leiter zu steigen.«
Dann saß der *bon père* einer zwanzigjährigen geschiedenen Frau gegenüber, die als Zigarrenmacherin arbeitete. Wie Liébeault erklärte, hatte sie unter »Anfällen von Raserei, Alkoholismus und Teillähmungen der Beine« gelitten.
»Ich habe alle ihre Beschwerden beseitigt, bis auf ihre Neigung zum Wein«, erläuterte er Sigmund. »Wenn sie schläft, bringe ich sie dazu, den Wein zu verabscheuen. Aber sobald sie wach ist, trinkt sie wieder. Das ist äußerst seltsam. Aber sie kann wenigstens wieder arbeiten.«
Draußen auf der Gartenbank saßen immer noch einige Patienten, aber Sigmund bedankte sich bei Dr. Liébeault und verabschiedete sich. Er ging durch die Straßen von Nancy zurück, genoß die heitere Schönheit der Place Stanislas und setzte sich auf eine Bank an der Place de la Carrière, dem einstigen Turnierplatz der Herzöge von Lothringen. Im Schatten der Bäume, die ihn vor den schrägen Strahlen der untergehenden Sonne schützten, dachte er über seine Eindrücke nach. Er zweifelte nicht im geringsten daran, daß er den beiden größten Hypnotiseuren bei der Ausübung dieser verfemten Kunst zugesehen hatte. Im Vergleich zu Liébeault und Bernheim war er noch ein unerfahrener Lehrling.
Aber das war es nicht, was ihn beunruhigte. Etwas anderes verwirrte ihn, das Gefühl, daß hier etwas Wesentliches fehlte: eine Spekulation, die Erforschung der Ursachen. *Warum* hatte die siebenundzwanzigjährige Frau Dysenterie bekommen? Lag es daran, daß sie Streit mit ihrem Ehemann hatte und sich durch Krankheit ihren ehelichen Pflichten entziehen wollte? *Warum* machte ein Elfjähriger immer noch sein Bett naß? Nur aus Faulheit? *Warum* hatte sich bei dem sechzigjährigen Zimmermann eine hysterische Lähmung eingestellt? Aus Angst vor Leitern? *Warum* fürchtete er sich plötzlich vor Leitern, nachdem er sie vierzig Jahre lang hinaufgeklettert war?
»›Warum‹ ist das nützlichste Wort in jeder Sprache!« sagte Sigmund. »Wenn wir ein ›Warum‹ auf das andere schichten, wie ein Maurer Stein auf Stein legt, werden wir uns mit der Zeit ein Gebäude errichten, das uns vor Stürmen schützt.«
Am nächsten Morgen saß er in Dr. Bernheims Sprechzimmer. Von hier aus konnte man einen der Innenhöfe des Krankenhauses überblicken. Es war so still an diesem Julimorgen, daß man die Fliegen vor den Fliegengittern summen hörte.
Eine Krankenschwester brachte einen kleinen Jungen herein, der seinen Arm nicht heben konnte und rheumatismusähnliche Schmerzen verspürte.

Bernheim setzte den Jungen vor sich auf einen Stuhl und berührte leicht seine Lider. »Mach die Augen zu, mein Junge, und schlaf ein. Du wirst schlafen, bis ich dich wieder aufwecke. Du schläfst tief, fest und bequem wie zu Hause in deinem Bettchen.« Er hob den Arm des Jungen hoch, berührte die schmerzende Stelle und sagte: »Die Schmerzen sind fort. Du hast jetzt keine Schmerzen mehr. Wenn du wieder aufwachst, werden sie auch nicht wiederkommen. Du spürst, wie dein Arm warm wird. Die Wärme nimmt zu und verdrängt die Schmerzen.«
Als der Junge aufwachte, konnte er den Arm ohne Schwierigkeiten hochheben. »Tut dir noch etwas weh, mein Kind?« – »Nein, Monsieur le docteur, aber da, wo es früher wehgetan hat, fühlt sich der Arm jetzt so warm an.«
»Die Hitze wird nachlassen. Du kannst jetzt heimgehen.«
Nachdem der Kleine gegangen war, fragte Sigmund leise: »Woher kamen die Schmerzen in seinem Arm?«
Dr. Bernheim gestattete sich ein kleines Lächeln, was sonst nur selten vorkam.
»Reine Halluzination. Wir alle sind während des größten Teils unseres Lebens potentielle Opfer von Halluzinationen.«
»Zugegeben. Aber woher kommen die Halluzinationen, und warum tritt gerade diese bestimmte Halluzination auf?«
Dr. Bernheim breitete die Arme weit aus, als wollte er die Unendlichkeit greifen.
»Woher sollten wir das wissen? Es ist besser, dieses Kind zu heilen, als mit ihm zusammen in die unbekannten Tiefen des Styx zu stürzen, aus dem die Halluzinationen kommen. Sogar die Psychologen schrecken vor dieser *bête noire* zurück.«

An den Vormittagen studierte Sigmund im Krankenhaus Bernheims Methoden und Aufzeichnungen, die Nachmittage verbrachte er bei Liébeault. Es fiel ihm auf, daß Bernheim jedem neuen Patienten vor Beginn der Behandlung die Vorzüge der suggestiven Therapie erläuterte und ihm klarmachte, daß die Hypnose seine Beschwerden wenn schon nicht heilen, so doch gewiß lindern konnte. Er gewann das Vertrauen der nervösen Patienten, indem er ihnen versicherte, daß das Verfahren weder sonderbar noch schädlich sei und daß man es bei jedermann anwenden könne. War der Patient dann immer noch ängstlich, forschte er nach dem Grund dieser Furcht und bekämpfte sie.
»Sehen Sie mich an und denken Sie an nichts weiter als an Schlaf«, sagte er zu seinen Patienten. »Ihre Lider werden allmählich schwer, Ihre Augen müde. Sie können die Augen nicht mehr offenhalten, sie werden feucht, Sie können nicht mehr deutlich sehen . . . Ihre Augen sind geschlossen.« Genügte seine Stimme allein nicht, dann hob Bernheim zwei Finger hoch

oder bewegte seine beiden Hände mehrmals dicht vor den Augen des Patienten hin und her, drückte ihm dann sanft die Lider zu und senkte gleichzeitig die Stimme. In hartnäckigen Fällen legte er dem Patienten die Hände so auf die Stirn, daß jeweils drei Finger auf den Schläfen ruhten. Half auch das nichts, ballte er die linke Hand zur Faust und legte dem Patienten die vier Knöchel sanft, aber bestimmt mitten auf die Stirn. Er verließ sich nur ungern auf Fremdkörper, war aber der Patient auch nach dem zweiten oder dritten Versuch nicht wenigstens in einen leichten Schlaf gesunken, so griff er nach einem der Gegenstände, die auf seinem Schreibtisch lagen: einer Glaskugel, einem dünnen Metallstreifen, an dem sich das Licht brach. Dann sanken auch die Ängstlichsten in Schlaf.
Dr. Liébeault glaubte wie schon Mesmer, daß eine magnetische Kraft vom Arzt auf den Patienten überging. Deshalb legte er fast allen Patienten die Hand auf. Kindern strich er, wie Sigmund bemerkte, immer ganz leicht das Haar aus der Stirn, während er dauernd wiederholte: »Es ist alles gut. Du wirst friedlich einschlafen. Du wirst dich viel wohler fühlen, wenn du wieder aufwachst.« Bei jungen Erwachsenen nahm er das Gesicht zwischen seine großen, warmen Hände. Älteren Menschen strich er sanft über den Arm oder klopfte ihnen auf die Schulter und sagte dabei: »Sie werden sich wunderbar ausruhen. Ich schließe Ihnen jetzt die müden Augen, und dann kommt der Schlaf ganz von selbst.«

Sigmund blieb sechs Wochen und beobachtete Liébeault und Bernheim bei der Behandlung unzähliger Fälle. Die beiden talentierten Männer mußten jedes ihnen zur Verfügung stehende Mittel anwenden, wenn sie all diese verschiedenen Krankheiten wirksam bekämpfen wollten: Paresen der Hand, Schreibkrampf bei einem Buchhalter, Lähmung der Beine nach einer Lungenentzündung, Magenschmerzen, rheumatische Schmerzen in Hüfte und Oberschenkel, Gesichtszuckungen, seltsame Anfälle, Sehstörungen, Erbrechen und Schlaflosigkeit, Appetitlosigkeit und Melancholie.
Er machte sich über die Fälle, die er selbst beobachtet hatte, ausführliche Notizen, verzeichnete den kleinsten Fortschritt der Patienten und die Aussichten für eine völlige oder eine partielle Heilung. Dann fügte er eigene Bemerkungen über die Art und die Ursache der erzielten Erfolge hinzu. An ruhigeren Tagen aß er mit den jüngeren Ärzten des Krankenhauses und fachsimpelte mit ihnen darüber, wo die Ausbildung und Praxis besser waren – in Wien, in Paris oder in Nancy? Abends schrieb er an Martha und bekam mindestens jeden zweiten Tag einen Brief vom Semmering. Aber hinter all seinen Gedanken lauerte stets die quälende Frage: »Was geht im zweiten Bewußtsein, was geht im Unbewußten vor, wo all diese Leiden entstehen? Wie sollen wir jemals das Verhalten der Menschen begreifen lernen, wenn es uns nicht gelingt, in diesen verbotenen Kontinent vorzudringen und ihn genau zu erforschen?«

Er stellte Bernheim immer wieder diese Frage, und dieser antwortete geduldig: »Nehmen wir einmal an, das menschliche Bewußtsein sei eine gewaltige Kegelbahn, auf der Tausende Kugeln verstreut liegen. Mit jeder Frage oder jedem Befehl werfe ich eine neue Kugel auf diese Bahn. Sie schleudert eine andere Kugel beiseite, die mir den Weg zu den Kegeln versperrt. Nun dominiert meine Suggestion. Ich habe die Halluzinationen meines Patienten durch den Befehl ersetzt, daß Schmerzen, Krämpfe, Erbrechen und Depressionen verschwinden werden. Sehen Sie, Monsieur Freud, für mich sind Ideen körperliche Dinge, ebenso greifbar wie eine Kugel beim Kegeln. Wir Ärzte müssen nur geschickt genug sein, alle Kugeln beiseite zu schleudern, die Halluzinationen erzeugen. Manchmal gelingt uns das nicht, aber andererseits haben wir bemerkenswerte Erfolge aufzuweisen.«
Sigmund erhob sich und ging bis zur Tür und wieder zurück. Dabei schob er die Finger zwischen den steifen Kragen und seinen wundgescheuerten Hals. Er bemühte sich, seine Erregung zu verbergen.
»Es sind Arbeiten im Gange, über die Sie und Dr. Liébeault Bescheid wissen sollten. Ein neues therapeutisches Mittel, das zuerst von Dr. Josef Breuer in Wien angewandt und im vergangenen Jahr von mir bestätigt wurde. – Darf ich Sie beide morgen abend zum Essen einladen?«
Das Restaurant Stanislas lag in einer der Hauptgeschäftsstraßen. Die Tische waren mit karierten Tüchern gedeckt und standen in holzgetäfelten Nischen. Auf jedem Tisch befand sich eine kleine Lampe. Die beiden Ärzte saßen Sigmund gegenüber und sprachen herzhaft dem Essen zu. Er selbst rührte seine Mahlzeit kaum an, so sehr war er bemüht, die »talking cure« unter Hypnose, das Zwiegespräch zwischen Arzt und Patient, zu erläutern. Aber weder Dr. Bernheim noch Dr. Liébeault zeigten sich sonderlich interessiert. Als Sigmund gerade erklärte, mit wieviel Geduld und Einfühlungsgabe Dr. Breuer Fräulein Bertha ihre verdrängten Erinnerungen bewußt und damit unschädlich gemacht hatte, unterbrach ihn Bernheim und sagte freundlich: »Mein lieber Monsieur Freud, diese Methode würde uns überhaupt nichts nützen. Wie ich Ihnen bereits erklärte, nehmen wir eine hysterische Erkrankung aufs Korn und rotten sie durch Gegensuggestion aus. Wir brauchen nur die Erscheinungsformen zu erkennen. Und wir haben mit unserer Methode Erfolg! Das ist die einzige Aufgabe und Pflicht des Arztes! Als mein Freund Liébeault noch sehr jung war, entsagte er dem Priesterberuf. Ich bin sicher, daß er auch jetzt noch keine Beichten hören möchte.«
Sigmund fiel aus allen Wolken. Die beiden Ärzte bedankten sich für das gute Essen und verabschiedeten sich. Als Sigmund die steile Straße hinaufging, vorbei an den imposanten Regierungsgebäuden, dachte er: »Genauso hat Charcot auch reagiert. Er sagte: Nein, das ist nicht von Interesse. Und dennoch bin ich überzeugt, daß etwas dran ist! Warum

weigern sich Pioniere, wie Charcot, Liébeault und Bernheim, einen Blick durch die offene Tür der Vorstellungswelt eines anderen zu werfen? Warum machen sie halt, noch bevor sie ihre Revolution zu Ende geführt haben?«

6

Nach seiner Rückkehr aus Nancy erkannte Sigmund Freud, daß niemand mit dieser Reise einverstanden gewesen war, nicht einmal Breuer.
»Aber warum sagen Sie mir das erst jetzt? Warum haben Sie es mir nicht vorher gesagt?«
»Hätte ich Sie davon abhalten können?«
»Nein.«
»Sehen Sie.«
Was Meynert und die Medizinische Fakultät anbetraf, so waren sie davon überzeugt, daß er durch die Erfahrungen in Nancy nur noch weiter auf Abwege geraten war. Seine Kollegen am Kassowitz-Institut äußerten zwar ihr Mißfallen nicht offen, waren jedoch der Ansicht, daß er sich hier in die Sackgasse einer unwissenschaftlichen Idee verrannt hatte. So hatte er niemanden, mit dem er die Phase seiner Arbeit besprechen konnte. Er schrieb an seinen Berliner Freund Wilhelm Fliess, er fühle sich immer mehr isoliert und wisse in Wien niemanden mehr, der ihm etwas beibringen könnte.
Von diesem Zeitpunkt an korrespondierte er regelmäßig mit Fliess. Er machte ihn zu seinem Vertrauten und Freund, dem er seine geheimsten medizinischen Spekulationen mitteilen konnte. Fliess zeigte sich aufgeschlossen und antwortete mit begeisterten, aufmunternden Briefen. Sigmund vertraute Fliess an, daß er sich am liebsten ganz auf die Behandlung von Neurosen spezialisieren würde, doch im Augenblick fände kein einziger Fall von Neurose den Weg zu seinem Sprechzimmer. Er arbeitete ausschließlich als Neurologe und behandelte als solcher somatische Leiden, wenn er nicht gerade als Hausarzt bei seiner unmittelbaren Nachbarschaft Nasenbluten oder Verdauungsstörungen kurierte. Seine neuerworbenen Fähigkeiten als Hypnotiseur mußten einstweilen ruhen.
Nach der ersten Trennung ihrer Ehe verlebte er mit Martha einen schönen Urlaub auf dem Semmering. Es ging ihr sehr gut. Ihre kleine Tochter war ein sehr aufgewecktes, liebes Kind. Im Kreise seiner Familie war er vollkommen glücklich, aber da ihm das vorenthalten wurde, was Professor Nothnagel einmal die »unerschöpflich reiche Quelle der Medizin« genannt hatte, fühlte er, daß seine schöpferische Arbeit stagnierte.
Es war das erstemal seit der Zeit, als ihn sein Zoologieprofessor Carl Claus zur Erforschung der Gonaden beim Aal nach Triest geschickt hatte, daß er

nicht mit irgendeinem interessanten, wertvollen Forschungsobjekt beschäftigt war. Er erinnerte sich noch gut an jenes erste leidenschaftliche Bekenntnis, das er im Wald oberhalb von Mödling vor Martha abgelegt hatte:
»Die reine Wissenschaft ist die lohnendste Tätigkeit, die diese Welt zu bieten hat. Sie ist aufregend und befriedigend. Täglich lernen wir etwas Neues über lebende Organismen.«

Aber nur sieben Jahre später waren seine Bemühungen, zu forschen, zu experimentieren, zu entdecken, blockiert. Er war ein ganz gewöhnlicher praktischer Arzt geworden. Da saß er nun an seinem Schreibtisch im Sprechzimmer im Sühnhaus, hinter sich eine ganze Wand voller medizinischer Fachbücher, über der Untersuchungscouch die Fotos der berühmten Männer, die er so verehrte, und er dachte mit einem Anflug von Bitterkeit: »Genau wie irgendein Landarzt!« Die Schwierigkeiten beim Studium des Unbewußten bestanden darin, daß man schon einem großen Krankenhaus wie dem Allgemeinen, der Salpêtrière oder der Medizinischen Fakultät von Nancy angehören mußte, wenn man nicht allzulang ohne Forschungsmaterial dasitzen wollte, ohne unbekannte Meere, die es zu durchschiffen, ohne tibetanische Gebirge, die es zu bezwingen, ohne Wüste, die es lebend zu durchqueren galt.
Er schwor sich, Martha nichts von seiner Verbitterung und Enttäuschung merken zu lassen. Er war selbst schuld daran, da es ihm nicht gelungen war, sich ein kleines schöpferisches Reservat zu schaffen. Zog sich Breuer immer mehr von ihm zurück, weil die Hoffnungen, die er in seinen jungen Schützling gesetzt hatte, enttäuscht wurden? Breuer fand immer häufiger Ausreden, um sich dem gemeinsamen Abendspaziergang um den Ring zu entziehen.
»Martha, hältst du mich für überempfindlich? Vielleicht ist Breuer nur zu stark beschäftigt?«
»Bei Mathilde hat sich nichts geändert. Wenn wir zusammen sind, spricht sie sehr liebevoll von dir. Du redest immer vom Lebensrhythmus, dem alle Organismen unterworfen sind. Auch eine Freundschaft unterliegt einem Rhythmus von Ebbe und Flut. Du bist jetzt verheiratet, hast ein Kind und eine eigene Praxis. Josef Breuer hat dich früher auch nicht höher geschätzt als jetzt – euer Verhältnis war nur anders.«
Er war ihr für diese vernünftige Einstellung dankbar und sank in einen unruhigen, traumschweren Schlaf. Als er morgens aufwachte, erinnerte er sich noch lebhaft an jede Einzelheit seines Traums.
Er überließ sich nicht der Verzagtheit. Im Gegenteil, er begann mit den Vorarbeiten für zwei umfangreiche wissenschaftliche Artikel. Einer behandelte die Aphasien. Er fühlte sich zu dieser Arbeit verpflichtet, weil es zu diesem Thema bisher so viele und so widersprüchliche Theorien gab. Der

zweite trug den Titel: »Klinische Studie über die halbseitige Cerebrallähmung der Kinder.« Er verfaßte ihn zusammen mit einem jungen Freund, dem Kinderarzt Dr. Oskar Rie.

Eine ganze Serie von Ereignissen ließ nur zu deutlich werden, wie weit er von seinem ursprünglichen Ziel, Professor an der Medizinischen Fakultät zu werden, abgewichen war. Zwei Jahre zuvor hatte Professor Leidesdorf, Leiter der Ersten Psychiatrischen Klinik in der Niederösterreichischen Irrenanstalt, bei einer Vorlesung einen Herzanfall erlitten und seinen jungen Assistenten Julius Wagner Ritter von Jauregg ersucht, den Kurs für ihn zu Ende zu führen. Das Erziehungsministerium ernannte Wagner-Jauregg für jeweils ein Semester zum außerordentlichen Professor. Im Jahr darauf wurde Leidesdorf emeritiert, und jetzt, im Sommer 1889, bestimmte die Medizinische Fakultät, daß Richard von Krafft-Ebing, außerordentlicher Professor an der Universität Graz, Leidesdorfs Nachfolge antreten sollte. Nach Meynert war Krafft-Ebing der erfahrenste und bekannteste Psychiater des deutschsprachigen Raums. Nun begann das Tauziehen darum, wer Krafft-Ebings Nachfolger in Graz werden sollte. Zum Erstaunen aller wurde der erst zweiunddreißigjährige Wagner-Jauregg gewählt, der sich 1887 für Psychiatrie habilitiert hatte.

Richard Freiherr von Krafft-Ebing traf nach den Sommerferien in Wien ein, um sich auf seine Antrittsvorlesung vorzubereiten. Sigmund stattete ihm einen Höflichkeitsbesuch ab und brachte ihm, sozusagen als Visitenkarte, seine Übersetzungen der Werke von Charcot und Bernheim mit. Krafft-Ebing war gerade erst in seine vollkommen renovierte Wohnung eingezogen. Der Geruch nach frischer Farbe erinnerte Sigmund an seinen Besuch bei Professor Nothnagel vor sieben Jahren, als er sich um einen Assistentenposten in der Inneren Medizin beworben hatte.

Der Professor erhob sich von seinem Schreibtisch und streckte Sigmund herzlich die Hand entgegen. »Was für ein gutaussehender Mann!« war Sigmunds erster Eindruck. Krafft-Ebing hatte einen eindrucksvollen Kopf: eine breite und hohe Stirn, von der das schon schüttere graue Haar in sanfter Welle zurückgekämmt war, eine ausgeprägt römische Nase und einen grauschwarzen, dünnen Bart und Schnurrbart. Seine großen Augen lagen unter eindrucksvollen, buschigen Brauen. Er hatte dunkle Ringe unter den Augen, die für einen noch nicht ganz fünfzigjährigen Mann viel zu ausgeprägt waren. Es war insgesamt ein Gesicht, das nicht nur durchdringende Intelligenz, sondern gleichzeitig auch Verständnis für alles Leid und alles Häßliche der Welt ausstrahlte – beides hatte er zur Genüge kennengelernt.

Richard Freiherr von Krafft-Ebing war in Mannheim als Sohn eines hohen Beamten und dessen kultivierter, liebevoller Gattin geboren worden, die aus einer Familie angesehener Rechtsanwälte und Intellektueller stammte. Als er mit seinem Studium beginnen sollte, übersiedelte seine Familie nach

Heidelberg. Dort nahm sich der Großvater mütterlicherseits seiner an, der als der deutsche »Anwalt der Verdammten« bekannt war, weil er sich für die Rechte jener Angeklagten einsetzte, denen abscheuliche Verbrechen, vor allem aber sexuelle Perversionen zur Last gelegt wurden. Krafft-Ebing studierte in Heidelberg Medizin. Er entschloß sich zur Spezialisierung, als er sich in Zürich von den Folgen einer Typhuserkrankung erholen wollte und dort eine Vorlesungsreihe von Griesinger über Psychiatrie hörte.
Fasziniert von dieser Disziplin, schrieb Krafft-Ebing seine Doktorarbeit über »Geistiges Delirium«, nahm eine Stelle als Irrenhausarzt an und wurde 1873 an die Medizinische Fakultät der Universität Graz berufen. Gleichzeitig wurde er Direktor der neu eröffneten Irrenanstalt Feldhof. Er trat sofort in die Fußstapfen seines Großvaters, indem er sich vor Gericht für Männer und Frauen einsetzte, denen »sexuelle Perversionen« und »Verbrechen wider die Natur« vorgeworfen wurden. Er legte den Gerichten die vollständige Krankengeschichte der Angeklagten vor und versuchte auf solche Weise, Verständnis und Milde für diese Außenseiter zu erlangen, die in einer puritanischen Gesellschaft so viel Haß ernteten, daß ihre Bürgerrechte mißachtet wurden. Aus dieser Beschäftigung entstand sein »Lehrbuch der gerichtlichen Psychopathologie«. Seine jahrelange Arbeit im Irrenhaus fand ihren Niederschlag in dem dreibändigen »Lehrbuch der Psychiatrie«, das in viele Sprachen übersetzt und zusammen mit Kraepelins Werk »Psychiatrie« als Grundlage der klinischen Psychiatrie betrachtet wurde. Es behandelte im Gegensatz zu Meynerts hirnanatomischer Psychiatrie menschliche Verhaltensweisen und Motivationen. Krafft-Ebing brachte den Insassen seines Asyls unendliche Geduld entgegen und half mit seiner gleichbleibend freundlichen Art vielen leichter Erkrankten, wieder zu genesen. Die Veröffentlichung seiner »Psychopathia Sexualis« warf nun einen Schatten auf seinen guten Ruf. Das Werk enthielt detaillierte medizinische Angaben über Hunderte Fälle sexueller Inversion und Perversion, die er vor Gericht vertreten hatte. Material dieser Art war bisher noch niemals veröffentlicht worden. Über diese verborgenen Skandale der Gesellschaft sprach man einfach nicht. Obgleich Krafft-Ebing einen großen Teil seiner Angaben in lateinischer Sprache schrieb, damit sie zwar von den Ärzten, nicht aber vom Laienpublikum verstanden werden konnten, war seine Arbeit in England verurteilt worden, weil er »diese schmutzigen und ekelerregenden Dinge auf eine unverdorbene, ahnungslose Welt losgelassen« hatte. Krafft-Ebing war ein echter Pionier. Sigmund hatte seine Bücher sorgfältig studiert, obgleich sie lediglich die Vererbung des Patienten, seine physischen Attribute und seine Umwelt beschrieben.
»Ich weiß es sehr zu schätzen, Herr Doktor, daß Sie mir diese beiden Bücher bringen«, sagte Krafft-Ebing. »Wie ich höre, sind Sie hier in Wien der Hauptverfechter der hypnotischen Suggestion. Dafür hat Ihnen mein

Kollege, Hofrat Meynert, auf die Finger geklopft. Aber lassen Sie sich nicht entmutigen, in wenigen Jahren haben wir der hypnotischen Suggestion zu Ansehen verholfen.«
Sigmund hatte das Gefühl, als sei ihm eine schwere Last von den Schultern genommen. All die Worte, die seit seiner Rückkehr nach Wien unausgesprochen bleiben mußten, flossen ihm nun von den Lippen. Er gab Krafft-Ebing einen lebhaften Bericht von seinen Beobachtungen in Nancy. Als er endlich eine Pause machte, rief Krafft-Ebing:
»Ein wirklich bemerkenswertes Gespann! Ich danke Ihnen, daß Sie mir Ihre Erfahrungen mitgeteilt haben. Unser junger Kollege Wagner-Jauregg war kurz vor Ihnen hier. Ein selbstbewußter Mann mit einem starken Willen. Er wird in Graz seinen Weg machen.«

Sigmund ging in die Niederösterreichische Irrenanstalt, gegenüber dem Allgemeinen Krankenhaus, wo der blonde, gutaussehende Wagner-Jauregg sechs Jahre lang Professor Leidesdorfs Assistent gewesen war. Vier Monate nach Wagner-Jaureggs Eintritt in diese Anstalt war Sigmund Sekundararzt bei Meynert geworden.
Unterwegs dachte Sigmund an seine Studentenzeit mit Wagner-Jauregg zurück, der nur wenige Monate jünger war als Sigmund. Er hatte ein paar Monate vor ihm promoviert und ungefähr gleichzeitig mit Sigmund seine Dozentur in Neuropathologie erhalten. Wagner-Jaureggs Laufbahn wies große Ähnlichkeiten mit seiner eigenen auf. Auch er hatte unter Professor Brücke Physiologie studiert, auch er hatte nach der Grundausbildung selbständig gearbeitet und seine Ergebnisse veröffentlicht, auch er hatte sich vergeblich um eine Assistentenstelle bei Professor Nothnagel beworben, und auch er hatte sich dann der Psychiatrie zugewandt . . .
Tief in Gedanken versunken, erreichte er schließlich den Hügel mit der monumentalen Fassade des Irrenhauses. Das Foyer und das breite Treppenhaus wären eines Herzogspalasts würdig gewesen. Aber als Sigmund diese Treppen erklomm, dachte er: »Hier, in diesem Gebäude, hören die Gemeinsamkeiten unserer Lebenswege auf. Als Wagner-Jauregg hier einzog, bezog er nicht nur doppelt so viel Gehalt wie ich im AK bei Meynert, sondern auch noch freie Verpflegung aus der Anstaltsküche. Er wollte eigentlich nie Psychiater werden und hat mir selbst gesagt, daß er dafür nicht besonders tauge. Aber er hat durchgehalten und viel gelernt. Und nun wird ihm der Lehrstuhl für Psychiatrie in Graz angeboten, der besten österreichischen Universität nach Wien. Damit steht er auf der zweithöchsten Sprosse der Rangleiter in der Psychiatrie.«
Da stand er nun, er, Sigmund Freud, genauso alt wie Wagner-Jauregg. Er verdiente sich mühsam seinen Lebensunterhalt als praktischer Arzt und war für die akademische Welt verloren – den einzigen Bereich, der ihn je interessiert hatte. Wie hatte das nur geschehen können?

Er hielt vor Wagner-Jaureggs Tür inne, die Hand auf der Klinke, den Kopf gesenkt. »Ich weiß, wie es gekommen ist. Ich habe mich in Martha verliebt. Wagner-Jauregg ist entschlossen, sich beruflich zur Spitze emporzuarbeiten, bevor er ans Heiraten denkt.« Dann schob er trotzig das Kinn vor. »Soll er doch seinen Lehrstuhl in Graz haben. Ich werde meinen eigenen Weg gehen.«
Er klopfte, trat ein, gratulierte seinem Kollegen und wünschte ihm alles Gute.

Achtes Buch

Die dunkle Grotte des Unbewußten

1

Anfang Dezember brachte Martha einen Sohn zur Welt. Er wurde nach Charcot Jean Martin genannt. Martha war stolz darauf, einen Sohn geboren zu haben. Während sie schlief, suchte Sigmund Verwandte und Freunde auf, um ihnen strahlend vor Freude die gute Nachricht zu überbringen. Als sie wieder aufwachte, schüttelte er ihr die Kissen zurecht. Sie war ihm noch niemals schöner erschienen. Ihre Augen strahlten vor Glück und Zufriedenheit. Er nahm ihre Hände fest in die seinen.

»Mein liebstes Marthchen, die Ankunft eines Sohnes ist einer der schönsten Augenblicke im Leben eines Mannes. Jetzt wird jemand meinen Namen weitertragen. Die Juden fühlen sich gekränkt, wenn man sie als Orientalen bezeichnet, aber in dieser einen Hinsicht, in ihrer tiefverwurzelten Sehnsucht nach einem Sohn, sind sie es vielleicht wirklich.«

»Mhm«, meinte Martha. »Aber das ist bei den Okzidentalen nicht anders. Wenn dir wieder einmal eine Taufgesellschaft begegnet, dann folge ihr in die Votivkirche und beobachte einmal den Vater mit seinem Erstgeborenen. Würde Charles Darwin nicht sagen, dieser Stolz sei einer der Gründe, warum sich die menschliche Rasse immer noch fortpflanzt? Vielleicht war es den Dinosauriern nicht so wichtig, ob ein Sohn den Namen der Familie weitertrug?«

Sigmund mußte lachen.

Kaum vierundzwanzig Stunden nach der Geburt seines Sohnes stellte sich der erste Fall von Neurose seit der Rückkehr aus Nancy in seinem Wartezimmer ein. Ende der Woche behandelte er schon vier faszinierende Fälle.

Dann brach der Winter herein. Der eisige Wind schien direkt aus Sibirien zu kommen. Marthas Polster paßten zwar genau zwischen die Doppelfenster und hielten einige Kälte ab, aber der Wind war so furchtbar kalt, daß man die dicken Veloursvorhänge zuziehen, das Zimmer in eine dunkle Höhle verwandeln und den Kachelofen ununterbrochen heizen mußte. Sturm und Hagel rissen Ziegel von den Dächern und warfen sogar einige Kutschen um. Man hatte also die Wahl, sich entweder von oben steinigen oder auf das Straßenpflaster kippen zu lassen.

Am darauffolgenden Nachmittag brach dann nach einem Wolkenbruch

plötzlich die Sonne durch die Wolken, und ein prachtvoll schillernder Regenbogen spannte sich über die Stadt.
»Das ist Wien«, bemerkte Sigmund. »Erst friert es dich zu Tode, dann ertränkt es dich, dann fischt es dich aus der Donau, hüllt dich in einen bunten Regenbogen ein und sagt zu dir: ›Verzeih mir, mein Kind, vergib mir, daß ich dich mit meinen harmlosen, übermütigen Spielchen halb verrückt gemacht habe! Ich liebe dich trotzdem. Machen wir Musik im Park, tanzen wir, schlendern wir über den Naschmarkt, essen wir Blutwurst aus Krakau und Königskuchen!‹«

Fräulein Mathilde Hebbel, neunzehn Jahre alt, suchte Sigmund am Tag vor Weihnachten auf. Sie war sehr reizbar und litt unter schweren Depressionen. Sigmund konnte ihr unter Hypnose suggerieren, was er wollte – wenn sie aufwachte, wurde er immer nur mit wahren Sturzbächen von Tränen belohnt. Während einer Sitzung wurde die junge Frau dann mitteilsam. Die Ursache ihrer Melancholie war die Auflösung ihrer Verlobung vor elf Monaten. Nach dem offiziellen Verlöbnis hatten sowohl sie als auch ihre Mutter bei dem Bräutigam einige unliebsame Eigenschaften festgestellt, aber sie wollten die Bindung nicht lösen, da der junge Mann reich und angesehen war. Dann schließlich traf die Mutter ihre Entscheidung. Das Mädchen verbrachte viele schlaflose Nächte bei dem Gedanken, ob es auch die richtige Entscheidung sei. An diesem Punkt hatten ihre Depressionen eingesetzt. Sie befand sich in einem Zustand tiefer Melancholie.
Sigmund glaubte zuversichtlich daran, ihr dadurch helfen zu können, daß er ihr wiederholt suggerierte, diese Ehe wäre ganz bestimmt ein Fehler gewesen. Aber er brachte aus Mathilde Hebbel nicht ein einziges Wort über ihre Sorgen heraus. Dann kam sie nicht mehr. Eine Woche später sagte einer seiner Kollegen am Kassowitz-Institut zu Sigmund:
»Herzlichen Glückwunsch, Freud! Bei Fräulein Hebbel ist Ihnen eine großartige Heilung geglückt. Gestern war ich bei der Familie eingeladen. Das Mädchen ist wieder wohlauf und scheint sich mit der Mutter ausgezeichnet zu verstehen.«
Sigmund schluckte ein paarmaal und hätte um ein Haar eingestanden, daß er keine Ahnung hatte, auf welche Art und Weise er Fräulein Hebbel geholfen haben sollte. Danach suchte er Mathilde Hebbel auf und sagte zu ihr:
»Es freut mich, Sie so wohlauf zu sehen. Können Sie mir sagen, was diese Änderung in Ihrem Befinden herbeigeführt hat?«
»O ja, das kann ich!« rief Mathilde fröhlich. »Am ersten Jahrestag der Auflösung meiner Verlobung wachte ich morgens mit dem Gedanken auf: ›Gut, nun ist ein ganzes Jahr vergangen. Schluß jetzt mit dem Unsinn!‹«

Es hatte zu regnen begonnen. Sigmund nahm vor der Kapuzinerkirche einen Fiaker, lehnte sich in die Lederpolster und überlegte:

»Es stimmt nicht, daß Mathilde am ersten Jahrestag ihrer Entlobung unvermittelt mit dem Gedanken aufwachte, nun solle Schluß sein mit dem ganzen Unsinn. Sie hatte sich irgendwo in ihrem Unterbewußtsein vorgenommen, die Reste ihrer Liebe bis zum Jahrestag der Entlobung zu bewahren – sozusagen ein Trauerjahr. Ich konnte ihr nicht helfen, weil sie mich gar nicht brauchte. Aber Mathilde Hebbel hat mir den ersten Hinweis darauf gegeben, daß das Unbewußte über ein Zeitgefühl verfügt, das ebenso zuverlässig ist wie die astronomische Uhr am Straßburger Münster.«

Wenn er für die Heilung dieser jungen Dame zuviel des Lobes einheimste, so glich sich das bei seinem nächsten Patienten wieder aus. Hier wurde seine Leistung zu wenig gewürdigt.

Kurz vor Beginn des Jahres 1890 übernahm er die Behandlung eines jungen Mannes, der nicht gehen konnte. Alles deutete auf Hysterie hin. Sigmund begann seine Hypnosebehandlung mit dem Versuch, zunächst einmal verschiedene Randerscheinungen zu beseitigen. Eßunlust, Unfähigkeit, den Harn zurückzuhalten, Angst, bergab zu gehen. Es gelang ihm auch, diese Symptome nacheinander zu beseitigen. Aber als er die Hysterie geheilt hatte, mußte er feststellen, daß er es mit einer organischen Krankheit zu tun hatte: mit multipler Sklerose. Die zahlreichen psychischen Symptome waren so ausgeprägt gewesen, daß sie die somatisch bedingte Sklerose überlagert hatten.

Er bekam weitaus weniger männliche als weibliche Hysteriker zu Gesicht, aber das führte er auf den Umstand zurück, daß die Männer überwiegend damit beschäftigt waren, ihren Lebensunterhalt zu verdienen, und erst zu ihm kamen, wenn die Gemütskrankheit ihre Berufsausübung gefährdete. Zu den einfacheren Fällen zählte ein intelligenter Mann, der im Krankenhaus zugesehen hatte, wie bei seinem Bruder ein verwachsenes Hüftgelenk gestreckt wurde. Die Verwachsung war mit einem so lauten Krachen gebrochen, daß der Bruder einen stechenden Schmerz in der eigenen Hüfte verspürte, der nach einem Jahr noch immer nicht verschwunden war. Die Hüfte des Mannes war aber absolut gesund. Sigmund fand heraus, daß der gesunde Bruder sich unbewußt einbildete, die Krankheit sei angeboren.

Schwieriger war schon der Fall eines Angestellten, der einen Tobsuchtsanfall erlitt, nachdem sein Arbeitgeber ihn mißhandelt hatte. Sigmund führte unter Hypnose eine Wiederholung des Anfalls herbei. Der Mann durchlebte noch einmal die auslösende Episode, bei der sein Arbeitgeber ihn beschimpft und mit einem Stock geschlagen hatte. Sigmund bemühte sich, die Gemütserregung zu dämpfen, aber schon wenige Tage später erlitt der Patient einen genauso heftigen Anfall. Diesmal erfuhr Sigmund in der Hypnose, daß der Angestellte seinen Vorgesetzten wegen der Mißhandlung verklagt hatte. Er hatte den Prozeß verloren. Die Verbitterung und Frustration wegen dieser Niederlage lösten nun die unkontrollierbaren

Wutausbrüche aus, die jeweils zum Kollaps führten. Sigmund konnte den Mann nicht kurieren. Er war schon zu alt, das Bewußtsein der erlittenen Ungerechtigkeit war zu tief verwurzelt. Er mußte sich damit begnügen, die Heftigkeit der Anfälle zu mildern.
Aus der kleinen Gruppe befreundeter Ärzte hatte sich inzwischen ein Tarock-Club gebildet, der sich jeden Samstagabend traf: Sigmund, Josef Paneth, Oskar Rie, Leopold Königstein, Obersteiner, manchmal auch Josef Breuer und Fleischl. Manchmal spielten sie bis ein Uhr morgens, besonders dann, wenn sie bei Paneth zusammenkamen, weil sich dieser immer ungern von seinen Freunden trennen wollte. Fleischl konnte aus gesundheitlichen Gründen nur selten ausgehen und bat die Freunde daher öfter zu sich in die Wohnung. Bei Sigmund spielten die Männer an dem großen Eßzimmertisch. In dem Zimmer mit seinen massiven Möbeln hing dann eine dicke Wolke von Zigarrenrauch. Um Mitternacht servierten Martha und die anderen Ehefrauen heiße Würstl mit Senf oder Kren und knusprige Semmeln. Es war immer eine gesellige Stunde: Man tauschte die Neuigkeiten und die neuesten Witze der Woche aus, sprach über Bücher, Theaterstücke, Konzerte.
An einem Maiabend fragte Martha auf dem Heimweg von den Paneths:
»Sigi, ist es eigentlich gut für Josef, wenn er so lang' aufbleibt?«
»Ja, wenn er so vergnügt ist, wie du ihn heute abend erlebt hast. Nach Auskunft der Ärzte ist seine Lunge stellenweise angegriffen, doch die Krankheit scheint sich nicht weiter auszubreiten.«
Es wurde ein bitterkalter Winter. Sigmund riet seinem Freund dringend, für zwei oder drei Monate in ein Land mit milderem Klima zu fahren. Josef antwortete mit seiner sanften Stimme:
»Sigmund, ich kann Exner und das Physiologische Laboratorium einfach nicht im Stich lassen. Soll ich irgendwo untätig herumsitzen? Ist das nicht auch eine Art des Sterbens?«
»Nein, es ist nur eine Art Winterschlaf. Wenn deine Lunge erst wieder ganz gesund ist, kannst du meinetwegen dreizehn Monate im Jahr arbeiten.«
Dann wurde Josef an einem stürmischen Tag vom eisigen Schneeregen völlig durchnäßt, bekam Schüttelfrost und starb am darauffolgenden Nachmittag an Lungenentzündung. Fünf befreundete Ärzte standen hilflos an seinem Bett. Josef war der Liebling der kleinen Gruppe gewesen – vielleicht wegen seiner Feinfühligkeit, oder weil er immer so herzlich und großzügig gewesen war. Für Sigmund war es ein schwerer Verlust. Josef Paneth war ihm während der ganzen Studienzeit stets ein treuer Freund gewesen. Ohne die »Freud-Stiftung« von fünfzehnhundert Gulden, die Josef und Sophie ausgesetzt hatten, hätte er es sich niemals leisten können, das Reisestipendium der Universität anzunehmen.
Es war ein grauer, nebliger Tag mit Nieselregen, als die Freunde auf dem

Zentralfriedhof an Josef Paneths offenem Grab standen und ein letztes Gebet für ihn sprachen. Auch Professor Brücke, der selbst kränkelte, erschien auf dem Friedhof, begleitet von Exner und dem abgemagerten Fleischl. Dann kehrten sie alle zum *Schiwa*, dem jüdischen Trauerzeremoniell, mit der Witwe im Hause des Verstorbenen ein und sprachen voller Wärme und Zuneigung über Josef, während das Dienstmädchen Kaffee und Kuchen servierte. Als Sigmund und Martha dann in der Kälte des früh hereingebrochenen Abends nach Hause fuhren, suchte einer in der Nähe des anderen Trost.

Eine junge, glücklich verheiratete Frau wurde ihm gebracht, die in ihrer Kindheit häufig Krampfanfälle erlitten hatte. Morgens fand man sie dann in ihrem Bett, die Glieder starr, den Mund offen, die Zunge vorgestreckt. Diese Anfälle hatten nun erneut begonnen. Als die junge Frau nicht auf Hypnose reagierte, schlug ihr Sigmund vor, ihm etwas aus ihrer Kindheit zu erzählen. Sie sprach über ihr Zimmer, über die Großmutter, die im Hause lebte, über eine Gouvernante, die sie besonders geliebt hatte. Sigmund konnte daraus nicht klug werden. Da kam ihm ein älterer Arzt zu Hilfe, der seinerzeit die Familie betreut hatte. Ihm war die viel zu enge Beziehung zwischen der Gouvernante und dem jungen Mädchen aufgefallen, und er hatte die Großmutter gebeten, die beiden im Auge zu behalten. Sie berichtete ihm, die Gouvernante habe die Gewohnheit, die Nacht bei dem Kind im Bett zu verbringen, nachdem sich die anderen Familienangehörigen zurückgezogen hatten. Allem Anschein nach hatte sie das Mädchen verdorben. Die Gouvernante wurde auf der Stelle entlassen.
Als sich Sigmund bei seinem älteren Kollegen für diesen Hinweis bedankte, fragte dieser:
»Wie werden Sie nun vorgehen?«
»Ich denke, es gibt nur eine Möglichkeit: ihr die Wahrheit zu sagen. Diese Episode, die sie als Kind offenbar überhaupt nicht begriffen hat, liegt tief in ihrem Unbewußten begraben. Sie wird niemals imstande sein, sie spontan an die Oberfläche zu holen. Die Anfälle könnten noch jahrelang andauern. Wenn ich ihr erkläre, warum diese Erinnerung unterdrückt wurde und daß derlei Erinnerungen auch später im Leben immer noch wie Gift wirken, dürfte sie wahrscheinlich begreifen, daß sie mißbraucht wurde. Sollte sich noch einmal ein solcher Anfall einstellen, so kennt sie zumindest die Ursache und kann sich damit auseinandersetzen.«
Die junge Frau nahm die Mitteilung ganz gelassen auf. Einige Monate später berichtete der Hausarzt, sie sei wieder gesund. Dieser Fall war eine weitere Bestätigung für eine Erkenntnis, die sich bei Sigmund immer deutlicher abzeichnete: daß Ereignisse in der Kindheit auch dann, wenn sie zu diesem Zeitpunkt vom kindlichen Verstand noch nicht verarbeitet werden können, tiefe Wunden und Narben im Unbewußten zurücklassen.

Diese Narben können im Laufe der Jahre wieder aufbrechen und einen sonst vollkommen gesunden Menschen quälen. Nach Sigmunds Meinung war das für einen Arzt eine unschätzbare Erkenntnis. Er stellte sich darüber hinaus die Frage, warum die Anfälle ausgerechnet zu diesem bestimmten Zeitpunkt erneut aufgetreten waren.
Einen Erfolg, der fast schon an ein Wunder grenzte, erlebte er bei einem Mann von Mitte dreißig: Da er ihm in seiner Praxis nicht helfen konnte, schickte er ihn in ein Sanatorium. Zu Sigmunds Verwunderung begann sich der Mann bereits nach einwöchigem Aufenthalt im Sanatorium zu erholen, die nervösen Zuckungen im Gesicht und das Stottern verschwanden, er aß mit gutem Appetit und schlief ruhig, er war nicht mehr launisch und konnte sich wieder auf alles konzentrieren, was ihn gerade interessierte. Gerade die Unfähigkeit, sich zu konzentrieren, hatte ihn den verantwortungsvollen Posten bei einer Wiener Bank gekostet. Der Patient weigerte sich ganz entschieden, das Sanatorium zu verlassen. Als man ihm dieses Ansinnen stellte, wurde er beinahe handgreiflich. Da genügend Geld vorhanden war, blieb er. Nach sechs Monaten suchte er Sigmund in der Praxis auf. Als Sigmund ihn sah, sagte er:
»Sie sind die überzeugendste lebendige Empfehlung, die je ein Arzt in dieser Stadt aufzuweisen hatte. Was haben Sie eigentlich getan, um so vollkommen gesund zu werden?«
Der Mann erwiderte augenzwinkernd: »Die beste Medizin lag gleich im Nebenraum: eine sehr hübsche Patientin. Seit dem Ende der ersten Woche schliefen wir jede Nacht miteinander. Es war die herrlichste Zeit meines Lebens. Sie wurde erst vor zwei Tagen entlassen. Ich habe mir oft gedacht, daß es sich ebenfalls um eine Patientin von Ihnen handelte und daß Sie uns mit voller Absicht nebeneinander untergebracht haben.«
Jeder neue Fall von Neurose war anders und immer wieder anregend. Erfolge wechselten mit Fehlschlägen ab, die vor allem bei männlichen Patienten von schwacher Konstitution auftraten. Bei diesen zeigten sich sämtliche Nerven- und Gemütsstörungen, die er bei weiblichen Patienten beobachtet hatte, und dazu noch eine ganze Reihe weiterer, von denen er noch nie etwas gehört oder gelesen hatte. Dennoch bekam er die Ursache der Störungen einfach nicht zu fassen, nicht einmal in den Fällen, in denen er Homosexualität vermutete. Was aus ihrem Unterbewußtsein an die Oberfläche gelangte, war für ihn nichts weiter als ein gespenstisches Tohuwabohu. Wenn er resigniert auf die Liébeault-Bernheim-Methode zurückgriff und sich nur auf die Bekämpfung der Symptome konzentrierte, ohne sich um ein Verständnis der ideellen Ursachen zu bemühen, lehnten die meisten Patienten entweder seine therapeutischen Suggestionen ab, oder sie waren außerstande, sie auszuführen. Diese Mißerfolge machten ihm schwer zu schaffen. Die Leiden hatten ihren Ursprung in einem Bereich des Unbewußten, zu dem er keinen Schlüssel besaß.

Das Unbewußte war inzwischen zur einzigen Leidenschaft, zum Leitstern seines Lebens geworden. In den peinlich genauen Berichten über jeden einzelnen Fall schrieb er auch seine eigenen Gedanken, seine Vermutungen und Forschungsergebnisse nieder. Genauso mußte Anton van Leewenhoek empfunden haben, als er in sein verbessertes Mikroskop blickte und als erster Mensch Schwärme von Protozoen und Bakterien zu Gesicht bekam. Sigmund dachte:
»Das Unbewußte wird mein Spezialgebiet werden. Meine Forschungen werden es ermöglichen, daß man später einmal Ursachen und Beeinflußbarkeit des menschlichen Verhaltens unterscheiden und wissenschaftlich beschreiben kann. Ich werde Geburtshilfe leisten – nein, ich bin so voll von Erregung und pulsendem Leben, daß ich diese neuen Ideen sicherlich selbst hervorbringen werde.« In gespieltem Entsetzen warf er die Arme hoch. »Ich kann nur hoffen, daß das Baby nicht mit zwei Köpfen zur Welt kommt!«

2

Es sprach sich allmählich herum, daß Dr. Sigmund Freud der richtige Arzt für das sei, was man beschönigend als »Frauenleiden« bezeichnete. Immer mehr verheiratete Frauen von Ende zwanzig oder Anfang dreißig suchten ihn auf und bemühten sich zögernd, eine ganze Serie wechselnder Beschwerden zu beschreiben, die ihr Hausarzt nicht zu diagnostizieren vermochte. Er untersuchte jede einzelne Patientin sehr gründlich und schickte sie zu einem Spezialisten, wenn er nicht genügend Erfahrung hatte, um sich auf sein eigenes Urteil zu verlassen. In den meisten Fällen lagen keine organischen Erkrankungen vor. Nach vorsichtiger Befragung stellte sich heraus, daß der Ursprung dieser Beschwerden in jenen »Geheimnissen des Alkovens« lagen, von denen Josef Breuer einmal gesprochen hatte. Nur gelegentlich erhielt er einen brauchbaren Hinweis, oder er konnte zumindest ahnen, was nicht in Ordnung war! Diese Frauen hatte man, was die geschlechtliche Liebe betraf, zu einer Zurückhaltung erzogen, die schon an Selbstverleugnung grenzte. Nicht einmal ihrem Arzt gegenüber vermochten sie von so unaussprechlichen Dingen zu reden. Aber manchmal kam die Wahrheit trotzdem zutage, begleitet von Erröten, Stammeln und schamhaftem Sichabwenden: Der Ehemann erwies sich als ungeschickt, er war hastig oder rücksichtslos, richtete sich überhaupt nicht nach der sexuellen Erregung seiner Frau, sondern »fiel über sie her wie ein Tier und drehte sich dann zur Seite«.
Aber auch in Fällen, in denen Sigmund erfuhr oder wußte, warum seine Patientin nervlich litt, konnte er kaum etwas dagegen unternehmen. Jeder Wiener Ehemann wäre höchst empört gewesen, wenn ihn der Arzt seiner

Frau zu sich gebeten und ihm eröffnet hätte, die Krankheit seiner Frau rührte daher, daß er im Ehebett vieles falsch mache. Das war ein Thema, das Studenten, Soldaten, Boulevardiers, Vereinsbrüder und Geschäftsfreunde in ihrem Stammlokal untereinander bis zum Überdruß und bis in die intimsten Details beredeten, das aber daheim und innerhalb der Ehe unmoralisch, erniedrigend und tabu war. Je mehr Krankengeschichten Sigmund sammelte, um so deutlicher wurde, wieviel Unheil diese doppelte Moral anrichtete. Aber weder er noch irgendein anderer Neurologe wußte, wie er diese armen, in Tränen aufgelösten Frauen aus ihrem Elend befreien sollte. Einige seiner Patientinnen waren dazu verdammt, ihr ganzes Leben lang krank zu sein.

Jeder weitere Fall von Neurose lehrte ihn wieder etwas Neues über das wundersame Wirken des Unbewußten. Die dreiundzwanzigjährige Ilsa, ein lebhaftes, begabtes Mädchen, wurde von ihrem Vater, einem schon älteren Arzt, gebracht, der darauf bestand, bei der Untersuchung anwesend zu sein. Seit achtzehn Monaten litt Ilsa unter so heftigen Schmerzen in den Beinen, daß sie kaum gehen konnte. Der erste Arzt hatte die Diagnose »multiple Sklerose« gestellt, aber ein junger Assistent in der Nervenklinik glaubte dann gewisse Hinweise auf eine Hysterie zu erkennen. Er hatte dem Vater geraten, das Mädchen von Dr. Freud untersuchen zu lassen. Fünf Monate hindurch kam Ilsa dreimal in der Woche zur Behandlung. Sigmund massierte sie kräftig mit der Hand oder mit der Elektrisiermaschine, wobei er die Stromstärke ständig steigerte. In der Hypnose versuchte er, ihre Schmerzen durch alle möglichen Suggestionen zu lindern. Keine dieser Methoden half, obwohl sich Ilsa durchaus willig zeigte. Eines Tages stolperte sie mühsam in sein Sprechzimmer. Auf der einen Seite stützte sie ihr Vater, mit der anderen Hand benutzte sie ihren Schirm als Stock. Allmählich verlor Sigmund bei dieser Patientin die Geduld. Als sie unter Hypnose stand, schrie er sie zornig an:

> »Das ist jetzt die längste Zeit so gewesen. Morgen vormittag schon wird der Schirm da in Ihrer Hand zerbrechen, und Sie werden ohne Schirm nach Hause gehen müssen.«

Er weckte Ilsa auf und war wütend auf sich selbst, weil er die Selbstbeherrschung verloren hatte. Am nächsten Tag suchte ihn der Vater unangemeldet auf.

»Was glauben Sie wohl, was Ilsa gestern getan hat? Wir gehen auf der Ringstraße spazieren; plötzlich wird sie ausgelassen lustig und fängt an – mitten auf der Straße – zu singen: ein freies Leben führen wir, schlägt dazu den Takt mit dem Schirm gegen das Pflaster und zerbricht den Schirm.«

Sigmund seufzte erleichtert auf.

»Ihre Tochter war klug genug, eine unsinnige Suggestion von mir brillant auszunutzen.« Er wußte, daß sich Bernheim oder Liébeault mit diesem

Heilerfolg zufriedengegeben hätten. Er zögerte, dann fuhr er hastig fort: »Aber davon, daß Ilsa den Schirm zerbrochen hat, wird sie noch nicht gesund. Wir müssen herausfinden, was in ihrem Bewußtsein vorging und ihr einredete, sie sei unfähig zu gehen.«

Am nächsten Tag versetzte er Ilsa in Schlaf und fragte sie sofort, was sie so erregt hätte, bevor die Schmerzen in ihren Beinen das erstemal aufgetreten waren. Ilsa antwortete ganz ruhig, es sei der Tod eines gutaussehenden jungen Verwandten gewesen, als dessen Verlobte sie sich betrachtet hätte. Sigmund ermunterte sie, über ihre Gefühle diesem Mann und über ihre Trauer bei seinem Tode zu reden. Ilsas Antworten fielen so nüchtern und sachlich aus, daß er daran zweifelte, auf der richtigen Fährte zu sein. Zwei Tage später kam Ilsa wieder in seine Ordination. Sie hatte sich einen neuen Schirm als Stütze besorgt. Sigmund versenkte sie in Schlaf und sagte dann in strengem Ton:

»Fräulein Ilsa, ich glaube nicht, daß der Tod Ihres Cousins irgend etwas mit Ihrer Krankheit zu tun hat. Ich glaube vielmehr, daß Ihnen etwas anderes zugestoßen ist, das von größter Wichtigkeit für Ihr Gefühlsleben war. Solange Sie mir darüber nichts erzählen, kann ich Ihnen nicht helfen.«

Ilsa schwieg einen Augenblick, dann murmelte sie einen langen Satz, von dem er nur ein paar Worte verstand: »Park . . . Fremder . . . vergewaltigt . . . Abtreibung.« Ihr Vater begann bitterlich zu schluchzen. Sigmund weckte das Mädchen auf. Als sie gingen, mußten Vater und Tochter sich gegenseitig stützen.

Sigmund sah diese Patientin nie wieder und bekam auch kein einziges Wort der Erklärung zu hören. Wenn das Leiden damit fixiert war, dann würde sie nun bald bettlägerig werden, das wußte er. In diesem Augenblick war sie vor der Welt draußen sicher. Er war der festen Überzeugung, daß er nur noch wenige Sitzungen mit Ilsa gebraucht hätte – nach Möglichkeit mit ihr allein –, um ihr die Verbindung zwischen der zunehmenden Lähmung und ihrer früheren seelischen Erschütterung aufzuzeigen; er hätte sie vielleicht davon überzeugt, daß sie trotz der Tragödie, die sie durchgemacht hatte, durchs Leben gehen konnte.

Fräulein Rosalia Hatwig, die er zur selben Zeit behandelte wie Ilsa, war eine junge Sängerin mit einer ausgezeichneten Stimme, die gerade für Bühne und Konzert ausgebildet wurde. Alle sagten ihr eine große Zukunft voraus. Dann machten sich plötzlich Schwächen in ihrer Mittellage bemerkbar – aber nur, wenn sie erregt war. Ihre Stimme wurde so sehr beeinträchtigt, daß sie nicht weitersingen konnte. Sigmund versetzte sie in Schlaf und forderte sie zum Erzählen auf. Sie war gemeinsam mit mehreren jüngeren Geschwistern aufgewachsen. Ihr Vater war ein brutaler Mensch, der Frau und Kinder nicht nur körperlich züchtigte, sondern sie auch seelisch mißhandelte, indem er kein Hehl aus seinem Hang zum Hauspersonal machte. Nach dem Tod ihrer Mutter fühlte sich Rosalia für ihre jüngeren

Geschwister verantwortlich. Sie war bereit, zum Schutz der Kleinen notfalls auch zu kämpfen, bemühte sich jedoch nach besten Kräften, ihren Haß und ihre Verachtung dem Vater gegenüber zu unterdrücken. Sie schluckte tapfer jeden Vorwurf hinunter, den sie ihm ins Gesicht schleudern wollte. Und jedesmal, wenn sie auf eine hitzige Antwort verzichtete, spürte sie eine schwere Verkrampfung und ein Kratzen im Hals.

Sigmund forderte sie auf, in der Hypnose alles auszusprechen, was sie im Laufe der Jahre ihrem Vater hatte sagen wollen, und zwar in der denkbar offenherzigsten Art und Weise. Die Störungen beim Singen hörten auf. Rosalia ging zur Fortsetzung ihrer musikalischen Ausbildung nach Deutschland.

Wissen gleicht einem träge dahinfließenden Strom. Manchmal wird er von Unrat aufgestaut, manchmal trocknet er aus. Aber für Sigmund wurde jetzt ein Wildwasser daraus. Seine nächste Entdeckung hatte schon längst am Rande des Unbewußten darauf gewartet, in sein Bewußtsein vorzudringen. Es war die Erkenntnis, daß er sich in einer bestimmten Phase seiner ärztlichen Praxis nicht nur wie ein Idiot, sondern sogar wie ein Betrüger benommen hatte. Wilhelm Erbs Rezepte aus dem »Handbuch der Elektro-Therapie«, die er während der ersten fünf Jahre ausgiebig bei seinen Patienten angewandt hatte, waren nichts weiter als ein gigantischer Schwindel!

Natürlich hatte es Professor Erb nicht so gemeint. Er hatte mit elektrischen Strömen und Elektroden aus vernickelten Messingplatten, die mit Schwamm, Flanell oder Leinen überzogen waren, ein System entwickelt und das »Wesen der Elektro-Therapie« in einer Reihe komplizierter mathematischer Formeln festgelegt, die Sigmund auswendig gelernt und – wie er jetzt voll Ärger feststellen mußte – blindgläubig angewandt hatte, als seien sie ein Evangelium. Er schämte sich, wenn er nur daran dachte, wie vielen Patienten er etwas vorgemacht hatte, da er selbst Erbs Lehren geglaubt hatte.

> »Ich übertreibe nicht, wenn ich hier betone, daß die Heilerfolge nicht selten selbst den kundigen Arzt durch ihre zauberhafte Raschheit und Vollständigkeit in Erstaunen versetzen.«

»Keine Übertreibung!« Sigmund fügte, was bei ihm höchst selten vorkam, einen Fluch hinzu. »Diese Elektroden sind nicht mehr wert als ein Zuckerl! Mich schaudert, wenn ich an die Honorare denke, die ich für ein paar Stunden Erleichterung genommen habe, ohne jemals dem Kern der Leiden auch nur nahezukommen. Glücklicherweise bin ich behutsam vorgegangen, sowohl bei den Stromstärken als auch bei den Honoraren. Und doch hat jeder Neurologe in Europa, in England und Amerika, selbst der große Hughlings Jackson, jahrelang mit Erbs Elektrotherapie gearbeitet. Wie

konnten wir nur so lange Zeit blind sein? Erb handelte sich damit internationalen Ruhm ein und der Patient eine Wissenschaft, die genauso falsch ist wie die Phrenologie, die Gallsche Schädellehre!«
Josef Breuer mußte über Sigmunds heftigen Ausbruch lächeln. Sie saßen in Breuers Bibliothek.
»Nun übertreiben Sie aber, Freud. Das Elektrisieren nützt mindestens soviel wie warme und kalte Bäder, wie Jacksons Ruhekuren oder Bromide.«
»Und das alles nützt im Grunde gar nichts! Ruhe, Seereisen und gutes Essen schaffen natürlich günstigere physische Voraussetzungen. Aber wir beide wissen doch ganz genau, daß man eher mit einem Krug Bier einen Waldbrand löschen als mit solchen Mitteln in den Dschungel des Unbewußten vordringen und die dort wohnenden Dämonen austreiben kann.«
Breuer strich sich mit der Hand über seinen Bart. Diese Geste kam immer dann ganz automatisch, wenn er besorgt war.
»Aber was bleibt uns denn noch, Freud, wenn wir in aller Öffentlichkeit eingestehen, daß wir keinerlei Werkzeug in der Hand haben?«
Sigmunds Augen blitzten.
»Wir haben unsere neue Methode, Breuer, die Sie erstmalig bei Bertha Pappenheim anwandten und die ich dann weiterentwickelt habe. Das ist ein echtes therapeutisches Mittel!«
Breuer betrachtete über Sigmunds Kopf hinweg seine Bücherwand.
Einige Abende darauf suchte er Sigmund auf, um den Fall einer jungen Frau mit ihm durchzusprechen, der ihm medizinische Rätsel aufgab. Als er die Symptome aufgezählt hatte, sagte Sigmund:
»Breuer, das hört sich nach Scheinschwangerschaft an.«
Breuer starrte ihn eine ganze Weile fassungslos an, dann sprang er auf und rannte ohne ein Wort des Abschieds davon. Martha sah ihn zur Haustür hinausstürzen. Sie kam zu Sigmund ins Arbeitszimmer und fragte: »Was war denn mit Breuer los?«
Sigmund kratzte sich den Bart, weil er es auch nicht wußte.
»Keine Ahnung. Er bat mich um eine Diagnose, und als ich sie ihm nannte, da rannte er davon wie ein gehetztes Wild.«

3

Als dann im Februar 1891 ihr zweiter Sohn Oliver geboren wurde, war Sigmund allmählich klar, daß sie übersiedeln mußten. In der Wohnung gab es kein richtiges Kinderzimmer. Die Veränderung würde Schwierigkeiten mit sich bringen. Damit gab man öffentlich zu, beim erstenmal unklug gewählt zu haben. Ein Umzug deutete auf Unzuverlässigkeit hin. »Es ist nun einmal Tatsache, daß die Wiener den Treueschwur gegenüber ihren

Wohnungen zuverlässiger halten als gegenüber ihren Ehepartnern«, bemerkte Fleischl.

Der Mietvertrag im Sühnhaus lief Ende Juli ab. In den Monaten bis zum Juli besichtigten sie Dutzende Wohnungen, an denen Schilder »Zu vermieten« hingen. Sie konnten nichts Geeignetes finden. Dann machte Sigmund an einem schönen Julinachmittag – Martha hielt sich mit den Kindern in einem Sommerhaus in Reichenau am Fuße des Schneebergs auf – seinen Lieblingsspaziergang am Donaukanal entlang. Er schlenderte im Schatten der Trauerweiden dahin und genoß den herrlichen Anblick des sanft geschwungenen Kanals mit seinen Brücken vor dem Hintergrund des dunkelgrünen Wienerwaldes. Am gegenüberliegenden Ufer blühten Büsche, Rosen, Geranien und Lupinen. Das grünlich-braune Wasser floß in rascher Strömung zwischen den Ufermauern aus grauem Stein dahin. Junge Mütter schoben hochrädrige Kinderwagen. Auf den Bänken entlang der Uferpromenade saßen die Wiener, ihre Gesichter mit geschlossenen Augen der Sonne zugewandt, und aalten sich in der Wärme wie Eidechsen.

Sigmund kam am uralten, buntfarbigen Tandelmarkt vorbei, überquerte einen Platz, in den fünf Straßen mündeten, und ging dann die Berggasse hinauf, eine der steilsten in Wien. Er hatte diesen Weg schon oft zurückgelegt, weil am oberen Ende der Berggasse Professor Brückes Laboratorium lag. An der Hausnummer 19 blieb er plötzlich stehen. An der Haustür hing ein Pappschild: »Zu vermieten«. Er sah die Straße hinauf und hinunter und nahm sie zum erstenmal bewußt wahr: Sie war breit, großzügig angelegt, war auf beiden Seiten von fünfstöckigen Wohnhäusern gesäumt, in einigen Erdgeschossen waren Läden untergebracht. Gegenüber lag die Export-Akademie. Alles in allem eine solide, gutbürgerliche Straße, die Fassaden dekoriert, jedoch nicht überladen. Die Bürgersteige waren im üblichen Bogenmuster mit kleinen viereckigen Steinen gepflastert.

Die Haustüre war nicht abgeschlossen. Sigmund betrat den Flur und suchte nach dem Hausmeister. Während er auf ihn wartete, sah er hinaus auf den Innenhof mit seinen vier schattenspendenden Bäumen, der gepflegten Rasenfläche und blühenden Sträuchern. Im Hintergrund erhob sich unter einem Dach mit klassischen Säulen ein Brunnen mit einer Mädchenfigur. Hier fühlte Sigmund sich sofort wohl.

Der Hausmeister führte ihn zu der freien Wohnung im ersten Stock hinauf, an einer Parterrewohnung vorbei, wie Sigmund sie als Junggeselle bewohnt hatte. Gleich im ersten Augenblick, als er über die Schwelle trat, war er von der Geräumigkeit überrascht. Die Zimmer waren fünf Meter hoch – hier konnte er frei atmen! Allein das Vorzimmer war sechs mal vier Meter groß. Linker Hand sah er eine doppelte Glastür, deren untere Hälfte undurchsichtig war. Als er sie öffnete, stand er in einem großen Zimmer mit Parkettboden. Keines der Fenster ging zwar zur Straße hinaus, doch die

Nachmittagssonne strahlte durch eine Glasveranda am anderen Ende ins Zimmer.
Er besichtigte das große Schlafzimmer mit den Fenstern zum Innenhof und ganz hinten noch ein zweites, geräumiges Zimmer, das im stumpfen Winkel zum Elternschlafzimmer lag: Hier hatten mehrere Kinder Platz. Neben dem Schlafzimmer lag ein bequemes Bad mit einem Badeofen über der langen, emaillierten Wanne und einer Toilette auf einer Art Podium. Vom Bad aus gelangte man gleich in ein praktisches Schrankzimmer, dessen Schränke nicht nur genügend Platz für Kleider und Anzüge boten, sondern in dem auch noch Regale und Schubladen für Wäsche, Leinen und Decken angebracht waren. Bad und Schrankzimmer hatten Fenster, die in einen Lichtschacht führten. Die Zimmer waren nur oberflächlich gesäubert worden. Sigmund dachte: »Hier wird eine tüchtige Hausfrau wie Martha wahre Wunder vollbringen!«
Er ertappte sich dabei, daß er die Wohnung in Gedanken bereits gemietet hatte.
Er ging durch den Vorraum hinüber in die vorderen Räume. Rechts lag das großzügigste Zimmer mit drei Doppelfenstern zur Berggasse hinaus und einem Lüster in der Mitte. Von hier aus konnte er die beiden anderen Zimmer überblicken, da die hübsch geschnitzten Schiebetüren offenstanden. In diesen drei Zimmern war der Parkettboden in einem schönen Blumenmuster verlegt. Alle Räume hatten geschmackvolle Stuckdecken mit einem zweifachen Sims an der Rundung zwischen Wand und Plafond. Die Wohnung wirkte ruhig, angenehm und sehr repräsentativ.
Er betrat das mittlere und kleinste der drei Zimmer und sah in Gedanken hier schon sein Sprech- oder Arbeitszimmer. Das Eckzimmer dahinter eignete sich vorzüglich als Eßzimmer, da die Küche gleich dahinter lag. Er wollte schon gehen, ohne einen Blick in die Küche zu werfen, aber dann sagte er sich, daß er sie lieber doch eingehend inspizieren sollte, um Martha genau Bericht erstatten zu können. Sie war doppelt so groß wie die Küche im Sühnhaus und hatte zu beiden Seiten Schränke bis an die Decke. Der Boden war aus roten und weißen Kacheln, ein Kohleherd mit sechs Kochstellen und eine Anrichte standen unter dem Fenster zum Lichtschacht. Während ihn der Hausmeister durch alle Zimmer führte, hatte Sigmund das unbestimmte Gefühl, das alles schon einmal gesehen zu haben.
Er fragte nach der Jahresmiete und erfuhr, daß sie etwas niedriger lag als im Sühnhaus. Die Lage war natürlich nicht ganz so gut wie drüben am Schottenring. Manche Leute würden vermutlich sagen, daß die Nachbarschaft des Tandelmarktes diese Gegend Wiens weniger vornehm erscheinen ließ.
Aber andererseits sagte sich Sigmund: »Auf dem nahen Platz laufen mehrere Straßenbahnlinien zusammen, und eine weitere verläuft gleich an

der Ecke über die Währinger Straße. Auch für die Fiaker ist die Adresse leicht erreichbar, also wird es meinen Patienten nicht schwerfallen, mich hier aufzusuchen. An allen fünf Ecken des Platzes gibt es einen Markt. Zwischen der Berggasse und dem Donaukanal liegen mehrere kleine Parks, in denen die Kinder spielen können. Wir müssen die Wohnung haben. Sie ist geradezu ideal für uns.«

Am liebsten hätte er diese Räume sofort gemietet, aber er schwieg doch, als er mit dem Hausmeister die Treppe hinabging. Vor der Parterrewohnung, zehn Stufen über der Eingangshalle, blieb er stehen.

»Wer wohnt hier?«

»Ein alter Uhrmacher, ein Junggeselle namens Plohjar. Er hat ein kleines Lädchen in der Innenstadt. Dort bringt er den ganzen Tag zu, gnädiger Herr, und abends sitzt er mit seinen Zunftgenossen im Kaffeehaus an der Ecke. Ich weiß gar nicht, wozu er die Wohnung braucht. Jedes Quartal droht er mit dem Auszug, wenn er grantig die Miete herausrückt.«

Sigmunds Herz schlug schneller.

»Könnte ich einen Blick hineinwerfen? Nur für einen Augenblick. Es kann nämlich sein, daß ich das Parterre zusätzlich zu der Wohnung im ersten Stock nehme, wenn Ihr Uhrmacher seine Miete nicht mehr bezahlen will.«

Er steckte dem Mann ein paar Kreuzer zu. Die Tür wurde ihm geöffnet. Die Wohnung bestand aus fünf Räumen in ähnlicher Anordnung wie oben, nur kleiner und ohne die drei ineinandergehenden Zimmer zur Straßenfront. Ein Vorzimmer und ein Warteraum für seine Patienten waren vorhanden, die beiden Schlafzimmer an der Rückseite hätte man in ein Sprechzimmer und einen Arbeitsraum verwandeln können, die winzige Kochnische reichte zwar nicht für eine Familie, aber zum Auskochen seiner Instrumente war sie groß genug.

»Wie hoch wäre denn die Miete für das Parterre?«

Als der Hausmeister die Summe nannte, unterdrückte Sigmund nur mit Mühe einen Seufzer der Erleichterung. Beide Mieten zusammen machten kaum mehr aus als das, was er jetzt seit fünf Jahren bezahlte. Nun konnte er seine Begeisterung nicht länger zügeln. Er drückte dem Mann einen Geldschein in die Hand.

»Hier, damit Sie sehen, daß ich es ernst meine. Ich muß natürlich mit meiner Frau darüber sprechen und sie herbringen . . . «

»Ich verstehe, Herr Doktor. Ich werde Ihnen auf jeden Fall die Wohnung im ersten Stock freihalten.«

Er holte Martha in Reichenau ab. Sie war weniger begeistert, da sie ihre neue Küche und ihr modernes Bad gegen die ältere Einrichtung tauschen sollte. Doch sie änderte ihre Meinung, als sie durch die hohen, luftigen Zimmer mit der schönen Stuckdecke und dem Parkettfußboden ging und sah, daß diese Wohnung doppelt so groß war wie die jetzige. Sie hängte sich bei Sigmund ein und lächelte ihm zu.

»Diese Wohnung wird ein echtes Heim für die Familie werden«, sagte sie leise. »Sie ist groß genug, auch unsere Zukunft aufzunehmen.«

Die Julihitze hatte die Wiener aus der Stadt vertrieben. Sigmund saß tagelang an seinem Schreibtisch im Sühnhaus, ohne daß ein einziger Patient kam. Da er zur Zeit keine Einkünfte hatte, fühlte er sich verpflichtet, von den importierten Havannas – er gönnte sich jeden Tag ein Dutzend dieser köstlichen Zigarren – auf die kleinen, milden, vorzüglichen »Trabuccos« umzuwechseln.
Die einzige Unterbrechung in dieser ruhigeren Zeit war die Veröffentlichung seines Buches »Zur Auffassung der Aphasien« bei Deuticke. Als sein Verleger ihm mitteilte, daß das Buch erschienen sei, ging er in die Buchhandlung. Dort waren auf einem Tisch neben anderen medizinischen Fachbüchern auch zehn Exemplare seines Werkes gestapelt. Er griff nach dem obersten Exemplar, betrachtete Titel und Inhaltsverzeichnis und blätterte darin. Die Freude überwältigte ihn: Hier hielt er nun sein erstes Buch in Händen, seinen ersten größeren Beitrag zur medizinischen Literatur. Sein Name als Übersetzer stand bereits in drei anderen Büchern, aber dieses Werk war ganz und gar sein eigenes Produkt. Er hielt das Buch ebenso zärtlich in den Händen, wie er Mathilde, Martin oder Oliver zu halten pflegte. Für ihn war es ein lebendes, atmendes, sprechendes Geschöpf, geboren aus seinem Intellekt.
Er nahm für sich selbst ein Exemplar mit und bat den Verkäufer, ein zweites an Dr. Josef Breuer zu schicken. Er brachte es ihm nicht persönlich, weil er seinen Freund mit der bisher geheimgehaltenen Widmung überraschen wollte: »Dr. Josef Breuer in freundschaftlicher Verehrung.« Er erwartete von Breuer nicht, daß dieser noch am selben Tag oder in der Nacht das ganze Buch von über hundert Seiten auslesen werde. Aber vielleicht kam er morgen nachmittag zum Kaffee vorbei, oder sie würden einander zum Nachtmahl treffen.
Aber weder am nächsten noch am übernächsten Tag kam irgendeine Nachricht von Breuer. Sigmund verstand das nicht. Am dritten Tag konnte er die Spannung nicht länger ertragen. Am Nachmittag suchte er Breuer in seiner Wohnung auf. Mathilde begrüßte ihn herzlich. Sigmund merkte sofort, daß Josef ihr nichts von dem Buch erzählt hatte.
»Josef ist oben in der Bibliothek. Gehen Sie nur hinauf, ich schicke Ihnen gleich eine kleine Erfrischung.«
Josef Breuer saß arbeitend an seinem Schreibtisch. Er sah auf und blinzelte ein paarmal. Sigmund schoß es durch den Kopf: »Er ist über meinen Besuch gar nicht erfreut! Er scheint sogar peinlich berührt zu sein. Was in aller Welt ist passiert?« Laut sagte er: »Breuer, haben Sie das Buch bekommen?«
»Ja, ich hab's bekommen.«
»Aber Sie hatten zu viel zu tun, um es zu lesen?«

»Ich hab's auch gelesen.« Nichts weiter.
»Und es hat Ihnen nicht gefallen!«
Breuer antwortete mit geringschätzigem Achselzucken: »Es ist gar nicht so übel.«
Sigmund empfand diese Antwort wie eine Ohrfeige.
»Aber es ist Ihnen kein guter Punkt davon in Erinnerung geblieben?«
»Hm – ja, es ist gut geschrieben.«
»Besten Dank, Breuer, mir ging es immer nur um den guten Stil«, sagte Sigmund zynisch. »Und der wissenschaftliche Gehalt? Die neue psychiatrische Methode?«
»Meiner Ansicht nach haben Sie die beiden Hälften – die somatologische und die psychiatrische – nicht zusammengefügt. Sie streben eher auseinander wie zwei Widersacher. Und ich muß schon sagen, Ihre Angewohnheit, Autoritäten auf jedem Gebiet anzugreifen, die angesehensten Männer der Medizin . . . Für diese neue Häresie, daß psychische Faktoren bei einer Aphasie eine ebenso große Rolle spielen wie physische Störungen, wird Ihnen niemand danken, nicht Wernicke, nicht Hitzig und nicht Lichtheim.«
»Mir ging es dabei nicht um Dank, Breuer, sondern nur um eine objektive Darstellung der Ergebnisse meiner Untersuchungen.«
Anstatt einer Antwort läutete Breuer nach dem Mädchen. Als es sich meldete, fragte er: »Ist Herr Dr. Rechburg noch nicht gekommen?«
»Nein, gnädiger Herr.«
»Führen Sie ihn herein, sobald er kommt.«
Sigmund konnte die Enttäuschung fast nicht ertragen. Als das Mädchen gegangen war, sagte er heiser:
»Breuer, Sie haben noch nichts über die Widmung gesagt. Ich wollte Sie damit ehren. Ich hatte gehofft, es würde Sie ein wenig freuen.«
»Hm-ja. Ja, danke.«
Das Mädchen führte Dr. Rechburg herein. Als er Sigmund erblickte, zuckte er zurück. Sigmund sagte sich: »Die beiden haben bereits über das Buch gesprochen. Es mißfällt ihnen. Daher seine Verlegenheit.« Er wandte sich rasch zur Tür, verabschiedete sich mit einem hastig gemurmelten »Auf Wiedersehen!« und ging, ohne einen der beiden noch einmal anzusehen. Er ging sehr bedrückt nach Hause in seine leere Wohnung und überließ sich düsteren Gedanken über seine Beziehung zu Breuer. Er paßte die Länge seiner Schritte unwillkürlich dem Muster des Granitpflasters an.
»Meine Differenzen mit Breuer werden immer schwerwiegender. Warum eigentlich? Er ist doch Schritt für Schritt meiner Meinung, aber die Schlußfolgerung verwirft er dann. Meine gutgemeinte Widmung war ihm nur peinlich, als könnten ihn die anderen Ärzte für den Inhalt des Buches verantwortlich machen. Dabei weiß er doch ebensogut wie ich, daß hinter Sprachstörungen ideelle Gründe stecken und daß das Unbewußte für eine

Aphasie verantwortlich sein kann. Warum will er das nicht eingestehen?«
Auf die Hitzewelle folgte ein langanhaltender Landregen. Die Feuchtigkeit und das Ausbleiben der Patienten machten ihn mürrisch. Es goß wie aus Kannen, als er am Freitagabend in die Berge fuhr. Trotz des schlechten Wetters kletterte er auf die Rax, weil er meinte, die körperliche Anstrengung könnte seine düstere Stimmung vertreiben. Er pflückte für Martha einen Strauß Edelweiß. Sie preßte die Blüten. Sigmund vermißte Maries strahlendes Lächeln. Sie hatte gekündigt, weil sie heiraten wollte. An ihrer Stelle hatte Martha die alte Nanni engagiert, die ihr von Bekannten empfohlen worden war. Als Sigmund sich am folgenden Tag in der Villa aufhielt, gelangte er zu dem Schluß, das alte Kindermädchen sei nicht das richtige für die Kleinen und beklagte sich bei Martha.
»Martin ist ein lieber Bub, voller Zuneigung, gutmütig und intelligent. Ist dir aufgefallen, daß er schon eine ganze Reihe von Wörtern sprechen kann? Aber unser kleines Frauenzimmer wird uns von dem alten Drachen ganz verdorben! Mathilde ist unartig geworden, sie will überhaupt nicht mehr gehorchen – aus Prinzip, wie mir scheint –, und sie antwortet auf alles, was ich sage, mit einem kategorischen ›Nein‹. Außerdem hat diese Frau kein Recht, so grob zu den Kindern zu sein. Ich verstehe nicht, daß du ihr das durchgehen läßt. Du willst sie doch hoffentlich nicht behalten, wenn wir in die Berggasse übersiedeln? Notfalls zahle ich ihr noch etwas in ihre Pensionskasse.«
Martha antwortete liebenswürdig aber bestimmt:
»Mein Lieber, willst du nicht auf den Schneeberg klettern? Die frische Luft wird dir guttun. Und mach dir bitte keine Sorgen wegen Mathilde, das ist bei ihr nur ein Übergangsstadium. Morgen oder nächste Woche ist sie wieder ganz dein liebes kleines Mäderl.«
Auf dem Schneeberg verlor er seine schlechte Laune und vergaß die Enttäuschung, die ihm Breuer mit seiner ablehnenden Haltung bereitet hatte. Er kam todmüde zurück und genoß das heiße Bad im Waschzuber. Als Entschuldigung für seine schlechte Laune lud er Martha zum Nachtmahl in eine Bierstube ein.

4

Die Begegnung mit einer früheren Patientin wurde für Sigmund zu einem Abenteuer und brachte die Versöhnung mit Josef Breuer. Es handelte sich um Cäcilie Mattias, eine hochgewachsene Frau mit flachsblondem Haar, krötigen Augenbrauen und sehr strengen Gesichtszügen. Sie war intelligent und empfindsam und schrieb Gedichte, die ein hochentwickeltes Formgefühl verrieten. Breuer hatte ihn vor einem Jahr einmal spät abends hinzugezogen, als Frau Mattias unter furchtbaren neuralgischen Schmer-

zen litt, die sich auf ihre Zähne konzentrierten. Sigmund erfuhr, daß sich diese Anfälle nun schon seit rund fünfzehn Jahren zwei- bis dreimal im Jahr wiederholten. Als die Neuralgie einmal monatelang anhielt, hatten ihre Angehörigen einen Zahnarzt gerufen, der die Schmerzen auf entzündete Zahnwurzeln zurückführte und Frau Mattias sieben Zähne zog. Nach einer gründlichen Untersuchung des übrigen Gebisses vermutete Sigmund, daß ihr der Zahnarzt gesunde Zähne gezogen hatte. Andere Zahnärzte wollten ihr noch weitere angeblich kranke Zähne ziehen, aber inzwischen hatte Frau Mattias eine probate Technik entwickelt, dies zu vereiteln: Jeweils am Abend vor der Operation, der wieder ein paar »Schuldige« zum Opfer fallen sollten, hörte ihre Neuralgie plötzlich auf.
Weitere Ärzte, die im Laufe der Jahre konsultiert wurden, hatten es mit faradischen Bürsten, mit Blutreinigung und »Trinkkuren« versucht, um Spuren von Harnsäure zu bekämpfen. Aber nichts hatte geholfen. Die Schmerzen hielten jeweils fünf bis zehn Tage an, um dann auf ebenso unerklärliche Weise zu verschwinden, wie sie gekommen waren. Die gelehrten Professoren Wiens einigten sich schließlich auf die Diagnose: »gichtartiger Rheumatismus«.
Sigmund redete ihr gut zu und gab ihr ein Schlafmittel, viel mehr konnte er nicht für sie tun. Am nächsten Morgen erschien sie dann in einem von ihr selbst entworfenen karierten Wollkleid in seiner Sprechstunde, baute sich selbstbewußt vor seinem Schreibtisch auf und fragte mit klarer, unpersönlicher Stimme:
»Herr Doktor, könnten Sie es bei mir nicht mit einer hypnotischen Behandlung versuchen? Wie ich höre, haben Sie damit Patienten geholfen, die jahrelang dieselbe Krankheit hatten.«
»Hat Herr Dr. Breuer bei Ihnen Hypnose angewandt?«
»Nein. Das stand gar nicht zur Debatte. Aber die Schmerzen im Gesicht sind jetzt unerträglich geworden und werden sicher noch eine Woche lang anhalten. Wenn Sie glauben, daß man mit Hypnose vielleicht etwas erreichen könnte, bitte ich Sie, es zu versuchen.«
Sigmund schickte ein stilles Stoßgebet zum Himmel.
»Na schön. Setzen Sie sich dort in den Sessel. Ganz entspannt. Schließen Sie die Augen. Entspannen! Denken Sie an Schlaf. An ruhigen, erholsamen Schlaf. Gut so. Sie werden jetzt einschlafen, ganz leicht und ruhig, schön schlafen . . . schlafen . . . schlafen . . . «
Seine Stimme klang sanft, leise, beruhigend. Aber sobald sie eingeschlafen war, änderte er Tonfall und Taktik: Er machte ihr streng und bestimmt klar, daß sie nicht unter der Gesichtsneuralgie zu leiden brauchte, daß sie genug Willenskraft habe, die Schmerzen zu verbannen, daß die Entzündung des zweiten und dritten Astes eines Trigeminus keine hinreichende Ursache für die Neuralgie sei, daß sie nur zu wollen brauche, um sie zum Verschwinden zu bringen. Er suggerierte ihr, daß ihre Intelligenz und

daher auch ihre Fähigkeit, mit einer physischen Störung fertig zu werden, stärker seien als die lächerliche Krankheit, an der sie litt. Er sagte sich dabei: »Ich muß ihre Schmerzen durch ein sehr energisches Verbot, wie ich es in dieser Form noch nie angewandt habe, vertreiben. Da sie die Behandlung selbst verlangt hat, wird sie auch eine Suggestion vertragen können, die eigentlich schon mehr ein Befehl ist.«

Er weckte sie auf und fragte, nun wieder in verbindlichem Ton: »Wie fühlen Sie sich jetzt, gnädige Frau?«

»Besser, denke ich.« Sie fuhr sich zögernd mit den Fingerspitzen über die betroffenen Gesichtsnerven. »Ich habe zwar immer noch Schmerzen, aber sie haben fühlbar nachgelassen. Es ist jetzt mehr ein dumpfes Ziehen und weniger ein stechender Schmerz.«

»Gut. Wenn Sie es wünschen, suche ich Sie heute abend auf und nehme eine zweite Behandlung vor. Wir wollen doch sehen, ob wir dieser Schmerzen nicht Herr werden können, bevor sie von selbst aufhören.«

Er hypnotisierte sie dreimal und erklärte ihr, die ursprünglichen leichten Nervenschmerzen seien zwar keine Einbildung, aber sie habe diesen legitimen Anfang wie eine jener Vorspannlokomotiven benutzt, die auf dem Bahnhof Gloggnitz für die Gebirgsstrecke zusätzlich vor den Zug gespannt würden. Damit erzielte sie das, was sie selbst als »rasende Zahnschmerzen« bezeichnete. Er suggerierte ihr weiter, daß sie immer dann, wenn sie ein leichtes Ziehen im fünften Kranialnerv verspüre, sich ganz bewußt sagen sollte, daß daraus niemals heftige Schmerzen in den Zähnen entstehen könnten.

Die Behandlung hatte Erfolg. Die Neuralgie verschwand. Sie überstand auch die Zeitspanne, zu der sich die Neuralgie normalerweise wieder hätte melden müssen. Nichts geschah. Sigmund fragte:

»Breuer, müssen wir nicht ernstlich daran zweifeln, daß sie wirklich fünfzehn Jahre lang unter Neuralgien gelitten hat?«

»Sie sind überzeugt, daß es sich um eine Art Hysterie handelte?«

»Welche andere Erklärung gäbe es dafür? Ich kann durch Suggestion doch keine somatischen Krankheiten heilen. Das kann niemand.«

Breuer betrachtete seinen jüngeren Kollegen wohlwollend, aber skeptisch. »Freuen Sie sich nicht zu früh. Die gute Frau Cäcilie hat eine blühende Phantasie. Sie kann noch mit einem halben Dutzend anderer Leiden aufwarten, an denen die ganze Wiener Medizin seit ihrer Heirat vergeblich herumrätselt.«

Nach einem Jahr wurde Sigmund wieder zu Frau Mattias gerufen. Er traf sie auf dem Höhepunkt eines Anfalls nervöser Schmerzen an, die sich wiederum auf die Zähne konzentrierten. Nein, sagte er sich, die hysterische Neuralgie kann ich erst dann beseitigen, wenn ich zu ihrer Ursache vorgedrungen bin. Er versetzte seine Patientin in Schlaf.

»Frau Cäcilie, wir greifen jetzt einmal auf die traumatische Szene zurück, die Ihre Neuralgie hervorgerufen hat. Sie werden sich genau daran erinnern, weil diese Szene all die Jahre hindurch sorgsam in Ihrem Unterbewußtsein aufbewahrt wurde.«

Cäcilie Mattias lallte unverständliche Silben, dann brach sie in Tränen aus. Ihr Körper schaukelte vor und zurück. Die Worte sprudelten ihr plötzlich von den Lippen: ein Streit mit ihrem Mann, kurz nach der Hochzeit, während ihrer ersten Schwangerschaft. Der Streit gipfelte darin, daß ihr Mann ihr eine schwere Beleidigung ins Gesicht schleuderte. Sie hielt sich die Hand an die Backe und schrie:

»Es war mir wie ein Schlag ins Gesicht.«

»Ja«, pflichtete ihr Sigmund bei, »es war ein Schlag ins Gesicht, aber nur ein *symbolischer!* Sie haben dieses Symbol zu einer physischen Realität gemacht. Vermutlich hatten Sie zu diesem Zeitpunkt gerade leichte Zahnschmerzen. Sie haben die Beleidigung mit diesen Zahnschmerzen verquickt und daraus ›rasende Schmerzen‹ gemacht, die tagelang anhielten. Warum haben Sie das getan? Damit Sie Ihren Angehörigen und den Ärzten erzählen konnten, wie sehr Sie unter den kränkenden Bemerkungen Ihres Mannes litten? Bewußt haben Sie diesen Austausch natürlich nicht vorgenommen. Das Unbewußte hat sich diesen Trick ausgedacht.«

Frau Cäcilie erwachte. Sie unterhielten sich über Sigmunds logische Folgerung. Sie starrte ihn aus großen Augen an und murmelte:

»Das ist wie Alchimie. Sie haben den Ton meiner Krankheit genommen und daraus das Gold der Wahrheit gemacht.«

Schon wenige Tage darauf ereilte ihn das Schicksal aller Alchimisten: Die dünne Goldschicht nützte sich ab. Seine Patientin erkrankte neuerlich, wurde von Krämpfen geschüttelt und konnte nicht schlucken. Nachts konnte sie nicht schlafen und fühlte sich von Hexen verfolgt. Vollkommen niedergeschlagen kam sie in Sigmunds Sprechzimmer und begrüßte ihn mit dem Satz: »Mein ganzes Leben zerbricht in Stücke. Bin ich nicht eine verworfene Person?« In einer langen, leidenschaftlichen Selbstanklage versuchte sie ihm klarzumachen, was für ein elendes Geschöpf sie sei.

Als Sigmund nach der Ursache ihrer Melancholie suchte, beschrieb sie ihm eine ganze Reihe von Mißstimmungen innerhalb der Familie, die in den letzten Tagen aufgetreten waren. Aber Sigmund fand durch eingehende Fragen heraus, daß sich tatsächlich nichts Unangenehmes oder Unliebsames ereignet hatte. Durch die sorgfältige Beobachtung und Behandlung dieser Frau lernte er ein weiteres Phänomen des Unbewußten kennen: In den Anfangsstadien eines Anfalls sendet es versuchsweise Signale aus, die in Frau Cäcilies Fall Angst, Schrecken und Selbstverachtung erzeugten. Diese Signale deuteten im voraus an, daß das Opfer wiederum eine »Erinnerungsschuld« begleichen müsse.

Inzwischen ahnte Sigmund bereits die eigentliche Ursache der Krankheitserscheinungen: Eine strenge Großmutter hatte in dem Bemühen,

Vermögen und soziale Stellung der Familie zu konsolidieren, Frau Cäcilie einem ihr völlig Fremden verlobt und sie dann zu einer reinen Zweckheirat gezwungen. Der Ehemann hatte Cäcilie nie geliebt. Ihre Intelligenz und ihre künstlerischen Neigungen erschreckten ihn. Schon vor Jahren, gleich nach der Geburt des zweiten Kindes, hatte er den Geschlechtsverkehr mit seiner Frau eingestellt. Cäcilie lebte seitdem sehr zurückgezogen, während die Affären ihres Mannes zum Tagesgespräch von ganz Wien wurden.
Sigmund mußte an Frau Pufendorf denken, deren Mann impotent war, an Emmy von Neustadt, die seit dem Tod ihres Gatten die Liebe entbehrte. Diese Frauen hatten eines gemeinsam: Sie lebten seit Jahren ohne Geschlechtsverkehr, und zwar in einer Situation, in der ein regelmäßiger Verkehr normal und natürlich gewesen wäre. Hier offenbarte sich eine allgemeingültige Regel. Wenn man sie nur messen, in einem Laboratorium nachweisen könnte.
Aber zunächst hatte er es mit einer körperlich kranken Frau zu tun. Cäcilie war schon so lange unfähig, Nahrung zu sich zu nehmen, daß eine Anorexie vorlag. Unter Hypnose räumte er die Barrieren zwischen dem Bewußten und Unbewußten beiseite. Nun bekam er immer mehr über die ätzenden, kränkenden Bemerkungen ihres Mannes zu hören, gegen die sie sich nicht zu wehren vermochte. Sie rief:
»Das alles muß ich herunterschlucken! O Gott, ich muß das alles schlucken!«
Sigmund erklärte ihr: »Immer dann, wenn diese Erinnerung aus Ihrem Unterbewußtsein aufsteigt, reagiert Ihr Hals mit einer hysterisch bedingten Verkrampfung. Eine Stimme in Ihrem Innern sagt zu Ihnen: ›Ich weigere mich, noch mehr zu schlucken!‹ Sehen Sie, Frau Cäcilie, das ist dieselbe Symbolisierung wie bei der Neuralgie in Ihren Zähnen.«
Frau Mattias erwachte aus der Hypnose, sah Sigmunds Beweisführung ein und begann wieder zu essen. Josef Breuer lobte Sigmund und hob seine Leistung auch vor der Familie Mattias hervor. Dann erlitt Frau Cäcilie einen schweren Herzanfall. Sigmund wurde noch nach Mitternacht zu ihr gerufen. Er untersuchte sie: Die Herztöne klangen ganz normal. Es dauerte einige Zeit, bis er ihr die Ursache entlocken konnte: Ihr Mann hatte sie beschuldigt, sie hätte ihn hintergangen. Er wußte inzwischen, daß sie ein wandelndes Lehrbuch der Symbolisierungen war. Sigmund ließ nicht locker, bis sie ihm anvertraute, wie sich der Vorwurf ihres Mannes bei ihr ausgewirkt hatte: »Er traf mich wie ein Stich ins Herz!«
»Frau Cäcilie, das sind psychische und nicht somatische Störungen! Sie können ihnen ein Ende bereiten, indem Sie sich zurückerinnern und die Geschehnisse, die diese Traumata auslösten, exakt datieren.«
Cäcilie zeigte viel guten Willen, doch die unerschöpfliche Phantasie ihres Unbewußten beschwor immer neue Krisen herauf. Auf dem Höhepunkt eines jeden neuen Anfalls wurde Sigmund entweder durch einen Dienstbo-

ten oder durch ein aufgeregtes Familienmitglied gerufen. Das nächste Phänomen war ein furchtbarer Schmerz im rechten Fuß.

»Vor Jahren war ich einmal in einem Sanatorium. Der Arzt befahl mir, in den Speisesaal zu gehen, um mich mit den anderen Patienten bekannt zu machen. Ich wurde von der Furcht beherrscht, daß ich das ›rechte Auftreten‹ in der Gesellschaft nicht treffen werde.«

Das hartnäckigste Leiden war ein durchdringender Schmerz zwischen den Augen. Nach einem solchen Anfall war Frau Cäcilie halb blind. Er brauchte lange Zeit, bis er sich aus den Bruchstücken ihrer Erinnerung trotz großer Gedächtnislücken ein brauchbares Bild machen konnte. Dann gestand sie ihm einmal in seinem Sprechzimmer in tiefer Hypnose:

»Eines Abends – ich lag schon im Bett – kam meine Großmutter herein und sah mich mit einem so durchdringenden Blick an, daß er mir durch die Stirn hindurch bis ins Gehirn eindrang.«

Als sie später darüber sprachen, stellte er die Frage:

»Welchen Grund hatte Ihre Großmutter, Sie so durchdringend anzusehen?«

»Das weiß ich nicht. Vielleicht, weil sie mißtrauisch war.«

»Wie lange ist das jetzt her?«

»Dreißig Jahre.«

»Möchten Sie mir nicht sagen, woher dieses Schuldgefühl kam, weshalb Sie glaubten, Ihre Großmutter sei mißtrauisch?«

Frau Cäcilie schwieg eine Weile, dann murmelte sie: »Das ist jetzt nicht mehr wichtig.«

»Es ist bestimmt wichtig, da die Erinnerung an diese Szene noch nach dreißig Jahren einen stechenden Schmerz zwischen Ihren Augen hervorruft.«

»Es ist dumm von mir, daß ich nach so langer Zeit immer noch unter einer Sache leide, die ich damals angestellt habe, nicht wahr, Herr Doktor?«

»Dumm nicht, nur hilflos. Dieses Schuldbewußtsein hat sich bei Ihnen festgesetzt, und Sie hatten noch keine Möglichkeit, es zu überwinden.«

»Ich vermute, Sie wissen bereits, worin meine Jugendsünde bestand, Herr Doktor?«

»Ja, ich glaube, ich weiß es.«

»Sind Sie dann nicht auch der Meinung, daß es peinlich ist, darüber zu sprechen?«

»Nein, da die Masturbation in gewissem Maß natürlich ist. Es ist nichts Böses daran. Sie ist eine instinktive Handlung, die außerhalb des moralischen Bereichs liegt.«

»Könnte es dann sein, daß ich mir selbst die Schuld am Mißlingen meiner Ehe gab – ganz im Hintergrund dieses Unbewußten, von dem Sie sprachen –, mit der Begründung, daß meine Jugendsünden eine solche Strafe heraufbeschworen haben?«

»Liebe Frau Cäcilie, jetzt hege ich wieder Hoffnung für Ihre Gesundung. Und Sie selbst werden es gewesen sein, die bei der Erforschung Ihrer Neurose das letzte Glied in die Kette eingefügt hat.«
Er saß die ganze Nacht an seinem Schreibtisch und hielt alle Einzelheiten dieses Falles in einem ausführlichen Bericht fest. Frau Cäcilie hatte ihm den Zugang zu einem weiteren verborgenen Bereich des Unbewußten, der *Symbolisierung*, erschlossen. Als die Sommersonne orangen leuchtend und glühend heiß am Horizont heraufstieg, stand er an seinem Fenster und rieb sich die müden Augen.
»Wie viele dunkle Winkel und Kämmerchen mag es in diesem Geisterland noch geben?« Langsam, ganz langsam gelang es ihm, das Gelände abzustecken. »Wie viele Jahre werden noch vergehen, bis ich dieses unbekannte Land genau erforscht habe? Wohin wird mich dieser mühselige Pfad noch führen, ehe ich an sein Ende gelangt bin?«

5

Sigmund Freud bestellte den Möbelwagen für den 1. August; es war ein Samstag. Er wurde von zwei kräftigen Gäulen gezogen. Oben auf dem hohen Kutschbock thronten zwei muskulöse Möbelpacker. Sie machten sich daran, alles Geschirr in Fässer und die Gläser in Sägespäne zu packen, die Möbel soweit wie nur möglich zu zerlegen, Schubladen herauszuziehen und alles über die Außentreppe mit der eisernen Balustrade hinunter in den Hof und von da aus hinaus auf die Maria-Theresien-Straße zu tragen. Dann wurde alles auf den gedeckten, länglichen, grauen Wagen verladen.
»Mir tut es doch ein bißchen weh, wenn ich zusehe, wie alles auseinandergenommen und weggeschleppt wird, was fünf Jahre lang unsere ganz private Welt war«, rief Martha, als sie in ihrem leeren Schlafzimmer stand.
»Aber ein paar Straßen weiter wird ja alles wieder zusammengesetzt. In uns ändert sich nichts.«
»Jetzt verstehe ich auch, warum die Wiener so ungern umziehen: Mit jeder Übersiedlung stirbt man ein wenig, man läßt die Jahre hinter sich.«
»Wir verlieren sie doch nicht«, sagte Sigmund und strich ihr zärtlich über die Wange. »Alle Erinnerungen sind sorgfältig in Zeitungspapier und Fässer verpackt, damit keine von ihnen zerbricht. Wir nehmen sie alle in unsere neue Wohnung mit. Die kostbarsten Erinnerungen legen wir zwischen die feine Wäsche, oder wir packen sie vorsichtig in Koffer, wie du es mit unserem besten Service gemacht hast.«
Martha wollte ein paar Tage in der Stadt bleiben, um ihre persönlichen Sachen zu sortieren, einen Tapezierer zu bestellen, die neuen Fenstervorhänge anmessen zu lassen und die Möbel in den frisch ausgemalten Zimmern zu arrangieren. Sie drängte Sigmund, mit dem ersten Frühzug

aufs Land zu fahren, da er die Kinder seit einer Woche nicht mehr gesehen hatte. Er ruhte sich für den Rest des Tages aus und machte sich früh am nächsten Morgen auf den Weg zu einem der höchsten umliegenden Gipfel. Das Mittagessen wurde ihm auf einer bewirtschafteten Schutzhütte von einer üppigen, aber mürrischen Achtzehnjährigen serviert, die von der Wirtin »Katharina« gerufen wurde. Als er sich später nach anstrengender Klettertour ins Gras warf, um den großartigen Rundblick über drei Alpentäler zu genießen, stand Katharina plötzlich vor ihm. Sie sagte, sie hätte im Gästebuch gelesen, daß er Arzt sei, und ob sie ihn bitte mal sprechen dürfe? Ihre Nerven seien schlecht. Manchmal geriete sie so außer Atem, daß sie fast zu ersticken glaube. Sie habe dauernd ein Summen in den Ohren und spüre ein schweres Gewicht auf der Brust. Ob ihr Herr Doktor Freud wohl helfen könne?

Herr Doktor Freud hätte viel lieber die schöne Landschaft genossen. »Wie kann jemand in dieser großartigen Umwelt schlechte Nerven haben?« fuhr es ihm durch den Kopf. Aber diese scheinbar so robuste Bergbewohnerin litt offensichtlich unter einer Gemütserkrankung. Sie erzählte bereitwillig alles, was der Herr Doktor wissen wollte.

Die Schwierigkeiten hatten vor zwei Jahren begonnen, als sie zufällig einen Blick in ein Fenster warf und ihren Vater auf ihrer jungen Cousine Franziska liegen sah. Da bekam sie plötzlich keine Luft mehr. Sie mußte für drei Tage ins Bett, war sterbenskrank und übergab sich. Sigmund erinnerte sich an ein Gespräch mit Josef Breuer, in dem sie zu dem Schluß gelangt waren, daß die Symptome der Hysterie mit einer Bilderschrift vergleichbar seien: Übelkeit bedeutete in diesem Alphabet Ekel und Abscheu.

Er betrachtete das breite Bauerngesicht. Katharina war nicht mit den puritanischen Hemmungen aufgewachsen, die den Wiener Damen aufgezwungen wurden. Warum hatte dann ein Anblick, der zwei Jahre zurücklag, eine so offenkundige Hysterie hervorgerufen? Dieses Erlebnis verschleierte höchstwahrscheinlich nur ein anderes, unangenehmeres aus früherer Zeit. Er sagte ihr das auch. Da rückte Katharina mit der Wahrheit heraus: Mit vierzehn Jahren war sie einmal ins Tal hinuntergegangen und hatte die Nacht in einem Gasthof verbracht. Da war ihr Vater zu ihr gekommen und hatte in völlig betrunkenem Zustand versucht, sich ihr sexuell zu nähern. Sie hatte deutlich gespürt, wie er einen ganz bestimmten Körperteil gegen sie preßte, dann war sie aus dem Bett gesprungen. *Damals* hatten die Anfälle begonnen. Mit der Zeit verblaßte jedoch dieses Erlebnis; sie hatte nie mehr bewußt daran gedacht.

Sigmund erklärte ihr, daß sie nun die eigentliche Ursache kenne und sie aus ihrem Gedächtnis streichen könne. Dann sei sie auch wieder in der Lage, tief und normal zu atmen. Ja, sie werde es versuchen. Sie fühle sich jetzt schon wieder wohler . . .

Nachdem er die Kinder zu Bett gebracht hatte, saß er an diesem Abend noch lange beim Schein einer Petroleumlampe wach und versuchte, die neuen Erkenntnisse dieses Tages mit den übrigen Fällen in Einklang zu bringen. Immer wieder stellte er fest, daß ein früheres traumatisches Moment später einer zusätzlichen Erfahrung bedurfte, um es im Unterbewußtsein zu aktivieren. Oder anders ausgedrückt: *Die Heilung eines jeden vorhandenen Traumas muß im ursprünglichen Trauma gesucht werden, das wahrscheinlich Jahre zurückliegt.*
Er erhob sich von seinem Schreibtisch und trat hinaus auf die Terrasse. Er blickte auf die schlafenden Täler und Berge, die im nächtlichen Dunst ineinander verschmolzen. Dabei dachte er an die Jäger, denen er am Tage begegnet war. Sie waren mit der Waffe über der Schulter auf Pirsch gegangen. Er überlegte: »Das Unbewußte geht nicht mit einem Knall los wie eine Büchse. Es läßt sein Gift allmählich ins Bewußtsein sickern, bis sich genug davon angesammelt hat, um emotionelle und nervöse Störungen zu verursachen.« Eines wußte er jetzt ganz genau: *»Es macht sich heute bemerkbar, aber die Ursache liegt weit zurück.«*

Die Übersiedlung in die Berggasse erwies sich als glückliche Entscheidung. Sie hatten wochenlang regelmäßig Besuch von Verwandten und Freunden, die die neue Wohnung sehen wollten. Mathilde und Josef Breuer fanden die Wohnung besonders wegen ihrer Geräumigkeit sehr schön. Sigmunds Eltern und Schwestern waren sehr stolz darauf. Der Samstag-Abend-Club stellte fest, sie eigne sich vorzüglich für die Tarock-Runde. Seine Kollegen aus dem Kassowitz-Institut blieben förmlicher – sie beglückwünschten ihn zum neuen Heim mit Blumen und Süßigkeiten. Ernst Fleischl, der fast schon zu schwach zum Treppensteigen war, kam mit einem Diener, der für Sigmunds Sprech- und Arbeitszimmer einen schön gemeißelten Senatorenkopf aus der Zeit Kaiser Augustus' mitbrachte. Sigmund war tief gerührt. Er wußte, wie sehr Fleischl gerade an dieser Marmorbüste hing.
Sigmund richtete einen Teil des großen Vorraums als Wartezimmer ein. Die beiden Buben hatten ein Schlafzimmer für sich allein, und die vierjährige Mathilde freute sich über ihr eigenes kleines Reich im »Kabinett«. Ein neues böhmisches Dienstmädchen trat an die Stelle der alten Kinderfrau, die sich in eines der staatlichen Heime für ledige Hausangestellte zurückziehen wollte.
Gleich nach der Übersiedlung in die größere Wohnung luden Martha und Sigmund Frau Bernays ein, ihre Enkelkinder zu besuchen. Aber sie hatte anscheinend mehr als genug von Wien und antwortete, in Hamburg gefiele es ihr recht gut. Minna hingegen nahm die Einladung an und schrieb, sie habe oft Heimweh nach dem Ring, dieser »architektonischen Speisekarte«.
Sigmund hatte die günstige Lage der Berggasse richtig eingeschätzt. Vom ersten Oktobertag an war das Wartezimmer voll. Er wußte, daß seine

Praxis zum Teil auch deshalb wieder florierte, weil Österreich zur Goldwährung zurückgekehrt war und allmählich wieder jenen Wohlstand erlangte, den es in der Wirtschaftskrise der siebziger Jahre eingebüßt hatte. In guten Zeiten suchen die Patienten häufiger ihre Ärzte auf, und die Angehörigen der Medizinischen Fakultät pflegten festzustellen:
»Sie können jetzt sogar die Rechnungen bezahlen, ohne darüber gleich wieder krank zu werden.«
Er konnte so viel Geld auf die Bank bringen, daß sich allmählich Zinsen ansammelten. Martha kümmerte sich nicht um die Familienfinanzen. Sie war zufrieden, wenn sie von Sigmund an jedem Montag pünktlich ihr Haushaltsgeld erhielt. Als Sigmund ihr das Bankbuch zeigte, sagte sie:
»Wie schön, daß es uns endlich besser geht. Stell dir nur vor: Geld verdient selbst Geld, und du mußt es nicht als Arzt im Schweiße deines Angesichts verdienen.«
Schon drei Wochen später wußte er, daß Ernst Fleischls römische Marmorbüste kein Einstands-, sondern ein Abschiedsgeschenk war. An einem Spätnachmittag ließ ihn Dr. Obersteiner dringend in Fleischls Wohnung bitten. Als er feststellte, daß Professor Brücke und Exner, der bald die Leitung des Physiologischen Instituts übernehmen sollte, sowie Josef Breuer bereits anwesend waren, wußte er, daß Ernst Fleischl im Sterben lag. Er ging hinüber in die Bibliothek. Dort lag sein Freund auf einer Couch. Sigmund konnte nicht sprechen. Er legte nur stumm seine Hand auf die Decke, unter der Fleischls knochige Schulter zu spüren war. Von allen Anwesenden war Ernst Fleischl von Marxow selbst am wenigsten betrübt.
»Da stehen nun die besten Mediziner von ganz Wien um mich herum. Und was tut ihr für mich? Ihr haltet meine Hand – die gesunde! Betrauert mich nicht, meine Freunde. Ich probe diese Szene jetzt schon seit zehn Jahren. Sogar die Abschiedsworte habe ich auswendig gelernt. Dazu gehört beispielsweise: Nehme sich doch bitte ein jeder einige Bücher aus den Regalen, und zwar ein jeder die Bücher, die ihn am meisten interessieren.«
Brücke antwortete mit mattem Lächeln: »Besten Dank, mein lieber Kollege, aber meine Augen lassen mich im Stich, und ich kann nicht mehr lesen, während ich den Styx überquere. Da Sie aber offenbar die Absicht haben, mir vorauszugehen, möchte ich Sie um einen kleinen Gefallen bitten. Kaufen Sie mir ein seidenes Barett, eine Reisedecke und den größten Regenschirm, den Sie auftreiben können. Meine Spaziergänge in der anderen Welt werden mir kein Vergnügen bereiten, wenn ich mich dabei nicht auf einen dick zusammengerollten Regenschirm stützen kann.«
»Ich werde Sie erwarten, Professor.«
Fleischl bat Breuer, den Klingelzug zu ziehen. Sein Diener trug ein feudales Souper auf: Kaviar, Champagner in Eiskübeln, erlesene Köstlichkeiten vom Naschmarkt verbreiteten ihren würzigen Duft. Fleischl bestand

darauf, daß jeder sich bediente. Der Diener entkorkte eine Champagnerflasche und füllte ein halbes Dutzend Gläser – auch eines für seinen Herrn. Mit letzter Kraft richtete sich Fleischl auf, hob sein Glas und sagte:

»Stoßen wir noch einmal miteinander an! Ja, ich habe meinen Abschied vorausgeplant. Warum auch nicht? Alle Wege führen schließlich zum Zentralfriedhof. Man feiert die Geburt, die Taufe, die Hochzeit, die Geburt der Kinder, Jahrestage. Warum sollte ich da nicht für mich eine Todesfeier geben? Ich wußte, daß sich keiner von euch dazu bereit finden würde, sosehr ihr mich in all diesen Jahren auch geliebt und geschätzt habt. Ist es nicht ein tröstlicher Gedanke, daß man das in die andere Welt mit hinübernimmt, was man hier auf Erden zuletzt geschaut hat. Der Geizkragen würde sein Geld zählen und einen Sack voll Goldmünzen mitnehmen. Ein anderer würde eine schöne Frau streicheln und diesen Eindruck mit in die Ewigkeit nehmen. Wieder ein anderer mag vielleicht Goethes ›Faust‹ lesen und sich bis zum Jüngsten Tage daran ergötzen. Einer, der zuletzt durch den Wienerwald geht, nimmt einen kleinen grünen Forst mit nach drüben. Ich möchte dieses Zimmer mitnehmen, genauso, wie es jetzt ist, damit ich im Fegefeuer, oder wohin immer ich auch gehen werde, ein interessantes Quartier habe.«

»Im Himmel«, murmelte Sigmund halblaut. »Dein Fegefeuer hast du schon auf Erden gehabt.«

Fleischl hatte die Worte vernommen. »Das trifft auch auf viele andere Menschen zu, mein lieber Freund. Nur tragen sie ihr Fegefeuer im Geist und nicht im Leib. Das müßten Sie von Ihren eigenen Patienten wissen. Daher auch der Ausdruck ›die Hölle auf Erden‹. Ich mußte mehr Schmerzen ertragen, als dem einzelnen zugeteilt werden, aber in der Hölle war ich nie – nicht in diesem Zimmer mit all den Büchern und Kunstwerken um mich herum. Sie sind ein besserer Schmerzbetäuber als das Kokain, das Sie aus Peru importieren. Obersteiner, machen Sie noch eine Flasche Champagner auf. Es wird mir ein riesiges Vergnügen sein, wenn ich morgen gesund und munter in den elysischen Gärten aufwache und weiß, daß Sie mir zu Ehren alle einen Katzenjammer haben. Dann weiß ich wenigstens, daß man mich vermißt.«

Obersteiner ließ den Korken zur Decke knallen und füllte die Gläser nach. »Fleischl, Sie haben einen makabren Humor. Darauf trinke ich!«

Sie aßen und tranken und sangen voll schmerzlicher Sehnsucht alte Studentenlieder und Weisen aus Wiener Operetten. Als dann die letzte Flasche und die letzte Schüssel geleert waren, drehte Ernst Fleischl auf dem Kissen den Kopf zur Seite und schloß die Augen. Josef Breuer trat hinzu und tastete nach dem Puls. Da war keiner mehr. Er wollte Fleischl die Decke über den Kopf ziehen. Sigmund fragte leise:

»Muß das sein? Er sieht doch schön aus, selbst im Tode.«

Eli Bernays lud Martha und Sigmund für acht Uhr zum Nachtmahl ein: Er habe ihnen etwas Wichtiges mitzuteilen. Eli und Anna hatten inzwischen drei Kinder. Edward, der Jüngste, war erst wenige Wochen alt. Der Familie ging es gut, denn Eli hatte sich selbst hohe Ziele gesetzt. Er hatte den Verwaltungsposten aufgegeben, um sich ganz seinem Reisebüro zu widmen, aber trotz seines Geschäftssinns und seiner unerschöpflichen Energie ging es nicht so schnell voran, wie er wollte. Mit einunddreißig war er immer noch genauso kraftvoll-männlich und imponierend, wie Sigmund ihn vor zehn Jahren kennengelernt hatte. Er bestellte seine immer makellos sitzenden Anzüge bei einem der besten Schneider der Stadt, trug Maßschuhe aus schwarzem Glacéleder und befestigte seine Socken immer noch – dessen war Sigmund sicher – umständlich mit je drei Sicherheitsnadeln an der Unterhose.

»Martha, Sigi, ich habe beschlossen, nach Amerika auszuwandern. Ich ertrage den Gedanken einfach nicht, für den Rest meines Lebens den Trott der k. u. k. Monarchie mitzumachen. Für einen Mann mit Ehrgeiz gibt es hier so wenige Möglichkeiten. Jeder sagt es mir, und überall lese ich es: Amerika ist das Land der unbegrenzten Möglichkeiten. Dort kann man im Handumdrehen vorankommen, und genau danach sehne ich mich.«

Sigmund lachte. »Ich bin nur erstaunt, daß du erst jetzt darauf kommst. Können wir dir irgendwie helfen?«

Eli legte liebevoll seinen Arm um Anna.

»Da ich mich erst einmal umsehen muß, lasse ich Anna und die Kinder zurück. Anna ist damit einverstanden. Ich habe bereits die Schiffskarte in der Tasche. Ich nehme an, daß ich drei bis vier Monate fort sein werde. Würdet ihr beiden euch inzwischen um meine Familie kümmern?«

»Selbstverständlich, solange du willst«, versicherte ihm Martha. »Anna, möchtest du nicht, daß eine deiner Schwestern zu dir zieht?«

»Ja, ich werde wahrscheinlich Rosa darum bitten. Sie ist so tüchtig.«

»Wie steht's mit dem Geld, Eli?« fragte Sigmund. »Wir haben einige Ersparnisse.«

»Danke nein, Sigi. Ich verkaufe mein Reisebüro für einen anständigen Preis, damit kommen wir schon aus.«

»Nun gut. Deine Familie kannst du uns ruhig anvertrauen. Sieh nur zu, daß du all das Gold mitbringst, mit dem die Straßen drüben angeblich gepflastert sind.«

6

Als Professor Ernst Brücke Anfang Januar starb, trauerte die ganze medizinische und akademische Welt um ihn. Aber kaum einen traf der Verlust härter als Sigmund Freud und Josef Breuer, für die Brücke der größte aller Wissenschaftler und Lehrer gewesen war. Sie sprachen bis Mitternacht über ihn. Ihre Erinnerungen reichten fast zwanzig Jahre zurück in die Zeit, als Breuer zu Brücke ins Physiologische Laboratorium gekommen war. Er bemerkte dazu:

»Freud, das war unsere ganz besondere Art der Gedenkfeier für ihn. Es ist nur richtig, daß wir als seine Schüler ihn lebendig erhalten, mit all seinen Schwächen und mit seinem genialen Geist.«

»Es war zwar keine kirchliche Gedenkfeier, aber geistlich war sie doch, denke ich. Breuer, wenn es der Religion wirklich um die Liebe geht, dann haben wir unserem großen Freund eine überzeugende Grabrede gehalten. Wie der Priester sagt: *Requiescit in pace!*«

Geburten und Todesfälle wechselten in atemberaubender Folge. Im April wurde ihr dritter Sohn Ernst geboren. Martha sagte glücklich:

»Jetzt kannst du dich wirklich als Oberhaupt eines vielköpfigen Klans betrachten. ›Und dein Same wird verstreut von den Winden der Erde.‹ «

»Mein liebes Marthchen, hoffentlich geht uns nicht die Formel für Mädchen verloren, so, wie meine Eltern das Rezept für Buben vergessen haben. Ich bin sicher, daß sich Mathilde noch ein Schwesterchen zum Spielen wünscht.«

Wenige Wochen darauf hörte er, Professor Theodor Meynert liege im Sterben. Mit neunundfünfzig Jahren erlag er einem angeborenen Herzleiden. Er hätte nur zu gern Meynert mit einem Besuch seine Hochachtung bewiesen, denn trotz aller fachlichen Differenzen und öffentlichen Auseinandersetzungen hatte ihm nur Brücke nähergestanden als Meynert. Brücke und Meynert hatten sich beide für ihn als Student und später als junger Arzt eingesetzt. Aber er glaubte, seinen großen Lehrer nicht stören zu dürfen. Der Professor empfing in seinen letzten schweren Stunden niemanden mehr.

Um so überraschter war Sigmund, als Meynerts Diener plötzlich mit einer Nachricht in seinem Vorzimmer stand. Ob ihn Herr Doktor Freud unverzüglich zu Herrn Professor Meynert begleiten könne? Der Professor wünsche ihn zu sprechen.

Als Sigmund ins Schlafzimmer geleitet wurde, stellte er fest, daß sein alter Lehrer nicht verfallen wirkte, im Gegenteil: Er hatte zugenommen, und seine langen, grau-schwarzen Locken fielen ihm in die Stirn. Falls er Angst vor dem Sterben hatte, so ließ er es sich nicht anmerken. Meynert winkte ihn mit einer Handbewegung ans Kopfende des Bettes heran und sagte heiser:

»Ich bin froh, daß Sie diesmal keine Kiste Zigarren mitgebracht haben, Herr Doktor. Es wäre ärgerlich, wenn ich sie ungeraucht zurücklassen müßte.«

»Ihr Humor hat Sie noch nicht verlassen, Herr Professor.«

»Nein, dafür aber praktisch alles andere.« Er versuchte, sich im Bett aufzusetzen. »Sie fragen sich wahrscheinlich, warum ich Sie zuletzt noch rufen ließ?«

»Sie waren immer schon ein Meister der Überraschungen, Herr Professor, besonders in Ihrer Arbeit.«

»Nein, in meinem Leben. Gut die Hälfte dessen, was ich persönlich tat, kam auch für mich überraschend. Soll ich Ihnen sagen, warum?«

»Wenn Sie es wünschen, Herr Hofrat.«

»Ich wünsche es, mein Lieber. Bitte, stopfen Sie mir die Polster in den Rücken. Danke. Sie belagern mich jetzt seit sechs Jahren mit Ihrem Charcot-Unsinn von der männlichen Hysterie. Glauben Sie denn so etwas Absurdes immer noch? Aber die Wahrheit, wenn ich bitten darf. Es gehört sich nicht, einen Sterbenden anzulügen.«

»In aller Offenheit: Ich habe meine Meinung trotz Ihrer beträchtlichen Anstrengungen nicht geändert.«

»Dann will ich Ihnen gegenüber auch ehrlich sein.« Ein dünnes Lächeln huschte über Meynerts Gesicht. »Mein lieber Kollege, es gibt sie wirklich, die männliche Hysterie. Wissen Sie, woher ich das weiß?«

»Nein«, antwortete Sigmund beschämt.

»Weil ich seit jeher ein Paradebeispiel der männlichen Hysterie bin. Deshalb wurde ich in jungen Jahren chloroformsüchtig und später, als ich älter wurde, vom Alkohol abhängig. Warum, glauben Sie, habe ich Sie in all den Jahren so erbittert bekämpft?«

»Weil Sie . . . von anatomischen Grundlagen . . . «

»Unsinn! Sie hätten sich nicht täuschen lassen dürfen. Ich machte Ihre Theorien lächerlich, um nicht durchschaut zu werden.«

»Warum erzählen Sie mir das alles jetzt, Herr Hofrat?«

»Weil es nicht mehr wichtig ist. Meine Zeit ist abgelaufen. Ich glaube, daß ich Sie noch etwas lehren muß: Freud, der erbittertste Gegner ist stets derjenige, der am festesten davon überzeugt ist, daß Sie recht haben. Ich werde nicht der Letzte sein, der versucht, Ihnen Ihre Überzeugung zu nehmen. Sie sind viel zu abenteuerlustig, um nicht Ihr ganzes Leben lang immer wieder in die Arena treten zu müssen. Sie waren einer meiner besten Schüler. Sie haben es verdient, daß ich Ihnen die Wahrheit sage.«

Seit fünfzehn Jahren – im Wintersemester 1878 hatte er klinische Psychiatrie belegt – hatte er bei Professor Meynert gearbeitet, aber es war das erstemal, daß der Professor in so vertrautem Ton mit ihm sprach. Er war so gerührt, daß er den letzten Satz kaum aufnahm. Er mußte an Ernst Fleischls Marmorbüste denken. Auch das hier war ein Abschiedsgeschenk.

Meynert flüsterte:

»Auf Wiedersehen!«

»Auf Wiedersehen, Herr Hofrat!«

Sigmund hatte Tränen in den Augen, als er sich zum Gehen wandte.

Für die Sommerfrische mieteten sie wieder die Villa in Reichenau. Der Höhepunkt der Ferien war ein zweiwöchiger Urlaub, den Martha und Sigmund gemeinsam im August im Salzkammergut verbrachten. Sie blieben eine Woche in Hallstatt und eine in Bad Aussee. Sie waren nun sechs Jahre verheiratet, hatten vier gesunde Kinder, ein schönes Heim und eine zweifache Praxis, wie es schien: die Neurologie, die somatischen Störungen des Zentralnervensystems, sorgte für den Lebensunterhalt; die Neurosen, die psychischen Störungen des Nervensystems, waren für den Forscher Sigmund Freud ein stets gleichbleibend faszinierendes und erregendes Gebiet.
In beiden Hotels bekamen sie Zimmer mit Balkon. Sie machten herrliche Bergtouren und genossen den weiten Blick in die grünen Täler und auf die schroffen Gipfel der Alpen, auf denen das ewige Eis glänzte und die die untergehende Sonne in feurigem Licht erglühen ließ.
Die schweren Jahre und alle Gedanken an Kinder, Heim und Patienten versanken für sie, wenn sie die stille Schönheit der steirischen Alpen bewunderten und früh zu Bett gingen. Sie liebten sich und schliefen ruhig und geborgen unter den federleichten und dabei herrlich warmen Daunendecken. Sie genossen das Gefühl, sich endlich einen Platz an der Sonne erobert zu haben, mochte er auch bescheiden sein.

Das wichtigste gesellschaftliche Ereignis dieses Jahres war die Hochzeit von Wilhelm Fliess. Fliess hatte Sigmund schon früher anvertraut: »Ich möchte eine Wienerin heiraten. Deshalb komme ich so oft hierher.« Sein Ideal hatte er in der dreiundzwanzigjährigen Ida Bondy, einem warmherzigen, aufgeschlossenen Mädchen, gefunden. Sie war zwar keine ausgesprochene Schönheit, aber doch eine angenehme Erscheinung. Ida war die Tochter von Philip Bondy und Erbin eines beträchtlichen Vermögens, aber sie hatte sich ihre Natürlichkeit, ohne eine Spur von Arroganz oder Stolz, bewahrt. Die Bondys, eine der reichsten und angesehensten Kaufmannsfamilien Wiens, waren Patienten von Josef Breuer. Sigmund und Martha waren mehrmals gemeinsam mit dem Ehepaar Breuer in der geräumigen Stadtwohnung der Bondys in der Johannesgasse eingeladen gewesen.
»Du weißt, daß ich durchaus für die Ehe bin, aber Hochzeitszeremonien hasse«, sagte Sigmund zu Martha. »Aber da es sich um Wilhelm und Ida handelt, müssen wir einfach hingehen.«
Am darauffolgenden Montag fuhr Martha mit nach Wien, weil die Schneiderin für das Seidenkleid, das sie sich zu diesem Anlaß wünschte, mindestens drei Wochen Zeit brauchte. Ihre Augen bekamen einen verträumten Glanz. »Es bekommt Chiffonrüschen an den Schulternähten und einen hohen Rüschenkragen, außerdem einen V-Einsatz aus gesmoktem Chiffon, der an den Schultern beginnt und bis zur Taille schmal zuläuft. Dann einen . . . «

»Aber Martha, das ist doch Idas Hochzeit!«
Die Hochzeitsfeier fand Anfang September auf dem Landsitz der Familie Bondy in Mödling statt. Die eigentliche Zeremonie wurde im Garten, im Schatten alter Bäume vollzogen. Martha sah wirklich hübsch aus, aber Sigmunds Besorgnis, sie könnte die Braut ausstechen, erwies sich als überflüssig. Ida erstrahlte in einem Kleid aus weißem Satin und feiner Spitze, mit engen Ärmeln und einer langen Schleppe, ebenfalls aus weißem Satin. Zum Hochzeitsmahl von ausgesuchter Köstlichkeit wurden erlesene Weine serviert. Bei Hochzeitstorte und Champagner brachte man zahlreiche Toasts auf das junge Paar aus. Als es nachmittags kühler wurde, begaben sich die Gäste wieder in den Garten, wo ein Tanzboden errichtet worden war. Ein Orchester spielte bis zum Sonnenuntergang Wiener Walzer. Sigmund und Martha tanzten sonst nur ein- bis zweimal im Jahr. Durch die vielen Toasts war die ganze Gesellschaft bereits in heiterer Stimmung. Es wurde beschwingter getanzt, als es sonst üblich war.
Wilhelm nahm Sigmund beiseite.
»Sigi, durch meine Heirat soll sich zwischen uns nichts ändern. Ich brauche dich noch genauso dringend wie vorher. Wenn du meine Ideen analysierst und kritisierst, hilfst du mir, aus den häßlichen Entlein elegante Schwäne zu machen. Spricht aus diesem Vergleich vielleicht gar schon ein Schwips?«
Sigmund lachte. »Wir sind alle ein wenig beschwipst. Warum auch nicht, es ist eine so schöne Hochzeit. Wilhelm, ich brauche dich auch. Wir müssen uns auch weiterhin so oft wie möglich schreiben, unsere Gedanken austauschen und uns gegenseitig die Entwürfe unserer Arbeiten zusenden . . . «
»Und wir müssen uns weiterhin ein paarmal im Jahr treffen, irgendwo auf Kongressen in Wien, Berlin, Salzburg, Dresden oder München . . . «
Sigmund legte seinem Freund die Hand auf den Arm. »Ich wünsche dir jedenfalls schöne Flitterwochen. Wenn du wieder nach Berlin zurückkehrst, werden dich mehrere Briefe von mir erwarten.«

Ende September kehrte die Familie Freud endgültig nach Wien zurück. Das Wetter blieb noch angenehm warm. Martha leistete Sigmund, der noch seine Arbeit beenden mußte, Gesellschaft.
»Ich werde ›Anatol‹ lesen, das neue Buch von Arthur Schnitzler, das du mir letzte Woche mitgebracht hast. Ich bin neugierig, ob es wirklich so interessant ist, wie du sagst.«
»Ja. Es ist ein ganz neuer Stil. Wie du weißt, ist Schnitzler Arzt. Er hat ein paar Jahre nach mir studiert und, wie ich, in Meynerts Psychiatrischer Klinik gearbeitet. Er schreibt offener und ehrlicher über die sexuelle Seite der menschlichen Natur, als es heutzutage sonst einer wagt.«
Zwei Leselampen erhellten das Zimmer. Manchmal sprachen sie über einen

Gedanken, der beim Lesen entstanden war, aber auch das gemeinsame Schweigen war schön. Um elf Uhr holte Martha einen Krug kühlen Himbeersaft und Sodawasser, dann gingen sie zu Bett. Sigmund war innerhalb weniger Sekunden eingeschlafen.
Er glaubte auch nur ein paar Sekunden geschlafen zu haben, als ihn plötzlich eine Explosion aus dem Bett hochfahren ließ. Die Finsternis draußen durchzuckte ein greller Blitz. Martha schrie:
»Hol die Buben! Ich kümmere mich um Mathilde.«
Als Sigmund am Fenster vorbeikam, sah er gerade den Uhrmacher aus dem Parterrefenster in den Hof springen. Er zog sich hastig den weißen Bademantel über und stieß die Tür zum Zimmer der Buben auf.
Martin riskierte ein Auge und brüllte: »Ein Beduine! Ein leibhaftiger Beduine!«
Dann verkroch er sich unter der Bettdecke. Das Mädchen kam mit dem Baby auf dem Arm gelaufen.
Aber der grelle Lichtschein war inzwischen verschwunden. »Ich glaube nicht, daß es ein Feuer ist«, sagte Sigmund beruhigend. »Ich gehe den Hausmeister suchen.«
Kurz darauf kam er zurück und beruhigte die anderen. In der Wohnung des Uhrmachers war nur eine Gasflasche explodiert. Er setzte sich zu seinem Dreijährigen auf die Bettkante und fragte ihn: »Sag mal, Martin, wie kommst du darauf, daß ich ein Beduine bin?«
»Mit deinem großen weißen Mantel, Papa, da siehst du genauso aus wie die Beduinen in dem Bilderbuch, das du mir geschenkt hast. Papa, du schaust aber fein aus, wenn dir die Haare so hochstehen!«
Am nächsten Morgen zog der Uhrmacher aus der Parterrewohnung aus. Er meinte, ein böses Omen dürfe man nicht unbeachtet lassen. Zu Mittag klopfte der Hausmeister an Freuds Tür.
»Herr Doktor, jetzt können Sie die Wohnung haben, wenn Sie sie noch wollen. Es wird ein paar Tage dauern, weil wir die Wände, die von der Explosion ganz schwarz sind, neu streichen müssen.«
Ende der Woche war der Gasofen wieder repariert, die Wände waren in Altweiß gestrichen. Sigmund ließ das Wartezimmer durch eine Glaswand trennen und richtete es mit Sofa, Stühlen und Hutständer aus seinen früheren Wartezimmern ein. Von hier aus führte eine Tür in sein Sprechzimmer mit einem Fenster auf den Hof, durch das der Uhrmacher hinausgesprungen war. Hier stellte Sigmund seinen Schreibtisch, seine Bücherregale und die schwarze Behandlungscouch auf, die er für seine erste Praxis angeschafft hatte. Hinzu kamen noch ein Glasschrank für die Instrumente und gerahmte Bilder der großen Ärzte, die in Wien gelehrt und gearbeitet hatten: Skoda, Gall, Semmelweis, Brücke. Die Elektrisiermaschine warf er hinaus. Sigmund hoffte, daß dieser strenge, sachliche Raum seinen Patienten Vertrauen einflößen werde.

Sein Arbeitsraum schräg hinter dem Sprechzimmer, von diesem durch eine Schiebetür getrennt, sollte nicht so streng wirken. Die Wand über seinem Arbeitstisch schmückte er mit einem Florentiner Ölgemälde aus Giottos Schule. Links und rechts davon wurden auf Regalen die Scherben, Medaillons und Plaketten untergebracht, die von Ausgrabungen in Kleinasien stammten. Fleischl und Josef Breuer hatten sie ihm zu Weihnachten oder zum Geburtstag geschenkt, und ein paar kleinere Stücke hatte er selbst in einem Antiquitätengeschäft in der Altstadt gekauft.

Das hier sollte sein ganz privates Reich werden. Hierher konnte er sich zurückziehen, wenn keine Patienten kamen, hier konnte er lesen und forschen, seine Aufzeichnungen ordnen, Manuskripte verfassen und die umfangreiche Korrespondenz fortführen, deren größten Anteil zur Zeit die Briefe von Wilhelm Fliess ausmachten. Hier konnte er sich ungestört auf dem großen Schreibtisch und einem anschließenden Arbeitstisch ausbreiten. Hier war er von Regalen mit Fachbüchern aus den Gebieten umgeben, an denen er arbeitete. Literatur über Aphasien, Psychologie und das Gehirn. Hier konnte er studieren, nachdenken, schreiben, Theorien aufstellen. In seiner Ordination war er der Arzt, der bestimmte neurologische Fälle behandelte. In seinem Arbeitszimmer war er der Wissenschaftler, der Gelehrte, der Philosoph, der sich durch das Labyrinth der neuentdeckten Unterwelt des Bewußtseins tastete. Das Arbeitszimmer war nicht groß – nur etwa drei mal fünf Meter, und die Bücherwände machten es noch kleiner. Doch Sigmund liebte das Gefühl der Geborgenheit, dieses Abgeschlossensein von der Außenwelt. Die einzigen Geräusche, die hereindrangen, wirkten beruhigend: Er hörte höchstens einmal den Gärtner, wenn er das Gras schnitt oder die welken Blätter zusammenrechte.

Dieser Umzug bedeutete einen Bruch mit der Tradition: Für einen Wiener Arzt gehörte es sich, die Praxis gleich in der eigenen Wohnung zu betreiben. Aber er fand bald heraus, daß seine Patienten dieses neue Gefühl der Ungestörtheit zu schätzen wußten. Sie konnten eine unverschlossene Tür öffnen und sich ungesehen im Wartezimmer niederlassen, ohne von einem Dienstmädchen empfangen zu werden. Sie konnten außerdem die Toilette gleich neben dem Wartezimmer benutzen, ohne fragen zu müssen und ohne in den privaten Bereich der Familie einzudringen. Viele seiner Patienten empfanden dies als eine ausgesprochene Wohltat. Während die Familie frühstückte, schickte Martha das Dienstmädchen hinunter, um die kleine Küche zu putzen, in der Sigmund seine Instrumente auskochte, und alle Räume gründlich zu wischen, noch bevor der erste Patient erschien.

Einen Tag bevor Sigmund in sein neues Reich einzog, kaufte Martha eine meterhohe Marmorkopie von Michelangelos »Gefesselten Sklaven«. Das Original im Louvre hatte Sigmund tief beeindruckt. Sie ließ die Statue bringen, während er im Kassowitz-Kinder-Krankeninstitut arbeitete, und ließ sie auf eine niedrige Truhe stellen. Es war für ihn eine große

Überraschung, als er nach Hause kam, Martha in seinem Arbeitszimmer antraf und die Statue da stehen sah, als sei sie schon immer hier gewesen. Seine Augen wurden feucht.
»Wie hast du das nur gewußt, liebstes Marthchen?« Er strich mit der Hand liebevoll über die herrliche Skulptur. »Sieh nur, wie kräftig dieser gefesselte Sklave ist, welche vollkommenen Proportionen sein Körper hat. Dieses makellose griechische Antlitz, dieser erschütternde Ausdruck seiner vom Schmerz gezeichneten Züge! Die Qual in diesem Gesicht ist für mich das Symbol der gesamten versklavten Menschheit, die von einem unsichtbaren Feind, durch ein gnadenloses Schicksal zugrunde gerichtet wird. Er muß gerettet werden! Die Menschheit ist eine so herrliche Schöpfung, sie darf nicht untergehen! Wie kann man diesen Sklaven nur von seinen Fesseln befreien und ihm die Freiheit zurückgeben? Das ist die Frage, der ich mein ganzes Leben weihen will.«

7

Ein befreundeter Arzt ersuchte Sigmund Freud, seine Patientin Fräulein Elisabeth von Reichardt zu übernehmen. Er behandelte seit zwei Jahren ohne Erfolg ihre immer wiederkehrenden Schmerzen in den Beinen und ihre zeitweilige Unfähigkeit, zu gehen. Der betreffende Arzt war, wenn auch verspätet, zu dem Schluß gelangt, daß es sich bei Fräulein Elisabeth um einen Fall von Hysterie handelte. Ob der Herr Kollege vielleicht helfen könnte?
Elisabeth von Reichardt, vierundzwanzig Jahre alt, hatte dunkelbraunes Haar, braune Augen und ein ungewöhnlich breites Gesicht. Ihre Gemütsverfassung schien normal zu sein. Sie trug ihr Unglück mit stoischem Gleichmut. Die Untersuchung ergab, daß die Schmerzen von der rechten Hüfte ausgingen. Beide Oberschenkel bildeten eine hysterogene Zone, denn als Dr. Freud Druck auf die Beinmuskeln ausübte, stieß Fräulein Elisabeth eher einen Schrei des Entzückens als des Schmerzes aus. Als einzige somatische Störung fand Freud einige harte Fasern im Muskelgewebe. Er überlegte: »Könnte sich vielleicht eine Neurose in diesem leicht gestörten Bereich festgesetzt haben, wie bei Frau Cäcilie die Neurose im Gefolge einer leichten Neuralgie im Kiefer und in den Zähnen aufgetreten ist?«
Vier Wochen lang empfing er die Patientin zweimal wöchentlich zu einer »Scheinbehandlung«, wie er seinem Kollegen eingestand: Sie bestand hauptsächlich in einer Handmassage, die Elisabeth von Reichardt offensichtlich als angenehm empfand, auch wenn sie ihr kaum Erleichterung verschaffte. Inzwischen brachte ihr der Hausarzt allmählich bei, daß Herr Doktor Freud eine neue Behandlungsweise entwickelt habe, die darin

bestand, daß man die Ursache der Krankheit im Gespräch über ihre allgemeinen Probleme zu finden hoffte. Als Elisabeth dazu bereit war, hörte Sigmund mit den Massagen auf.

»Fräulein Elisabeth, ich werde Sie nicht hypnotisieren. Ich denke, daß wir auch so eine Menge erreichen können. Aber ich muß mir vorbehalten, es zu einem späteren Zeitpunkt zu tun, falls sich etwas ergeben sollte, das Ihr waches Bewußtsein nicht verarbeiten kann. Einverstanden?«

»Einverstanden, Herr Doktor.«

»Unsere Methode besteht darin, die Krankheitsursachen Schicht um Schicht abzubauen. Wir vergleichen sie gern mit der Ausgrabung einer versunkenen Stadt. Beginnen wir damit, daß Sie mir alles erzählen, was Sie über den Beginn Ihres Leidens wissen.«

Elisabeth erzählte ihm freimütig, woran sie sich noch erinnerte. Als jüngste von drei Töchtern eines wohlhabenden ungarischen Grundbesitzers war sie, da ihre Mutter kränkelte, zur vertrauten Kameradin ihres Vaters geworden. Der Vater rühmte sich, daß ihm Elisabeth einen Sohn ersetze. Unter dem Eindruck dieser engen Beziehung hatte Elisabeth sich vorgenommen, nicht zu heiraten, es sei denn einen Mann von ganz außergewöhnlichen Talenten. Da der Vater glaubte, im kultivierten Wien würden sich seinen Töchtern mehr Möglichkeiten eröffnen, übersiedelte er mit seiner Familie dorthin. Elisabeth führte ein fröhliches, unbeschwertes Leben, bis ihr Vater einen schweren Herzanfall erlitt. Da wurde sie seine Pflegerin und schlief sogar in seinem Zimmer.

Nach achtzehn Monaten starb ihr Vater. Ihre Mutter hatte grauen Star in beiden Augen und mußte sich operieren lassen. Wieder wurde Elisabeth zur Krankenpflegerin. Ein kleiner Glücksstrahl fiel auf ihr Leben, als eine der beiden Schwestern einen außergewöhnlich lieben und aufmerksamen Mann heiratete. Aber das Familienglück war nur von kurzer Dauer. Die jüngere Schwester starb im Kindbett. Ihr Mann zog gebrochenen Herzens wieder zu seinen Eltern und nahm das Kind mit.

Es war eine traurige Geschichte. Elisabeth gab zu, daß sie sich einsam fühlte, mit ihrem grausamen Schicksal haderte und nach Liebe hungerte. Aber warum hatte sich daraus eine Hysterie ergeben, die sich in der Unfähigkeit, zu gehen, äußerte? Während ihres ernsten Berichts war nicht der kleinste Zipfel des Unterbewußtseins zum Vorschein gekommen. Sigmund entschloß sich zur Hypnose. Aber sosehr er sich auch bemühte, es gelang ihm nicht, Elisabeth in Somnambulismus zu versetzen. Sie lachte ihm nur triumphierend ins Gesicht, als wollte sie sagen:

»Du weißt genau, daß ich nicht schlafe. Mich kann niemand hypnotisieren!« Sigmund fand das gar nicht lustig. Er war es leid, immer wieder zu Patienten zu sagen: »Sie werden jetzt schlafen . . . schlafen . . . schlafen . . . « und die Antwort zu erhalten: »Aber Herr Doktor, ich schlafe ja gar nicht!« Dabei war es von ausschlaggebender Bedeutung, daß die

Patienten den Zugang zu ihren Erinnerungen fanden und »Zusammenhänge erkannten, die in ihrem normalen Bewußtseinszustand angeblich nicht vorhanden waren«. Er suchte nach den »bestimmenden Ursachen«, er mußte diese pathogenen Ursachen kennenlernen, die im wachen Bewußtsein des Patienten fehlten.

Plötzlich sah er ein Bild vor sich: Professor Bernheim, wie er einem Patienten die Hand gegen die Stirn drückte. Er legte seine Hand fest auf Elisabeths Stirn und sagte:

»Sie sollen mir jetzt alles sagen, was in dem Augenblick an Ihrem inneren Auge oder an Ihrer Erinnerung vorbeizieht, wenn ich gegen Ihre Stirn drücke.«

Elisabeth schwieg.

Sigmund ließ nicht locker. Sie habe ganz bestimmt Bilder gesehen, sich an Gespräche erinnert, nachdem er seine Finger an ihre Stirn gelegt hatte. Da entrang sich ihr ein langgezogener Seufzer. Sie wurde in ihrem Sessel schlaff und flüsterte:

»Ja. Ich habe an einen wunderbaren Abend gedacht. Ein junger Mann, den ich gern hatte, brachte mich nach einer Gesellschaft nach Hause. Unser Gespräch hat mich tief befriedigt. Wie unter Gleichen, die sich gegenseitig schätzen ...«

Sigmund atmete erleichtert auf. Er dachte: »Jetzt ist der Korken aus der Flasche gezogen!«

Ihre Eltern hatten darauf bestanden, daß sie zu dieser Gesellschaft ging. Als sie nach Hause kam, war im Zustand ihres Vaters eine Verschlechterung eingetreten. Kurz darauf starb er. Das konnte sich Elisabeth niemals verzeihen. Sie sah den jungen Mann nicht wieder.

Damit war der Damm gebrochen. Sigmund beobachtete, daß die Schmerzen im linken Bein zunahmen, wenn sie über ihre verstorbene Schwester und ihren Schwager sprach. Durch hartnäckige Fragen entlockte er ihr eine ganz bestimmte Szene: Elisabeth hatte mit ihrem Schwager in einem Kurort in den Bergen eine lange Wanderung unternommen, während es ihrer Schwester nicht gut ging. Als Elisabeth nach Hause kam, stellten sich heftige Schmerzen in den Beinen ein, die ihre Angehörigen auf die Überanstrengung des Vortags und auf eine Erkältung nach einem warmen Bad in den Heilquellen zurückführten.

Dr. Freud war anderer Meinung. Er rief behutsam – wieder durch Druck gegen ihre Stirn – die nächste Erinnerung wach: Sie bestieg allein einen Berg bis zu einer Stelle, wo sie oft mit ihrem Schwager auf einer steinernen Bank gesessen und den Fernblick genossen hatte. Als Elisabeth von diesem Ausflug ins Hotel zurückkehrte, war ihr linkes Bein teilweise gelähmt.

»Woran dachten Sie, als Sie zurückkamen, Elisabeth?«

»Ich fühlte mich einsam. Ich hegte nur den einen leidenschaftlichen Wunsch: Mich so in Liebe und Glück zu sonnen wie meine Schwester.«

Nun glaubte Sigmund, die richtige Fährte gefunden zu haben, doch bei dieser Patientin erlebte er immer neue Überraschungen. Manchmal sprudelten die Angaben in chronologischer Reihenfolge nur so hervor, »als blätterte sie in einem dicken Bilderbuch«. An anderen Tagen zeigte sie sich widerspenstig, ihr Bewußtsein behielt die Oberhand, und sie war nicht willens oder nicht fähig, verdrängte Erinnerungen preiszugeben. Er bekämpfte dieses Verdrängen, dieses Verstecken.

»Etwas muß Ihnen doch zugestoßen sein! Sind Sie vielleicht nicht aufmerksam genug? Oder glauben Sie, die Idee, die Ihnen gerade kommt, sei nicht die richtige? Es ist nicht Ihre Aufgabe, darüber zu entscheiden. Sie müssen alles sagen, was Ihnen in den Sinn kommt, auch wenn es Ihnen ungehörig vorkommt!«

Manchmal vergingen Tage, bis Elisabeth wieder einen Zugang zum Unbewußten fand und die Wahrheit zum Vorschein kam: Sie hatte geglaubt, stark genug zu sein, um ohne Liebe und ohne männlichen Schutz leben zu können, aber nun erkannte sie allmählich, wie schwach eine alleinstehende Frau ist. »Was in mir gefroren war, begann zu schmelzen«, als sie beobachtete, mit welchem Übermaß an Liebe ihr Schwager seine junge Frau umsorgte. Er war ganz wie ihr Vater, ein Mann, mit dem man auch über die intimsten Dinge sprechen konnte . . .

Die Ursache trat zutage, aber zum Beweis der These bedurfte es eines äußeren Anstoßes. Eines Nachmittags fühlte sie sich zu krank, um Sigmund während der Sprechstunde aufzusuchen. Sigmund behandelte sie deshalb zu Hause. Da hörten sie nebenan bei Elisabeths Mutter die Schritte eines Mannes und eine angenehme, ruhige Stimme. Elisabeth sprang auf und rief:

»Können wir jetzt abbrechen? Das ist mein Schwager! Ich habe gehört, wie er nach mir fragte.«

Sigmund verteilte seine Behandlung über mehrere Sitzungen.

»Sie haben versucht, sich selbst die schmerzliche Erkenntnis, den Mann der eigenen Schwester zu lieben, dadurch zu ersparen, daß Sie sich in physische Qualen flüchteten. Diese erfolgreiche Substitution bringt es mit sich, daß Ihre Schmerzen immer dann auftreten, wenn sich Ihnen diese Erkenntnis aufdrängt. Wenn Sie es fertigbringen, dieser Wahrheit ins Gesicht zu sehen, werden wir auch Ihre Krankheit besiegen.«

Elisabeth tobte. Sie weinte, sie leugnete, sie stritt alles ab.

»Das ist nicht wahr! Das wollen Sie mir nur einreden! Es kann nicht wahr sein. Einer solchen Bosheit bin ich gar nicht fähig. Das würde ich mir niemals verzeihen.«

»Mein liebes Fräulein Elisabeth, für unsere Gefühle sind wir nicht verantwortlich. Die Tatsache, daß Sie unter diesen Umständen krank geworden sind, beweist Ihren guten Charakter zur Genüge.«

Aber Elisabeth blieb wochenlang untröstlich. Dann kam allmählich die volle Wahrheit zum Vorschein. Die Heirat war im voraus abgesprochen worden. Als ihr Schwager seinen ersten Besuch bei den Reichardts abstattete, hatte er aus Versehen Elisabeth für das Mädchen gehalten, das er heiraten sollte. Einige Abende später unterhielten sich die beiden so angeregt, daß die jüngere Schwester sagte: »Eigentlich hättet ihr zwei sehr gut zueinander gepaßt!« Und dann kam das allerschmerzlichste Eingeständnis: Am Totenbett der Schwester war Elisabeth der Gedanke durch den Kopf geschossen:

»Jetzt ist er wieder frei. Jetzt kann ich seine Frau werden!«

Sigmund lehrte Elisabeth, sich mit der Tatsache ihrer Liebe abzufinden – und auch mit der Tatsache, daß sie niemals ihren Schwager heiraten würde. Das war nicht einfach, und es kam immer wieder zu Rückfällen. Aber eines Abends besuchten er und Martha einen Ball und sahen Elisabeth vorbeitanzen. Ihre Wangen waren gerötet von der Freude über Musik und Bewegung. Bald darauf erfuhr er, daß sie glücklich verheiratet war.

Für ihn gab es mehr als nur einen Grund zur Zufriedenheit. Er hatte eine Krankheit besiegt, die über zwei Jahre gedauert und allen Bemühungen anderer Ärzte getrotzt hatte. Er hatte wieder einmal bewiesen, und zwar eindeutig wie bei einem Hirnpräparat in Meynerts Laboratorium, daß Bewegungsunfähigkeit beim Fehlen einer erkennbaren ernsteren physischen Störung auch durch die unwillkürliche Verdrängung von Ideen hervorgerufen werden kann. Diese Ideen werden ins Unbewußte verdrängt, weil sie das Bewußtsein als abstoßend empfindet. Eine Hysterie konnte nicht wie ein Fremdkörper eingepflanzt werden. Sie entstand erst, wenn ein Gedanke absichtlich aus dem Bewußtsein verdrängt wurde.

Er machte sich eine Anmerkung in seinem Notizbuch:

> »Grund der Verdrängung selbst konnte nur eine Unlustempfindung sein, die Unverträglichkeit der einen zu verdrängenden Idee mit der herrschenden Vorstellungsmasse des Ich. Die verdrängte Vorstellung rächt sich aber dadurch, daß sie pathogen wird.«

Gelingt es erst einmal, diese Idee aus dem Unbewußten ins grelle Licht des Bewußtseins zu holen, dann läßt sie sich ebenso wirksam bekämpfen wie ein Virus oder eine Infektion im Fleisch oder im Blutkreislauf.

Wichtig war aber auch, daß er wieder einen Schritt weitergekommen war. Er hatte Martha so manches Mal eingestanden: »Ich bin eigentlich kein guter Hypnotiseur. Liébeault und Bernheim sind Naturtalente. Ich zwinge nur einfach meine Patienten und mich selbst zur Hypnose.«

Nun brauchte er Patienten nicht mehr deshalb zu enttäuschen, weil er kein erstklassiger Hypnotiseur war. Er brachte es jetzt fertig, andere in wachem Zustand ebenso wirksam in die entlegensten Bereiche ihrer Erinnerung zu führen, wie ihm dies bisher nur mit Hilfe des Somnambulismus gelungen war. Der leichte Druck mit den Fingern, den er bei Elisabeth von Reichardt angewandt hatte, mußte nur für wenige Augenblicke ausgeübt werden.

War die Konzentration erst einmal erreicht, bedurfte es keines anderen Werkzeugs mehr. »Es war eine mühselige Aufgabe, das eingeschränkte Bewußtsein zu erweitern.« Das Vergessen war oft ein bewußter, erwünschter Akt. Er mußte diese Methode weiter erproben und sie schriftlich festhalten.
Er zitterte vor innerer Erregung.

8

Eli Bernays unternahm zwei Erkundungsreisen nach New York. Dann war er bereit, endgültig die Brücken hinter sich abzubrechen. Die Amerikaner verwarfen neue Ideen nicht unbesehen als unbrauchbar oder als zu radikal! Die Straßen waren zwar nicht mit Gold gepflastert, aber es lag in der Luft. »Mit deinen Fähigkeiten, Sigi, hättest du innerhalb eines Jahres dein eigenes Krankenhaus.«
Er bat die beiden um einen weiteren Gefallen: Anna und das Baby wollte er mitnehmen, aber er wäre sehr dankbar, wenn Martha und Sigmund die sechsjährige Lucy und die Eltern Freud die achtjährige Judith bei sich aufnehmen könnten, bis er endgültig festen Fuß gefaßt hatte. Ob das für ein halbes Jahr möglich sei? Ob es keine zu große Zumutung wäre?
Martha versicherte ihm, das sei nicht der Fall.

Sigmund teilte seine Patienten in zwei Gruppen ein. Die neurologischen Fälle konnten ihn während der Sprechstunden jederzeit aufsuchen und im Wartezimmer Platz nehmen, bis sie an der Reihe waren und aufgerufen wurden. Mit den Neurotikern traf er jeweils Verabredungen, die auf die Minute pünktlich eingehalten werden mußten. Der erste Patient wurde stets so rechtzeitig verabschiedet, daß er mit dem nächsten auf gar keinen Fall zusammentreffen konnte.
Eine weitere Bestätigung der Methode, die er bei Elisabeth von Reichardt angewandt hatte, ließ nicht lange auf sich warten. Ein befreundeter Kollege ersuchte Sigmund, die Behandlung einer englischen Gouvernante zu übernehmen, deren Nasenschleimhautentzündung er seit zwei Jahren erfolglos auszukurieren versuchte. Inzwischen hatten sich neue Symptome eingestellt: Miß Lucy Reynolds verlor zeitweilig den Geruchssinn, dann wurde sie wieder von eingebildeten Gerüchen geplagt. Sie litt unter Appetitlosigkeit, Schweregefühl im Kopf, Erschöpfungszuständen und Depressionen.
»Freud, keines dieser Symptome kann von einer Nasenschleimhautentzündung herrühren. Bei Miß Reynolds muß noch etwas anderes vorliegen. Würden Sie einmal mit Ihrer Methode versuchen, etwas herauszufinden? Ich kann ihr nicht mehr helfen.«

Lucy Reynolds war eine große, blasse, überschlanke Frau, die sich aber guter Gesundheit und eines stets fröhlichen Wesens erfreut hatte, bis sich das gegenwärtige Leiden bemerkbar machte. Sie saß Sigmund gegenüber und erzählte ihm die Vorgeschichte: Sie war als Gouvernante im Hause eines reichen Wiener Fabrikdirektors beschäftigt, der am Stadtrand von Wien wohnte. Seine Frau war vor mehreren Jahren gestorben, und Lucy, eine entfernte Verwandte seiner Frau, hatte ihr noch vor dem Ende versprochen, die Erziehung ihrer beiden kleinen Töchter zu übernehmen. Der Vater hatte sich nicht wieder verheiratet, aber es war Lucy gelungen, den kleinen Mädchen eine fröhliche, unbeschwerte Kindheit zu bescheren – bis zu ihrer Krankheit. Sigmund ging von der Annahme aus, daß die Geruchshalluzinationen hysterischen Ursprungs seien.

»Miß Reynolds, welcher Geruch belästigt Sie am meisten?«

»Der Geruch nach angebranntem Pudding.«

Ihre blaßblauen Augen wurden feucht. Sigmund überlegte bei sich. »Daraus muß ich schließen, daß der Geruch nach angebranntem Pudding bei dem Erlebnis, das sich jetzt als Trauma auswirkt, tatsächlich vorhanden war. Die Patientin litt an einer eitrigen Nasenschleimhautentzündung, also konzentrierte sich ihre Aufmerksamkeit naturgemäß auf ihre Geruchseindrücke. Die Analyse muß also von dem Geruch nach angebranntem Pudding ausgehen.«

Er bat Miß Reynolds, sich auf seine schwarze Couch zu legen, die Augen zu schließen und weder ihr Gesicht noch einen Muskel ihres Körpers zu bewegen. Er legte ihr die Finger auf die Stirn und suggerierte ihr, die Konzentration auf diesen Druck werde sie in die Lage versetzen, diejenigen Episoden aus ihrer Erinnerung hervorzuholen, nach denen sie suchten; sie werde imstande sein, ihm alles mitzuteilen, was sie sah und hörte.

»Miß Reynolds, erinnern Sie sich, wann Sie den Geruch nach angebranntem Pudding zum erstenmal wahrnehmen?«

»Ja. Das war ein paar Tage vor meinem Geburtstag, vor zwei Monaten. Ich hielt mich mit den Mädchen im Lernzimmer auf und spielte mit ihnen Kochen. Der Briefträger brachte mir einen Brief meiner Mutter aus Glasgow. Die Kinder rissen ihn mir aus der Hand und schrien: ›Bitte, lesen Sie ihn erst am Geburtstag!‹ Während ich versuchte, ihnen den Brief wegzunehmen, brannte der Pudding an. Das ganze Zimmer war voller Rauch und Gestank. Ich werde diesen Geruch seitdem nicht mehr los, ich spüre ihn Tag und Nacht in der Nase, und er wird immer noch stärker, wenn ich mich aufrege.«

Sigmund zog sich einen Stuhl heran und setzte sich neben sie.

»Was war an dieser Szene so besonders, daß sie Ihnen unvergeßlich ist?«

»Ich bereitete mich auf die Rückkehr nach Glasgow vor. Der Gedanke, die Kinder verlassen zu müssen . . . «

»War Ihre Mutter denn krank? Brauchte sie Sie?«

»Nein . . . Ich hielt es nur in diesem Haus nicht mehr aus. Die Dienstboten warfen mir vor, ich bilde mir ein, etwas Besseres zu sein als sie. Sie tragen dem Großvater der Mädchen bösartige Gerüchte zu. Wenn ich mich beschwerte, fand ich keine Unterstützung, weder bei ihm noch beim Vater der beiden Mädchen. Ich erklärte dem Vater, daß ich kündigen müsse. Er bat mich, noch ein paar Wochen darüber nachzudenken. In dieser Zeit der Ungewißheit ereignete sich diese Szene, bei der der Pudding anbrannte . . . Ich hatte der Mutter der Mädchen noch auf dem Sterbebett versprochen, daß ich die beiden niemals im Stich lassen würde . . . «

Sigmund glaubte, am Ende des dunklen Tunnels einen ersten hellen Schimmer zu entdecken, aber Lucy Reynolds mußte sich wieder auf den langen Weg in die Außenbezirke Wiens machen. Sie konnte nur in die Stadt kommen, wenn sich eine vertrauenswürdige Person bereit fand, bei den Mädchen zu bleiben. Zwischen den einzelnen Besuchen verging immer so viel Zeit, daß Sigmund jedesmal praktisch von vorn beginnen mußte.

Da Miß Reynolds' Beschwerden von der Nase verursacht wurden, zog sie den Geruch nach angebranntem Pudding als olfaktorisches Symbol heran. Hier fand Sigmund seine Theorie bestätigt, daß jede Hysterie ihre Achillesferse hatte. Nach einigen weiteren Sitzungen gelangte er zu der Überzeugung, daß Lucy Reynolds bei ihrer Darstellung ein wichtiges Element wegließ. Er beschloß, einen direkten Angriff zu wagen:

»Miß Reynolds, ich glaube, daß Sie sich in Ihren Herrn verliebt haben und an die echte Chance glauben, als Frau des Direktors die Stelle der Mutter in diesem Haus einzunehmen. Sie fühlen sich von den Dienstboten verfolgt, weil Sie Angst haben, diese könnten Ihre Gedanken erraten und sich über Sie lustig machen.«

»Ja, ich glaube, das stimmt«, antwortete Lucy nüchtern.

»Warum haben Sie es mir dann nicht gesagt?«

»Ich war nicht sicher . . . Ich wollte es selbst nicht wahrhaben . . . Lieber aus dem Kopf schlagen, vernünftig sein . . . «

Der Geruch nach angebranntem Pudding verschwand. An seine Stelle trat ein penetranter Geruch nach Zigarrenrauch. Sie konnte sich den Grund nicht erklären, weil in diesem Hause immer Zigarren geraucht worden waren. Sigmund nahm die zweite Hälfte seiner Analyse in Angriff. Er bat Lucy Reynolds, sich wieder auf die schwarze Couch zu legen. Diesmal durfte sie die Augen offenhalten. Sie beschrieb ihm das erste Bild, das sie vor Augen hatte, als sie den Druck seiner Finger spürte: Es war der Tisch im Eßzimmer. Vater und Großvater waren aus der Fabrik nach Hause gekommen. Sigmund drängte sie, das Bild genauer zu betrachten. Lucy Reynolds entdeckte schließlich noch einen Gast: den Hauptbuchhalter der Fabrik, der sehr an den Kindern hing. Sigmund ließ nicht locker, bis ihr die ganze Szene wieder einfiel: Der alte Buchhalter wollte den beiden Mädchen zum Abschied einen Kuß geben. Da rief der Vater: »Lassen Sie das!«

»Es war für mich wie ein Stich ins Herz. Da die Herren gerade alle Zigarren rauchten, blieb dieser Geruch in meiner Nase haften.«
»Welche der beiden Szenen ereignete sich zuerst – diese oder die Sache mit dem angebrannten Pudding?«
»Dieser Zwischenfall geschah zwei Monate vor der Szene mit dem Pudding.« Sigmund überlegte: »Wenn das zutrifft, dann war die Erinnerung an den angebrannten Pudding vorgeschoben. Wir haben die eigentliche Ursache also noch nicht gefunden.« Zu Lucy sagte er: »Kehren wir einmal zu einer Szene zurück, die noch tiefer liegen muß als die Begegnung mit dem Buchhalter. Sie erinnern sich bestimmt daran. Niemand vergißt etwas, daß sich ihm so sehr einprägt.«
»Ja, richtig ... das war ein paar Monate vorher ... eine Bekannte meines Dienstherrn kam zu Besuch. Zum Abschied küßte sie die Mädchen auf den Mund. Die ganze Wut des Vaters entlud sich an mir: Ich hätte meine Pflicht versäumt! Wenn das noch einmal vorkäme, würde ich entlassen. Das war zu einer Zeit, als ich glaubte, daß er mich liebte. Er hatte sich so freundlich und vertrauensvoll mit mir über die richtige Erziehung der Mädchen unterhalten. Doch diese scharfe Rüge machte alle meine Hoffnungen zunichte. Ich wußte, daß er mich bestimmt nicht liebte, wenn er eine so gräßliche Drohung wegen einer Sache aussprechen konnte, an der ich unschuldig war. Der Zigarrenrauch hing schwer im Zimmer ...«
Als Lucy Reynolds zwei Tage später wiederkam, war sie fröhlich und guter Dinge. Im ersten Augenblick dachte Sigmund, ihr Dienstherr hätte ihr einen Heiratsantrag gemacht. Er fragte sie, was geschehen sei.
»Herr Doktor, Sie haben mich bisher nur krank und mutlos kennengelernt. Als ich gestern aufwachte, hatte ich das Gefühl, als sei mir ein schweres Gewicht von der Seele genommen. Ich fühlte mich wieder so gesund und munter, wie ich es früher immer gewesen bin.«
»Und was halten Sie von den Aussichten einer Ehe mit Ihrem Dienstherrn?«
»Überhaupt nichts. Aber das kann mich nun nicht mehr krank machen.«
»Lieben Sie immer noch den Vater der beiden Mädchen?«
»Ja, sicherlich. Aber was macht das schon? Meine Gedanken und Gefühle gehen doch keinen Menschen etwas an.«
Sigmund untersuchte ihre Nase. Die Schwellung war verschwunden. Nur eine leichte Überempfindlichkeit war zurückgeblieben. Aber das Unbewußte konnte ihr hier nichts mehr anhaben!
Die Lösung dieses Problems hatte neun Wochen in Anspruch genommen. Sigmund hatte diese Sitzungen als langweilig und wenig ergiebig empfunden. Doch nun saß Lucy Reynolds mit einem zuversichtlichen Lächeln vor ihm und fand sich mit ihrem Schicksal ab. Auch Monate später war sie noch wohlauf.

Vor fünf Jahren hatte er seinen ersten Patienten hypnotisiert – nun brauchte er die Hypnose nicht mehr. Er ahnte, daß er schon bald auch den Druck seiner Finger entbehren konnte. Er würde dann nur noch sein Können, sein Wissen gegen das Unbekannte einsetzen. Jeder Patient, jeder neue Fall würde dann einen neuen Lichtstrahl in die dunkle Höhle des Unbewußten werfen.
Seine Gedanken wanderten zurück zu jenem Montagmorgen, an dem ihm Martha ihr Jawort gegeben hatte: Er war in Professor Brückes Laboratorium im Physiologischen Institut gegangen und hatte seinen verehrten Lehrer mit der gewohnten Kappe auf dem Kopf hinter dem Schreibtisch sitzen sehen, eingehüllt in eine Wolke von Formalingeruch. Der Professor hatte ihn prüfend angesehen, als er nach einem Assistentenposten gefragt hatte, nach einem festen Platz in der Medizinischen Fakultät der Universität. Professor Brücke hatte ihn abweisen müssen und ihm den Rat erteilt, ins Allgemeine Krankenhaus zurückzukehren, die Dozentur zu erwerben und eine Privatpraxis zu eröffnen.
Damals war eine Welt für ihn zusammengebrochen. Aber in Wirklichkeit war es ein neuer Anfang gewesen, wie Professor Brücke wohl gewußt hatte. Und nun, zehn Jahre später, stand er vor der entscheidendsten medizinischen Entdeckung seiner Zeit. Er brannte darauf, seine Erfahrungen zu veröffentlichen und der Welt eine Therapie vorzustellen, die Menschen in Situationen schwerster seelischer und gemütsmäßiger Belastungen auf so wunderbare Weise helfen konnte, die sie vor Arbeitsunfähigkeit und vielleicht sogar vor der Einweisung in eine Anstalt oder vor dem Tode bewahren konnte.
Aber durfte er es wagen, so etwas zu publizieren und seine Ergebnisse und Theorien vor der gesamten medizinischen Welt auszubreiten? Er wußte, daß er es allein nicht schaffen würde. Seine Stellung in den medizinischen Kreisen Wiens war einfach nicht genug gefestigt, als daß er einem so revolutionären Konzept nur ein wenig Anerkennung verschaffen konnte. In der Stadt gab es einige wenige Ärzte, die Patienten zu ihm geschickt hatten und die wußten, daß er gelegentlich Erfolge erzielte. Aber die übrigen erkannten ihn nicht an. Er war niemals aufgefordert worden, in den Kreis der Fakultät einzutreten oder eines der wissenschaftlichen Institute der Universität zu übernehmen. Obgleich seine Entdeckungen über die Wirkungen des Kokains Augenoperationen ermöglicht hatten, die zuvor unvorstellbar waren, obgleich er damit den Grundstein für Wagner-Jaureggs Arbeiten an der Anästhesierung ganzer Hautbereiche gelegt hatte, wurde er immer noch von mindestens einer bedeutenden Fachzeitschrift angegriffen, weil er Kokain als Heilmittel empfohlen hatte, ohne daran zu denken, daß diese Droge auch süchtig machen konnte. Im Innersten seines Herzens mußte er sich eingestehen, daß dieser Vorwurf nicht ganz unberechtigt war.

Seine Arbeiten auf dem Gebiet der Hypnose trugen ihm dieselben Vorwürfe ein: Er sei voreilig, leichtgläubig, verantwortungslos. Es konnte ihm nur schaden, wenn er an seine Fachkollegen das weitergab, was er aus Mesmers Schriften gelernt hatte: daß Dr. Anton Mesmer mit all seinen Behauptungen zumindest teilweise recht hatte, vor allen Dingen, was den Einfluß der Suggestion auf die physische und geistige Gesundheit der Leidenden betraf.

Diese »Suggestion« und nicht der »Magnetismus« war es nämlich, die vielen Menschen geholfen hatte und auf der nun das Werk von Braid, Charcot, Liébeault, Bernheim, Breuer ebenso wie sein eigenes aufbauten. Mesmers Fehler bestand nur darin, daß er wie ein Schausteller Séancen vor den höchsten Gesellschaftskreisen in Wien und Paris veranstaltet und orientalischen Hokuspokus daraus gemacht hatte.

Freud hatte sich aber mit seinen Ansichten über die männliche Hysterie, die er vor sieben Jahren mit eigenen Abwandlungen und Ergänzungen von Charcot aus Paris mitgebracht hatte, eines dritten, viel schlimmeren Vergehens schuldig gemacht. Josef Breuer und Heinrich Obersteiner vom Sanatorium in Oberdöbling hatten ihm recht gegeben, aber Professor Meynert hatte alle, die in der Medizin Rang und Namen hatten, gegen ihn aufgebracht und ihn durch Vorträge vor der »Gesellschaft der Ärzte« und Artikel in der »Wiener Klinischen Wochenschrift« lächerlich gemacht.

Auch sein Buch über die Aphasien war, wie Josef Breuer zu Recht befürchtet hatte, als weiterer Affront empfunden und daher nicht nur von der Fachpresse, sondern auch in allen wissenschaftlichen Kreisen Wiens ignoriert worden. Seine Freunde und Kollegen erwähnten das Buch mit keinem Wort. Obgleich Deuticke es als preiswerte Monographie herausgebracht hatte, waren im ersten Jahr nach der Veröffentlichung nur 142 Exemplare abgesetzt worden. Nun wurde es praktisch überhaupt nicht mehr verkauft. Der Titel wurde nicht einmal in einer der neueren Arbeiten auf diesem Gebiet erwähnt. Für Sigmund war dies ein absoluter Mißerfolg. Er hatte die Erkenntnisse der gesamten mitteleuropäischen Forschung angegriffen, nach denen jede Aphasie anatomisch lokalisierbar und auf Schädigungen im Gehirn oder Rückenmark zurückzuführen sei, und hatte statt dessen behauptet, weite Bereiche der Aphasie würden durch psychologische Faktoren verursacht. Auch in dieser Beziehung traf zu, was Meynert einmal von ihm behauptet hatte: daß er Wien als Arzt mit einer soliden physiologischen Ausbildung verlassen habe und als geschickter Hypnotiseur zurückgekehrt sei. Zusätzlich hatte er sich selbst durch seine Kritik an so anerkannten Autoritäten wie Meynert, Wernicke und Lichtheim geschadet. Er hatte zwar kurz vor der Veröffentlichung des Buches Wilhelm Fliess eingestanden, es komme ihm ziemlich keck vor, mit berühmten Physiologen und Hirnanatomen die Klinge zu kreuzen, aber er litt immer noch unter den viel schlimmeren Wunden, die ihm seine Gegner durch ihr Schweigen zugefügt hatten. Sie hatten das Schwert in der Scheide steckenlassen.

»Ich bin doch kein Masochist«, dachte er. »Mir macht es auch keine Freude, immer nur Hiebe einstecken zu müssen. Ich sehne mich genau wie jeder andere Wissenschaftler nach Anerkennung und Bewunderung. Aber wie soll ich dann meine bedeutendste Entdeckung veröffentlichen? Die einen würden mich auslachen, die anderen verspotten. Sie würden sich nur hinter der vorgehaltenen Hand zuraunen: ›Typisch für diesen leichtfertigen Freud – jetzt will er die Welt mit einem nicht angezündeten Bunsenbrenner in Brand stecken!‹«

Neuntes Buch
»Nenn keinen Sterblichen glücklich«

1

Der Regen peitschte fast waagrecht durch die Berggasse. Der November führte sich als Vorbote des Winters ein. Die vier Freunde saßen im Eßzimmer der Freudschen Wohnung beisammen und genossen die wohlige Wärme, die der mächtige grüne Kachelofen ausstrahlte. Hier kam Marthas Mahagonitisch besser zur Geltung als im Sühnhaus. Die acht breiten, ledergepolsterten Stühle standen nicht mehr so eng, daß man sich gegenseitig praktisch auf dem Schoß saß. Zu dem Buffet und dem Gläserschrank war eine italienische Renaissancetruhe hinzugekommen, eine Intarsienarbeit aus Elfenbein und Perlmutt. Darüber hing eine Reproduktion von Albrecht Dürers Stich »Der heilige Hieronymus im Gehäuse«.
Eine neue »Marie«, ebenfalls aus Böhmen, hatte Breuers Lieblingsgericht für naßkalte Wintertage gekocht: kräftige Rinderbrühe mit Leberknödeln, heiß aus einer Terrine serviert, Rinderbraten, der schon in der Küche vorgeschnitten wurde, mit Risipisi, dazu Selleriesalat und als Dessert ausgezogenen Apfelstrudl aus hauchdünnem, knusprigem Teig.
Für Josef und Mathilde Breuer war es ein freudiger Tag. Sie hatten eben die Verlobung ihrer ältesten Tochter mit Dr. Paul Hammerschlag bekanntgegeben, dem Sohn von Sigmunds Lieblingslehrer auf dem Sperlgymnasium, der dem jungen Sigmund so oft mit ein paar Gulden aus der Verlegenheit geholfen hatte. Mit dieser Verbindung waren die Eltern Breuer sehr zufrieden. Josef Breuer war bis auf den grauschwarzen Haarschopf im Nacken kahl geworden, aber im Gegensatz zu vielen anderen Wienern ließ er sich den Bart nicht um so länger wachsen, je dünner sein Haupthaar wurde, sondern hatte den seinen sogar knapper und rund gestutzt.
Er verkündete: »An meinem fünfzigsten Geburtstag habe ich mir gesagt, das Leben und all seine Werte seien doch nicht so streng festgelegt, wie ich es mir immer vorgestellt hatte.«
Seit der Widmung von Sigmunds Buch über Aphasien war sein Verhältnis zu Breuer gewissen Schwankungen unterworfen, doch Mathilde und Martha waren die ganze Zeit über gute Freundinnen geblieben. Vor dem Haus tobte ein spätherbstlicher Sturm, trotzdem hatte Martha ein Wollkleid in einem fröhlichen Blau angezogen. Sie hatte zwar inzwischen

die Dreißig überschritten und erwartete ihr fünftes Kind, doch für Sigmund war sie immer noch das frische junge Mädchen, das er vor sechs Jahren in Wandsbek geheiratet hatte.
Breuer bemerkte: »Martha, Sie sehen so fesch und so lieb aus, daß ich annehmen muß, die Familie Freud fühlt sich in der Berggasse wohl, hab' ich recht?«
Sigmund antwortete angeregt: »Auf dieser Welt gibt es keine Zufälle, es sei denn, man wird von einem Bierkutscher angefahren. Mein bester Freund auf dem Sperlgymnasium war Heinrich Braun. Er haßte die Schule und nannte sie ein Gefängnis, und doch war er der erste, der mich mit Buckles ›History of the Civilisation in England‹ bekannt machte. Fast zehn Jahre später bin ich ihm wieder auf der Straße begegnet. Er lud mich zum Essen zu seinem Schwager Viktor Adler ein, der damals schon Führer der Sozialdemokratischen Partei Österreichs war. Ich hatte mit Adler auf der Universität debattiert. Viktor und ich waren so ins Gespräch vertieft, daß ich kaum wahrnahm, wohin ich ging oder welches Haus ich betrat. Und wollt ihr wissen, wo Viktor Adler wohnte?«
»Lassen Sie uns dreimal raten«, sagte Breuer lachend.
»Genau diese Wohnung war es. Wir haben hier in diesem Zimmer gesessen!«
»Unser guter alter Freund, das Unbewußte.« Breuer nickte. »Da sieht man wieder, wie unauffällig und zuverlässig es wirkt.«
Sigmund lächelte zufrieden und sagte: »Breuer, ich arbeite gerade an einem neuen Manuskript, das ich Ihnen gern zeigen möchte. Vielleicht würden uns die Damen für eine Weile entschuldigen?«
Sie gingen die breite Treppe zu Sigmunds Praxisräumen hinunter. Schon im vergangenen Juni hatte sich Breuer bereit erklärt, an einer vorläufigen Mitteilung über ihre Theorie hysterischer Phänomene mitzuarbeiten. Sie wollten dabei von den Fällen ausgehen, die sie bereits mit sichtlichem Erfolg behandelt hatten: Bertha Pappenheim, Emmy von Neustadt, Cäcilie Mattias, Franz Vogel, Elisabeth von Reichardt und einige andere. Es war nicht einfach gewesen, Breuer zu überreden. Sigmund hatte ihn angefleht: »Breuer, wir haben die Tür zu einem völlig neuen Gebiet der Medizin aufgestoßen. Wir haben einige tastende Schritte zur Lösung eines Problems unternommen, das noch nie dargestellt wurde. Ich bin davon überzeugt, daß wir genug Material gesammelt haben, um ein geeignetes Instrument zur Erforschung des menschlichen Bewußtseins zu liefern.«
Breuer war unvermittelt aufgesprungen und an seine Taubenkäfige getreten. Das tat er immer, wenn er beunruhigt war. Er streute Futter in die Schalen.
»Nein, Freud, jetzt noch nicht. Wir haben nicht genügend Material. Und es gibt keine Möglichkeit, es wissenschaftlich zu überprüfen und zu erhärten. Wir haben es nur mit Vermutungen zu tun, mit Hypothesen . . . «

Sigmund war auf dem engen Raum zwischen den Käfigen auf und ab gegangen.
»Wir haben doch allgemeingültige Wahrheiten über das Unbewußte und über seinen Anteil an der Entstehung der Hysterien entdeckt. Sind nicht fünfzig sorgfältig aufgezeichnete Fälle ebenso aufschlußreich wie fünfzig pathologische Präparate, die man unter einem Mikroskop studiert?«
Breuer hatte den Kopf geschüttelt. »Nein. Wir haben auch kein Vokabular zur Beschreibung unserer Ergebnisse. Wir haben keine Diagramme, keine Apparatur . . . «
»Weil die alte Apparatur hinfällig geworden ist. Professor Erb und seine elektrische Massage sind ein Schwindel. Handmassage bringt für ein bis zwei Stunden Erleichterung. Mit Mitchells Ruhekur ist wenig mehr zu gewinnen als Spannkraft und Gewichtszunahme. Wasserkuren weichen nur die Haut auf, ohne seelische Krankheiten zu heilen. Die wenigen Medikamente, die uns zur Verfügung stehen, Bromide und Chlor, beruhigen die Patienten, haben jedoch keinerlei Einfluß auf die Bewußtseinsstörungen. Wenn man Meynerts Hirnanatomie als gesonderte Kategorie betrachtet, dann besteht das gesamte Gebiet der Psychiatrie lediglich aus ein paar Lehrbüchern, die Erscheinungsformen von Geisteskrankheiten beschreiben. Herrgott, Breuer, wir stehen dicht vor einer der bedeutendsten Entdeckungen in der ganzen Geschichte der Medizin!«
Breuer hatte seinem jüngeren Kollegen gerührt die Hand auf die Schulter gelegt.
»Na schön, mein Freund, dann versuchen Sie es.«
An den darauffolgenden Tagen hatte Sigmund wie im Fieber geschrieben und die Seiten immer wieder zerrissen. Noch niemand hatte bisher eine Theorie über die Entstehung hysterischer Anfälle aufgestellt; selbst Charcot hatte sie nur beschrieben. Um hysterische Phänomene zu erklären, mußte man »das Vorhandensein einer Dissoziation, einer Spaltung des Bewußtseinsinhalts«, annehmen. Ein immer wiederkehrender hysterischer Anfall wurde durch das Auftreten von Erinnerungen ausgelöst. Die verdrängte Erinnerung konnte keine beliebige sein. Es handelte sich um die Rückerinnerung an jenes in der Erinnerung begrabene Ereignis, von dem das ursprüngliche psychische Trauma ausgelöst worden war. Er schrieb:

> »Wenn der Hysterische ein Erlebnis mit Absicht vergessen will, einen Vorsatz, eine Vorstellung gewaltsam von sich weist, hemmt und unterdrückt, so geraten dadurch diese psychischen Akte in den zweiten Bewußtseinszustand, äußern von dort aus ihre permanenten Wirkungen, und die Erinnerung an sie kommt als hysterischer Anfall wieder.«

Aber was war bestimmend für das Auftreten eines solchen Anfalls, nachdem es der betreffenden Person seit Wochen, Monaten oder gar Jahren verhältnismäßig gutgegangen war? Sigmund wurde klar, daß er mit seiner

Hypothese nicht sehr weit kommen würde, wenn er nicht eine Erklärung für das auslösende Moment eines Anfalls anbieten konnte. Er erinnerte sich an frühere Gespräche mit Breuer über ihre gemeinsame Arbeit unter Brücke im Physiologischen Laboratorium. Eine der ersten Erkenntnisse, die sie gewonnen hatten, stammte aus der vor vielen Jahren in Berlin begründeten Helmholtz-Brücke-Schule; es war die sog. Konstanztheorie, die besagte,

> »daß das Nervensystem bestrebt ist, etwas in seinen Funktionsverhältnissen, was man die ›Erregungssumme‹ nennen mag, konstant zu erhalten und daß es diese Bedingung der Gesundheit durchsetzt, indem es jeden sensiblen Erregungszuwachs assoziativ erledigt oder durch entsprechende motorische Reaktion abführt . . . , derjenigen psychischen Erlebnisse, die man als Inhalt hysterischer Anfälle vorfindet. Es sind durchwegs Eindrücke, denen die adäquate Abfuhr versagt ist.«

Sie bemühten sich, diese Theorie in einfachere Worte zu kleiden: Das Nervensystem bildete mit dem Gehirn ein Reservoir, in dem Energie aufgestaut wurde. Sank der Energiespiegel auf einen zu niedrigen Stand, dann wurde die Psyche träge, deprimiert. Stieg der Energiespiegel zu sehr an, so öffnete das Nervensystem einige seiner Schleusen, um überschüssige Energie abfließen zu lassen. Darin lagen Zeitpunkt und Ursache eines Anfalls begründet: Das Nervensystem konnte den durch ein Erinnerungstrauma im Unbewußten hervorgerufenen Energieüberschuß nicht länger ertragen und verschaffte sich Erleichterung in Form eines Anfalls. In diesem Anfall bestätigte sich das Konstanzprinzip. Nervenenergie glich der in einer Batterie gespeicherten elektrischen Energie. Jede Zelle konnte nur eine ganz bestimmte Ladung enthalten. Genauso beim Nervensystem: Kam es zu einer Überlastung, so mußte für eine Entladung gesorgt werden. Diese Entladung konnte gemäßigt verlaufen und die Form von Halluzinationen annehmen, sie konnte aber auch heftig sein und zu Krämpfen, Zuckungen und epileptischen Anfällen führen. Die eigentliche Entladung vollzog sich im somatischen Bereich. Sie erfolgte durch die äußersten Enden des Nervensystems. Aber Gehalt und Ursache waren psychisch bedingt.

Er hatte seine Gedanken zu Papier gebracht und sie Breuer zugeschickt. Am nächsten Morgen schrieb er ihm:

> »Verehrtester!
>
> Die Befriedigung, mit welcher ich Ihnen arglos meine paar Seiten überreichte, ist dem Unbehagen gewichen, welches sich an beständige Denkschmerzen zu knüpfen pflegt. . . . Die Hauptfrage ist wohl die, stellen wir es historisch dar, fangen mit allen oder den zwei besten Krankengeschichten an, oder vielmehr dogmatisch mit unseren zur Erklärung erfundenen Theorien.«

Breuer hatte sich offenbar an dem Begriff »dogmatisch« gestoßen.
»Freud, wenn wir überhaupt etwas veröffentlichen wollen, so müssen wir behutsam vorgehen. Dogma und Wissenschaft widersprechen einander. Bevor wir unsere bescheidene Hypothese als medizinische Erkenntnis hinstellen, müssen wir offen alles eingestehen, was wir noch nicht wissen und noch nicht ableiten können.«
»Mit ›dogmatisch‹ habe ich eine Reihe einfacher Überzeugungen gemeint: das, was wir als offenkundige Fakten über die Hysterie und ihre unbewußten Funktionen kennengelernt haben. Unsere Patienten haben uns doch wohl einige grundlegende Erkenntnisse vermittelt?«
Breuer war hart geblieben.
»Wir müssen erst noch mehr über die Reizungsprozesse im Bewußtsein wissen. Wir sind uns zwar einig, daß hier das Konstanzprinzip zutrifft, aber alles bleibt bloße Spekulation, solange wir nicht physiologisch nachweisen können, auf welche Weise das Nervensystem zum Leiter für die Entladung überschüssiger Energien wird.«
Sigmund kapitulierte und sagte leise: »Ich überarbeite alles noch einmal und verwende nur das Material, über das wir uns beide einig sind. Aber ich muß gestehen, daß wir nicht mehr erreicht haben, als die Ätiologie der Neurosen flüchtig zu streifen.«
Mit dem dritten Entwurf war Breuer halbwegs einverstanden. Dennoch folgten viele hitzige Debatten darüber, was man aus dem vorliegenden Material zu Recht folgern dürfe. Manchmal bedauerte Sigmund selbst, daß er Breuer so hart bedrängte. Breuer scheute unwillkürlich vor dem heißen Eisen zurück, das sie da angefaßt hatten. Er sehnte sich nach der sicheren Geborgenheit seiner Forschungsarbeiten am Innenohr zurück. Dann wieder versetzten ihn die aufsehenerregenden Schlußfolgerungen, die sich aus seinen Diskussionen mit Sigmund ergaben, in angeregte Stimmung. Sigmund erkannte genau, daß ihre Beziehung auch von diesem Zwiespalt bestimmt wurde. Wenn sie gesellig beisammensaßen, im Café Griensteidl ihren Kaffee tranken oder ihren Spaziergang um den Ring machten, dann zeigte sich Breuer genauso herzlich wie in den besten Tagen ihrer Freundschaft. Aber sobald es um eine Veröffentlichung ging, war Sigmund für Josef Breuer nichts weiter als ein Fachkollege, der ihn, Breuer, in unwissenschaftliche Dinge verwickeln wollte, die er zwar selbst begonnen hatte, jetzt aber am liebsten für immer vergessen hätte!

Sigmund schloß die Tür der Praxis im Parterre auf und führte Breuer in sein Arbeitszimmer. Zum Hoffenster fiel nur wenig Licht herein. Sigmund drehte den Docht der Lampe höher und bot seinem Gast einen Sessel an.
»Sie haben es schön ruhig hier unten«, bemerkte Breuer mit einem Blick auf die hohen Bücherregale. »Mir wäre das zu einsam. Ich würde meine Tauben vermissen.«

Sigmund holte die hoffentlich letzte, endgültige Fassung der »Vorläufigen Mitteilung« aus der Schreibtischschublade, reichte sie Breuer und lehnte sich dann abwartend in seinem Stuhl zurück. Er zündete sich ebenfalls eine Zigarre an. Er hatte Breuers Namen an die erste Stelle gerückt und alle Einwände seines Mentors berücksichtigt. Er beobachtete die Miene des Älteren, während dieser das fast zwanzig Seiten lange Manuskript las. Es war Breuer jedesmal deutlich anzumerken, wenn er innehielt und über ein neues Wort oder ein Wort in übertragener Bedeutung stolperte, das wohl schon einmal im Gespräch gefallen war, das er aber bestimmt noch nie zuvor schwarz auf weiß gelesen hatte: *Abreaktion:* Dinge zum Bewußtsein bringen und abreagieren, die zuvor verdrängt im Unbewußtsein vorhanden waren; *Affekt*: die gefühlsbedingte Begleiterscheinung einer Idee oder gedanklichen Vorstellung; *Katharsis*: eine Form der Psychotherapie, durch die verdrängte Traumata bewußtgemacht wurden; *Libido*: die Energie, mit der Instinkte ausgestattet sind.

Breuer hob den Kopf und schien erfreut zu sein.

»Ja, Freud, Sie haben Ihre Argumente hier so wissenschaftlich vorgetragen, wie wir es in diesem Stadium eben vermögen. Es stimmt schon, was Sie hier behaupten:

> ›Auch einzelne ätiologisch wichtige Erinnerungen von fünfzehn- bis fünfundzwanzigjährigem Bestand erwiesen sich von erstaunlicher Intaktheit und sinnlicher Stärke und wirkten bei ihrer Wiederkehr mit der vollen Affektkraft neuer Erlebnisse.‹«

Er klopfte mit dem Zeigefinger auf Sigmunds Manuskript. »Wie Sie sehr richtig sagen, leiden Hysteriker hauptsächlich unter ihren Erinnerungen. Sie haben – ohne übertriebene Ansprüche zu erheben – dargelegt, wie und weshalb unser therapeutisches Verfahren Heilwirkungen erzielt.« Er blätterte in den Seiten und las voller Überzeugung vor:

> »›Diese Methode hebt die Wirksamkeit der ursprünglich nicht abreagierten Vorstellung dadurch auf, daß sie dem eingeklemmten Affekte derselben den Ablauf durch die Rede gestattet . . . ‹

Mit dieser Feststellung bin ich durchaus einverstanden.« Er stand auf und ging außerhalb des Lichtscheins der Lampe auf und ab. »Aber Ihrer Theorie hinsichtlich des ›Konstanzprinzips‹ kann ich mich erst anschließen, wenn Sie genau nachweisen, wie man durch einen ›Knopfdruck‹ eine somatische Energieentladung auslösen kann. Jeder Neurologe Europas würde von uns Beweise fordern.«

Sigmund war enttäuscht, wollte es sich jedoch nicht anmerken lassen. Er griff nach seinem Manuskript und sagte gleichmütig: »Na schön, Breuer, dann lasse ich diesen Absatz weg.«

Breuer setzte sich wieder.

»Ausgezeichnet! Dann können wir die Arbeit veröffentlichen.«

»Das ›Neurologische Zentralblatt‹ in Berlin hat mir mitgeteilt, sie könnten

den Aufsatz in den Ausgaben vom 1. und 15. Januar unterbringen. Ich habe auch mit der Redaktion der ›Wiener Medizinischen Blätter‹ gesprochen. Sie haben nichts dagegen, den Artikel nach dem ›Zentralblatt‹ zu bringen, und haben mir Ende Januar als Termin vorgeschlagen.«
»Sehr gut. Und warum sollen wir diese Unterlagen nicht auch in einem Referat der hiesigen ›Gesellschaft der Ärzte‹ vorlegen?«
Sigmund trat neben Breuer und legte ihm den Arm um die Schulter. »Mein lieber Freund, das ist einer der glücklichsten Augenblicke in meiner kurzen, aber hektischen medizinischen Laufbahn. Ich danke Ihnen!«

2

Zum Jahreswechsel blickte Sigmund auf seine Leistungen in den vergangenen zwölf Monaten zurück – sie ließen sich leider an den Fingern einer Hand abzählen. Aber das Jahr 1893 begann gleich mit einer wahren Lawine von Arbeit.
Freud folgte Breuers Rat und überarbeitete die »Vorläufige Mitteilung«, um darüber am elften Januar vor der Wiener »Gesellschaft der Ärzte« einen Vortrag zu halten. Dann vollendete er seine Übersetzung von Charcots überarbeiteten »Leçons du Mardi«. Bedeutende deutsche Fachzeitschriften druckten sie in Fortsetzungen. Er schloß die endgültige Version seines Artikels »Quelques considérations pour une étude comparative des paralysies motrices organiques et hystériques« ab, die er Charcot bereits während seines Aufenthalts in Paris für seine »Archives de Neurologie« versprochen hatte. Sodann verfaßte er einen Beitrag »Zur Kenntnis der cerebralen Diplegien des Kindesalters im Anschlusse an die Little'sche Krankheit« für Kassowitz' »Beiträge zur Kinderheilkunde«.
Die Veröffentlichung der »Vorläufigen Mitteilung« in Berlin und Wien wurde weder kritisiert noch kommentiert. Sein Vortrag vor der »Gesellschaft der Ärzte« war gut besucht, aber weniger seinetwegen, sondern weil Breuers Name auf dem Programm stand. Doch kein einziger Arzt ließ sich zu einer Bemerkung herab. Ein positives Echo fand Sigmund lediglich bei einem Reporter der »Wiener Medizinischen Presse«, der den Vortrag für seine Zeitschrift mitstenographierte, als er merkte, daß Freud nach vorbereiteten Notizen referierte. Der Vortrag wurde auch veröffentlicht.
Zu seiner eigenen Überraschung stellte Sigmund fest, daß ihn das mangelnde Interesse an dieser Arbeit nicht störte. Er hatte hier einen Samen gelegt und vertraute auf seine keimende Kraft. Nur Breuers Haltung verstand er nicht ganz. Dieser schien fast ein wenig erleichtert, daß ihm niemand einen Vorwurf aus seiner Beteiligung an dieser Arbeit machte und daß die aufgestellten Behauptungen nicht angegriffen wurden. Sigmund konnte sich einen leichten Tadel nicht verkneifen.

»Breuer, das sieht Ihnen gar nicht ähnlich, daß Sie gegenüber einer guten Arbeit eine so negative Haltung einnehmen. Außerdem . . . « Er zögerte einen Augenblick und sagte dann frei von der Leber weg: »Mir liegt viel daran, ein Buch über unsere Fälle zu schreiben. Nur durch Vorlage lückenloser Beweise können wir unsere These untermauern.«

Breuer warf ihm einen mißbilligenden Blick zu, kam um seinen auf Hochglanz polierten Tisch herum und lehnte sich mit dem Rücken an die Bücherstützen aus Bronze.

»Nein, nein! Das wäre ein Verstoß gegen die medizinische Ethik. Patienten, die sich uns anvertraut haben, dürfen niemals bloßgestellt werden.«

»Natürlich darf das nicht geschehen. Wir werden die Namen und äußeren Begleitumstände ändern und lediglich das medizinische Material vorlegen. Ich werde für Sie einen oder zwei dieser Fälle aufzeichnen, vielleicht Frau Emmy und Miß Reynolds, damit Sie sehen, wie vollständig man die *materia medica* darstellen kann, ohne den Leser auch nur ahnen zu lassen, wer der Patient sein könnte.«

Doch Breuer ließ sich nicht so leicht überzeugen. Sigmund hielt es für angebracht, die Arbeit nicht wieder zu erwähnen, obwohl er bereits den Titel festgelegt hatte: »Studien über Hysterie.« Er vertraute Martha an:

»Ich warte nur noch einen günstigen Augenblick ab, vielleicht das Erscheinen der ersten positiven Besprechung unseres Artikels.«

Zum Mittelpunkt seiner Arbeit wurde jenes Symptom, das er bei seinen Patienten am häufigsten antraf, die »Angstneurose«, deren Ursache im sexuellen Bereich zu suchen war. Es fiel ihm nicht leicht, diese Erkenntnis auf Grund seines Charakters und seiner Veranlagung zu akzeptieren. Bei seinen früheren Fällen war ihm diese Beziehung nicht aufgefallen, obgleich Breuer, Charcot und Chrobak entsprechende Andeutungen gemacht hatten. Er hätte einen solchen Gedanken auch zur Gänze von sich gewiesen. Als sich dann jedoch die Beweise häuften – von zehn, zwanzig, dann dreißig Patienten –, wurde es für Sigmund immer schwieriger, den tief im Unbewußten begrabenen sexuellen Ursprung nicht anzuerkennen. Zuerst war er überrascht, dann erstaunt, schließlich erschüttert. Er war von Natur aus kein Sexbesessener, für den das Leben mit den erogenen Zonen begann und endete. Er hatte sich sogar der Erkenntnis widersetzt, daß die menschliche Natur vorwiegend vom Sexus bestimmt werde, der einen unmittelbaren Einfluß auf den Gemütszustand, die nervliche und geistige Verfassung ausübte. Aber nach einiger Zeit mußte er zugeben, daß ihn das Material verfolgte. Er wäre ein schlechter Arzt gewesen, wenn er versäumt hätte, die auftretenden Symptome richtig zu bewerten.

In einer alten, traditionsreichen Stadt, wo man sich in gewissen Kreisen untereinander sehr gut kennt, spricht es sich rasch herum, wenn ein bestimmter Arzt durch neue Erkenntnisse und Methoden auch solchen

Patienten helfen kann, bei denen andere Ärzte bereits die Waffen gestreckt haben. Es waren zumeist traurige oder sogar tragische Fälle, die ihn schüchtern, beinahe verstohlen, aufsuchten. Hartnäckige Neurosen, die die Patienten daran hinderten, ein normales Leben zu führen, weil es von traumatischen Kindheitserlebnissen überschattet wurde. Der sexuelle Krankheitskeim war auf den fruchtbaren Boden ererbter Disposition für Neurasthenie gefallen.
Die Männer kamen zuerst, einige noch jung, andere schon in mittleren Jahren. Sie litten unter Depressionen, Mattigkeit, Migräne, Zittern der Hände, Konzentrationsschwächen. Einige von ihnen hatten jahrelang masturbiert oder *coitus interruptus* praktiziert, andere waren impotent. Dann die Frauen: Ehefrauen, die von ihren Männern nicht hinreichend befriedigt wurden, Frigide, die den Geschlechtsakt nicht ertragen konnten. Er schrieb in seinen Notizen:

»Es gibt keine Neurasthenie oder analoge Neurose ohne Störung der Sexualfunktion.«

Es war ein mühseliger Weg. Ein gutaussehender dreißigjähriger Rechtsanwalt mit feschem blondem Schnurrbart schob sich verlegen ins Sprechzimmer und erklärte hastig, er habe durch seine Appetitlosigkeit bereits zwanzig Pfund an Gewicht verloren, außerdem leide er an Melancholie und Kopfschmerzen, die Sigmund als psychisch bedingt erkannte. Ob der Herr Doktor ihm wohl helfen könne? Er hatte ein Kind. Seine Frau kränkelte seit dessen Geburt. Bald darauf hatten bei ihm die Störungen eingesetzt.
»Schließt die Krankheit Ihrer Frau Gemahlin den Geschlechtsverkehr mit ihr aus?«
Der Anwalt zeichnete Figuren in den Teppich zu seinen Füßen, um seine Verlegenheit zu verbergen.
»Nein.«
»Normalen Verkehr?«
»Ja. Das heißt, beinahe. Ich ziehe mich zurück, bevor . . . Meine Frau darf, solange sie nicht gesund ist, kein weiteres Kind bekommen.« Dann fragte er fast gekränkt: »Ist das denn so schlimm?«
Sigmund antwortete so sachlich wie möglich: »Psychisch gesehen, schon. Das ist nämlich die Ursache Ihrer Krankheit.«
Der Rechtsanwalt starrte ihn ungläubig an. »Wie ist das denn möglich?«
»Die Natur hat vorgesehen, daß der männliche Same sich in die Vagina ergießt. Das ist der normale und gesunde Abschluß eines normalen und gesunden Aktes. Wenn Sie sich vor der Ejakulation von Ihrer Frau zurückziehen, bedeutet das einen schweren Schock für Ihr Nervensystem. Es ist eine naturwidrige Handlung. Dadurch entsteht das, was wir sexuelle Noxe nennen. Haben Sie etwas von Ihren derzeitigen Symptomen verspürt, bevor Sie den Coitus interruptus praktizierten?«
»Nein. Ich war vollkommen gesund und munter.«

»Geht es bei Ihnen um religiöse Bedenken? Haben Sie es schon mit Kondomen versucht?«
»Wenn ich diese derben Gummidinger verwende, bin ich tagelang deprimiert.«
»Ist Ihre Frau Gemahlin mit Duschen vertraut?«
»Das hält sie für zu unsicher.«
»Dann müssen wir vor allen Dingen zusehen, daß Ihre Frau wieder gesund wird. Ihre Heilung folgt dann automatisch nach.«
Er behandelte ein Dutzend Fälle mit ähnlichen Symptomen. Bei manchen Männern war es schwierig, den Ursachen auf den Grund zu gehen, weil sie es für ungehörig hielten, über ihre geschlechtlichen Beziehungen zu ihren Frauen zu reden – auch dann, wenn es sich um den Arzt handelte, bei dem sie Hilfe suchten. Aber der Privatdozent Dr. Freud entwickelte allmählich diskrete und einfühlsame Methoden, widerstrebenden Patienten doch die Wahrheit zu entlocken. Je mehr sich solche Fälle häuften, um so deutlicher mußte er erkennen, in welch gewaltigem Umfang aus Angst vor Empfängnis und aus religiösen Gründen *onanismus conjugalis* praktiziert wurde. Er fand heraus, daß nur die Männer nicht unter nachteiligen Folgen des Coitus interruptus litten, die sich eine Mätresse hielten oder zu den Wiener »Mizzis« gingen.
Die Frauen waren auch nicht viel besser dran. Eine junge Mutter klagte über unbestimmte Angstgefühle und Schmerzen in der Brust. Sie liebte ihren Mann, und dennoch fühlte sie sich nur vollkommen gesund, wenn er auf Reisen war. Wenn er zu Hause war, vollzogen sie den Coitus interruptus, weil sie keine weiteren Kinder haben wollten. Sie lebte in der ständigen Angst, er könnte sich nicht rechtzeitig zurückziehen.
»Frau Bäcker, bringt Ihr Mann Sie denn zum Höhepunkt, bevor er sich zurückzieht?«
Die Frage war ihr so peinlich, daß sie blaß wurde. »Herr Doktor, ist das denn eine medizinische Frage?«
»Ja, weil es um die Gesundheit Ihrer Nerven geht. Ich will es Ihnen erklären: Rücksichtsvolle Ehemänner achten darauf, daß auch ihre Frau Befriedigung findet. Denn sehen Sie, Frau Bäcker, wenn eine Frau an den Höhepunkt herangeführt wird und der Verkehr dann plötzlich abbricht, erleidet sie einen fast ebenso schweren Schock wie der Mann. Wenn Ihr Mann darauf achtet, daß auch Sie befriedigt werden, sind Sie alle Ihre Schmerzen los.«
Frau Bäcker warf ihm einen durchdringenden Blick zu.
»Aber wenn mein Mann so lange wartet, wird doch die Gefahr größer, daß er sich nicht mehr rechtzeitig zurückziehen kann.«
»Schon möglich.«
»Dann ist die Kur, die Sie mir verschreiben wollen, schlimmer als die Krankheit selbst!«

»Ich kann Ihnen als Ihr Arzt versichern, daß Sie körperlich vollkommen gesund sind. Die unbestimmten Befürchtungen, die plötzlichen Schmerzen in der Brust, das alles sind neurotische Erscheinungen, die durch Ihre Angst beim Geschlechtsverkehr ausgelöst werden. Sobald Sie wieder normale sexuelle Beziehungen zu Ihrem Mann aufnehmen, werden diese Symptome verschwinden.«

»Dafür ist mir dann jeden Morgen schlecht!« Sie verabschiedete sich mit einem erzwungenen Lächeln.

Auch junge, unverheiratete Männer kamen, manche nicht einmal zwanzig, und etwas ältere ledige Frauen. Sie beschrieben Sigmund eine Vielzahl unterschiedlicher neurotischer Beschwerden, von denen viele durch Masturbation hervorgerufen wurden. Das war für Sigmund zuerst noch schwieriger, weil schon den Kindern eingebleut worden war, Selbstbefriedigung sei die schlimmste aller Sünden, sie führe zu Erblindung und Idiotie. Soweit er dies als Arzt beurteilen konnte, richtete die Masturbation selbst, wenn sie nicht bis zur Erschöpfung betrieben wurde, weniger Schaden an als die damit verbundenen Schuldgefühle, die oft in Hypochondrie, Selbstverachtung und düsteren Grübeleien mündeten. Die Bestätigung dafür fand er in einer Beobachtung: Junge Männer, die von älteren, erfahrenen Frauen verführt wurden, bekamen keine Neurosen.

Er mußte oft wochen- oder gar monatelang forschen, manchmal auch mit der Hand gegen die Stirn drücken, bis er einen Patienten zu den auslösenden Ursachen zurückgeführt hatte. Bei einer jungen Frau, die seit ihrer Pubertät unter qualvoller Hypochondrie litt, entdeckte er als Ursache, daß ein Mann versucht hatte, sie zu vergewaltigen, als sie acht Jahre alt gewesen war. Ein hysterischer junger Mann mit Selbstmordabsichten war von einem Klassenkameraden zur Masturbation verführt worden.

Im Gegensatz zu seiner früheren Behandlungsmethode gab er sich jetzt nicht mehr damit zufrieden, Erinnerungen durch Suggestion zu bannen. Seit er den Dingen wirklich auf den Grund ging und einen größeren Erfahrungsschatz zur Verfügung hatte, wußte er, daß diese Therapie unvollkommen war – sie bekämpfte nur die oberflächlichen Auswirkungen. Als Arzt war er in der Einstellung zu seinen Patienten gewachsen, und er stellte an sich selbst immer höhere Anforderungen. Jetzt ließ er nicht mehr locker, ehe er nicht die eigentlichen Ursachen einer Krankheit entdeckt hatte. Er suchte nach dem allgemeingültigen Gesetz, dem solche Störungen unterworfen waren. Bis er auf diesem Gebiet tiefere Einsichten gewonnen hatte, mußte er sich natürlich noch auf die Prophylaxe konzentrieren. Er versuchte, die Patienten vor künftigen Leiden zu schützen, indem er alles Verdrängte aus ihrem Unbewußten hervorholte und ihnen mit allen zur Verfügung stehenden Mitteln klarmachte, daß kein Anlaß zu Schuldgefühlen, Angst oder Befürchtungen bestünde, da sie nichts Unrechtes getan hätten. Das Unrecht war vielmehr an den Patienten begangen worden, und zwar schon vor langer Zeit. Die neurasthenisch bedingten Sexualphänomene, die er jetzt zu behandeln versuchte, waren völliges Neuland. Anders als bei Fällen von Hysterie, in denen er manchmal echte, greifbare Erfolge erzielte, »konnte er nur selten und indirekt die psychischen Folgen einer Angstneurose beeinflussen«, wie er in seinem Manuskript vermerkte. Vollkommen ratlos stand er vor jenen Fällen, in denen Männer Frauen grundsätzlich verabscheuten und niemals ihren physischen Ekel bei der Vorstellung, mit einer von ihnen Verkehr zu haben, überwinden konnten. Wo mochten die geistigen Ursachen der Homosexualität wohl zu suchen sein?

Am tragischsten waren jene Fälle, in denen ihm Patienten zu spät gebracht wurden – erst dann, wenn sie schon Anzeichen von Paranoia aufwiesen. Da war zum Beispiel eine junge ledige Frau, die mit ihrem Bruder und einer älteren Schwester in sehr guten wirtschaftlichen Verhältnissen lebte. Bei ihr hatte sich Verfolgungswahn eingestellt, sie »hörte Stimmen« und bildete sich ein, die Nachbarn tuschelten hinter ihrem Rücken über sie und behaupteten, ein Freund der Familie, ein früherer Untermieter, habe sie sitzengelassen. Wochenlang glaubte sie, alle Leute, denen sie auf der Straße begegnete, redeten darüber, daß sie nur noch für den Tag lebte, an dem der frühere Untermieter zurückkehrte. Alle sagten von ihr, sie sei ein »verkommenes Luder«. Dann wurde ihr Verstand wieder vollkommen klar. Sie erkannte, daß alle ihre argwöhnischen Vermutungen unbegründet waren. Sie war wieder normal und gesund – bis zum nächsten Anfall.

Josef Breuer hatte über diesen Fall von einem Kollegen gehört und empfohlen, Dr. Freud zu konsultieren. Sigmund versuchte, die Wahrheit durch einen energischen Einschnitt bloßzulegen, so wie Billroth mit dem Messer einen Abszeß zu öffnen pflegte. Der Untermieter hatte ein Jahr lang im Hause der Familie gelebt. Dann war er auf Reisen gegangen, nach einem halben Jahr zu einem kurzen Zwischenaufenthalt wiedergekommen und anschließend endgültig ausgezogen. Beide Schwestern erklärten, er sei ein ausgesprochen angenehmer Hausgenosse gewesen.

Was war schiefgegangen? Sigmund glaubte sicher zu sein, daß die Krankheit eine sexuelle Ursache hatte. Dann erfuhr er die Wahrheit, aber nicht von seiner Patientin, sondern von der älteren Schwester: Eines Morgens hatte die Patientin das Zimmer des jungen Mannes aufgeräumt, während dieser noch im Bett lag. Er hatte sie zu sich gerufen, und sie war auch arglos hingegangen. Der Mann hatte daraufhin ihre Hand ergriffen, die Bettdecke zurückgeschlagen und ihr seinen erigierten Penis in die Hand gedrückt. Sie hatte für einen Augenblick regungslos verharrt, dann war sie geflohen. Kurz darauf war der Mann für immer verschwunden. Einige Zeit später hatte das Mädchen der älteren Schwester den Zwischenfall anvertraut und erklärt, er »habe versucht, sie in Schwierigkeiten zu bringen«. Als sie dann erkrankte und die ältere Schwester mit ihr über die

»Verführungsszene« sprechen wollte, stritt sie ab, überhaupt etwas davon zu wissen, geschweige denn, jemals der Schwester dergleichen erzählt zu haben.

Nachdem Sigmund nun die sexuelle Noxe, das auslösende Moment der Krankheit, kannte, glaubte er seiner Patientin helfen zu können. Die eingebildeten Stimmen der Nachbarn, die sie ein »verkommenes Luder« nannten, wurden wahrscheinlich dadurch hervorgerufen, daß der Anblick des männlichen Organs und seine Berührung sie erregt hatten. Daraus hatte sich ein Schuldkomplex entwickelt, der zu so unerträglichen Selbstvorwürfen führte, daß sie diese auf andere, nämlich die Nachbarn, übertrug.

Sie war zwar unfähig, das eigene Schuldgefühl zu überwinden, aber sie konnte dagegen ankämpfen, wenn die Vorwürfe von anderen gegen sie erhoben wurden.

Sigmunds Aufgabe bestand nicht so sehr darin, den Zwischenfall selbst aus ihrer Erinnerung zu löschen. Er zweifelte sehr daran, ob es ihm jemals gelingen würde, ein solches Trauma zu beseitigen. Aber er konnte ihr das Schuldgefühl nehmen, das sie unbewußt so sehr belastete. Wenn es ihm gelang, sie zu dem Ereignis selbst zurückzuführen und ihr klarzumachen, daß ihre Reaktion vollkommen normal und selbstverständlich war, dann konnte er sie vielleicht von ihren Selbstvorwürfen befreien. Waren diese erst einmal verschwunden, dann würde sie sich auch nicht mehr von den Nachbarn verfolgt fühlen, weder Stimmen noch Vorwürfe hören. Sie durfte wieder hoffen, ein ganz normales Leben zu führen und dereinst ihr Glück in einer Ehe zu finden.

Es wurde ein völliger Fehlschlag. Mehrmals versetzte er sie in einen Zustand, der zwischen Hypnose und freiwilliger Erinnerung lag, und ersuchte sie, von dem jungen Zimmerherrn zu erzählen. Sie redete bereitwillig über alles Gute, an das sie sich erinnerte, aber wenn er dann versuchte, sie durch gezielte Fragen zu dieser Szene hinzuführen, rief sie jedesmal:

»Nein, nein! Es ist niemals etwas Peinliches vorgefallen! Es gibt nichts dergleichen zu erzählen. Er war ein anständiger junger Mann, er hat sich uns gegenüber immer aufmerksam und anständig benommen.«

Nach dem zweiten Gefühlsausbruch dieser Art lehnte sie schriftlich eine weitere Behandlung ab, weil seine Fragen sie zu sehr erregten. Sigmund saß am späten Nachmittag in seinem Arbeitszimmer, hatte den Brief vor sich liegen und stützte beide Arme auf den Schreibtisch. Er war traurig, weil seine Patientin sich so heftig dagegen wehrte, an diesen Zwischenfall erinnert zu werden, daß es buchstäblich ihren Tod bedeutet hätte, sie mit diesem Geschehen noch einmal zu konfrontieren. Es war zu spät. Er konnte nicht mehr zu den verdrängten Erinnerungen vordringen, er konnte sie nicht mehr ausmerzen.

Er schüttelte den Kopf, seufzte tief und drehte den Docht der Lampe höher, so daß sein Zimmer von ihrem warmen Licht erfüllt wurde. Dann griff er nach dem neuesten Entwurf zu seinem Manuskript über die Angstneurose.

3

Sigmund Freud konnte bei Durchsicht seiner Krankenberichte aus der Periode intensiver Arbeit seit Oktober erfreut feststellen, daß er der weitaus überwiegenden Anzahl von Patienten tatsächlich geholfen hatte. Mit der Vertiefung seiner Kenntnisse und der Verbesserung seiner therapeutischen Methode durfte er hoffen, in zunehmendem Maße auch der Symptome Herr zu werden, die ihm vorläufig noch Rätsel aufgaben. Jetzt im Frühling riß der Zustrom von Patienten nicht ab. Jeder neue Fall bedeutete ein weiteres kleines Glied in der Kette von Beweisen für seine These, daß die wesentlichste Erscheinungsform einer Neurose – und sei sie noch so geschickt versteckt – die Angst war. Er konnte ferner nachweisen, daß die Angstneurose aus einer Verdrängung entstand. Da er mit einer Schreibfeder in der Hand noch klarer denken konnte als beim Spaziergang durch die Wiener Straßen, setzte er sich hin und schrieb mit großen lateinischen Buchstaben an den oberen Rand einer neuen Seite das Wort »Probleme«.

Ebensowichtig wie die Lösung von Problemen ist ihre Formulierung. »Warte nicht ab, bis ein Problem auf dich zukommt«, schrieb er. »Es erscheint vielleicht zu einem unpassenden oder ungünstigen Zeitpunkt. Mach dich selbst auf die Suche, damit du den Angriff führst. Du selbst sollst die Bedingungen bestimmen, unter denen du dich durch das schwer zu enträtselnde, widerspenstige Material hindurcharbeitest.«

Auch für Ängstlichkeit war hier kein Raum. Wilhelm Fliess schrieb ihm aus Berlin: »Wage die Improvisation! Habe den Mut, mit Deinen Gedanken die Grenzen dessen zu überschreiten, was bereits bekannt ist!«

Sigmund sagte sich: »Wilhelm hat recht. Es geht nicht ohne Männer, die es wagen, neue Wege zu gehen, noch bevor sie die Beweise für ihre Thesen erbringen können.«

Gab es tatsächlich so etwas wie angeborene, ererbte sexuelle Schwäche oder Störung? Oder wurde sie schon in früheren Jahren durch äußere Umstände erworben! War die Vererbung nicht ganz einfach nur ein Multiplikator? Wie sah es mit der Ätiologie immer wiederkehrender Depressionen aus? Gab es dafür einen nachweisbaren sexuellen Ursprung?

Unter der Überschrift »Thesen« stellte er eine Liste von Postulaten auf, die ihm als Grundlage dienen sollten. Phobien, Halluzinationen und Angstzustände waren zumindest teilweise eine Folge von Störungen des normalen Geschlechtslebens und der sexuellen Entwicklung. Hysterien stellten sich als Folge von unterdrückten Ängsten ein. Neurasthenie oder Nervenschwäche bei Männern führte häufig zu Impotenz, die bei ihren Frauen wiederum Neurosen erzeugte. Die Frigidität der Frauen erzeugte Neurosen bei ihren Ehemännern.

Er stellte sich eine Reihe von Aufgaben, die er parallel zu bewältigen hatte: Die Lektüre von Literatur aus anderen Ländern, »in denen bestimmte sexuelle Abnormitäten vorherrschen«, den Aufbau eines Archivs, in dem er die Folgen zusammentrug, die eine Enthaltsamkeit von den gebräuchlichen geschlechtlichen Praktiken zeigte. Am schwierigsten und am wichtigsten war die Untersuchung sexueller Traumata, deren Ursprung in einem Alter liegt, in dem der Betroffene sie noch nicht begreift. Das Erregendste an jeglicher Forschung ist die Suche nach den Grundursachen, sie ist es, die den Mediziner an seinen Experimenten so fasziniert. Genau danach suchte Sigmund jetzt. Er schickte Fliess ausführliche Manuskriptentwürfe zu seiner Ätiologie der Angstneurosen und bat ihn um seine Kritik. Als er in einer revidierten Fassung deutlicher auf sexuelle Dinge einging, meldete sich seine puritanische Erziehung. Er begann seinen Brief mit den Worten:

> »Vor Deiner jungen Frau wirst Du das Manuskript ja doch verwahren.«

Erst einige Tage später wurde ihm klar, daß er sich damit derselben Prüderie schuldig machte, auf die er bei so vielen seiner streng erzogenen Patienten stieß.

Eine von ihnen litt beispielsweise jeweils morgens nach einem Geschlechtsverkehr mit ihrem Mann an Angstzuständen, die in einer Ohnmacht gipfelten. Da beide Ehepartner in der Liebe höchste Erfüllung fanden, mußte die Ursache dieser Anfälle in tieferen Schichten des Unbewußten liegen. Erst nach vielen Sitzungen, bei denen Freud das von ihm so benannte Verfahren der »freien Assoziation« anwandte, entdeckte er bei seiner Patientin das auslösende Trauma.

»Jetzt will ich Ihnen auch berichten, woher meine Angstzustände als junges Mädchen gekommen sind. Ich habe damals in einem Zimmer neben dem meiner Eltern geschlafen, die Tür war offen und ein Nachtlicht brannte auf dem Tisch. Da habe ich dann einige Male gesehen, wie der Vater zur Mutter ins Bett gegangen ist, und habe etwas gehört, was mich sehr aufgeregt hat. Darauf bekam ich dann meine Anfälle.«

Sigmund hatte in gewissenhafter Kleinarbeit hundert Fälle von Angstneurosen aufgezeichnet. Er sagte ganz ruhig: »Ihre Reaktion ist vollkommen verständlich. Die meisten jungen Mädchen erleben bei ihrer ersten Begegnung mit dem Sexuellen so etwas wie Entsetzen. Ich werde Ihnen jetzt Aufzeichnungen ähnlicher Fälle vorlesen, wo diese erste Konfrontation in ein noch früheres Alter zurückreicht als bei Ihnen. Sie müssen jetzt vor allem erkennen, daß Ihre Ängste nichts mit Ihrem Eheleben zu tun haben. Es handelt sich vielmehr um eine Hysterie, die ihren Grund in

verdrängten Erinnerungen hat. Das Glück Ihrer Ehe hängt davon ab, ob es Ihnen gelingt, diese Ängste zu überwinden. Sie gehören einer fernen Vergangenheit an und wurden durch die Ehe ihrer Eltern ausgelöst, die ebenso normal und gesund war, wie die Ehe ist, die Sie und Ihr Mann führen.«
Nachdem seine Patientin gegangen war, lehnte er sich in seinem Schreibtischsessel zurück, massierte sich den Nacken und dachte über seine neueste Methode nach. Er übte keinen Druck mehr auf die Stirn seiner Patienten aus. Für ihn war die freie Assoziation der Schlüssel zur Erforschung der tiefer liegenden Schichten des Unbewußten geworden. Das bedeutete einen großen Schritt vorwärts. »Daß scheinbar unzusammenhängende Bemerkungen sich allein auf Grund der Tatsache ihrer Reihenfolge als durch oft unsichtbare (d. h. unbewußte) Fäden verbunden erweisen . . . ist eine höchst eindrucksvolle Erweiterung der wissenschaftlichen Grundlagen.« Was dem Patienten chaotisch erschien, enthüllte sich dem geübten Arzt als ein deutlich erkennbares Schema. Es war schwierig, das Unbewußte zu manipulieren und zu betrügen. Die freie Assoziation war nämlich in Wirklichkeit gar nicht frei. Alle »zufälligen« Ideen, alle Gedanken, Bilder und Erinnerungen waren mit den vorangehenden und den nachfolgenden wie die Glieder einer Kette verbunden. Wenn der Patient nicht durch einen Willensakt darauf Einfluß nahm und unbekümmert unter den auftretenden Gedanken auswählte, und wenn der Arzt ihn nicht durch Zwischenfragen oder Suggestionen beeinflußte, war der Vorgang frei, nicht aber der Inhalt. Auf diese Weise, so sagte sich Sigmund, erhalten wir kein eingebildetes, sondern ein echtes Selbstporträt. Jeder Gedanke, der einem anderen folgt, ist einer Ordnung unterworfen, selbst wenn der Weg zurück ins Unbewußte führt. Nichts ist zufällig, nichts irrelevant oder sinnlos. In diesem Vorgang kommen die verdrängten Erinnerungen an die Oberfläche. Selbst die unzusammenhängendsten, scheinbar widersprüchlichsten Gedanken enthüllen, wenn die Reihenfolge gewahrt bleibt, die innere Struktur der Psyche.
In dem Augenblick, wo die freie Assoziation einsetzte, stieß Sigmund auf das seltsamste Phänomen der Psychoanalyse, dessen Verständnis ihm die größten Schwierigkeiten bereitete: Die Patienten behandelten ihn, als sei er eine Gestalt aus ihrer Vergangenheit! Sie projizierten ihre Gedanken, Gefühle und Wünsche auf den Arzt, weil sie in dem Augenblick, in dem man das verdrängte Unbewußte ansprach, in ihre Kindheit zurückversetzt wurden und diese Zeit noch einmal erlebten, manchmal ausgesprochen liebevoll und ergeben, manchmal aber auch voller Haß und Auflehnung. Die Gegenwart existierte dann nicht mehr für sie. Sie durchlebten dieselben Szenen und erstrebten dieselbe Befriedigung wie damals in ihrer Kindheit, als sie meistens noch im Elternhaus lebten. Dies hatte er weder bei der Anwendung der Hypnose noch des Drucks mit der Hand auf die Stirn erlebt. Er begriff, daß die Übertragung, wie er dieses erstaunliche

Phänomen nannte, eine Grundvoraussetzung jeder echten Analyse war. Er mußte erfahren, daß der Patient lange Zeit brauchte, bis er die Irrationalität seines Verhaltens klar erkannte. Und viele dieser Übertragungen waren, wenn sie nicht gleich als solche erkannt wurden, für den Arzt genauso qualvoll wie für den Patienten. Eine bescheidene Linderung der Symptome war auch ohne diese Übertragung von Liebe, Haß, Furcht, Angst und Aggressionen möglich, aber niemals eine Heilung! Hatte der Patient erst einmal begriffen, worum es bei der Übertragung ging, dann war er schon auf dem besten Wege, Inhalt und Auswirkung seines Unbewußten zu verstehen. Dieses Verständnis war die Voraussetzung zu jeder Selbsterkenntnis. Dann erst eröffneten sich für Dr. Sigmund Freud Mittel und Wege, eine Heilung einzuleiten.

Sigmund Freud interessierte sich nie sonderlich für seine Morgenpost. Manchmal enthielt sie einen Brief von Frau Bernays oder von Minna aus Wandsbek oder eine kurze Mitteilung seiner Halbbrüder aus England, aber meistens kamen nur Fachzeitschriften, Einladungen zu Versammlungen, Rechnungen. Aber seit er mit Wilhelm Fliess einen »Ideenaustausch« pflegte und sein Freund mit seinem verblüffenden Konzept von der Periodizität im menschlichen Leben wertvolle Anregungen dazu beisteuerte, wartete er immer schon sehnsüchtig auf den Briefträger und durchsuchte die Post sofort nach einem Brief mit dem Berliner Poststempel. Fliess schrieb ihm oft und viel. Seine Briefe enthielten oft Entwürfe zu wissenschaftlichen Aufsätzen: Diese waren provozierend, zuweilen herausfordernd oder auch trocken, aber niemals langweilig. Sigmund schrieb Wilhelm fast täglich. Meist setzte er sich um Mitternacht hin, überdachte noch einmal die Fälle des vergangenen Tages, unterbreitete ihm neues, aufschlußreiches Material oder neue Hypothesen, korrigierte begangene Irrtümer, formulierte Erkenntnisse neu. Er sprach vom Triumph des Geistes über eine schwer durchschaubare Materie, aber auch von seinen Mißerfolgen. Es galt zu lernen, zu erkennen, das immer umfangreichere Wissen zu ordnen. Wenn er einmal nicht zum Schreiben kam, vermißte er diese vertraute Stunde der Gemeinsamkeit ebensosehr wie andere Wiener ihre Stunde im Kaffeehaus. Wilhelm Fliess war für ihn das, was für andere ihr Stammtisch war, eine vertraute Gruppe von Freunden, in deren Kreis man täglich eine gesellige Stunde im Gespräch verbringt. Früher hatte auch Sigmund Stunden in seinem Lieblingscafé verbracht, jetzt beanspruchte Wilhelm Fliess diese Zeit.

Am 12. April gebar Martha ihr fünftes Kind, ein Mädchen. Es erhielt den Namen Sophie. Die Schwangerschaft war glatt verlaufen, und Sigmund meinte dazu: »Sophie erblickte diese böse Welt ohne eine Spur von Gegenwehr.« Martha war nach der Entbindung erschöpft und blaß. Sie fiel

sofort in einen langen, tiefen Schlaf. Das junge Kindermädchen, das für die letzten beschwerlichen Wochen zur Versorgung der vier Kinder engagiert worden war, nahm sich sofort energisch des Babys an.
Nach zwei Wochen war Martha wieder auf den Beinen. Sie übernahm sofort das Kommando, obwohl Sigmunds Mutter und seine Schwestern sie beschworen, sich nicht zu überanstrengen. Sigmund sah, daß sie wieder bei Kräften war und sich über den Familienzuwachs sehr freute. Da fragte er sie, ob er nicht seinen Freund Wilhelm Fliess für ein paar Tage in Berlin besuchen könnte.
»Selbstverständlich, Sigi, fahr nur, solange mich noch deine ganze Familie bemuttert. Man könnte fast glauben, ich hätte das Kinderkriegen erfunden. Du warst sehr lieb und aufmerksam.«

4

Der Zug fuhr am späten Nachmittag im Anhalter Bahnhof ein. Wilhelm Fliess holte ihn mit der Droschke ab, die er für seine Krankenbesuche und die Fahrten in die Klinik benutzte. Die beiden begrüßten einander mit einem herzlichen Händedruck. Sie hatten sich seit Wilhelms Hochzeit nicht mehr gesehen. Sigmund musterte seinen Freund mit einem anerkennenden Blick: Die großen dunklen Augen brannten wie feurige Kohlen, der tiefschwarze Schnurrbart ließ die ausdrucksvollen Lippen frei, seine Wangen hatten die blühende Farbe der Jugend. »Und dabei ist er doch nur zweieinhalb Jahre jünger als ich, nämlich vierunddreißig«, dachte Sigmund. »Das ist unser erster Kongreß seit fast drei Jahren«, rief Sigmund. Wilhelm mußte lachen. »Wir sind zwar nur zu zweit, aber die Flut unserer Gedanken wird sich bald über ganz Berlin ausbreiten.«
Es wurde ein milder Aprilabend. Fliess bat den Kutscher, das Lederverdeck zurückzuklappen. »Ich weiß doch, wie gern du Berlin hast, Sigmund.«
Sie fuhren nach Westen in Richtung Charlottenburg. Sigmund betrachtete die Menschenmenge in der Tauentzienstraße. Die Leute wirkten alle ernst, beinahe nüchtern, selbst die Paare, die miteinander plauderten. Er bemerkte: »Die Wiener kichern dauernd, die Berliner sind viel ernster. Hat Ida sich schon akklimatisiert?«
»Wenn man bedenkt, daß sie erst acht Monate mit mir verheiratet ist, dann hat sie wahre Wunder vollbracht: sie hat lauter preußische Freunde, preußische Möbel und sogar eine preußische Köchin, die sich unpatriotisch vorkäme, wenn sie ein Wiener Schnitzel zubereiten müßte. Idas einziges Zugeständnis an ihre Wiener Vergangenheit besteht darin, daß in unserem Wohnzimmer keine Bilder vom deutschen Kaiser, vom Kronprinzen oder von Schlachtenszenen mit Preußens Gloria hängen.«
Fliess hattte eine geräumige Wohnung im obersten Stock des Hauses

Wichmannstraße 4a, mit einem herrlichen Blick über den Zoo. Als Sigmund das Wohnzimmer betrat, bot ihm Ida Fliess den Ehrenplatz auf dem Sofa an. Die schweren dunklen Mahagonimöbel erinnerten Sigmund an die Zeit, als er mit Martha durch die Straßen Hamburgs spazierte und sie sich die Nasen an den Fenstern der Möbelgeschäfte plattgedrückt hatten. Damals hofften sie noch, irgendwann einmal auch ein eigenes Heim mit solchen soliden, unverwüstlichen Möbeln einrichten zu können.

Ida Fliess hatte sechs Freundinnen, mit denen sie sich regelmäßig zum Kaffeekränzchen traf, mit ihren Ehemännern für halb neun zum Abendessen eingeladen. Der Tisch im Eßzimmer war mit einem reich bestickten Tuch gedeckt. Leicht erstaunt stellte Sigmund fest, daß jedes Gedeck aus fünf verschieden großen Tellern bestand und daß vor jedem eine Karaffe Wein stand. Nur vor seinem und Wilhelms Platz fehlte diese. Wilhelm nahm ihn beiseite und erklärte ihm, er habe sehr früh am nächsten Morgen zwei schwierige Operationen und müsse dafür nüchtern sein. Sigmund aber, so meinte er, solle nüchtern genug sein, ihm zuzusehen.

Auf dem obersten Teller wurden eingemachte Früchte und süße Gurken serviert. Mit jedem Gang wurde einer der Teller abgedeckt. Die Butter war zu hübschen kleinen Schäfchen geformt, von denen jedes ein rotes Halsband trug. Je mehr sich die Weinkaraffen leerten, desto angeregter wurde die Unterhaltung.

Am nächsten Morgen frühstückten Wilhelm und Sigmund an einem kleinen, mit einem Wachstuch gedeckten Tischchen in einer Ecke des Eßzimmers. Die Kaffeekanne stand auf einem Rechaud, dazu gab es frische Brötchen. Dann fuhren sie die weite Strecke über die Prachtstraße Unter den Linden, an der Universität vorbei, in die Innenstadt.

Während des Frühstücks und auf dem Weg zum Krankenhaus sprach Wilhelm Fliess angeregt und mit leuchtenden Augen über seine neuen Ideen. Er trug einen elegant geschnittenen, grauen Anzug, und jede seiner Bewegungen verriet sein lebhaftes Temperament. Aber als die Droschke dann am Krankenhaus hielt, stieg ein vollkommen veränderter Mann aus: Der Blick wurde ruhig und wachsam, die Lippen bildeten eine entschlossene Linie, seine Haltung wurde steif wie die eines Offiziers, der in seiner dunkelblauen und scharlachroten Uniform die Königstraße entlangmarschiert. Streng und kühl erwiderte er den Gruß seiner Assistenten und Kollegen und der Krankenschwestern. Er sprach nicht mehr, als zur Vorbereitung der Operation unbedingt erforderlich war. Die bestechende menschliche Wärme schien förmlich eingefroren zu sein.

Voller Bewunderung beobachtete Sigmund, wie Fliess bei seinem ersten Patienten mit sicherer Hand die natürliche Sinusöffnung durch einen Schnitt erweiterte, damit der Eiter abfließen konnte. Mit derselben Sicherheit entfernte er beim zweiten Patienten Schleimhaut und Knorpelgewebe, um dann eine Resektion der Scheidewand durchzuführen.

Nach den beiden Operationen wusch Wilhelm sich die Hände, zog seine perlgraue Jacke über, nickte Assistenten und Krankenschwestern im Operationssaal zu und marschierte steif wie ein Spazierstock hinaus. Auf dem Korridor begrüßte er mit förmlicher Verbeugung Kollegen und Verwaltungsbeamte. Sigmund hielt es nicht für angebracht, diesen Schutzschild zu durchdringen, und sei es auch nur, um seinem Freund Wilhelm ein Kompliment über seine geradezu künstlerische Operationstechnik zu machen.

Um elf Uhr verließen sie das Krankenhaus. Sobald Wilhelm wieder in der Kutsche saß, schlug er Sigmund auf die Schulter und rief strahlend: »So, jetzt sind wir frei! Nun kann unser Kongreß beginnen. Wir lassen uns zur Stadtbahn fahren, weil wir so am schnellsten hinaus in den Grunewald gelangen. Das ist für uns Berliner dasselbe wie für euch der Wienerwald: zwölftausend Morgen mit Flüssen, Seen und herrlichen Bäumen. Ich kenne dort jeden Pfad und jeden Baum. Wir essen im Beelitzhof, einem hübschen Restaurant am Wannsee. Wenn wir den direkten Weg nehmen, sind es gut neun Kilometer bis dorthin. Doch jedesmal, wenn ich Zeit zum Nachdenken brauche, wähle ich ein paar Umwege. Was meinst du, kannst du vor dem Essen einen Marsch von sechzehn Kilometern zurücklegen? Ich habe einige überraschende Neuigkeiten für dich.«

Sigmund dachte: »In ihm stecken zwei völlig verschiedene Menschen. Das Gesicht, das er dem einen zeigt, würde ein anderer nie zu sehen bekommen. Wie hat doch Josef Pollak damals vor vielen Jahren gesagt, als er die Patientin mit einer Spritze von H_2O von ihrer Beinlähmung befreite?: ›Wir sind alle Schauspieler‹.«

Fliess wartete, bis sie das schützende Laubdach umgab und der angenehm weiche Waldboden unter den Füßen zu spüren war. Dann legte er Sigmund in einem wahren Wortschwall die Ideen dar, die er seit der Begrüßung auf dem Anhalter Bahnhof nur mit großer Mühe zurückgehalten hatte. Er trug den Hut in der Hand und sprach mit seiner vollen, sonoren, kräftigen Stimme.

»Sigmund, du weißt ja gar nicht, wieviel es mir bedeutet, daß du in Berlin bist. Meine Kollegen betrachten mich nur als Nasenspezialisten.« Er packte Sigmund beim linken Arm. »Weißt du, worauf ich bei meinen Untersuchungen der Periodizität gestoßen bin? Auf die Lösung eines ganz anderen Problems: des Koitus ohne Verhütungsmittel!«

Sigmund starrte seinen Freund verblüfft an. »Du meinst, Koitus ohne die Gefahr einer Empfängnis?«

»Ja, genau das meine ich! Ich habe auf der Basis des achtundzwanzigtägigen Menstruationszyklus Formeln ausgearbeitet. Weißt du, worauf ich dabei gestoßen bin? Daß Frauen im Verlauf ihres Monatszyklus nicht immer gleichmäßig fruchtbar sind. Ich habe in meinen Statistiken die neunmonatige Schwangerschaft dem tatsächlichen Entbindungsdatum gegenüberge-

stellt und bin dabei zu verblüffenden Ergebnissen gekommen.« Er blieb stehen und fuhr mit leiser, bebender Stimme fort: »Jetzt hör gut zu, mein Freund: Man kann gewisse Perioden feststellen, in denen die Ovarien kein Ei abstoßen, das vom männlichen Samen befruchtet werden kann. Sobald ich erst einmal diese Grenzen abstecken kann – die Anzahl von Tagen unmittelbar vor und nach der Menstruation –, ergibt sich daraus eine Zeitspanne, in denen Ehepaare ohne Angst vor Schwangerschaft miteinander verkehren können. Stell dir nur vor, Sigmund: Schluß mit dem Coitus interruptus, der nach deinen Feststellungen die Ursache so vieler Neurosen ist. Schluß mit diesen lästigen und unzuverlässigen Kondomen. Schluß mit den langen Monaten der Enthaltsamkeit, in denen sich glücklich verheiratete Paare nicht lieben dürfen, und vor allen Dingen Schluß mit all den unerwünschten Kindern. Ist das nicht eine echte Revolution, wenn ich recht behalte? Wäre das nicht eine der segensreichsten medizinischen Entdeckungen aller Zeiten?«
Wirre Gedanken schwirrten durch Sigmunds Kopf.
»Wilhelm . . . du hast mich ganz durcheinandergebracht. Aber bist du ganz sicher? Es gibt doch größere Schwankungen in der tatsächlichen Dauer der Schwangerschaft. Nur wenige Frauen entbinden genau nach zweihundertsiebzig Tagen. Langsam verstehe ich, worauf du hinauswillst – es ist phantastisch! Du meinst also, man könnte rückwirkend vom Tag der Entbindung das Datum der Empfängnis errechnen und nach diesen Angaben genau ermitteln, zu welchem Zeitpunkt innerhalb des Monatszyklus eine Frau empfangen kann, um dann ungefähr festzustellen, wann sie nicht . . . «
»Richtig! Jedes Ehepaar wird dann einen Kalender führen. Natürlich bedarf es noch jahrelanger Arbeit, bis die Formeln genau stimmen. Aber nach meinen jetzigen Zahlen werden jedem Ehepaar im Monat etwa zwölf Tage ohne Angst beschert werden.«
»Aber was wird die Kirche dazu sagen? Hast du schon daran gedacht? Sie lehnt doch jede Form der Konzeptionsverhütung ab.«
Wilhelms Augen blitzten vor innerer Erregung. Sie waren so rasch gegangen, daß sie schon die Halbinsel Schildhorn mit dem Denkmal erreicht hatten, das an die Flucht Jaczo von Köpenicks vor Albert dem Bären erinnerte. Wilhelm war zu sehr mit seinen Gedanken beschäftigt, um den Freund darauf hinzuweisen. Sie gingen über die verschlungenen Pfade in westlicher Richtung weiter und bogen dann bald nach Norden ab. Wilhelm sprach von einer hübschen Bucht mit einer Insel, wo sie eine Tasse Kaffee trinken wollten.
»An diesem Punkt wird die Sache natürlich kompliziert. Ich habe mich darüber ganz beiläufig mit einigen meiner katholischen Kollegen unterhalten. Sie vertreten alle die Ansicht, daß es sich hierbei nicht um eine Empfängnisverhütung in dem Sinne handeln würde, wie sie der Gebrauch

von Kondomen, Duschen oder Kräutern effektiv darstellt. Nach ihrer Ansicht könnte die Einhaltung eines bestimmten Zeitplans keine Sünde darstellen. Was sagst du dazu, mein Freund?«
Sigmund schüttelte ungläubig den Kopf.
»Wilhelm, wenn es dir gelingt, diese These mathematisch zu beweisen, wird man dir in jeder Stadt der westlichen Welt ein Denkmal errichten.«
»Sigmund, die Mathematik ist die größte Wissenschaft. Sie kann alles beweisen oder widerlegen. Mit ihrer Hilfe kann ich selbst für den winzigsten Bereich des menschlichen Lebens eine Periodizität nachweisen. Ist dir jemals der Gedanke gekommen, daß auch Männer einen Zyklus durchmachen? Meine Forschungen deuten darauf hin, daß der männliche Zyklus dreiundzwanzig Tage beträgt. Es könnte dabei sogar eine Art Menstruation vorliegen, nicht in Form von Blutungen, sondern in Gestalt überschüssiger Energie oder eines neuroelektrischen Stroms, wie du es in deinem Konstanzprinzip beschrieben hast. Nach ein bis zwei Tagen der Entladung beginnt für den Mann ein neuer Zyklus und er steigert sich wieder langsam von einem Minimum bis zum nächsten Höhepunkt nach dreiundzwanzig Tagen. Ich habe die Tagebücher, Notizen und Journale großer Schriftsteller und Künstler durchforscht. Ich hege keinen Zweifel mehr: Auch das menschliche Gehirn arbeitet nicht immer mit derselben schöpferischen Kraft. Sie richtet sich ganz nach der vorhandenen Energie und körperlichen Leistungsfähigkeit. Auch das Gehirn funktioniert zyklisch. Wenn du für dich selbst ein genaus Tagebuch führst, werden sich schon bald die Linien deines eigenen Zyklus abzeichnen.«
Sigmund mußte noch immer daran denken, als sie schon auf der Terrasse von Pichelswerder beim Kaffee saßen und zur Brücke hinüberschauten, die diese Insel mit dem Festland verband.
»Ich müßte erst einmal deine Beweise sehen. Aber ich behandle zur Zeit eine manisch-depressive Patientin, die auf dem Höhepunkt ihres Zyklus selbstbewußt, klug und witzig ist. In den folgenden Tagen geht es ihr dann allmählich immer schlechter. Ihre Zuversicht schwindet dahin, sie verkriecht sich in sich selbst, ihr Denken verliert an Klarheit und verwirrt sich zusehends. Angstzustände, Schlaflosigkeit, Appetitlosigkeit und physische Schmerzen setzen ein. Auf dem Tiefpunkt ihres Zyklus ist sie ein unglückliches, verzweifeltes Nervenbündel mit einer ausgeprägten Neigung zu Selbstmord. Sie weint haltlos, ergeht sich in Selbstvorwürfen, wird ungerecht und aggressiv gegen Menschen, die sie vor ein paar Tagen noch geliebt und denen sie vertraut hat. Ihr Gesicht verzerrt sich und wird häßlich. Dann beginnt auf der anderen Seite des Tals wieder der allmähliche Aufstieg. Langsam kehrt ihre Energie zurück, die Halluzinationen verschwinden, ihre Gedanken werden klarer, die Ängste lassen nach, sie widmet sich wieder ihrer Arbeit und ihren gesellschaftlichen Verpflichtungen. Etwa ab der Hälfte der aufsteigenden Kurve ist sie in jeder Hinsicht

zuverlässig. Von diesem Punkt an, also im letzten Viertel des Zyklus, schäumt sie förmlich über vor Lebenslust und Zuversicht. Auf dem Gipfel erlebt sie einige Tage der Hochstimmung, dann geht es langsam wieder bergab.«
Fliess hatte ihm höchst aufmerksam zugehört.
»Sehr gut«, rief er. »Das ist die perfekte pathologische Darstellung der Periodizität. Sigmund, wie lang war der gesamte Zyklus?«
»Ach, Wilhelm, ich hab' mich so verzweifelt bemüht, die Ursache zu finden, daß ich gar nicht auf den zeitlichen Ablauf geachtet habe. Ich würde sagen, etwa acht bis zehn Wochen.«
Sie machten sich wieder auf den Weg und folgten der Havel bis zum Kaiser-Wilhelm-Turm. Von hier aus hatten sie einen herrlichen Blick über Potsdam und Berlin. Als sie endlich das Restaurant Beelitzhof am Wannsee erreichten, war Sigmund müde und hungrig. Wilhelm bestellte Gänseleberpastete, Bouillon mit Ei, Haffzander mit frischen Kartoffeln. Sigmund aß mit gutem Appetit, aber Fliess nahm kaum einen Bissen zu sich, sondern trank nur nachdenklich in kleinen Schlucken seinen Rheinwein.
Nach dem Essen saßen sie auf einer Bank am Ufer des Wannsees. Die Sonne schien ihnen warm ins Gesicht. Als Sigmund sagte, er hätte sich genug ausgeruht, sprang Fliess sofort auf.
»Kehren wir auf dem kürzesten Weg zur Stadtbahn zurück oder machen wir einen Umweg? Ich muß dir nämlich noch eine weitere These unterbreiten. Die erste Hälfte habe ich schon niedergeschrieben, aber die zweite muß erst zu Ende gedacht werden. Paß genau auf, mein lieber Freund, denn ich führe dich jetzt auf trügerischen Boden.«
Sigmund lachte. »Dann schieß los! Ich werde die Stellen mit Rotstift anzeichnen, die der Schere zum Opfer fallen müssen.«
Fliess lächelte ungeduldig. Er war zwar ein ebenso guter Zuhörer wie Redner, aber jedes zu seiner Zeit. Jetzt hatte er etwas Wichtiges zu sagen.
»Sigi, mit der ›Nasalen Reflexneurose‹ dringe ich jetzt in dein Gebiet vor. Du hast mir einmal von einem jungen Mädchen erzählt, dessen Hysterie sich auf die Nase konzentrierte. Das ist vollkommen verständlich, da es eindeutige Beziehungen zwischen den Schleimhäuten der Nase und dem Uterus gibt. Wußtest du, daß die Nase Schwellgewebe enthält? Ich habe es bei meinen Patienten beobachtet. Die Nasenschleimhaut schwillt beim Geschlechtsverkehr und während der Menstruation zusammen mit den Genitalien an. Mehr noch: sowohl beim Mann als auch bei der Frau hängt die Schleimabsonderung der Nase mit dem Monatszyklus zusammen. Dich wird wahrscheinlich in erster Linie interessieren, daß sich in fast allen Nasenentzündungen neurotische Symptome widerspiegeln, insbesondere sexuelle Verdrängungen und Abnormitäten. Im Innern einer jeden Nase befindet sich eine sexuelle Zone. Es ist mir gelungen, Menstruationsbeschwerden durch eine Behandlung der Nasenschleimhaut zu lindern. Man

kann auch eine Schwangerschaftsunterbrechung dadurch herbeiführen, daß man die Nase mit Kokain, dessen Eigenschaften du entdeckt hast, anästhesiert. Die Nase ist nämlich der Mittelpunkt des menschlichen Gesichts und damit auch des menschlichen Universums. Du siehst mich so erstaunt an. Nun gut, ich werde dir beweisen, daß die zyklische Veränderung der Nasenschleimhaut genau der Veränderung der Schleimhaut in der Scheide entspricht . . . «

5

Am nächsten Morgen frühstückten sie wieder an dem kleinen Tischchen, das mit dem Wachstuch bedeckt war. Danach machten sie einen Spaziergang zum nahegelegenen Tiergarten. Dieses Viertel mit seinen Villen in Parks und Gärten war die eleganteste Wohngegend von Berlin. Wilhelm Fliess meinte, er würde gern eine dieser Villen besitzen und hier seine Kinder großziehen. Es war acht Uhr. Die Glocken mehrerer Kirchen riefen die Gläubigen zum Gottesdienst. Die beiden Männer hatten sechs Stunden Zeit, bis sie Ida um zwei Uhr in »Krolls Etablissement« treffen sollten, in diesem beliebtesten Feiertagstreffpunkt der Berliner am Königsplatz gegenüber dem noch nicht ganz vollendeten Reichstagsgebäude.
Der nächste Redner des »Kongresses« war nun Sigmund.
»Fang an, Sigmund, ich bin ganz Ohr!«
Sigmund lachte. Wilhelms Enthusiasmus war ansteckend.
»Mein lieber Wilhelm, du hast ja schon die Entwürfe A und B meiner ›Angstneurosen‹ gelesen. Ich kann dich also nicht so überraschen wie du mich gestern. Aber seit meinem letzten Brief habe ich einige gewaltige Fortschritte erzielt.«
»Erzähl schon. Niemand kann meine Gedanken so beflügeln wie du . . . «
»Was ist eine Angstneurose? Eine klinische Erscheinung, die durch allgemeine Reizbarkeit, sorgenvolle Erwartung, nicht näher begründete Furcht, vorübergehende physische Anfälle wie Atembeschwerden, Schwindel, Nachtschweiß, Zittern am ganzen Körper und Durchfall charakterisiert wird . . . «
Er wußte aus seiner Praxis, daß diese Ängste ihren Ursprung in physischen Störungen des Geschlechtslebens hatten. Er war ihnen bei unberührten Mädchen begegnet, die unbeabsichtigt oder unter ungünstigen Begleitumständen sexuelle Erfahrungen gemacht hatten, oder bei jungfräulichen Knaben, die ihre ersten Erektionen hatten und nicht wußten, wie ihnen geschah. Derartige Ängste entstanden bei vorsätzlicher Enthaltsamkeit, sie waren zu finden bei Menschen, die alles Geschlechtliche verabscheuten und ihre Ängste in respektable Phobien, wie zum Beispiel übertriebene Reinlichkeit, übersetzten. Er hatte sie bei Frauen gefunden, die von ihren

Ehemännern vernachlässigt wurden, bei Männern, die an *ejaculatio praecox* litten und daher nie ihre Befriedigung fanden. Ferner bei Männern, die sich vor ihrer Frau ekelten, denen schon der Gedanke unangenehm war, in das weibliche Organ eindringen zu müssen. Er hatte sie bei Menschen kennengelernt, die glaubten – oder denen man eingeredet hatte –, daß sie die körperliche Liebe nicht brauchten, daß die Liebe in geistiger Form genüge.

Ihr Tempo glich sich Sigmunds Gedankenflug an. Sie gingen sehr rasch, aber es wurde daraus kein Gewaltmarsch wie am Vortag. Sigmund sprach auch nicht so laut wie gestern Wilhelm. Seine Stimme war sachlich und beherrscht, er reihte ein Argument an das andere wie Mosaiksteinchen.

»Kehren wir noch einmal zum ›Konstanzprinzip‹ zurück, Wilhelm. Jeder Mensch hat eine bestimmte Reizgrenze. Unter normalen Umständen führt die physische sexuelle Spannung zur Erregung der psychischen Libido und diese zur geschlechtlichen Vereinigung. Wo aber ein Geschlechtsverkehr nicht möglich ist oder aus psychischen Gründen abgelehnt wird und eine Transformation stattfindet, fehlt die Libido, es entsteht eine ständige Stauung der sexuellen Spannung und diese führt zur Angstneurose. Meine männlichen Patienten haben mir anvertraut, daß sie seit dem Auftreten ihrer Angstzustände keinerlei sexuelles Verlangen mehr empfinden. Statt dessen kommt es bei ihnen zu Kurzatmigkeit, Kopfschmerzen, Rückenmarksreizungen, Verstopfung und Blähungen. Frauen werden so überängstlich, daß sie in jeder Erkältung ihres Ehemannes oder eines Kindes sofort eine Lungenentzündung vermuten. Sie sehen überall den Tod lauern. Alle Ärzte auf der ganzen Welt kennen die typischen Symptome: Erbrechen, Benommenheit, Gehbeschwerden, Ohnmachtsanfälle, ständiger Harndrang, übermäßige Freßsucht oder Appetitlosigkeit. Dann gibt es die Phobien und Zwangsvorstellungen: Angst vor Schlangen, vor Gewitter, vor der Dunkelheit, vor Gift, *folie de doute*, bei der jedes Zutrauen zum eigenen Denkvermögen fehlt.«

Wilhelm hörte aufmerksam zu.

»Ich habe jetzt schon eine Menge Patienten behandelt und Krankengeschichten in fünf Sprachen gelesen. Eine ganze Anzahl physischer Erkrankungen hat sicherlich rein somatische Ursachen. Man findet sie überall in den Krankenhäusern. Trotzdem bin ich der Meinung, daß ein Großteil dieser Erkrankungen psychisch bedingt ist. Wenn wir Mittel und Wege finden, die Frustrationen zu kurieren, die aus dem Geschlechtsleben resultieren, dann können wir auch Geistes- und Gemütskrankheiten bekämpfen und bei physischen Leiden helfen.«

Sie hatten inzwischen den Neuen See erreicht. Wilhelm erzählte, daß er und Ida im Winter hier Schlittschuh liefen.

»Und wie willst du denn dieser sexuellen Störungen Herr werden, Sigmund?«

»Jede Behandlung richtet sich nach den Umständen. Jede Art von Behandlung wird vom Patienten akzeptiert, wenn er nur wieder ein halbwegs normales Leben führen kann. Aber es ist unsere moderne Gesellschaft, die diese Leiden verursacht mit ihren Lügen, ihrer verlogenen Moral und mit der Vorstellung, eine der natürlichsten und normalsten Handlungen des Menschen könnte böse oder schmutzig sein. Bei Völkern, die das Geschlechtsleben als natürlich und alltäglich betrachten, gibt es diese Neurosen nicht.«

»Du hast zwar recht, Sigmund«, sagte Wilhelm. »Aber was willst du dagegen tun, solange du unsere heutige Gesellschaft nicht reformieren und von den Ketten befreien kannst, mit denen sie im Narrenturm angeschmiedet ist?«

Sie überquerten einen breiten Reitweg, der zu beiden Seiten von mächtigen Bäumen gesäumt wurde. Elegant gekleidete Berliner Kavaliere saßen kerzengerade im Sattel und ließen ihre Pferde tänzeln.

»Das Normale im Abnormen suchen«, antwortete Sigmund. »Alles lernen, was es über das Unbewußte, seine Auswirkung und seine Macht über den einzelnen zu lernen gibt. Sodann muß man wissenschaftliche Maßstäbe setzen, die jedem Menschen das bewußt machen, was ein Zensor im Unbewußten zurückhält. Auf diese Weise hilft man dem Menschen, sich von einem grausamen Herrn und Meister zu befreien. Wie können wir verhindern, daß sexuelle Noxen um sich greifen? Die ideale Alternative wäre die ungezwungene Liebe zwischen jungen Männern und anständigen Mädchen, aber sie wäre nur möglich, wenn es ungefährliche Verhütungsmethoden gäbe. Deine Methode, Wilhelm, könnte schon Erleichterung schaffen. Aber da es an einer gesunden Einstellung zum Geschlechtlichen fehlt, dürfte unsere Gesellschaft dazu verdammt sein, in zunehmendem Maße Neurosen zum Opfer zu fallen, die an der Lebensfreude zehren, die Beziehungen zwischen Mann und Frau zerstören und die nächste Generation erblich belasten.«

Sie gingen am Spreeufer entlang bis zum ockergelben Bellevue-Palast mit seinen herrlichen Skulpturen an der Fassade. Der dahinterliegende Park war der Treffpunkt stolzer Husaren und hübscher Dienstmädchen.

»Ich will dir etwas sagen, mein lieber Wilhelm: Hier steht der Arzt vor einem Problem, für dessen Lösung er alle seine Kräfte einsetzen sollte.«

Angeregt und erholt kehrte Sigmund nach Wien zurück. Martha ging es so gut, daß er sie zur Feier des Tages ins Karltheater einlud, wo das Ballett »Rund um die Welt in achtzig Tagen« aufgeführt wurde. Anschließend aßen sie im Restaurant »Eisvogel« im Prater. Sigmund erzählte von Berlin und berichtete, wie es dem Ehepaar Fliess ging, aber er erwähnte Wilhelms Ideen mit keinem Wort. Allerdings erzählte er von seiner »gespaltenen Persönlichkeit«. Martha rief erstaunt:

»Aber er hat doch die oberste Sprosse seiner beruflichen Leiter erreicht, warum muß er da vor seinen Kollegen noch angeben?«

»Das ist keine Angabe, meine Liebe. Es ist nur einfach eine andere der vielen Masken, die der Mensch aufsetzt. Bernheim sagte: ›Wir alle leiden unter Halluzinationen.‹ Aber da wir gerade von der Zweiteilung im Leben sprechen: Sollen wir für die Sommerfrische wieder dieselbe Villa in Reichenau mieten? Ich muß mich höchstens drei Tage in der Woche in Wien aufhalten. Morgens arbeite ich, und nachmittags können wir lange Spaziergänge durch die Wälder machen und Pilze suchen . . . «

Martha blickte sich rasch um und gab ihm, als niemand sie beobachtete, einen Kuß auf die Wange. »Ja, Sigi, das wäre wunderschön! Aber laß uns schon frühzeitig im Juni fahren und erst spät wieder zurückkommen, nicht vor dem Oktober. Es ist so schön für die Kinder, wenn sie dich einmal ganz für sich haben.«

Trotz aller Versuche gelang es Sigmund nicht, sich mit Josef Breuer zu treffen. Breuers Karriere hatte ihren Höhepunkt erreicht. Er wurde ständig zu Konsultationen bei schwierigen Fällen in andere Städte gerufen. Er hatte daher einfach keine Zeit, mit Sigmund ihr geplantes Buch über die Hysterien zu besprechen. Also konnte Sigmund daran nicht weiterarbeiten. Im Juli bekam er zufällig eine französische Fachzeitschrift in die Hände. Dr. Pierre Janet zollte ihrer »Vorläufigen Mitteilung« darin höchstes Lob. Dieser bedeutende Mann in der Salpêtrière fand darin seine eigenen Forschungsergebnisse in vollem Umfang bestätigt.

Sigmund belagerte Breuers Bibliothek, bis er den Freund schließlich antraf. Zu seiner Verwunderung freute sich Breuer über Janets Lob.

»Das ist ausgezeichnet, Freud! Pierre Janet ist auf dem besten Wege, der führende Neurologe Frankreichs zu werden. Sein Wort kann entscheidendes Gewicht bekommen, wenn es um Thesen geht, die so umstritten sind wie unsere.«

Sigmund lächelte, weil sein Freund »unsere Thesen« gesagt hatte. Seit der Veröffentlichung des Aufsatzes hatte Breuer schon zweimal von »ihrer« Arbeit gesprochen.

»Breuer, nun haben wir doch die Bestätigung dafür, daß wir uns auf dem richtigen Wege befinden. Sollen wir uns jetzt nicht an das Buch selbst heranwagen? Wir können die anderen Ärzte doch nur überzeugen, wenn wir unsere Krankengeschichten vorlegen. Sie beweisen die Wahrheit unserer Theorien.«

»Ja, Freud, ich glaube, es ist an der Zeit, dies zu tun. Wollen Sie nicht Ihre wichtigsten Fälle skizzieren und mir zeigen, was dabei herauskommt? Aber vergessen Sie nicht: absolute Diskretion! Wir sind vor allen Dingen für unsere Patienten verantwortlich. Niemand darf jemals vermuten, daß meine Anna O. in Wirklichkeit Bertha Pappenheim heißt.«

Im Juli starb ganz überraschend Professor Jean-Martin Charcot. Sigmund schrieb einen herzlichen Nachruf für die »Wiener Medizinische Wochenschrift«, der ihm sowohl in deutschen als auch in französischen Fachkreisen höchstes Lob eintrug.

Die Wälder rings um Reichenau waren grün und kühl. Sigmund lehrte seine Kinder die guten von den giftigen Pilzen zu unterscheiden und zeigte ihnen, wie man sie auch an den verstecktesten Stellen finden konnte. Wer die beste Ausbeute nach Hause brachte, erhielt einen Preis. Nach einem frühen Nachtmahl las er ihnen Märchen von Hans Christian Andersen und den Gebrüdern Grimm vor oder übte mit ihnen Zungenbrecher: »Wiener Wäschermadln waschen weiße Wäsche . . . « Dann sprach er jeden Abend mit ihnen das Nachtgebet, bei dem sich der fünfzehn Monate alte Ernst noch redlich abmühen mußte.
Wie lang Sigmund sich jeweils in Wien aufhielt, hing ganz von der Arbeit ab, die ihn in der Neurologischen Abteilung des Kassowitz-Instituts erwartete.
In seine eigene Sprechstunde kamen in den heißen Sommermonaten keine neuen Patienten mit Neurosen. Sigmund kommentierte diese Flaute mit ironischem Lächeln: »Die Berge, die Wälder und die kalten grünen Seen sind nützlicher für sie, als ich es bei dieser Hitze je sein könnte.« Kranke Kinder gab es aber immer, und Mütter mit kummervollen Augen suchten ihn auf. Sie wurden von anderen Ärzten und von den verschiedenen Abteilungen des Allgemeinen Krankenhauses zu ihm geschickt oder vom Institut selbst, wenn es sich um Rückfälle oder ernste Verschlimmerungen der Krankheiten handelte. Er war stolz darauf, ein guter Kinderneurologe zu sein. Um so mehr bedrückte es ihn, daß ihm die medizinische Wissenschaft so wenig Möglichkeiten bot, wirklich zu helfen.

6

Martha und Sigmund kehrten in den ersten kühlen Oktobertagen nach Wien zurück. Ein volles Wartezimmer erwartete ihn: Ein beinahe impotenter junger Ehemann, der an Kolitis litt. Eine junge Ehefrau, die sich so sehr vor einem Baby fürchtete, daß sie bei Einbruch der Nacht unter hysterischen Angstzuständen litt. Eine fünfunddreißigjährige Frau, die sich fürchtete, allein, ohne Begleitung, einen Laden aufzusuchen. Vor einigen Monaten hatte sie ein Geschäft betreten und den Eindruck gewonnen, daß zwei Verkäufer sie wegen ihrer Kleidung auslachten. Die Demütigung empfand sie um so schlimmer, als einer der Verkäufer ihr recht gut gefiel. Ganz entsetzt war sie aus dem Laden gerannt. Bei eingehender Befragung stellte sich heraus, daß seine Patientin an dem

fraglichen Tag nicht nur gut, sondern sogar ausgesprochen geschmackvoll gekleidet war. Hinter ihrer eingebildeten Demütigung mußte sich also eine andere, ernstere Erinnerung verbergen. Es gelang Sigmund, die Patientin behutsam bis zu ihrem achten Lebensjahr zurückzuführen. Damals war sie einmal allein in einen Süßwarenladen gegangen. Der Besitzer hatte sie umarmt und durch ihr Kleid hindurch ihre Genitalien betastet. Sie war erschrocken davongelaufen, aber eine Woche später wieder gekommen. Der Kaufmann, der ihr Wiederkommen als Zustimmung auffaßte, hatte ihre Genitalien eine ganze Weile gestreichelt. Diese verdrängte Erinnerung war nun in Form einer akuten Angstneurose erneut zum Vorschein gekommen.
Hatte nun der Vorfall selbst die Neurose verursacht? Nein, gab sie nach mehreren Sitzungen zu, es war vielmehr der Umstand, daß sie wiedergekommen war und sich vorwarf, die unsittliche Berührung selbst gewünscht zu haben. Aus diesem Grund fürchtete sie sich jetzt, allein in ein Geschäft zu gehen: Nicht, weil die Verkäufer über ihre Kleidung lachen könnten, sondern weil sie sich vielleicht wünschen könnte, daß einer von ihnen, den sie begehrte, sie streichelte. Schuldgefühl und Angst hatten zu den Spannungszuständen geführt.
Die Universität schickte ihm einen Medizinstudenten. Er hatte seine Schwester mißbraucht, seine Cousine ermordet und das Elternhaus in Brand gesteckt. Schon nach oberflächlicher Erkundigung stellte Sigmund fest, daß die besagte Cousine sich bester Gesundheit erfreute, daß das Elternhaus unbeschädigt und die Schwester unbehelligt waren. Nun suchte er nach den eigentlichen Ursachen dieses massiven Schuldkomplexes. Er entdeckte sie darin, daß der Student sich von dem Zwang zu masturbieren nicht befreien konnte. Aber warum belastete den jungen Mann diese geringere Sünde so sehr, daß er sich lieber öffentlich des Mordes und des Inzests bezichtigte? Das konnte Sigmund beim besten Willen nicht sagen. Aber er glaubte, einen Weg zur Heilung gefunden zu haben:
»Suchen Sie sich eine Frau, mit der Sie normalen Geschlechtsverkehr haben können, selbst wenn Sie dafür das Geld aufwenden müßten, das Sie eigentlich zu Ihrer Ernährung brauchen. Es macht nichts, wenn Sie zehn oder auch fünfzehn Pfund abnehmen, die lassen sich zurückgewinnen, nicht aber Ihre geistige Gesundheit.«
Er schrieb an Wilhelm Fliess: »Die Patienten gehen sämtlich überzeugt und frappiert von dannen, nachdem sie ausgerufen haben: ›Danach hat mich noch niemand gefragt!‹«

Die meisten Ärzte wußten oder ahnten, daß die Leiden einiger ihrer Patienten durch sexuelle Schwierigkeiten hervorgerufen wurden. Doch dieses Thema war tabu. Privatdozent Dr. Sigmund Freud ließ als erster einen Lichtstrahl in diese dunkle Kammer fallen. Daß er damit Erfolg hatte, lag teilweise auch an der absoluten Verschwiegenheit seiner Parterre-Praxis: Hier bekam der Patient kein Dienstmädchen, keine Familienangehörigen, keine Mitpatienten zu sehen. Die verschwiegene, fast klosterhaft strenge Atmosphäre des Sprechzimmers veranlaßte seine Patienten, tiefer in ihre eigene Vergangenheit einzudringen. Für diese delikaten Beichten hatte Dr. Sigmund Freud genau das richtige Temperament: Er war ernst, nüchtern, aufmerksam, mitfühlend, dabei unpersönlich, ein stiller Bürger und Familienvater, ordentlich, moralisch bis in die Fingerspitzen, diskret und wissenschaftlich kühl auch gegenüber den delikatesten Enthüllungen. Er saß den Patienten im vertrauten Gewand des Arztes gegenüber: Schwarzer Anzug mit dicker Weste, aus deren Tasche eine goldene Uhrkette hing, weißes Hemd und Kragen mit schwarzer Schleife. Sein Haar war bereits leicht ergraut, sein Bart graumeliert. Der Blick aus seinen dunklen Augen war stets freundlich, aber unpersönlich. Sein Aussehen und die Atmosphäre in seiner Praxis flößten Vertrauen ein.

Eli Bernans schrieb ihm einen langen Brief aus New York. Er hatte sich als Börsenmakler für Rohprodukte niedergelassen, erfreute sich eines ansehnlichen Einkommens und hatte einen Wechsel beigefügt, damit Sigmunds Schwester Pauli die beiden Kinder nach New York bringen konnte. Eli hatte so viel Geld geschickt, daß man für Pauli und die Kinder neue Kleidung kaufen und außerdem ein paar Reisekoffer anschaffen konnte. Pauli kam mit der achtjährigen Judith zum Nachtmahl und bat ihren Bruder, ihn einen Augenblick allein sprechen zu dürfen. Sigmund führte sie in sein Arbeitszimmer.
»Sigi, ich wollte erst deine Zustimmung haben, bevor ich mit Mama und Papa darüber spreche: Ich möchte nämlich in New York bleiben.«
Sigmund betrachtete seine Schwester. Sie war keine Schönheit, hatte aber offene, angenehme Gesichtszüge und war nicht nur erfreulich anzusehen, sondern auch ein guter Kamerad. Aber sie war inzwischen fast dreißig und immer noch ledig.
»Du bist doch nicht unglücklich, Pauli?«
»Nein, das nicht«, antwortete sie ruhig. »Nur . . . nicht ausgefüllt. Ich sollte inzwischen längst verheiratet sein und ein paar Kinder haben. Aber ich habe eben bisher keine Gelegenheit gehabt, einen netten Mann kennenzulernen. Bei Rosa macht das nichts aus. Sie hat eine ganze Anzahl von Anbetern und könnte jederzeit heiraten, wenn sie nur wollte. Mich scheint Wien übersehen zu haben.«
»Wie dumm die Leute sind!«
Pauli zuckte die Achseln. »Ich will keine alte Jungfer werden. Eli schreibt mir, daß viele ledige junge Männer aus der ganzen Welt nach New York kommen und sich dann bald nach einer Frau umsehen. Ich möchte dort mein Glück versuchen.«

Sigmund legte seiner Schwester die Hand auf die Schulter. »Dann bleib, solange du willst. Ich werde dir jeden Monat Taschengeld schicken, damit du dich unabhängig fühlen kannst.«
Pauli umarmte ihn. »Und wirst du, bitte, auch mit Papa und Mama sprechen?«
»Ich werde es ihnen sagen. Aber nicht auf einmal. Jeden Monat, den du länger drüben bleibst, werde ich ihnen ein wenig mehr von der Wahrheit erzählen. Auf diese Weise halte ich dir den Weg offen, und du kannst jederzeit zurückkommen. Wenn du aber heiratest, wirst du ja ohnehin dort bleiben.«

Schon bald hatte er seine hundert Fälle von Neurosen gesammelt. Nicht alle waren eindeutig als solche zu erkennen. Manchmal suchte ein Patient bei ihm Hilfe, der an den verschiedensten Beschwerden litt, bei dem sich aber keine sexuelle Ursache feststellen ließ. Auch diese Fälle zeichnete er getreulich auf, obgleich sie seine Hypothese schwächten.
Den Krankheitserscheinungen eines Patienten stand er völlig ratlos gegenüber. Ein zweiundvierzigjähriger Mann mit drei Kindern im Alter von siebzehn, sechzehn und dreizehn Jahren hatte zehn Jahre lang den Coitus interruptus ohne nachteilige Folgen vollzogen, aber als sein Vater vor sechs Jahren starb, befielen ihn schwere Angstvorstellungen. Er war überzeugt, daß er an Zungenkrebs, Herzschwäche, Platzangst und Verdauungsstörungen erkrankt sei. Immer wieder sagte er:
»Als mein Vater starb, wurde mir plötzlich klar, daß ich als nächster an der Reihe war. Jetzt bin ich der Vater und nicht mehr der Sohn. Bald werden meine Söhne mich betrauern müssen. Bis zum Hinscheiden meines Vaters habe ich nie an den Tod gedacht, aber jetzt kann ich nur noch daran denken.«
»Kein Mensch kann dem Tod entrinnen«, bemerkte Sigmund. »Das ist seit Anbeginn der Zeiten die größte Sorge des Menschen. Selbst in unserer aufgeklärten Welt ist die Angst vor dem Tode allgegenwärtig. Sie sehen also, daß Ihre Furcht ganz normal ist. Was aber nicht normal ist, das ist Ihre Angst vor Krebs und Herzschwäche. Vor mir liegen die Berichte der Spezialisten, zu denen ich Sie geschickt habe. Sowohl Ihre Zunge als auch Ihr Herz sind vollkommen gesund. Nach Ihrem körperlichen Zustand würde ich sagen, daß Sie noch viele Jahre vor sich haben. Wissen Sie, was Hypochondrie ist?«
Sigmund konnte nicht sagen, ob bestimmte Krankheiten gehäuft auftraten, oder ob er nur ganz einfach neue Kenntnisse erworben hatte, die ihn in die Lage versetzten, genauere Diagnosen zu stellen und an seinen Patienten Dinge festzustellen, die ihm zuvor entgangen waren, Ideen, die ihm selbst noch vor wenigen Monaten als paradoxe Mutmaßungen erschienen wären. Es war wie bei der Ausgrabung von Troja: Mit jeder Schicht, die er abtrug,

konnte er die Existenz einer noch früheren Kultur nachweisen. Jetzt erfüllte er Professor Charcots Auftrag, ein »Sehender« zu werden. An manchen Tagen behandelte er bis zu acht Fälle von Neurose. Da er jedem Patienten fast eine volle Stunde widmete und er ihnen genügend Zeit lassen mußte, ungesehen kommen und gehen zu können, ersuchte er Dr. Oskar Rie und dessen Schwager Dr. Ludwig Rosenstein, einige seiner Dienststunden im Kassowitz-Institut zu übernehmen.

Seine neue Entdeckung nannte er »Abwehr-Neuropsychosen«. Er betrachtete sie als eine erworbene Hysterie. Den vorliegenden Fällen entnahm er, daß diese »Abwehr« aufgebaut wurde, wenn sich in der Vorstellungswelt des Patienten etwas abspielte, was mit seinem übrigen Ego unvereinbar war. Was er nun als einen Akt der Verteidigung, als Abwehr, bezeichnete, manifestierte sich in der Verdrängung der unwillkommenen oder unerträglichen Idee, die vom Ego aus Selbsterhaltungstrieb ausgelöscht wurde, und dem Bemühen des Patienten, einen übermächtigen, verwirrenden Gedanken in einen harmlosen zu verwandeln, der ihn nicht mehr stören konnte. Im Grunde war es der Versuch, der krankmachenden Vorstellung ihren Affektgehalt, das heißt, die ihr innewohnende Erregung oder Energie zu nehmen. Nach dem Konstanzprinzip mußte diese Nervenenergie, diese psychische Erregung, die durch die unerträgliche Idee freigeworden war, an anderer Stelle verwertet werden. Sie suchte nach einer Entladung auf einem anderen Gebiet, durch einen anderen Kanal.

Die Hysteriker entwickelten dafür einen Prozeß, den er »Übertragung« nannte. Sie verwandelten ihre Erregung in einen somatischen Anfall. Bei diesen Patienten, und zwar bei Männern ebenso wie bei Frauen, waren die verdrängten Vorstellungen nicht »weggeschoben« worden, wie seine Patientinnen ihm gelegentlich versichert hatten – sie hatten nur eine andere Gestalt angenommen: Die abgelehnte Idee wurde durch eine andere ersetzt, die vom Ego des Kranken akzeptiert werden konnte. So entstanden Zwangsvorstellungen und Phobien. Es war eine zunächst unbewußte Form der Notwehr, die es dem Patienten ermöglichte, eine alte Schuld zu begleichen, wenn auch manchmal mit Wucherzinsen. In keinem dieser Fälle war sich der Patient darüber im klaren, daß die Zwangsvorstellung oder Phobie ein Ersatz für die ursprüngliche, nicht akzeptable Idee war, die ins Unbewußte zurückgesunken war. Er wußte auch nicht, daß sie wirksam bleiben würde, solange die ursächliche Noxe nicht geklärt oder beseitigt war.

Und auch hier entdeckte er – wie schon bei den Angstneurosen –, daß die auslösende Idee, die verdrängt und in eine Zwangsvorstellung umgewandelt worden war, in fast allen Fällen ihren Ursprung im Sexuellen hatte. Die untersuchten Fälle ließen keinen anderen Schluß zu.

Eine zwanzigjährige Frau litt an einer eigenartigen Störung: Die Verbrechen, von denen sie morgens in der »Neuen Freien Presse« las, übertrug sie

im Laufe der nächsten Stunden auf sich selbst. War im Prater ein Mord begangen worden, dann war sie es, die das Opfer erstochen hatte. War bei einem Juwelier eingebrochen worden, dann hatte sie die Edelsteine gestohlen. Und hatte jemand ein Haus angezündet, dann war sie die Brandstifterin. Sie fühlte sich moralisch verpflichtet, das jeweilige Verbrechen zu gestehen. Wenn man sie darauf hinwies, daß sie unmöglich die Täterin sein konnte, da mehrere Zeugen bestätigten, daß sie sich zum fraglichen Zeitpunkt zu Hause aufgehalten hatte, gab sie das zwar zu, aber am nächsten Morgen wurde sie schon wieder von Selbstanklagen gepeinigt.
Sigmund berührte die Stirn der jungen Frau leicht mit der Hand und forderte sie auf, sich auf das Ereignis oder die Person zu konzentrieren, an die sie gerade dachte. Die Patientin sträubte sich zwar, aber ihre Angehörigen bestanden auf einer Fortsetzung der Behandlung. Sigmund ließ nicht locker, bis die Frau einige Wochen später plötzlich unter Tränen erklärte, daß eine etwas ältere Frau sie zur gemeinsamen Masturbation verführt hätte. Diese Beziehung war immer intensiver geworden, bis die jüngere Partnerin eines Abends, als sie mit ihrer Freundin von einem Ball zurückgekehrt war, so übertrieben masturbierte, daß sich eine Psychose einstellte. Ihr Schuldgefühl wegen ihrer Verdorbenheit, ihrer Sünde, hatte sie davon abgehalten, sich irgend jemandem in ihrer Not anzuvertrauen. Die Abwehrreaktion bestand darin, daß sie ihre Schuld durch andere Selbstvorwürfe ersetzte. Auf diese Weise konnte sie eingestehen, daß sie täglich unrecht tat, und ihre psychische Energie konnte sich außerdem in diesen falschen Selbstbezichtigungen entladen.
Zur selben Zeit behandelte Sigmund eine andere junge Frau, die streng und sehr prüde erzogen worden war. Man hatte ihr eingeredet, alles Geschlechtliche sei schmutzig und »böse«. So beschloß sie, niemals zu heiraten. Ihre Phobie fand ihren Ausdruck in der ständigen Angst, sie könnte ihren Harndrang selbst in Gesellschaft nicht beherrschen. Diese Furcht war so stark, daß sie seit einem Jahr ihre Wohnung nicht mehr verlassen konnte, um einzukaufen, ins Theater oder zu irgendeiner gesellschaftlichen Veranstaltung zu gehen. Sicher fühlte sie sich nur in ihren eigenen vier Wänden, wenige Schritte von ihrer Toilette entfernt.
Sigmund schickte sie zu einem Urologen. Dieser stellte fest, daß Blase, Nieren, Harngang und Uterus vollkommen gesund waren. Daraus schloß Sigmund, daß ihre Angst eine Ersatzhandlung sein müsse, die an die Stelle einer für sie unannehmbaren Vorstellung oder Erfahrung getreten war.
Aber wie sollte er die Ursache herausfinden? Wochenlang versuchte er es täglich mit freier Assoziation – doch vergeblich. Leichter Druck auf die Stirn brachte auch keine brauchbaren Anhaltspunkte. Sie beharrte in der Überzeugung, daß sie sich lieber umbringen als über irgend etwas sprechen würde, was mit der verabscheuungswürdigen Sexualität zu tun hatte.
Doch Sigmunds Geduld wurde belohnt. Schließlich kam die Wahrheit,

wenn auch widerwillig, über ihre Lippen. Sie hatte ein Konzert im Musikvereinsgebäude besucht und wenige Plätze entfernt einen Mann gesehen, der ihr gefiel und der sie gegen ihren Willen sinnlich erregte. Sie stellte sich vor, als seine Frau im Konzert neben ihm zu sitzen. Plötzlich empfand sie eine starke sexuelle Erregung und unmittelbar darauf einen unwiderstehlichen Harndrang. Hastig verließ sie den Saal, suchte eilig die Damentoilette auf und entdeckte, daß ihre Unterwäsche feucht war. In den nun folgenden Tagen spürte sie ein Schuldgefühl, das mit Ekel gemischt war. Sie nahm sich vor, nie wieder an diesen Mann zu denken. Aber er wurde der Mittelpunkt erotischer Wachträume – er und auch andere Männer, die ihr gefielen. Mit diesen Träumen war stets unwiderstehlicher Harndrang verbunden.

Als Arzt stand Sigmund nun vor einer dreifachen Aufgabe: erstens mußte er die Ursache des psychisch bedingten Harndrangs klären, zweitens die Verbindung zwischen diesem Zwang und ihrem gesund entwickelten sexuellen Empfinden herstellen, drittens die junge Frau davon überzeugen, daß jene unrecht hatten, die ihr jeden Gedanken an körperliche Liebe vergiftet hatten. Er mußte ihr erklären, daß der Geschlechtsverkehr ein normaler Akt voller Bedeutung und bleibender Befriedigung war, besonders dann, wenn er in der Geborgenheit einer Ehe vollzogen wird.

Das war ein schwieriges Unterfangen. Unendlich langsam sickerte die Wahrheit durch die dicke Mauer der Vorurteile, die nur durch ständig wiederholte Worte, Sätze und logische Begründungen abgetragen werden konnte. Sigmund bewies dabei unendliche Geduld und überzeugte seine Patientin in der ernsten Art eines strengen Schulmeisters davon, daß seine Philosophie richtig, anständig und natürlich war.

Wie Sigmund Freud später durch Zufall erfuhr, lernte die Patientin einen jungen Mann kennen, der sowohl ihr als auch ihren Eltern gefiel. Heiratspläne wurden geschmiedet. Die strahlende Braut war geheilt.

Ein weiterer Fall war der einer seit fünf Jahren verheirateten Frau, die nur ein Kind hatte. »Glücklich verheiratet, Herr Doktor, das glaubt jeder!« versicherte sie. Seit achtzehn Monaten wurde sie von dem Zwang beherrscht, sich aus einem Fenster ihrer Wohnung zu stürzen oder vom Balkon zu springen. Dieser Zwang war so stark, daß sie die Balkontür absperren und Sessel vor die Fenster stellen mußte. Wenn sie in die Küche kam und dort ein scharfes Messer liegen sah, überfiel sie die Vorstellung, sie würde damit ihr Kind erstechen. Der Gedanke, sie könnte Selbstmord begehen und ihr Kind ohne Mutter zurücklassen, oder sie könnte sogar ihr Kind selbst töten, belastete sie schwer.

»Herr Doktor, was ist mit mir geschehen?«

»Frau Oehler, es liegt wohl daran, daß Sie sich unglücklich fühlen. Keine junge, glückliche Frau kommt auf den Gedanken, sich aus einem Fenster zu stürzen oder ihr Kind zu töten.«

»Aber worüber sollte ich denn unglücklich sein?«
»Als Arzt kann ich nur vermuten, Frau Oehler, daß Ihre Ehe doch nicht glücklich ist. Sprechen wir doch einmal so offen, wie es zwischen Arzt und Patient sein sollte: Was stimmt in Ihrer Ehe nicht? Was ist so schrecklich, daß Sie sich und die Frucht dieser Verbindung vernichten möchten? Legen Sie sich bitte hier auf die Couch. Erzählen Sie mir ganz genau, was Ihnen gerade einfällt. Versuchen Sie bitte nicht, Ihre Vorstellungen oder Gedanken einer Zensur zu unterziehen.«
Es folgte ein langes Schweigen. Dann flüsterte Frau Oehler: »Das Gefühl, daß mir ein ... Gegenstand ... gewaltsam unter meinen Rock ... geschoben wird.«
»Sie wissen natürlich, um was für einen Gegenstand es sich handelt?«
»Ja ... «
»Dann erzählen Sie mir bitte etwas über Ihre Ehe.«
Die junge Frau brach in Tränen aus. Sie klagte: »Ich habe fast nie Verkehr mit meinem Mann. Er will mich nicht mehr haben. Wenn er es wirklich manchmal probiert, dann klappt es nie. So ist das nun schon seit drei Jahren, seit der Geburt des Kindes. Aber wie sollte ich deshalb auf Selbstmordgedanken kommen? Ich bin nicht sinnlich veranlagt und vermisse den Geschlechtsverkehr nicht.«
»Und Sie haben auch nie erotische Vorstellungen, in denen Sie sich mit anderen Männern zusammen sehen, die Ihnen gefallen oder die Ihnen viel bedeuten?«
»Ja ... erotische Gedanken ... die habe ich schon manchmal ... da spüre ich dann immer, wie mir gewaltsam etwas ... unter den Rock geschoben wird. Ich schäme mich dann sehr und glaube, daß ich gestraft gehöre ... daß ich sterben müßte ... «
»Frau Oehler, ich wäre ein schlechter Arzt, wenn ich Ihnen verheimlichte, daß Sie schwer krank sind. Mir ist klar, daß eine Scheidung nicht in Frage kommt. Sie müssen versuchen, Ihren Mann häufiger und mit mehr Erfolg zum Geschlechtsakt zu bewegen. Dabei kann ich Ihnen nicht helfen. Aber etwas anderes kann und muß ich tun: Sie von der Zwangsvorstellung befreien, Sie müßten sich oder Ihr Kind töten. Ihr Bewußtsein hat diese Zwangsvorstellung vor die erotischen Gefühle geschoben, die sie für fremde Männer empfinden und die nach Ihrer Meinung eine schändlichere Sünde sind. Sie dürfen sich nicht länger vormachen, daß Sie den ehelichen Verkehr nicht vermissen. Wenn Sie sich mit dem Gedanken abfinden, daß Sie ein heftiges sexuelles Verlangen haben, das nicht befriedigt wird, und wenn Sie verstehen, daß es sich hierbei keineswegs um eine Sünde handelt, die man Ihnen zur Last legen oder derentwegen man Sie aus der Gemeinschaft anständiger Menschen verstoßen müßte, dann werden Sie auch die andere Zwangsvorstellung los, die Ihre geistige Gesundheit bedroht.«

»Ich glaube, ich verstehe. Ein bißchen jedenfalls. Sie wollen damit sagen, daß ich mich nicht als verkommen betrachten muß, wenn ich andere Männer begehre, daß ich mich damit nicht strafbar mache, daß ich nicht dafür büßen muß. Ich muß mir nur sagen, daß diese erotischen Empfindungen ganz normal sind, und ich muß einen Weg finden, von meinem Mann wieder mehr geliebt zu werden.«
»Ja, Frau Oehler, genau das wollte ich sagen. Es liegt nun an Ihnen, sich bewußt danach zu richten.«
Bei einer anderen Patientin erlebte er eine völlige Niederlage. Es handelte sich um ein junges Mädchen, das in einen Mann verliebt war, von dem es glaubte, er erwidere seine Gefühle. In Wirklichkeit hatte er sich ihr aus anderen Gründen zugewandt. Als die Patientin das erfuhr, war sie so enttäuscht und deprimiert, daß sie krank wurde. Bei einem großen Familientreffen redete sie sich ein, der junge Mann werde auch kommen, und zwar ihretwegen. Sie sagte das auch ihren Eltern. Sie wartete den ganzen Tag und verfiel bei Einbruch der Nacht in einen Zustand, den Sigmund »halluzinatorische Verwirrung« nannte: Sie glaubte, der Mann sei doch noch gekommen und lief ihm durch den Garten im Nachthemd entgegen.
In den nun folgenden Monaten bildete sie sich ein, er sei an ihrer Seite, hätte ihr seine Liebe gestanden und ihr einen Heiratsantrag gemacht. Mit dieser Phantasie war sie glücklich. Auf jeden Versuch ihrer Eltern oder Dr. Freuds, sie aus dieser Phantasiewelt zu reißen, reagierte sie sofort wieder mit schweren Depressionen. Ihr Zustand war offenbar schon zu weit fortgeschritten. Sigmund konnte keinen normalen Menschen mehr aus ihr machen. Er versuchte, den gebrochenen Eltern dieses Phänomen zu erklären: Sie wurde von dem unerträglichen Gedanken beherrscht, abgewiesen zu werden. Da sie sich mit dieser Vorstellung ganz und gar nicht abfinden konnte, hatte ihr Unbewußtes in einer Art Notwehr ihr eine schönere Welt geschaffen, in der sie nun leben konnte. Durch die Vorstellung, der junge Mann sei in ihrer Nähe und liebe sie, konnten sich die Nervenenergien entladen, die sich in dem verdrängten Gedanken, unerwünscht zu sein, aufgestaut hatten. Er schrieb dazu in seinen Notizen:

> »Die Kranken verheimlichen oft ihre Zwangsvorstellungen, solange sie sich der sexuellen Abkunft derselben bewußt sind. Wenn sie darüber klagen, so geben sie zumeist ihrer Verwunderung darüber Ausdruck, daß sie dem betreffenden Affekt unterliegen, daß sie sich ängstigen, bestimmte Impulse haben und dergleichen. Die als analog aufzufassenden Beispiele der Mutter, die, über den Verlust ihres Kindes erkrankt, jetzt unablässig ein Stück Holz im Arme wiegt, oder der verschmähten Braut, die seit Jahren im Putz ihren Bräutigam erwartet, fehlen in keinem Irrenhaus.«

7

Ein hoher Beamter der k. u. k. Regierung, ein korpulenter Mann in mittleren Jahren mit einem fast quadratischen Gesicht, suchte ihn auf. Er fühlte sich verfolgt. Als Sigmund ihn fragte, von wem, antwortete er: »Von allen. Von den Leuten in meinem Büro. Von Fremden, die im Café in meiner Nähe sitzen. Von Passanten auf der Straße. Von meinen Angehörigen und Freunden. Sie alle beschuldigen mich der schlimmsten Verbrechen.«

»Woher wissen Sie denn, daß man über Sie spricht?«

»Ich höre ihre Stimmen. Ich habe diese unheimliche Gabe, ich höre sie reden, auch wenn sie sich im Nebenzimmer oder auf der anderen Straßenseite befinden. Sie werfen mir vor, daß ich Dokumente aus meinem Amt entwende und sie an den Feind verkaufe. Sie sagen auch, daß ich schäbige Uniformen bestelle und für die Armee verdorbenen Proviant besorge.«

»Aber Sie haben doch nichts dergleichen getan, Herr Müller. Sie genießen doch hohes Ansehen im Ministerium.«

»Warum verschwört sich dann alle Welt gegen mich?«

»Herr Müller, es verschwört sich niemand gegen Sie. Die Stimmen, die Sie hören, existieren nur in Ihrer Vorstellung.«

Der Beamte starrte Sigmund mit offenem Mund an.

»Was sagen Sie da? Ich rede doch nicht mit mir selbst. Ich bin doch nicht verrückt. Ich erkenne doch die Stimmen.«

»Die Stimmen stammen aus verborgenen Schichten Ihres Bewußtseins.«

»Warum sollte ich Selbstgespräche führen? Warum sollte ich mir so etwas vorwerfen, wo ich doch weiß, daß ich mir nichts habe zuschulden kommen lassen?«

»Sie sind von dem Schuldgefühl besessen. Meine Behandlung wird mit dem Versuch beginnen, herauszufinden, worin Ihr echtes Schuldgefühl besteht.«

Es verging eine ganze Weile, bis Sigmund erfuhr, daß Herr Müller – ein braver Familienvater – im Prater eine junge Prostituierte kennengelernt und sich bei [illegible] mit Gonorrhöe angesteckt hatte. Da er dies seinem Hausarzt nicht eingestehen wollte, hatte er auch seine Frau infiziert. Sigmund schloß daraus, daß all diese Stimmen ihm nicht Verrat oder Unterschlagung vorwarfen, sondern ihn beschuldigten, er sei ein unmoralischer Mensch, der Unglück über sich selbst und seine Familie gebracht habe. Sigmund überredete ihn dazu, seiner Frau alles einzugestehen und mit ihr einen Dermatologen aufzusuchen. Herr und Frau Müller wurden geheilt, doch die vorwurfsvollen Stimmen verfolgten ihn immer noch!

Sigmund war verärgert und ratlos. Er war von der Richtigkeit seiner Theorie überzeugt, aber die Praxis hatte ihn im Stich gelassen. Offenbar

war die Gonorrhöe ein zu »junges Verbrechen«, als daß sie die Stimmen hervorgerufen haben konnte. Er forschte weiter in der Vergangenheit des Patienten, konnte aber nur eine gewisse hintergründige Angst vor dem Vater entdecken, die mit einer vagen Feindseligkeit verbunden war. Es hatte fast den Anschein, als trage der Patient ein großes Bündel Schuldgefühle gegenüber seinem Vater mit sich herum, doch bei eingehender Befragung stellte sich heraus, daß er stets ein braver und pflichtgetreuer Sohn gewesen war. Sigmund konnte dieses Rätsel nicht lösen.
Ein Mißerfolg schien den anderen nach sich zu ziehen: Bei einem gebildeten, freundlichen Mann von dreißig Jahren entdeckte er eine andere Zwangsvorstellung. Seit dem Tod seines Vaters wagte sich dieser Patient nicht mehr auf die Straße, weil er den übermächtigen Drang in sich verspürte, alle Leute, die ihm begegneten, umzubringen. Aus Angst, er könnte eines Tages seiner Mordlust nachgeben, schloß er sich tagelang in seiner Wohnung ein und gab praktisch seine berufliche Karriere auf. Wenn er dennoch gezwungen war, auf die Straße zu gehen, mußte er unbedingt wissen, wohin jeder Passant gegangen war, um ganz sicher zu sein, daß er nicht einen von ihnen ermordet hatte. Genau wie die junge Frau, die sich eingebildet hatte, an jedem in der »Neuen Freien Presse« gemeldeten Verbrechen schuld zu sein, fühlte er sich wie ein »Mörder auf der Flucht«. Sigmund gelangte zu keiner Lösung, doch immer dann, wenn in der Analyse die Kindheit des jungen Mannes zur Sprache kam, tauchte eine übermächtige Vatergestalt auf: ein harter Mann, der strengstens auf Zucht und Ordnung achtete. Der Sohn hatte seinen Vater nicht geliebt, sondern ihn den größten Teil seines Lebens als seinen Gegner betrachtet. »Wie konnte es dann geschehen«, fragte sich Sigmund, »daß der Tod des ungeliebten Vaters diesen Mann so hart getroffen hatte, daß er nun jeden Fremden auf der Straße umbringen wollte?« Er ahnte, daß es eine Verbindung zwischen diesem Fall und dem des Herrn Müller mit seinen Stimmen gab, wobei der Vater den gemeinsamen Nenner darstellte. Er konnte diesen Zusammenhang im Augenblick jedoch nicht ergründen. Dieser Bereich mußte erst erforscht werden.
Eines Morgens empfing Sigmund eine Patientin, die ihm ein Kollege aus dem Kassowitz-Institut geschickt hatte. Das im allgemeinen recht intelligente Mädchen haßte die Dienstboten seiner Mutter so sehr, daß es mit ihnen stritt, bis diese entweder kündigten oder entlassen werden mußten. Daraus ergab sich natürlich eine fast unerträgliche Atmosphäre im Haus. Die junge Patientin war in Begleitung ihrer Mutter erschienen.
Sigmund bat sie, sich auf die Couch zu legen, und fragte: »Können Sie mir einen Grund für Ihren Haß gegen die Dienstboten nennen? Sie müssen mir aber die volle Wahrheit sagen. Seinen Arzt belügt man nicht.«
»Diese Mädchen sind so gewöhnlich«, war die verächtliche Antwort. »Sie haben mir meine ganze Vorstellung von der Liebe zerstört. Ich weiß doch,

was sie an ihrem freien Tag treiben: Sie schlafen mit jedem Soldaten oder Arbeiter, den sie auftreiben können. Wie soll man an der Liebe noch etwas schön finden, wenn man weiß, daß sie so häßliche und vulgäre Seiten hat?«

Sigmund mußte über diese Antwort eine Weile nachdenken. Er wußte, daß sie ehrlich war, weil sie dem bewußten Denken der jungen Dame entsprang. Dennoch glaubte er, daß dieser Einwand vorgeschoben war und daß sich hinter ihm ein anderer, für sie nicht akzeptabler Gedanke verbarg. Daß sie hier nur ein Ventil zur Ableitung von psychischen Energien gefunden hatte, die bereits überspannt und überhitzt waren.

»Bitte, entspannen Sie sich völlig«, sagte er. »Ich setze mich hinter Sie. Betrachten Sie auch nicht die Bücher oder Bilder an der Wand. Denken Sie an Ihr bisheriges Leben, blicken Sie zurück in die Vergangenheit, denn dort dürfte der Ursprung Ihrer Probleme zu finden sein. Erzählen Sie mir jene Episode aus Ihrer Kindheit, an die Sie sich noch am lebhaftesten erinnern.«

Die junge Dame war sehr wortkarg, und was sie sagte, hatte der Verstand einer Zensur unterzogen, so daß er es nicht verwenden konnte. Sigmund war verärgert und nervös, stellte nebensächliche Fragen und drängte die Patientin zu sehr, ihm zu antworten, wodurch sie in eine nur noch gereiztere, feindseligere Stimmung geriet. Das war ihm schon einige Male passiert, und zwar immer dann, wenn die Schuld am Nichtzustandekommen einer Kommunikation mehr bei ihm als bei dem Patienten lag, weil er mit einer vorgefaßten Meinung an den Fall herangegangen war oder aufschlußreiche Zusammenhänge erst zu spät wahrgenommen hatte. Dann ärgerte er sich über die eigene Ungeschicklichkeit, bis ihm ein italienischer Ausspruch einfiel: »Das schönste Wort in jeder Sprache ist ›ja‹, das nützlichste Wort ist ›Geduld‹.« Es dauerte einen vollen Monat, bis er seine Patientin zu der Szene hinführen konnte, die sie bedrängte.

»Ich sehe meine Mutter . . . einen Mann . . . es ist nicht mein Vater . . . im Bett . . . sie lieben sich . . . beide nackt . . . ich kann alles sehen, höre die tierischen Laute . . . so heiser, so vulgär . . . das macht mich krank.«

Sigmund antwortete mit gedämpfter Stimme: »Das hätte auch jeden anderen krank gemacht. Dieses Erlebnis war für Sie ein unseliger Zufall. Hat es Sie gegen Ihre Mutter beeinflußt?«

»Nein, ich liebe sie sehr. Zuerst glaubte ich, daß ich jetzt zu meiner Großmutter übersiedeln müßte. Ich konnte ihr nicht in die Augen sehen, aber ich konnte meine Mutter auch nicht verlassen. Sie ist mir der liebste Mensch auf der ganzen Welt.«

»Sehen Sie denn nicht, daß Sie hier eine Übertragung vorgenommen haben? Sie sind in Wirklichkeit gar nicht böse auf die Dienstmädchen. Sie glauben auch nicht, daß diese die Liebe in den Schmutz ziehen. Es hat tatsächlich jemand die Liebe in ihren Augen befleckt, aber eine Person, von der Sie das einfach nicht wahrhaben wollten. Zu Ihrem eigenen Schutz mußten Sie daher diese Vorstellung verdrängen und sie durch das Bild der

Dienstmädchen mit ihren Liebhabern ersetzen. Sicher werden Sie es jetzt fertigbringen, Ihrer Mutter zu verzeihen oder sie zumindest zu verstehen. Vielleicht war sie zu dieser Zeit gerade sehr unglücklich. Damals konnten Sie das noch nicht begreifen, weil Sie noch zu jung waren. Jetzt sind Sie eine erwachsene Frau und sollten mit ihr fühlen können. Sobald Sie dazu imstande sind, können Sie auch das verdrängte Bild ertragen und auslöschen. Damit müßten gleichzeitig Ihre Zwangshandlungen gegenüber den Dienstboten aufhören.«
So kam es auch. Allerdings mußte Dr. Freud noch einen zweiten Monat dafür aufwenden, ihr täglich gut zuzureden und dem Erlebnis alles Abstoßende zu nehmen. Als dann die Mutter erschien, um die Rechnung zu begleichen, sagte sie: »Ich weiß nicht, wie Sie das fertiggebracht haben, Herr Doktor, aber es ist ein Segen für die ganze Familie. Meine Tochter ist jetzt wieder so lieb und verträglich wie früher.«
Noch am selben Nachmittag kam eine neue Patientin, die sich täglich dreißig- bis vierzigmal die Hände wusch und die in ihrem Haushalt ohne Handschuhe nichts anfaßte. Es war ein schwerer Fall von Mysophobie, der Angst vor Schmutz, aber keinesfalls der erste, den er behandelte.
Er fragte: »Frau Planck, haben Sie schon einmal ›Macbeth‹ gesehen oder etwas über Lady Macbeth gelesen?«
»Herr Doktor, ich verstehe den Zusammenhang nicht.«
»Erinnern Sie sich, daß Lady Macbeth nach ihrer Verschwörung zur Ermordung des Königs immer wieder vergeblich versuchte, das Blut von ihren Händen zu waschen? ›Alle Wohlgerüche Arabiens könnten diese kleine Hand nicht wohlriechend machen.‹«
»Wollen Sie damit sagen, ich hätte jemanden ermordet?«
»Aber nein, Shakespeare meinte das symbolisch. Waschen Sie auch einen anderen Körperteil so oft wie Ihre Hände?«
Dunkle Röte schoß der Frau in die Wangen. Sie antwortete trotzig:
»Was kümmert es Sie, wie oft ich andere Körperteile wasche?«
Er ließ sich durch ihren Ton nicht kränken.
»Frau Planck, Sie haben meine Frage noch nicht beantwortet.«
»Nun gut«, fauchte sie, »ich wasche jede halbe Stunde meine intimen Stellen. Aber was hat das mit meinem Nervenzustand zu tun?«
»Das ist ein Symptom. Ihnen ist doch sicher klar, daß Sie sich nicht aus Gründen der Reinlichkeit so oft waschen.«
»Und weshalb sollte ich mich sonst waschen?« erwiderte sie gereizt.
»Aus einem Schuldgefühl heraus.«
Frau Planck sah ihn lange Zeit mit weit aufgerissenen Augen an, dann brach sie in Tränen aus. Aber sie wollte nichts erklären. Erst nach mehreren Sitzungen sagte sie:
»Wie konnten Sie das nur wissen?«
»Weil ich schon andere Fälle von Mysophobie behandelt habe, die ihre

Ursache durchwegs in irgendeiner moralischen Verfehlung hatten. Der Patient ist nicht imstande, sich diese selbst einzugestehen und gibt sich jede erdenkliche Mühe, sie aus seinem Bewußtsein zu tilgen.«
Sie erwiderte mit belegter Stimme: »Ich war meinem Mann untreu. Ich lernte einen anderen Mann kennen, der für kurze Zeit eine unwiderstehliche Faszination auf mich ausübte. Ungefähr zwei Monate lang suchte ich ihn jeden Nachmittag in seinem Zimmer auf.«
»Und die Untreue war es, die Sie aus Ihrem Bewußtsein zu verdrängen suchten?«
»Ich empfand zunächst nur Reue. Aber man kann nicht Tag und Nacht mit der Reue leben, wenn man einen Haushalt, einen Mann, Kinder und Eltern zu versorgen hat. Deshalb war ich entschlossen, mich nie wieder in so ein Abenteuer einzulassen und diese Episode ganz aus meiner Erinnerung zu verbannen.«
»Vor Ihnen war eine Patientin hier, die zu mir sagte: ›Mir ist einmal etwas sehr Unangenehmes passiert, und ich habe mich bemüht, die Sache von mir fortzuschieben und nicht mehr daran zu denken. Das gelang mir schließlich, doch daraufhin stellte sich eine andere Störung ein, die ich seitdem nicht wieder losgeworden bin.‹ Ihre krankhafte Angst vor Schmutz stellt einen Ersatz für die unangenehme Erinnerung dar. Aber Sie leiden unter dieser Zwangsvorstellung mehr, als Sie unter Ihrem Schuldgefühl leiden würden. Glauben Sie nicht auch, daß es höchste Zeit wäre, sich Ihren Fehler einzugestehen und sich selbst zu verzeihen, damit Sie wieder für Ihren Mann und für Ihre Kinder dasein können? Wenn Sie zulassen, daß diese Zwangsvorstellung Sie immer mehr belastet, wird sie Ihnen buchstäblich den Verstand rauben. Sollte es Ihnen nicht gelingen, sich zu vergeben und das Schuldbewußtsein zum Schweigen zu bringen, dann sollten Sie diese Episode vielleicht Ihrem Mann gestehen. Das wird zwar schmerzlich sein, aber den meisten Männern und Frauen, die einander wirklich lieben, gelingt es, solche Probleme zu lösen. Auch dann wären Sie wieder frei.«
So kamen sie zu ihm, alt und jung, reich und arm, Männer und Frauen, Leidende, die es nie zuvor über sich gebracht hatten, mit einem Arzt über ihre geheimsten Ängste zu sprechen. Ein junger Mann hatte Schwierigkeiten mit seinem Stuhlgang, obgleich Darm und After völlig gesund und normal waren. Bei ihm entdeckte Sigmund schließlich, daß irgendeine kindliche Verwirrung ihm die Vorstellung eingegeben hatte, der Stuhlgang entspreche der Ejakulation, ein Vorgang, der ihn mit Ekel erfüllte. Eine Frau litt unter Arithmomanie. Sie war von dem Zwang beherrscht, jeden ihrer Schritte zu zählen, jedes Fußbodenbrett, und selbst während sie urinierte, versuchte sie bis hundert zu zählen. Auch das entpuppte sich als Abwehrhandlung, die darauf abzielte, ihren Geist zu beschäftigen und dadurch sexuelle Gedanken zu meiden, die im Laufe der Jahre, als sie keine

Gelegenheit fand, ihre Sehnsüchte in einer Liebe oder Ehe zu befriedigen, immer mehr von ihr Besitz ergriffen hatten. Ein junger Mann war von seinem älteren Vetter zum Analverkehr verführt worden und hatte sich recht ungeschickt, aber auf ähnliche Weise, an seiner jüngeren Schwester gerächt. Nun war er von der Idee besessen, die Polizei wisse von seiner Missetat und beobachte ihn Tag und Nacht durch irgendwelche Gucklöcher. Wo er ging und stand, sah er Polizeibeamte. Sein Schuldgefühl trieb ihn viermal oder fünfmal am Tag zur nächsten Polizeiwache, um ein Geständnis abzulegen, aber dann lief er doch im letzten Augenblick immer wieder entsetzt davon.

Eine Frau fühlte sich von Schlangen verfolgt. Genau wie Bertha Pappenheim und Emmy von Neustadt sah sie überall Schlangen, die sich um die Beine von Stühlen und Tischen ringelten. Ihre Haarbänder, Schnüre und Gürtel verwandelten sich in Schlangen. Sigmund Freud und Josef Breuer hatten unabhängig voneinander die Überzeugung gewonnen, daß die Schlange das wichtigste Sexualsymbol darstellte, ein Symbol für den aufgerichteten Penis. Frauen, die häufig solche Phantasien und Wünsche beschworen und sich dann ihrer schämten, verwandelten das Bild des Phallus in ihrer Vorstellung in das einer Schlange. Durch die Erfahrung und nach sorgfältigem Studium der Fachliteratur war Sigmund zu dem Schluß gelangt, daß ein Kasten oder eine Kiste das allgemeine Sexualsymbol für den Mutterleib darstellte.

8

In Freuds Leben war jede Minute ausgefüllt. Manchmal kamen ihm Gedanken und Erkenntnisse blitzartig und mit solcher Klarheit, daß er fürchtete, sein Gehirn müßte explodieren. Manchmal erfüllten ihn auch seine unorthodoxen, an Häresie grenzenden Gedanken mit Unruhe oder Angst, weil er fühlte, daß sich die Entrüstung der Gesellschaft über seinem Haupte entladen würde, sobald er seine Unterlagen veröffentlichte. Dann bekam er Migräne, oder seine Nasenschleimhäute schwollen so sehr an, daß er kaum mehr atmen konnte. Wenn ihn die Schmerzen zu sehr plagten, tropfte er sich etwas Kokain auf die Nasenschleimhäute, wie Fliess ihm geraten hatte und es auch selber tat, wenn seine Nase ihm Kummer machte. Bei seinem letzten Besuch in Wien hatte sich Fliess bei Dr. Gersuny einer Nasenoperation unterzogen. Sigmund hatte sich bei einem Besuch in Berlin von Fliess selbst zu einem kleinen Eingriff überreden lassen, der ihm fühlbare Erleichterung brachte. Er empfand es als seltsam, daß er und Wilhelm Fliess, die sich in ihrem schöpferischen Temperament so sehr ähnelten, auch an denselben physischen Krankheiten litten. Konnte es da einen Zusammenhang geben?

Der Tag wurde Sigmund zu kurz. Bis zwei Uhr morgens saß er über seinem Manuskript der »Abwehr-Neuropsychosen«. Dann begann er, ebenfalls anhand seiner Fälle aus den letzten Jahren, mit einer neuen Arbeit unter dem Titel »Obsessionen und Phobien«. Martha übte Nachsicht, weil sie das schöpferische Element in seiner Arbeit erkannte und merkte, wie sehr sie ihn erfüllte.

Sie hatten für die Sommerfrische bereits eine Villa in den Bergen gemietet, wo sie ihn dann wieder ganz für sich allein haben würde. Martha bat ihn lediglich darum, daß er nachts nicht unten im Parterre arbeitete, sondern seine Papiere herauf in die Wohnung brachte und im Salon schrieb oder, wenn es warm genug war, auf dem Balkon, damit sie wenigstens in seiner Nähe sein konnte.

Einige Ärzte überwiesen Fälle an ihn, bei denen andere Neurologen keinen Rat mehr wußten. Er hatte jetzt täglich zwölf Patienten zu betreuen. Seine Sprechstunde begann um acht Uhr morgens und dauerte bis neun Uhr abends. Da die Pausen zwischen den einzelnen Sitzungen nur fünf Minuten betrugen, ließ er sich nicht einmal eine Tasse Kaffee bringen. Nach dem Nachtmahl zog er sich noch für mehrere Stunden in sein Arbeitszimmer zurück, um Aufzeichnungen über die Geständnisse seiner Patienten zu machen und sie in das Gesamtbild der Neurosen einzuordnen.

Als Arzt durfte er sich bei seinen Patienten nicht gefühlsmäßig engagieren, ebensowenig wie seinerzeit im Allgemeinen Krankenhaus. Für den Arzt wie für den Wissenschaftler war es unbedingt notwendig, eine gewisse Distanz zu wahren, um so einen besseren Überblick über die oftmals chaotischen Aussagen zu bekommen, doch bedeutete das eine schwere Belastung für Seele und Verstand, und er mußte hart darum kämpfen, nicht das zu empfinden, was schon Aristoteles als die Grundlage der echten Tragödie bezeichnet hatte: Furcht und Mitleid.

Wie konnte er aber diesen unglücklichen Geschöpfen sein Mitleid versagen? Besonders dann, wenn er infolge einer »Übertragung« Mutter oder Vater, Onkel oder Tante, Schwester oder Bruder in einer zehn oder vierzig Jahre zurückliegenden Periode darstellte und mit Tränen, Bitten oder Beschuldigungen überschüttet wurde; wenn sie ihm vorwarfen, er hätte ihnen die Liebe vorenthalten, ihnen durch echte oder eingebildete Brutalität, durch Vernachlässigung Schmerzen zugefügt. Nach der stürmischen Vergegenwärtigung der entscheidenden Szenen aus der Kindheit, der Traumata, die in diesem Augenblick zu neuem Leben erweckt wurden, kam er sich oft vor wie ein Wäschestück, das von einem Wiener Wäschermadl mit kräftigen Händen ausgewrungen worden ist. Die Übertragung war ein notwendiger Bestandteil der Behandlung, aber sie erschöpfte ihn manchmal so sehr, daß es ihn Mühe kostete, die wenigen Stufen bis zu seiner Wohnung im ersten Stock hinaufzusteigen.

Dann wurde er zum erstenmal in seinem Leben ernstlich krank. Abgesehen

von gelegentlichen Kopfschmerzen und dem Nasenleiden, hatte er bisher nur kleinere Krankheiten durchgemacht: Einen Abszeß im Hals, den einer von Billroths Assistenten in der Chirurgischen Klinik geöffnet hatte. Einen Ischiasanfall mit achtundzwanzig, eine leichte Blatterninfektion im darauffolgenden Jahr. Eine Grippe mit dreiunddreißig, die eine vorübergehende Herzarrythmie zur Folge hatte. Nun erkannte er, daß die heftigen Schmerzen in der linken Hälfte seiner Brust, die stoßweise in den Arm ausstrahlten, auf die Möglichkeit eines Herzanfalls hinwiesen.
Nach dem Nachtmahl fragte er Martha, ob sie ihn nicht über die Wipplingerstraße und den Hohen Markt zu Breuer begleiten wolle. Den Grund nannte er ihr nicht. Es war ein milder Maiabend. »Genau das richtige Wetter für einen gemütlichen Spaziergang«, sagte Martha.
Er gab Breuer ein heimliches Zeichen und zog ihn mit in die Bibliothek. Dort berichtete er von seinen Atembeschwerden und einem brennenden Schmerz in der Herzregion. Breuer sagte dazu kein Wort. Er schloß die Tür der Bibliothek ab, bat Sigmund, den Oberkörper freizumachen, klopfte seinen Brustkorb ab und horchte ihn mit dem Stethoskop ab. Dann beobachtete er gleichzeitig Herzschlag und Puls am Handgelenk. Als er das Stethoskop wieder weglegte, war seine Miene völlig ausdruckslos.
»Breuer, Sie müssen mir die Wahrheit sagen: Was fehlt mir?«
Breuer klappte das kleine schwarze Kästchen zu und antwortete gelassen: »Es ist nicht besonders schlimm, eine kleine Unregelmäßigkeit im Puls, aber das hatten Sie ja schon öfters. Schlafen Sie eigentlich genügend?«
»Fünf Stunden, dann wache ich völlig frisch auf und brenne darauf, zu arbeiten.«
»Geldsorgen?«
»Ich hatte noch nie in meinem Leben so viele zahlende Patienten.«
»Wieviel rauchen Sie?«
»Ungefähr zwanzig Zigarren am Tag. Breuer, es ist peinlich für einen Mediziner, der sich den ganzen Tag um das Erkennen von Neurosen bemüht, nicht zu wissen, ob er selbst unter einer echten oder einer hypochondrischen Depression leidet. Was meinen Sie dazu?«
»Ich glaube nicht, daß Sie das Rauchen aufgeben müssen, Freud.«
Wilhelm Fliess war anderer Meinung. Er vermutete bei Sigmund eine Nikotinvergiftung und untersagte ihm das Rauchen strikt. Sigmund wußte, daß er zuviel geraucht hatte, aber er genoß seine Zigarren, wenn er über medizinische Probleme nachdachte oder stundenlang am Schreibtisch saß – sie wirkten beruhigend auf ihn. Nach zwanzig Zigarren pro Tag das Rauchen abrupt einzustellen, war wirklich qualvoll. Er ertappte sich immer wieder dabei, wie er nach der Westentasche griff, wo er sonst drei bis vier Zigarren stecken hatte. Fand er sie dort nicht, dann suchte er in den jetzt leeren Zigarrenkistchen, die er in der Wohnung und in der Praxis auf jedem Tisch stehen hatte.

Selbstbeherrschung war für ihn kein Problem. Er zündete sich keine an und leistete sich nicht einmal den Ersatz, auf einer kalten Zigarre herumzukauen. Und doch gestand er Martha, daß er dieses »Elend der Abstinenz« wesentlich schlimmer empfand, als er es sich vorgestellt hatte. Er ertappte sich täglich mehrmals dabei, daß er nicht wußte, was er mit seinen Händen anfangen sollte. Wenn er ratlos war, sehnte er sich nach der Zigarre, die den Druck von ihm genommen hätte. Manchmal fühlte er sich verloren, als hätte man ihm einen Teil seiner selbst genommen. Gelegentlich wurde es so schlimm, daß er sich schon fragte, wie er sich jemals das Leben und die Arbeit ohne Zigarren hatte vorstellen können. Es vergingen Tage, an denen er kein einziges Wort schrieb. Doch nach drei Wochen war der automatische Griff nach der Zigarre überwunden. Er konnte anderen wieder ohne Neid beim Rauchen zusehen.

Die Entwöhnungskur stellte seine Selbstbeherrschung aber doch auf eine harte Probe. Er konnte weder die anfallende Arbeit vermindern noch die Sorgen um den Zustand seines Herzens loswerden. Er argwöhnte, daß ihm Josef Breuer wie auch Wilhelm Fliess etwas verheimlichten. Am schlimmsten war die in Mußestunden auftretende Angst, niemals wieder wissenschaftliche Arbeit leisten zu können. Er schrieb an Fliess:

> »Ich habe weder von meiner Verantwortlichkeit noch von meiner Unentbehrlichkeit eine übergroße Meinung und werde die Unsicherheit und die Lebensabkürzung, die mit der Diagnose der Myocarditis verbunden ist, sehr würdevoll ertragen, vielleicht im Gegenteil für die weitere Einrichtung meines Lebens Vorteil daraus ziehen und mich über alles sehr freuen, was mir verbleibt.«

Seine Abhandlung über die »Abwehr-Neuropsychosen« wurde Ende Mai und Anfang Juni im Berliner »Neurologischen Centralblatt« veröffentlicht. Sigmund betrachtete diesen Aufsatz als seine bisher wichtigste Arbeit. Sie war wissenschaftlich fundiert, da sie sich auf das Helmholtzsche Prinzip stützte, daß die Summe der Energien immer konstant bleibt. Er machte sich große Hoffnungen und glaubte, diese Veröffentlichung würde eine umfangreiche Diskussion auslösen. Aber niemand beachtete sie. Er hätte das vielleicht schon daraus schließen können, daß keines der Wiener Fachblätter die Arbeit veröffentlichen wollte.

Hingegen wurde die Studie »Zur Kenntnis der cerebralen Diplegien des Kindesalters« mit höchstem Lob bedacht, ins Französische übersetzt und auch von den führenden Neurologen in der Salpêtrière sehr positiv beurteilt. Das erschien ihm ungerecht. Er hatte die Arbeit über die cerebralen Diplegien nur ungern geschrieben, weil er glaubte, dem vorhandenen Wissen nichts Wesentliches hinzufügen zu können. Er hatte den Artikel, wie er selbst zugab, »fast zufällig« hingeschrieben. Professor Raymond, Charcots Nachfolger in der Salpêtrière, zitierte in einem Kapitel seines neuen Buches ganze Passagen aus diesem Artikel und versah sie mit

schmeichelhaften Anmerkungen. Besonders bedrückend war für Sigmund die Erkenntnis, daß seine anderen Arbeiten über die Neurosen, die sich gerade in Vorbereitung befanden, ebenfalls wenig Beachtung finden würden.
Josef Breuer bemerkte dazu leicht ironisch: »Freud, ich verstehe gar nicht, warum Sie darüber erstaunt sind. Ist das nicht ein bißchen naiv? Sie werden in ganz Europa als Neurologe und Spezialist für Kinderkrankheiten geschätzt. Alles, was Sie zu diesem Thema schreiben, ist wissenschaftlich wohlfundiert und durch Ihre eigenen Krankenberichte und die des Kassowitz-Instituts belegt. Alles andere – über das Unbewußte, die sexuelle Ätiologie der Hysterie und Neurose, die Abwehr-Neuropsychosen, die lange Liste von Obsessionen und Phobien . . . Keiner will das lesen, weil niemand darauf vorbereitet ist. Sie sprechen von Ideen als selbständigen Gebilden, von der ›Quantität der Erregung‹ – die Psychiater und Neurologen wollen aber über die ›Erregung der Gehirnrinde‹ sprechen, denn das ist für sie eine Idee und nichts darüber hinaus.«
»Breuer, ich will jetzt nicht das Thema wechseln, aber haben Sie schon den Fall Bertha Pappenheim niedergeschrieben? Und haben Sie schon mit Ihrem letzten Kapitel über die Therapie begonnen?«
Breuer zögerte. »Nein, aber ich habe Ihre Krankengeschichten gelesen.«
»Sind sie nicht ganz klar? Folgt nicht ein Schritt ganz logisch dem anderen?«
Breuer lächelte ein wenig überlegen.
»Natürlich – wenn man schon überzeugt ist. Das ist wie bei jeder anderen Religion: Der Gläubige braucht keinen Beweis, und dem Ungläubigen kann man nichts beweisen.«
»Aber Sie werden diese Dinge doch in den nächsten Monaten niederschreiben? Es ist eineinhalb Jahre her, seit wir beschlossen, dieses Buch zu veröffentlichen. Ich denke, dann bekommen wir festen Boden unter die Füße.«
Breuer wirkte verärgert.
»Freud, Sie sollten nicht immer ›wir‹ sagen. Ich bin kein Psychiater und habe nicht den Ehrgeiz, Neurosen zu behandeln. Das wissen Sie jetzt schon lange genug. Ich bin Internist und Diagnostiker, außerdem bin ich eine Autorität auf dem Gebiet der Erforschung der Bogengänge des Ohres, was immer man davon auch halten mag.«

Der Juni war diesmal stürmisch und kalt, was für Wien sehr ungewöhnlich war. Eines Morgens wurde Sigmund um sechs Uhr von einem fürchterlichen Hagelunwetter geweckt. Die Schloßen waren so groß, daß sie sogar ein Fenster seines Arbeitszimmers einschlugen. Wenige Tage später, bei der Totenfeier für Professor Billroth, griff Dr. Vragassy, einer der Ärzte im Allgemeinen Krankenhaus, die Vorwürfe des Verstorbenen gegen jüdische

Medizinstudenten an der Universität wieder auf und leitete damit eine neue Welle des Antisemitismus ein. Professor Nothnagel war darüber so empört, daß er seine nächste Vorlesung über Innere Medizin mit einer harten Verurteilung des Antisemitismus begann. Er wurde ausgepfiffen und mußte den Katheder verlassen, ein Vorgang, der bislang an deutschsprachigen Universitäten kein Beispiel hatte. Aber Nothnagel setzte sich durch. Die Medizinische Fakultät ernannte ihn zum Leiter eines Ausschusses, der den Antisemitismus untersuchen und die Schuldigen zur Rechenschaft ziehen sollte. Er verurteilte Dr. Vragassys Vorgehen, brandmarkte im Auditorium erneut derartige Übergriffe und erhielt diesmal Applaus.

9

Der Vollmond kam, die Erde drehte sich weiter um ihre Achse, und Sigmunds Herzbeschwerden verschwanden. Als er mit seiner Familie für den Sommer in die Berge übersiedelte, folgten ihm mehrere seiner männlichen Patienten, um sich einer intensiven Behandlung zu unterziehen. Die Art der auftretenden Störungen unterlag wieder einem Wandel: Die Fälle von Hypochondrie mehrten sich, Patienten, die unter schweren Depressionen litten, und dazu noch ein Manisch-Depressiver, begaben sich in seine Behandlung. Außerdem suchten ihn in zunehmendem Maße Patienten auf, bei denen er eine latente oder ausgeprägte Homosexualität erkennen konnte.

Dr. Zenker, vierunddreißig Jahre alt, hatte vor vier Monaten geheiratet und mußte feststellen, daß er die Ehe nicht vollziehen konnte. Nun litt er unter heftigen, stechenden Schmerzen in den Augen, Sehstörungen und Migräne. Er war einfach nicht mehr imstande, seine Praxis weiterzuführen.

Der achtundzwanzigjährige Albrecht klagte über Kopfschmerzen, als hätte er eiserne Bänder um die Stirn, allgemeine Schwäche, weiche Knie und eine Beeinträchtigung der Potenz. Er fürchtete außerdem, perverse Neigungen an sich entdeckt zu haben, da er sich mehr zu sehr jungen Mädchen als zu reifen Frauen hingezogen fühlte.

Theobald, der siebenundzwanzigjährige Sohn neurotischer Eltern, litt unter schweren Depressionen, erwachte nachts von Alpträumen und Herzflattern und wurde von entsetzlichen, nicht genauer definierbaren Angstzuständen gequält, verbunden mit einem beklemmenden Gefühl in der Brust und der Ahnung, daß ihm etwas Schreckliches zustoßen werde. Er gehörte zu den seltenen Patienten, die wußten, daß ihre Leiden sexuellen Ursprungs waren. Ein Jahr zuvor hatte er sich in ein junges Mädchen verliebt, das gern mit Männern flirtete. Sie hatte ihn vom ersten

Augenblick an sexuell erregt, obgleich er sie niemals berührte. Als er erfuhr, daß sie mit einem anderen verlobt war, erlitt er einen Schock.

Ein ernstes Problem stellte die männliche Homosexualität dar. Jene Homosexuellen, die sich über ihren Zustand keine Sorgen machten, sondern ohne Widerstreben und ohne seelische Belastung gleichgeschlechtliche Beziehungen eingingen, bedurften keines Arztes und suchten auch keinen Arzt auf. Die anderen, die zu ihm kamen, waren unglücklich, gemütsleidend und brauchten dringend Hilfe. Er spürte, wie ernst es ihnen mit dem Wunsche war, ein normales Leben zu führen. Es kostete oft große Mühe, ihre abnormale Veranlagung bloßzulegen, die sie von Anfang an erschreckte und die sie so verzweifelt zu überwinden versuchten. Sie sprachen ohne Hemmungen, beantworteten die Fragen des Arztes genau und berichteten, wie es dazu gekommen war, daß sie sich zu jüngeren oder älteren Männern hingezogen fühlten. Sie erzählten von ihrem Bemühen um die Liebe einer Frau, um das Anknüpfen intimer Beziehungen – und ihrem kläglichen Versagen.

Doch wenn er nach der Ursache der Störung forschte, stand er hilflos vor ungelösten Rätseln. Er versuchte mit jeder ihm bekannten Technik, vergrabene Bilder ans Tageslicht zu fördern, Erinnerungen hervorzuholen, die sich in die tieferen Schichten des Unbewußten eingegraben hatten. An den langen Sommerabenden verbrachte er viele Stunden in dem Bemühen, die Patienten zu einer freien Assoziation zu veranlassen. Was dabei herauskam, waren lange, komplizierte Geschichten von familiären Schwierigkeiten, von Rivalitäten zwischen Mutter und Vater, von wechselnden Beziehungen, Abneigungen und Haßgefühlen innerhalb des engeren Freundeskreises, Störungen im Gefühlsleben und in den menschlichen Beziehungen. Keine dieser Geschichten war für den betreffenden Fall charakteristisch oder aufschlußreich.

Er bekannte gegenüber diesen schwergeprüften Männern, daß die Schuld bei ihm lag: er war unfähig, die Kette von Ursache und Wirkung zu entwirren. Dazu fehlte es ihm noch an Wissen und Erfahrung. Aber die Patienten konnten nicht warten. Wien war eine sehr freizügige Stadt, was die heterosexuellen Beziehungen anbetraf. Man ging fröhlich, charmant und augenzwinkernd über Verführung und Ehebruch hinweg, aber für die Homosexualität brachten die Wiener kein Verständnis auf. Sigmund konnte seinen Patienten bestenfalls erklären, daß sie keine Ungeheuer waren, daß sie nicht einmalig in der Weltgeschichte waren, sondern daß die Homosexualität in der Antike sogar bis zu einem gewissen Grade über die heterosexuelle Liebe gestellt wurde. Dies war ein schwacher Trost, aber mehr hatte er nicht zu bieten. Er grübelte über seinen Mißerfolg nach. Er wußte auch, daß es zu diesen Störungen das feminine Gegenstück geben mußte, aber trotz der Verschwiegenheit seiner Praxis im Parterre war bisher noch keine Lesbierin zu ihm gekommen.

Es war ein herrlicher Sommer. Die dichten grünen Wälder auf den Bergen um Reichenau dufteten herb und spendeten angenehmen Schatten. Er stand schon vor sechs Uhr auf, nahm ein leichtes Frühstück zu sich und arbeitete dann bis zum Mittagessen um ein Uhr durch. In Wien hatte er kaum Gelegenheit, sechs oder sieben Stunden hintereinander ohne Unterbrechung zu schreiben. Nach einem kräftigen Mittagessen begann für ihn, für Martha und für die Kinder das Abenteuer des Tages: eine Wanderung durch die Wälder, um Pilze zu sammeln oder seltene Blumen auf den Bergwiesen zu pflücken. Am späten Nachmittag, zur Kaffeestunde, empfing er seine Patienten.

Der Manuskriptstapel für das gemeinsame Buch mit Josef Breuer wurde immer höher. Mit dem Manuskript wuchs auch seine Begeisterung, denn das würde sein erstes umfangreicheres schöpferisches Werk sein, eine bahnbrechende neue Methode in der Neuropathologie, so revolutionär in Diagnose und Behandlung – die er durch seine eigenen Krankenberichte belegen konnte –, daß alle Neurologen auf der ganzen Welt seine Entdeckung anerkennen mußten. Er fing ganz vorn an und erläuterte peinlich genau den Fall von Frau Emmy von Neustadt mit ihren Phobien und Zwangsvorstellungen über Tiere und Irrsinn. Er war jetzt davon überzeugt, daß ihre Geschwister niemals mit toten Tieren nach ihr geworfen hatten, als sie fünf Jahre alt war, daß sie als Kind keine Ohnmachtsanfälle und Krämpfe erlitten und auch ihre Schwester nicht im Sarg gesehen hatte, daß ihre älteren Brüder nie an Syphilis oder Lungenschwindsucht gelitten hatten. Er wußte, daß auch die Familie des verstorbenen Ehemannes ihr niemals nachstellte.

Er skizzierte den Fall von Miß Lucy Reynolds, der englischen Gouvernante, und ihrer eingebildeten Gerüche, in denen er nun einen »Abwehrmechanismus« erkannte, hinter dem sich die Tatsache verbarg, daß sie sich in ihren Arbeitgeber verliebt hatte. Er schrieb über Frau Cäcilie Mattias, der er so viel verdankte: Von ihr hatte er gelernt, wie die Symbolik an die Stelle einer unerträglichen Idee trat und wie die Neurose die schwache Stelle fand. Die heftige Neuralgie der Zähne war nach dem »Schlag ins Gesicht« durch ihren Mann aufgetreten, der schwere Herzanfall, als seine Beschuldigung »ihr einen Stich ins Herz versetzte«. Der stechende Schmerz zwischen den Augen war durch den strengen Blick ihrer Großmutter hervorgerufen worden, als diese sie beim Masturbieren erwischte.

Er beschrieb den Fall von Elisabeth von Reichardt, bei der eine Beinlähmung die Tatsache verdeckte, daß sie ihren Schwager liebte und den Tod ihrer Schwester begrüßte. Er schrieb über die achtzehnjährige, robuste Katharina, bei der die Atemnot an dem Tag eingesetzt hatte, als sie ihren Vater über ihrer jüngeren Cousine Franziska liegen sah, die aber dieses Erlebnis nur nutzte, um dadurch eine ältere Erinnerung zu verdrängen: den Notzuchtversuch ihres Vaters an ihr selbst.

All diese Fälle hatten ihn von der sexuellen Ätiologie der Neurosen überzeugt. Die meisten von ihnen litten unter Angstzuständen.

Im September fuhr er mit Martha und den fünf Kindern für zwei Wochen nach Lovrano an die sonnige Adriaküste. Es war ihre erste Reise nach Italien. Sigmund sehnte sich schon lange danach, Rom kennenzulernen. Was er über die Geschichte Roms gelesen hatte, machte es für ihn zur faszinierendsten Stadt der Welt. Aber im Sommer war ein Aufenthalt in Rom ungesund, und zu einer anderen Jahreszeit konnte er sich keine Ferien leisten.

Sigmunds älteste Tochter Mathilde war nun alt genug, um auf Sophie aufzupassen. Martin begleitete den zweijährigen Ernst beim Muschelsuchen. Martha schützte sich mit einem breitrandigen Strohhut gegen die grelle Sonne, aber Sigmund genoß ihre sengenden Strahlen, wurde braungebrannt und hatte endlich Muße, einen Band von Kiplings Erzählungen zu lesen. Der Balkon ihres Hotelzimmers ging zum Meer hinaus. Dort saßen sie nach dem Essen und betrachteten die Fischerboote. Sie sprachen über ihre amerikanischen Verwandten. Eli ging es in New York sehr gut. Er war als Getreideexporteur an der Warenbörse zugelassen und hatte eine hübsche Wohnung in der 139. Straße. Anfang des vergangenen Jahres war Annas erstes in Amerika geborenes Kind Hella zur Welt gekommen, und erst neulich hatte sie ihr fünftes Kind Martha geboren. Sigmunds dreißigjährige Schwester Pauli, die mit den beiden ältesten Bernays-Kindern nach Amerika gereist war, hatte sich von der Wahrheit der Legende überzeugt: Die Straßen Amerikas waren tatsächlich mit jungen Männern gepflastert, die eine Frau suchten. Zumindest hatte sie da den einen und einzigen gefunden, der ihr gefiel, den siebenunddreißigjährigen Valentin Winternitz, einen deutschsprachigen Tschechen, der ebenfalls nach New York gekommen war, um dort sein Glück zu suchen. Er war als Vertreter für technische Firmen sehr erfolgreich. Auch Sigmunds Schwester Marie und ihr Mann Moritz Freud bereiteten mit ihren drei Kindern den Auszug aus Wien vor. Sie gingen nach Berlin, wo Moritz sein Importgeschäft erweitern wollte.

Martha und Sigmund kehrten mit idyllischen Erinnerungen an die italienische Sonne und das Meer, an Pasta asciutta und den köstlichen italienischen Wein in die Berggasse zurück.

Der Herbst dieses Jahres brachte wie der Juni neue schwere Enttäuschungen und Depressionen mit sich. Sigmund bezeichnete diese Zeit als »Saison der Anarchie«. Das kam nicht nur daher, daß ein Anarchist in Barcelona den spanischen Ministerpräsidenten und den Kriegsminister durch zwei Bomben zu töten versuchte und daß ein paar Monate später ein anderer Anarchist in Paris eine Bombe in die Chambre des Députés warf und dafür guillotiniert wurde. Die Bemerkung bezog sich auch auf seine Praxis. Fast täglich war in der Zeitung von einem Selbstmord zu lesen. Viele junge Leute waren darunter: Ein zwanzigjähriges Dienstmädchen nahm Gift, der siebzehnjährige Sohn eines Gastwirts erschoß sich. Und die Berichte schlossen immer wieder mit derselben Bemerkung: Motiv unbekannt.

»Natürlich ist das Motiv unbekannt«, rief Sigmund. »Weil niemand sich die Mühe macht, danach zu forschen. Diese jungen Leute haben ja keinen Menschen, an den sie sich wenden können, wenn sie Hilfe brauchen. Wir besitzen jetzt eine Methode, mit der wir ihnen helfen können. Wir wissen, wie der Todeswunsch entsteht und wie man sich dagegen schützt. Aber noch gibt es keine Möglichkeit, dieses Wissen anzuwenden und damit diesen Menschen zu helfen.«

Sein Bankkonto schwand. Er wurde mürrisch. Verärgert sagte er zu Martha: »Alles geht durcheinander. Zur Zeit ist es so schlimm, daß man überall nur Suppenküchen sieht, vor denen sich lange Schlangen bilden. Für die Arbeitslosen wurden ein Dutzend Asyle eingerichtet, aber die Betten reichen bei weitem nicht aus. Im Zehnten Bezirk haben die Arbeitervereine ihre eigenen Schlafsäle geöffnet und behaupten, jede Nacht zweitausend Bedürftige unterzubringen.

Jeden Morgen findet man Erfrorene und Halbverhungerte in den Straßen. Der Stadtrat hat das Geld bereitgestellt, um mit Arbeitslosen, Maurern, Zimmerleuten und Arbeitern den Rest des Gürtels niederzureißen. Erst kürzlich wurde wegen des naßkalten Wetters in jedem Bezirk eine Sammelzentrale für getragene Kleidung eingerichtet, insbesondere für Schuhe, weil die armen Kinder immer noch barfuß herumlaufen. Die Österreicher haben schon recht, wenn sie sagen, daß ein hungriges Schwein von den Eicheln träumt.«

Nicht einmal Martha gelang es, ihn aufzuheitern. Ein wenig betrübt sagte sie:

»Und wovon träumen Gänse? Von Maiskörnern. So war mir jedenfalls, als du mir am letzten Montagmorgen kein Haushaltsgeld gegeben hast. Aber in den Kaffeehäusern sagt man: ›Die Lage ist hoffnungslos, aber nicht ernst.‹«

Die Lage wurde noch schlimmer. Die Kaiserin begründete einen eigenen »Volksküchenverein«, um die Not der Hungernden zu lindern. Eine Viertelmillion Mahlzeiten wurden an Schulkinder verteilt, die sonst den ganzen Tag über nichts zu essen bekamen. Die Fabrikarbeiter im Zehnten Bezirk streikten. Die Regierung verbot den Streik. Andere Arbeiter beteiligten sich an unerlaubten Umzügen, wurden von der Polizei zusammengeschlagen und festgenommen. Sozialistische Pamphlete wurden heimlich gedruckt und verteilt. Die Polizei nahm häufig Verhaftungen wegen »subversiver Tätigkeit« vor. Zweitausend unerwünschte Personen wurden ins Ausland abgeschoben.

Unter seinen neuen Patienten befand sich auch ein junger Jurastudent, der kurz vor seinem mittleren Examen stand. Sein Blick war ganz verstört, und er erklärte, er werde verrückt und könnte niemals die Prüfungen bestehen und weiterleben, wenn Dr. Freud ihm nicht helfe. Sigmund beruhigte den jungen Mann mit dem Hinweis, daß durch Masturbation noch nie ein Mensch wirklich verrückt geworden sei. Der Jurastudent fragte mit zuckenden Lippen:

»Herr Dr. Freud, kann ich mich wirklich auf Ihre Diskretion verlassen? Ist alles geheim, was zwischen Arzt und Patient gesprochen wird?«

Sigmund versicherte es ihm lächelnd.

»Herr Doktor, es stimmt doch, daß kein Mann sozusagen in ein Vakuum masturbiert. Ich will damit sagen, wir ergießen unseren Samen immer in eine Frau.«

Sigmund nickte. Das bestätigte eine These, die er sich selbst gebildet hatte. Der Student fuhr fort:

»Als ich noch im Schottengymnasium war, kreisten meine Phantasien um die schönen Schauspielerinnen vom Volkstheater. Wenn ich masturbierte, lag die Angebetete in meinen Armen. Später, auf der Universität, beschäftigte sich meine Phantasie mit den Frauen, die ich mit ihren tief dekolletierten Kleidern in teuren Restaurants und in den Theatern sah. Sie wurden allnächtlich meine Liebesobjekte. In Gedanken betrieb ich sogar Inzest mit hübschen jungen Tanten und Cousinen. Doch das alles störte mich nicht bis jetzt . . . «

Er sprang auf, sank dann aber wieder in seinen Sessel und brach in Schluchzen aus. Sigmund lehnte sich schweigend zurück und wartete. Er fragte sich, was dieser Patient wohl durchgemacht haben mußte, um in diesen Zustand zu gelangen. Der junge Mann hob den Kopf.

»Sie werden sicher sagen, daß ich verrückt bin. Jetzt beschäftigt sich meine Phantasie . . . ich meine, die Frau, die ich in meiner Vorstellung in den Armen halte, ist . . . meine Mutter. Bin ich nicht ein verlorener Mann?«

»Eine Phantasie liegt in der Mitte zwischen Tagtraum und Nachttraum«, antwortete Sigmund ruhig. »Wenn wir diese Vorstellung erst einmal aus dieser Einbildungswelt entfernt haben, können wir auch feststellen, was Sie, einen jungen Mann von fünfundzwanzig Jahren, veranlaßt, zu masturbieren, anstatt Ihre Energie in einer echten Liebe auszuleben und für das Jurastudium zu nutzen.«

Der Patient kam nie wieder. Er schickte Sigmund später einen Brief mit einem Scheck. Das war zugleich für dieses Jahr das Ende seiner Praxis, soweit sie ›Neurosen‹ betraf. Seine einzige Dauerpatientin war eine sehr alte Dame, deren Sohn ihn bat, jeden Morgen und jeden Nachmittag zu kommen und seiner Mutter eine Injektion zu geben. Er erhielt die alte Dame am Leben, und ihr wohlhabender Sohn sorgte dafür, daß Freuds Speisekammer nicht leer wurde.

Er konnte nicht begreifen, nach welchen verborgenen Gesetzmäßigkeiten sich der Ablauf des Lebens vollzog, auch dann nicht, als er Wilhelm Fliess' Arbeiten über die Periodizität im menschlichen Leben noch einmal gelesen hatte. Im Frühjahr war seine Sprechstunde überlaufen, und nun kam kein einziger Patient – bis auf den Mann, der sich vor seiner Haustür ein Bein brach. Sigmund ließ ihn ins Allgemeine Krankenhaus bringen. Dort wurde der Bruch eingerichtet. Er verbrachte viel Zeit im Kassowitz-Institut, um die Versäumnisse aus dem Frühjahr wettzumachen. Die Eltern einiger Kinder waren wohlhabend. Ihnen ging es nicht um eine kostenlose Behandlung, sondern sie suchten nur nach der bestmöglichen ärztlichen Betreuung. Als sie von der Privatpraxis des Herrn Privatdozenten Dr. Freud erfuhren, brachten sie ihre kranken Kinder in die Berggasse.
Sigmund war vollends verwirrt, als im Laufe des Winters und im beginnenden Frühling seine neurologische Praxis wieder voll aufblühte und er zu seiner Freude wertvolles Beweismaterial für seine Thesen sammeln konnte. Er beendete die Neufassung der Krankengeschichten für sein Buch »Studien über Hysterie« und begann mit dem abschließenden Kapitel. Endlich brachte auch Josef Breuer die vollständige Krankengeschichte von Bertha Pappenheim, die aus Diskretion Anna O. genannt wurde, zu Papier. Sie nahmen ihre gemeinsamen Spaziergänge um den Ring wieder auf und besprachen den Inhalt des letzten Kapitels über die Psychotherapie der Hysterien, um sich darauf zu einigen, welche ihrer Schlüsse tragfähig waren und welche noch bewiesen werden mußten. Mit sicherer Hand beendete Sigmund seinen Aufsatz über »Obsessionen und Phobien«, der in französischer Sprache in der »Revue Neurologique« in Paris erscheinen sollte. Er arbeitete auch die »Angstneurosen« zur Veröffentlichung im »Neurologischen Centralblatt« in Berlin um. Deutike, der seine Übersetzungen von Charcot und Bernheim sowie sein Buch »Zur Auffassung der Aphasien« veröffentlicht hatte, erklärte sich bereit, auch die »Studien über Hysterie« herauszubringen.
Als Sigmund mit seiner Arbeit über die Angstneurosen begonnen hatte, war er stolz darauf, eine originelle Entdeckung gemacht zu haben. Doch im Laufe der Monate las er sehr viel zu diesem Thema und verlor seine Illusionen. Er vertraute Martha an: »Jeder Mensch und jede Idee hat einen Vater und eine Mutter.« Erst im Jahr zuvor hatte ein gewisser Dr. Kaan einen Aufsatz über die Angst als ein Symptom der Neurasthenie veröffentlicht. Dann entdeckte Sigmund eine neue Veröffentlichung von Dr. E. Hecker und vermerkte dazu in seinem eigenen Manuskript: »Ich fand in seiner Studie die nämliche Deutung mit aller wünschenswerten Klarheit und Vollständigkeit dargelegt.« Hecker hatte jedoch nicht zwischen Angstzuständen und der Neurasthenie, der eigentlichen nervösen Instabilität, unterschieden. Auch Professor Moebius aus Leipzig hatte einiges über den psychologischen Ursprung hysterischer Symptome

veröffentlicht. Er glaubte jedoch, daß die Psychologie kein Heilmittel anzubieten habe. Sigmund bezeichnete in einem Brief an Fliess Moebius als »den besten Kopf unter den Neurologen; glücklicherweise ist er der Sexualität nicht auf der Spur«.

10

Anfang 1895 erschien bei Sigmund Freud die achtundzwanzigjährige Emma Benn, eine junge Witwe, die er an den Rand einer Tragödie treiben sollte. Emma Benn entstammte einer wohlhabenden Kaufmannsfamilie, die mit Josef Breuer und Oskar Rie befreundet war. Über sie waren auch die Familien Freud und Benn miteinander bekannt geworden. Emma kam oft zu Besuch in die Berggasse. Sie war strohblond, hatte die rundlichen Hüften so vieler junger Wienerinnen, eine Stupsnase und ein unscheinbares Gesicht, das aber durch ein waches, zuweilen angriffslustiges Blitzen in den Augen anziehend wurde. Emma litt unter schweren Magen- und Darmstörungen. Josef Breuer, seit vielen Jahren Hausarzt der Familie Benn, war zu dem Schluß gelangt, das Leiden müsse hysterischen Ursprungs sein. Er bat Freud, sie zu untersuchen. Sigmund befürchtete, daß seine Therapie bei Freunden unwirksam sein könnte, aber Breuer zerstreute seine Bedenken. Emma Benn war eine überzeugte Frauenrechtlerin, die sich darüber ärgerte, in einer ausgesprochenen Männergesellschaft eine Nebenrolle spielen zu müssen. Besonders aufgebracht war sie über die typisch deutsche Vorstellung vom Aufgabenbereich der Frau: »Kirche, Kinder, Küche.« Die großzügigen Ehemänner hatten dem noch ein viertes »K« hinzugefügt: »Kaffeeklatsch«. Emma erzählte Sigmund Szenen und Begebenheiten, die von großer Phantasie zeugten: Sie sah den Teufel, wie er sie mit einer Nadel in den Finger stach und dann für jeden Blutstropfen ein Bonbon in ihre Hand legte.

Als Kind hatte sie oft unter Nasenbluten gelitten, während der Pubertätszeit an heftigen Kopfschmerzen. Ihre Eltern hielten sie für eine Simulantin. Emma war unglücklich darüber, daß die Eltern ihr nicht glaubten. Als dann bei ihr besonders starke Monatsblutungen einsetzten, waren sie für Emma ein willkommener Beweis dafür, daß sie wirklich krank war. Sie glaubte sich daran zu erinnern, daß sie beschnitten und von ihrem Vater belästigt wurde. Mit fünfzehn Jahren verliebte sie sich in einen jungen Arzt und bekam wieder Nasenbluten, damit die Eltern ihn rufen mußten.

Emmas Leiden und Phantastereien fanden mit ihrer Heirat ein Ende. Ihr Ehemann war zwar viel älter und nicht ganz gesund, aber sie fand bei ihm in den fünf Ehejahren doch alle Liebe, die sie brauchte. Kinder bekam sie keine. Nach dem Tod ihres Mannes und einer überlangen Trauerzeit stellten sich ihre jetzigen Beschwerden ein, die sich auf die Verdauungsorgane konzentrierten. Da sie einen schweren Schock erlitten und seit Monaten nicht mehr richtig gegessen hatte, glaubte man, es habe sich vielleicht ein Magengeschwür gebildet. Als Breuer den Vorschlag machte, Emma solle sich in Dr. Freuds Behandlung begeben, waren ihre Eltern dagegen. Sie schätzten Sigmund zwar als Freund der Familie, hatten jedoch kein Vertrauen zu seinen medizinischen Methoden. Breuer überzeugte Emmas Angehörige davon, daß sie keine Gelegenheit ungenützt lassen dürften, um ihre Tochter von den Leiden zu kurieren und ihr die Möglichkeit zur Rückkehr in ein normales Leben zu geben.

Emma Benn erwies sich als durchaus willig und bereit zu reden, und doch nahm sie eine feindselige Haltung ein. Sie hatte im allgemeinen eine geringe Meinung von den Männern und gab sich wenig Mühe, dies zu verbergen. Doch im Vordergrund stand die Sehnsucht nach der Liebe eines Mannes. Viele ihrer Geschichten drehten sich um ihren Vater, dem sie widersprüchliche Gefühle entgegenbrachte: Die Belästigung durch ihn schien tiefe Narben hinterlassen zu haben, gleichzeitig hatte sie jedoch ein überwältigendes Verlangen, von ihm geliebt zu werden.

Später forderte Freud sie in einer Sitzung auf, sich keinen Zwang aufzuerlegen, sondern ihren Gedanken freien Lauf zu lassen und sich kein Urteil über Wert oder Wichtigkeit der Vorstellungen zu bilden. Emma wurde plötzlich wieder zu einem kleinen Mädchen, das mit seinen Kindheitserinnerungen spielte. Privatdozent Dr. Freud wurde zu ihrem Vater. Sie nannte ihn »Papa«. Sie war bei ihm zu Hause, sie spielte mit ihm, sie sang ihm etwas vor, sagte ihm, wie lieb sie ihn habe, und berichtete, sie sei nach der Schule sofort nach Hause gerannt, um mit ihm essen zu können. Dann erfolgte ein Stimmungsumschwung. Sie brach in Tränen aus, beteuerte, sie sei nicht unartig gewesen, habe nicht die Unwahrheit gesagt, und er müsse ihr doch glauben. In der nächsten Phase wurde sie wütend, weigerte sich, seine Anweisungen zu befolgen, behauptete, sie wolle von daheim fortlaufen, sie liebe ihn nicht mehr . . . Dabei schnitt sie Grimassen, spielte das kokette kleine Mädchen und weinte so herzzerreißend, wie sie es wohl in ihrer Kindheit getan hatte.

Auch andere Patienten hatten schon eine solche »Übertragung« vorgenommen, hatten vergessen, wo sie sich befanden, und intensive Gemütsregungen noch einmal durchlebt, oft geweint und auch geflucht. Bevor er die Natur der Übertragung richtig durchschaute, hatte er oft das ungute Gefühl gehabt, Schreie, Flüche und manchmal auch zärtliche Gesten seien für ihn bestimmt. Er war ja für die Wiedererweckung dieser Erinnerungen verantwortlich. Bei Emma lag eine vollkommene Übertragung vor. Sie verbrachte den größten Teil der einstündigen Sitzungen damit, Szenen voll intensiver Gemütsregung in der festen Überzeugung nachzuempfinden, ihren leiblichen Vater vor sich zu haben.

Sigmund ließ Emma am Ende der Stunde nur ungern gehen, obwohl der nächste Patient schon wartete. Aber sie schaffte offenbar den Übergang zur Gegenwart, ohne sich im geringsten an das zu erinnern, was geschehen war. In Josef Breuers Augen waren diese Szenen ein weiteres Symptom ihrer Hysterie. Ihre Unterleibsschmerzen würden schlimmer. Hinzu kam noch eine Stirnhöhlenentzündung, verbunden mit unterschiedlichen Erscheinungen wie Schleimstau und eine Entzündung in der Nase. Sigmund studierte Fliess' »Nasale Reflexneurosen«, weil er glaubte, Emmas Schmerzen im Unterleib könnten von ihren Atembeschwerden herrühren. Glücklicherweise wurde Wilhelm Fliess zu einem Besuch in Wien erwartet.

Sigmund bat Emma um die Erlaubnis, seinen Freund hinzuzuziehen. Sie war damit einverstanden.

Gleich am Morgen nach seiner Ankunft fand sich Fliess in Sigmunds Praxis ein und nahm an Emma Benn eine ganze Reihe von Untersuchungen vor.

»Es gibt gar keinen Zweifel, Sigmund«, sagte er. »Die Beschwerden dieser jungen Dame haben ihren Ursprung in ihrem Nasengang. Es müßte eine Resektion der Nasenwurzelknochen gemacht werden, damit die Luft besser durchströmen kann. Dieser Zustand kann nicht nur für ihre Beschwerden im Verdauungstrakt verantwortlich sein, sondern er hat zweifellos auch einen störenden Einfluß auf ihre Geschlechtsorgane.«

»Du glaubst also, Wilhelm, die Operation ist unvermeidlich?«

»Auf jeden Fall. Es ist eine harmlose Operation. Ich habe sie schon mindestens hundertmal selbst gemacht. Die Patientin muß höchstens für zwei Tage ins Krankenhaus.«

»Aber du wirst doch nicht mehr hier sein und kannst dich daher nicht um sie kümmern.«

»Dabei ist eigentlich keine Nachbehandlung erforderlich. Du kannst den Verband selbst nach einigen Tagen abnehmen. In ein bis zwei Wochen ist sie dann wieder völlig hergestellt. Setze die Operation für morgen an.«

»Wir werden sie im Loew-Sanatorium vornehmen, das ist eine gut eingerichtete Privatklinik . . . «

Die Operation verlief erfolgreich. Fliess kehrte nach Berlin zurück. Emma wurde nach Hause entlassen. Als Sigmund dann am nächsten Tag ihr Zimmer betrat, schlug ihm sofort ein unangenehmer Geruch entgegen. Er untersuchte Emmas Nase und entdeckte, daß die Schleimhaut sichtbar pulsierte. Sie hatte die Nacht zuvor nicht geschlafen und litt große Schmerzen. Er gab ihr ein Beruhigungsmittel. Am nächsten Tag löste sich ein Knochensplitter, dem eine massive Blutung folgte. Einen Tag später war es schon schwierig, den Nasengang auszuspülen. Nun erkannte Sigmund, daß Emma in großer Gefahr schwebte. Er ließ Dr. Gersuny rufen, der auch sofort kam. Der Nasenspezialist vermutete, daß sich der Zugang zur Nasenhöhle geschlossen hatte, so daß kein ausreichender Abfluß erfolgen konnte. Er führte mit einiger Schwierigkeit eine Gummi-

sonde ein und erklärte Sigmund, er müsse den Knochen noch einmal operieren, wenn der Schlauch nicht an Ort und Stelle bliebe.
Sehr früh am nächsten Morgen wurde Sigmund von einem Boten geweckt: Eine neue heftige Blutung habe eingesetzt, Dr. Gersuny könne erst am Abend kommen. Sigmund ersuchte Dr. Röckel, einen Hals-Nasen-Ohren-Facharzt, ebenfalls in Emmas Wohnung zu kommen. Als Dr. Röckel eintraf, blutete Emma nicht nur aus der Nase, sondern auch aus dem Mund. Der Geruch war fast unerträglich. Dr. Röckel reinigte die Nase, entfernte einige Blutklumpen und Teile der Packung, betrachtete dann etwas sehr eingehend und wandte sich an Sigmund mit der Frage:
»Was ist denn das?«
Sigmund blickte hin und antwortete: »Ich weiß es nicht. Wofür halten Sie es denn?«
»Für einen Faden. Das sehe ich mir lieber genauer an.«
Er nahm das Ende des Fadens und zog. Er zog und zog . . . bis er aus Emmas Nasenhöhle ein großes Stück Gaze herausgezogen hatte, das Dr. Fliess nach der Operation zurückgelassen hatte. Ein Schwall Blut folgte. Emma wurde kreidebleich. Die Augen traten hervor. Sigmund griff nach ihrem Handgelenk. Der Puls war kaum noch spürbar. Sie schwebte in höchster Lebensgefahr. Dr. Röckel arbeitete rasch und stopfte frische, in Jodoform getränkte Gaze in die Nasenhöhle. Es gelang ihm, die Blutung zu stillen.
Sigmund floh in einem Anfall von Schwäche und Übelkeit ins Nebenzimmer. Er trank ein Glas Wasser. Seine Verzweiflung war grenzenlos. Wenn Dr. Röckel die Gaze nur wenige Stunden später entdeckt hätte, wäre Emma unweigerlich an der Vergiftung gestorben. Eine neue Welle der Übelkeit überfiel ihn. Er hätte die Operation niemals zulassen dürfen, das wurde ihm nun klar. Erstens hätte sie von Dr. Gersuny oder Dr. Röckel vorgenommen werden müssen, die auch zur Nachbehandlung verfügbar gewesen wären. Und zweitens kam ihm eine Erkenntnis, die wie eine kalte Dusche wirkte: Emmas psychische oder körperliche Leiden hatten überhaupt nichts mit ihrer Nase zu tun. Gleichzeitig wurde ihm auch klar, daß Wilhelm Fliess' Nase nie etwas gefehlt hatte, ebensowenig wie seiner eigenen.
Jemand reichte ihm ein Glas Cognac. Er trank es in einem Zug leer. Dann hatte er wieder den Mut, in das andere Zimmer zurückzukehren. Dort wurde inzwischen alles für Emmas neuerliche Einlieferung in die Klinik vorbereitet. Dr. Röckel und Dr. Gersuny wiederholten die Operation, durchbrachen den Muschelgang und reinigten die Wunde. Nachdem die Ärzte gegangen waren, stand Sigmund neben Emmas Bett. Sie wußten beide sehr wohl, daß sie um ein Haar verblutet wäre. Emma begrüßte ihn mit weit aufgerissenen Augen und tippte sich auf die eigene Brust: »Das ist das starke Geschlecht!«
Er schreckte davor zurück, Wilhelm Fliess einen Bericht zu schicken, weil er

wußte, wie hart es seinen Freund treffen mußte. Er gab Fliess nicht die Schuld. Fliess hatte zwar die Operation vorgenommen, aber wenn Emma gestorben wäre, hätte er, Sigmund Freud, die Verantwortung dafür tragen müssen. Emma war seine Patientin. In all den Jahren seiner Praxis im Krankenhaus hatte er nur den Tod einer einzigen Patientin unmittelbar verschuldet, der er die vorgeschriebene Dosis Sulphonal als vermeintlich harmloses Mittel gegeben hatte, ohne zu wissen, daß die Patientin es nicht vertrug.

Er brachte Fliess die böse Nachricht in einem Brief so schonend wie nur möglich bei und erklärte, wie unglücklich er selbst darüber sei, daß »dieses Mißgeschick gerade Dir zustoßen muß«. Er gab der schadhaften Gaze die Schuld. »Dieses Mißgeschick beim Herausziehen der jodoformgetränkten Gaze ist schon bei den besten und vorsichtigsten Chirurgen vorgekommen. Gersuny erwähnte, daß ihm einmal etwas Ähnliches passiert sei und daß er deshalb nur mehr Zellstofftampons anstelle der Gaze verwendet. Außerdem hätte Dr. Röckel mit der Entfernung der Gaze warten müssen, bis Emma wieder in der Klinik war, wo man sofort alles Notwendige zur Hand hat.« Er schloß seinen Brief mit der Versicherung: »Niemand macht Dich dafür verantwortlich – und ich wüßte nicht, wer das Recht dazu hätte – sei versichert, daß ich nach wie vor vollstes Vertrauen zu Dir habe.«

Emmas Genesung dauerte mehere Monate. Mit zunehmender Kraft kehrten auch ihre Verdauungsstörungen zurück. Die Nasenoperation hatte keinerlei Besserung gebracht. Sie kam wieder in die Berggasse, um sich neuerlich in Freuds Behandlung zu begeben. Ihr Verhalten war unverändert. Sigmund zweifelte nicht im geringsten daran, daß die Ursache ihrer Krankheit in einer Störung ihres Liebeslebens zu suchen sei. Er erklärte ihr die sexuelle Ätiologie ihrer Neurose und die erstaunliche Fähigkeit des Unbewußten, Dinge zu verdrängen oder abzuwehren. Er sprach von den Zwangsvorstellungen und Phobien, die daraus entstanden, daß sich die psychische Energie nicht im richtigen Augenblick entladen konnte.
Emma freilich glaubte ihm kein einziges Wort. Sie wurde sogar zornig, als er vorschlug, sie solle doch die selbstgewählte Abgeschiedenheit aufgeben, in der sie seit dem Tod ihres Mannes lebte, solle an Bällen und Veranstaltungen teilnehmen, Gäste einladen und möglichst viele junge Männer kennenlernen, damit sie sich vielleicht in einen von ihnen verliebte und baldmöglichst wieder heiratete.
»Das stimmt alles nicht, was du da sagst. Natürlich vermisse ich meinen Mann sehr, seine Zärtlichkeit, seine Zuneigung und – jawohl! – auch unseren ehelichen Verkehr. Doch das war nur ein kleiner Teil unseres gemeinsamen Lebens, das durch die Liebe so reich gewesen war. Das kann unmöglich der Grund für meine Krankheit sein oder dafür, daß ich seit dem

Tod meines Mannes unter diesen furchtbaren Schmerzen zu leiden habe. Mir muß körperlich irgend etwas fehlen.«
»Ja, Emma, das wäre durchaus möglich, obgleich Dr. Breuer nichts feststellen konnte, was darauf hinweist. Viele Neurosen werden dadurch komplizierter, daß sie in Verbindung mit seelischen und körperlichen Störungen auftreten. Aber selbst wenn du physisch krank sein solltest, kann das nicht der einzige Grund sein. Emma, deine geistige und nervliche Gesundheit hängt davon ab, daß du so schnell wie möglich dein seelisches Gleichgewicht wiederfindest. Du mußt ganz bewußt etwas dafür tun. Ich glaube, du brauchst wieder einen Mann, und ich rate dir deshalb, so bald als möglich wieder zu heiraten. Nur die Liebe eines Mannes kann dir helfen. Im Augenblick ist nichts wichtiger in deinem Leben.«
Emma sprang erregt auf.
»Wie kannst du mir nur so etwas Würdeloses zumuten! Soll ich vielleicht durch die Straßen Wiens laufen und schreien: ›Ich brauche dringend einen Mann! Will mich nicht jemand heiraten?‹ Jetzt beginnen die Sommerferien. Glaubst du nicht, daß es besser wäre, die Behandlung für eine Weile zu unterbrechen?«
Sigmund nickte.

Das Manuskript der »Studien über Hysterie« war abgeschlossen und konnte an Deuticke gehen. Breuer hatte ein bemerkenswertes Abschlußkapitel geschrieben. Er glaubte nicht, daß die Psychologie zu einer Laboratoriumswissenschaft in der Nachfolge der hervorragenden Physiologen Helmholtz und Brücke werden könne. Er sah in ihr vielmehr ein neues Gebiet, das erst seine eigene Sprache finden müsse, ohne irgendeinem Zweig der klinischen Medizin verpflichtet zu sein.
Diese Ansicht konnte und wollte Sigmund nicht akzeptieren. Er hatte als Wissenschaftler einen guten Ruf genossen, den er erst einbüßte, als er sich mit Hypnose, männlicher Hysterie, Aphasie und jetzt mit der sexuellen Ätiologie der Neurosen beschäftigte. Er mußte seine Thesen unbedingt auf eine feste wissenschaftliche Grundlage stellen und daher nach bereits anerkannten Richtlinien suchen, die sich auf sein Konzept anwenden ließen. Er hielt das nicht für ein vergebliches Unterfangen. Er war überzeugt, daß die Psychologie eines Tages eine ebenso exakte Wissenschaft sein werde, wie es die Pathologie bereits war.
Er glaubte fest daran, daß dieses Buch den Beginn einer neuen Ära in der Medizin darstellte, daß es nicht nur ein brauchbares therapeutisches Instrument darstellte, sondern außerdem die Tür zu einem jungfräulichen Wissensgebiet aufstieß. Das fertige Manuskript versetzte ihn in einen euphorischen Zustand. Wieder einmal setzte er große Hoffnungen in dieses Buch: Es würde ihm bleibenden Ruhm, Wohlstand und völlige Unabhängigkeit bringen.

Martha war im vierten Monat. Es ging ihr nicht sehr gut. Nach fünf Schwangerschaften, die ohne jede Komplikation verlaufen waren, schien bei der sechsten von Anfang an etwas nicht zu stimmen. Sie fühlte sich matt, ihr Gesicht war blaß und aufgedunsen, ihre Zähne schmerzten sie. So beschloß sie gemeinsam mit Sigmund, diesmal nicht so weit hinauf in die Berge zu fahren, sondern lieber ein Sommerhaus in Bellevue, einem Vorort am Kahlenberg, zu mieten. Lilien und Goldregen blühten noch, aber schon bald würden sie die Akazien und Fliederbüsche mit ihrem betäubenden Duft ablösen. Über Nacht waren die Heckenrosen voll erblüht.
Die Villa war ursprünglich ein Vergnügungslokal gewesen. Die beiden Empfangsräume waren ungewöhnlich hoch und groß. Das Hotel Kahlenberg versprach »staubfreies Alpenklima«. Martha erklärte, das gelte ebenso für das knapp zwei Kilometer unterhalb gelegene Bellevue. Ihr Befinden besserte sich so rasch, daß sie ihren vierunddreißigsten Geburtstag in größerem Rahmen zu feiern gedachte. Sie lud Emma und Dr. Oskar Rie ein, der im Landhaus von Emmas Eltern Ferien machte, dazu die Breuers und noch viele andere Freunde und Bekannte. Die Empfangshalle der Villa eignete sich vorzüglich für ein Fest mit Musik und Tanz.
Drei Tage vor der Geburtstagsfeier kam Dr. Rie nach Bellevue, um nach einem der Kinder zu sehen, das über Halsschmerzen klagte. Er brachte Martha als verfrühtes Geschenk für den bevorstehenden Geburtstag eine Flasche Ananaslikör mit.
Als die beiden Männer später zum Leopoldsberg hinaufstiegen, fragte Sigmund: »Wie geht es Emma?«
»Besser, Sigmund, aber immer noch nicht zufriedenstellend.«
Sigmund war bedrückt. Aus Ries Stimme war kein Vorwurf herauszuhören, aber Sigmund dachte doch: Habe ich dieser Patientin nicht zu viel versprochen? Rie hing zwar mit derselben selbstlosen Zuneigung an Sigmund wie einst Josef Paneth, aber er hielt trotzdem nur wenig von Sigmunds Methoden zur Behandlung von Neurosen. Er hätte es lieber gesehen, wenn Sigmund, sein Vorgesetzter im Kassowitz-Institut, sich darauf beschränkt hätte, Spezialist für Kinderneurologie zu sein. Vor einigen Monaten hatte Sigmund, der sich danach sehnte, in Wien einen Gleichgesinnten zu finden, Oskar Rie einen ersten Entwurf zu seiner Abhandlung über die sexuelle Ätiologie der Neurosen gezeigt. Oskar hatte nur eine oder zwei Seiten flüchtig überflogen, ablehnend den Kopf geschüttelt und die Arbeit mit denselben Worten zurückgegeben, die schon Charcot gebraucht hatte, als ihm Sigmund von Josef Breuers »talking cure« berichtet hatte:
»Nein, das bringt uns nicht weiter.«
Auch Sigmunds Freund Leopold Königstein, der bekannte Ophthalmologe,

hatte ernsthafte Zweifel gezeigt und bei einem Tarockspiel am Samstagabend gefragt:
»Sigmund, erreichen Sie mit Ihrer kathartischen Methode denn wirklich eine Verminderung der Symptome?«
Sigmund hatte ihm geantwortet:
»Ja, ich glaube, wir können aus dem Elend der Hysterie ganz gewöhnliches Unglücklichsein machen.«
Nachdem Martha und die Kinder zu Bett gegangen waren, zündete er die Lampe in dem Zimmer an, das er sich als Arbeitsraum eingerichtet hatte, und erklärte Josef Breuer in einem ausführlichen Brief seine Ansichten über Prognose und Behandlung von Emma Benn. Er schrieb ohne Unterbrechung bis Mitternacht und hoffte, sich damit vor Breuer gerechtfertigt zu haben, nachdem Dr. Rie ihn erkennen ließ, daß Freud seiner Meinung nach keine gute Arbeit geleistet hat. Er konnte lange Zeit nicht einschlafen und hatte gegen Morgen einen Traum:

> »Eine große Halle – viele Gäste, die wir empfangen. – Unter ihnen *Emma*, die ich sofort beiseite nehme, um gleichsam ihren Brief zu beantworten, ihr Vorwürfe zu machen, daß sie die ›Lösung‹ noch nicht akzeptiert. Ich sage ihr: Wenn du noch Schmerzen hast, so ist es wirklich nur deine Schuld. – Sie antwortet: Wenn du wüßtest, was ich für Schmerzen jetzt habe in Hals, Magen und Leib, es schnürt mich zusammen. – Ich erschrecke und sehe sie an. Sie sieht bleich und gedunsen aus; ich denke, am Ende übersehe ich da doch etwas Organisches. Ich nehme sie zum Fenster und schaue ihr in den Hals. Dabei zeigt sie etwas Sträuben, wie die Frauen, die ein künstliches Gebiß tragen. Ich denke mir, sie hat es doch nicht nötig. – Der Mund geht dann auch gut auf, und ich finde rechts einen großen Fleck und anderwärts sehe ich an merkwürdigen krausen Gebilden, die offenbar den Nasenmuscheln nachgebildet sind, ausgedehnte, weißgraue Schorfe. – Ich rufe schnell Dr. M. hinzu, der die Untersuchung wiederholt und bestätigt . . . Dr. M. sieht ganz anders aus als sonst; er ist sehr bleich, hinkt, ist am Kinn bartlos . . . Mein Freund *Otto* steht jetzt auch neben ihr, und Freund *Leopold* perkutiert sie über dem Leibchen und sagt: Sie hat eine Dämpfung links unten, weist auch auf eine infiltrierte Hautpartie an der linken Schulter hin (was ich trotz des Kleides wie er spüre) . . . M. sagt: Kein Zweifel, es ist eine Infektion, aber es macht nichts; es wird noch Dysenterie hinzukommen und das Gift sich ausscheiden . . . Wir wissen auch unmittelbar, woher die Infektion rührt. Freund *Otto* hat ihr unlängst, als sie sich unwohl fühlte, eine Injektion gegeben mit einem Propylpräparat, Propylen . . . Propionsäure . . . *Trimethylamin* (dessen Formel ich fettgedruckt vor mir sehe) . . . Man macht solche Injektionen nicht so leichtfertig . . . Wahrscheinlich war auch die Spritze nicht rein.«

Beim Frühstück lag ihm dieser Traum schwer auf der Seele. Noch niemals zuvor hatte ihn ein Traum so belastet, daß er an nichts anderes mehr denken konnte. Immer wieder ging er in Gedanken den Inhalt durch. Früher war er davon überzeugt gewesen, Träume seien nur eine Art sinnloses Schlafwandeln, aber nun fand er in seinen eigenen Träumen gelegentlich Zusammenhänge mit Ereignissen, die sich einen oder mehrere Tage vorher zugetragen hatten und die doch einen gewissen Sinn ergaben. Einige seiner Patienten waren über ihre Träume furchtbar erschrocken und bestanden darauf, sie während der Sitzungen zu erzählen. Auch in diesen Träumen war es ihm ab und zu gelungen, eine bestimmte Linie oder ein Bild herauszugreifen, das einen bestimmten Aspekt der Krankheit widerspiegelte und das in bescheidenem Maße zur Klärung beitrug. Es war ihm jedoch nicht gelungen, diese erhellenden Momente zu analysieren oder sie in einen Zusammenhang zu bringen, gleichgültig, wie viele Träume der jeweilige Patient auch erzählt hatte. Anscheinend verfügten Träume ähnlich wie das Unbewußte über ein eigenes Erinnerungsvermögen. Im Schlaf fanden die Erinnerungsfetzen eine Möglichkeit, an die Oberfläche emporzusteigen. Er blinzelte über den Tisch zu Martha hinüber. Er hatte bisher für sie nichts als ein brummiges »Guten Morgen« übrig gehabt.

Er stand auf, ging um den Tisch herum, trat hinter ihren Stuhl, legte ihr den Arm um die Schultern und gab ihr einen Kuß auf die Wange.

»Verzeih mir, daß ich heute so schweigsam bin. Aber ich hatte kurz vor dem Aufwachen einen gespenstischen Traum, der mich immer noch beschäftigt. Ich muß mich jetzt einfach hinsetzen und sehen, ob ich darin nicht doch einen Sinn entdecken kann. Ich habe das Gefühl, daß er wichtig sein könnte. Vielleicht kann ich den Traum deuten – wenn er im Augenblick auch noch wie das reinste Chaos wirkt.«

Er schloß die Tür zu seinem Arbeitsraum hinter sich, füllte sein Tintenfaß, legte sich einen Stapel Papier zurecht und wandte dem herrlichen Blick auf die Wälder draußen entschlossen den Rücken zu. Er sagte sich: »Ich muß diesen Traum zerlegen, Stück für Stück, wie ein Uhrmacher ein Uhrwerk auseinandernimmt.«

Er überlegte, daß er jedes Bild, jede Handlung und jedes Wort des Dialogs getrennt betrachten und dabei selbst die freie Assoziation anwenden mußte, die er seinen Patienten empfahl. Wenn seine Gedanken sinnlos erschienen oder mit der Sache scheinbar nichts zu tun hatten, mußte er sich zwingen, jeden Gedanken ebenso genau zu verfolgen, wie er es von seinen Patienten verlangte. Erst wollte er seine Gedanken bei jeder einzelnen Person des Traums verweilen lassen, alles zu Papier bringen, was ihm spontan einfiel, und dann versuchen, sie miteinander und mit sich selbst in Verbindung zu bringen.

Zeit und Ort waren klar: Es handelte sich um Marthas Geburtstag und die

große Halle in Bellevue, wo er und Martha ihre Gäste begrüßen wollten. Die Hauptfigur war natürlich Emma.
Er legte sich die Finger der linken Hand leicht an die Stirn. Der Gedanke kam ihm: »Mir ging es vor allem darum, Emma Vorwürfe zu machen, weil sie meinen Vorschlag zur Lösung ihrer Probleme zurückgewiesen hat. Im Traum habe ich gesagt: ›Wenn du noch Schmerzen hast, so ist es wirklich nur deine Schuld.‹ Ich glaube also, meinen Pflichten gegenüber einem Patienten dann genügt zu haben, wenn ich den verborgenen, heimlichen Sinn der Symptome, ihre Bedeutung, ans Tageslicht gefördert habe. Genau darin liegt die Heilung. Es geht mich eigentlich nichts an, ob sie meine Diagnose akzeptiert oder nicht, obwohl gerade davon die Heilung abhängt. Daher ist es wichtig für mich, daß sie als meine Patientin an mein Rezept glaubt und sich genau danach richtet. Wenn Emma selbst die Schuld an ihren Schmerzen trägt, kann ich nicht schuld sein. Ergo hat sie selbst es versäumt, sich zu heilen, und mich trifft keinerlei Verantwortung für den Mißerfolg.«
»Könnte das die Bedeutung des Traums sein?«
»Emma klagte über Schmerzen in Hals, Magen und Bauch. Ich mache mir offensichtlich immer noch Gedanken darüber, ob ihre Krankheit nicht doch vor allem physischer Natur sein könnte. Als Wissenschaftler darf ich eine organische Erkrankung nicht übersehen. Um ihr zu beweisen, daß ich nicht von einer fixen Idee besessen bin, habe ich sie mit ans Fenster genommen und einen Blick in ihren Hals geworfen. Dort habe ich auf der rechten Seite einen großen weißen Fleck und ausgedehnten weißlich-grauen Schorf entdeckt, der sich auf einer gebogenen Struktur ausbreitete, die wie die Nasenmuschel aussah. Dabei hat Emma doch niemals über Beschwerden im Hals geklagt.«
Dann erinnerte er sich an eine gute Freundin von Emma Benn, ebenfalls eine Witwe, die er flüchtig kennengelernt und für eine leichte Hysterikerin gehalten hatte. Als Sigmund eines Tages ihre Wohnung betrat, hatte er dort Josef Breuer angetroffen. Er stand mit ihr am Fenster, untersuchte ihren Rachen und meinte, sie habe eine diphtheritische Membran.
»Was ist nun geschehen?« fragte er sich. »Ich habe in dem Traum Emma mit ihrer Freundin vertauscht. Außerdem ist mir aufgefallen, daß Emma im Traum blaß und aufgedunsen war. Aber in Wirklichkeit hatte sie immer eine gesunde Hautfarbe. Martha hingegen war zur Zeit blaß und aufgedunsen. Irgendwie habe ich also eine Mischung aus Emma, ihrer Freundin und Martha geträumt. Aber warum?«
Er ließ seinen Gedanken weiterhin freien Lauf und gelangte zu Oskar Rie. War Emma die Heldin des Traums, so spielte Rie die Rolle des Schurken. Sigmund erkannte, daß er in seinem Traum zwei ernste Vorwürfe gegen Rie erhoben hatte: Erstens, daß er achtlos mit Chemikalien umgegangen sei und zweitens, daß er eine unreine Injektionsnadel verwendet habe. Da

er selbst einer zweiundachtzigjährigen Patientin oft genug Morphiumspritzen gegeben hatte, ohne auch nur einmal eine Infektion durch eine schmutzige Nadel hervorzurufen, bedeutete dies vermutlich, daß er stolz auf seine gute Arbeit war und gleichzeitig Ries Leistung schlechtmachen wollte. Eine geheimnisvolle Gedankenverbindung führte von hier zum nächsten Punkt: Dadurch wurde Rie die Schuld für die immer noch auftretenden Schmerzen bei Emma Benn in die Schuhe geschoben. Emma war aufgrund der Injektionen, die ihr Rie gegeben hatte, krank! »Wenn nun Oskar Rie dafür verantwortlich ist, kann ich es logischerweise nicht sein. Ich habe mich wieder einmal von jeder Anschuldigung befreit.«

Dann kam in seinem Traum etwas von den Chemikalien Propyl und Propionsäure vor . . . Trimethylamin erinnerte an den öligen Fuselgeruch aus der Flasche Likör, die Rie als Geburtstagsgeschenk für Martha mitgebracht hatte. Auch diese Stelle des Traums war wieder ein Vorwurf gegen Oskar Rie. Nun wanderten seine Gedanken zu Josef Breuer. Deuticke hatte ihre »Studien« herausgebracht, aber bisher hatten sie noch kein Echo hervorgerufen. Im Traum hatte Sigmund Josef Breuer hinzugezogen und ihn gebeten, sich Emmas Hals und die Nasenmuschel anzusehen. Breuer hatte seine Diagnose bestätigt. Aber warum war er so blaß? Warum hinkte er, und warum hatte er sich seinen Bart ganz abrasiert? Und warum hatte er nach der Untersuchung gesagt: »Kein Zweifel, es ist eine Infektion, aber es macht nichts, es wird noch Dysenterie hinzukommen und das Gift sich ausscheiden.« Das war unsinnig. Kein gut ausgebildeter Arzt würde annehmen, daß Krankheitsstoffe durch die Därme ausgeschieden würden. »Auch hier«, dachte Sigmund »bilde ich mir in meinem Traum ein, daß ich ein besserer Diagnostiker bin als Breuer.«

Er schrieb nieder, was ihm einfiel. Die Feder konnte dem Strom seiner Gedanken kaum folgen. Patienten tauchten plötzlich auf, die er, Oskar Rie, Josef Breuer oder Wilhelm Fliess früher einmal behandelt hatten. Selbstvorwürfe stellten sich ein. Er dachte an die Frau, der er fortlaufend Sulphonal verschrieben hatte, er erinnerte sich, daß sein Freund Fleischl durch ihn kokainsüchtig geworden war. Manche Assoziationen schrieb er nieder, ohne sie weiter zu verfolgen, wie zum Beispiel die Tatsache, daß sich Emma zuerst in ihre Freundin und dann in Martha Freud verwandelt hatte, daß Emma über Schmerzen im Unterleib geklagt hatte, während doch Martha infolge ihrer Schwangerschaft diese Schmerzen hatte. Auch hier traten wieder Injektionsspritze und Nadel in Erscheinung. Nach seiner Ansicht symbolisierten sie den Geschlechtsakt. Er erinnerte sich, daß weder er noch Martha sich zu diesem Zeitpunkt ein weiteres Kind gewünscht hatten. Die »schmutzige Nadel« war somit das Symbol für die fruchtbringende Injektion, die Martha wieder schwanger gemacht hatte. Sie war daran schuld, daß Martha jetzt erhebliche Unannehmlichkeiten auf sich nehmen mußte.

Am Nachmittag machte er einen ausgedehnten Waldspaziergang und stellte sich selbst die Frage: »Wie verbinde ich nun all diese scheinbar so irrelevanten und wirren Fäden miteinander? Wo liegt der gemeinsame Nenner? Was wollte der Traum eigentlich besagen? Oder vielmehr: Was wollte ich durch diesen Traum sagen? Bis jetzt weiß ich ja noch nicht einmal, ob der Träumende der Dramaturg ist oder lediglich der Schauspieler, der Verse aufsagen muß, die man ihm aufgeschrieben hat.« Im Vordergrund seiner Überlegungen stand die klare Einsicht, daß der Traum sich selbst erfüllte. Er dachte: »Sein Grundgehalt ist die Erfüllung eines Wunsches, und auch das Motiv ist ein Wunsch.«

Frühere Träume sowie Bruchstücke aus den Träumen seiner Patienten fielen ihm ein. Plötzlich blieb er mit einem Ruck stehen. Seine Muskeln spannten sich. Es lief ihm kalt über den Rücken. Dann rief er:

»Das also ist der Zweck von Träumen! Aus dem Unbewußten soll das freigesetzt werden, was der einzelne sich tatsächlich wünscht. Nicht die Masken, die Verkleidung, die verborgenen Gefühle, die unterdrückten Wünsche, sondern das, was sich der einzelne tatsächlich wünscht, daß es geschehen – oder geschehen sein – möge! Welch ein erstaunlicher Mechanismus! Welch wunderbare Leistung! Aber wie kam es, daß uns dies jahrhundertelang nicht deutlich zu Bewußtsein kam? Wie konnte man nur denken, was ich selbst angenommen habe: daß Träume weiter keine Bedeutung haben? Daß sie reglos und zwecklos sind, durch keine Macht des Himmels oder der Hölle kontrolliert. Man hätte sie schon die ganze Zeit über analysieren und ordnen und daraus ungeheuer viel über die wahre Natur des Individuums lernen können.«

Er erkannte, daß in Träumen nichts vergessen wird, auch wenn es sich vor langer Zeit zugetragen hat. Die Erfindungsgabe des Traums, die kluge Verwendung abgeänderter Formen, das war eine gewaltige Leistung der Phantasie. Und wenn es stimmte, daß die Träume, wie er vermutete, eine offene Tür zum Unbewußten darstellten, daß dadurch die wahren Wünsche des Patienten bloßgelegt wurden, dann bot ihm der Traum eine weitere Möglichkeit zu erkennen, wodurch die Krankheiten des Geistes, der Nerven und des Gemüts verursacht wurden. Dann konnte er die Krankheit tatsächlich wie unter einem Mikroskop betrachten. Wie läßt sich das, was ein Mensch haben, sein oder erreichen möchte, besser erkennen als in seinen Wünschen? Und in diesen Wünschen spiegelt sich auch, was er gerne verändern, verbessern, verschönern oder richtigstellen möchte. In seinen Träumen wird der Mensch zum Korrektor, zum Redakteur des Manuskripts seiner eigenen Vergangenheit.

In bester Laune machte er sich auf den Heimweg. Das war eine der wichtigsten Entdeckungen, die er bisher gemacht hatte. Er taumelte bei dem Gedanken, welche Geheimnisse sich ihm durch diese Entdeckung noch erschließen konnten.

Die »Studien über Hysterie« wurden nicht gut aufgenommen. Strümpell, einer der bekanntesten deutschen Neurologen, schrieb eine ebenso herablassende wie ablehnende Kritik. Danach machte sich niemand mehr die Mühe, es in einer deutschsprachigen medizinischen Fachzeitschrift zu besprechen.
Sigmund beklagte sich bei Martha: »Was Strümpell da sagt, mag ja alles stimmen, nur spricht er nicht über unser Buch. Er phantasiert sich unsinnige Argumente zusammen, die er dann sehr geschickt zerlegt.«
In Wien wurden nicht einmal kritische Stimmen zu dem Buch laut. Keiner seiner Freunde erwähnte es. Er mußte jedoch annehmen, daß es gelesen wurde, denn er erfuhr von Deuticke, daß von der Druckauflage – achthundert Stück – einige hundert Exemplare bereits verkauft seien. So viel hatte er von seinem Buch über die Aphasien in zwei Jahren nicht abgesetzt.
Die folgenden Wochen brachten dafür manches Erfreuliche. Dr. Eugen Bleuler, Leiter des »Burghölzli«, der Psychiatrischen Universitätsklinik in Zürich, der schon Freuds Studie »Über die Aphasien« wohlwollend besprochen und mit dem Sigmund anschließend einige Briefe gewechselt hatte, veröffentlichte in der »Münchner Medizinischen Wochenschrift« eine Kritik. Er meldete zwar gewisse Vorbehalte hinsichtlich des Inhalts an, erklärte jedoch:

> »Wie dem auch sein mag, der tatsächliche Bericht, den das Buch gibt, eröffnet eine ganz neue Einsicht in den Mechanismus des Seelenlebens und liefert einen der wichtigsten Beiträge der letzten Jahre auf dem Feld der normalen oder pathologischen Psychologie.«

Sigmund wurde mitgeteilt, Dr. Mitchell Clarke aus England habe das Buch gelesen und bereite eine Kritik für die Zeitschrift »Brain« vor.
Resigniert meinte Sigmund: »Jetzt muß ich mich wieder ganz den Alltagsfällen und dem Geldverdienen widmen.«
Martha antwortete lächelnd: »Besteht nicht das ganze Leben aus diesen beiden Dingen? Du darfst deine Hoffnungen nicht immer so hochschrauben, mein lieber Sigi, dann fällst du nachher auch nicht so sehr aus allen Wolken.«
Daß dem Buch so wenig Beachtung geschenkt wurde, entmutigte und kränkte Josef Breuer offenbar so sehr, daß Sigmund ihn nicht mehr zu sehen bekam. Gleichzeitig fiel ihm auf, daß sein Bruder Alexander immer nervöser und reizbarer wurde. Er wußte, daß Alexander überarbeitet war: Er redigierte den immer umfangreicher werdenden »Tarif-Anzeiger«, leitete praktisch allein die Transportgesellschaft und lehrte obendrein noch an der Export-Akademie. Er lebte immer noch im Elternhaus, unterstützte seine Eltern und die beiden Schwestern und wandte monatlich einen Teil seines Gehalts zum Ankauf der Firma auf. Für den Umgang mit

gleichaltrigen Freunden hatte er kaum Zeit. Er war seit dreizehn Jahren nicht mehr in Urlaub gewesen.
Martha meinte, die Woche in Venedig, über die sie mit Sigmund gesprochen hatte, würde den beiden Brüdern guttun.
»Es wäre für euch beide das beste. Für dich, Alexander, soll es unser Geburtstagsgeschenk zu deinem dreißigsten sein. Mir ist es viel zu anstrengend, in dieser Sommerhitze in Italien herumzufahren.«
Sigmund wurde wieder vom Reisefieber gepackt. Einen vollen Tag vor der Abreise konnte er kaum an etwas anderes denken. In die Freude mischte sich auch eine gewisse Furcht. Er mußte sich zum Packen zwingen und war dann doch wieder über eine Stunde zu früh am Bahnhof. Erst als der Zug gegen Süden rollte, ließ seine Spannung etwas nach.
Keine andere Stadt der Welt bietet sich dem Besucher beim erstenmal so prächtig dar wie Venedig. Sie fuhren mit einer Gondel den Canale Grande hinab zum Hotel Danieli und besuchten sofort die Piazza San Marco mit dem geflügelten Löwen, dem Wappentier von Venedig. Sie bestiegen – wie schon Goethe es getan hatte – den Campanile und genossen den weiten Blick über die rostroten Ziegeldächer hinweg bis ans Meer, das Venedig vor fünfzehn Jahrhunderten geboren hatte. Sie besichtigten den prachtvollen Dogenpalast und standen schließlich in ehrfurchtsvollem Staunen vor Veroneses ovalem Deckengemälde der »Apotheose Venedigs«. Das Abendessen nahmen sie im Freien auf der Terrasse des Restaurants Floriano ein. Ein Streichorchester spielte dazu Weisen von Verdi.
Sigmund wollte unbedingt alles sehen. Sie wanderten durch die alten Gassen, besichtigten die schiefen Campanili und die langsam in der Lagune versinkenden Palazzi, die entstanden waren, als Venedig noch eine lebensfrohe, reiche Stadt war. Sie gingen über die Rialto- und Accademia-Brücke, badeten im warmen Meer am Lido und fuhren mit einem Boot hinaus zu den Inseln Torcello und Murano. Hatte man andere italienische Siedlungen aus dem Felsen herausgehauen, so war Venedig über der flachen, schlammigen Lagune erbaut worden. Sigmund war ein intimer Kenner der Kunstgeschichte von Venedig. Da sich viele venezianische Kunstwerke in den Kirchen befanden, begannen sie mit der byzantinisch-romanischen Basilika von San Marco mit ihren atemberaubend schönen Marmorstatuen und Mosaiken, Gemälden und Skulpturen. Dann besuchten sie noch San Giovanni e San Paolo, San Zaccaria und Santa Maria della Salute.
Alexander war voll staunender Begeisterung. Er lief ohne Hut umher und ließ sich von der Sonne bräunen. Die Furchen der Müdigkeit verschwanden aus seinen Zügen, er aß mit gutem Appetit von den reichlich angebotenen venezianischen Fischspezialitäten. Die Gondelfahrten bereiteten ihm Freude. Aber am schönsten war es für ihn zu sehen, wie Sigmund die Schönheit der venezianischen Architektur begeisterte, wie er das Bild

dieser herrlichen Fürstenpaläste in sich aufnahm. Die Krönung der Reise war jedoch der Augenblick, als Sigmund an einem der kleineren Kanäle einen Antiquitätenladen entdeckte und zu einem lächerlich niedrigen Preis einen bronzenen Kopf des zweigesichtigen Janus, des römischen Gottes der Zeit, erstand.

Als sie sich in Wien auf dem Bahnhof verabschiedeten, sagte Alexander: »Vielen Dank für den herrlichen Urlaub. Weißt du, was mir die meiste Freude gemacht hat? Dich beim Anblick der Kunstwerke zu beobachten. Du hast doch ein paarmal behauptet, nicht religiös veranlagt zu sein. *Non e vero*, mein Lieber, die Kunst ist deine Religion. Man sieht die Ekstase in deinen Augen, wenn du andächtig vor einem Giogione oder einem Tizian stehst. Dann sehe ich, wie sich deine Lippen im Gebet bewegen.«
Sigmund war belustigt. »Professor Brücke liebte seine Gemälde ebensosehr wie die Physiologie, Billroth liebte die Musik so sehr wie die Chirurgie, Nothnagel liebt die Literatur wie die Innere Medizin. Wenn mich meine Liebe zu einem Marmortorso aus dem ersten Jahrhundert zu einem religiösen Menschen macht – meinetwegen.«
Kaum aus Italien zurück, reiste er nach Berlin. Er wartete voller Ungeduld darauf, mit Wilhelm Fliess wieder einen »Kongreß« abhalten zu können. Seit er das fertige Manuskript für »Studien über Hysterie« abgeliefert hatte, war er mit dem Entwurf eines neuen, etwa hundert Seiten starken Buches beschäftigt, das er vorläufig »Entwurf einer allgemeinen Psychologie« nannte.
Fliess nahm sich trotz seiner gutgehenden Praxis die nötige Zeit. Die beiden Männer verbrachten die warmen Tage Ende August in den Wäldern der Umgebung und diskutierten in fieberhafter Erregung das neue Projekt. Sigmund fühlte sich so angeregt, daß er sein Notizbuch schon zückte, als der Zug aus dem Anhalter Bahnhof rollte. Er notierte »Teil 1« und verbrachte fast die ganze Fahrt bis Wien schreibend. Er gebrauchte geheimnisvolle medizinische Abkürzungen, die wohl nur Fliess verstehen würde, und führte ein System griechischer Symbole ein:

Q = Quantität, Größenordnung in der Außenwelt
Qή = Quantität der innerzellularen Größenordnung
Φ = System durchlässiger Neuronen
Ψ = System undurchlässiger Neuronen
ω*N* = System der Wahrnehmungs-Neuronen
W = Wahrnehmung
v = Vorstellung
M = Motorisches Bild

Dann schrieb er: »Es ist die Absicht dieses Entwurfs, eine naturwissenschaftliche Psychologie zu liefern, d. h. psychische Vorgänge darzustellen als quantitativ bestimmte Zustände aufzeigbarer materieller Teile.«

Dann ging er über zu einer Neuronentheorie, die er aus neuen Erkenntnissen der Histologie abgeleitet hatte und die zu erklären versuchte, wie ein Strom durch die Verbindungen zwischen den Zellen fließt und zwischen Neuronen mit einer Kontaktbarriere und anderen unterschied, die $Q\dot{\eta}$ widerstandslos passieren lassen . . . Auf diese Weise wollte er Erinnerung, Schmerz, Zufriedenheit, Wunschvorstellungen, Erkennen, Denken, den Inhalt des Bewußtseins erklären . . .

Er schrieb dreißig Seiten. Einige Tage später begann er mit dem zweiten Teil, der Psychopathologie. Hier verwertete er seine Forschungsergebnisse über hysterischen Zwang, pathologische Abwehr, Symbolbildung, Denkstörung durch Affekte. Hier erklärte er, wie sich Schmerz und Mißvergnügen durch die psychische Konzentration auf ein Wunschbild über physische Leitwege entluden. Zehn Tage später begann er mit dem dritten Teil, einem Versuch zur Darstellung normaler Prozesse.

Noch nie hatte ihn etwas so sehr beschäftigt. Er gab zu, daß ihn das Bemühen »regelrecht verzehrte«, seine Theorien über die Grundlage der Histologie, Physiologie, Hirnanatomie und der Anatomie des Zentralnervensystems zu beweisen. Er wollte unbedingt zeigen, wie das Unbewußte physisch durch dieses Nervensystem wirkte. Er erfand ein neues Vokabular, entwickelte mathematische Formeln zur Messung von Quantität und Richtung des Flusses von Erinnerungsbildern und zeichnete Diagramme wichtiger Fälle, wie beispielsweise das der jungen Frau, die es in keinem Geschäft aushielt, weil sie glaubte, von den Verkäufern ausgelacht zu werden:

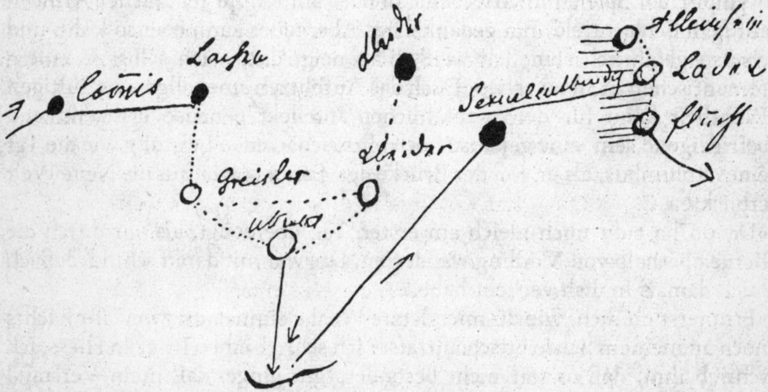

Er war glücklich und aufgeschlossen. Jetzt endlich konnte er wieder Wissenschaftler sein.

Martha war von den Skizzen fasziniert, die auf seinem Schreibtisch herumlagen. Sie bat ihn, ihr die Bedeutung zu erklären. »Als Zeichner werde ich nie die Größe eines Daumier erreichen«, meinte er selbstkritisch. »Aber ich will versuchen, mich verständlich auszudrücken. Hier hast du das Porträt des Ego, ausgedrückt durch ein Netz besetzter Neuronen.«

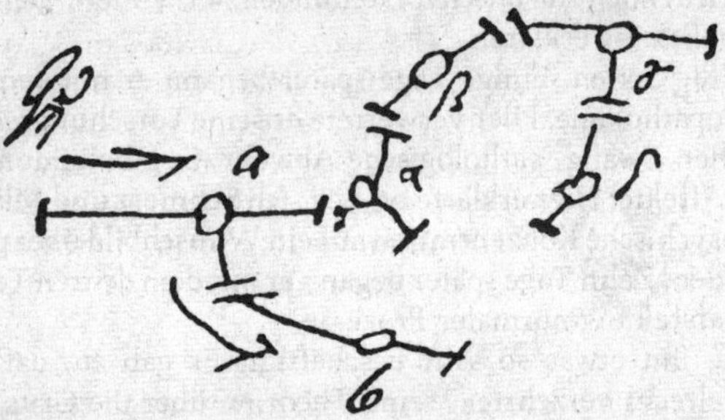

Das überstieg Marthas Auffassungsgabe, insbesondere Begriffe wie »eine Quantität Qη, die von ω, von außen her, in das Neuron a eintritt.«

»Ich begreife nicht, was diese Symbole bedeuten, Sigi. Das ist doch die Sprache des Laboratoriums?«

»Hoffentlich, mein liebes Marthchen. Hier wie in allen Laboratorien haben wir es mit einem Widersacher zu tun: dem Unbekannten, das immer schon eine Herausforderung an den Menschen darstellte und das ihn oft genug bezwungen hat. Es ist ganz einfach, sich an rein äußerlichen physischen Taten und Konflikten zu beteiligen – an einem Wettrennen bei den alten olympischen Spielen in Griechenland oder am Kampf feindlicher Armeen auf dem Schlachtfeld. Ein gedankliches Abenteuer kann ebenso kühn und ebenso gefährlich sein. Ich weiß, man neigt dazu, sich selbst in einem romantischen Licht zu sehen. Doch das Aufblitzen einer allgemeingültigen Wahrheit kann für den menschlichen Intellekt genauso erregend und befriedigend sein, eine genauso hoch einzuschätzende Leistung wie die Tat eines Kolumbus, als er von der Brücke der ›Santa Maria‹ aus die Neue Welt erblickte.«

»Davon hast du mich gleich am ersten Tag überzeugt, als wir durch die Berge oberhalb von Mödling wanderten. Das war mit daran schuld, daß ich mich damals in dich verliebt habe.«

»Erinnerst du dich, wie du mich letzte Woche einmal um zwei Uhr nachts noch an meinem Schreibtisch antrafst? Ich schrieb einen Brief an Fliess. Ich schrieb ihm, daß es mir nicht besonders gut ginge, daß mein Verstand offenbar bei einem gewissen Grad von Schmerzbelastung am besten funktionierte. Da fielen plötzlich alle Schranken, und ich erkannte klar die eigentliche Natur der Neurose, bis hin in die kleinsten Details der Bedingungen des Bewußtseins. Es schien alles ineinanderzugreifen. Das

Räderwerk paßte zusammen, man bekam den Eindruck, das Ding sei jetzt wirklich eine Maschine und werde nächstens auch von selber gehen. Mir war, als hätte ich – aus meinen drei Klassen von Neuronen, ihrem gebundenen wie auch freien Zustand und den Gleisen für das Nervensystem – ein Perpetuum mobile entwickelt. Ich entdeckte, wie Aufmerksamkeit und Abwehr biologisch bewirkt werden, was die Realität wie auch die Qualität des Denkens bewirkt, wie sich die sexuellen Faktoren bei Verdrängung verhalten – und als Höhepunkt die Elemente, die das Bewußtsein kontrollieren, was ich als ›Wahrnehmungsfunktion‹ bezeichne. Ich kann dir versichern, Martha, das alles hat einen so logischen Zusammenhang, daß ich mich vor Freude kaum zu fassen weiß.«
»Sigi, ich bin überzeugt, daß du damit deinen Namen in Granit eingegraben hast.« Sie lachte leise. »Aber sprich mir nach: ›Rom wurde nicht an einem Tag erschaffen. Auch nicht in einer Nacht . . .‹ «

Doch was sich draußen abspielte, war für Dr. Sigmund Freud und seine Familie weniger erfreulich. Mit der Verschlechterung der wirtschaftlichen Lage in Wien erreichte die antisemitische Bewegung einen neuen, erschreckenden Höhepunkt. Angefacht wurde sie insbesondere durch Karl Luegers Kampf um den Bürgermeisterstuhl. In diesen Angriffen gegen die Wiener Juden entlud sich der Haß aller unzufriedenen Elemente. Katholische Geistliche besuchten staatliche und private Schulen und predigten den Schülern: »Der Sieg des Christentums über die Mächte der Finsternis steht bevor!« Große Gruppen junger Männer versammelten sich in den Bierstuben und schrien: »Lueger! Lueger! Nieder mit den Juden!« Sie zerschlugen ihre Gläser und überfielen jeden Passanten, der zufälligerweise eine dunklere Hautfarbe hatte. Ein Pfarrer Deckert beschloß sogar eine Sonntagspredigt mit den Worten:
»Lasset uns Holzstöße errichten, verbrennt die Juden zur Ehre Gottes!«
Das war zuviel für die jüdische Gemeinde, die etwa acht Prozent von den eineinhalb Millionen Einwohnern Wiens ausmachte – und auch zuviel für anständige Katholiken. Sie wandten sich an Kardinal Dr. Gruscha, der Pfarrer Deckert verurteilte und ihn strafversetzte. Die jüdische Gemeinde sandte eine Abordnung zu Kaiser Franz Joseph. Er verbot daraufhin, daß die Plakatsäulen, auf denen Vorstellungen der Oper, des Burgtheaters und des Volkstheaters angekündigt wurden, mit antisemitischen Plakaten beklebt wurden, wie es jetzt geschah. Sigmund nahm an einer Mitarbeiterbesprechung des Kassowitz-Instituts teil. Die Stimmung war düster. Einer der Ärzte rief:
»Heute ist es nur ein kleiner Pfarrer namens Deckert, aber was soll werden, wenn einmal ein Kanzler nach den Holzstößen und der Judenverbrennung schreit?«
Sigmund war von Natur aus ein unpolitischer Mensch. Doch diesmal

versäumte er es nicht, zu wählen und seine Stimme gegen Lueger und seine Partei abzugeben. Zum Leidwesen vieler Wiener errang Lueger jedoch die meisten Stimmen. Kaiser Franz Joseph lehnte seine Ernennung zum Bügermeister aber mit der Begründung ab, dieser Mann sei dem Wohlergehen der Monarchie abträglich. Die ganze Stadt atmete erleichtert auf.

13

Endlich erbrachte die Veröffentlichung der »Studien über Hysterie« bei Deuticke auch ein positives Ergebnis: Sigmund wurde eingeladen, vor dem »Doktorenkollegium« drei Referate zu halten. Das war nicht gleichzustellen mit einer Einladung, vor der »Gesellschaft der Ärzte«, der bedeutendsten medizinischen Vereinigung Österreich-Ungarns, zu sprechen, wie Sigmund es bereits getan hatte. Dem »Doktorenkollegium« hatten einst zwar sämtliche *doctores* der Universität angehört, doch seine Bedeutung war in den vergangenen Jahren immer geringer geworden. Er nahm die Einladung dennoch dankbar an. Falscher Stolz lag ihm nicht. Wenn er schon keine Gelegenheit hatte, seine Gedanken vor der »Gesellschaft der Ärzte« vorzutragen, dann war er froh, sich wenigstens vor dem zweitwichtigsten Verband äußern zu dürfen.
Als sich ein bis zwei Wochen später herumsprach, daß er eine Serie von Referaten vorbereitete, kam die nächste Überraschung: Josef Breuer erschien in der Berggasse und beglückwünschte ihn zu der Einladung.
»Freud, möchten Sie, daß ich an dem Abend auch etwas sage? Ich möchte teilnehmen, und ich denke, das könnte ich am besten tun, indem ich Sie einführe und auf diese Weise unterstütze.«
Sigmund murmelte ein Dankeschön, ohne sich dessen richtig bewußt zu werden.
Am Abend des ersten Vortrags erwartete ihn Josef Breuer ein paar Minuten vor sieben Uhr am Eingangstor zum Saal der Akademie der Wissenschaften am Universitätsplatz 2. Bald darauf rief der Vorsitzende sein »Silentium!« Breuer trat ans Rednerpult und gab den wenigen Zuhörern einen Überblick über Sigmunds wissenschaftliche Veröffentlichungen, von seiner Arbeit über die Lappenorgane der Aale und die Nervenfasern der Krebse bis zu den »Angstneurosen«. Dann kam er auf das Buch zu sprechen, das sie gemeinsam verfaßt hatten. Jetzt ließ er klar erkennen, wie stolz er darauf war, Mitautor zu sein. Er schloß seine Einleitung mit den Worten:
»Lange Zeit wollte ich nicht an die Richtigkeit von Freuds Theorien glauben; doch nun hat mich die Fülle der Fakten überzeugt. Ich stimme mit Freud darin überein, daß die Wurzel der Hysterie in der sexuellen Sphäre des einzelnen zu suchen ist. Das bedeutet allerdings nicht, daß jedes

einzelne Symptom der Hysterie notwendigerweise auf die sexuelle Sphäre zurückzuführen ist. Wenn diese Theorie auch noch nicht in jeder Hinsicht befriedigt, so macht ihre Darstellung doch deutlich, welche Fortschritte erzielt wurden.«

Sigmund erhob sich. Er hatte seine Notizen sorgfältig vorbereitet. Er nahm Josef Breuers Stichwort auf und wies darauf hin, daß die Experimente noch nicht abgeschlossen seien und daß nicht jedes Symptom der Hysterie eine sexuelle Ursache haben müsse. Er bekannte sich freimütig zu seinen Mißerfolgen, manchen übermäßigen Vereinfachungen und Fehleinschätzungen, die er nachträglich hatte revidieren müssen. Er gab zu, daß er noch am Beginn seiner Arbeit stand und daß noch Jahrzehnte des Forschens vor ihm lagen. Er schloß seine einführenden Worte mit dem Hinweis, der offiziellen Medizin seien zwar die sexuellen Faktoren der Krankheiten durchaus bekannt gewesen, sie habe sie jedoch verleugnet, vielleicht weil man davor zurückschreckte, sexuelle Dinge beim Namen zu nennen. Dann leitete er zum eigentlichen Thema seines Vortrags über und erläuterte mit einfachen Worten, zu welchen Erkenntnissen er gelangt sei, wie er sie gefunden habe und aus welchen Gründen er sie als gültig betrachtete.

Nach dem Vortrag wurden ein paar Fragen gestellt. Eine nicht sonderlich rege Diskussion zog sich über zehn oder fünfzehn Minuten hin. Dann leerte sich der Saal. Nur Breuer wartete auf ihn. Sie traten zusammen auf die Straße hinaus. Er war froh, daß sein Referat von den Zuhörern einigermaßen freundlich aufgenommen worden war. Er wußte, daß er Breuers Unterstützung einen guten Teil seines Erfolgs verdankte, aber er wußte auch, daß sein Material klar geordnet war, daß er die Fachleute Schritt für Schritt mitgerissen und trotzdem wissenschaftliche Exaktheit bewiesen hatte. Die Kühle des Oktoberabends tat seinem erhitzten Gesicht wohl. Er wandte sich in ehrlicher Zuneigung an Breuer:

»Ich kann Ihnen gar nicht sagen, wieviel Mut mir Ihre Einführung gemacht hat und was das für meine künftige Arbeit bedeutet. Nur deshalb hat man mir aufmerksam zugehört und einigen Beifall gespendet – weil Sie sich hinter unsere Theorie von der sexuellen Ätiologie der Neurosen gestellt haben.«

Josef Breuer richtete sich zu seiner vollen Größe auf, warf den Kopf zurück und sagte in kaltem, feindseligem Ton:

»Trotzdem glaube ich nicht daran!«

Damit drehte er sich auf dem Absatz um und marschierte in Richtung auf den Stephansdom davon, in dessen Nähe er wohnte. Es sah fast so aus, als wollte er aus Sigmunds Nähe fliehen.

Sigmund stand betroffen da. Noch vor einer Stunde hatte Breuer sich mit fast leidenschaftlichen Worten zu ihrer gemeinsamen Arbeit bekannt. Jetzt distanzierte er sich nicht nur von dieser Arbeit, sondern er wies durch seine ganze Haltung auch Sigmund persönlich zurück! Sein Gesichtsausdruck, der Ton seiner Stimme, seine ganze Haltung beim Weggehen drückten deutlich aus, daß Josef Breuer die nunmehr seit zwanzig Jahren andauernde Freundschaft, die fast der Beziehung zwischen einem älteren und einem jüngeren Bruder geglichen hatte, zu beenden wünschte.

Sigmund fröstelte. Er stand wie angewurzelt da und brachte es einfach nicht über sich, nach Hause zu gehen. Er war zutiefst verletzt. Was mochte Breuer veranlaßt haben, ihn so sehr vor den Kopf zu stoßen? Was hatte er nur gesagt, daß Breuer sich plötzlich so verhielt, als sei Dr. Sigmund Freud mitsamt seinen verrückten Theorien für ihn endgültig erledigt?

Sigmund zwang sich, einen Fuß vor den anderen zu setzen. Mit schleppenden Schritten ging er die Straßen entlang. Dann sah er Professor Meynert vor sich, der seinen Schützling ebenfalls abgelehnt hatte – bis er ihm zuletzt eingestand: »Vergessen Sie nie, Freud: Der Gegner, der Sie am heftigsten bekämpft, ist zugleich am festesten davon überzeugt, daß Sie recht haben!« Er hielt unwillkürlich den Atem an – ja, da war es! Jetzt begriff er! Breuer wußte, daß er recht hatte, aber er wollte es nicht wahrhaben!

Breuer hatte ihm erklärt, im Fall Bertha Pappenheim spiele keinerlei sexuelles Element mit. Daran hatte Breuer von Anfang an geglaubt, und daran hielt er auch heute noch fest. Doch Bertha Pappenheim hatte sich eingebildet, mit Dr. Breuer ein intimes Verhältnis zu haben. Sie hatte geglaubt, von ihm schwanger zu sein, und an dem Abend, als Breuer sie für so weit geheilt erklärt hatte, daß er sie einem anderen Arzt anvertrauen konnte, weil er selbst mit Mathilde nach Venedig reisen wollte, hatte Bertha unter heftigsten Geburtswehen gelitten. Als Breuer sie aufsuchte, stöhnte sie: »Dr. Breuers Baby kommt!«

Sigmund wußte aus eigener Erfahrung, daß im Fall Bertha Pappenheim ein beträchtliches Maß an Sexualität mitgespielt hatte. Er ahnte längst, daß sich die Frau in ihren Arzt verliebt hatte, daß sie ihn immer noch liebte, daß sie nur deshalb nie heiraten wollte, weil sie diese Liebe ihr Leben lang im Herzen tragen wollte. Und nun erkannte er deutlich, was bisher nur Mathilde Breuer bewußt geworden war: Auch Dr. Breuer hatte sich in seine Patientin verliebt! Das war es, was Mathilde so aufgebracht, was den Frieden und das Glück ihrer Ehe gestört hatte! Monatelang hatte Sigmund bei seinen Besuchen Mathilde blaß und mit geröteten Augen angetroffen. So hätte sie niemals reagiert, wenn es sich nur darum gehandelt hätte, daß sich eine Patientin in ihren berühmten, gutaussehenden Mann verliebt hätte; das war bereits dutzende Male geschehen. In diesem einen Fall aber fühlte sich Mathilde bedroht. Vielleicht wußte es Josef Breuer selbst nicht einmal, vielleicht gestand er sich auch heute noch nicht ein, daß hier eine tiefe Liebe zwischen Arzt und Patientin entstanden war, die auf Gegenseitigkeit beruhte. Darin hatte die Bedrohung des häuslichen Friedens bestanden.

Nun begriff Sigmund endlich auch, warum Breuer bei der Behandlung Bertha Pappenheims so unberechenbar reagiert hatte: Sein eigenes gefühlsmäßiges Engagement hatte ihn zutiefst erschreckt. Dieser ausgesprochen liebevolle, herzensgute Mann wollte seiner Frau kein Leid zufügen und war bereit, alles zu tun, um dies zu verhindern. Aber er konnte sich nicht gegen das Gefühl wehren, das die gescheite, hübsche und anziehende Bertha Pappenheim in ihm geweckt hatte. Andererseits konnte er sich auch nie mit dieser Tatsache abfinden. Diese Erkenntnis hatte er verdrängt, in den hintersten Winkel seines Bewußtseins abgeschoben. Das war die einzig mögliche Erklärung für sein wechselhaftes Verhalten gegenüber Sigmund. Das erklärte, warum er die Arbeit über Hysterie und sexuelle Ätiologie einmal anerkannte, dann wieder ablehnte, daß er eineinhalb Jahre gebraucht hatte, diesen Fall niederzuschreiben, daß er Sigmund jetzt, kurz nach der öffentlichen Anerkennung, so völlig zurückgewiesen hatte.

Das alles wurde ihm plötzlich sonnenklar. Trotz der kalten Nachtluft schwitzte er. Deshalb also behandelte Breuer keine Neurotiker mehr, deshalb wollte er nicht mehr mit Hypnose arbeiten, sondern schickte seine Patienten lieber zu Sigmund. Deshalb hatte er im Laufe der letzen Jahre Sigmund und ihre gemeinsame Erforschung von Geistes- und Gemütskrankheiten ein dutzendmal im Stich gelassen. Und deshalb hatte er heute abend seinen Freund auf so unglaubliche Weise vor den Kopf gestoßen.

Innerhalb der nächsten Tage würde in der »Wiener Medizinischen Wochenschrift« ein Bericht erscheinen – Sigmund hatte bemerkt, wie sich der Reporter Notizen machte. Dann würde alle Welt erfahren, daß Breuer Sigmund Freuds Ansichten über die sexuelle Ätiologie der Neurosen unterstützte.

Ein unerträglicher Gedanke! Welche Qual für Josef Breuer! War ihm vielleicht während des Vortrags und der nachfolgenden Diskussion bewußt geworden, daß er sich in seine Patientin verliebt hatte und sie ebensowenig vergessen konnte wie sie ihn? War nicht Breuer einer von Dr. Sigmund Freuds charakteristischsten Fällen?

Wenn Josef Breuer nun Sigmund Freud nie mehr wiedersah, wenn er nie mehr mit ihm zusammenarbeitete, wenn er keinerlei Verantwortung mehr für seine Hypothesen und Forschungsarbeiten zu übernehmen brauchte – konnte er dann vielleicht wieder mit sich selbst, mit seiner Praxis, seiner Forschung, seiner geliebten Frau und seinem guten Ruf in Frieden leben?

Die Uhr von St. Stephan schlug zehnmal. Die Klänge verhallten über den Dächern Wiens. Sigmund wollte nicht glauben, daß es schon so spät war. Er zog seine eigene Uhr und überzeugte sich. Dann stellte er den Mantelkragen hoch und eilte über die Freyung heim in die Berggasse. Ihm war, als sei er ans Ende der Welt gelangt, als hätte er soeben seinen ältesten und liebsten Freund verloren, als sei dieser gestorben wie die anderen Männer

auch, die er so geschätzt hatte: Ignaz Schönberg, Ernst Fleischl, Josef Paneth.
Nun gab es in ganz Wien keine Menschenseele mehr, mit der er über seine Arbeit sprechen konnte.
Jetzt war er ganz allein.